# 中国化工新材料产业发展报告

## （2022）

中国石油和化学工业联合会化工新材料专委会　组织编写

化学工业出版社

·北京·

## 内 容 简 介

《中国化工新材料产业发展报告（2022）》分为综述篇、产品篇和应用篇。综述篇对国内外化工新材料产业发展现状进行了概述；产品篇对市场容量大、国产化进程显著、国家战略新兴产业急需的三十多个重点产品，从市场供需、工艺技术、应用进展、发展建议等角度进行介绍；应用篇对化工新材料在航空航天、医疗器械、体育和5G通信行业的应用进展和需求进行分析和论述。

《中国化工新材料产业发展报告（2022）》包含了化工新材料行业大量的统计数据和调查研究结果，可为企事业单位和政府部门投资决策、政策制定提供重要参考。

#### 图书在版编目（CIP）数据

中国化工新材料产业发展报告.2022／中国石油和化学工业联合会化工新材料专委会组织编写.—北京：化学工业出版社，2023.2
ISBN 978-7-122-42526-3

Ⅰ.①中⋯ Ⅱ.①中⋯ Ⅲ.①化工材料-材料工业-产业发展-研究报告-中国-2022 Ⅳ.①F426.7

中国版本图书馆CIP数据核字（2022）第211570号

---

责任编辑：赵卫娟　仇志刚
责任校对：宋　玮　　　　　　　　　　装帧设计：刘丽华

出版发行：化学工业出版社（北京市东城区青年湖南街13号　邮政编码100011）
印　　装：涿州市般润文化传播有限公司
787mm×1092mm　1/16　印张36¼　字数620千字　2023年2月北京第1版第1次印刷

购书咨询：010-64518888　　　　　　　　售后服务：010-64518899
网　　址：http://www.cip.com.cn
凡购买本书，如有缺损质量问题，本社销售中心负责调换。

定　　价：598.00元　　　　　　　　　　　　　　　　版权所有　违者必究

京化广临字2022——14

## 《中国化工新材料产业发展报告（2022）》编委会

顾问委员：陈祥宝　高从堦　蹇锡高　段　雪　彭孝军　张立群
　　　　　徐　坚　吴长江
主　　任：李寿生
副 主 任：赵俊贵　孙伟善　戚志强　王孝峰
委　　员：白　玮　卜新平　李　鹏　林建一　叶晓峰　李建军
　　　　　李民堂　李喜飞　宋西全　王公应　王允东　郑宝山
　　　　　郑根江　周贵阳　赵　露

## 《中国化工新材料产业发展报告（2022）》编写组

主　　编：赵俊贵
副 主 编：卜新平　王孝峰
编写人员：白洪强　卜新平　蔡恩明　蔡新辉　曹育才　陈　强
　　　　　陈文泉　陈　雪　董艺萌　杜延华　段　冲　樊　星
　　　　　付　松　高　原　韩书亮　和凤祥　胡　博　胡广君
　　　　　黄安民　康念军　李建军　李喜飞　李　欣　李秀洁
　　　　　李　岩　李　杨　李永清　连　明　梁雅婷　刘大欢
　　　　　刘　江　刘民英　刘书林　刘伟强　柳任璐　马千里
　　　　　牟浩斌　倪　晨　倪铭阳　彭照亮　乔　冰　秦　华
　　　　　桑修申　宋建坤　宋文波　孙家乐　田利锋　佟　岩
　　　　　王桂兰　王汉利　王　婷　王新威　问立宁　武德珍
　　　　　谢洪良　谢　勇　邢海琳　闫　泽　杨　军　杨长青
　　　　　叶晓峰　尤昌岭　游石基　于函弘　于朴凡　于　冉
　　　　　臧　娜　张彩凤　张东宝　张洪滨　张金彪　张　丽
　　　　　张龙贵　张同飞　张伟芳　郑根江　郑　晗

# 序 言

在当今全球科技创新发展的大潮中，新材料与信息、能源，并称为现代科技的三大支柱。无论推进国家建设重大工程、增强国防保障能力；还是提升经济发展质量、构建国际竞争新优势都离不开新材料的支撑。

化工新材料作为新材料的重要组成部分和生产其他新材料的重要原料，是国民经济基础性、先导性产业，是《中国制造2025》重点发展的十大领域之一，也是我国石油和化学工业转型升级发展的重点方向。据中国石油和化学工业联合会调查统计，2021年，我国化工新材料产量达到2964.7万吨，较2015年增长76%，实现销售收入9616亿元，较2015年增长2.7倍，年均增长24.4%。截至2022年4月，我国石化行业在建重点项目387个，总投资达191932亿元，其中化工新材料和新能源材料在建项目占比超过60%，投资额占比超过25%。我国石化工业正在开启低碳化、材料化、高端化、精细化发展的新时代、新征程。

化工新材料具有技术密集、资金密集等高技术产业的典型特征，代表着当今世界石化工业的技术水平和技术方向。在党中央国务院和各级人民政府的正确领导下，以中国石油、中国石化、中国海油、中国中化、中国化学、恒力石化、荣盛石化等为代表的行业骨干企业和以万华化学、浙江巨化、湖北兴发、多氟多化工、山东东岳、泰和新材等为代表的各领域、各细分行业企业认真贯彻新发展理念，努力构建新发展格局，不断加快化工新材料领域基础研究和技术创新步伐，不断增加资本和人才投入，先后攻克了茂金属聚丙烯、110kV高压绝缘电缆专用料、光伏级EVA、光伏用有机硅胶、光学级PMMA、溶液集合法聚苯醚、聚砜、医用SEBS、防弹玻璃用TPU、高强高模聚酰亚胺、大丝束碳纤维、高伸长间位芳纶、高韧型对位芳纶、钙钛量子点光学膜、高镍三元正极材料、磷酸铁锂、双氟磺酰亚胺锂、电池用PVDF、高纯三氯化硼、电子级硫酸、电子级磷酸等产品的技术瓶颈，大大缩短了我国化工新材料与国际先进水平的差距，为支撑我国战略新兴产业发展做出了积极贡献。在七批工信部公布的制造业单项冠军企业和产品中，化工新材料冠军产品71个，示范企业75个。

同时我们也必须清醒地看到，虽然我国化工新材料产业取得了显著进步，但总体仍处于成长阶段，还面临着产业体系不健全、自主创新能力不强、高端产品大量依赖进口、原料保障能力有待提升等矛盾和问题，仍是我们行业的突出短板。还需要我们全行业共同努力。

中国石油和化学工业联合会一直高度重视并努力推动化工新材料行业的健康发展。2014年在全国化工新材料企业、科研机构、业内专家的建议和支持下，石化联合会成立了"化工新材料专委会"。专委会成立以来，积极协助政府加强化工新材料行业的管理和引导，针对行业发展热点和共性问题开展了大量的调查研究和组织协调工作，先后参与了《化工新材料"十四五"发展指南》《新材料首批次保险补偿目录》和《先进基础材料技术路线图》等政策和规划的编制工作。同时，为不断总结我国化工新材料产业最新发展情况，定期组织编写《中国化工新材料产业发展报告》，每两年出版一次，已分别于2016年、2018年和2020年发行过三版，深受业内读者好评。2022 版的产业发展报告，聚焦高端聚烯烃、特种工程塑料、碳纤维、新能源材料、电子级化学品、生物基材料等当前行业发展热点领域，进行系统研究梳理，并分析了化工新材料在 5G 通信、航空航天、轨道交通、医疗器械、体育装备等领域的应用，目的就是展示我国化工新材料产业发展的最新成果和最新技术进展，加深大家对化工新材料市场的认识与理解，为化工新材料产业政策制修订、项目建设和投资、产品研发和应用提供参考，引导行业可持续健康发展。

党的二十大报告中明确指出："要推动战略性新兴产业融合集群发展，构建新一代信息技术、人工智能、生物技术、新能源、新材料、高端装备、绿色环保等一批新的增长引擎。"并强调要"构建优质高效的服务业新体系，推动现代服务业同先进制造业、现代农业深度融合。"中国石油和化学工业联合会将认真贯彻党的二十大精神，以服务我国石化工业高质量发展为己任，努力构建服务行业发展的新平台、新体系，不断推出更高品质的服务内容和服务产品，与全行业团结一道，携手推进建设石化强国、建设社会主义现代化国家的伟大历史进程。

最后，我谨代表中国石油和化学工业联合会党委向为我国化工新材料产业发展做出贡献的所有企业、科研院所、干部职工表示崇高的敬意！向参与编写《中国化工新材料产业发展报告（2022）》的各位行业专家和出版发行单位表示衷心感谢！衷心祝愿我国化工新材料产业高质量发展，不断创造新的辉煌！

李云鹏

2022 年 11 月 30 日

# 前言

化工新材料是指近期发展的和正在发展之中、具有传统化工材料不具备的优异性能或某种特殊功能的新型化工材料。与传统化工材料相比，化工新材料具有重量轻、性能优异、功能性强、技术含量高、附加值高等特点，在汽车、轨道交通、电子信息、航空航天、新能源、节能环保、国防军工等领域应用十分广泛。化工新材料是新材料的重要组成部分，目前该领域与国外产业存在的差距最大；是化学工业中最具活力和发展潜力的新领域，也是我国石化高质量发展的关键领域。化工新材料作为国家战略性新兴产业的重要内容，各级政府高度重视，企业争相投入，资本也非常热捧。

但是，由于缺乏专业的管理机构，社会各界对化工新材料的整体发展情况了解的不多，市场上也很难找到相关全面准确的资料。特别是近年来，随着下游市场的拉动及企业的不懈努力，我国化工新材料产业发展迅速，技术进步大、产能扩张速度快，成为了行业发展速度最快的领域之一，有的产品已经饱和甚至过剩了，但企业还在重复投资，有的产品有了新的技术和工艺，但企业仍在引进落后的技术和工艺；有的产品品质本身好，但是国内因下游市场发展不足难以得到发展；有的产品品质和性能还无法满足需要等。信息的不对称容易导致政策和企业决策的失误。

中国石油和化学工业联合会化工新材料专委会作为化工新材料领域唯一的行业组织，把打造行业权威的信息资料作为我们工作的重要目标，自2016年以来，连续三年组织编写了《中国化工新材料产业发展报告》，2022年专委会针对行业热点产品，邀请各领域龙头企业、研究院所和高校、行业组织的资深专家分别就化工新材料不同领域的技术进展和产业发展情况及趋势进行撰稿。经过专家们认真细致的工作，终于形成了本报告，希望能为关心、关注我国化工新材料产业发展的各界人士提供参考和借鉴。

对于化工新材料，国内外并没有公认的定义，且是一个动态的范围，本报告主要是指先进高分子材料，也包括电子化学品和新能源材料等高端专用化学品。先进高分子材料主要包括高性能树脂（高端聚烯烃、工程塑料和特种塑料、聚氨酯材料、有机硅材料、有机氟材料）、高性能合成橡胶、高性能纤维和功能性膜材料等，还包含部分前沿材料。

由于时间仓促和水平有限，本书难免有不尽人意之处。我们热切希望大家多提宝贵意见，欢迎关注化工新材料行业发展的学者、专家、企业家参与讨论和给予支持，以利于我们下一次改进工作。

最后代表本书编委会，对热心支持中国化工新材料产业的发展、扶持化工新材料专业委员会的成长、热情为本报告撰稿的所有专家和作者，对编辑和出版社付出辛勤劳动的工作人员，致以真诚的感谢！

中国石油和化学工业联合会化工新材料专委会
2022年11月

# 目 录

## 第一章 综述篇 / 001

**国内外化工新材料产业发展现状及趋势** ········· 002
    一、世界化工新材料产业发展现状 ········· 003
    二、我国化工新材料产业发展现状 ········· 007

## 第二章 产品篇 / 041

### 第一节 茂金属聚乙烯（mPE） ········· 042
    一、概述 ········· 042
    二、市场供需 ········· 042
    三、工艺技术 ········· 044
    四、应用进展 ········· 045
    五、发展建议 ········· 046

### 第二节 茂金属聚丙烯 ········· 046
    一、概述 ········· 046
    二、市场供需 ········· 047
    三、工艺技术 ········· 058
    四、应用进展 ········· 060
    五、发展建议 ········· 061

### 第三节 乙烯-醋酸乙烯共聚树脂 ········· 062
    一、概述 ········· 062
    二、市场供需 ········· 063
    三、工艺技术 ········· 068
    四、应用进展 ········· 068
    五、发展建议 ········· 069

### 第四节 超高分子量聚乙烯 ········· 069
    一、概述 ········· 069
    二、市场供需 ········· 070
    三、工艺技术 ········· 073
    四、应用进展 ········· 076

五、发展建议 ········· 083

## 第五节　聚烯烃弹性体（POE） ········· 083
一、概述 ········· 083
二、市场供需 ········· 084
三、工艺技术 ········· 085
四、应用进展 ········· 086
五、发展建议 ········· 087

## 第六节　高端聚酯 PETG ········· 087
一、概述 ········· 087
二、市场供需 ········· 093
三、工艺技术 ········· 095
四、应用进展 ········· 095
五、发展建议 ········· 096

## 第七节　聚甲醛 ········· 097
一、概述 ········· 097
二、市场供需 ········· 098
三、工艺技术 ········· 103
四、应用进展 ········· 108
五、发展建议 ········· 111

## 第八节　耐高温聚酰胺 ········· 113
一、概述 ········· 113
二、市场供需 ········· 116
三、工艺技术 ········· 117
四、应用进展 ········· 119
五、发展建议 ········· 121

## 第九节　聚苯硫醚 ········· 122
一、概述 ········· 122
二、市场供需 ········· 125
三、工艺技术 ········· 128
四、应用进展 ········· 130
五、发展建议 ········· 137

## 第十节　聚酰亚胺 ········· 137
一、概述 ········· 137
二、市场供需 ········· 138
三、工艺技术及原材料 ········· 140
四、应用进展 ········· 142
五、发展建议 ········· 143

## 第十一节　热致液晶高分子 ······················································· 144
一、概述 ······················································································· 144
二、市场供需 ················································································· 146
三、工艺技术 ················································································· 148
四、应用进展 ················································································· 149
五、发展建议 ················································································· 151

## 第十二节　生物基聚酰胺 ···························································· 152
一、概述 ······················································································· 152
二、市场供需 ················································································· 153
三、工艺技术 ················································································· 155
四、应用进展 ················································································· 155
五、发展建议 ················································································· 157

## 第十三节　丁基橡胶和卤化丁基橡胶 ··········································· 158
一、概述 ······················································································· 158
二、市场供需 ················································································· 160
三、工艺技术 ················································································· 164
四、应用进展 ················································································· 169
五、发展建议 ················································································· 171

## 第十四节　氢化丁腈橡胶 ···························································· 171
一、概述 ······················································································· 171
二、市场供需 ················································································· 172
三、工艺技术 ················································································· 179
四、应用进展 ················································································· 182
五、发展建议 ················································································· 183

## 第十五节　热塑性硫化胶 ···························································· 184
一、概述 ······················································································· 184
二、市场供需 ················································································· 184
三、工艺技术 ················································································· 186
四、应用进展 ················································································· 189
五、发展建议 ················································································· 192

## 第十六节　碳纤维 ······································································· 194
一、概述 ······················································································· 194
二、市场供需 ················································································· 198
三、工艺技术 ················································································· 202
四、应用进展 ················································································· 204
五、存在问题 ················································································· 205
六、发展建议 ················································································· 205

### 第十七节 芳纶 ·········· 206
一、概述 ·········· 206
二、市场供需 ·········· 208
三、工艺技术 ·········· 213
四、应用进展 ·········· 215
五、发展建议 ·········· 217

### 第十八节 有机硅单体 ·········· 218
一、概述 ·········· 218
二、市场供需 ·········· 218
三、工艺技术 ·········· 221
四、应用进展 ·········· 221
五、发展建议 ·········· 222

### 第十九节 硅橡胶 ·········· 222
一、高温硫化硅橡胶 ·········· 222
二、液体硅橡胶 ·········· 227
三、室温硫化硅橡胶 ·········· 231

### 第二十节 硅油 ·········· 235
一、概述 ·········· 235
二、市场供需 ·········· 235
三、工艺技术 ·········· 243
四、应用进展 ·········· 244
五、发展建议 ·········· 246

### 第二十一节 硅树脂 ·········· 247
一、概述 ·········· 247
二、市场供需 ·········· 249
三、工艺技术 ·········· 260
四、应用进展 ·········· 262
五、发展建议 ·········· 264

### 第二十二节 功能性硅烷 ·········· 265
一、概述 ·········· 265
二、市场分析 ·········· 269
三、主要功能性硅烷供应及应用情况 ·········· 271
四、行业普遍存在的问题与发展建议 ·········· 276

### 第二十三节 聚四氟乙烯 ·········· 277
一、概述 ·········· 277
二、市场供需 ·········· 279
三、工艺技术 ·········· 283

四、应用进展 ............................................................ 285

五、发展建议 ............................................................ 287

## 第二十四节 聚偏氟乙烯 ............................................................ 290

一、概述 ............................................................ 290

二、市场供需 ............................................................ 291

三、工艺技术 ............................................................ 295

四、应用进展 ............................................................ 298

五、发展建议 ............................................................ 301

## 第二十五节 聚全氟乙丙烯 ............................................................ 302

一、概述 ............................................................ 302

二、市场供需 ............................................................ 303

三、工艺技术 ............................................................ 306

四、应用进展 ............................................................ 307

五、发展建议 ............................................................ 308

## 第二十六节 水处理膜 ............................................................ 309

一、概述 ............................................................ 309

二、市场供需 ............................................................ 309

三、应用进展 ............................................................ 314

四、发展建议 ............................................................ 315

## 第二十七节 电子特气 ............................................................ 317

一、概述 ............................................................ 317

二、市场供需 ............................................................ 319

三、工艺技术 ............................................................ 322

四、应用进展 ............................................................ 324

五、发展建议 ............................................................ 326

## 第二十八节 湿电子化学品 ............................................................ 327

一、发展历程 ............................................................ 327

二、分类及用途 ............................................................ 329

三、相关标准 ............................................................ 332

四、生产工艺 ............................................................ 333

五、污染物的来源、控制及检测 ............................................................ 337

六、包装技术 ............................................................ 338

七、市场供需 ............................................................ 338

八、发展建议 ............................................................ 342

## 第二十九节 光刻胶 ............................................................ 343

一、概述 ............................................................ 343

二、市场供需 ............................................................ 344

三、工艺技术 ………………………………………………………………… 347
　　　四、应用进展 ………………………………………………………………… 350
　　　五、发展建议 ………………………………………………………………… 351
**第三十节　环氧树脂** …………………………………………………………… 351
　　　一、概述 ……………………………………………………………………… 351
　　　二、市场供需 ………………………………………………………………… 352
　　　三、工艺技术 ………………………………………………………………… 360
　　　四、发展建议 ………………………………………………………………… 362
**第三十一节　聚己二酸对苯二甲酸丁二醇酯** ………………………………… 364
　　　一、概述 ……………………………………………………………………… 364
　　　二、市场供需 ………………………………………………………………… 368
　　　三、工艺技术 ………………………………………………………………… 371
　　　四、应用进展 ………………………………………………………………… 376
　　　五、发展建议 ………………………………………………………………… 381
**第三十二节　聚丁二酸丁二醇酯** ……………………………………………… 382
　　　一、概述 ……………………………………………………………………… 382
　　　二、市场供需 ………………………………………………………………… 383
　　　三、工艺技术 ………………………………………………………………… 387
　　　四、应用进展 ………………………………………………………………… 388
　　　五、发展建议 ………………………………………………………………… 388
**第三十三节　聚乳酸** …………………………………………………………… 390
　　　一、概述 ……………………………………………………………………… 390
　　　二、市场供需 ………………………………………………………………… 391
　　　三、工艺技术 ………………………………………………………………… 394
　　　四、应用进展 ………………………………………………………………… 394
　　　五、发展建议 ………………………………………………………………… 398
**第三十四节　锂离子电池负极材料** …………………………………………… 398
　　　一、概述 ……………………………………………………………………… 398
　　　二、市场供需 ………………………………………………………………… 401
　　　三、工艺技术 ………………………………………………………………… 406
　　　四、应用进展 ………………………………………………………………… 411
　　　五、发展建议 ………………………………………………………………… 411
**第三十五节　磷酸铁锂** ………………………………………………………… 412
　　　一、概述 ……………………………………………………………………… 412
　　　二、市场供需 ………………………………………………………………… 415
　　　三、工艺技术 ………………………………………………………………… 424
　　　四、应用进展 ………………………………………………………………… 428

五、发展建议 ································································································ 428

**第三十六节　气凝胶** ································································································ 429

一、概述 ································································································ 429

二、市场供需 ································································································ 432

三、工艺技术 ································································································ 440

四、应用进展 ································································································ 444

五、发展建议 ································································································ 448

**第三十七节　金属-有机骨架材料** ································································································ 450

一、利用机器学习实现 MOFs 合成预测 ································································································ 450

二、MOFs 的规模化制备 ································································································ 451

三、面向实际应用的 MOFs 材料成型及应用 ································································································ 456

四、MOFs 商业化进展 ································································································ 462

五、展望 ································································································ 463

# 第三章　应用篇 / 465

**第一节　化工新材料在航空航天领域的应用** ································································································ 466

一、概述 ································································································ 466

二、特种密封胶 ································································································ 466

三、特种胶黏剂 ································································································ 471

四、特种橡胶材料 ································································································ 476

五、透明高聚物材料 ································································································ 480

六、树脂基复合材料 ································································································ 484

**第二节　化工新材料在医疗器械领域的应用** ································································································ 490

一、医用高分子材料概况 ································································································ 490

二、主要医用高分子材料应用分析 ································································································ 492

三、展望与建议 ································································································ 502

**第三节　化工新材料在体育装备领域的应用** ································································································ 503

一、应用情况 ································································································ 504

二、市场预测 ································································································ 513

三、发展瓶颈 ································································································ 516

四、发展机遇 ································································································ 517

五、发展建议 ································································································ 518

**第四节　5G 通信行业用化工新材料现状及发展趋势** ································································································ 519

一、概述 ································································································ 519

二、关键材料 ································································································ 520

三、主要问题 ································································································ 528

四、发展建议 ·················································································· 528
**第五节　化工新材料在轨道交通领域的应用** ················································ 529
　　一、轨道交通发展概述 ······································································ 529
　　二、化工新材料应用情况 ··································································· 530
　　三、高分子材料在轨道交通领域发展趋势及建议 ······································· 548

**附录一　世界主要化工新材料生产企业** ·························································· 550
**附录二　中国石油和化学工业联合会化工新材料专委会副主任单位** ······················ 555

# 第一章

# 综 述 篇

# 国内外化工新材料产业发展现状及趋势

中国石油和化学工业联合会化工新材料专委会
卜新平　高原　刘伟强　佟岩　李喜飞

化工新材料是新材料产业的重要组成部分，具有传统化工材料不具备的优异性和特殊功能。与传统材料相比，具有性能优异、功能性强、技术含量高等特点。从产品类别而言，包括三类：一是传统化工材料的高端品种；二是新领域的高端化工产品；三是通过二次加工生产的化工新材料。化工新材料范围随着经济发展、科技进步、产业升级不断发生变化，具体涵盖高端聚烯烃、工程塑料、聚氨酯材料、氟硅树脂、特种合成橡胶和热塑性弹性体、高性能纤维及复合材料、功能性膜材料、电子化学品（材料）、无机功能材料、新能源材料、生物基材料等以及其他特种功能材料。

① 高端聚烯烃　聚乙烯辛烯共聚物、乙烯-醋酸乙烯树脂、乙烯-乙烯醇树脂、超高分子量聚乙烯树脂、环状聚烯烃、透明减薄用茂金属聚烯烃（茂金属聚乙烯、茂金属聚丙烯）、单一材质聚乙烯包装膜专用树脂、锂离子电池及电工膜用低灰分聚丙烯专用树脂、高流动低气味聚丙烯树脂、高透明环烯烃树脂、透明包装用复合热收缩膜芯专用树脂、低温管道用聚1-丁烯树脂、聚异丁烯（PIB）等。

② 工程塑料和特种工程塑料　聚碳酸酯、聚甲醛、聚甲基丙烯酸甲酯、聚酰胺、聚苯醚、聚对苯二甲酸丁二醇酯、聚萘二甲酸乙二醇酯等特种聚酯；聚酰亚胺、聚酰胺酰亚胺、聚醚酰亚胺、聚砜、聚醚砜、聚苯硫醚、聚芳醚酮、聚芳酰胺、聚芳酯、液晶聚合物等其他特种工程塑料。

③ 聚氨酯材料　MDI（甲苯二异氰酸酯）、TDI（二苯基甲烷二异氰酸酯）、HDI（六亚甲基二异氰酸酯）、IPDI（异氟尔酮二异氰酸酯）、HMDI（二环己基甲烷-4,4′-二异氰酸酯）等异氰酸酯为原料的硬泡、软泡、喷涂泡沫、复合材料、弹性体、整体发泡。

④ 氟硅树脂　聚四氟乙烯、聚偏氟乙烯、聚全氟乙丙烯、可熔融聚四氟乙烯、聚乙烯-四氟乙烯、聚三氟氯乙烯、四氟乙烯-六氟丙烯-偏氟乙烯共聚物、聚乙烯-三氟氯乙烯等氟树脂；硅树脂。

⑤ 特种合成橡胶和热塑性弹性体　卤化丁基橡胶、乙丙橡胶、硅橡胶、氟橡胶、氟硅橡胶、氟碳橡胶和全氟醚橡胶、丁腈橡胶、氢化丁腈橡胶、聚氨酯橡胶和异戊橡胶等；聚烯烃弹性体材料（乙烯基弹性体、丙烯基弹性体等）、聚异丁烯（PIB）、聚酰胺热塑性弹性体（TPAE）、聚烯烃热塑性弹性体（TPO）、动态硫化的聚烯烃热塑性弹性体（TPV）、热塑性聚酯弹性体（TPEE）、热塑性聚氨酯弹性体（TPU）、苯乙烯-异戊二烯-苯乙烯热塑性嵌段共聚物（SIS）、氢化苯乙烯-丁二烯嵌段共聚物（SEBS）、氢化苯乙烯-异戊二烯嵌段共聚物（SEPS）、双烯类热塑性弹性体（TPB、TPI）、氯乙烯类热塑性弹性体（TPVC、TCPE）、

液体橡胶。

⑥ 高性能纤维及复合材料 碳纤维、芳纶纤维、超高分子量聚乙烯纤维、聚对苯二甲酸丙二醇酯纤维、聚酰亚胺纤维、聚苯硫醚纤维、聚对亚苯基苯并二噁唑纤维等。

⑦ 功能性膜材料 水处理用膜、特种功能膜、离子交换膜、气体分离膜、新能源用膜（光伏、锂电和燃料电池用）、光学膜、医用膜等。

⑧ 电子化学品（材料） 半导体集成电路用化学品、封装测试化学品、印刷电路板（PCB）用化学品、液晶显示器用化学品、有机电致发光显示器（OLED）用化学品、电子纸（ED）用化学品等。

⑨ 新能源材料 三元正极材料、磷酸铁锂、锰酸锂、六氟磷酸锂、双氟磺酰亚胺锂、负极材料、电解液添加剂、电池黏结剂、涂覆材料。

⑩ 其他 生物基及可降解材料、无机功能材料（纳米材料、晶须材料、石墨烯、气凝胶等）、有机金属骨架材料（MOF）等。

## 一、世界化工新材料产业发展现状

根据欧洲化学工业理事会统计，2020 年全球化学品销售额高达 3.47 万亿欧。2010—2020 年，全球化工品销售规模从 2.36 万亿欧元逐步扩张至 3.47 万亿欧元，年均复合增长率 3.93%，其中 2020 年受新冠肺炎疫情影响，全球化工品销售额同比下滑 4.33%。

2020 年，化学品销售规模位列前三的国家（地区）分别为中国 1.55 万亿欧元（占比 44.55%）；欧盟地区 4991 亿欧元，占比 14.4%（包括欧盟 27 国和欧洲其他地区的整个欧洲地区为 6276 亿欧元，占比 18.1%）；美国 4258 亿欧元（占比 12.3%）。

2021 年，世界化工新材料总产量 8000 万吨，总产值为 4000 亿美元。

### （一）美国

在页岩革命推动下，美国实现了油气资源的自给自足，一边大量出口乙烷、丙烷等原料，一边新建乙烷裂解制乙烯等生产装置，利用成本优势巩固其国际竞争力。过去五年，美国新增了 700 万吨乙烯产能，到 2021 年底美国乙烯产能达到 4427 万吨，乙烷产能达到 4980 万吨，均居世界首位。

美国在高性能分离膜材料、高性能纤维、工程塑料与特种工程塑料、高端聚烯烃树脂、高性能橡胶、新型特种胶黏剂等领域全面处于领先水平，仅有极个别产品处于空白，如 EVOH 树脂；在氟硅树脂和橡胶、聚氨酯材料、电子化学品、储能材料等领域整体发展水平较好。

### （二）西欧

欧洲石化产业的优势领域是特种化学品和消费化学品。2020 年，欧盟特种化学品和消费化学品销售额达 2088 亿欧元，占化工行业销售额的 41.8%，建筑业以及消费品领域的材料和部件的创新和多样化的发展趋势是主要的驱动因素。

特种化学品为最大出口规模品类，石油化工产品为最大进口规模品类。

2010—2020年，欧盟化学品出口规模从1327亿欧元增长至1693亿欧元，复合年均增长率为2.5%，其中特种化学品出口规模最大，从2010年390亿欧元增长至2020年560亿欧元，年均复合增长率为3.7%，高于化学品总出口额的年均复合增长率1.2%。2020年，特种化学品出口额占化学品总出口额的33.3%。

同期，欧盟化学品进口规模从912亿欧元增长至1288亿欧元，年均复合增长率为3.5%，其中石化产品为主要进口品类，进口额从319亿欧元增长至463亿欧元，年均复合增长率为3.8%。2020年，石化产品进口额占化学品总进口额的36%。

德国是欧洲排名第一、全球排名第三的重要化工制造国。分国家来看，德国、法国、意大利和荷兰为欧盟主要化工业国家，超过60%的EU27化工品销售额由它们产生；2020年，这四国化工品销售额分别1603亿欧元、671亿欧元、534亿欧元、445亿欧元，占当年EU27化工品销售额的32%、13%、11%、9%，四国合计销售额及占比分别为3253亿欧元、65%。其中，德国是仅次于中国和美国的第三大化学品制造国。西班牙、比利时和奥地利位列其后，销售额占比分别8%、6.3%、3.1%。

2009—2021年，德国化学品销售规模逐步扩张，2021年达到最高水平。德国化工业2009年销售额为1074亿欧元，2021年增长至1724亿欧元，年均复合增长率为4.0%。其中，基本化学品、肥皂和洗涤剂等为主要销售产品，2021年销售额分别1061亿欧元、131亿欧元，同比增长25.7%、4.7%，占总销售额的61.6%、7.6%。

2020年德国以特种化学品和聚合物为主要出口产品，两类化学品出口额分别为412亿欧元、257亿欧元，占总化工品出口额的36.8%、22.9%；石油化工和特种化学品为主要进口产品，进口额分别为264亿欧元、246亿欧元，占总进口额的32.7%、30.6%。

从产业发展水平看，西欧在聚氨酯材料领域处于领先水平；在高性能膜材料、高性能纤维、工程塑料与特种工程塑料、高端聚烯烃树脂、高性能橡胶、氟硅树脂和橡胶等领域具有较高水平；个别产品处于空白或较弱，如芳纶、EVOH树脂、异戊橡胶等。

## （三）日本

日本石化产业的优势领域是化工新材料和高端专用化学品，凭借强大的研发实力，部分日本化工企业成功从基础化工原料生产商转型为高端化学品及整体解决方案供应商，在特种工程塑料、碳纤维、电子化学品、显示材料等领域建立了技术优势，并迅速抢占了汽车、电子、精密机械等重要消费市场。主要产品集中在光学膜、电子化学品、高纯度化学品、功能性树脂和化妆品原料等。

从产业发展水平看，日本在电子化学品领域处于世界领先水平；在高性能膜材料、高性能纤维、工程塑料与特种工程塑料、高端聚烯烃树脂、高性能橡胶、氟硅树脂和橡胶等领域具有较高水平，个别产品处于空白或较弱，如PTT，PCT等特种聚酯。

## （四）其它国家及地区

除了上述的美国、西欧、日本等国家和地区整体发展水平较高外，还有一些国家和地区在个别领域或产品上具备领先水平，详见表1.1。

表 1.1　2021 年世界其它国家及地区化工新材料情况

| 国家及地区 | 基本情况 |
| --- | --- |
| 俄罗斯 | 1.高性能橡胶领域：丁基橡胶、异戊橡胶处于领先水平<br>2.氟硅树脂和橡胶：在 PTFE、FKM 具备一定的水平，氟树脂占世界 4%<br>3.高性能纤维：芳纶具有一定水平<br>4.高端聚烯烃领域：PIB 具备一定水平 |
| 中国台湾 | 1.高端聚烯烃领域：EVA 树脂、EVOH 树脂具备一定水平<br>2.高性能纤维：碳纤维具有一定水平<br>3.特种工程塑料领域：PMMA 具有一定水平<br>4.电子化学品：具备一定发展水平，尤其是装连材料、PCB 材料和液晶显示器用材料紧随日本、韩国，在电子纸领域独树一帜 |
| 韩国 | 1.特种工程塑料领域：特种聚酯单体 CHDM 及 PETG 处于先进水平，PMMA、POM 具有一定水平<br>2.高端聚烯烃领域：EVA 树脂具备一定水平<br>3.高性能纤维：碳纤维、芳纶具有一定水平<br>4.聚氨酯领域：在 TDI 具备一定实力<br>5.氟硅树脂和橡胶：聚硅氧烷具备一定的水平，有机硅材料专利申请量仅占全球 3%<br>6.电子化学品领域：发展水平较高，尤其是 FDP 行业（OLED）和手机用材料<br>7.储能材料：多晶硅和锂电池具备较高水平<br>8.其它：石墨烯具有一定水平 |
| 沙特阿拉伯 | 1.工程塑料领域：SABIC 收购 GE 塑料后，PC 在产能和技术方面具有领先水平；在塑料合金领域也具有较高水平<br>2.高端聚烯烃领域：POE 具有一定水平 |
| 南非 | 高端聚烯烃领域：南非煤制油产业提供了大量 α-烯烃，使之在聚乙烯辛烯（POE）领域具备一定的水平 |
| 以色列 | 在 3D 打印领域居于领先水平，不过其龙头企业被美国公司收购 |
| 印度 | 1.氟硅树脂和橡胶：PTFE 具备一定的规模，氟树脂占世界 2%<br>2.高端聚烯烃领域：PIB 有一定水平 |
| 巴西 | 高端聚烯烃领域：EVA 树脂、UHMWPE 树脂具备一定水平 |

国外化工新材料的产能大部分集中在北美、西欧和日本等发达地区。在这些地区利用常规工艺生产的通用化学品的市场空间逐渐压缩，化工新材料的市场份额则逐步扩大，并且各个国家和地区专注的领域不尽相同。

2021 年全球化工新材料市场总额达到 4000 亿美元。即使受到全球新冠肺炎疫情的影响，预计到 2025 年，全球化工新材料产业市场总额仍将能够达到 4800 亿美元，年均复合增长率超过 4.5%。北美和欧洲产能较大且技术成熟，目前是全球新材料市场的主要地区。

（1）西强东弱的格局仍在延续　目前，西方发达国家仍在国际新材料产业中占据领先地位，世界新材料龙头企业主要集中在美国、西欧和日本。如日本、美国、德国的 6 家企业就占全球碳纤维产能70%以上；日本3家企业占全球液晶背光源发光材料产量的90%以上；工程塑料以美国、德国的生产企业为主；特种橡胶则由日本、美国占据更大的市场份额。美国、日本、德国这三个国家占据了全球化工新材料领域的绝大部分的高端牌号和利润。

同时，化工新材料企业更加注重业务聚焦。跨国化工企业不断进行着业务整合和优化，逐步退出低附加值、高污染的传统化工领域，为提高竞争力放弃非核心业务，向着更专业化方向发展，进一步加强在某一领域的优势地位，例如精细和专用化学品或制药、保健、农业等以生物技术为基础的生命科学新领域。为了加强业务聚焦，企业之间的兼并联合重组一直是跨国公司重要发展战略之一。

(2) 创新在产业发展中的地位越来越重要　创新在全球化工新材料发展中的地位越来越重要。高新技术的快速发展对关键基础材料提出新的挑战和需求，对新材料的性能要求也越来越高，同时，新材料的创新也推动了其他产业的技术进步。例如，东丽公司的高强高模碳纤维材料已经从M30开发到M70，模量已经达到690GPa，直接推动了无人机、卫星等产业的发展，同时，这些高技术产业也不断对高性能材料提出更高的要求。微电子芯片集成度及信息处理速度大幅提高，成本不断降低，硅材料发挥了重要作用，也推动了光刻胶、聚酰亚胺、液晶聚合物等材料的发展，进而推动了5G、互联网、数据中心、智能电网、电动汽车等输送与终端产品的开发和生产。

(3) 产品迭代的速度越来越快　全球消费升级使得无论是工业产品还是耐用消费品乃至快消品，产品迭代的速度越来越快。从芯片的制程到手机甚至跑鞋，领先企业的产品迭代速度几乎达到每年一次甚至数次。新产品也带来了更高的效益，以最常见的跑鞋为例，普通跑鞋使用EVA中底，产品零售价格很难突破300元/双，而以索康尼为代表的四大跑鞋品牌以每年推出一系列新品的策略，采用最新研发的TPU材质Everun系列材料，新款产品零售价格超过1200元/双，老产品被赋予了新概念，也获得了更高的附加值。

世界化工新材料产业主要呈现以下特点：一是美国、欧洲、日本等少数工业发达国家仍然是化工新材料的主要产销国，并垄断了先进的生产技术；二是主要跨国公司正在实施新一轮扩张计划，化工新材料全球化经销趋势日趋明显；三是亚太地区发展迅速，正式成为化工新材料的投资热点；四是化工新材料的产业规模在继续扩大，新品种层出不穷。

## (五) 未来趋势

未来世界化工新材料的产业格局或将更加均衡，中国的影响力会进一步扩大。企业在材料的升级创新方面越来越快，也更加重视用户体验，更加聚焦主营业务，兼并重组更频繁，化工新材料产业也更具投资价值。跨国化工企业继续加大业务整合和优化，逐步退出低附加值、高污染的传统化工领域，向着更专业化方向发展，进一步加强在某一领域的优势地位。

预计到2025年，全球化工新材料产业市场总额仍将能够达到4800亿美元，年均复合增长率超过4.5%。产品迭代的速度也将越来越快，领先企业的产品迭代速度几乎达到每年一次甚至数次，新产品也带来了更高的效益。

## 二、我国化工新材料产业发展现状

### (一) 我国化工新材料产业总体情况

在当前全球科技创新发展的大潮中，新材料与信息、能源一起，成为现代科技的三大支柱。其中，新材料是其他两个产业发展的基础和支撑。新材料的诞生，往往会催生出一种甚至多种新兴产业和技术领域。建设重大工程、增强国防保障能力、提升经济发展质量、构建国际竞争新优势都离不开新材料的支撑。作为新材料的重要组成和生产其他新材料的重要原料，化工新材料近年来备受国内外投资者的关注与青睐。

化工新材料等高端产品在化学工业中的占比较低。2021年，我国化工新材料行业产值为9616亿元，仅占化学工业的11.1%，与发达国家存在较大差距。

部分化工新材料品种及其原料开始呈现结构性过剩问题。TDI、MDI、环氧丙烷、己内酰胺、己二酸、聚醚多元醇、有机硅甲基单体、硅橡胶、氢氟酸、氟聚合物、含氟制冷剂等表现出不同程度的产能过剩，产能利用率快速下降、产品价格大幅下滑。受技术水平的制约，化工新材料整体来说属于我国化学工业体系中国内自给率最低、最急需发展的领域，国内产品质量和性能与国外相比存在较大差异，如聚甲醛、溴化丁基橡胶、碳纤维、芳纶、特种聚酰胺、聚苯硫醚、高纯电子气体和试剂、太阳能电池板膜用树脂等高端产品仍需进口。

"十三五"以来，我国化工新材料在工艺技术方面取得了重要突破，氟硅材料、聚氨酯材料、工程塑料、高性能橡胶等行业的装置能力快速增长。2021年，我国化工新材料产业规模达到9616亿元，市场总消费规模约为1.2万亿元，化工新材料进口额约500亿美元，占化工产品总进口额的15%（化工产品进口额达额2540亿美元），自给率为74%。按产量统计，2021年国内产量约为2964.7万吨，消费量达3833.8万吨，自给率仅为77%，其中，工程塑料产量340万吨，自给率仅为62%；高端聚烯烃产量750万吨，自给率为58%；高性能合成橡胶产量494万吨，自给率约89%；电子化学品按重量和销售额计的国内自给率分别为75%和40%。2021年我国化工新材料总体情况见表1.2。

表1.2 2021年我国化工新材料总体情况

| 产品类别 | 产量/万吨 | 占比/% | 产值/亿元 | 占比/% | 自给率/% |
| --- | --- | --- | --- | --- | --- |
| 工程塑料 | 340 | 11.47 | 741 | 7.7% | 62% |
| 高端聚烯烃树脂 | 750 | 25.30 | 975 | 10.1% | 58% |
| 聚氨酯 | 823.7 | 27.78 | 2000 | 20.8% | 100% |
| 氟硅材料 | 90.6 | 3.06 | 600 | 6.2% | 125% |
| 高性能橡胶 | 494 | 16.66 | 1600 | 16.6% | 89% |
| 高性能纤维 | 7.4 | 0.25 | 200 | 2.1% | 58% |
| 功能性膜材料 | 60 | 2.02 | 600 | 6.2% | 67% |
| 电子化学品 | 60 | 2.02 | 300 | 3.1% | 75% |

续表

| 产品类别 | 产量/万吨 | 占比/% | 产值/亿元 | 占比/% | 自给率/% |
|---|---|---|---|---|---|
| 锂电池材料 | 270 | 9.11 | 2400 | 25.0% | 100% |
| 其他 | 69 | 2.33 | 200 | 2.1% | 86% |
| 化工新材料合计 | 2964.7 | 100.00 | 9616 | 100.0% | 77% |

从产业发展水平看，中国在氟硅树脂和橡胶、聚氨酯材料、储能材料领域有很高的发展水平，但产品品种有待进一步丰富并拓展下游应用领域；在高性能分离膜材料、高性能纤维、工程塑料与特种工程塑料、高性能橡胶、新型特种涂料、新型特种胶黏剂、电子化学品领域具备一定发展水平，但存在较多技术空白，如辛烯及乙烯-辛烯弹性体、超高压高净电缆专用料、193nm 光刻胶等。详见表1.3。

表1.3　2021年中国化工新材料分行业情况

| 产业 | 基本情况 |
|---|---|
| 高性能分离膜材料 | 该领域的市场份额虽仅低于美国和日本；但总体竞争力不及美国、西欧和日本，尤其在特种分离领域、医用领域及光学领域，但水处理膜竞争力持续提升 |
| 高性能纤维 | 高性能纤维处于全面上升阶段。其中，聚酰亚胺、间位芳纶技术均居世界前列；PTT 纤维也已建成自主技术的工业化装置；对位芳纶、碳纤维、UHMWPE 纤维虽有一定的规模，但质量和技术水平还有待进一步提高 |
| 工程塑料与特种工程塑料 | 该领域的整体水平不高，但部分特种工程塑料具备较高水平；PC 已建成自主技术的非光气法工业装置，国产光气法装置均实现产业化；PA6T 和部分长链尼龙（如尼龙1212）具备自主技术；PA12 尚在产业化过程中。POM 虽然有自主技术，但产品质量偏低；特种聚酯领域如 PCT 的单体 CHDM、PTT 的原料1,3丙二醇及聚合技术已突破，聚苯醚、聚苯硫醚、聚醚醚酮、聚醚醚腈、LCP、聚乙烯醇缩丁醛树脂等特种工程塑料已具备较高水平，产业化规模持续扩大 |
| 高端聚烯烃树脂 | 高碳 α-烯烃供应不足，EVA 树脂、UHMWPE 树脂、茂金属聚乙烯、茂金属聚丙烯等少数品种，产量低；超高压超洁净电缆专用料、乙烯-丙烯酸丁酯、乙烯-甲基丙烯酸共聚物等处于空白 |
| 高性能橡胶和热塑性弹性体 | 多数产品具备自主技术，如丁基橡胶、异戊橡胶等，但产品牌号和装置稳定性仍需进一步加强，乙丙橡胶处于技术空白 |
| 氟硅树脂和橡胶 | 氟树脂和氟橡胶的市场份额均居世界首位，但品种少于美国、西欧和日本；有机硅单体发展水平高，市场份额居世界第一，具备较强的整体竞争力；有机硅材料以中端和低端产品为主，下游高端应用待进一步增强 |
| 聚氨酯材料 | 该领域的水平较高，仅次于西欧，尤其是 MDI 和 TDI，多数异氰酸酯产品均有涉及，IPDI、HDI 实现了产业化 |
| 电子化学品 | 该领域竞争力不强，但发展迅速，总体对外依存度约75%左右；PCB 电路用领域自给率较高，新一代显示及大规模集成电路配套电子化学品自给率较低，不足30% |
| 锂电池材料 | 锂电池用正负极、电解液、隔膜、电解质等产业规模大，具有竞争优势 |
| 其他 | 3D 打印领域和日本处于同一水平，位于美国和西欧之后；石墨烯领域发展迅速，和日本相当，仅次于美国，目前正在推进产业化进程，并打造全产业链 |

## （二）发展成就

### 1. 产业体系不断健全，产业规模持续扩大

化工新材料是我国化学工业体系中市场需求增长最快的领域之一，2021年化工新材料

产能产量持续扩大，自给率持续提升。产能达到 4166 万吨/年，产量超过 2964.7 万吨，较 2015 年（1681 万吨）提高 76%，2015—2021 年，年均增速 10%；实现销售收入 9616 亿元，较 2015 年（2600 亿元）增长 2.7 倍，2015—2021 年，年均增长 24.4%。

**2. 技术创新能力不断增强，保障能力逐步提升**

企业不断增加资本和人才投入，促使化工新材料行业的发展日新月异，在产品体系建设、技术装备创新、消费市场培育等方面均取得显著成绩。行业先后攻克了茂金属聚丙烯、110kV 高压绝缘电缆专用料、光伏级 EVA、光伏用有机硅胶、光学级 PMMA、溶液集合法聚苯醚、聚砜、医用 SEBS、防弹玻璃用 TPU、高强高模聚酰亚胺、大丝束碳纤维、高伸长间位芳纶、高韧性对位芳纶、钙钛量子点光学膜、高镍三元正极材料、磷酸铁锂、双氟磺酰亚胺锂、电池用 PVDF、高纯三氯化硼、电子级硫酸、电子级磷酸等产品的技术瓶颈并建成示范装置，填补了国内空白，打破了外资垄断。重点突破技术表见表 1.4。

表 1.4 重点突破技术表

| 领域 | 重点突破技术 |
| --- | --- |
| 高端聚烯烃 | 超高分子量聚乙烯树脂；聚丁烯-1；光伏用 EVA 树脂；茂金属聚丙烯；环状聚烯烃；聚烯烃专用料（高密度聚乙烯管道专用料 PE100、双向拉升聚乙烯专用料、锂电池隔膜用聚乙烯专用料、镀铝基膜用聚乙烯专用料、高熔体强度抗冲聚丙烯、抗菌聚丙烯、高流动性透明聚丙烯、低挥发聚丙烯、高熔体流动速率聚丙烯） |
| 工程塑料 | 聚碳酸酯（界面缩聚法和熔融酯交换缩聚法）；甲基丙烯酸甲酯（异丁烯法）及聚甲基丙烯酸甲酯；聚苯醚（均相溶液缩聚法） |
| 聚酰胺关键原料 | 己二腈（己二酸法）、己内酰胺、戊二胺 |
| 特种工程塑料 | 聚苯硫醚、聚芳硫醚砜、聚酰亚胺、聚醚醚酮、聚醚醚酮酮、聚醚酮、聚醚砜、联苯聚醚醚砜（PPSU）树脂 |
| 特种橡胶及弹性体 | 氢化苯乙烯-异戊二烯共聚物；氢化丁腈橡胶 |
| 氟硅材料 | 四氟丙烯（HFO-1234yf），乙烯-四氟乙烯共聚树脂（ETFE） |
| 高性能纤维 | 高性能碳纤维、聚酰亚胺纤维（高强高模）、超高分子量聚乙烯纤维、超细（<1.0T）聚苯硫醚纤维 |
| 电子化学品 | 电子级磷酸；电子级氢氟酸；电子级双氧水 |
| 新能源材料 | 双（氟磺酰）亚胺锂和双（三氟甲基磺酰）亚胺锂 |

**3. 产业竞争力持续增强，领头羊迅速成长**

随着国产化技术的不断完善和突破，一些长期短缺的化工新材料产品成为企业和地方争相追逐的热点项目，新建装置能力快速增长，一批领军型企业加快成长，焕发出强大的生机活力，中国石化和中国石油在高端聚烯烃、高性能纤维领域引领行业发展，中化控股在工程塑料、有机硅、有机氟、芳纶领域持续发力；华润集团、中车集团、中材集团分别在特种聚酯、高性能纤维、膜材料等领域加速布局；万华化学在异氰酸酯及新能源材料细分领域不断取得新的进展，巨化集团、兴发集团、泰和新材、盛虹石化、东岳集团、合盛硅业、久吾高新、华峰、福建锦江、金发科技、长春高琦和江苏先诺、威海拓展等分别在电子化学品、芳纶、EVA、氟化工、硅材料、膜材料、聚氨酯纤维、聚酰胺 6、改性塑料、聚酰亚胺纤维、碳纤维等细分领域不断取得新的进展，正在接近和达到国际先进水平，已成为推动我国新材料发展的生力军。

企业不断增加资本和人才投入，促使化工新材料行业的发展日新月异，在产品体系建设、技术装备创新、消费市场培育等方面均取得显著成绩。七批国家工信部制造业单项冠军企业和产品中，化工新材料冠军产品71个，示范企业75个。目前，我国已能生产高端聚烯烃树脂、工程塑料及特种工程塑料、聚氨酯材料、氟硅材料、高性能合成橡胶、高性能纤维、高性能膜材料、电子化学品和新能源材料等九大门类化工新材料、数千个品种的化工新材料产品，广泛应用于电子电器、建筑建材、汽车船舶、轨道交通、航天军工等多个国民经济关键领域。

**4. 投资动能增强，部分产业竞争优势逐步显现**

中国经济进入新常态，经济增长动力由要素和投资驱动转向创新驱动。石油化工等传统产业面临的结构调整压力持续加大，急需寻找创造新的经济增长点。在氮肥、磷肥、氯碱、电石等传统化工产品市场饱和、产能过剩的情况下，行业投资热点逐步转向以化工新材料、高端专用化学品、生物化工产品等为代表的新兴领域。

随着我国传统化工产业逐步走向成熟，产能过剩问题日益凸显，基础化工产业竞争十分激烈，企业经营压力加大，加快产业转型升级，向下游深加工延伸，向高端化发展逐步成为企业共识，化工新材料作为国际化工产业转型升级的主流趋势受到企业高度关注。瞄准国内短板产品，通过自主（合作）研发、引进消化吸收再创新等多种方式，积极向化工新材料转型，投资开发化工新材料项目增多，覆盖的领域也逐年拓展，多个产品从无到有，从低端到高端，使我国化工新材料自给能力不断增强。2022年4月，在在建项目情况摸底调查中，化工新材料投资占全国石油和化学工业总投资额的约25%，项目个数占比达60%，成为行业投资转型的热点方向。

随着企业向化工新材料发展的投入增大，我国化工新材料产业发展的动力必将进一步增强。

我国聚氨酯工业主要原材料产能均超过全球产能的1/3，成为全球最大的聚氨酯原材料和制品的生产基地。其中，异氰酸酯制造技术水平居世界先进水平，主要助剂研发、生产水平提升迅速，产品具有一定的国际市场竞争力。万华化学自主研发了第六代MDI生产工艺，成为全球技术领先、产能大、质量好、能耗低、综合竞争力强的MDI制造商，并打破了国外公司对ADI系列产品全产业链制造技术长达70年的垄断，建成了品种齐全、产业链条完善的ADI特色产业链。

我国硅氧烷产能超过全球总量的一半，产量和消费量约占全球总量的60%，已成为全球最大的有机硅生产国和消费国。国内有机硅单体技术整体提升，已建成从基础原材料、有机硅单体、中间体到各类终端产品生产，从有机硅教学、科研、工程化开发和设计到加工助剂、专用设备、分析检测、自动控制、仓储物流、安全环保等相关产业配套齐全的有机硅工业体系。

**5. 外资企业持续加大我国化工新材料市场布局**

中国是世界最大的化工产品生产国和消费国，在全球化工产业链供应链中占据重要地位。外资化工企业作为中国化工产业的重要组成部分，在引领化工产业技术创新、促进化工产品贸易发展、推动化工产业高质量发展等方面发挥着重要作用。在中国产业转型升级和"双碳"目标的推动下，外资化工企业正在加速转型升级，推动化工制造业高质量发展。据商务部发布的《中国外商投资报告 2022》显示，2020 年，外资化学原料和化学制品制造业企业营收 14527.5 亿元，利润总额可达 1408.2 亿元。

为鼓励外商投资化工产业，中国持续修订《鼓励外商投资产业目录》，其中涉及化工产业，促进外资企业投向高附加值、高技术含量的化工产品生产领域和化工原材料开发领域。巴斯夫、埃克森美孚、壳牌、科思创、赢创、三菱化学和 LG 化学等外资持续加大在中国投资力度，分别聚焦领域如下：BASF（专用化学品、工程塑料）、赢创（PEEK，专用化学品）、诺利昂（专用化学品）；科思创（聚碳酸酯）、英国威格斯（PEEK）、苏尔维（电子级双氧水）；埃克森美孚（高端聚烯烃）、英伟达（尼龙）、陶氏（专用化学品）、空气化学（电子特气）；SK（新能源材料）、LG（工程塑料、新能源材料）、晓星（聚氨酯纤维）、载元（电子化学品）、宝理（聚甲醛）。据不完全统计，近几年外资在化工新材料等领域的投资近 1000 亿元。

### （三）供需平衡

**1. 消费情况**

近年来很多产品的消费量年均增长都在 20% 以上，2021 年，我国化工新材料产业形成约 1.2 万亿元以上产值的生产体系。但由于受技术水平的制约，化工新材料一直是我国化学工业体系中国内自给率最低、最急需发展的领域，高性能产品主要依赖进口。

在我国化工新材料产业中，市场需求量较大、自给率较低、最急需发展的领域是工程塑料、高端聚烯烃、高性能橡胶、功能性膜材料和电子化学品。我国化工新材料产品的消费情况如表 1.5 所示。

表 1.5 2021 年我国化工新材料产品消费情况

| 产品类别 | 消费量/万吨 | 自给率/% |
| --- | --- | --- |
| 工程塑料 | 550 | 62 |
| 高端聚烯烃树脂 | 1300 | 58 |
| 聚氨酯 | 821.8 | 100 |
| 氟硅材料 | 72.3 | 125 |
| 高性能橡胶 | 557 | 89 |
| 高性能纤维 | 12.7 | 58 |
| 功能性膜材料 | 90 | 67 |
| 电子化学品 | 80 | 75 |
| 锂电池材料 | 270 | 100 |
| 其他 | 80 | 86 |
| 化工新材料合计 | 3833.8 | 77 |

注：聚氨酯树脂按聚氨酯制品的数量折算。

## 2. 分领域发展情况

2021年，我国主要化工新材料的供需情况见表1.5。其中，高性能橡胶自给率为89%；高端聚烯烃树脂、高性能纤维、工程塑料自给率为60%左右；氟硅树脂和橡胶供略大于需。

(1) 高端聚烯烃树脂　中国聚乙烯处于扩能高峰期。2021年产能达到2836万吨，产量达2328.7万吨，同比增加16.3%；进口量1458.87万吨，消费量3736.5万吨，自给率62.3%。国内供应增速高于需求增速，供应缺口在连续3年增长后开始下降。2021年，我国PE缺口约1408万吨。2021年中国聚丙烯产能维持较高增长率，全年累计新增产能334万吨，产量2926.9万吨，进口量479.8万吨，出口量创出新高达139.11万吨，表观消费量3267.6万吨。

2021年我国高端聚烯烃树脂产量约为750万吨，自给率仅为58%，其中己烯、辛烯等高碳α-烯烃依赖进口是制约高碳α-烯烃共聚聚乙烯发展的重要原因之一，在高端聚烯烃树脂领域，POE树脂、超高压电缆超净绝缘专用料、乙烯-丙烯酸丁酯共聚物、乙烯-甲基丙烯酸共聚物完全依赖进口；mPE和mPP自给率严重不足，仅为10%左右；EVA树脂自给率也不到50%。详见表1.6。

表1.6　2021年中国高端聚烯烃树脂供需情况

| 产品 | 产量/万吨 | 净进口量/万吨 | 消费量/万吨 | 自给率/% |
| --- | --- | --- | --- | --- |
| 己烯共聚聚乙烯 | 310 | 25.8 | 335.8 | 92.3 |
| 辛烯共聚聚乙烯 | 5 | 7.7 | 12.7 | 39.0 |
| EVA树脂 | 100.7 | 109.5 | 210.2 | 47.9 |
| EVOH树脂 | 0 | 1 | 1 | 0 |
| UHMWPE树脂 | 3.8 | 0.4 | 4.2 | 90.0 |
| mPE | 19.37 | 198.5 | 217.87 | 8.0 |
| mPP | 2 | 18 | 20 | 10.0 |

1) 乙烯-醋酸乙烯共聚树脂（EVA）　国内EVA树脂产能达到177.2万吨/年（其中燕山石化20万吨/年产能为LDPE/EVA树脂切换生产，以产LDPE为主）。EVA树脂生产企业主要有中国石化旗下的北方东方、扬巴公司、北京华美聚合物、燕山石化和联想旗下的山东昊达化学5家企业。此外，大庆石化20万吨/年LDPE装置及上海石化LDPE装置均可兼产EVA树脂，但由于切换生产EVA难度较大，自建成以来从未排产EVA树脂。2021年，国内EVA全年产量初步估算在100.7万吨左右，基本与2020年持平。据统计，2021年国内初级形态的EVA树脂进口量116.6万吨，出口量7.1万吨，净进口量高达109.5万吨，表观消费量达到210.2万吨。

2) 乙烯-乙烯醇共聚树脂（EVOH，亦称EVAL）　目前全球EVOH生产规模超过20万吨，其中最大的生产企业为日本可乐丽公司，总计产能已经达到14.2万吨/年左右，是全球最大的EVOH的生产企业。JSR全球EVOH的产能已经超过6万吨/年，是第二大生产企业。台湾长春化工拥有一套1万吨的EVOH生产线，是全球第三大生产企业。目前，国内 EVOH 工业化生产尚处于空白,所需产品全部依靠进口,制约了下游应用产业的发展。在 2018 年 4 月份,川维化工 EVOH 中试装置实现了中交,在 2019 年 8 月份,市场中出现了川维的 EVOH 产品,截至目前,川维是目前中国 EVOH 最接近工业化的装置之一,已掌握 F 型 EVOH 树脂产品的关键技术,可实现批量生产。为此中国石化集团重庆川维化工有限公司决定实施 1.2 万吨/年 EVOH 树脂工业示范装置建设项目,预计 2023 年建成投产。这一举措将为未来进一步实现工业化放大奠定基础,有望推动我国 EVOH 树脂产业实现突破。

3)茂金属聚乙烯(mPE) 截至 2021 年底,国内共有中国石化齐鲁石化、中国石油大庆石化、中国石油独山子石化、中国化工沈阳化工四家企业工业化生产 mPE 产品,总产量在 19.37 万吨左右。中石化齐鲁石化是国内最早开始进行 mPE 工业化试生产的企业,也是目前国内 mPE 生产规模最大的企业,2015 年产量接近 8 万吨,主要有 4 个 mPE 产品牌号,均采用 1-己烯为共聚单体,产品用于 PE-RT 管材、薄膜、滚塑制品等领域。中国石油大庆石化、中国石油独山子石化和中国化工旗下沈阳化工引进 UNIVATION 公司茂金属催化剂技术生产 mPE,以 1-己烯为共聚单体,但受国内市场开发等问题影响,产量规模一直在未能显著提升,维持在数千吨的水平。Total 公司正在筹划与中电投公司合资建设 80 万吨/年煤制聚烯烃项目,其 31 万吨/年 HDPE 装置产品定位即以生产茂金属薄膜料、高性能吹塑料、高规格双峰管材料以及高端注塑料(含茂金属牌号瓶盖专用料)等高端产品为主。

2021 年国内 mPE 总消费量约 217.87 万吨,自给率仅 8.0% 左右。目前国内 mPE 主要用于包装领域,占到总消费量的 70%。其次是 PE-RT 管材领域,占到 25% 左右,此外还用于滚塑油箱、注塑瓶盖等其它领域。

4)茂金属聚丙烯(mPP) 茂金属聚丙烯(mPP)产品的起步时间和发展规模均远落后于茂金属聚乙烯。目前,其在世界聚丙烯市场中所占比例仅 1% 左右,总体市场规模在 50 万～100 万吨之间。世界上已有多家公司实现了 mPP 的工业化或半工业化生产,主要技术包括:美国阿托菲纳公司的 Atofina 技术、美国埃克森美孚化工公司的 Exxpol/Unipol 技术、北欧化工公司的 Borecene 技术、美国 Dow 化学公司的 Insite/Spheripol 技术、日本 JPC/三菱化学公司的 JPC 技术、荷兰巴塞尔公司的 Metocene 和 Spheripol 技术、Novolen 公司的 Novocene 技术。

国内 mPP 一直以来大量依赖进口。国外茂金属催化剂及 mPP 生产技术均较成熟,提供个性化定制产品服务能力强,形成了行业垄断和技术壁垒。以中国石化和中国石油为主要代表的国内石化企业开始在 mPP 工业化上持续发力攻关,淄博新塑、中国石化北京化工研究院和中国石油石油化工研究院等国内化工企业和科研机构在茂金属催化剂国产化生产上不断取得阶段性突破,上下游产业链逐步打通。

2014 年,中国石油石油化工研究院与中国石油哈尔滨石化公司以新型聚丙烯催化剂的开发与工业应用,围绕透明 mPP 产品进行联合攻关。2017 年 6 月,中国石油石油化工研究院使用自主开发的载体型 mPP 催化剂 PMP-01,在哈石化 8 万吨/年间歇液相本体聚合装置上首次使用,成功生产出可应用于包装、薄膜及注塑制品等的 MPP6006 高透明 mPP 产品,标志着国内在 mPP 催化剂和 mPP 新产品开发上的重大突破。2020 年 10 月 30 日,中国石油石油化工研究院自主研发出茂金属聚丙烯催化剂 MPP-S02,2021 年 11 月在哈石化间歇本体聚合装置上使用国产催化剂 MPP-02 成功生产 10 釜 6 个牌号超高熔体流动速率 mPP 产品。

中国石化燕山石化公司 2018 年 3 月在国内连续生产装置上首次产出合格的 mPP 树脂 MPP1300、MPP1400，实现了国内第一个超高透明 mPP 专用料牌号 MU4016 的工业化生产。2019 年 8 月、10 月和 12 月，燕山石化合成树脂部聚丙烯装置三次成功量产茂金属聚丙烯产品约 2500 吨，全面打通了生产工艺流程，实现了在现有聚丙烯装置上连续平稳生产。2021 年 8 月份和 10 月份，燕山石化合成树脂聚丙烯装置成功生产出了 5 个牌号茂金属聚丙烯产品 1400 余吨，公司茂金属聚丙烯产品顺利实现量产，成功填补了国内连续法生产茂金属聚丙烯产品的空白。燕山石化攻克了茂金属聚丙烯连续化生产难关的企业，并实现了茂金属超高透明聚丙烯专用料牌号 MU4016 的工业化生产。其产品性能稳定，可达进口同类水平，打破了国外同类产品的垄断。

此外，中国石化茂名石化公司于 2020 年 8 月成功应用国产 mPP 催化剂在工业本体釜式反应器上稳定生产出 mPP 产品。中国石化扬子石化公司研究院于 2020 年 12 月，在聚丙烯中试装置上实现了 mPP 生产的连续稳定运行，打通了生产工艺流程，产品性能符合设计要求。2021 年 5 月，中国石油兰州石化公司聚丙烯装置一次开车成功，生产出 mPP 纤维料产品，迈出了规模化生产的关键一步。2021 年 11 月，中国石化青岛石化公司依托中国石化北京化工研究院自主开发的聚丙烯茂金属催化剂，在青岛石化 7 万吨/年间歇本体法聚丙烯装置上试生产，成功生产出可溶物含量低、韧性好的 mPP 产品，有望应用于薄膜、纤维以及医用材料等领域。2022 年 4 月，独山子石化利用环管技术成功生产出 1000 吨茂金属聚丙烯产品，彻底消除了降解法生产带来的异味问题。

5）超高分子量聚乙烯　2021 年，我国 UHMWPE 的总产能约 23 万吨，产量约 3.8 万吨，消费量约 4.2 万吨，自给率为 90%。我国 UHMWPE 生产规模较小，无法满足国内市场需求，近两年我国 UHMWPE 净进口量在 0.4 万吨/年左右，进口产品主要来自美国和日本的生产企业。

2021 年我国 UHMWPE 树脂直接产值约 30 亿元，带动下游制品产值超过 250 亿元，其中锂电隔膜、高端过滤材料、部分纤维材料等依赖国外进口树脂。随着高性能 UHMWPE 型材、过滤材料、纤维、隔膜等高附加值领域的应用逐年攀升。2021 年中国超高分子量聚乙烯材料下游占比最大为纤维，约 32%；占比第二为电池隔膜，约 28%；板材占比第三，约 26%；工业管材占比第四，约 6%；其他应用领域占比 8%。随着新能源的发展，未来电池隔膜有望占比第一。

随着下游应用领域的增多，我国超高分子聚乙烯市场需求正处于快速增长阶段，市场规模正在逐步扩大，但我国需求大于产量，处于一种供不应求的阶段，随着行业集中度的提升，技术落后的企业被逐渐淘汰，行业正向良好的趋势发展。

（2）工程塑料与特种工程塑料　在工程塑料与特种工程塑料领域，总体自给率较低，详见表 1.7。

表 1.7　2021 年中国工程塑料与特种工程塑料供需情况

| 产品 | 产量/万吨 | 净进口量/万吨 | 表观消费量/万吨 | 自给率/% |
| --- | --- | --- | --- | --- |
| PC | 128 | 116.1 | 244.1 | 52.4 |
| PMMA | 37.4 | 23.8 | 61.2 | 61.1 |

续表

| 产品 | 产量/万吨 | 净进口量/万吨 | 表观消费量/万吨 | 自给率/% |
|---|---|---|---|---|
| 聚酰胺6切片 | 407.2 | −0.3 | 406.9 | 100.1 |
| 聚酰胺66切片 | 39 | 12.6 | 51.6 | 75.6 |
| 聚甲醛 | 34 | 32 | 66 | 51.5 |
| 热塑性聚酯 | 69 | −7.67 | 61.33 | 112.5 |
| 聚苯硫醚 | 2.5 | 2 | 4.5 | 55.6 |
| 聚醚醚酮 | 0.05 | 0.1 | 0.15 | 33.3 |
| 液晶 | 0.3 | 3 | 3.3 | 9.1 |
| 聚酰亚胺 | 0.5 | 0.5 | 1 | 50.0 |
| 聚芳醚砜 | 0.16 | 0.44 | 0.6 | 26.7 |
| 高温聚酰胺 | 1 | 2.3 | 3.3 | 30.3 |

2021年我国工程塑料产量340万吨，表观消费量为550万吨，自给率仅为62%，其中消费量最大的聚碳酸酯国内自给率仅为52.4%，而且主要由外资企业生产。我国工程塑料领域主要问题是产能过度集中于低端产品，而高端产品的产能受制于技术等因素而导致对进口的依赖严重。

1) 聚碳酸酯　截至2021年，我国PC产能为248.8万吨，产量约为128万吨，集中在外资和合资企业。进口量150.11万吨，出口量33.98万吨，表观消费量219.1万吨，同比下降11.3%。随着产能增加，供应缺口减少，2021年供应缺口116万吨，同比下降15.2%。2017—2021年，我国PC产能年均增长率为29.6%；而消费增速相对缓慢，年均增长率6.0%。需求增速远低于供应增速，加上新增装置多，导致装置开工率低。近年来，我国聚碳酸酯进口量呈逐年上升态势，进口量由2015年142.7万吨上升至2021年150.1万吨。聚碳酸酯生产工艺具有较高的技术壁垒，目前世界聚碳酸酯生产主要集中在美国、西欧和日本。其中，美国通用电气（GE）、德国拜耳（BAYER）、美国陶氏化学（DOW）、日本帝人（TEIJIN）和三菱瓦斯/三菱化学公司（MITSUBISHI）是世界五大聚碳酸酯生产企业，其生产能力合计占世界总生产能力的9成左右。

2) 聚甲醛　截至2021年底，中国聚甲醛年生产能力已近45万吨/年，产量34万吨，进口量34.8万吨，出口量2.8万吨，表观消费量为66万吨，自给率为51.5%。随着生产工艺包的引进和自主知识产权的开发，我国的聚甲醛生产行业经历了一个井喷式的发展时期。聚甲醛生产工艺有共聚和均聚两条路线。仅杜邦和日本旭化成两家公司可以生产均聚甲醛，其市场占有量在20%以下。均聚甲醛的力学性能等相比共聚甲醛有一定的优势，但是由于均聚甲醛对材料的加工工艺要求较高，只有一些高端产品使用均聚甲醛产品。目前国内生产均聚甲醛的只有杜邦和旭化成公司合资建设的年产2万吨的旭化成聚甲醛（张家港）有限公司生产，其他国内企业尚未涉猎。

3) 聚酰胺　2021年我国聚酰胺6切片生产能力为568.3万吨，产量为407.2万吨，进口量为25.3万吨，出口量25.6万吨，表观消费量为406.9万吨。2021年我国聚酰胺66切片生产能力为56万吨，产量为39万吨，进口量为25.3万吨，出口量12.7万吨，表观消费量为51.6万吨。

我国己二腈主要依赖进口，成本较高，制约了中国己二胺及聚酰胺66产业的发展。丁二烯法约占总产能的70%，但反应过程的路线短、能耗低，被杜邦（英威达）、罗地亚（罗纳普朗克）、巴斯夫等少数几个公司高度垄断。由于己二腈极高的技术壁垒，一直以来国内己二腈的供应为国际大厂所控制，但不可抗力因素也常导致己二腈生产受限。目前，华峰集团和中国化学已实现产业化，未来己二腈国产化，聚酰胺66成本与聚酰胺6价差控制在3000元/吨以内，聚酰胺66将以更加突出的性能占领市场，进入供需两旺的阶段，新增需求预计达到75.3万吨。

4）特种聚酰胺　特种聚酰胺主要包括长链聚酰胺和高温聚酰胺。其中，长链聚酰胺占据了主导地位，是重复单体数量超过10的聚酰胺，产品主要包括PA12、PA11、PA610、PA612、PA410、PA1010和PA1012。高温聚酰胺产品主要包括PA46、PA4T、PA6T/6、PA6T/66、PA6T/6I、PA6T/6I/66、PA6T/DT、PA6T/66/DT、PA9T和PA10T。全球特种聚酰胺生产商主要包括了赢创、阿科玛、巴斯夫、旭化成等公司。

具体来看，当前全球高温聚酰胺产品生产企业包括杜邦、索尔维、赢创、阿科玛、帝斯曼、EMS、三菱化学、可乐丽等；部分国内企业也开发出了高温聚酰胺产品并成功实现产业化，包括金发科技、杰事杰等企业。全球范围内生产PA12的厂商主要有瑞士EMS、德国赢创、法国阿科玛、日本宇部兴产。

目前已经产业化的半芳香聚酰胺有PA4T、PA6T、PA9T、PA10T和PA12T。由于原材料的限制，PA4T和PA9T具有较强的垄断性，国内企业主要集中在PA10T、PA6T、PA12T产业化方面；我国目前市场需求的70%以上依赖进口。国内的半芳香聚酰胺存在产品质量参差不齐、稳定性欠佳、与国外产品竞争能力不足等问题。

5）热塑性聚酯　热塑性聚酯在工程塑料品种中占有重要地位，已经得到广泛应用和大规模工业化生产的是PET和PBT。2021年我国三大种类的PET产量贡献中，瓶级PET产量占比17%、纤维级PET产量占比78%、膜级PET产量占比5%。我国已成为世界上最大瓶级PET切片生产国，总产能突破1250万吨/年，其中产能在100万吨以上的企业共有五家，分别是万凯新材、海南逸盛、三房巷、华润材料、江阴澄高，其中逸盛、华润、三房巷、万凯四家企业产能共计860万吨，占全国总产能的69.0%，产量突破1000万吨，2021年中国瓶级PET切片消费量约为760万吨。我国膜级瓶片产能前四家企业为中国石化仪征化纤、江苏双星、福建百宏和恒力石化，产量达140万吨。2021年中国PET光学基膜产能增长至52万吨，双星建材、东材科技、合肥乐凯、大东南和激智科技，占比64.5%，产量为41.6万吨，需求量为78.9万吨，缺口为37.3万吨。2021年，我国PBT主要生产企业的总产能达到148万吨，主要生产企业有南通星辰、仪征化纤、长春化学、江阴和时利、新疆屯河，平均开工率仅为58.4%，产量约86.3万吨，进口量为19.5万吨，出口量约25.9万吨，表观消费量为79.9万吨。

2021年我国PBS产能为23.1万吨。随着国家环保政策的日趋严格，不可降解塑料使用限制的不断加强，国内可降解塑料发展已迎来爆发式增长，未来多家企业计划新建/扩建PBS/PBAT类联产装置。据相关统计，"十四五"期间，国内PBS产能将新增202.0万吨/

年,届时国内总产能将达 225.1 万吨/年。原料 BDO 来源与现有的石化、煤化工行业匹配度极高;一旦突破原料丁二酸/酯的产能瓶颈,PBS 将成为最具竞争力的可降解塑料产品。

2021 年我国 PBAT 产能 44.1 万吨,需求 8.6 万吨,在建产能 363.4 万吨,企业规划的总产能超过 1200 万吨。2022—2024 年,随着新建产能的投产,我国 PBAT 产能将增长至 230 万吨,实际需求量预测为 16 万吨,产能严重过剩。我国可降解塑料正处在起步发展期,未来在环保政策的推动下发展潜力巨大。

2021 年我国 PTT 纤维产量约为 11.25 万吨,进口量约 0.03 万吨,表观消费量 10.18 万吨,基本能实现自给。PTT 纤维面料及其各种混纺、交织面料市场将迎来超速发展的黄金时期,PTT 代替尼龙,用于生产短纤维和长丝产品,有很强的市场竞争能力,未来将有较大的需求。

特种聚酯方面:以 NPG 进行共聚改性的 PETG、以 CHDM 进行共聚改性的 PETG 和 PCTG、以异山梨醇及 CHDM 进行共聚改性的 PETG,以及以 TMCD 及 CHDM 进行共聚改性的 PETG。我国 PETG 总产能达到 22.3 万吨/年,主要生产企业有辽阳石化、华润化学材料、腾龙特种树脂、江阴华宏、江苏景宏、河南银金达等,推出了以 NPG 或 CHDM 作为共聚单体的 PETG 产品。2021 年,华润化学材料科技股份有限公司实现了分别以 CHDM 和 NPG 为改性单体的两种 PETG 的技术突破,生产出了高品质的 PETG,在珠海市完成了 PETG 生产基地的建设,产品已经投放市场。中国已经是全球最大的 PETG 消费市场,对 PETG 的需求旺盛,目前以进口产品为主,未来五年全球市场对 PETG 的需求年增长率预计保持在 7% 左右的水平。

6) 聚苯硫醚树脂　2021 年,我国聚苯硫醚树脂产能达到 8 万吨,在产企业主要有浙江新和成、重庆聚狮、滨阳燃化、珠海长先。2021 年,产量约 2.5 万吨,进口量为 2.0 万吨,表观消费量 4.5 万吨,自给率为 55.6%。主要以低分量注塑级 PPS 产品为主,绝大部分聚苯硫醚材料尚须从国外进口,尤其是挤出级和薄膜级技术难度更高,还无法生产。

7) 液晶高分子材料　全球 LCP 市场是一个高度集中的市场,美国 Celanese 公司、比利时的 Solvay、日本的宝理塑料和住友化学等 4 家公司占据全球 LCP 市场份额的 75% 以上。我国目前仅上市公司普利特一家,2000 吨 TLCP 试生产,产能严重跟不上需求。较高的技术壁垒,限制了企业进入。随着全球 IT、电子工业产能向我国转移,我国已成为 TLCP 使用量最多的地区,每年需进口约 2 万~3 万吨,对外依赖度极高。

8) 聚砜 PSU　聚砜是一种分子主链上含有砜基和芳核的非结晶型高分子化合物,略带琥珀色、非晶型透明或半透明聚合物。作为一类耐高温以及高机械强度的工程塑料,具有优异的抗蠕变性、拉伸强度、弯曲模量、耐热性,综合性能在工程塑料中属于上等。聚砜通常包括普通双酚 A 型聚砜(PSU)、聚醚砜(PESU)、聚苯砜/聚芳砜(PPSU)三大类。

聚砜传统应用领域广,集中在医疗、食品、汽车、电子、环保等领域,主要应用方式包括注塑、纤维、合金。2021 年中国聚砜树脂的消费量约为 0.6 万吨,其中 PSU:PESU:PPSU 消费比例约为 4:3:3。国内产量总共约为 1600 吨,其中一小半左右为 PPSU;进口 1 万多吨,出口接近 4400 吨。国内主要企业有优巨、津兰、浩然、帕斯砜等,但本土企业技术实力和市场份额都存在差距,市场主要被外企如巴斯夫和索尔维所控制。三大类聚砜中,PSU 和 PESU 因特殊的性能特点主要用于水处理和医疗用途,PSU 用于水处理、PESU

用于血透膜、医疗设备等，这两个下游领域均属于高增长行业，未来5年消费年均增长率接近或超过10%；唯有PPSU的增速较差，未来5年大约每年4%~5%。

9）聚酰亚胺（PI） PI是目前工程塑料中耐热性最好的品种之一。根据应用，可分为薄膜材料、工程塑料和纤维三大种类，前两个品类产品的市场规模较大。另外，还有PI泡沫、PI复合材料、光敏PI等。其中，聚酰亚胺薄膜为聚酰亚胺系列产品中应用较成熟的产品。电子级以下聚酰亚胺薄膜已实现国产自给自足，电子级及以上聚酰亚胺薄膜市场仍主要由海外公司瓜分。我国PI材料仍集中于中低端市场，虽然已有少数企业可以量产电子级PI薄膜，但是生产效率低，不良率较高，性能和稳定性方面也不如国外进口产品。如国际上2014年已能生产的$8\mu m$以下厚度的超薄PI薄膜，在我国仅有少数企业可以量产，而且还处于刚刚试产成功的初级阶段。前述柔性显示用PI基板和盖板材料，我国还全部依赖进口。2021年，我国PI材料总产能约为1万吨，产量约为5000吨，需求量约为1万吨，进口量约为5000吨。可以看出，进口量的增速要高于国内产量的增速，而这一差距还有可能进一步扩大。目前我国自主生产的PI材料主要是中低端电工级产品，高性能电子级PI材料则主要依赖进口。

新增产能方面，2019年中天科技旗下中天电子材料有限公司年产300吨高性能PI薄膜项目试生产，采用化学法工艺技术路线，主要生产微电子级PI薄膜和高频高速传输用PI薄膜。2020年，鼎龙股份黄色耐高温PI产品PY102取得首批吨级订单，具备年产1000吨/年的PI浆料生产能力。目前鼎龙正在潜江建设光电半导体及光电显示材料研发和生产基地，已经启动二期项目，包括年产5000吨/年PI薄膜项目。2020年，三爱富（常熟）新材料有限公司"年产1100吨聚酰亚胺材料扩建项目"开工建设。2021年，国风塑业投资23.8亿元，建设1300吨PI薄膜和2000吨/年PI浆料产能，目前已投产4条产线，产能约350吨/年。中科玖源第一期工厂完成设备安装和量产准备，形成500吨/年PI浆料和1000吨/年PI膜产能，预计在3~5年内达到2500吨/年的PI浆料和2000吨/年的PI薄膜产能。2022年，瑞华泰募资4.3亿元用于嘉兴PI薄膜生产，总投资约13亿元，规划产能1600吨/年，产品覆盖热控、电子、电工、特种功能等系列PI薄膜产品。上述产能全部释放后，预计我国PI材料总体产能可达3万吨/年规模。

（3）高性能橡胶 高性能橡胶指除乳聚丁苯橡胶和通用型顺丁橡胶外的其它合成橡胶，包括溶聚丁苯橡胶和稀土顺丁橡胶，也包括各类热塑性弹性体。

据统计，2021年我国合成橡胶总产量817万吨，进口438万吨，消费量870万吨，高性能橡胶装置（不含氟橡胶和硅橡胶）总能力达585.6万吨，消费量为469.51万吨，其中净进口量96.1万吨，国内产品市场占有率约67.3%。2021年我国高性能合成橡胶产品供应状况见表1.8。

表1.8 2021年中国高性能橡胶供需情况

| 名称 | 产量/万吨 | 净进口量/万吨 | 消费量/万吨 | 自给率/% |
| --- | --- | --- | --- | --- |
| 溶聚丁苯橡胶 | 19 | 2 | 20 | 95.0 |
| 稀土顺丁橡胶 | 16 | 5 | 21 | 76.2 |
| 氯丁橡胶 | 5 | 0.7 | 5.7 | 87.7 |

续表

| 名称 | 产量/万吨 | 净进口量/万吨 | 消费量/万吨 | 自给率/% |
|---|---|---|---|---|
| 异戊橡胶 | 3.7 | 3.2 | 6.9 | 53.6 |
| 丁腈橡胶 | 19.6 | 8 | 27.6 | 71.0 |
| 热塑性丁苯橡胶 | 97.8 | 0.9 | 98.7 | 99.1 |
| SEBS | 22 | −2.3 | 19.7 | 111.7 |
| SIS | 21.2 | −4.1 | 17.1 | 124.0 |
| 乙丙橡胶 | 27.1 | 13.7 | 40.8 | 66.4 |
| 丁基橡胶 | 29.4 | 18 | 47.38 | 62.1 |
| 溴化丁基橡胶 | 22.5 | 13.4 | 35.9 | 62.7 |
| 热塑性聚氨酯弹性体（TPU） | 45 | 12.3 | 57.3 | 78.5 |
| 丙烯酸酯橡胶 | 1 | 2 | 3 | 33.3 |
| 硅橡胶 | 206 | −17.79 | 162.21 | 127.0 |
| 高温硫化硅橡胶 | 85.1 | −10.1 | 49 | 173.7 |
| 室温硫化硅橡胶 | 119.2 | −7.69 | 111.5 | 106.9 |
| 液体硅橡胶 | 1.7 | 0 | 1.7 | 100.0 |
| 氟橡胶 | 1.63 | 0.4 | 1.2 | 135.8 |

从上表供应状况可以看出，SBS 是国内市场占有率最高的品种，其原因应归结于近年中国石化下属企业竞争力强，加上在大陆的台资企业保障了台商鞋用料供应而降低对进口材料的依赖；我国丁基橡胶和乙丙橡胶的装置能力已经大于消费量，但是因天然胶价格冲击，国内装置开工低，市场消费大量依靠进口产品。

1) 丁基橡胶　2021 年我国丁基橡胶装置总能力达 50.5 万吨，产量 29.4 万吨，进口量 21.78 万吨，出口量 3.8 万吨，消费量为 47.83 万吨，其中丁基橡胶为 43.02 万吨，卤化丁基橡胶为 4.81 万吨，自给率为 62.1%。目前国内只有燕山石化、浙江信汇、盘锦信汇、山东京博四套 HIIR 生产装置。清华工研院拟以承债方式对和运实施资产重组，由清华工研院下属企业浙江信汇新材料股份有限公司运营和运丁基橡胶业务相关的资产，以资产运营的收益偿还相关债务及利息，通过引入浙江信汇的先进技术，对和运丁基橡胶装置进行扩能和升级改造，盘活企业闲置产能。盘锦信汇丁基橡胶装置技术改造项目达产后，普通丁基橡胶产能由原 6 万吨/年提高至 10 万吨/年，卤化丁基橡胶产能由 3 万吨/年提高至 5 万吨/年。燕山石化共有两套丁基橡胶装置，2000 年建成的 9 万吨/年 IIR 装置建成后一直未开车。另外一套 3 万吨/年 HIIR 装置（也可生产 IIR），因产品质量及供应稳定性，仅有个别客户在采购使用。山东京博 BIIR 产能为 5 万吨/年，2021 年底两套溴化丁基橡胶装置建成投产，目前产能 13 万吨年/，正常开工。台塑合成橡胶工业（宁波）有限公司 5 万吨装置，闲置中。

2021 年，中国 IIR 产能过剩，随着浙江信汇、京博石化的产品转型（IIR 转为 HIIR），中国 IIR 装置的产能基本满足市场需求。目前中国 IIR 的需求基本维持稳定，随着 HIIR 新装置的不断建成，HIIR 市场也将处于供过于求的局面，新建或扩建装置应该慎重，不宜盲目扩能。

我国的丁基橡胶生产要达到世界先进水平还要做很多工作。首先加大产品应用配方的研发、提出产品在其他应用领域的解决方案、提升产品附加值，是丁基橡胶生产商提高自身竞争力的发展方向。不断进行技术创新，可利用现有成熟的阳离子聚合工艺技术，逐步探索开发以异丁烯为原料的系列产品，包括聚异丁烯系列产品、星型支化丁基橡胶、液体丁基橡胶、改性丁基橡胶等，以满足下游企业不断发展的应用需求。

2）异戊橡胶　2010年，采用国内技术建设异戊橡胶工业装置先后在茂名鲁华化工有限公司和青岛伊科思公司建成投产，从此我国合成胶七大基本胶种全部实现工业化。后来又在各地大型乙烯装置的化工区域内，建成多套碳五分离生产异戊二烯并联产异戊橡胶生产装置。2021年我国已经建成异戊橡胶总能力34万吨。但由于近几年国际天然橡胶供应过剩，价格极低，影响异戊橡胶市场价格与生产成本倒挂，使已建装置长期处于停产状态，全国异戊橡胶的生产总量仍很低。2021年产量仅为3.7万吨，消费量为6.9万吨，青岛第派新材料公司建成世界上第一套反式异戊橡胶工业生产装置，反式异戊橡胶属于热塑性橡胶，市场开发的应用前景广阔。

3）氯丁橡胶　我国氯丁橡胶是依靠国内自己开发技术发展起来的。目前国内生产装置能力共8.3万吨/年。山西大同在合资过程中开发大聚合釜技术，3万吨/年装置可生产的产品牌号达数十个，极大提升了国内氯丁橡胶供应能力。2021年，氯丁橡胶进口量2.2万吨，出口量1.5万吨，净进口量0.7万吨，消费量5.7万吨，自给率87.7%。

国内氯丁橡胶市场消费量增长缓慢，传统市场受其它高分子聚合物替代。国内企业需要进一步稳定产品质量，提高市场开拓和用户精细服务，替代进口。

4）丁腈橡胶　2021年国内丁腈橡胶生产装置产能25万吨，进口量24.5万吨，消费量27.6万吨，自给率71%。主要生产企业有中国石油兰化公司、中国石油吉化公司、台湾南帝化学公司宁波顺泽、朗盛台橡（南通）化学工业有限公司、南京金浦英萨合成橡胶有限公司。

5）乙丙橡胶　2021年底国内乙丙橡胶装置总能力达39.5万吨，产量27.1万吨，消费量达40.8万吨，自给率为66.4%。主要生产企业有中国石油吉化公司、上海中石化三井化工有限公司、朗盛（常州）有限公司、宁波爱思开合成橡胶有限公司。

随着汽车为代表的国民经济快速发展，乙丙橡胶市场需求量不断增长，而国内扩建装置一直未能及时补充市场需要，我国乙丙橡胶进口量持续上升到2021年的高峰值16.9万吨，2021年国内对进口乙丙橡胶依存度达33.6%。

6）溶聚丁苯橡胶　目前，国内规模化生产SSBR的装置共有6套，其中高桥石化、山子石化和辽宁北方戴纳索是引进国外专利技术，巴陵石化、燕山石化和镇江奇美采用自有技术建设和生产；独山子石化装置则具有连续法和间歇法工艺的生产能力。2021年，我国SSBR总产能在26万吨左右，但实际年产量约为19万吨，主要是低端产品市场饱和，而高端产品国内产量较低，市场需求依赖进口。虽然我国SSBR行业逐渐向高端化发展，但由于国内客户对于国产SSBR认知和接受度较低，使得国内SSBR进口量居高不下。

在政策的加持下，加上市场扩张，近两年国内结束了溶聚丁苯橡胶无新增产能现象：2020年7月，镇江奇美新增二期4万吨/年溶聚丁苯橡胶装置投产；2021年12月，独山子石化新增6万吨/年溶聚丁苯橡胶装置中交；2021年，巴陵石化溶聚丁苯橡胶产量近4万吨，同比增产70%，创投产以来历史新高；2022—2023年申华化学计划在南通新建4条5万吨/年溶聚丁苯橡胶生产线；中国石化拟在天津投建6万吨/年溶聚丁苯橡胶装置。

国内溶聚丁苯橡胶产能增加的同时，研发也在不断发力，个别产品性能逐渐达到国际一流应用标准，并取得行业内知名企业许可。例如燕山石化生产的溶聚丁苯橡胶获得某跨国轮胎企业的认证，对国内溶聚丁苯橡胶进入高端轮胎市场具有标志性意义。随着新能源车型的快速迭代与发展，轮胎会在该领域发生针对性变革，满足更强的静音、续航、高抓地力等需求，也将对溶聚丁苯原料提出更多样化的要求。

7) 热塑性丁苯橡胶 我国已成为世界热塑性丁苯橡胶最大生产和消费市场。2021年产量达97.8万吨，消费量达98.7万吨，国产市场占有率为99.1%，是国内合成橡胶自给率最高的产品。由于国内热塑性丁苯橡胶产能发展较快，进口量已从2006年峰值17.8万吨回落到2021年3.9万吨。2021年出口3万吨，是目前国内合成橡胶出口量万吨以上的四大品种之一。SBS的生产技术还分别向意大利EniChem公司和台湾合成橡胶公司转让，开创了石油化工技术的出口先例。

高性能合成橡胶品种的国内装置能力均高于相应国内消费量，其中丁苯热塑性橡胶、丁腈橡胶和氯丁橡胶这三个品种的国内产品市场占有率达到60%以上，需要进一步增加高档适销产品；而丁基橡胶、乙丙橡胶和异戊橡胶三个品种因装置建成时间不长，产品市场占有率还很低，需要进一步稳定产品质量，开发市场，尽快达到正常生产，满足国内市场需要。

(4) 聚氨酯 聚氨酯材料生产以异氰酸脂和多元醇为起始原料，产品种类包括聚氨酯发泡材料、聚氨酯涂料、聚氨酯胶黏剂等聚氨酯制品。2021年我国聚氨酯消耗量约1270万吨，各类聚氨酯制品产量达950万吨，折合聚氨酯树脂产量823.7万吨。聚氨酯制品如发泡材料等大多不便运输，一般在市场所在地进行生产，因此除个别特种聚氨酯制品外，基本国内自给。我国聚氨酯行业的发展长期受到异氰酸酯和多元醇等关键原料的制约，"十二五"期间原料供应情况大为改善，目前大宗品种的原料MDI、TDI，脂肪族异氰酸酯和聚醚多元醇均已实现或基本实现国内自给。

1) 异氰酸酯 改革开放以来，经过30多年的引进、消化吸收、自主创新开发，特别是近10年来快速创新发展，我国异氰酸酯形成了以MDI、TDI为主体品种的坚实产业基础，已成为全球异氰酸酯主要生产和消费国。

2) MDI 2021年我国MDI供求均有较大幅度增长，另外，随着我国产能增加，进口量大幅度减少，而出口量大幅度增加。万华化学集团股份公司完成了烟台工业园MDI装置扩能技改，2021年我国MDI产能达到389万吨/年，产量353万吨，装置开工率90.7%，进口量36.78万吨，出口量113.48万吨，表观消费量113.5万吨。产能全部分布在华东地区，尤其是以上海为中心的长三角地区。主要生产企业有3家，分别为万华化学有限公司、拜耳（上海）聚氨酯股份有限公司和上海联恒异氰酸酯有限公司。

3) TDI 2021年，我国TDI产能142万吨，产量123.5万吨，装置开工率87%，进口量1.61万吨，出口量36.99万吨，表观消费量88.12万吨。在出口量增加的支撑下，2021年我国TDI供求处于平衡状态。近年来，TDI下游应用领域几乎没有新的拓展，一些下游应用还被其他异氰酸酯产品替代，应用趋窄，TDI消费缓慢增长。我国TDI生产企业有6家，分别为拜耳（上海）聚氨酯股份有限公司、上海巴斯夫聚氨酯有限公司、沧州大化股份有限公司、甘肃银光化学工业公司、烟台巨力异氰酸酯有限公司和福建东南电化。

2021年我国TDI消费量约为88.1万吨,其中聚氨酯软质泡沫消费约占67%;聚氨酯涂料消费约占17.5%;弹性体消费约占6%,密封剂、胶黏剂消费约占8.8%。在需求和产能过剩的双重压力之下,TDI产业长期处于成本线下方运行,开工率偏低。预计随着万华化学的30万吨/年TDI装置建成投产,TDI市场产能严重过剩局面持续。

4) HDI　HDI主要用于汽车面漆固化剂。2021年我国HDI总产能7.5万吨,产量4.8万吨,净进口量为近0.7万吨,表观消费量为5.5万吨左右,自给率为87.3%。主要生产商有拜耳材料科技(中国)有限公司和万华化学有限公司、日本旭化成(南通,装置产能扩大1万吨/年)。

5) 聚醚多元醇　2021年,我国聚醚多元醇产能约670万吨,聚醚行业总产量约420万吨,行业开工率约63%,产能过剩凸显。

聚醚多元醇生产的技术壁垒不高,中国生产企业较多,主要供应商有句容宁武化工、上海高桥石化、中海壳牌、山东东大、淄博德信联邦、佳化化学、南京红宝丽、河北亚东等。

2021年,普通软泡聚醚消费量约100万吨,同比增长20%以上,下游仍以海绵及其制品为主,应用端软体家居、汽车消费量增长幅度较大,预计未来普通软泡聚醚逐渐向汽车、鞋材等领域不断发展;POP(聚合物多元醇)消费量达60万吨以上,同比增长约28%,应用端受汽车产量增加影响,汽车消费量同比增长约48%;高回弹聚醚需求量达40万吨以上,同比增长15%,应用端汽车消费量占比较大,同时,随着人们生活水平的提高,在软体家居、防水涂料、胶黏剂等行业的需求量逐年提高。此外,弹性体聚醚需求量达40万吨以上,同比增长6%,应用端塑胶跑道、防水行业发展较为迅速。

下游行业对聚醚产品的要求也逐渐呈现专业化、多样化和个性化等特点,这都对聚醚行业未来的发展提出了更高要求。聚醚企业若要在今后的市场中保持竞争优势,必须持续优化生产工艺和专有配方,以市场需求为导向调整产品牌号,改善产品性能,提升产品在细分市场的占有率。

6) 聚氨酯制品　聚氨酯制品按照其形态和应用,可分为聚氨酯泡沫、弹性体、鞋底原液、聚氨酯纤维、合成革浆料、涂料和胶黏剂/密封剂等。随着我国经济增速放缓,消费低迷,直接影响了聚氨酯材料的消费增速。据统计,2021年我国聚氨酯制品的消费量约为1270万吨(含溶剂),增速约5%,低于我国GDP的增速。2021年我国聚氨酯制品的供需情况统计见表1.9。

表1.9　2021年我国聚氨酯制品的供需情况统计

| 制品分类 | 产量/万吨 | 消费量/万吨 | 自给率/% |
| --- | --- | --- | --- |
| 聚氨酯泡沫 | 262 | 161.8 | 162.0 |
| 弹性体 | 122 | 181.9 | 67.1 |
| 合成革浆料① | 185 | 194 | 95.8 |
| 鞋底原液 | 54 | 46.31 | 116.6 |
| 氨纶 | 80 | 78.5 | 101.9 |
| 涂料① | 149 | 149.24 | 99.8 |

续表

| 制品分类 | 产量/万吨 | 消费量/万吨 | 自给率/% |
|---|---|---|---|
| 胶黏剂/密封剂① | 28 | 22 | 127.3 |
| 合计 | 880 | 711.6 | 123.7 |

① 含溶剂。

① 泡沫塑料　聚氨酯泡沫分软质、硬质、半硬质三大类。2021年中国聚氨酯软、硬质泡沫总消费量262万吨。聚氨酯软泡生产企业主要有新乡鑫源化工实业有限公司、乔福泡棉股份有限公司、圣诺盟控股集团、联大实业有限公司和南通馨源海绵公司，产能均在2万~3万吨/年。

② 聚氨酯弹性体　2021年中国聚氨酯弹性体消费量181.9万吨，其中TPU由于原料价格的下降和优良的加工性能，成为增速最快的聚氨酯产品。浇注型、混炼型产品规模较小而分散，厂家100~200家，主要有山西化工研究院、南京金三力橡塑公司、江苏泰来东方聚氨酯有限公司等。热塑型万吨级厂家约8家，主要有烟台万华聚氨酯公司、路博润特种化工制造（上海）有限公司、巴斯夫聚氨酯特种产品（中国）有限公司、东莞宏德化学工业有限公司、拜耳热塑性聚氨酯（深圳）有限公司等。

聚氨酯铺装材料主要用于塑胶田径跑道，篮、排球各运动场地等。约有300余个聚氨酯铺装材料生产、施工厂家，主要集中在北京、河北、山东、江苏、上海、浙江、广东等区域，占全国总量的80%左右。铺装材料主要生产厂家有山东一诺威聚氨酯股份有限公司、青岛神鹿塑胶铺装有限公司、山东东海塑胶有限公司、北京蓝星科技有限公司、北京新世纪纳米塑胶材料有限公司。

③ 革用树脂　我国不仅是世界第一聚氨酯革用树脂生产和消费国，而且也是聚氨酯合成革制品（鞋类、服装、箱包等）最重要的出口国。2021年我国聚氨酯革用树脂产能400多万吨，主要集中在浙江、江苏和福建地区，约占全国总产能的70%。聚氨酯革用树脂产能在5万吨/年以上的生产企业有60余家，其中，华峰集团、旭川化学、华大树脂、上海汇得、嘉兴禾欣等5家企业所占市场份额较大，总计约50%。由于合成革产业前几年新增产能的集中释放，导致合成革企业同质化竞争异常激烈，绝大多数合成革企业均处于保本或亏损状态，再加上合成革生产工艺的环境污染问题已纳入政府重点管控范围，合成革企业的整体环境不容乐观。

④ 聚氨酯纤维（氨纶）　我国已成为全球聚氨酯纤维（氨纶）最大的生产、消费和出口国，产能约占全球产能的70%。中国氨纶生产企业30余家，产能1万吨/年以上的企业有17家，主要生产企业有浙江华峰氨纶股份有限公司、诸暨华海氨纶有限公司、烟台泰和新材料股份有限公司、江苏双良氨纶有限公司和浙江薛永兴氨纶有限公司等。2021年我国消费量约78.5万吨，已完全实现自给。

⑤ 聚氨酯涂料　2021年使用异氰酸酯固化剂固化的各类涂料产量约149万吨，品种已达60多种。聚氨酯涂料企业多集中在长江三角洲和珠江三角洲地区，主要有广东华润涂料有限公司、中华制漆（深圳）有限公司、东莞秉顺制漆有限公司、东莞大宝、维新制漆（深圳）、广东美涂士化工、广东鸿昌化工、深圳大中化工、广东嘉宝莉化工有限公司等。

(5) 有机氟硅材料　氟硅材料是我国化工新材料最具资源和原料优势的领域，但现状是萤石、工业硅等稀缺资源和高耗能基础原料高比例出口,而氟硅树脂等深加工产品出口量相对较少。

1)有机氟材料主要包括氟氯烷烃,氟硅橡胶、氟硅油、氟硅树脂、含氟烷烃等。

国内含氟聚合物总生产能力24.1万吨/年左右,产量5.7万吨左右。通用型氟树脂产品已有部分出口,但高性能产品仍依赖进口,其中氟树脂为净出口,我国氟橡胶生产能力达2万吨/年,通用型产品存在产能过剩问题,装置开工率低。表1.10为2021年我国氟硅树脂和橡胶供需情况。

表1.10  2021年有机氟材料供需平衡情况

| 名称 | 产量/万吨 | 净进口量/万吨 | 消费量/万吨 | 自给率/% |
| --- | --- | --- | --- | --- |
| PTFE | 11.34 | −2.71 | 8.63 | 132 |
| FEP | 2.45 | — | 2.45 | 100 |
| PVDF | 5.5 | −0.7 | 4.8 | 115 |
| FKM | 1.6 | −0.86 | 0.74 | 190 |

国内含氟聚合物产业与国际先进水平相比,主要差距体现在:产品低端,缺少高性能品种;产品单一,缺乏满足各种不同用途加工需求的专用化、系列化产品;产品稳定性不够,给下游加工带来不便。因此结构性短缺现象比较突出。

① 聚四氟乙烯(PTFE) 具有抗酸、抗碱、抗各种有机溶剂的特性,几乎不溶于所有溶剂,同时还具有强密封性、高润滑不粘性、电绝缘性和良好的抗老化能力,耐温优异(能在+250℃至−180℃的温度下长期工作),被称为"塑料王"。2021年,国内聚四氟乙烯树脂产能18.8万吨,产量11.34万吨,进口量8148吨,出口量为35299吨,主要生产企业有山东东岳、四川晨光、浙江巨化、江苏梅兰和上海三爱富等。国内PTFE产能占据全球产能的60.84%,但以注塑级的中低端产品为主,高端的改性PTFE树脂市场国产化率很低,需依赖进口。国内高端产品缺乏,出现了单体产能过剩,基础产品、通用牌号产能过剩,而下游创新不足、高端产品缺乏、高端客户不能满足要求、下游高端产品依赖进口的状况,尤其是缺乏高性能、专用化、系列化、精细化的产品。

② 聚偏氟乙烯(PVDF) 2021年中国PVDF生产企业主要有11家,产能6.89万吨,产量5.5万吨,开工率80.9%,出口量1.56万吨,净出口量0.7万吨,消费量4.8万吨,国内PVDF乳液聚合仍以均聚产品为主,部分市场需要依赖进口或国外企业常熟基地的产能。在锂电等高端产品领域,国内供应能力不足,而在传统的应用领域产能过剩。目前,产能扩张的速度更快,涌现了一批新进入企业,国外厂家也纷纷在中国投资建厂,进一步加剧了产能过剩。

PVDF的主要国外生产企业为Arkema、3M、Solvay、吴羽和大金,其产品基本占据了全球的PVDF光伏膜市场和锂电级高端PVDF产品市场的大部分份额。国内PVDF生产企业主要有东岳集团、孚诺林、乳源东阳光以及中化蓝天,生产的PVDF产品主要供氟涂料使用,少部分品种可以达到锂电池黏合剂的要求,亟待提高生产技术水平,抢占国内快速发展的市场,加大PVDF共聚产品的开发力度,进一步提升PVDF综合性能,拓宽应用领域,提高含氟聚合物终端产品附加值。我国PVDF悬浮聚合技术成熟度不高,尤其针对三元体系锂离子电池用高耐碱性PVDF树脂、高纯半导体用PVDF树脂,需加大开发力度,尽快实现国产化替代。

③ 聚全氟乙丙烯（FEP） 2021年全国聚全氟乙丙烯树脂产量约为24516吨，产能实现大幅度上涨。主要生产厂家为山东华夏神舟新材料有限公司、浙江巨圣氟化学有限公司、金华永和氟化工有限公司、上海三爱富新材料股份有限公司、聊城氟尔新材料科技有限公司、江苏梅兰化工股份有限公司，其中山东华夏神舟、浙江巨圣氟化学和金华永和氟化工年产量位于前三名。近几年国产FEP树脂的质量得到不断的提高，品种不断增多，在基础应用稳定的基础上，相关行业应用范围和领域也在不断拓展。国内聚全氟乙丙烯整体处于缺货状态，产品供不应求。在一些新兴行业，如高速挤出线缆、5G等高频通信、离型膜、电子半导体以及高端膜材料，FEP作为一种性能优异的材料受到了这些方面研究人员的普遍关注，并得到应用。虽然目前国内体量较小，相信随着FEP性能的不断提升，一定会有更大的发展和提升。

④ 氟橡胶（FKM） 是指主链或侧链的碳原子上含有氟原子的高分子弹性体，国内多数产品是偏氟乙烯与六氟丙烯的二元共聚物（FKM-26）或者偏氟乙烯、六氟丙烯与四氟乙烯的三元共聚物（FKM-246）。氟原子的引入，赋予橡胶优异的耐热性、抗氧化性、耐油性、耐腐蚀性和耐大气老化性，在航天、航空、汽车、石油和家用电器等领域得到了广泛应用。

随着氟橡胶的优异特性被逐步认识，氟橡胶的应用领域也越来越广泛，随之而来的则是社会需求量的迅速增加。2021年，氟橡胶产量为1.63万吨。总消费量约12000~13000吨。此外军工、航空航天、水利设施等领域对氟橡胶需求也在快速增长。氟橡胶国内市场需求稳中有升，国内氟橡胶企业仅能满足低端的生胶生产，部分氟橡胶加工企业仍大量选择进口国外氟橡胶产品。

⑤ 其他含氟聚合物 除了上述的四种聚合物以外，目前市场上用量相对较大的品种还有：FEVE、ETFE、PFA等。

a. FEVE　FEVE是指氟烯烃和乙烯基醚的共聚树脂FEVE。采用三氟氯乙烯或四氟乙烯为主要共聚单体，乙烯基醚或乙烯酯为共聚体，由自由基共聚反应可以制备FEVE树脂。FEVE树脂由氟乙烯单体和乙烯基乙醚（或酯）单体交替联接构成，氟乙烯单体把乙烯基醚单体从两侧包围起来，形成屏蔽式的交替共聚物。FEVE树脂用于涂料领域，制得的含氟涂料不仅耐候性优异，而且耐酸碱及耐溶剂性优良，可以常温固化，大大扩宽了含氟涂料的应用领域。国内FEVE厂家主要集中在常熟中昊、大连振邦等厂家，国外生产厂家主要集中在日本旭硝子和日本大金公司，国内公司生产的FEVE产品质量不够稳定，只能应用在低端领域。

b. ETFE　ETFE为乙烯-四氟乙烯共聚物，ETFE是最强韧的氟塑料，它在保持了PTFE良好的耐热、耐化学性能和电绝缘性能的同时，耐辐射和机械性能有很大程度的改善，拉伸强度可达到50MPa，接近聚四氟乙烯的2倍，乙烯-四氟乙烯共聚物膜有较高的机械强度。国内ETFE还没有厂家有成熟的产品投入市场，目前浙江巨化、山东东岳、江苏华奥等厂家在进行试验研究，国外公司日本旭硝子、日本大金和美国杜邦公司有成熟产品应用市场。

c. PFA　PFA是四氟乙烯—全氟烷氧基乙烯基醚共聚物，熔融黏结性增强，溶体粘度下降，而性能与聚四氟乙烯相比无变化。PFA树脂可以直接采用普通热塑性成型方法加工成制品，有与FEP相同的热熔流动性和用途，而PFA的内热性和耐开裂性更优于FEP，扩宽了使用领域。国内 PFA 还没有生产装置，浙江巨化、山东东岳、上海三爱富等主要含氟聚合物生产厂家都在进行试验，也有试验产品投放市场，但还不稳定，国外公司美国杜邦、日本大金、日本旭硝子、比利时苏威等主要含氟聚合物生产厂家都有 PFA 产品在市场上应用。

d. PCTFE　PCTFE 是三氟氯乙烯的均聚物，也是最早开发的热塑性氟塑料，PCTFE 的耐热性虽不及 PTFE，但它的压缩强度大，更宜作设备的耐高压防腐垫片，PCTFE 具有优异的耐低温性能，可用作液氮、液氧、液态燃料的密封材料。国内 PCTFE 还没有生产装置，青岛宏丰、常熟中昊有试验，产品还很不稳定，国外主要是日本大金公司在生产。

e. PVF　PVF 是氟乙烯的均聚物，也是一种较晚开发的含氟树脂，是氟含量较低的含氟塑料，它的化学稳定性和使用温度虽不及 PTFE、FEP 等含氟聚合物，但 PVF 优良的耐候性、耐腐蚀和耐污染性，使它有一定的使用范围，PVF 复合膜及分散液涂层用作保护和表面装饰材料。国内 PVF 只有中化蓝天有一套小生产装置，但没有成熟产品投放市场，国外公司主要是美国杜邦公司在生产。

2) 有机硅材料　2021 年，中国有机硅单体生产企业共 13 家，甲基单体总产能达 357 万吨/年（折硅氧烷 134 万吨/年），2021 年甲基单体实际产量约 288 万吨（折硅氧烷产量为 96.5 万吨），装置利用率约 80.7%。聚硅氧烷下游产品主要分为硅橡胶、硅油及硅树脂。其中硅橡胶按硫化方式可分为高温胶（HTV）、液体胶（LSR）、室温胶（RTV）等品种；硅油可分为甲基硅油、苯基硅油、氨基硅油、含氢硅油、羟基硅油等。中国硅橡胶发展的最为成熟，市场需求量较大，发展速度也较快，而硅油一直保持较为稳定的发展速度，生产量和消费量均逐年增加，纺织行业增速的放缓某些程度上影响了硅油的消费速度。硅树脂产品特别是高品质硅树脂产品却出现供不应求的情况，其应用不断开拓中。2021 年中国主要聚硅氧烷产品生产统计见表 1.11。

表 1.11　2021 年主要聚硅氧烷产品生产统计（实物量）

| 产品 | 产量/万吨 | 净进口量/万吨 | 消费量/万吨 | 自给率/% |
| --- | --- | --- | --- | --- |
| 有机硅单体 | 288 | −14.4 | 112.6 | 112.8 |
| 高温硫化硅橡胶 | 85.1 | −10.1 | 75 | 113.5 |
| 室温硫化硅橡胶 | 119.2 | −7.69 | 111.51 | 106.9 |
| 硅油 | 52.6 | −3 | 47.9 | 112.5 |
| 硅树脂 | 3.2 | 0.5 | 5.1 | 90.2 |
| 硅烷偶联剂 | 26 | −9.14 | 17.1 | 152.0 |

(6) 高性能纤维　国内高性能纤维产量约 7.4 万吨，自给率为 58%。目前国内碳纤维装置开工率仅约为 45.7%，自给率仅为 46.9%，主要原因是国内通用型碳纤维的生产成本高于进口产品价格，急需完善工程技术，降低生产成本。我国间位芳纶已能基本自给，但是对位芳纶仍严重依赖进口。聚对苯二甲酸丙二醇酯纤维长期受原料 1,3-丙二醇供应不足的制约，2014 年 1,3-丙二醇实现大规模工业化生产，聚对苯二甲酸丙二醇酯纤维正在进入快速发展期。

在高性能纤维领域，碳纤维自给率严重不足，不到 30%，详见表 1.12。

表 1.12　2021 年中国高性能纤维供需情况

| 产品 | 产能/(万吨/年) | 产量/万吨 | 净进口量/万吨 | 消费量/万吨 | 自给率/% |
|---|---|---|---|---|---|
| 芳纶 | 3.5 | 1.54 | 0.65 | 2.2 | 70.0 |
| 对位芳纶 | 1.8 | 0.57 | 0.6 | 1.17 | 48.7 |
| 间位芳纶 | 1.7 | 0.97 | 0.05 | 1.02 | 95.1 |
| 碳纤维 | 6.24 | 2.93 | 3.31 | 6.24 | 46.9 |
| UHMWPE 纤维 | 3.53 | 2 | 1 | 3 | 66.7 |
| 聚苯硫醚纤维 | 2 | 0.7 | 0.4 | 1.1 | 63.6 |
| 聚酰亚胺纤维 | 0.41 | 0.25 | 0.05 | 0.2 | 125.0 |
| 合计 | 15.68 | 7.42 | 5.41 | 12.74 | 58.2 |

1) 碳纤维　2021 年，我国碳纤维产能约 6.4 万吨。我国已经培育出山东威海拓展碳纤维有限公司、江苏恒神碳纤维有限公司、中复神鹰碳纤维有限公司等龙头企业。在产品方面，目前国内已能稳定生产 T300 碳纤维，T700、T800 等高规格产品也突破了制备技术瓶颈，部分碳纤维生产企业还在进行工程化技术研究。而日本企业已经能够生产包括 T700、T800、T1000、T1100 在内的系列产品。

国内碳纤维企业单线最高产能是 3000 吨/年，规格在 12K 以下、24K 及以上的碳纤维产品质量不稳定，生产运行速度慢、运行工位少、装备保障能力弱、实际产量低、产品均匀性和稳定性差，导致国内产品生产成本高，市场竞争力差。

2) 芳纶　2021 年中国芳纶总产能为 3.5 万吨，总产量 1.54 万吨，平均开工率 44%，其中间位芳纶产能 1.7 万吨，产量 0.97 万吨，平均开工率 57.1%；对位芳纶产能 1.8 万吨，产量 0.57 万吨吨，平均开工率 31.7%。

2021 年中国芳纶消费量约 2.2 万吨，其中对位芳纶消费量 1.17 万吨左右，间位芳纶 1.02 万吨左右。2021 年，中国对位芳纶对位依存度较高，对位芳纶进口量为 0.6 万吨，出口量为 667 吨；间位芳纶的进出口数据基本保持平衡，进口量 2264 吨，出口量 2040 吨。

中国芳纶主要生产企业有烟台泰和新材、江苏圣欧、广州彩艳、杭州九隆和蓝星晨光等，另外河南神马、仪征化纤、苏州兆达、河北硅谷等企业处于工程化研发和建设阶段。

3) UHMWPE 纤维　国内最初的生产厂家有 3 家：浙江宁波大成新材料股份有限公司、湖南中泰特种装备有限责任公司和北京同益中特种纤维技术开发有限公司。目前已发展至 30 家左右，形成了较为完善的规模化生产能力。目前国内市场产能约为 23.3 万吨/年左右，若在建产能完全释放可达 3.53 万吨/年以上。我国目前 UHMWPE 应用较多的是绳索类产品，其次是应用于轻质防弹衣、防刺服、防弹头盔等产品。业内人士估计目前国内对 UHMWPE 纤维的年需求量在 3 万吨左右，我国 UHMWPE 年产量已达 8000 余吨，不仅可以部分替代国外进口，而且可以出口创汇，每年出口收入超过 20 亿元。

超高分子量聚乙烯纤维是我国唯一具有国际竞争力的高性能纤维，也是获得专利最多的品种。据调查，国内部分厂家相关产品的单丝强度可达到 45cN/dtex，产品均匀性好，纤度不匀率可控制在 2% 左右，总体技术制备已经基本达到国际先进水平。随着生产工艺的进一步优化，UHMWPE 纤维的生产成本将逐步下降，特别是有些企业实现千吨级规模生产装置后,总体成本进一步降低,从而刺激需求的增长。

(7) 高性能膜材料

高性能膜材料主要包括水处理用膜、特种分离膜、离子交换膜、锂电池和太阳能电池用特种膜、光学膜等。2021年底,我国膜工业产值规模已突破千亿元大关,达到1920亿元,其中膜材料产值约600亿元,消费的功能性膜材料重量约90万吨,市场销售额约为930亿元,高端产品主要依靠进口。国内高性能膜材料消费见表1.13。

表1.13 国内高性能膜材料消费情况

| 项目 | 国内需求量 | 市场需求规模/亿元 | 自给率/% |
|---|---|---|---|
| 水处理用膜 | | | |
| 微滤膜(MF)、超滤膜(UF) | 12000万平方米 | 140 | 50% |
| 反渗透膜(RO)、纳滤膜(NF) | 约7000万平方米 | 94 | 50% |
| 特种分离膜 | | | |
| 渗透汽化膜、有机蒸汽分离膜 | | 9 | 40% |
| 工业气体分离膜 | | 12 | 20% |
| 血液透析膜 | 1500万平方米 | 20 | 20% |
| 离子交换膜 | | | |
| 电渗析用(阴阳)离子交换膜 | 150万平方米 | 35 | 75% |
| 电解用全氟离子交换膜 | 25万平方米 | 15 | 10% |
| 全氟燃料电池膜 | | 0.8 | 5% |
| 锂电池隔膜、锂电池软包装膜 | 80亿平方米 | 200 | 大于100% |
| 光学膜 | | | |
| 聚酯基光学膜、醋酸纤维素基光学膜、PVA基光学膜 | 15.0亿平方米 | 100 | 75% |
| 光伏用膜 | | | |
| EVA封装胶膜 | 20亿平方米 | 230 | 125% |
| PET基膜 | 6亿平方米 | 40 | 75% |
| PVF/PVDF背板保护膜等 | 6亿平方米 | 55 | 10% |
| 导电薄膜、介电薄膜等 | | 30 | 42% |
| 合计 | | 926.8 | 65% |

1) 水处理用膜 截至2021年底,国内水处理膜工业总产值约1920亿元,年增长率6.7%,水处理膜产值占膜工业总产值的56.8%以上。目前全球水处理用膜组件、膜工程的市场规模约分别达110亿美元、400亿美元。国内随着排水及供水标准的不断提高,膜法水处理技术在给排水处理设施升级改造中得到了大规模应用。

我国RO膜仍偏爱进口,微滤膜、超滤膜的国产率也仅有50%。国内高性能水处理膜材料上市公司主要有以下几家:裕兴股份、康得新、沧州明珠、东材科技、碧水源、万邦达、中电环保、维尔利、巴安水务、津膜科技等。其中,从事膜生产的企业主要是碧水源

(MBR 抗污染膜)、津膜科技（深度处理及海水淡化），此外，还有南方汇通下属的时代沃顿公司（苦咸水淡化）。

超滤膜作为目前最有效的水预处理方法，在国内市场开始迅速增长。相对于反渗透膜强大的市场占有率，目前超滤膜还没有形成较大的占有局面，但近几年超滤膜开始翻倍增长，进入发展关键期。现在越来越多的企业选择超滤来做预处理，不仅是因为超滤是目前水预处理最有效的方法，还因为反渗透系统要想得到良好的运行，最好的方法就是用超滤来做预处理。2021 年我国超滤膜市场消费量达 1.2 亿平方米，其中，国产超滤膜占 80% 以上。超滤和膜生物反应器市场销售额分别为 75 亿元和 37 亿元，分别占水处理膜材料市场的 31.3% 和 15.4%；超滤膜工程和膜生物反应器工程，分别为 195 亿元和 75 亿元，分别占水处理膜工程的 32.2% 和 12.4%。

2）离子交换膜　当前，我国对高性能离子交换膜材料需求强劲，特别在燃料电池、液流电池、电渗析、氯碱等方面。我国每年都要花费巨额资金进口，尤其是全氟磺酸离子交换膜及磺化芳香族聚合物等材料。然而，由于国内均相离子交换膜工业化产品的空白，目前我国氯碱行业对全氟离子交换膜的年需求量在 30 万～40 万平方米，但几乎全部依赖进口。科技部及有关部委大力实施膜技术攻关及产业化，全氟离子膜、酸碱回收膜、双极膜等膜产品的技术研究已达世界先进水平。

3）特种膜

① 渗透汽化膜　世界上已相继建成了 400 多套渗透汽化膜工业装置。在膜组件方面，已经开发成功了板框式、管式和中空纤维膜组件。其中，板框式组件是最早开发成功的膜组件。我国渗透汽化膜分离技术的研究始于 20 世纪 80 年代初期，清华大学膜技术工程研究中心自 1984 年以来，一直从事膜技术研究，是我国最早从事渗透汽化膜技术研究开发的单位之一。随后渗透汽化因高效、节能、环保、不引入第三组分等优点，逐渐成为有机溶剂分离领域的后起之秀。依靠其自身独特的优势，逐渐被应用到工业生产中。其中以山东蓝景膜技术工程有限公司为代表的专业从事渗透汽化膜开发生产的企业也逐渐兴起，主要解决一些企业有机溶剂分离等问题，它符合国家节能减排和循环经济的产业政策，能帮助企业解决实际问题。作为一种新型的分离技术，渗透汽化膜分离技术需要克服汽化膜开发应用等技术问题，从而使渗透汽化膜分离技术更好地应用于各个领域。随着渗透汽化膜分离技术的发展，在石油化工方面的应用也将更加成熟，渗透汽化膜分离技术应用于石油化工能够降低生产过程中的能源消耗，保护环境，同时能够提高生产过程中的经济效益。

② 无机陶瓷膜　陶瓷膜是高性能膜材料的重要组成部分，属于国家重点大力发展的战略新兴产业。目前国内从事陶瓷膜生产的企业约 20 多家，主要有久吾高科、山东工陶院、上海巴安、江西精博陶瓷、浙江中诚环科、山东泰禾环保、合肥世杰、厦门三达、上海科琅等。主要产品有管式、板式，总产能约 160 万平方米。陶瓷膜未来的应用方向将集中在废盐资源化利用、高难度污水处理、精细化工分离、烟气湿法处理、生物制品分离等领域。技术方面，陶瓷膜的趋势也将朝向高过滤精度、高装填面积、高性价比、低能耗方面发展。通过膜性能的进一步提升、工程设计的进一步创新、高端化应用领域的扩大，陶瓷膜将成为未来发展最快的膜产业。

③ 电渗析膜　2021 年，我国电渗析膜市场销售额约 20 亿元，从事电渗析膜生产的企业

近 20 多家，总产能约 70 万平方米，形成的电渗析膜工程等相关产业约 50 亿元，年增长速度约 15%。随着电渗析膜技术的不断进步，产业化水平的提升和传统工业工艺的改造，电渗析膜市场在未来几年将保持高速增长，预计至 2025 年市场总销售额将超 100 亿元（含膜工程）。

④ 锂电池隔膜　自 2021 年下半年以来，湿法隔膜价格有所上涨，$9\mu m$ 产品均价从 1.2 元/平方米上涨至 1.475 元/平方米，涨价幅度在 23% 左右。由于动力电池、储能电池及消费电池领域的高增速长，带动锂电池隔膜市场需求将有望达到 40% 的复合增长率，到 2025 年隔膜全球需求量有望超 320 亿平方米。

（8）锂电池材料　碳达峰目标和碳中和愿景，既是我们对国际社会做出的庄严承诺，更是我国经济社会全面绿色转型的目标和方向，实际也为新能源汽车、电动汽车发展指明了方向、拓展了空间，带来了重要的机遇。它不仅仅是对应对气候变化工作提出的要求，更是对未来经济高质量发展和生态文明建设提出的明确要求。

2021 年中国新能源汽车发展超出预期，新能源汽车产销量呈现出爆发式增长，产销量分别为 354.5 万辆和 352.1 万辆，分别同比增长为 159.5% 和 157.5%，2021 年中国动力电池出货量 220GW·h，同比增长 165%。同时消费类电池、储能电池同样实现快速增长，2021 年中国锂离子电池总产量约为 324GW·h，在全球占比高达 57%。其中，三元电池产量累计 93.9GW·h，占总产量 42.7%，同比累计增长 93.6%；磷酸铁锂电池产量累计 125.4GW·h，占总产量 57.1%，同比累计增长 262.9%。按照 2025 年国内电动汽车占比 20% 计算，产销量将达到 600 万~700 万辆，2030 年有望超过 1000 万辆，与之配套的汽车动力电池产业将继续保持高速增长。

中国是全球最大的锂离子电池材料生产国，正极、负极、电解液、隔膜的产量占全球的比重均接近或超过了 70%。2021 年我国锂电池材料产能产量统计见表 1.14。

表 1.14　2021 年我国锂电池材料产能产量统计

| 序号 | 产品类别 | 产能/(万吨/年) | 产量/万吨 | 增幅/% | 主要生产企业情况 |
| --- | --- | --- | --- | --- | --- |
| 一 | 正极材料 | 141.2 | 108.3 | 108.8 | 天津斯特兰、杉杉股份、当升科技、湖南瑞翔新材料、宁波金和、中信国安盟固利、天津巴莫科技、北大先行、天骄科技、烟台卓能、北京锂先锋、苏州恒正、合肥国轩、深圳贝特瑞、新乡华鑫、新乡创佳、云南汇龙 |
| 1 | 磷酸铁锂 | 71.2 | 47.3 | 233.1 | 湖南裕能、北大先行、贝特瑞、德方纳米、富临精工、安达科技、湖北万润、融通高科 |
| 2 | 钴酸锂 | 15 | 10.1 | 36.5 | 北大先行、杉杉股份、当升科技、湖南瑞祥、盟固利 |
| 3 | 锰酸锂 | 15 | 11.1 | 19.4 | 中信大锰、河北强能、淄博科源、云南汇龙、湖南振兴、新乡华鑫、杉杉股份、当升科技、湖南瑞祥、盟固利 |
| 4 | 三元材料 | 40 | 39.8 | 89.5 | 容百锂电、长远锂科、杉杉股份、当升科技、厦门钨业、格林美、天力锂能、振华新材料 |

续表

| 序号 | 产品类别 | 产能/(万吨/年) | 产量/万吨 | 增幅/% | 主要生产企业情况 |
|---|---|---|---|---|---|
| 二 | 电解液 | 50 | 44.1 | 75.0 | 天赐高新、多氟多、杉杉股份、国泰华荣、山东海科、珠海赛纬电子、深圳新宙邦、天津金牛、汕头金光等 |
| 三 | 负极材料 | 96.5 | 77.9 | 114.0 | 杉杉、贝特瑞、紫宸、东莞凯金、斯诺 |
| 四 | 隔膜 | 120亿平方米 | 80亿平方米 | 128.6 | 上海恩捷、星源材质、苏州捷力、中材中锂、佛山金辉、新乡格瑞恩、ENTEK、SK能源、佛山塑料、新时科技、河南新乡、南通天丰电子、大连伊科能源 |

1) 正极材料  锂电池正极材料主要分为锰酸锂（LMO）、磷酸铁锂（LFP）、钴酸锂（LCO）以及 NCA/NCM 三元正极材料。NCA/NCM 三元正极材料综合了镍、钴、铝（锰）三种元素的优点，兼具高能量密度、高续航里程、高性价比的优势。

从锂电池正极材料细分产品看，2021 年，中国三元材料产量为 40 万吨，磷酸铁锂产量为 47.3 万吨，锰酸锂产量为 11.1 万吨，钴酸锂产量为 10.1 万吨。

未来汽车对高能量密度、高续航里程、高性价比的动力电池开发提出新的要求，推动了锂电池三元正极材料向高镍化发展。三元正极材料高镍化对前驱体生产工艺提出了更高的要求，未来可能会出现三元正极材料主导中高端乘用车市场、磷酸铁锂正极材料在中低端乘用车市场份额扩大的市场格局。

受磷酸铁锂低成本以及磷酸铁锂电池技术迭代刺激，铁锂电池从 2020 年底开始回潮，2021 年需求迅速爆发。

2) 锂电池电解液  电解液出货量稳步提升，天赐材料、新宙邦、江苏国泰稳居行业前列。2021 年电解液出货量达到 44.1 万吨，整体竞争格局依然较为稳固，天赐材料市场占有率达到 33.2%，继续稳居行业第一；新宙邦和国泰华荣位列二、三位。未来电解液产能增长主要来自国内厂商。国内龙头企业天赐材料、新宙邦和江苏国泰 2022 年产能预计分别达到 65.6 万吨、24 万吨和 57 万吨，预计三者电解液产能均超过 90 万吨。

双氟磺酰亚胺锂作为新一代电解质，在目前成本较高的背景下，也可以少量添加在电解液中，配合六氟磷酸锂使用，大大提高电池的某些性能。

预计 2025 年，全球六氟磷酸需求量分别为 24.99 万吨和 33.11 万吨。未来，国内主流厂商积极扩产，预计 2025 年产能将达 54.89 万吨，年复合增长率可达 23.7%；并且国内厂商将贡献整个行业绝大部分产能。

3) 锂电池溶剂  电解液一般由高纯度有机溶剂、电解质、添加剂等材料在一定条件下，按一定比例配制而成。其中有机溶剂是锂离子的传输介质，需要有较高的介电常数，较低的黏度，约占电解液成本的 30%。

在锂电池有机溶剂中，$N$-甲基吡咯烷酮（NMP）作为一种重要的极性溶剂，在锂电池生产环节中起到的重要作用，其可用于溶解正极黏结剂 PVDF，以及作锂电池碳纳米管导电浆料（CNT）的扩散液，分别影响涂布质量和效果、改善锂电池能量密度。还可以作为聚苯硫醚生产过程中的溶剂使用，能够充分延伸现有聚苯硫醚产品上游产业链。因此，建议近期重点发展电子级 N-甲基吡咯烷酮（NMP）产品，中长期可关注碳酸乙烯酯、碳酸二甲酯、碳酸甲乙酯等产品。

4）电解液添加剂　电解液添加剂主要有成膜添加剂、导电添加剂、阻燃添加剂、过充保护添加剂、控制电解液中 $H_2O$ 和 HF 含量的添加剂、改善低温性能的添加剂以及多功能添加剂。添加剂的含量和成本大致占电解液的 5% 和 20%，但对性能的影响极为显著。常见的结构有碳酸酯、硫酸酯、磺酸酯及锂盐等几个类别，如碳酸亚乙烯酯（VC）、氟代碳酸乙烯酯（FEC）、硫酸乙烯酯（DTD）、1,3-丙烯磺酸内酯（PS）、二氟乙酸甲酯（MFA）、二氟乙酸乙酯（EFA）、辛二腈、丁二腈、氟代苯、氟代联苯、苯酯、甲基膦酸二甲酯、二甲基三氟乙酰胺、二氟磷酸锂、双草酸硼酸锂（LiBOB）等，目前总数达到 100 多种。

添加剂是提高电池性能最重要的电解液材料，其客户为国内外电解液厂家，如国内的九江天赐、深圳新宙邦、张家港国泰，日本的三菱化学和中央硝子，韩国的 Panax，Enchem 等。现在少数电解液厂家，自己生产一部分电解液材料，如九江天赐也生产 VC 和六氟磷酸锂，但大多数电解液厂家从外部采购电解液材料。

常用电解液添加剂有十几种，其中碳酸亚乙烯酯（VC）和氟代碳酸乙烯酯（FEC）作为最常用的添加剂出货量最高，两者合计占电解液添加剂市场的份额达 63.8%。

2021 年国内电解液添加剂生产量约 2 万吨。随着锂离子电池对安全性、循环寿命和能量密度要求的提升，对电解液添加剂提出了更多要求，成膜、导电、阻燃、过充保护、改善低温性能方面的添加剂的需求量将会逐步增加。目前用量最大的是 VC、FEC 和 PS 等常规添加剂，但 DTD、FSI、DFEC、LiBOB 等添加剂的用量将会逐步增加，未来添加剂在电解液的占比也会逐步提升（目前 5%~6%）。

5）负极材料　目前，全球锂电负极产能集中于中国，2021 年中国负极材料产量为 81.59 万吨，同比增长 76%。负极材料供应商主要有贝特瑞、杉杉股份、璞泰来、凯金能源、中科电气、翔丰华、尚太科技等。2021 年，中国负极材料出货量达到 77.9 万吨，同比增长 86.4%。

据统计，2021 年中国负极材料产量为 81.59 万吨，销量 TOP10 企业分别为：贝特瑞、杉杉、紫宸、凯金、尚太、星城、翔丰华、鑫茂、正拓、斯诺，以上企业合计市场占有率达到 85% 左右。负极材料生产具有能耗高和技术密集的特点，得益于资金和技术等方面的壁垒，负极材料市场集中度较高，行业竞争格局较好。

负极材料在 2021 年受制于石墨化产能紧缺，一度出现供不应求。短期供需矛盾叠加对下游新能源市场的乐观预判，负极材料厂纷纷加入扩产大军。据不完全统计，行业规划产能超过 600 万吨，单从数字来看远超市场需求，但扩产落地进展仍需持续观察。据高工锂电不完全统计，2022 年开年以来至今，负极材料投扩产项目 29 个，涉及规模 400.6 万吨，负极材料属于高能耗行业，审批和建设周期相对较长，面临不确定性风险较多，叠加现投扩产规模已持平甚至赶超动力电池扩产所需体量，若该领域仍延续大体量投扩产之势，未来产能结构性过剩趋势或将日益凸显。

国内能够量产硅基负极材料的厂商数量不多，竞争格局相对集中，部分量产厂商已经开始新一轮扩产，还有数家公司处于中试、送样阶段。贝特瑞于 2013 年实现硅基负极材料的产业化并批量销售，是国内最早量产硅基负极材料的企业之一，目前拥有 3000 吨硅基负极产能，主要应用在电动工具及动力电池等领域，其中动力电池用量占比约六到七成。2022年，拟在深圳市光明区投资建设年产4万吨硅基负极材料项目。杉杉股份的硅碳负极材料已建成一条中试产线，开始逐步放量，但目前出货占比不高，其高容量硅合金负极材料已产业化并已对宁德时代供货。璞泰来在江西和溧阳与中科院物理所合作建立中试车间，第二代硅基产品已具备产业化的基本条件；在溧阳还建立了氧化亚硅中试线。璞泰来全资子公司紫宸科技研发的硅碳负极材料系列可用于3C数码电池、储能电池、动力电池等，已经通过部分客户认证；翔丰华硅基负极已经具备产业化基本条件。

据高工锂电数据，2020年中国硅碳负极出货量仅0.6万吨，占锂电池负极材料总体比例2%。预计2025年全球硅基负极需求量有望达到20万吨，其中消费电池渗透率有望达50%，对应约7万吨硅基负极需求；圆柱和方形动力电池中渗透率分别达到35%和20%，对应约13万吨硅基负极需求。

高工产研锂电研究所（GGII）预测，2025年中国锂电池出货量将达1456GW·h，按照1GW·h需求1000吨负极材料估算，2025年负极材料的需求量将达145.6万吨。

(9) 电子化学品　电子化学品的应用领域主要是集成电路、平板显示器、新能源电池和印制电路板。2021年我国电子化学品消费量约为80万吨，国内市场销售额为500亿元，按重量和销售额计的国内自给率分别为53%和40%。为新一代信息产品配套的电子化学品主要依靠进口，无法满足信息产品快速更新换代的配套需求。由于进入门槛高，目前国产电子化学品和材料在国内市场占有率低，且多在中低端市场，高端市场仍由日本、欧美、韩国及中国台湾地区的厂商垄断，部分产品进口依存度高达80%。

1) 电子特气　随着我国集成电路产业的快速发展，几大电子气体供应商纷纷进入我国并建立相应生产基地。这些公司技术水平高、产品覆盖面广，以其长期在市场积累的品牌优势主导着我国电子特气市场。在国内市场，因半导体产业对气体质量、供应的特殊要求，中国半导体企业等生产工艺中所使用的电子特气亦被海外龙头所垄断，外资四大巨头也控制了85%以上的市场份额，国内电子特气公司仅占据15%的市场空间，我国电子气体国产化程度还较低。

国内电子气体市场不断攻破国外的技术垄断，三氟化氮、硅烷、超纯氨等重要特种气体进入国产化时代，我国电子气体依赖进口的局面也在被迅速打破。国内企业的部分产品已经实现了技术突破，部分产品达到了半导体生产用气体的技术水平和工艺要求，实现进口替代。

特别是近年来，随着电子工业的快速发展，电子气体在行业中的地位日益凸显。国内从事电子气体研究生产的企业有40多家，各企业技术研发实力有了长足进步，主要企业均有各自核心产品，市场占有率不断提升，全球话语权显著提高，在所有电子化工材料中，电子特气国产化率也最高。

目前国内主要的电子特气厂商昊华气体、派瑞特气、南大光电、华特气体等均在各自细分产品上不断突破，不仅实现了本土批量供应，同时远销海外，但从资产规模及企业营业收入规模来看，目前国内企业规模较小，国内企业全球整体市场占有率仍较低。目前国内企业所能批量生产的电子特气仍主要集中在集成电路的清洗、蚀刻、光刻等工艺环节，对掺杂、沉积等工艺的电子特气仅有少部分品种取得突破。基于安全的自主可控仍然是电子特气长期国产替代的主旋律。

据中国工业气体工业协会统计，目前集成电路生产用的电子特气我国仅能生产约20%的品种。部分电子特气产品，如三氟化氮、四氟化碳、六氟化硫、六氟化钨、氧化亚氮、氨气等国产化程度较高，其中部分产品的国产化率超过50%。但准分子气体（氟基混配气体，主要应用在激光领域）等国产化率目前还比较低。由于本土电子特气厂商扩产速度快、人工及原材料成本低，一旦相关技术实现突破，产品竞争力将远胜于海外企业。

电子特气未来的五大发展趋势分别为品类扩充、高端突破、专业分工明确、尾气回收扩大、气体企业整合提速。综合来看，国内电子气体产品的规模化生产实力有待大幅度提升，产品技术水平和品质稳定性及对制造业的技术支持和服务能力尚有待大批量市场应用的考验，针对先进技术节点的产品开发能力仍显薄弱。部分产品基本已经完成了国产化替代，打破了国内的电子气体市场长期由美国空气化工、德国林德集团、法国液化空气和日本大阳日酸等公司垄断的局面，不过国内企业在技术含量较高的高端电子气体市场替代率仍较低还需继续努力。

2）湿电子化学品　中国湿电子化学品供应商有江阴润玛、苏州晶瑞、杭州格林达、上海新阳、光华科技、西陇科学、凯圣氟化学、多氟多、江阴江化微、鑫林科技（台）等，中国的湿电子化学品生产企业共有40余家。目前，国产的湿电子化学品水平偏低，G4、G5的产品基本依赖进口，仅有部分龙头企业可以达到。而国内主流产能仍停留在G2、G3标准。国内生产湿电子化学品的企业中能够达到国际标准并且有一定生产量的企业只有三十余家，而其中仅少数企业掌握部分G3级以上标准产品的生产技术。

在产品等级要求较低的太阳能电池领域（要求G1等级），国内已基本实现国产化。半导体领域，6寸及以下晶圆加工湿电子化学品国产化率已提高到82%，8寸及以上晶圆加工产线国产化率缓慢提升至约20%，总体晶圆加工市场湿电子化学品国产化率约为26%。显示面板领域，国内3.5代线及以下用湿电子化学品已基本实现国产化，4.5、5代线国产化率约30%，6代线以上产线湿电子化学品国产化率约10%，综合国产化率约25%。

从市场方面分析，我国存储、汽车及消费电子的巨大市场及后期成长，给予了我国湿电子化学品需求长期增长的空间。目前，中国湿电子化学品的需求量世界第一，2011年到2021年湿电子化学品市场需求量逐年上涨，预计2022年半导体和面板的湿电子化学品需求量将达到116万吨，2023年需求量预计将达到129万吨，2025年国内的半导体和面板的湿电子化学品市场需求将增长至158万吨。2021年中国湿电子化学品市场空间约为56亿元，考虑到原材料价格波动和市场销售价格的波动，到2023年国内的湿电子化学品市场销售额预计将达到100亿元。

实现了G2、G3等级的规模化生产，更高等级的G4水平，在个别产品领域也获得突破，市场占比约1.5%。国内平板显示用电子化学品概况见表1.15。国内半导体用电子化学品概况见表1.16。

表1.15　国内平板显示用电子化学品概况

| 材料类别 | 国际先进企业 | 国内企业 | 国产化率 |
| --- | --- | --- | --- |
| 液晶材料 | 默克 | 诚志永华、江苏和成、八亿液晶、烟台万润、浙江永太、西安瑞联、南京晶美晟等 | 约25% |

续表

| 材料类别 | 国际先进企业 | 国内企业 | 国产化率 |
|---|---|---|---|
| 偏光片及光学膜 | 三星SDI、日本电工、LG化学、日本的东丽、美国的3M、三菱和韩国的SKC等 | 三利谱光电、盛波光电、昆山奇美、康得新、宁波激智、乐凯、长阳科技等 | 约30% |
| 光刻胶 | 东京应化、JSR、陶氏化学等 | 北旭、苏州晶瑞、合肥欣奕华、江苏博砚、北京鼎材、浙江永太等 | 20% |
| 湿电子化学品 | 3K、TOK、森田、巴斯夫、三菱化学等 | 江化微、格林达化学、苏州晶瑞、江阴润玛、新宙邦等 | 80% |
| 电子特气 | AP、Praxair、法液空、林德气体等 | 广东华特、中船718所、北京绿菱、黎明化工院、南大光电、金宏气体、科立德、太和气体等 | 48% |
| OLED有机发光材料 | UDC、出光兴产、LG化学、德山金属、三星SDI、陶氏化学、斗山、默克、道化学 | 阿格蕾雅、吉林奥来德、濮阳惠成、万润、西安瑞联、鼎材科技等 | 10% |

表1.16 国内半导体用电子化学品概况

| 材料 | 国际先进企业 | 国内主要生产 | 国产化率 |
|---|---|---|---|
| 光刻胶 | 日本JSR、东京应化、住友化学、信越化学，美国道化学、韩国东进、德国安智 | 北京科华、苏州瑞红、南大光电等企业 | 5% |
| CMP抛光液 | 美国陶氏、日本东丽、3M、台湾三方化学、卡博特等 | 安集微电子、上海新安纳 | 约30% |
| CMP抛光垫 | 陶氏化学、嘉柏微电子 | 鼎龙股份、时代立夫、江丰电子 | <5% |
| 工艺化学品 | 德国巴斯夫、美国亚什兰化学、Arch化学、日本关东化学、三菱化学、京都化工、住友化学，台湾鑫林科技，韩国东友精细化工 | 巨化凯圣氟化学、江化微、晶瑞股份、上海华谊、安集微电子、上海新阳、湖北兴福、巨化博瑞、江阴润玛电子、达诺尔等 | 约25% |
| 电镀液 |  | 上海新阳 | >50% |
| 电子特气 | 美国空气化工、美国普莱克斯、林德集团、法国液化空气和日本大阳日酸株式会社 | 中船718所、广东华特、北京绿菱、黎明化工院、南大光电、金宏气体等 | 30% |

3）光刻胶 根据SEMI 2021年的统计数据，全球不同类型光刻胶的中ArF和EUV光刻胶占比超过50%，KrF光刻胶和G/I线光刻胶占比相差12%；由于中国集成电路产业较全球水平落后，中国不同类型的半导体光刻胶中ArF（193nm）占比仅有41%，大大低于全球，KrF（248nm）光刻胶占比39%，高于全球分布；而就大量应用于成熟工艺的G/I线光刻胶而言，其占比为18%，负胶占比2%，接近国际分布。未来五年，随着中国集成电路产业的发展，先进制程产线增加，ArF光刻胶和KrF光刻胶将成为主要增长点。预计到2025我国ArF光刻胶占比将达到50%左右，KrF和G/I线光刻胶将占据另48%的份额，负性光刻胶维持在2%左右。

国内光刻胶技术的进展相对国际先进水平差距还很大，目前国内能量产的最先进光刻胶类型为KrF光刻胶；ArF光刻胶处于研发及客户测试阶段；EUV光刻胶停留在研究院所的实验室研究阶段。我国光刻胶产业正处于追赶和替代的过程中，与国际光刻胶产业的发展脉络不同，产品替代是目前国内光刻胶市场的主流状态。

随着我国电子材料产业的逐渐发展和进步，光刻胶的国产化率的提升，自主解决原材料国产化的时机已经成熟。因此，在现阶段加速推进原材料国产化，一方面可以推动我国光刻胶产业自主可控，保障产业链安全；另一方面也可以在开发光刻胶新品时，增加树脂选择范围，加快原料样品反馈速度，从而加速光刻胶新品开发，提升我国光刻胶产业的核心竞争力。

随着光刻胶在国内投资以及产业环境中的持续升温，"光刻胶概念"在二级市场中的持续火爆，一大批企业和投资人投身其中。这为国内光刻胶产业带来更多支持和机遇的同时，也加速了产业的同质化竞争。不健康的同质化竞争，不仅会增加国内企业之间不必要的内耗，而且制约产业发展。

（10）前沿材料

1）气凝胶　气凝胶通常有四种分类方式：从外观特点可以被划分为块状、粉状以及薄膜状；从制备方法可被划分为气凝胶、干凝胶和冻凝胶；从不同的微结构可以被划分为微孔、介孔以及混合孔洞气凝胶；从成分构成分类是气凝胶最普遍的区分方式，分为单一组分和复合组分两大类。单一组分气凝胶包括氧化物气凝胶（如二氧化硅和非二氧化硅），有机气凝胶（如树脂基和纤维基），碳气凝胶（如碳化塑料、碳纳米管和石墨烯），硫化物气凝胶和其他种类的气凝胶（如单一元素、碳化物）；复合组分气凝胶包括多组分气凝胶、梯度气凝胶以及微/纳气凝胶复合物。其中硅气凝胶、碳气凝胶和二氧化硅气凝胶最为常见。目前，由于其它气凝胶大多处于研发阶段，或技术不成熟、或生产制作成本很高，无法进入大批量的实用。仅有二氧化硅气凝胶的技术相对成熟，已经大规模推广应用。

近几年来，在国家政策的大力支持及企业加大研发投入下，技术不断进步，成本得以大幅下降，当前成本较10年前已实现超80%的降幅，性价比优势开始显现，尤其在石化管道等领域，龙头企业纷纷从传统隔热材料切换至气凝胶，气凝胶需求持续增长。2021年中国气凝胶材料、气凝胶制品需求量已扩大至17.5万立方米、22.8万吨。行业市场规模也不断扩大，到2021年气凝胶材料、气凝胶制品市场规模均超22亿元。

我国气凝胶市场主要分气凝胶制品和气凝胶材料两部分。气凝胶制品的市场规模从2014年2.07亿元增长到2021年的19.5亿元，复合增长率达到38%；气凝胶材料的市场规模从2014年1.83亿元增长到2021年的22.7亿元，复合增长率达到43%。目前我国气凝胶产业下游应用主要集中在石化、工业隔热两大领域，其中56%用于石化油气项目，18%用于工业隔热，另外9%用于建筑建造，8%用于交通。

2021年以来，有多家企业有气凝胶相关项目备案，市场增长潜力很大。另外，国内1000亿元左右的保温材料市场，若考虑气凝胶产品性能优异带来的替代，未来市场增长空间巨大。

2）碳纳米管　在锂电池领域，碳纳米管已经凭借其优越的导电性能，作为一种新型导电剂被锂电池生产企业所广泛使用。相对于传统导电剂而言，达到同样的导电效果，碳纳米管的用量仅为传统导电剂的1/6~1/2。此外，碳纳米管可以使锂电池循环过程中保持良好的电子和离子传导，从而大幅提升锂电池的循环寿命。碳纳米管的长径比、碳纯度作为影响导电性的两个核心指标，直接决定了碳纳米管的产品性能，碳纳米管管径越细，长度越长，导电性能越好。

锂电池目前常用的导电剂主要包括炭黑类、导电石墨类、VGCF（气相生长碳纤维）、碳纳米管以及石墨烯等。其中，炭黑类、导电石墨类和VGCF属于传统的导电剂，可在活性物质之间各形成点、面或线接触式的导电网络；碳纳米管和石墨烯属于新型导电剂，碳纳米管在活性物质之间可形成线接触式导电网络，石墨烯在活性物质间可形成面接触式导电网络。

碳纳米管行业集中度较高，需求量快速提升。国内碳纳米管导电浆料市场占有率达86.6%，其中天奈科技市场占有率位居首位，达43.4%。此外，集越纳米、卡博特、青岛昊鑫市场占有率均超过10%，分别为15.3%、11.9%和10.9%。近年来，碳纳米管导电浆料需求量快速提升，中国碳纳米管导电浆料出货量从3.6万吨增长至7.8万吨，2021年同比增长62.5%。动力电池出货量快速增长，有望进一步提升碳纳米管需求。碳纳米管作为性能更加优异的新型锂电池导电剂，将受益于新能源汽车行业高景气带动锂电池出货量大幅增长，其需求有望持续攀升。

### （四）存在的问题

**1. 结构性矛盾突出，高端供应不足**

"十三五"期间，产能扩张达到阶段性顶峰，部分产品开始出现低端产品供应过剩的倾向。大部分生产企业引进技术和设备多，自主开发的技术少。这些长期积累的问题导致我国石化材料存在低端产品产能过剩，而高端产品严重缺乏的现状。虽然行业整体自给率达到77%，但部分高端产品仍依赖进口，如工程塑料、功能性膜材料、电子化学品自给率不足80%，高端聚烯烃、高性能纤维不足60%，液晶材料只有9%，光刻胶、CMP抛光垫更是不足5%，因此不能完全满足下游高端制造业的需求。

聚烯烃同质化竞争严重，而高附加值、差异化、高客户忠诚度的高端聚烯烃发展滞后，如高压绝缘电缆料仍依赖进口。特种工程塑料成果转化能力较弱，专用料比例低，中低档产品偏多。

部分化工新材料产品目前国内仍未实现大规模工业化生产。聚醚醚腈、发动机进气歧管用特种改性聚酰胺、可溶性聚四氟乙烯、聚酰胺型热塑性弹性体等部分产品仍未实现大规模工业化生产。尤其在电子化学品领域，半导体光刻胶、高纯磷烷、CMP抛光垫材料等电子信息领域所需的关键材料完全依赖进口。部分化工新材料产品虽已国产化但产品质量与进口产品差距仍较大，只能满足中低端需求，如高性能氟树脂和氟橡胶严重依赖进口、星型支化溴化丁基橡胶、光学级聚碳酸酯、航空用聚甲基丙烯酸甲酯、均聚聚甲醛、高性能碳纤维等仍有待突破。

渗透汽化膜、气体分离膜等特种分离膜的生产技术被国外公司垄断；导电薄膜、介电薄膜等品种进口依赖度高，例如用于高速轨道交通车辆变频电机上的聚酰亚胺耐电晕薄膜全部依赖进口。

**2. 关键原辅料及特种装备存在瓶颈，产业链一体化程度有待提高**

部分化工新材料的关键配套单体国内尚未工业化生产，严重制约化工新材料的发展。在高性能树脂领域，高碳 α-烯烃（八碳及以上）完全依赖进口，严重制约共聚聚乙烯的发展；己二腈主要依靠进口，制约聚酰胺66工程塑料和纤维的发展；CHDM低成本供应问题制约PCT和PETG等特种聚酯的发展。

化工新材料生产配套核心催化剂、助剂、特种装备存在短板，高端聚烯烃生产所需催化剂大量需要进口，高性能纤维材料生产所需的多种助剂主要依赖进口，如碳纤维生产的上浆剂和纺丝油剂、油膏等均需进口，高性能膜材料生产配套的拉膜设备基本为全套进口，精确计量泵、特种介质泵、高压反应釜、高纯封装、存储装备等通用装备存在短板；在高性能橡胶生产中核心装备也需进口，如氢化丁腈橡胶所需的定制特殊参数的真空大容量脱挥凝聚器装备急需开发。

### 3. 研发投入不足，核心技术受制于人

大部分企业投入多用于扩大生产规模，科研经费占其销售收入的比重较低，平均在1%左右，与国外公司3%~8%的投入强度相比有很大差距。传统共性技术存在短板，跟不上化工新材料生产需求，催化剂及聚合技术落后制约了高端聚烯烃和工程塑料产业发展；萃取和精馏技术研发不够，制约了生物化工和高纯电子特气和湿化学品的发展。

企业因对技术创新的作用缺乏足够的认识，其科技投入普遍较低，特别是部分国有大中型企业，技术开发、成果转化、科技投入的主体作用有待提升。政府金融对原创性研究投入小，重点在产业化端投入的引导专项支持。科研单位也主要围绕应用端需求做研发，且考核标准存在一定的体制机制限制，由于没有解决好知识产权共享、利益分配以及长效合作机制等问题，导致合作不紧密、合作效率不高，特别是在缺乏工程技术支持的情况下，成果转化率低、成套性差，即使转化了也缺乏竞争力。金融资本因考核指标要求，对小试和中试创新投入极少，重视短期效益而缺乏长远定力和布局。

### 4. 化学学科基础研究和人才投入偏弱，产业基础能力有待提升

多数企业忽视了技术创新和技术储备，许多企业由于缺乏长期技术积累，已经不具备条件成为创新主体。在短缺经济的基础上，技术主要以进口为主，尤其是在引进消化吸收再创新方面，成效显著。但是在新时期，国外限制技术升级的情况下，基础研究能力偏弱的劣势就显现出来。化工新材料属于高技术含量、高资金投入、高商业附加值的高科技产品，许多化工新材料是国外知名公司的核心业务和利润的主要来源。我国化工新材料产业主要以跟踪国外先进技术为主，虽然也能形成部分原创性的成果，但比较零散，缺乏长期的、系统的、连续的创新成果，缺乏具有超高利润率的原创性产品。尽管近年来我国国际专利申请量大幅提升，但专利的质量却有待提高。

### 5. 产学研用体系不完善，创新机制及应用开发力度有待加强

企业、科研单位合作沟通不紧密，存在低水平重复研究和"孤岛化"现象，导致合作效率不高、成果转化率低。在主要的化工新材料领域，尚未形成单体开发-聚合物制备-产品改性、成型、成膜、拉丝-制品制件-下游终端用户等完整的产业体系。尤其新材料生产企业与下游应用企业的合作共赢模式尚未形成，需求与供给端尚未形成良性的反馈互动提升机制。如国内高性能纤维的生产技术已经比较成熟，但下游的开发应用滞后，企业扩能面临较大市场风险。

化工新材料行业仍存在着鼓励创新的法律政策体系不完善、激励机制不到位、创新机制不灵活、人员配备不合理、创新人才尤其领军人才缺乏、知识产权保护意识淡薄等问题。有的企业对科技创新规律缺乏足够的认识，创新风险意识不强，仍习惯用粗放发展传统产业的

办法投资高新技术产业,不仅导致创新效率低,而且也造成不必要的资源浪费。

**6. 配套关键技术装备短板制约产业水平的提升**

我国高端聚烯烃、合成橡胶、工程塑料、聚氨酯材料、氟硅新材料、分离膜材料的生产合成设备总体上实现了国产化,但高性能纤维合成和纺丝、工程塑料高端产品的加工设备、核磁共振仪、高效液相色谱仪、红外光谱仪、示差扫描量热分析仪、流变仪等分析检测设备都需要大量进口。此外,大型挤压造粒机组大部分依靠进口。

## (五)发展方向及趋势

**1. 大力实施技术改造,提高国内装置的开工率**

围绕优化原料结构、提高产品质量、降低消耗排放、促进本质安全,利用清洁生产、综合利用、智能控制等先进技术装备对现有生产装置进行改造提升,与国外先进工艺技术水平进行对标,进行准确的定位,确定差距,对症下药,推动化工新材料产业降本增效,提高综合竞争能力,提高国内装置的开工率,实现进口替代。提升化工新材料自身的发展水平,降低能源和物料消耗以及污染物排放,提高产品的国际竞争能力,重点提高国内已有品种的质量水平,实现产品差异化、高端化。

**2. 加大科研和产业化投入,突破产业瓶颈**

追踪和对标国际领先和前沿技术,组织和支持研究开发团队和企业技术中心以及用户进行科技联合攻关,切实有效突破产业瓶颈,实现良性健康发展。充分利用好国家已有的科研专项基金和产业化助推基金和政策,力争有效突破。

**3. 积极推进重大工程项目建设**

围绕满足国家重大工程及国计民生重大需求,以满足国内高端市场需求为重点,围绕汽车轻量化化工新材料、高性能膜、电子化学品,积极推进化工新材料重点专项计划,解决下游产业先进化工新材料安全供应的瓶颈问题。针对高端产品制造、生物化工、节能环保产业培育等重点领域,突破一批共性技术、关键工艺、成套装备。研究制定配套政策支持方案并积极落实到位,提升化工新材料自身的发展水平和国际竞争力。

**4. 强化创新政策引导**

通过制订国际化标准、规划和政策,加强政策执行的监管力度,积极运用反倾销等国际公平贸易手段,为企业创造公平、透明的市场竞争环境,进一步完善化工新材料产品进出口关税、出口退税及加工贸易政策,优化进出口产品结构。完善产业损害预警机制,依法运用贸易救济措施,维护公平贸易秩序,积极推动业界对话磋商与合作,努力化解贸易摩擦。严厉打击各种走私违法行为,维护进出口贸易秩序。

**5. 加强国际合作**

继续发挥外资在引进资金、先进技术、管理经验和高素质人才方面的作用。鼓励外资投向化工新材料产业,在我国设立全球研发机构。鼓励外资参与国内企业兼并重组,与国内企业在全球范围开展合作。

通过全球资源优化、业务流程再造、产业深度整合、资本市场运作等方式,打造一批具有国际竞争力的跨国企业，在境外开展并购和股权投资、创业投资，建立研发中心、实验基地和全球营销及服务体系。发挥骨干企业的技术和资金优势，推进上下游产业链融合和集群发展。

**6. 强化知识产权意识，提升行业知识产权创造、运用、保护和管理能力**

积极贯彻实施《国家知识产权战略纲要》，强化知识产权的创造、运用、保护和管理。加强对外科技和产业交流与合作，注重引进技术的消化吸收再创新，全面赶超国际先进水平。强化企业知识产权意识，加强知识产权保护，建立健全技术资料、商业秘密、对外合作知识产权管理等法律法规，保障知识产权所有人的合法权益，促进自主创新成果的知识产权化、商品化、产业化，提升行业知识产权创造、运用、保护和管理能力。

# 第二章

# 产 品 篇

# 第一节 茂金属聚乙烯（mPE）

中国石化北京化工研究院 张龙贵

## 一、概述

茂金属聚乙烯（mPE）通常指在茂金属催化体系作用下由乙烯均聚，或者乙烯与 α-烯烃（如 1-丁烯、1-己烯、1-辛烯等）聚合的共聚物，是最早实现工业化生产的茂金属聚烯烃，也是目前产量最大、应用进展最快的茂金属聚合物产品。由于催化剂的单活性中心特性，聚合物具有较窄的分子量分布和更加均匀的共聚单体分布，并且可以制备 Z-N 催化剂难以实现的长支链结构，因此材料的许多性能更加优异，例如制备薄膜具有透明性好、雾度低、起始热封温度低、耐穿刺性强以及减重明显等优势，可用于棚膜、热收缩膜、重包装膜等；其管材制品具有耐应力开裂性能优异、刚韧平衡性好，可用于地暖管等；同时气味小，特别适合用于瓶盖和食品包装膜等，此外，在电线电缆、防水卷材、大型滚塑等制品等应用领域，综合性能都显著优于传统聚乙烯。

## 二、市场供需

### （一）世界供需及预测

**1. 世界 mPE 生产现状**

2021 年，世界前 4 位 mPE 生产企业产能合计约 1300 万吨，占世界总产能的 50%。其中，ExxonMobil 公司产能居世界之首，占世界产能 23%；Dow 化学公司和 Borealis（含合资）分别居第二位和第三位，分别约占世界产能 17% 和 6%。2021 年全球主要 mPE 厂商产能见表 2.1。

表 2.1　2021 年全球主要 mPE 厂商产能

| 企业名称 | 国家及地区 | 产能/（万吨/年） | 总产能/（万吨/年） | 全球占比/% |
| --- | --- | --- | --- | --- |
| ExxonMobil | 美国 | 323.6 | 581.6 | 24 |
| | 法国 | 42.5 | | |
| | 新加坡 | 215.5 | | |

续表

| 企业名称 | 国家及地区 | 产能/(万吨/年) | 总产能/(万吨/年) | 全球占比/% |
|---|---|---|---|---|
| Dow 化学（含合资） | 美国 | 120 | 429 | 17 |
| | 加拿大 | 25 | | |
| | 阿根廷 | 29 | | |
| | 德国 | 21 | | |
| | 荷兰 | 24 | | |
| | 西班牙 | 35 | | |
| | 沙特 | 75 | | |
| | 泰国 | 90 | | |
| Borealis（含合资） | 奥地利 | 35 | 156.3 | 6 |
| | 芬兰 | 12.8 | | |
| | 荷兰 | 12 | | |
| | 瑞典 | 22.5 | | |
| | 阿联酋 | 74 | | |
| 中国石化 | 中国 | 133 | 133 | 5 |
| LG 化学 | 韩国 | 88.8 | 88.8 | 4 |
| 三井（含合资） | 日本 | 50.5 | 80.5 | 3 |
| | 新加坡 | 30 | | |
| 中国石油 | 中国 | 73.8 | 73.8 | 3 |
| Braskem（含合资公司） | 巴西 | 66 | 66 | 3 |
| Chevron Phillips | 美国 | 60 | 60 | 2 |
| LyondellBasell | 美国 | 51 | 51 | 2 |
| Inoes | 法国 | 22 | 44 | 2 |
| | 德国 | 22 | | |
| GAIL | 印度 | 40 | 40 | 2 |
| PTT | 泰国 | 40 | 40 | 2 |
| 其他 | | 619 | 619 | 25 |
| 合计 | | 2463 | 2463 | 100 |

**2. 需求分析及预测**

根据统计，2021 年全球 mPE 需求量约 2100 万吨，美洲、欧洲和亚洲为 mPE 主要消费市场，2021 年消费量分别占全球消费量 25.0%、31.9% 和 21.3%。亚洲 mPE 消费呈快速增长态势，特别是中国、日本、韩国和新加坡正成为重要的消费市场，需求潜力巨大。

mPE 主要分为 mLLDPE、mMDPE 和 mHDPE，其中 mLLDPE 主要用于生产各种薄膜制品，如热收缩膜、自立袋、高品质农膜、拉伸缠绕膜、复合包装膜等，mMDPE 和 mHDPE 则主要用于中空、注塑、滚塑和管道制品等。世界范围内，包装领域是 mPE 最大的消费领域，占总消费量 80% 以上。2021 年全球 mPE 消费结构见图 2.1。

## （二）国内供需及预测

### 1. 国内生产现状

2017—2020年，中国mPE表观消费量持续增长，2021年中国mPE表观消费量达217万吨，年均增长率15.4%。从国内供需情况看，2021年中国mPE自给率不到10%，产品供应严重不足，主要依赖进口。尽管中国石化北京化工研究院和中国石化齐鲁分公司合作在2011年完成了国内首次产业化，之后大庆石化、独山子石化、沈阳化工、扬子石化、茂名石化、兰州石化、大庆石化等中国石化和中国石油下属炼化企业陆续实现工业化生产，但总体上因为国内mPE起步较晚，同时受制于生产技术壁垒，生产成本较高，现有产量远不能满足实际需求。

### 2. 需求分析及预测

中国mPE下游需求领域中，包装领域应用占比最高，约占总消费量的70%；PE-RT管材占25%左右；滚塑油箱、注塑瓶、滚塑儿童滑梯等其他领域约占5%。由于mPE具有优异的性能，其市场前景广阔。作为世界第一大包装材料生产国，随着热收缩膜、缠绕膜、复合包装膜等新产品的快速发展，将拉动mPE膜料产品需求保持快速增长。而PE-RT管材、滚塑油箱、防水卷材、通讯电缆等非包装领域的mPE应用也将保持强劲增长。2021年中国mPE消费结构见图2.2。

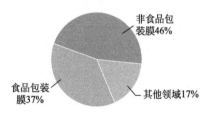

图2.1　2021年全球mPE消费结构

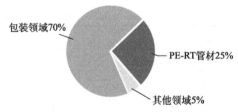

图2.2　2021年中国mPE消费结构

## 三、工艺技术

mPE生产工艺包括溶液法、环管淤浆法和气相法三种，除溶液法外，通常是在原有工艺上通过单体精制、催化剂进料以及其他一些装置改进后形成的工艺技术，可以同时使用Z-N催化剂和茂金属催化剂。

溶液法是乙烯和共聚单体（1-己烯、1-辛烯等）在温度高于聚合物熔点条件下进行反应，所生成的聚合物溶解在烃类溶剂中的工艺。世界上主要有Dow公司的Dowlex工艺、Nova公司的Sclairtech工艺等。

淤浆法是在负载茂金属催化剂作用下，乙烯与共聚单体（1-丁烯、1-己烯等）反应，产物悬浮于溶剂中的非均相沉淀聚合工艺，主要有INEOS公司的Innovene S工艺、Mitsui公司的CX工艺、LyondellBasell的Hostalen工艺、Chevron Phillips公司的MarTech工艺等。

气相法是在茂金属催化剂作用下，乙烯和共聚单体（1-丁烯和1-己烯）在流化床反应器内进行配位聚合的工艺，主要包括LyondellBasell公司的Spherilene工艺、Univation技术公司的Unipol，INEOS公司的Innovene G工艺等。

## 四、应用进展

**1. 薄膜用茂金属聚乙烯**

薄膜是 mPE 最主要的应用领域,用茂金属聚乙烯生产的薄膜具有一系列优点,如韧性优、拉伸强度、抗冲击性以及耐穿刺性良好;光学性能好,制品透光率高;气味低;再利用和回收率高;初始热封温度低,热黏结强度高,适用于高速包装线。可用于制备透气膜、热收缩膜、重包装膜、拉伸缠绕膜等。

(1) 透气膜　茂金属聚乙烯透气膜是以碳酸钙、二氧化硅、黏土、二氧化钛等作无机填料填充,通过压延或流延、吹塑制成薄膜,然后经单向或双向拉伸成可透气薄膜,广泛用于婴儿纸尿布、妇女卫生巾、果蔬保鲜、防护服、建筑用透湿防水材料等。

(2) 热收缩膜　与传统热收缩膜相比,茂金属聚乙烯热收缩膜的厚度可降低 50% 以上,可降低原料消耗量,而且薄膜具有良好的热收缩性能和力学性能,透明性好。

(3) 重包装膜　国外各大公司都在积极研究茂金属聚乙烯重包装膜,通过使用新型重包装膜,可以在保持薄膜性能不变的同时降低薄膜厚度,这既可以降低成本,又可以减少塑料包装废弃物的总量。

**2. 滚塑用茂金属聚乙烯**

与普通聚乙烯相比,茂金属聚乙烯的力学性能优异,在滚塑成型上具有优良的抗冲击性能、耐低温脆裂性以及韧性。由于茂金属聚乙烯的机械强度高,因此,可以减薄箱体的壁厚,从而使箱体的重量减轻。目前该类产品主要依赖进口。

**3. 瓶盖专用茂金属聚乙烯**

国内瓶盖的年产量在 10 亿～50 亿只,而瓶盖所用原料基本由外资企业、合资企业垄断。瓶盖专用树脂应具有良好的冲击强度、刚韧平衡性、高光泽度、低气味、低收缩率以及良好的爽滑性和加工性能;而茂金属聚乙烯因其特殊的分子结构和相对普通聚乙烯优异的力学性能,非常适合用于生产瓶盖。

**4. 电线电缆用茂金属聚乙烯**

茂金属聚乙烯在电线电缆领域中的优势在于分子量分布窄和短支链分布,因此具有优异的物理性能(如高弹性、高强度、高断裂伸长率)和良好的低温性能;优异的耐热老化和抗紫外光性能;窄分子量分布使得在注射和挤出加工过程中不易变形。

**5. 涂覆级茂金属聚乙烯**

目前涂覆级聚乙烯加工性能最好的产品仍然是 LDPE,但是 LDPE 存在气味问题,Z-N 聚乙烯加工性能还不能满足实际需求,茂金属聚乙烯具有相对分子质量分布窄、气味小、稳定性好、附着力好、抗冲击、不易老化等优势,在一些领域已经获得一定的认可。

**6. 管材用茂金属聚乙烯**

管材用聚乙烯树脂是国内外树脂生产企业进行新产品研发的重点。近几年,国内外几家大型聚烯烃生产公司和齐鲁石化公司都推出了用茂金属催化剂生产的 PE-RT 管材树脂。除了具有优异的长期耐高温蠕变性能外,与无规共聚聚丙烯管相比,PE-RT 管具有优良的耐低温性能，高柔性，耐热、耐磨，对输送介质无污染，制造安装费用低，使用寿命长等特点。

### 7. 防水卷材用茂金属聚乙烯

高分子防水卷材不但有良好的力学性能，而且具有耐化学腐蚀、耐霉变、使用寿命长、施工方便等诸多优点，被广泛应用于建筑墙体、机场、高速公路等工程建设中，是工程防水产品中的高端产品。茂金属聚乙烯防水卷材具有质量轻，耐穿刺性、耐候性、柔韧性、易焊接等优点，已经得到实际应用，成为茂金属聚乙烯的又一个新的应用领域。

## 五、发展建议

根据预测，未来我国 PE 整体产能将继续处于过剩阶段，国内同类产品竞争将更加激烈，尽管有较大量的 PE 产品进口，但进口的主要因素是国外同类产品成本更低。生产 mPE 的核心是催化剂，我国已经实现部分茂金属催化剂的国产化，但是在茂金属化合物、硅胶载体、MAO 等方面还存在差距，必须加快产业化攻关。另外我国在聚乙烯工艺技术方面已经取得一定的突破，可以结合自主创新的催化剂加快成套技术攻关，从产业链整体，保障我国 mPE 的国际竞争力。

关键单体是茂金属聚烯烃产业竞争力的关键因素之一，我国实现高端 mPE 生产所需原料如 1-己烯、1-辛烯以及一些特殊单体的产业化还存在差距，制约了高附加值 PE 产品的研发和生产，影响了我国 PE 产品的市场竞争力。应加大关键单体技术开发和产业化力度，为高端化 PE 产品提供保证。

我国目前 PE 装置 90% 以上采用进口技术，许多工艺技术国外并不许可茂金属牌号，需要加快这些装置的改造，以满足茂金属在催化剂进料、单体精制、防结块等需求，结合高端催化剂开发，形成自主可控的聚合技术，为开发高端化产品提供平台。

最后，通过茂金属催化剂和工艺技术，开发特殊分子结构和应用性能的产品，如具有长支链的 LLDPE 产品，单釜双峰 mPE 产品，加强材料细节技术创新，围绕低气味、低析出物、高熔体流动速率、易回收、耐辐照等性能，加强在医疗卫生、新能源、现代农业、绿色建筑、节能环保相关的薄膜、管材、发泡制品等应用，实现通用产品高性能化，特种产品功能化，完成 mPE 材料有规模化发展向高质量发展的转变，由顶替进口到出口世界的转变。

# 第二节　茂金属聚丙烯

上海化工研究院有限公司　李永清　倪晨　曹育才　叶晓峰

## 一、概述

聚丙烯（PP）是全球消费量仅次于聚乙烯的通用聚烯烃产品。传统聚丙烯主要由多活性中心齐格勒-纳塔（Z-N）催化剂生产，但随着聚合催化技术的创新发展和工艺过程的提升优化，单活性中心茂金属催化剂在高端聚丙烯产品生产中逐渐得到更广泛应用。茂金属聚丙烯（mPP）与传统齐格勒-纳塔聚丙烯（Z-N PP）的典型性能对比见表2.2。

表 2.2　mPP 与 Z-N PP 产品性能对比

| 对比项目 | 均聚 mPP | 均聚 Z-N PP |
| --- | --- | --- |
| 熔体流动速率/(g/10min) | 25 | 25 |
| 二甲苯溶解度/% | <1.0 | 3.0～4.5 |
| 熔融温度/℃ | 150 | 160 |
| 结晶温度/℃ | 112 | 115 |
| 拉伸屈服强度/MPa | 32～34 | 30～32 |
| 弯曲模量/MPa | 1600～1700 | 1500～1600 |
| 弯曲强度/MPa | 48～51 | 45～48 |

注：数据来自 LG Chem "Metallocene Polypropylene" 报告。

茂金属聚丙烯（mPP）具有分子量分布窄、微晶较小、抗冲击强度和韧性佳、透明性好、光泽度高、耐温性好、析出物低等特点，主要应用于熔喷无纺布（医用口罩原材料）、精密注塑、纤维、薄膜和3D打印等领域。由于茂金属催化剂较强的聚丙烯结构调控能力，可依靠茂金属结构改变较为精确地调控所得聚丙烯分子的聚合度和立构规整性，因此，茂金属聚丙烯产品根据分子结构不同可分为等规聚丙烯（iPP）、间规聚丙烯（sPP）和无规聚丙烯（aPP）等。此外，茂金属催化剂还可生产许多 Z-N 催化剂难以得到的产品，如高规整度聚丙烯（等规度或间规度大于95%）和新型丙烯共聚物。几种不同结构的 mPP 产品性能对比见表2.3。

表 2.3　不同结构 mPP 产品性能对比

| 对比项目 | 等规 mPP | 间规 mPP | 无规 mPP |
| --- | --- | --- | --- |
| 分子结构 | | | |
| 结构特点 | 甲基排布在链同侧 | 甲基依次排布在链两侧 | 甲基在链中无规排布 |
| 产品特性 | 结晶度高，熔点高，硬度大，力学性能好 | 结晶度低，结晶慢，透明度高，密度小，抗冲击性能优 | 无定形态或弹性体性质 |
| 应用领域 | 纤维、无纺布、薄膜、注塑 | 流延膜、注塑、中空吹塑、挤塑 | 沥青改性、涂料、黏合剂、薄膜、汽车配件 |

## 二、市场供需

### （一）世界供需及预测

**1. 国外 mPP 生产企业**

早期开展 mPP 生产和应用开发的公司包括 Hoechst、BASF、Fina 和 Exxon。Fina 在1988年申请了二甲基碳桥间规 mPP 催化剂的专利技术，Hoechst 在1990年申请了二苯基碳桥间规 mPP 催化剂专利并于1992年首先披露了较宽性能范围的等规 mPP。1993年，Fina 与日本 Mitsui Toatsu 化学公司合作，在位于美国得克萨斯州的一套2万吨/年环管式本体聚合装置上成功试产间规 mPP。BASF 将茂金属催化剂与 Novolen 气相工艺结合于 1994 年试产等规 mPP。

Exxon 在 1995 年使用 Exxpol 工艺在全球范围内首次成功产出商品级等规 mPP 产品。随后，BASF 和 Hoechst 就聚丙烯业务成立的合资公司 Targor 于 1997 年首次在欧洲推出商品级 mPP——两个高透明等规 mPP 牌号 Metocene X 50081 和 Metocene X 50109。由 Targor、Montell 和 Elenac 聚烯烃业务合并组成的 Basell 于 2004 年使用 Spheripol 工艺工业化产出纺织品级别 mPP。Fina 与 Total 合并后新成立的 Atofina 公司于 2002 年在世界上首次实现商业化生产间规 mPP，商品名为 Finaplas（Finacene），包括薄膜、片材和注塑品级树脂。BASF 的 Novolen 工艺被 Lummus 收购后于 2005 年首次向 Borealis 公司许可 mPP 催化剂技术用于 mPP 生产。

经过一系列的公司业务合并与兼并（图 2.3），目前世界主要 mPP 生产企业包括埃克森美孚（ExxonMobil）、利安德巴塞尔（LyondellBasell）、道达尔（Total）、日本聚丙烯（JPP）、日本出光（Idemitsu）、LG 化学、三井化学（Mitsui Chemicals）和科莱恩化工（Clariant）等公司。

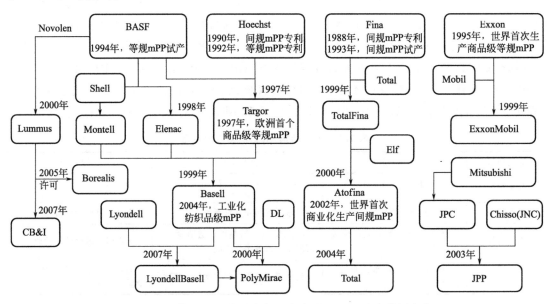

图 2.3　国外 mPP 早期研发与生产公司及 mPP 业务分拆合并

全球市场 mPP 产能和牌号处在动态变化之中，如近年来 Idemitsu 推出了低等规 mPP 产品 L-MODU，而 Total 的间规 mPP 产品 Finacene 目前未见提供，LyondellBasell 也调整了全球部分 mPP 产能。

（1）LyondellBasell　LyondellBasell 早期在美国得克萨斯州的 38 万吨/年 Spheripol 聚丙烯装置和德国 Wesseling 的 60 万吨/年 Novolen 气相法工艺聚丙烯装置上生产 mPP。2000 年，Basell 与韩国大林（DL）合资组建了 PolyMirae 公司，生产包括 mPP 在内的一系列 PP 产品。2021 年 6 月 9 日，LyondellBasell 宣布成功启动 Ulsan PP Co., Ltd. 的年产能 40 万吨的聚丙烯生产设施，应对亚洲地区的强劲 PP 需求。该设施位于韩国的东南港口城市蔚山，采用利安德巴赛尔第五代 Spheripol PP 工艺技术，是 PolyMirae 和 SK Advanced 的合资企业。

2010年后，LyondellBasell相继在全球范围内调整了mPP产能，对mPP产品牌号进行了大幅调整。目前，LyondellBasell共有2大系列mPP产品——商品名为Metocene的mPP均聚和无规共聚物，商品名为Pristene的新型高性能mPP共聚物。Metocene具有挥发物含量低、加工性能好、透明性好、低温下强度高等特点，可应用于食品和化妆品包装、无纺布、纤维、医用实验室器皿和器具等。其中，在无纺布和医疗行业中，HM562S主要应用于卫生无纺布、防护服，以MF650X、MF650Y和MF650Z三个牌号为主要材质的熔喷无纺布可用于制作医用口罩。此外，HM2015和HM650V可用于汽车部件和不透明容器，HM2089可用于包装膜，HM648T可用于家用容器。Pristene RM5500有类似于PC和PET的透明性，同时有良好的力学性能和加工性，可用于替代玻璃和透明聚合物。应用领域包括食品饮料包装、化妆品包装、奶瓶、医疗实验器皿和医药包装等。Pristene RM5500主要性能指标如下：熔体流动速率（230℃，2.16kg）：15g/10min，密度：0.90g/cm$^2$，弯曲模量：1400MPa，拉伸屈服强度：35MPa，拉伸屈服伸长率：10%，悬臂梁缺口冲击强度（23℃）：40J/m。

LyondellBasell/PolyMirae mPP均聚物牌号见表2.4。

表2.4 LyondellBasell/PolyMirae mPP均聚物牌号

| 牌号<br>Metocene | 熔体流动速率<br>（230℃,2.16kg）<br>/(g/10min) | 弯曲模量<br>/MPa | 拉伸屈服强度<br>/MPa | 拉伸屈服<br>伸长率/% | 悬臂梁缺口冲击<br>强度（23℃）<br>/(J/m) | 热变形温度<br>（0.46N/mm$^2$）<br>/℃ |
|---|---|---|---|---|---|---|
| HM2015 | 140 | 1350 | 34 | 7 | 20 | 110 |
| HM2089 | 9 | 1450 | | 10 | 20 | 115 |
| HM562S | 30 | 1300 | 32 | 10 | 30 | 110 |
| HM648T | 60 | 1800 | 35 | 7 | 2 | 93 |
| HM650V | 150 | 1450 | 35 | 7 | 50 | 154 |
| MF650V | 150 | 1450 | 35 | 7 | | |
| MF650W | 500 | | | | | |
| MF650X | 1200 | | | | | |
| MF650Y | 1800 | | | | | |
| MF650Z | 2300 | | | | | |

注：表内数据来自公司网站或公开报告，下同。

（2）ExxonMobil ExxonMobil mPP均聚物商品名为Achieve，其产品牌号也随着市场变化不断调整。相比传统聚丙烯，PP1605具有更高的热变形温度和弯曲模量，且溶出物含量低，透明性更好，主要用于注塑，可用于同食品接触的制品；PP3854可用于纺黏无纺布和细旦丝，含有适用于生产纺黏/长丝产品的稳定剂，在细旦丝高速纺中展现出优异的连续性和均匀性。PP6035G1和PP6936G2熔体流动速率分别为500g/10min和1500g/10min，可用于熔喷料。

2003年，ExxonMobil推出了具有独特半结晶性能的丙烯-乙烯弹性体系列产品，商品名为Vistamaxx，产品中丙烯含量超过70%。呈非晶态的丙烯-乙烯基质被镶接在细小、均匀分散的等规聚丙烯结晶网络中而获得弹性。Vistamaxx 具有优良的弹性和黏着性，共混时可提供韧性、柔性、透明性等性能，对 PP 进行改性可使聚丙烯获得更好的弹性、柔性和韧性。此外，Vistamaxx 适合于在常规设备上进行挤出、注射或吹塑成型，其应用领域包括建材、包装、体育用品、玩具、家电、电缆配件、医药产品和薄膜等。

ExxonMobil mPP 均聚物牌号见表 2.5。ExxonMobil mPP 无规共聚弹性体牌号见表 2.6。

表 2.5　ExxonMobil mPP 均聚物牌号

| 牌号 Achieve™ Advanced | 熔体流动速率 (230℃,2.16kg) /(g/10min) | 拉伸屈服强度 (51mm/min) /MPa | 拉伸屈服伸长率 (51mm/min) /% | 弯曲模量 (1.3mm/min) /MPa | 悬臂梁缺口冲击强度 (23℃)/(J/m) | 热变形温度 (66psi，未退火) /℃ |
|---|---|---|---|---|---|---|
| PP1605 | 32 | 33.3 | 9.2 | 1350 | 26 | 93.3 |
| PP3854 | 24 | | | | | |
| PP6035G1 | 500 | | | | | |
| PP6936G2 | 1550 | | | | | |

注：1psi=6.895kPa。

表 2.6　ExxonMobil mPP 无规共聚弹性体牌号

| 牌号 Vistamaxx™ Performance Polymer | 熔体流动速率 (230℃,2.16kg) /(g/10min) | 拉伸应力 (100%) /MPa | 拉伸断裂强度 /MPa | 拉伸永久变形 /% | 断裂伸长率 /% | 弯曲模量 /MPa |
|---|---|---|---|---|---|---|
| 3000 | 8 | 4.7 | >14 | 41 | >800 | 62 |
| 3020FL | 3 | 4.7 | >14 | 49 | >800 | 65 |
| 3588FL | 8 | 11 | 26 | | 637 | 400 |
| 6000 | 3.7 | | 60 | | 440 | 290 |
| 6102 | 3 | 2.2 | >7.6 | 12 | >800 | 14 |
| 6102FL | 3 | 2.2 | >7.6 | 12 | >800 | 14 |
| 6202 | 20 | 2.2 | >5.5 | 15 | >800 | 13 |
| 6202FL | 20 | 2.2 | >5.5 | 15 | >800 | 13 |
| 6502 | 45 | 2.8 | >7.6 | | >800 | 20 |
| 7020BF | 20 | 2.0 | >5.5 | | | 14 |
| 7050BF | 45 | 2.8 | >7.4 | | >800 | 21 |
| 6502 | 45 | 2.8 | >7.6 | | >800 | 20 |

(3) JPP　2003 年 10 月，JPP 由日本聚化 (JPC) 和智索石化 (Chisso) 的聚丙烯业务合并而成，成为日本最大的聚丙烯公司。目前 JPP 共推出了 3 种类型 mPP 产品：无规共聚物 Wintec、弹性体 Welnex 和高熔体强度 mPP Waymax。

Wintec 主要特点：宽阔的产品范围（包括刚性和熔点特质），极少的抽出物和气味，优越的热封性能。相对于使用传统齐格勒-纳塔催化剂制造的无规共聚 mPP 透明度大大提升。Wintec 还具有极高的透明度，且耐温性能优于 PET 和 PS，广泛用于食物容器、高透明度流延薄膜以及多层共挤复合膜等。

Welnex 主要特点：优越的透明性、产品的柔软度和耐热特性保持优越的平衡、大幅度减少产品的黏性/析出物、纯净度高（含有的催化剂残留物极少），具有较好的加工操作性。Waymax 具有独特的长链分支构造，具有高应变硬化性，高熔融张力的同时又维持流动性的卓越熔融特性；极强的应变硬化特性，能实现均匀延伸；可改善发泡成型、片材热成型、薄膜成型等的成型性。

JPP mPP 无规共聚物牌号见表 2.7。JPP mPP 弹性体牌号见表 2.8。JPP 高熔体强度 mPP 牌号见表 2.9。

表 2.7 JPP mPP 无规共聚物牌号

| 牌号 Wintec | 熔体流动速率 (230℃, 2.16kg) /(g/10min) | 弯曲模量 /MPa | 拉伸屈服强度 /MPa | 断裂伸长率 /% | 雾度（1mm） /% | 悬臂梁缺口冲击强度（23℃） /(kJ/m²) |
|---|---|---|---|---|---|---|
| WFX6 | 2 | 700 | 22 | >200 | 30 | 10 |
| WFX4M | 7 | 750 | 22 | >200 | 12 | 8 |
| WXK1233 | 7 | 750 | 22 | >200 | 12 | 8 |
| WFX4TA | 7 | 750 | 22 | >200 | 12 | 8 |
| WFW4M | 7 | 1050 | 27 | >200 | 25 | 6 |
| WMX03 | 25 | 750 | 22 | >200 | 10 | 8 |
| WSX03 | 25 | 800 | 23 | >200 | 40 | 6.5 |
| WSX03A | 25 | 800 | 23 | >200 | 40 | 6.5 |
| WMX03UX | 25 | 900 | 25 | >200 | 3 | 5.5 |
| WMG03 | 30 | 1250 | 31 | >200 | 50 | 2.5 |
| WMG03UX | 30 | 1450 | 33 | >200 | 3 | 3.5 |

表 2.8 JPP mPP 弹性体牌号

| 牌号 Welnex | 熔体流动速率 (230℃, 2.16kg) /(g/10min) | 弯曲模量 /MPa | 拉伸屈服强度 /MPa | 断裂伸长率 /% | 雾度（1mm） /% | 悬臂梁缺口冲击强度 23℃ /(kJ/m²) |
|---|---|---|---|---|---|---|
| RFG4VM | 6 | 280 | 12 | >200 | 20 | >50 |
| RFX4V | 6 | 240 | 11 | >200 | 10 | >50 |
| RMG02 | 20 | 340 | 13 | >200 | 25 | >50 |

表 2.9 JPP 高熔体强度 mPP 牌号

| 牌号 Waymax | 熔体流动速率 (230℃, 2.16kg) /(g/10min) | 弯曲模量 /MPa | 拉伸屈服应力 /MPa | 断裂伸长率 /% | 悬臂梁缺口冲击强度（23℃） /(kJ/m²) | 洛氏硬度 | 热变形温度 (0.45MPa) /℃ |
|---|---|---|---|---|---|---|---|
| MFX8 | 1.3 | 2200 | 41 | 10 | 4 | 100 | 120 |
| MFX6 | 2.8 | 2250 | 41 | 20 | 4 | 100 | 120 |
| MFX3 | 8.0 | 2200 | 40 | 20 | 4 | 100 | 120 |
| EX6000 | 2.9 | 1800 | 35 | 100 | 10 | 90 | 110 |
| EX4000 | 6.0 | 1750 | 34 | 100 | 9 | 100 | 110 |

(4) Total　Total 的 mPP 产品包括 Lumicene 等规均聚/无规共聚物和 Finacene 间规均聚物两个系列。Lumicene 系列产品中，均聚 mPP MR2001 和 MR2002 具有高流动性，用于无纺布，具有特殊的防烟气褪色配方，可以降低纤维的发黄。无规共聚 mPP MR10MX0、MR30MC2 和 MR60MC2 透明性高、韧性好、兼容性好，具有低溶出物和良好的感官体验，用于食品包装领域既可保证食品安全也兼顾包装美观。

Total mPP 均聚物和无规共聚物牌号见表 2.10。Total Finacene（Finaplas）间规 mPP 牌号见表 2.11。

表 2.10　Total mPP 均聚物和无规共聚物牌号

| 牌号 | 牌号 Lumicene | 熔体流动速率 (230℃，2.16kg) /(g/10min) | 拉伸模量/MPa | 弯曲模量/MPa | 雾度/% |
|---|---|---|---|---|---|
| 均聚物 | MR2001 | 25 | 1300 | | |
| | MR2002 | 15 | 1300 | | |
| | MH140CN0 | 140 | 1400 | | |
| | M3661 | 14 | | | 0.4 |
| | M3766 | 24 | | | |
| | M3721WZ | 24 | 1860 | 1725 | |
| 无规共聚 | M6571 | 9 | | 689 | 1 |
| | M8623KZ | 12 | 1310 | 1310 | 8 |
| | M8825KZ | 30 | 1240 | 1195 | 8 |
| | MR10MX0 | 10 | 1250 | 1200 | |
| | MR30MC2 | 30 | 1300 | 1250 | |
| | MR60MC2 | 60 | 1300 | 1250 | |
| | MR10YN9 | 10 | | 950 | |
| | MR10MM0 | 10 | 950 | 900 | |

表 2.11　Total Finacene（Finaplas）间规 mPP 牌号

| 牌号 | 熔体流动速率 (230℃，2.16kg) /(g/10min) | 拉伸强度 /MPa | 断裂伸长率 /% | 密度 /(kg/m³) | 熔点 /℃ | 弯曲模量 /GPa | 拉伸模量 /GPa | 冲击强度 /(J/cm) |
|---|---|---|---|---|---|---|---|---|
| 1251 | 2.0 | 15.2 | 250 | 880 | 130 | 0.345 | 0.483 | 6.41 |
| 1471 | 4 | 15.2 | 300 | 880 | 130 | 0.345 | 0.483 | 6.41 |
| 1751 | 10.0 | 15.9 | 300 | 870 | 130 | 0.379 | 0.490 | 6.41 |

(5) Mitsui Chemicals　Tafmer XM 和 PN 系列是 Mitsui Chemicals 推出的一种低结晶或非结晶性的丙烯基共聚物。该共聚物结晶度低、分子量分布窄、透明性好、弹性高、柔软性好、密度低、无气味、玻璃化转变温度低，可用于取向聚丙烯膜的热封层和收缩膜，主要用于聚丙烯改性、透明薄膜、电线电缆等领域。

Mitsui Chemicals mPP 共聚物牌号见表 2.12。

表 2.12　Mitsui Chemicals mPP 共聚物牌号

| 牌号 Tafmer | 熔体流动速率（230℃, 2.16kg）/(g/10min) | 屈服强度/MPa | 拉伸断裂强度/MPa | 拉伸断裂伸长率/% | 杨氏模量/MPa | 邵尔硬度 |
| --- | --- | --- | --- | --- | --- | --- |
| XM-7070 | 7 | 11 | 34 | 750 | 290 | 52 (D) |
| XM-7080 | 7 | 14 | 36 | 750 | 390 | 55 (D) |
| XM-5070 | 7 | 11 | 34 | 750 | 290 | 52 (D) |
| XM-5080 | 7 | 14 | 36 | 750 | 390 | 55 (D) |
| PN-2070 | 7 | | >14 | >1000 | 14 | 75 (A) |
| PN-3560 | 6 | | >12 | >1000 | 11 | 72 (A) |
| PN-2060 | 6 | | >19 | >1000 | 22 | 84 (A) |
| PN-20300 | 30 | | >16 | >1000 | 22 | 84 (A) |

(6) Idemitsu　为了生产相对柔软的 mPP，可以采用上述几家公司的丙烯与乙烯或其他 $\alpha$-烯烃无规共聚或者抗冲共聚的方法。除此之外，Idemitsu 发现，不同于单桥联茚基茂金属，对于双桥联茚基茂金属催化剂，在降低等规度时可得到高分子量的聚合物，并基于此开发了一系列双桥联 $C_2$ 结构的茂金属催化剂用来制备低等规度的聚丙烯，通过降低聚丙烯的立构规整性得到低模量 mPP。

商品名为 L-MODU 的低等规 mPP 具有以下特点：低熔点（<100℃）、低结晶率、柔性、透明、可溶于某些有机溶剂、更高的热稳定性、无气味、室温下无黏性、与 PP 更加兼容。主要应用领域包括：热熔胶，在低温下的可喷涂性好，并且具有高黏合强度，固化速率适度并且均匀；具有优异弹性的无纺布，将 L-MODU 与普通 PP 共混，通过控制结晶率和结晶速率，可获得具有优异柔软性的无纺布，PP/L-MODU 非织造材料表现出高强和高柔韧性，可广泛应用于包装和医卫产品领域；双向拉伸膜，加入 L-MODU 可以改善加工性能，减少薄膜的不均匀断裂，薄膜厚度更加均匀，拓宽了可拉伸的温度范围，使得低温拉伸成为可能；色母粒，添加 L-MODU 可提高染料颗粒分散性，改善颜料的扩散性；热塑性弹性体 TPE 共混改性行业，可以提高 TPE 的流动性，降低填充油的使用量，使 TPE-S 的手感更佳，但 L-MODU 可能降低 TPE 的固化速度，尤其在注塑加工时，冷却时间需要进一步加长。

Idemitsu 低等规 mPP 牌号见表 2.13。

表 2.13　Idemitsu 低等规 mPP 牌号

| 牌号 L-MODU | 熔体流动速率（230℃, 2.16kg）/(g/10min) | 重均分子量 | 熔融黏度（190℃）/mPa·s | 密度/(kg/m³) | 熔点/℃ | 软化温度/℃ | 拉伸模量/MPa | 拉伸断裂伸长率/% |
| --- | --- | --- | --- | --- | --- | --- | --- | --- |
| S400 | 2600 | 45000 | 8500 | 870 | 80 | 93 | 90 | 600 |
| S410 | 2600 | 45000 | 8500 | 870 | 70 | 89 | 60 | 600 |
| S600 | 390 | 75000 | 50000 | 870 | 80 | 100 | 90 | 800 |
| S901 | 50 | 130000 | 360000 | 870 | 80 | 120 | 90 | 900 |

（7）LG Chem　LG 化学的 mPP 产品全部是均聚物，熔体流动速率范围为 25～150 g/10min，主要应用领域包括医用药用包装、薄壁注塑、纤维、汽车部件等。

LG Chem mPP 均聚物牌号见表 2.14。

表 2.14　LG Chem mPP 均聚物牌号

| 牌号 | 熔体流动速率(230℃, 2.16kg)/(g/10min) | 弯曲模量/MPa | 拉伸屈服强度/MPa | 断裂伸长率/% | 缺口冲击强度(23℃)/(J/m) | 热变形温度/℃ |
| --- | --- | --- | --- | --- | --- | --- |
| MH 1700 | 40 | 1600 | 36 | ＜500 | 3 | 100 |
| MH 1850 | 60 | 2000 | 38 | ＜100 | 3 | 130 |
| MH 7700 | 25 | 1600 | 36 | ＜500 | 3 | 100 |
| MH 7800 | 100 | 1700 | 37 | ＜50 | 3 | 100 |
| MH 7900 | 150 | 1700 | 37 | ＜50 | 3 | 100 |

（8）Clariant　Clariant 基于丙烯开发的 mPP 蜡商品名为 Lincocene，结构更为均一可控，熔点、黏度和硬度等性能在很大的范围内可控。Lincocene 主要作为聚烯烃产品的润滑添加剂、颜料分散助剂和加工助剂使用。此外，马来酸酐接枝的 mPP 蜡可用于聚烯烃、木材、天然纤维的增容剂，改善材料性能。

2011—2019 年全球 mPP 消费量呈增长趋势，2018 年全球市场估值约 3.1 亿美元。但 2020 年以来受新冠肺炎疫情影响，口罩、防护用品、卫生湿巾等卫生需求激增，全球 mPP 需求大幅增加。2020 年全球 mPP 市场消费量达到约 50 万吨，消费总额约 7.23 亿美元。市场调查机构 Gen Consulting Company 预计全球 mPP 市场未来将以 6.44% 的复合增长率稳定增长。

Clariant mPP 蜡牌号见表 2.15。

表 2.15　Clariant mPP 蜡牌号

| | 牌号 | 密度/(g/cm³) | 黏度/mPa·s | 软化点/℃ |
| --- | --- | --- | --- | --- |
| 聚丙烯蜡 | Licocene PP 6102 | 0.89～0.91 | 50～70 | 52 |
| | Licocene PP 6502 | 0.9 | 1200～1800 | 145～150 |
| | Licocene PP 7502 | 0.9 | 1500～2100 | 161～165 |
| | Ceridust 6050M | 0.9 | | |
| 马来酸酐接枝聚丙烯蜡 | Licocene PP MA 6452 | 0.93 | 800～1400 | 141～147 |
| | Licocene PP MA 7452 | 0.92～0.94 | 800～1400 | 155～161 |
| 聚丙烯-乙烯蜡 | Licocene PP 1302 | 0.86～0.88 | 150～250 | 87～93 |
| | Licocene PP 1502 | 0.87 | 1500～2100 | 83～90 |
| | Licocene PP 1602 | 0.86～0.88 | 5000～7000 | 85～91 |
| | Licocene PP 2602 | 0.87～0.89 | 5500～7000 | 95～102 |

**2. 国外供应**

近年来全球 mPP 市场的发展步伐有所加快，但受行业规模、价格因素及 Z-N 催化剂不断改进的影响，目前 mPP 在聚丙烯产量中占比不足 5%，未来 mPP 市场仍存在很大的拓展空间。

世界主要 mPP 生产企业见表 2.16。

表 2.16　世界主要 mPP 生产企业

| 企业名称 | 产能/(万吨/年) | 装置所在地 | 工艺来源 |
| --- | --- | --- | --- |
| LyondellBasell/PolyMirae | 32 | 美国、德国、韩国丽水 | Spheripol 工艺 |
| ExxonMobil | 20 | 美国 | Exxpol 工艺 |
| Total | 12 | 美国得克萨斯 | |
| JPP | 8 | 日本 | Horizone 气相法 |
| LG Chem | 6 | 韩国 | LG 化学 |
| Idemitsu | 4 | 日本千叶 | Idemitsu |

注：表内数据根据相关数据推算估计。

**3. 需求分析及预测**

市场调查机构 Statista 的分析数据显示（表 2.17），受新冠肺炎疫情影响，2020 年以口罩、防护装备、清洁湿巾等为主的医疗领域（纤维和无纺布）应用占全球 mPP 市场最大份额（达到 59%），销售额约 42657 万美元，比 2019 年增长约 25000 万美元，并预计未来以 2.6% 的复合增长率增长。包装领域是另一重要的 mPP 应用领域，消费和工业包装、食品包装分别占 14.4% 和 11% 的全球市场份额。此外，汽车部件应用领域约占全球 mPP 总消费量的 12%，也是重要且稳步增长的应用领域。

2020 年全球 mPP 市场不同应用领域消费情况见表 2.17。

表 2.17　2020 年全球 mPP 市场不同应用领域消费情况

| 应用领域 | 消费量/万吨 | 消费额/亿美元 | 全球市场份额/% |
| --- | --- | --- | --- |
| 医疗用品 | 29.45 | 4.27 | 58.9 |
| 消费和工业包装 | 7.20 | 1.04 | 14.4 |
| 汽车部件 | 5.75 | 0.83 | 11.5 |
| 食品包装 | 5.50 | 0.80 | 11.0 |
| 其他 | 2.05 | 0.30 | 4.1 |

注：数据来自 Statista 报告。

从消费地区的统计分析数据来看（表 2.17），亚太地区以 60.4% 的市场份额成为全球最大的 mPP 市场。其中，中国是亚太地区最大的 mPP 市场，2020 年消费额约为 30509 万美元，较 2019 年增加 20000 万美元。日本 mPP 市场估值约 5340 万美元，预计 2027 年降低至 4050 万美元。从细分市场角度看，亚太地区同时是 2020 年全球最大的 mPP 医疗用品市场、mPP 汽车部件市场、mPP 包装材料市场。其中，亚太地区汽车部件市场 mPP 销售额约 3232 万美元，mPP 医疗用品市场 mPP 销售额约 32728 万美元。此外，亚太地区 mPP 包装材料市场消费额约 2798 万美元，约占全球 mPP 包装市场的 35%。北美地区是全球第二大 mPP 市场，约占 20% 市场份额。其中，美国 mPP 市场消费额约 11691 万美元（约占全球

mPP 市场 16%），预计 2027 年增长至 12130 万美元。

2020 年全球 mPP 市场不同地区消费情况见表 2.18。

表 2.18  2020 年全球 mPP 市场不同地区消费情况

| 消费地区 | 消费量/万吨 | 消费额/亿美元 | 全球市场份额/% |
|---|---|---|---|
| 亚太 | 30.2 | 4.37 | 60.4 |
| 中国 | 21.05 | 3.05 | 42.1 |
| 日本 | 3.7 | 0.53 | 7.4 |
| 北美 | 10 | 1.45 | 20.0 |
| 美国 | 8.05 | 1.17 | 16.1 |
| 其他 | 9.8 | 1.42 | 19.6 |

注：数据来自 Statista 报告。

## （二）国内供需及预测

**1. 国内 mPP 生产现状**

国内 mPP 一直以来大量依赖进口。国外茂金属催化剂及 mPP 生产技术均较成熟，提供个性化定制产品服务能力强，形成了行业垄断和技术壁垒。国内茂金属催化剂及 mPP 的早期研究开发于 1993 年展开。中国石化北京石油化工科学研究院通过茂金属催化剂 APE-1S 获得了间规聚丙烯（间规度 80%～93%）。中山大学使用高对称性茂金属催化体系也合成出间规聚丙烯。北京化工研究院则致力于茂金属等规聚丙烯的开发。中科院化学所先后合成了多种茂金属催化剂并成功制备第一张国产 mPP 薄膜。尽管我国聚丙烯茂金属催化剂及 mPP 的工业化实施进展相对缓慢，但是，近五年来，中国石化和中国石油为主要代表的国内石化企业开始在 mPP 工业化上持续发力攻关，淄博新塑、中国石化北京化工研究院和中国石油石油化工研究院等国内化工企业和科研机构在茂金属催化剂国产化生产上不断取得阶段性突破，上下游产业链逐步打通，国内 mPP 生产和市场供应有望在未来一段时间里得到全面提升。

中国石油石油化工研究院与中国石油哈尔滨石化公司 2014 年以新型聚丙烯催化剂的开发与工业应用，围绕透明 mPP 产品进行联合攻关。2017 年 6 月，中国石油石化院使用自主开发的载体型 mPP 催化剂 PMP-01，在哈石化 8 万吨/年间歇液相本体聚合装置上首次使用，成功生产出可应用于包装、薄膜及注塑制品等的 MPP6006 高透明 mPP 产品，标志着国内在 mPP 催化剂和 mPP 新产品开发上的重大突破。2020 年 10 月 30 日，中国石油石化院自主研发的茂金属聚丙烯催化剂 MPP-S02，在山东某大型化工公司成功进行工业试验，开发出两款适合于熔喷纺丝的超高熔体流动速率 mPP，产品技术性能达到指标要求。此后，中国石油石化院与哈尔滨石化公司启动新型超高熔体流动速率 mPP 工业试验，于 2021 年 11 月在哈石化间歇本体聚合装置上使用国产催化剂 PMP-02 成功生产 10 釜 6 个牌号超高熔体流动速率 mPP 产品。

中国石化燕山石化公司于 2011 年组建 mPP 攻关团队，经过 3 次工业化生产研究，2018 年 3 月 16 日在国内连续生产装置上首次产出合格的 mPP 树脂 MPP1300、MPP1400，实现了国内第一个超高透明 mPP 专用料牌号 MU4016 的工业化生产。MU4016 产品光泽度高、透明性优、低析出、感官性能好，注塑加工温度可低至 190℃，适合于注塑、吹塑，如化妆品领域安瓿精华液包装。2019 年 8 月、10 月和 12 月，燕山石化合成树脂部聚丙烯装置三次成功量产茂金属聚丙烯产品约 2500 吨，全面打通了生产工艺流程，实现了在现有聚丙烯装置上连续平稳生产。截至 2020 年 6 月，氢调法熔喷专用料产品批量投放市场，累计销售 2640 吨，供应熔喷无纺布生产厂家超过 100 家，适用于生产 KN95、儿童口罩、防护服等高品质产品。目前燕山石化已开发出 MPP1008 高透明薄膜、MR4025 耐辐照管材、MU4016/K4010 透明餐具制品、MPP4912 透明医疗卫生食品包装等 mPP 牌号，以及适用于熔喷料的 MJ1H12、MJ1H15、MJ1H19、MJ1H23、MJ1H27 等牌号。MJ1H15 市场价格约 1 万～1.2 万元/吨。

燕山石化 MJ1H15 典型性能指标见表 2.19。

表 2.19 燕山石化 MJ1H15 典型性能指标

| 分析项目 | 质量指标 | 检测结果 | 试验方法 |
| --- | --- | --- | --- |
| 熔体流动速率（230℃，2.16kg）/(g/10min) | 1500±200 | 1520 | GB/T 3682.1—2018 |
| 灰分（质量分数）/% | ≤0.07 | 0.01 | GB/T 9345.1—2008 |
| 挥发分（质量分数）/% | — | 0.11 | GB/T 2914—2008 |
| 堆密度/(g/mL) | — | 0.46 | GB/T 1636—2008 |

注：数据来自燕山石化 MJ1H15 产品质量合格证。

中国石化茂名石化公司与相关机构自 2016 年起进行联合攻关，在多轮次试验的基础上，于 2020 年 8 月成功应用国产 mPP 催化剂在工业本体釜式反应器上稳定生产出 mPP 产品。该国产催化剂活性高，氢调敏感性好，mPP 产品熔体流动速率可以达到 2000g/10min，完全达到预期试验目标。得到的 mPP 树脂有望形成系列牌号，在经过下游厂家试用后，在纺丝、无纺布、短纤、食品容器、包装、薄壁容器、医疗卫生等领域展示出良好的应用潜力。

中国石化扬子石化公司研究院科研团队于 2020 年 12 月 16 日，在聚丙烯中试装置上实现了 mPP 生产的连续稳定运行，打通了生产工艺流程，产品性能符合设计要求。

中国石油石化院兰州中心 2017 年开展了茂金属聚丙烯纤维料 MPH36Y 的中试开发，依托该项目在中国石油集团公司进行聚烯烃重大科技专项立项研究。2021 年 5 月 28 日，中国石油兰州石化公司聚丙烯装置一次开车成功，生产出 mPP 纤维料产品，迈出了规模化生产的关键一步。

中国石化青岛石化公司依托中国石化北京化工研究院自主开发聚丙烯茂金属催化剂，2021 年 4 月成立 mPP 生产专项攻关团队。11 月 23 日，在青岛石化 7 万吨/年间歇本体法聚丙烯装置上试生产，成功生产出可溶物含量低、韧性好的 mPP 产品，有望应用于薄膜、纤维以及医用材料等领域。

中国石油独山子石化公司于 2019 年 7 月采用国产第二代环管法 Spheripol Ⅱ 工艺，首次实现了纤维专用茂金属聚丙烯的试生产，但长周期稳定运行存在技术瓶颈。2020 年 7 月，独山子石化公司在中国石油石化院兰州中心 mPP 聚丙烯中试装置上进行了为期 20 天的中试试验，模拟 Spheripol 工艺，着重考察茂金属聚丙烯催化剂的长周期运行情况和氢调敏感性。2022年4月27日在国内首次利用环管技术成功生产出牌号为mPP35S的mPP产品1000吨，突破了生产技术瓶颈，装置首次实现长周期运行。该产品可用于高端无纺布制造。

国内主要mPP试产和生产企业情况见表2.20。

表2.20 国内主要mPP试产、生产企业

| 企业名称 | 主要牌号 | 工艺特点 | 工艺来源 |
| --- | --- | --- | --- |
| 中国石油哈尔滨石化 | MPP6006 | 间歇液相本体聚合 | 中国石油石油化工研究院 |
| 中国石化燕山石化 | MU4016<br>MJ1H15 | Innovene气相连续 | |
| 中国石化茂名石化 | | 间歇本体法釜式 | |
| 中国石化扬子石化 | | 连续法中试装置 | |
| 中国石油兰州石化 | MPH36Y | | 中国石油石化院兰州中心 |
| 中国石化青岛石化 | | 间歇本体法 | 中国石化北京化工研究院 |
| 中国石油独山子石化 | mPP35S | Spheripol环管 | |

注：表内数据根据公开信息整理。

**2. 需求分析及预测**

2014—2019年国内mPP消费量约5万~8万吨/年，主要用于高透明制品及医疗用品、无纺布和食品包装膜等领域的高端产品生产。市场调查机构数据显示，2020年由于下游熔喷料需求的大幅增加，mPP消费量显著增长至约20万吨。2021年mPP消费量基本持平。随着新冠肺炎疫情常态化防控需要、国产化mPP不断投放市场，以及高端包装和透明制品的需求，预计这一需求增量得以保持的同时，产品价格会有一定程度下降，至2027年国内mPP市场需求量约为25万吨，市场空间约为30亿元。

熔喷料、医疗用品和其他应用（如高端包装）是2020—2021年中国mPP市场主要应用方向。其中，口罩熔喷料应用占大部分市场份额（65%），并且在疫情背景下这一需求可能长期保持在较高水平。mPP医用耗材约占30%市场份额，由于mPP的低析出纯净性以及医疗用品的认证壁垒，这一需求将保持稳定。包括高透制品、高端包装在内的其他应用份额较小，且由于所面对的消费市场接受度和价格等因素影响，该领域mPP增量不确定性强。

# 三、工艺技术

由于茂金属催化剂发展相对较晚，目前实施的mPP生产工艺多在成熟的齐格勒-纳塔催化剂聚合装置上进行，通过mPP生产工艺优化及装置改造达到顺利生产mPP产品的目的。因此，mPP生产工艺技术大多基于原有丙烯聚合成套技术。国外在聚丙烯成套技术开发方面经验丰富、技术成熟，国内一般需要引进国外生产装置及催化剂。近年来，国内石化企业也致力于发展自主的聚丙烯成套工艺，取得了一些积极成果。本节简要介绍各种工艺技术特点。

**1. Novolen工艺**

Novolen气相搅拌床工艺最初由BASF公司开发，采用2台带双螺带搅拌的立式反应器，使气相聚合中气固两相均匀分布，聚合反应热靠液态丙烯汽化撤出。Novolen工艺的均

聚和共聚都采用气相聚合，其独特之处是可以用共聚合反应器生产均聚物（与第一个均聚反应器串联），使均聚物的产量提高 30%，同样无规共聚物也可以采用将反应器串联的方法进行生产。Novolen 工艺可以生产包括均聚物、无规共聚物、抗冲共聚物、超抗冲共聚物等在内的全部产品。但其缺点是动力消耗比液相搅拌大得多，挤压造粒单元需配的辅助系统较复杂。2020 年全世界 Novolen 工艺聚丙烯产量超过 1180 万吨/年，Novolen 气相法工艺有很好的操作弹性和经济效益。

**2. Innovene 工艺**

Innovene 工艺，又名 BP-Amoco 工艺，主要特点是采用独特的接近活塞流的卧式搅拌床反应器，带内部挡板，并带有特殊设计的水平搅拌器，搅拌器叶片与搅拌轴成 45°，能够对整个床层进行缓慢而规则的搅拌。反应床上有许多气相和液相进料点，催化剂、液体丙烯及气体从这些进料点加入。由于这种反应器设计的停留时间分布相当于 3 个理想的搅拌釜式反应器串联，因此牌号的切换很快，过渡料很少。该工艺采用丙烯闪蒸的方式撤热。此外，该工艺采用气锁系统，可以通过停止催化剂注入而快速平稳停车，并在重新加压及注入催化剂后再次开车。该工艺在各种工艺中能耗和操作压力最低，缺点是产品中乙烯质量分数不高，不能获得超高抗冲牌号的产品。

**3. Horizone 工艺（原 Chisso 工艺）**

Horizone 工艺是在 Innovene 气相法工艺技术基础上发展起来的，反应器设计和反应条件类似。两反应器上下垂直布置，第一反应器的出料直接靠重力流入气锁装置，然后用丙烯气压送入第二反应器。该工艺采用丙烯蒸发潜热的冷却系统。Horizone 气相法聚丙烯工艺能够生产全范围的产品，还可以生产多种特殊的聚丙烯产品，如 HMS-PP、Metallocene RCP、Metallocene R-TPO。

**4. Spheripol 工艺**

Spheripol 工艺采用液相本体-气相组合式工艺，预聚合和均聚合反应采用液相环管反应器，多相共聚合反应采用气相流化床反应器。依生产能力和产品类型可分为一环、二环、二环一气、二环二气 4 种聚合反应形式。生成的 PP 粉呈圆球形，颗粒分布可调节。可生产全范围、多用途的各种产品，其均聚和无规共聚产品的特点是洁净度高、光学性能好、无异味。

**5. Hypol 工艺**

Hypol 工艺采用管式液相本体-气相组合的工艺技术。除气相反应器的设计，其它单元包括催化剂及预聚合与 Spheripol 工艺类似。Hypol 工艺采用 2 个环管反应器和 1 个带搅拌刮板的气相流化床反应器，生产均聚物和抗冲共聚物。可生产均聚物、无规共聚物、嵌段共聚物。

**6. Unipol 工艺**

Unipol 工艺反应器为上部扩径的圆柱形立式压力容器，可以配合超冷凝态操作。该工艺特点：由于超冷凝操作能够最有效地移走反应热，可使反应器在体积不增加的情况下提高生产能力，如通过将反应器内液相比例提高到 45%，可使现有生产能力提高 200%；只用 1 台沸腾床主反应器就可生产均聚物、无规共聚物，可在较大操作范围内调节操作条件而使产品性能保持均一；工艺路线较短，对材质没有特殊要求。

### 7. Spherizone 工艺

Spherizone 工艺是 LyondellBasell 公司在 Spheripol Ⅰ 工艺基础上开发的，主要特点在于采用单一多区循环反应器代替环管反应器，属气相聚合反应。聚合物粒子在多区循环反应器分上升段和下降段多次循环。上升段内聚合物粒子在循环气体作用下快速流化，进入下降段顶部旋风分离器，在旋风分离器内进行气固分离。在下降段顶部设有阻隔区，用以分离反应气体和聚合物粒子，粒子向下运动到下降段底部后进入上升段完成一个循环。阻隔区的使用，可实现上升段和下降段的不同反应条件，形成两个不同的反应区域。

### 8. 中国石化环管工艺

在消化吸收引进技术的基础上，中国石化成功开发了环管液相本体法工艺。第二代环管 PP 成套工艺技术能够生产双峰分布产品、高性能抗冲共聚物。

2014 年，由中国石化北京化工研究院、中国石化武汉分公司和中国石化石家庄炼化分公司共同承担的中国石化"十条龙"攻关项目——"第三代环管 PP 成套技术开发"通过了技术鉴定。第三代环管 PP 成套技术可用于生产均聚、乙丙无规共聚、丙丁无规共聚和抗冲击共聚 PP。

## 四、应用进展

### 1. 应用不同的 mPP 立构规整性

高等规聚丙烯等规度一般为 95%～98%，熔体流动速率不同的树脂性能和用途也各不相同。熔体流动速率小于 15g/10min 的产品主要用于双向拉伸聚丙烯薄膜；熔体流动速率为 20～60g/10min 的产品用于纤维、注射成型以及薄壁注塑；熔体流动速率为 500～2300 g/10min 的产品用于熔喷纤维，如 ExxonMobile 的 Achieve PP6936G2、Achieve PP6031G，LyondellBasell 的 MF650W、MF650X、MF650Y、MF650Z，燕山石化的 MJ1H15。低等规聚丙烯具有相对密度较低、耐热性能好、生产成本低的优势，应用广泛，如 Idemitsu 的 L-MODU 序列产品，可以在热熔胶、具有优异弹性的无纺布、双向拉伸膜、色母粒和热塑性弹性体 TPE 共混改性领域应用。无规聚丙烯具有无毒、无腐蚀、熔点高、黏度大、韧性高、润滑性好等特点，也具有分子量小、结构不规整、内聚力低、力学性能和耐热性较差等特性，实际应用中有着等规聚丙烯不可替代的作用，如用于改性沥青以及改性沥青防水卷材生产，用于填充母料，用于生产色母粒，用于生产热熔胶、胶黏材料，用于生产改性涂料、橡塑、电子绝缘材料、防水纸、管道防腐涂层、房屋嵌缝剂、密封材料等。

### 2. 应用 mPP 的高熔体流动速率、高透明、低溶出特性

医用口罩中最重要的熔喷层的纤维直径在 $2\mu m$ 左右。mPP 熔喷料系列产品为本色粉料，与传统降解法生产的熔喷料相比，具有洁净度高、气味低、强度大等特点，在卫生性和感官方面更具优势。

与普通透明聚丙烯相比，茂金属催化剂技术能把聚丙烯的透明度推向新的高度。mPP 是目前各种类型 PP 产品中透明性最好的产品。如果把 PET 透明度定为 100%，那么高结晶

PP 为 47%，用成核剂生产的透明 PP 为 89%，mPP 均聚物的透明度为 93%，mPP 无规共聚物的透明度可达 96%。1mm 板片雾度可从 9% 降低至 3%～4%。此外，超透 mPP 在厚的制件中依旧可保持较好的透明度，因此在产品设计和应用上赋予更多的空间。

茂金属聚丙烯具有更高的热变形温度和弯曲模量，极低溶出物的性质，因此可被用于食品包装；结合其高透明度，可用于婴儿奶瓶及高端产品包装，如高端日用品、化妆品的包装；由于一些牌号的 mPP 还具有良好的热封性，因此也被用于洁净度要求高的电子产品加工过程中电路板的包装。

## 五、发展建议

我国茂金属聚丙烯发展还存在一些瓶颈问题。

首先是 mPP 催化剂的多样化设计制备和生产难题。国外茂金属催化技术发展早，在催化剂结构、聚合机理、生产工艺和产品性能等各方面都进行了广泛而深入的研究，行业壁垒高，国内自主开发新结构新工艺难度加大。并且目前国内有能力进行 mPP 催化剂规模化生产的装置较少，mPP 催化剂产业化制备和应用的科研力量分散，导致 mPP 催化剂仍需依赖进口。

其次是助催化剂和载体的国产化难题。国内 MAO 等助催化剂几乎全部从 Albemarle（雅宝）、Lanxess（朗盛）、AkzoNobel（阿克苏诺贝尔）、Tosoh（东曹）等国外公司进口，硅胶等载体从 Grace（格雷斯）等国外公司进口，且进口成本高，直接推高 mPP 茂金属催化剂价格，最终导致 mPP 及终端制品价格较高。这也是制约国内 mPP 规模化发展的重要因素。

再次是 mPP 树脂加工设备的开发难题。mPP 窄分子量分布影响加工性能，针对 mPP 需要开发新型加工设备。尽管 2020 年国内 mPP 消费量大幅增长，但在熔喷布这一主要应用领域里，传统 PP 也可通过工艺优化提供相应产品。mPP 专用的加工设备可促进下游厂家的应用，增强 mPP 的市场竞争力。

突破发展中的瓶颈问题，贯通 mPP 产业发展路线，需要国内石化公司继续加大了 mPP 规模化开发力度，化工企业、高校和科研院所针对 mPP 催化剂、助催化剂和载体的商业化开发和生产不断取得新的实质进展。

(1) 政策持续支持　mPP 以及其他高性能茂金属聚烯烃材料的开发对国家科技进步和综合国力提升具有重要的战略意义，《产业结构调整指导目录（2019 年本）》将茂金属聚烯烃列入鼓励类产业，《石油和化学工业"十四五"发展指南及二〇三五年远景目标》也指出，"十四五"化工新材料发展重点之一是在高端聚烯烃行业重点突破"高碳 α-烯烃共聚聚乙烯、茂金属催化剂绿色生产技术，重点发展高碳 α-烯烃共聚聚乙烯、茂金属催化聚乙烯和聚丙烯、聚烯烃专用料以及共混改性塑料和合金，提升现有高端产品的性能"。将来需要国家政策进一步引导支持，如在国家或行业层面统筹资源，组织跨学科队伍开展关键装备、理论计算等研究；建设高水平 mPP 材料开发创新平台、创新联盟，尽快促进我国 mPP 发展进入快车道。

(2) 核心环节突破　催化剂技术和生产工艺技术是 mPP 树脂规模化生产的两个核心环

节。上海化工研究院有限公司近年来通过对接茂金属催化剂国际国内市场需求，建立了深厚的技术基础，建设了当前国内紧缺的高标准单体茂金属催化剂专门生产线，具备包括 mPP 催化剂在内的单体茂金属催化剂供应能力。安徽博泰利用自身的三甲基铝为原材料正在攻关 MAO 助催化剂批量合成工艺技术，打破国外企业的垄断，实现进口替代。在聚合工艺技术方面，中国石化、中国石油等石化企业正在加大 mPP 成套技术开发攻关，一方面基于现有装置进行改造，一方面结合前期研发基础开发国产化的新型工艺。在自主 mPP 催化剂结构设计方面，尽管困难重重，仍可考虑借助量子计算化学、物理模型分子模拟、数学模型定量构效关系或几种方法的有机结合，研究催化剂结构与产物性能的构效关系、负载聚合动力学、产物形态等科学问题，以设计新型的 mPP 催化剂。

(3) 产业链协同发展　加强高等院校、科研院所、石化企业以及应用企业的合作，明确应用开发需求，各方取长补短，提高技术转化与应用效率，形成科研、设计、工程、生产、市场紧密衔接、完整高效的技术创新链条和产业链条，实现"产学研销用"一体化体系。通过不断创新的源头技术开发，推动 mPP 朝着高性能化和功能化方向发展。一方面巩固稳定刚性需求市场，如医疗用品、食品包装和汽车部件等领域；另一方面积极开拓 mPP 潜在应用的方向，比如具备耐辐照、低晶点、低热封等特点的高性能产品，以及高洁净度电子包装、高端化妆品包装等。此外，注重产业链各环节的人才培养，合理加强投入力度，基于专业知识培养，强化工程实践教育，形成联合人才培养机制，制定高层次人才引进、交流和沟通机制，保障产业链创新。

## 第三节　乙烯-醋酸乙烯共聚树脂

江苏斯尔邦石化有限公司　张彩凤　王桂兰　李秀洁

### 一、概述

乙烯-醋酸乙烯共聚树脂（EVA）由无极性乙烯单体和强极性的醋酸乙烯单体在一定的温度和高压下聚合而成，是继高密度聚乙烯（HDPE）、低密度聚乙烯（LDPE）、线型低密度聚乙烯（LLDPE）之后的第四大乙烯系列聚合物。

EVA 树脂具有优良的柔韧性、耐冲击性、弹性、光学透明性、低温挠曲性、黏着性、耐环境应力开裂性、耐候性、耐腐蚀性、热密封性以及电性能等。EVA 树脂中 VA 含量不同，其物理性质、化学性质及加工性能也不同。随着 VA 含量的增加，EVA 的弹性、柔软性、黏合性、相容性、透明性和溶解性也相应改善。

EVA 可以通过注塑、挤塑、吹塑、热成型、发泡、涂覆、热封、焊接等加工成型，生产热熔胶、注塑制品、薄膜、发泡体、管材、电线电缆、板材等。国内 EVA 主要生产厂家及牌号见表 2.21。

表 2.21 国内 EVA 主要生产厂家及牌号

| 企业名称 | 主要牌号 |
|---|---|
| 江苏斯尔邦 | V5120J、V6020M、V2825、UE1803、UE2806 系列、UE2825、UE28150、UE28400、UE3315、UE4050 |
| 扬子-巴斯夫 | V5110J、V5210J、V4110J、V6110M、V6110MG、V4110F、5110S |
| 燕山石化 | 18J3 和 18F3、YD-02、14F1 和 9F1 |
| 宁波台塑 | 7470M、7470K、7760S、7870S、7A60H、7A50H |
| 联泓新材料 | UL00218、UL00628、UL00428、UL00328、UL02528、UL15028 |
| 北有机 | Y2022 (14-2)、Y2045 (18-3)、Y2013 (18-1.5)、Y2006 (14-0.7)、Y3045 (26-6) |

## 二、市场供需

### (一) 世界供需及预测

#### 1. 世界 EVA 生产现状

全球 EVA 生产装置主要集中在亚洲、北美和西欧地区。2016 年,全球 EVA 产能约 398 万吨/年,产量 325 万吨,开工率 85.5%。2021 年,全球 EVA 产能达到 734.3 万吨/年,其中亚洲占据全球约 59.64%;产量约 560 万吨,开工率约 76%。从 2016 年到 2021 年,全球 EVA 产量复合增长率为 11.5%,是聚烯烃中增长较快的品种。2021 年世界 EVA 主要生产企业见表 2.22。

表 2.22 2021 年世界 EVA 主要生产企业

| 企业名称 | 产能/(万吨/年) | 企业名称 | 产能/(万吨/年) |
|---|---|---|---|
| 埃克森美孚 | 45 | 乐天 | 20 |
| 杜邦 | 25 | 三星 | 35 |
| 陶氏 | 20 | 韩华 | 11 |
| 利安德巴塞尔 | 12.4 | 湖南石化 | 9.9 |
| 西湖公司 | 2 | 台湾塑胶 | 26 |
| 加拿大 AT Plastics | 14.5 | 台湾聚合化学品 | 18.5 |
| 杜邦-三井聚合物 | 20 | 沙特国际石化 | 20 |
| 东曹 | 7.8 | 加拿大 AT Plastic | 14.5 |
| 住友化学 | 10 | 法国杜邦 | 25 |
| 尤尼卡 | 18 | 泰国石化 | 9.2 |
| 三井 | 12 | 新加坡聚烯烃 | 8 |
| 宇部兴产-丸善化学 | 8 | 合计 | 734.3 |
| LG 化学 | 28.5 | | |

**2. 需求分析及预测**

从需求方面来看，2021年，世界EVA树脂的总需求量为560万吨，其中中国约占EVA全球消费量的36.6%、北美地区约占17.9%、欧洲约占25.1%、其他地区约占20.4%。

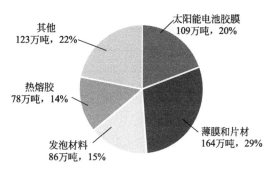

图2.4 2021年全球EVA消费结构

2021年，世界EVA树脂的消费结构（见图2.4）：薄膜和片材占总消费量的29%，太阳能电池胶膜占20%，发泡材料占15%，热熔胶占14%，其他占22%（其中电线电缆占8%，涂覆占6%，注塑制品占5%，油墨等其他领域占3%）。

世界EVA树脂最大用途是薄膜产品，EVA薄膜可用于包装膜、农膜、医用膜、层压膜、铸造膜等。在国外EVA树脂主要用于薄膜生产，其中西欧薄膜约占EVA总消费量将近50%，北美占近40%。薄膜级EVA树脂主要用于生产透明膜，约占EVA薄膜的70%。各种包装用透明薄膜VA含量在1%~5%。虽然透明膜也可用LDPE作原料，但EVA可改善其光泽度、降低雾度、改善热封性能，在与聚烯烃均聚物的竞争中具有一定的优势。2021年，全球用于薄膜生产的EVA达到164万吨，约占总消费量的29%。

光伏是拉动EVA消费增长最重要的领域。2021年，全球光伏组件产量约240GW左右，按照1100万平方米薄膜/GW的使用量估算，全球用于光伏产业的EVA树脂约109万吨，占全球EVA消耗量的20%左右。受国际社会碳排放限制的影响，中国光伏行业协会预测，2022—2025年全球光伏新增装机容量分别为210GW、240GW、270GW和300GW，EVA消耗量分别为95万吨、109万吨、123万吨和136万吨，年均复合增长率达到13.1%。

发泡材料（主要为鞋底，其他还有发泡垫、发泡轮、发泡包装等）受亚洲（中国和东南亚）的需求驱动在增长。近年来随着中国劳动力成本上升，制鞋企业不断由中国向东南亚转移，东南亚EVA发泡料需求增长较快。2021年，全球EVA树脂在发泡材料领域的消费量为86万吨，占到总消费量的15%左右。

热熔胶主要使用低熔点EVA树脂，在配方中可与其他材料很好地混合，并具有一定的极性和黏性。2021年，EVA树脂在热熔胶领域的消费量为78万吨，占到总消费量的14%左右。

虽然EVA树脂有薄膜、发泡材料和热熔胶三类应用的占比较大，但增长预期已经明显放缓，在没有发现新的应用领域之前，这3个领域预计保持2%~3%的平均增速（与全球GDP增速相适应），预计到2025年，上述三大应用将消耗EVA达到379万吨。

电线电缆、涂覆、注塑制品、油墨等是EVA消费的小众应用领域，经过数年的发展，增速仍然保持平稳，采用趋势外推法预测，2021至2025年全球EVA在上述领域消费增长率为2%左右，预计到2025年消费量达到136万吨。

综合以上数据，到2025年，全球EVA消费将达到650万吨以上，由于碳中和从概念走向现实,光伏产业的发展将重塑全球 EVA 的消费格局,届时,用于光伏胶膜的 EVA 消费将占整个 EVA 消费的 21%。随着中国地区 EVA 产能的逐渐释放,2025 年全球 EVA 有效产能将达 800 万~900 万吨,开工率维持在 70%左右。

### (二)国内供需及预测

**1. 国内生产现状**

我国 EVA 发展主要经历了 4 个发展阶段,目前处于国营、民营、合资、台资四足鼎立的局面。

填补空白(1995—2004 年):1995 年,北有机从意大利埃尼化学公司引进釜式法技术,建成我国第一套 4 万吨/年的 EVA 生产线,这是我国第一条大规模 EVA 树脂生产线。

起步阶段(2005—2015 年):2005 年,扬子-巴斯夫 20 万吨的 LDPE/EVA 生产线投产,2010 年北京燕山-杜邦合资的华美釜式 EVA 生产线投产,同年北京燕山石化 20 万吨/年埃克森管式 LDPE 生产线改造 EVA 投产,开始了国产 EVA 的起步。

成长阶段(2016—2018 年):宁波台塑、山东联泓、斯尔邦石化的相继投产,EVA 产能有较大提升。尤其是斯尔邦石化产能达到 30 万吨/年,在质和量上进一步发展壮大。

快速发展阶段(2020—2025 年):2021—2022 年榆能化、扬子、中化泉州、浙石化、中科炼化相继投产,以及 2022—2023 年古雷石化、天利高新、宁夏宝丰将陆续投产,使 EVA 进入快速发展阶段。

截至 2021 年底,我国 EVA 产能达到 177.2 万吨/年(包括浙石化 12 月投产的 30 万吨/年产能,卓创资讯统计数据将其纳入 2022 年产能)。产量约 101 万吨,进口量 111.6 万吨,出口量为 7.1 万吨,全年表观消费量达到 205.2 万吨。从 2015 年到 2021 年,全国 EVA 表观消费量复合增长率达到 9.8%。中科炼化在 2022 年 3 月投产,加之联泓新材料技改扩能,截至 2022 年 5 月国内 EVA 产能已达 192.2 万吨/年,见表 2.23。

表 2.23 我国主要 EVA 生产企业情况(截至 2022 年 5 月)

| 企业名称 | 产能/(万吨/年) | 工艺 | 投产时间 | 装置所在地 |
| --- | --- | --- | --- | --- |
| 东方石化 | 4 | 埃尼釜式法 | 1995 年 | 北京 |
| 扬子-巴斯夫 | 20 | 巴塞尔高压管式法 | 2005 年 | 南京 |
| 华美聚合物 | 6 | 杜邦釜式法 | 2010 年 | 北京(停产) |
| 斯尔邦 | 30 | 巴塞尔高压釜式法+高压管式法 | 2017 年 | 连云港 |
| 燕山石化 | 20 | 埃克森高压管式法 | 2011 年 | 北京 |
| 宁波台塑 | 7.2 | 埃尼釜式法 | 2015 年 | 宁波 |
| 联泓新材料(山东昊达) | 15 | 埃克森美孚釜式法+埃克森管式法 | 2015 年 2022 年 | 滕州 |
| 延长榆能化公司 | 30 | 巴塞尔管式法 | 2021 年 | 榆林 |
| 扬子石化 | 10 | 巴塞尔釜式法 | 2021 年 | 南京 |
| 中化泉州 | 10 | 埃克森美孚管式法 | 2021 年 | 泉州 |
| 浙石化 | 30 | 巴塞尔管式法 | 2021 年 | 舟山 |

续表

| 企业名称 | 产能/(万吨/年) | 工艺 | 投产时间 | 装置所在地 |
|---|---|---|---|---|
| 中科炼化 | 10 | 巴塞尔釜式法 | 2022年3月 | 湛江 |
| 合计 | 192.2 | | | |

注：2022年联泓新材料10万吨/年EVA装置已通过技改，扩能到15万吨/年。

在产能分布方面，目前华东地区是EVA产能集中区，约占55.8%，且占比仍在增加。中化泉州石化与湛江中科装置位于华南大区，延长中煤榆林装置位于西北大区，这两大区EVA装置从无到有开创新的起点。西北市场占比超过华南，达到15.6%。

从这几年的新建项目来看，我国在建EVA项目包括：古雷石化30万吨/年EVA项目、天利高新20万吨/年EVA项目。这些项目预计全部在2022年投产，预计2022年底全国EVA产能将达到242.2万吨/年。此外，浙石化、联泓新科、江苏新海、广西石化、吉林石化、齐鲁石化、宁煤等也在筹备新建EVA项目，拟建EVA产能将达到200万吨/年，预计到2025年全国EVA产能将突破300万吨/年。

国内在建EVA装置见表2.24。

表2.24 国内在建EVA装置

| 企业名称 | 产能/(万吨/年) | 工艺 | | 投产时间 | 装置所在地 |
|---|---|---|---|---|---|
| 古雷石化 | 30 | 管式 | 管式埃克森美孚 | 2022年 | 福建漳州 |
| 天利高新 | 20 | 管式 | 管式Basell | 2022年 | 新疆独山子 |
| 宝丰能源 | 25 | 管式 | 管式Basell | 2023年 | 宁夏银川 |
| 裕龙石化 | 30+2×10 | 管式+釜式 | 管式Basell/ECI | 2024—2025 | 山东烟台 |
| 斯尔邦 | 70 | 管式+釜式 | 管式Basell | 2024—2025 | 江苏连云港 |
| 合计 | 195 | | | | |

### 2. 需求分析及预测

（1）消费分析　我国EVA树脂市场主要集中在华东、华南两大地区。华南地区以传统发泡料为主，占全国总消费比例约为27%；华东地区的消费以光伏胶膜、电缆为主，因光伏胶膜产量快速增长，华东EVA消费量占全国总消费约63%。

2021年我国EVA表观消费量约205.2万吨，约占全球EVA总消费量的36.6%，是全球最大的EVA消费国。

从消费结构来看，2021年，我国光伏EVA消费量约78万吨，占全国EVA树脂总消费量的38%，是增长最快的品种。

2021年中国EVA消费结构见图2.5。

发泡材料是我国EVA消费的重要领域，2021年使用量达到60万吨，占全国EVA总消费量的29.1%，主要用于发泡板材、鞋材等产品。在这一领域，EVA

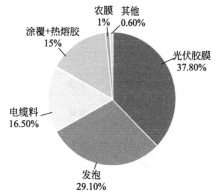

图2.5　2021年中国EVA消费结构

发泡材料更多的是完成一种功能性用途，而并非无可替代，如瑜伽垫、儿童保护垫、鞋材中底等，随着人们的审美改变而变化。

电缆料也是EVA应用的重点领域，特别是无卤阻燃电缆和硅烷交联电缆的推广和发展促进了EVA的使用。北京、上海等重点城市已明确规定重要建筑禁止使用聚氯乙烯电线电缆，以避免火灾发生时大量浓烟、氯气。这些相关政策的规定和客观环境的发展都促进环保型低烟无卤电缆料的推广和应用。2021年，我国用于电缆料的EVA达到34万吨。

热熔胶、涂覆料是我国EVA应用的小众领域，2021年消费量约为31万吨。热熔胶主要用于服装、鞋帽、板式家具、书籍等物件粘连，因EVA无臭无害、粘连性强、属环保产品，近年来广泛取代传统的苯基胶水，市场需求成长迅速。涂覆料主要用于预涂膜、护卡膜、易开封膜、共挤薄膜的连接层等，目前我国预涂膜占覆膜市场的比例不足30%，还有不小的发展空间。

农膜是EVA应用的领域之一，在欧美等发达地区EVA功能膜应用较为广泛，但在我国由于价格原因应用普及率不高，因此有一定的发展空间，但是短时间内，EVA农膜的发展仍然不会有太大起色。

(2) 供需分析　近五年，EVA产能复合增长率21.4%，需求复合增长率9.5%，供应增速大于需求增速，进口依赖度持续降低。未来五年，EVA产能迎来集中扩张期，至2025年产能复合增长率提高至14%，而需求复合增长率预计在7.2%，需求增速或慢于产能增速，届时EVA供应缺口将继续缩小。

受光伏行业需求快速增长的提振，EVA需求增速明显加快。与此同时，新冠肺炎疫情影响之下，国外订单流入中国，将提振鞋材、热熔胶等需求，进而提升对EVA需求量。初步预计2022年EVA表观消费量或达252万吨。高新行业依旧是拉动需求增长的主要动力；从区域来看，华东地区需求增长明显快于其他区域。

2016—2021年国内EVA供需平衡见表2.25。

表2.25　2016—2021年国内EVA供需平衡表

| 年份 | 产能/(万吨/年) | 产量/万吨 | 进口量/万吨 | 出口量/万吨 | 表观消费量/万吨 | 进口依赖度/% |
|---|---|---|---|---|---|---|
| 2016年 | 67.2 | 42.43 | 94.1 | 6.15 | 130.38 | 72.17 |
| 2017年 | 97.2 | 51.11 | 103.47 | 6.31 | 148.27 | 69.78 |
| 2018年 | 97.2 | 61.73 | 97.61 | 4.95 | 154.37 | 63.23 |
| 2019年 | 97.2 | 73.04 | 109.62 | 6.01 | 176.65 | 62.05 |
| 2020年 | 97.2 | 75.55 | 117.68 | 5.36 | 187.87 | 62.64 |
| 2021年 | 177.2 | 100.7 | 111.67 | 7.13 | 205.24 | 54.39 |

注：供需数据主要来自卓创资讯（2021年产能除外）。

EVA作为塑料中较为高端的产品之一，行业处于成长期，自给率逐年提高。

进口方面，仍然是一般贸易占据主导。进口贸易伙伴众多，但主要贸易伙伴多集中于我国周边及中东地区。韩国依旧占据EVA进口来源首位，其次是中国台湾和泰国，来自这三个地区的EVA占进口总量的70.6%。从国家来看，除韩国、沙特、日本、加拿大外，其余国家进口占比均增加，这主要与该国生产装置运行情况及销售策略有关。

## 三、工艺技术

EVA 生产工艺过程主要有压缩、聚合、分离、挤压造粒。压力约为 110～350MPa，温度为 130～350℃，聚合时间非常短，一般为 15 秒到 2 分钟，热量主要通过循环过来的冷单体或热水实现撤热，系统基本上在绝热条件下操作。主流生产工艺分为管式法和釜式法工艺，差别主要在聚合方式上，对应的聚合反应器为管式和釜式，其它工艺过程基本一致。

EVA 生产技术较成熟，多种技术在转让，如杜邦、Exxon、巴塞尔等，主要是巴塞尔公司转让力度加大，促成了我国 EVA 产业发展壮大。目前我国 EVA 的生产工艺管式法占 57.2%，釜式法占 42.8%。

高压管式法工艺，可生产 VA 含量 30% 以内的 EVA 产品，该技术主要是朝着大型化方向发展，目前最大的高压管式法技术单线能力可以达到 40 万吨/年；另外一种是采用釜式法工艺，主要生产高 VA 含量的 EVA 产品，目前 VA 含量最高可达 40%，装置单线能力最高 14 万吨/年。两种工艺路线对比见表 2.26。

表 2.26 两种工艺路线主要对比

| 对比项目 | 釜式法 | 管式法 |
| --- | --- | --- |
| 单线规模 | 10 万～14 万吨/年 | 20 万～40 万吨/年 |
| 反应器 | 长径比（2～20）:1，反应器中有搅拌轴、挡板、搅拌马达一般也安装于反应器内，维修不便 | 1. 反应管内径为 25～64mm，长 0.5～1.5km，长径比最大 12000:1<br>2. 反应器结构简单，制造维修方便，能够承受较高压力 |
| 反应条件 | 反应压力为 110～200MPa<br>反应温度为 150～300℃ | 反应压力为 210～300MPa<br>反应温度为 160～330℃ |
| 反应流体状态 | 近似完全混合 | 近似柱塞流动 |
| 单程转化率 | 15%～21% | 20%～35%（最高可达 40%） |
| 聚合热散热方式 | 进料冷却 | 夹套冷却和进料冷却 |
| 投资及操作费用 | 高 | 低（20 万吨/年管式和 10 万吨/年釜式投资相当） |
| 生产成本 | 高 | 低（以 VA 18% 为例，低于釜式约 1000 元/吨） |
| 产品特点 | 1. 反应温度、压力均匀，易形成许多长支链的聚合物，冲击强度较好<br>2. 反应停留时间较短，过渡料少<br>3. 适于生产高 VA 含量产品，如热熔胶、涂覆料等 | 1. 反应温度、压力沿反应管长度逐渐降低，产品分子量分布窄，支链较少，光学性能好，适于加工薄膜<br>2. 反应停留时间相对较长<br>3. 共聚物的 VA 含量一般不大于 20%，适合农膜和收缩膜等 |
| 产品指标范围 | VA≤40%<br>MFR≤800g/10min | VA≤30%<br>MFR≤30g/10min |

## 四、应用进展

EVA 作为塑料中较为高端的材料，应用在诸多领域。目前虽然有 POE、EPDM、PE、PVC 等在光伏、薄膜、汽车等领域与 EVA 存在互相替代，然并未形成规模性和趋势性替代。

由于碳中和从概念走向现实，加快发展可再生能源已成为全球能源转型的主流方向，光伏产业的发展将重塑全球 EVA 的消费格局，据推算，"十四五"是可再生能源发展的关键时期，预计我国光伏年化需求将达 70～100GW。中国市场光伏胶膜已取代长期占首位的发泡料成为 EVA 消费的第一大领域，2021 年消费占比达到 37.8%。

光伏作为新能源领域的核心板块，未来仍然是拉动 EVA 快速增长的主动力。到 2025 年，全球 EVA 消费将达到 650 万吨以上，中国光伏行业协会预测，2022—2025 年全球光伏新增装机容量分别为 210GW、240GW、270GW 和 300GW，EVA 消耗量分别为 95 万吨、109 万吨、123 万吨和 136 万吨，年均复合增长率达到 13.1%。届时，用于光伏胶膜的 EVA 消费将占整个 EVA 消费的 21%。

## 五、发展建议

目前 EVA 行业进入快速扩张阶段，但是大部分企业生产的产品是技术门槛较低的通用料，高端 EVA 产品缺乏，依赖进口，如 VA 含量 40% 以上的油墨级 EVA，熔体流动速率低于 2g/10min 的发泡 EVA、800g/10min 以上的热熔胶级 EVA 等。

目前中国 EVA 生产企业达 12 家。EVA 供给端行业集中度较高，属于寡头行业。EVA 行业无明显进入壁垒，但却是重资产的行业，20 万吨 EVA 装置投资额约 16 亿～23 亿元（因建设内容，含不含公用工程、土地、罐区等不同），且建设周期长（建设本身需要 42～50 个月）。主要产品光伏级 EVA 行业技术门槛较高，若无技术基础，从生产 EVA 到生产光伏料还需要 6～9 个月。目前国内光伏级 EVA 行业龙头江苏斯尔邦石化，20 万吨/年管式装置全年开足马力生产光伏级 V2825，仍供不应求；正在上马的 3 套 20 万吨 EVA 装置，目标也锁定在光伏级 EVA 产品，以保证我国光伏企业的发展需求，榆能化、浙石化等也纷纷试产光伏级牌号。未来，伴随着 EVA 行业的竞争愈发激烈，应防范产品同质化竞争，引发的产品产出过剩及利润削弱的风险。生产企业应在稳定生产、降低能耗物耗的同时，提高产品品质；在各品级间寻求产量和利润的平衡；开发高端新产品，扩宽新领域；增加出口创汇。

# 第四节　超高分子量聚乙烯

上海化工研究院有限公司　　王新威　郑晗

## 一、概述

超高分子量聚乙烯（UHMWPE）一般指黏均分子量在 100 万以上的线型长链聚乙烯材料，具有高强度、耐冲击、耐磨损、自润滑、耐化学腐蚀、耐低温等优异性能，目前的主要制品有纤维、薄膜、管材、板材、棒材、多孔材和异型材等,广泛用于航空航天、国防军工、海洋工程、轨道交通、市政建设、石油化工、矿山冶金电力、新能源材料等领域。

## 二、市场供需

### (一) 世界供需及预测

#### 1. 世界 UHMWPE 生产现状

目前,全球 UHMWPE 总产能约为 43.8 万吨/年,其中国内产能约 23.3 万吨/年;2021 年全球实际产量和消费量约 30 万吨。表 2.27 列出了国外主要 UHMWPE 树脂的生产企业及产能情况。

表 2.27　国外 UHMWPE 主要生产企业产能情况

| 企业名称 | 产能/(万吨/年) | 企业名称 | 产能/(万吨/年) |
| --- | --- | --- | --- |
| 塞拉尼斯公司 | 9.0(不包括中国南京公司) | 大韩油化公司 | 3.0 |
| 荷兰 DSM 公司 | 1.0 | 韩国乐天 | 1.0 |
| 日本三井公司 | 0.5 | 泰国普力迈 | 1.0 |
| 日本旭化成公司 | 0.5 | 总计 | 20.5 |
| 巴西 Braskem 公司 | 4.5 | | |

#### 2. 需求分析及预测

从全球范围来看,尽管近年 UHMWPE 树脂有快速的发展,但在聚烯烃材料领域中 UHMWPE 还属于小众产品,大幅度提升应用需求难度较大。究其原因,主要还在于生产条件的苛刻导致其生产成本高,不适用于大众化推广;另外一些性能上的劣势,如耐热性差、产品容易蠕变等也限制了其在某些高端领域的应用。

近年来,随着树脂解缠结聚合技术与功能化改性技术的提升,以及 UHMWPE 制品加工装备与工艺技术的不断升级,UHMWPE 的应用领域逐步拓宽,预计未来 2 年需求量也逐步增加到 32 万吨/年,高附加值产品开发受到国内外相关企业的关注,产品差异化是今后 UHMWPE 领域的发展趋势。

全球 UHMWPE 的消费结构见图 2.6。

### (二) 国内供需及预测

#### 1. 国内生产与供需现状

国内 UHMWPE 树脂生产企业快速增加,目前全球 UHMWPE 树脂产能的一半以上在中国。表 2.28 为国内主要 UHMWPE 树脂的生产企业及产能情况。

2021 年我国 UHMWPE 树脂直接产值约 30 亿元,带动下游制品产值超过 250 亿元,其中锂电隔膜、高端过滤材料、部分纤维材料等依赖国外进口树脂。

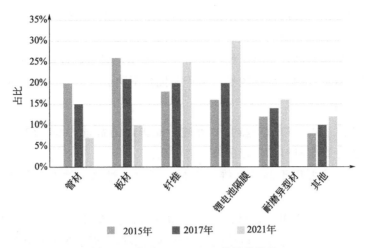

图 2.6 全球 UHMWPE 的消费结构

表 2.28 2021 年国内 UHMWPE 主要生产企业情况

| 企业名称 | 投产时间 | 产能/(万吨/年) |
| --- | --- | --- |
| 塞拉尼斯中国南京分公司 | 2015 年 | 3.5 |
| 上海化工研究院有限公司（下属生产企业：上海联乐、河南沃森） | 2004 年/2015 年 | 5.5 |
| 燕山石化 | 2016 年 | 3.0 |
| 辽阳石化 | 2020 年 | 3.0 |
| 九江中科鑫星新材料公司 | 2006 年 | 2.0 |
| 安徽中玺新材料有限公司 | 2015 年 | 2.5 |
| 湖北昱泓高新材料科技有限公司 | 2019 年 | 0.8 |
| 安徽丰达新材料有限公司 | 2020 年 | 3.0 |
| 总计 | | 23.3 |

作为全球少数几个拥有 UHMWPE 完整产业链体系的国家，我国具备较好的 UHMWPE 市场应用环境和研发、产业化基础。但发展仍然以扩产能、体现价格优势为主，总体上树脂产品以中低端、通用型为主，管材、板材的应用比例高，纤维的应用也逐步发展起来，而高端化、差异化产品尚存在较大缺口。国内企业尽管锂电隔膜树脂、过滤树脂、生物医用树脂等产品在催化、聚合等技术上取得了较大进步，但产业化进程总体落后，产品的质量稳定性、功能性等需要加快提升。

在国内企业中，上海联乐等少数几个进入行业早、具有较好研发和产业基础的企业，其产品在各领域应用比例较为均衡，高、中、低端产品在不同领域均有应用；而如塞拉尼斯等具有 5 年以上市场发展的企业，经过近年的技术攻关与市场对接，利用价格等优势，逐步由常规的管材、板材料向纤维、过滤等应用领域拓展，发展速度加快；而如安徽丰达等近 5 年内进入行业的企业，由于原料、劳动力、基础建设等成本较低，在国内中低端市场占有一定市场份额。

2021 年全国 UHMWPE 的产量达 12 万吨，进口量约 8 万吨，消费量约 20 万吨。

国外企业中，韩国大韩油化等两家公司在国内市场占有率较高，在纤维、隔膜等领域依靠较好的性价比，产品有一定竞争优势，已引起国内相关企业的关注；日本旭化成等企业产品性能优良，价格普遍较高，主要定位国内纤维、过滤、隔膜、注塑等领域的中高端市场。泰国与巴西树脂尽管进入中国市场较早，但产品优势不明显，市场占有率不高。

**2. 需求分析及预测**

2021年，我国UHMWPE产量约12万吨，而国内消费量约20万吨，其中锂电隔膜、高端过滤材料、部分纤维材料等依赖国外进口树脂。

UHMWPE树脂主要用于制备纤维、管材、板材、过滤、蓄电池隔板、锂电池隔膜、注塑件等产品。

其中，UHMWPE树脂用于板材、管材、型材等制品有着卓越的耐磨损、耐冲击、耐腐蚀、耐低温、抗结垢性等优点，可替代钢材和其它塑料应用于各种复杂领域，极大地延长了制品的使用寿命，经济性佳，以塑代钢后可大大节约材料、能源的消耗。2021年全球板材、管材、型材等方面的市场约30亿元，我国的市场约20亿元。随着我国"双碳"攻坚目标的加快落实，在诸多"以塑代钢""轻质低碳"领域，UHMWPE将发挥性能优势，估计每年的应用量增长将超过10%。

另外，UHMWPE用于人工关节也有很大市场空间，据预测，由于其附加值高，目前每年国内用于人工关节的UHMWPE材料年产值可达1.5亿元。

UHMWPE纤维是国防工业和航空航天工业迫切需要的重要战略物资，其发展状况本身也反映我国国防科技的发展水平。随着世界军事变革迅猛发展，对国防战略武器、军事装备及所用材料提出了更高的要求，如重量轻、强度高，能适应苛刻环境，具有智能、隐身与防护功能等，国产UHMWPE纤维及复合材料只有不断提高性能才能满足需要。我国国家地位日益提升，参与国际事务的能力日益增强，因为军警建设与安全防护不断提高档次，也需要大量使用此类纤维及其复合材料。我国发展海洋工程、工业防护也离不开高性能纤维及由UHMWPE纤维增强的先进复合材料。未来几年，我国国防现代化建设和公安警察装备建设将使防护用品的需求量快速增长。用以制作防弹服、防刺服、防割手套等的相应需求还尚未能真正启动，对UHMWPE纤维市场应用需求的潜力极大。另外，缆绳业对UHMWPE纤维的应用需求也增长很快。同时，渔网、体育休闲用品、其它复合材料应用的市场潜力也在不断开发。

UHMWPE隔膜作为锂离子电池隔膜中的高端产品，综合性能优异，特别在高温下熔体呈凝胶状，熔而不塌，对过度充电或者温度升高时短路、爆炸具有优良的安全保护，是动力用锂离子电池隔膜材料之首选。近年来，我国每年隔膜的消耗量约60亿平方米，市场价值超过100亿元，随着新能源动力汽车的推广，锂离子电池隔膜的使用还将继续增长。

UHMWPE过滤材料，可以广泛地应用于蓄电池隔板，可使铅酸蓄电池免除维护，并大大提高冷启动性能；还可以用于污水和海水淡化处理中的微滤处理，除去微米级别的杂质；同时还可以用于医药行业，能将复杂的药物分离提纯工艺大大简化；在食品行业中也广泛应用于白酒及其他水溶液和食用油的过滤等。近年来，随着烧结、热致相分离等加工技术的快速发展，特别是烧结连续法工艺技术的应用，UHMWPE过滤材料的市场年增长率超过30%。

随着高性能 UHMWPE 型材、过滤材料、纤维、隔膜等高附加值领域的应用逐年攀升，预计"十四五"期间，我国 UHMWPE 需求量年复合增长率将超过 10%。

## 三、工艺技术

### （一）催化技术

用于 UHMWPE 聚合的催化剂按照不同的发展阶段，目前有三类：Ziegler-Natta（Z-N）催化剂、茂金属催化剂和非茂过渡金属催化剂。

**1. Z-N 催化剂**

Z-N 催化剂具有制备简单、成本低、对杂质敏感性低等优点，是目前国内外工业化制备 UHMWPE 应用最多的催化剂，用于生产板材、管材、纤维、电池隔膜、人工关节等各种类型专用树脂。其发展经历了仅由主催化剂（卤化钛）与助催化剂（烷基铝）组成的双组分催化剂（第一代催化剂）、添加了第三组分给电子体路易斯碱（第二代催化剂）、使用了结构高度无序 $MgCl_2$ 载体（第三代催化剂），其催化活性不断提高，催化乙烯聚合活性已经超过 100000 gPE/g 催化剂。近年来，为提高 Z-N 催化剂在生产 UHMWPE 上的催化性能，研究方向主要是在催化剂载体结构的优化、给电子体的优选以及载钛量和钛分布的调节上。目前，美国 Celanese、日本三井油化、巴西 Braskem、荷兰 DSM、韩国油化等国际公司以及包括上海化工研究院有限公司在内的国内树脂生产企业均以 Z-N 催化剂为主生产 UHMWPE 树脂。

尽管现阶段 Z-N 催化剂在 UHMWPE 树脂产业中仍然发挥着主导作用，然而它存在一定的局限性：活性中心多，所得聚合物分子量分布较宽，影响树脂的力学性能提升；对共聚单体的响应性偏低，共聚能力欠佳，聚合物微观结构不易调控。因此，Z-N 催化剂在开发更高性能、高功能的 UHMWPE 树脂方面受到限制。

**2. 茂金属催化剂**

针对 Z-N 催化剂体系的不足，在研究烯烃聚合过程机理的同时，茂金属催化剂得以问世。茂金属催化剂骨架含有至少一个环戊二烯基（Cp）或其衍生物的配体，金属中心是以ⅣB族过渡金属（如 Ti、Zr、Hf）元素为主。茂金属催化剂具有以下优点：催化活性更高；真正意义上的单活性中心催化剂，所得聚合物的分子量分布具有单分散特点，能够制备窄分子量分布的聚合物，从而赋予产品更高的力学性能；优异的共聚合能力，对 $\alpha$-单体的共聚能力高，能够开发出性能更为优异的聚烯烃新材料。

以助催化剂 MAO 的发现为标志，茂金属催化剂加速蓬勃发展，目前已经商业化生产 HDPE 和 LLDPE。ExxonMobil、Dow、UCC、BP 和三井化学等跨国企业在全球范围内处于技术领先地位，但还未有茂金属催化剂用于工业化生产 UHMWPE 的报道。主要原因是：茂金属催化乙烯聚合过程中 $\beta$-H 链消除反应概率较高，所制备的聚乙烯分子量偏低，通常黏均分子量不超过 100 万；茂金属催化剂的成本、负载化以及知识产权等问题尚未完全解决。商业化茂金属聚乙烯分子量适中，分子量分布窄，短支链均匀，在透明性、拉伸强度、冲击性能、热封温度、热黏性和耐穿刺等方面优于传统聚乙烯，产品主要用于高端包装薄膜、运输管道以及中强纤维材料等。

### 3. 非茂过渡金属催化剂

非茂过渡金属催化剂不含环戊二烯基，配体是含有氧、氮、硫和磷等配位原子的有机基团，中心金属包括所有的过渡金属元素。与茂金属相比，非茂催化剂不但保持了茂金属催化剂的所有优点，还有其独特的优势：非茂类配体的合成更为简单，成本相对较低，其价格仅为茂金属催化剂的1/10；骨架易于修饰，配体灵活，容易在位阻效应和电子效应方面对催化剂进行修饰，可实现分子的自由设计；对杂原子基团耐受性更强，具有活性聚合特征和良好的极性单体共聚能力，可定制聚合物的性能。因此，非茂过渡金属催化剂具有广阔的应用前景，世界各大石油化学公司在非茂催化剂的研究和开发方面投入了大量的人力、财力，目前已在实验室规模取得一定突破，但核心的负载化过程还未解决，距离批量应用还有一步之遥。近年来，笔者团队在非茂配合物结构优化、均相催化乙烯聚合、催化剂负载化和负载型催化剂制备高性能UHMWPE等方面做了一系列基础研究和应用开发，目标是实现非茂催化剂在工业生产装置中的应用。表2.29列出不同类型催化剂在结构特征、催化机理以及性能优缺点等方面的对比情况。

表2.29 不同类型催化剂性能对比

| | Z-N催化剂 | 茂金属催化剂 | 非茂过渡金属催化剂 |
|---|---|---|---|
| 结构特征 | 结构不明确，由卤化钛、活性载体和给电子体等组分构成 | 结构明确，配体含至少一个Cp及衍生物，金属中心为IVB元素 | 结构明确，配体由含氧、氮、硫和磷等基团构成，金属中心涵盖所有过渡金属元素 |
| 催化机理 | 多活性中心，机理复杂 | 单活性中心，乙烯与活性中心生成π-配合物，移位插入，如此重复进行链增长 | 单活性中心，聚合机理与茂金属催化剂一致 |
| 优点 | 活性较高，成本低，耐杂质 | 活性高，共聚性能优，树脂分子结构高度均一，组分均匀 | 活性高，成本较低，催化剂结构灵活可调，可定制树脂性能 |
| 缺点 | 树脂分子量宽分布，共聚性能欠佳，树脂结构不易调控 | 催化剂合成繁琐，负载后活性降低，树脂分子量难以提高，加工困难 | 技术壁垒高，负载难度大，体系对杂质敏感 |

## （二）聚合技术

乙烯聚合主要有高压聚合、气相聚合、淤浆聚合与溶液聚合等工艺，目前生产UHMWPE树脂的工业装置大多采用淤浆聚合，淤浆聚合工艺主要包括釜式工艺与环管工艺。

### 1. 釜式聚合工艺

釜式聚合包括Hostalen工艺和三井CX工艺，目前绝大多数的UHMWPE聚合采用Hostalen搅拌釜工艺。此工艺最早是由德国Hoechst公司（现Basell公司）为高密度聚乙烯所开发，它可通过串联或并联生产出单峰或双峰的HDPE产品。而UHMWPE和HDPE淤浆工艺最主要的差别还是在工艺条件的优化、助催化剂/钛含量的配比上。

Hostalen 工艺流程包括两个反应器,在第一反应器中加入乙烯、氢气和催化剂,生产较高熔体流动速率的树脂,得到的聚合物浆液进入第二反应器,在第二反应器中完成剩余乙烯的聚合反应。随后,聚合物浆液进入干燥单元进行干燥处理。该工艺装置的操作压力和操作温度低,操作弹性高,生产灵活且稳定性较好,而且使用该工艺,催化剂耐杂质能力强,对乙烯气原料的纯度要求低。目前全球超过 2/3 的 UHMWPE 聚合采用 Hostalen 釜式工艺。

CX 工艺装置包含原料精制、催化剂配制、进料、产品输送、储存、己烷回收和公用工程等单元。乙烯、氢气等原料先从反应器底部鼓入反应器的己烷中,开启搅拌以实现原料的充分混合,用己烷将催化剂和助催化剂送入反应器内,从离心机分离出的母液和冷凝回收的己烷也一并加至反应器。随着催化剂的不断注入,乙烯聚合生成聚合物并形成一定浓度的淤浆溶液。

与 Hostalen 工艺相比,CX 工艺聚合反应热由釜内聚合介质的蒸发、夹套水的冷却和进料气、液两相物流热焓的增加带走,其中使用己烷的挥发潜热来撤除聚合反应热是 CX 工艺的主要撤热方式,撤除总聚合反应热的 50% 以上,而且聚合反应热越多,需要汽化的己烷量越大。这种独特的撤热方式限制了该工艺的单线生产能力。

**2. 环管聚合工艺**

环管工艺主要有 Phillips 公司的 Phillips 单环管工艺和 Ineos 公司的 InnoveneS 双环管工艺。这两种工艺均采用异丁烷为反应介质。

环管工艺不同于 Hostalen 工艺和 CX 工艺的釜式搅拌,其物料依靠轴流泵的推动在环管中高速流动来撤除聚合反应热。Phillips 公司利用改性后的二氧化硅或氧化铝固定催化剂来生产 UHMWPE,聚合中不需要加入氢气,投资少,但对催化剂的要求较高。InnoveneS 工艺也较成熟,布局紧凑,产品质量控制稳定,特点是物料停留时间短,牌号切换快,切换牌号的过渡时间通常小于 4h,因此需要对反应器的温度精确控制。由于该工艺一般使用低沸点的异丁烷为聚合介质,溶解在介质中的低聚物含量低,介质中需要脱除的低分子量聚乙烯少,有利于装置长周期运行。表 2.30 列出不同聚合工艺在流程、优缺点等方面的对比情况。

表 2.30 聚合工艺对比

| | Hostalen 工艺 | CX 工艺 | Phillips 工艺 | InnoveneS 工艺 |
|---|---|---|---|---|
| 流程 | 串联或并联双釜反应器,正己烷为溶剂,夹套水撤热 | 串联或并联双釜反应器,正己烷为溶剂,正己烷蒸发撤热 | 单环管,轴流泵输送物料,异丁烷为溶剂,冷却水撤热 | 双环管串联反应器,异丁烷为溶剂,冷却水撤热 |
| 优点 | 生产灵活,牌号切换快,稳定性好,耐杂质能力强,对原料纯度要求低 | 牌号切换快,稳定性好,耐杂质能力强,对原料纯度要求低 | 装置投资较少,撤热能力强,产能较高,产品质量稳定 | 工艺参数控制精确,产品质量控制稳定,物料停留时间短,产能高 |
| 缺点 | 撤热方式不如环管工艺,产能较低 | 受限撤热方式,单线产能低 | 对催化剂要求高 | 装置投资高,对催化剂要求高 |

## 四、应用进展

### (一) UHMWPE 纤维

UHMWPE 纤维是目前已工业化纤维材料中比强度和防弹性能最高的纤维。其纺丝工艺根据使用溶剂及脱除方式不同,可分为干法路线和湿法路线,目前国内外可生产不同旦数、纤维强度 17～43cN/dtex 的高、中、低端纤维产品。而随着树脂聚合技术及螺杆挤出技术的提升,科技人员对 UHMWPE 树脂的大分子链解缠能力获得提高,熔融纺丝技术用于制备中等以上强度(强度≥10cN/dtex)的 UHMWPE 纤维受到越来越多的关注。

UHMWPE 纤维干法路线纺丝以荷兰 DSM 公司为代表,生产的 Dyneema 系列纤维面向不同的应用领域,力学性能优良,产品质量稳定。据报道,Dyneema® SK99 纤维断裂强度可达到 43cN/dtex,比 SK78 高约 15%～20%。除此之外还有功能型纤维,如抗蠕变纤维 Dyneema-20,其蠕变率比常规的 UHMWPE 纤维降低 100%;高防切割纤维 Dyneema Diamond 2.0,最高可达 3 倍于标准 UHMWPE 纤维的抗切割性,且在相同的切割保护等级下,其厚度比普通纤维薄多达 40%,减轻 30%。近年来,得益于 UHMWPE 纤维良好的导热性能,东洋纺推出了更多凉感织物方面的产品,其 ICEMAX 系列织物产品的接触凉感达到了普通纤维材料织物的两倍以上。国内该技术最早由中石化仪征化纤实现产业化;上海化工研究院有限公司研发建成干法纺丝中试线,在进料系统、溶剂脱除系统、超倍拉伸以及溶剂回收等方面具有一定特色,相关技术已在国内实现了产业转化。随着各地环保要求的提升,特别是 UHMWPE 纤维军民融合发展,高功能产品的需求增大,干法路线的优势日益增强。

目前,干法路线在国内还有较大的发展空间,一方面工艺路线可继续优化升级,如通过改善冻胶形式进一步提高纤维的力学性能和稳定性,通过提高纺丝溶液浓度和纺丝速度增大单线产能,同时通过简化流程、提升自动化水平降低产线的投资和运营成本;另一方面,干法纤维具备的光泽好、手感柔软、溶剂残留低等优势也将为纤维在医用、家纺、个体防护等领域的应用拓宽道路。

UHMWPE 湿法路线纺丝是目前国内外纤维企业用得较多的一种工艺技术路线,最早是 1985 年由美国 Honeywell 公司购买 DSM 专利后进行产业化生产,推出的纤维牌号有 Spectra-HT、Spectra900、Spectra1000 等系列产品,其中 Spectra-HT 牌号断裂强度可达 40cN/dtex。另外日本三井公司于 1988 年正式商业化生产 UHMWPE 纤维,牌号为 Tekmilon,产品重点放在作业手套、钓鱼线和缆绳市场。我国于 20 世纪 80 年代开始相关研究,并于 2000 年左右实现产业化生产,目前国内湿法生产企业有同益中、爱地、九九久、中泰等 10 余家公司,可生产不同旦数、强度的军民用纤维产品,占全球产销量的 60% 以上,但以中低端产品为主,产品价格竞争激烈。国内外 UHMWPE 纤维产品对比见表 2.31。

表 2.31 国内外 UHMWPE 纤维产品对比

| 代表性产品 | 强度/(cN/dtex) | 断裂模量/(cN/dtex) | 断裂伸长率/% | 价格/(万元/吨) |
| --- | --- | --- | --- | --- |
| 国内 | 38 | 1400 | 2.8 | 16.5 |
| 国外 | 42 | 1700 | 3.0 | 25.0 |

与干法路线相比，湿法路线采用的纺丝溶剂为高沸点、不易挥发溶剂，如白油、矿物油、煤油等，纺丝加工温度可调节范围大。纺丝溶剂需要在纺丝后期进行萃取和干燥，常用萃取剂主要有碳氢清洗剂、二氯甲烷、二甲苯等，纺丝溶剂回收工艺经十余年的产业化发展，相对简单成熟，但环保、安全的压力较大。

国内传统的湿法路线前纺止于冻胶纤维落入盛丝桶处，称为冻胶断点，由于工艺的先天性缺陷，导致产品质量稳定性受到影响，特别是纤维旦数的偏差率普遍较高，优化现有的工艺路线，进一步提高纤维的力学性能、稳定性、功能性是目前湿法路线研究的重点。

新型湿法路线前纺则止于初生丝萃取后的一级或二级拉伸之后，称为干燥断点。冻胶断点的优势在于冻胶纤维进入盛丝桶后，一部分溶剂析出，减轻了后续萃取的压力；前纺过程短，操作方便；然而由于盛丝桶冻胶丝堆积等原因导致纤维各段粗细偏差大，对后纺纤维的超倍拉伸、成品纤维力学性能提升等均有较大影响。干燥断点有效避免了冻胶断点法的缺陷，虽然其对装备精度要求高，萃取压力较大，但随着加工技术的进步和纤维行业对更高性能纤维的追求，干燥断点法将成为后续湿法路线研究和产业化的热点。

熔融路线具有工艺简单、不需要大量溶剂、生产成本低等优势，备受国内外研究者及企业关注。据报道，日本东洋纺已于2008年成功研发高强防切割熔融纺聚乙烯纤维Tsunooga$^{TM}$并实现工业化生产，目前东洋纺具有3条Tsunooga$^{TM}$纤维生产线，总产能约1500吨/年，纤维强度约14cN/dtex。针对熔纺的研究主要集中在纺丝原料改性、纺丝工艺技术等方面。美国Honeywell、北京化工大学、中石化等机构先后公开了UHMWPE与HDPE共混进行熔纺的研究报道，上海化工研究院运用新型的改性树脂，优化纺丝取向及拉伸工艺，实验室制备了熔纺纤维。当然，国内关于UHMWPE熔纺还处于技术开发阶段，距国外还有一定差距。

**（二）UHMWPE膜**

UHMWPE膜分无孔膜和微孔膜两种，其中无孔膜可应于阻隔包装材料、耐磨垫等，而UHMWPE微孔膜又可分为湿法锂电池隔膜、废液分离过滤平板膜、中空纤维膜等。根据成孔机理，制备方法主要有三种：热致相分离（TIPS）法、粉末烧结法和熔融拉伸法。

**1. 湿法锂电池隔膜**

UHMWPE制备湿法锂电隔膜具有以下优势：优异的抗刺穿性能，能够防止正负极间的短路；耐化学腐蚀性；耐热性好，高温下尺寸稳定，微孔能够收缩自闭合切断电流传输，提高电池的安全性能。

与干法路线通过聚合物熔融拉伸使得片晶分离形成微孔结构的成孔机理不同，湿法路线成膜是TIPS法，需用高沸点的溶剂，如白油、矿物油等，膜拉伸经萃取剂除去溶剂后形成微孔结构。与干法路线相比，湿法路线工艺稳定性好，孔结构更加均匀，且孔隙率和孔径更容易控制。目前，国内隔膜的生产工艺、装备、树脂原材料等有较大进展，但仍然依赖进口，隔膜微孔结构的一致性和稳定性有待提高，对锂电池隔膜产业链核心技术的引进、消化、吸收、再创新能力需要尽快提升。

随着动力锂电池对高能量密度、高功率以及大容量等性能的需求越来越高，对隔膜的微孔结构一致性、稳定性、耐热和对电解液的浸润性、保持率等提出了更高的要求。近些年来，国内外研究者针对隔膜的工艺技术改进和功能化改性做了大量的工作。锂电池隔膜逐步从单一的聚烯烃基膜向功能化的复合膜发展。主要通过与相容聚合物共混、PE/PP 多层复合、无机涂覆、有机物涂覆、有机/无机涂层隔膜、表面接枝和交联等方式对基膜进行复合改性，改善隔膜的力学性能（穿刺强度高）、耐热性能（高温下热收缩率低、低闭孔和高破膜温度）和电学性能（电解液浸润性和保持率好、电循环和充放电性能优等）。

### 2. 蓄电池隔板

制备蓄电池隔板的原材料一般包括 UHMWPE 树脂、二氧化硅和矿物油等。已成型的隔板中树脂所占质量分数约 20％，二氧化硅所占质量分数约 60％～65％，同时残留矿物油约 15％；其中二氧化硅一方面作为隔板的骨架，另一方面加工过程中作为隔板的成孔剂；矿物油在加工过程中起到增塑作用，加工时加入量占物料总量的 60％左右，隔板成型后残留的矿物油也可起到抗氧化的作用。

相比传统隔板，UHMWPE 隔板因具有电阻低和孔隙率高的特点，增加了蓄电池的体积比能量，在大电流需求的蓄电池中得到广泛应用。UHMWPE 隔板的孔径小，使得抗铅枝晶穿透性能也较好；但在高温条件下，UHWMPE 隔板的抗氧化性较差，氧化后的 UHMWPE 隔板会变成灰色，力学性能有明显的降低，隔板上出现大的孔洞或缝隙甚至粉化。提高隔板中 UHMWPE 的分子量和结晶度有利于改善隔板的抗氧性和抗刺穿性能；另外，提高隔板中 UHMWPE 及矿物油的含量，一定程度上也可提高隔板的抗氧化性能。

### 3. 烧结膜

UHMWPE 分子量高，当加热到温度高于微晶熔点时，不能形成自主流动的流体，而变为极高熔体黏度的黏弹态，作为粉末或粒状材料，UHMWPE 颗粒间的接触点将熔化形成所谓的接触颈缩并形成三维多孔体。UHMWPE 烧结工艺主要包括填充、加热、冷却、成型等四个过程，目前已实现连续加工。UHMWPE 烧结膜可应用于污水处理、精细化工、生物医药、油水分离、食品原料过滤和白酒过滤等领域。

烧结法制备微孔滤膜不需要使用溶剂，绿色环保，方法简单且成本低，但受限于 UHMWPE 颗粒分布等原因，孔径较大而且有一定分布，目前以微滤级产品为主。当然，调节加工工艺可改善烧结膜的性能。研究发现：烧结膜的拉伸强度随烧结温度的升高而增大；增加烧结时间、提高烧结温度，样品平均孔径及孔隙率减小、压缩强度增大。另外，通过对烧结 UHMWPE 膜的表面改性，可改善膜表面的孔径和孔径分布，提高水通量。

下一步，需要通过对烧结设备的升级、工艺的优化，将粗犷的作坊式生产向精细化、集成化生产改进，需要开发不同功能、性能的树脂及烧结工艺来满足不同应用领域的高端化需求。

### 4. 中空纤维膜

聚烯烃中空纤维膜通常有两种制备方法：熔纺-拉伸法与相转化法。其中，熔纺-拉伸法制备 UHMWPE 中空纤维膜是将 UHMWPE 与低分子量聚合物熔融共混，而后熔体经过喷丝口挤出进入纺丝甬道固化，形成初纺中空纤维，经拉伸致孔、热定型，得到中空纤维膜；而相转化法需用溶剂，在高温下形成均相 UHMWPE 溶液，经喷丝口挤出后，进入凝固浴发生相变，卷绕成丝，最后脱除溶剂形成 UHMWPE 中空纤维膜材料。

UHMWPE 中空纤维膜具有价格低廉、孔结构容易控制、机械强度高、耐氧化性、耐酸碱性好等特点，可用于反渗透膜、超滤膜、微孔过滤膜、医用分离膜、气体分离膜等领域。

作为疏水性材料，UHMWPE 中空纤维膜在分离过程中易出现膜污染，吸水性差等缺点，故需要对 UHMWPE 微孔膜进行亲水改性。目前亲水改性大致分为两大类：共混法，将亲水性聚合物或者低聚物或小分子物质与 UHMWPE 共混，制得亲水性膜；表面处理法，包括表面涂覆、接枝等。UHMWPE 中空纤维的膜组件具有能耗低、装置体积小、易操作、效率高等特点，随着膜亲水改性技术的不断提升，有望在海水淡化、污水处理等方面获得批量应用。

### （三）UHMWPE 管材

UHMWPE 管材耐磨性比 HDPE 高 4 倍，是碳钢、不锈钢的 7～10 倍，摩擦系数仅为 0.07～0.11，自润滑性优异；冲击强度高，特别是在低温条件下，仍有相当高的冲击强度；其还具有优良的抗内压强度、耐环境应力开裂性、对输送介质无污染性、使用寿命长、制造安装费用低等优异性能，在石油化工、河海疏浚、尾矿输送、海洋浮标等领域得到了广泛的应用。

由于 UHMWPE 分子量高、分子链高度缠结，熔体黏度高达 108Pa·s 以上，无法采用常规的塑料加工方法。UHMWPE 的挤出加工主要包括柱塞挤出、单螺杆挤出和双螺杆挤出等方法。

柱塞挤出成型为一种准连续的成型方式，可认为是一种高效的压制烧结成型方法。UHMWPE 管柱塞挤出具有不受 UHMWPE 分子量大小的约束，成型过程中物料受到的剪切作用小，材料氧化降解程度小的优势，缺点是由于属于非连续性加工，制品的性能不均一。

UHMWPE 在单螺杆中的运动可看作是固体输送过程，即"粉末固体→半固体→高黏弹固体"的变化过程，是典型的"塞流"输送。单螺杆挤出机螺杆尾部的止推轴承能承受高的背压，料筒内壁开轴向槽，槽的断面为抛物线状，可阻止料塞形成。2012 年以来，上海化工研究院有限公司等单位，突破常规单螺杆挤出技术在管径方面的限制，制备的最大管径可达 800mm；同时配合树脂解缠结技术，大大提高了挤出效率，挤出速率最快可以达到 15m/h。

双螺杆挤出机有同向及异向旋转两类，物料在其中受到的作用和输送原理与单螺杆是不同的。对于 UHMWPE 而言，采用具有连续通道的同向旋转的双螺杆挤出将更为有利。双螺杆的正向输送作用能克服 UHMWPE 粉料在螺杆中的打滑现象，大大提升进料能力。然而，熔融状态下的 UHMWPE 黏度极高，输送阻力很大，对螺杆的轴向推力要求较高。国外对 UHMWPE 双螺杆挤出机进行了大量的改进，并配以先进的电控设备，于 20 世纪 80 年代后期实现了连续挤出生产。国内开发了锥形同向双螺杆挤出技术制备 UHMWPE 管材，具有挤出力大、塑化性能好、效率高、比功率小等特点，目前处于应用推广阶段。近年，有研究采用体积拉伸形变为主导的偏心转子挤出机加工 UHMWPE 材料，为今后开发新型的高效挤出技术提供了思路。

除了黏度大、流动性差，UHMWPE 还具有表面硬度低和热变形温度低、弯曲强度和蠕变性能较差等缺点，影响了管材使用效果和应用范围。目前常用的物理改性方法主要有用低熔点、低黏度树脂共混改性，流动剂改性，液晶高分子原位复合材料改性和无机填料改性等；化学改性主要包括化学交联改性和辐射交联改性两种方法。化学交联改性又分为过氧化物交联和偶联剂交联等方法。

近年广泛应用的 UHMWPE 钢衬复合管，以钢管作为外层保护基体，内衬 UHMWPE 管，该产品具有耐压、耐磨、耐腐蚀、抗冲击、保温性好等优点。这种刚、柔结合的产品既解决了 UHMWPE 裸管受温差影响易变形、接口易开裂等问题，又满足工业管道的高压力、长距离输送，并可防外力破坏。

UHMWPE 钢衬复合管代替矿用铸钢管材，在包钢钢铁集团用于铁精粉、稀土、铌、钍等矿物输送，使用寿命长达 5 年，而之前应用铸钢钢管的使用寿命只有 8 个月。

### （四）UHMWPE 板材、型材

UHMWPE 板材广泛应用于各类护舷板、车厢滑板、煤仓衬板、旱冰滑板、铁路公路桥梁支座垫片等领域；UHMWPE 型材可通过对板材的机加工制备，也可通过注塑成型获得。

模压成型是 UHMWPE 最早采用的加工方法。该方法不受树脂原料分子量、流动性等的影响，生产的制品内应力和翘曲变形小，且设备简单、生产成本低，缺点是生产效率低。

除传统的模压成型工艺外，板材的制备方法还有：挤出成型，利用柱塞挤出机进行往复间歇式挤出或螺杆挤出机进行连续挤出；气辅挤出成型，螺杆挤出过程中，在模具与熔体物料之间注入稳定气体，提供壁面全滑移边界条件，降低熔体与流道间摩擦阻力；超声粉末模压法，利用超声振动使粉末自身快速加热塑化后再模压成型；高速冲击模压成型，在近熔点温度下，对充满粉料的模具进行高速冲击后进行烧结成型。上述方法均可提高板材生产效率，但都不易成型较大制品，在实际生产中受到了限制。

UHMWPE 板材表面硬度低、易疲劳磨损、耐热性与抗蠕变性差，制约了其在某些特定环境下的应用。为了改善这些不足，国内外学者对模压树脂或产品改性做了大量研究，主要方法有聚合改性、填充改性、交联改性等。

注塑是大规模制备各种 UHMWPE 耐磨型材最高效的生产方式。与普通塑料相比，UHMWPE 注塑存在以下难点：树脂难进料、难塑化；熔体黏度大、易堵塞；注塑充模难压实；产品冷却易变形。

日本三井石油化学公司于 20 世纪 70 年代实现了 UHMWPE 的注塑并商业化，其注塑技术实际上是柱塞注射与压缩模塑相结合，存在塑化差、传热慢、成型周期长的缺陷；后来又开发了往复式螺杆注塑技术，利用往复式螺杆对熔体进行剪切和拉伸，解决了塑化差等问题。80 年代北京塑料研究所改进往复式螺杆利用高压高速注射技术完成了 UHMWPE 注塑，但由于国产注塑机锁模力不高、操作系统落后，注塑的产品稳定性差。另有采用柱塞推压注射机、多联柱塞式注射机、柱塞冲压注射机进行 UHMWPE 注塑成型，但存在塑化效果差、成型周期长、熔胶量小等缺点。近些年，有企业利用往复式螺杆注塑机对流动改性的 UHMWPE 进行注塑生产，到目前为止，注塑技术在 UHMWPE 制备特殊小件型材等方面获得了应用，但大规模推广还需要原料和技术两方面的不断优化、改进。

研究表明，螺杆注塑机各工艺参数对制品拉伸性能影响的顺序为：注射压力＞注射速度＞计量段温度＞螺杆转速。笔者认为：UHMWPE 易打滑，可采用深螺槽设计进料；合理的螺杆与筒体间距可实现高黏度熔体充分剪切熔融并避免螺杆抱死；合适的喷嘴直径可提供充分的剪切且避免出料不畅；合适的射胶压力、锁模力，可保证充满模腔而不溢料；高模温充模、渐降模温保压的变模温技术也可有效解决产品缩水问题。

对注塑级树脂改性的焦点多集中在改善流动性上，包括聚合改性和共混改性。如采用新型催化、聚合工艺制备双峰聚乙烯、含溶剂油树脂、含润滑改性剂树脂等；再者就是采用与具有改善基体流动性的组分进行共混改善 UHMWPE 材料的加工性能。

### （五）UHMWPE 人工关节

目前市场上超过 90% 的人工关节材料中的衬垫为 UHMWPE 材料，全球每年约有三百万次的关节置换手术，UHMWPE 部件的磨损和损坏是影响人工关节寿命的主要因素。

UHMWPE 于 20 世纪 60 年代被首次应用于制作人工关节衬、垫。目前，UHMWPE 基础树脂的耐磨性能还不能完全满足关节的长时间使用，美国麻省总医院等研究机构和企业开发了交联 UHMWPE，大幅降低了关节磨损，于 1998 年首次获得 FDA 批准进入临床应用。随后，欧美国家又发明了维生素 E 聚乙烯，兼备抗氧化和耐磨性能，于 2009 年后获得 FDA 批准进入临床使用。我国从 20 世纪 90 年代起逐渐使用 UHMWPE 制作关节衬垫，但国产 UHMWPE 的分子量、成型加工工艺以及关节制造工艺等都较落后，人工关节临床使用寿命短（平均五年左右），磨损等导致的并发症严重。目前，国内研究院所与企业已开展人工关节的产业链研究：首先获得分子量及分布和粒径及分布合理、金属残留和综合性能符合植入级标准要求的 UHMWPE 树脂；同时开展模压成型、辐照交联及抗菌、抗氧化等方面的改性研究。

UHMWPE 人工关节可采用柱塞挤出和模压成型两种方式制备基材，然后改性机加工后得到人工膝关节、髋关节等制品。模压成型的 UHMWPE 具有各向同性的晶体取向，而柱塞挤出的材料晶体形态随着距中心线的距离而略有变化，这些晶体形态的不同可能会导致疲劳裂纹扩展行为方面的细微差异，从而对骨溶解现象产生影响。因此，使用模压 UHMWPE 成型是目前制造人工关节的主流。

### （六）UHMWPE 专利技术

2022 年 6 月，通过关键词与分类号结合的方法，选择智慧芽数据库对 UHMWPE 相关的国内外专利进行检索。通过国际专利文献中心（INPADOC）同组去重，共检索到专利 33699 组。其中，发明专利 29112 组，实用新型 4568 组，外观设计专利 19 组，见表 2.32。

表 2.32　UHMWPE 专利申请情况

| UHMWPE 材料 | 专利数量/组 | UHMWPE 材料 | 专利数量/组 |
| --- | --- | --- | --- |
| 纤维 | 12834 | 人工关节 | 1862 |
| 隔膜 | 9583 | 板材 | 1871 |
| 催化剂 | 2774 | 管材 | 2015 |

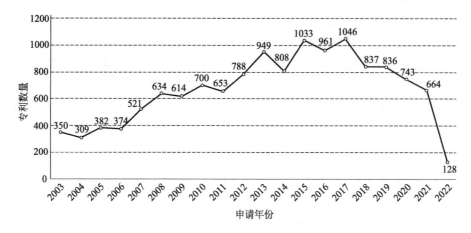

图 2.7　2021 起历年 UHMWPE 专利申请量

从图 2.7 可以看出，2001 年以来 UHMWPE 专利申请呈不断上升趋势，尤其是 2014 年至 2017 年，申请量达到峰值，从侧面说明 UHMWPE 研发与应用在此时间段处于快速上升阶段；受疫情等多方面影响，从 2020 年开始专利申请量较之前有所下降，2020 年比 2019 年减少近 100 组，2021 年比 2020 年减少 79 组。其中拥有专利数最多的 DSM 公司，近两年申请专利数减少较多，与公司主营业务调整有关，2022 年 4 月 DSM 公司宣布将其 UHM-WPE 业务板块出售给 AVIENT 公司；国内近五年有新增企业进行专利布局，但专利总量却略有下降，从近年国内生产及应用增长的趋势看，说明国内在创新技术发展方面遇到一定瓶颈，如何革新产品制备技术，提升加工及应用水平是国内急需解决的问题。

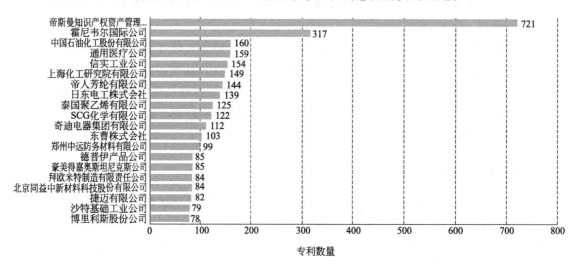

图 2.8　2001 年来 UHMWPE 专利申请人排名

另外，从图 2.8 所示 UHMWPE 专利的主要申请人来看，申请最多的为 DSM 公司，其次为霍尼韦尔、中石化、通用医疗、上海化工研究院等公司。国内企业专利申请及布局上落后于国外企业，需大力加强知识产权保护意识，增加专利申请及布局；从应用领域的申请来看，生物医用方面申请的专利最多，主要为关节材料，另外还有防弹材料、面料、缆绳等方面,表明医用材料技术含量高,关注度日益提升,同时传统的防弹材料等仍然处于快速发展中;从专利申请国家来看,申请数量最多的是中国,其次为美国、印度,表明中国的UHMWPE研发及应用最为活跃,竞争最激烈,但是在中国申请的专利中,申请人最多的是外企,本土企业及研究院所在专利申请及布局方面还需进一步提升。

## 五、发展建议

UHMWPE在国内已形成了产、学、研、用全面发展的格局,但是UHMWPE产业链一体化的技术与国外相比还有存在差距,特别是UHMWPE专用树脂及其制备技术与高端、高附加值产品生产技术国内还有较大发展空间。

(1) 加快新型催化聚合技术的开发与应用　UHMWPE树脂的需求日益扩大,但国内高端树脂缺乏,树脂的稳定性也需要提升,同时新型的催化聚合技术还没有获得应用。

(2) 全面建立树脂与下游制品的构效关系　树脂与下游产品的对应关系还没有完全建立,无法形成定制化的、性能标准化的系列专用树脂,同时专用树脂的配套加工技术及对应的下游制品也需要不断完善,提升工艺自动化技术水平,以充分发挥UHMWPE树脂的特性。

(3) 实施产业链布局,提高综合竞争力　国外UHMWPE相关企业中具备产业链技术及上下游产品产业化能力的企业在市场竞争中具有明显优势,通过自主研发甚至并购重组等多种手段实施UHMWPE高性能专用树脂及下游高端产品的开发与产业化将改变我国高性能UHMWPE树脂与高端、高附加值产品主要依靠进口的局面,而且有利于节约成本、增强我国在高性能材料领域的综合竞争力。

# 第五节　聚烯烃弹性体(POE)

中国石化北京化工研究院　宋文波　韩书亮

## 一、概述

聚烯烃弹性体(polyolefin elastomer,POE)是一种以乙烯、丙烯或 α-烯烃等单烯烃为主要单体聚合而成的主链饱和的弹性材料。该材料具有低密度、窄分子量分布等特点,通常采用单活性中心催化剂和溶液聚合工艺制备。其中,乙烯基弹性体为主,以乙烯为主要聚合单体,大多为乙烯与1-辛烯或乙烯与1-丁烯的无规共聚产品,乙烯含量(质量分数)在58%~75%。

POE具有独特的结构特征和优异的性能:①柔软支链卷曲结构和结晶的乙烯链作为物理交联点,使其具有优异的韧性和良好的加工性;②与聚烯烃等高分子材料良好的相容性;

③无不饱和双键,具有优异的耐候性和耐化学性能;④较强的剪切敏感性和高的熔体强度,易于挤出。因此,POE既可用作橡胶,又可用作热塑性弹性体,还可用于塑料增韧、增柔,在多种塑料增韧改性中得到了很好应用。

## 二、市场供需

### (一) 世界供需分析及预测

#### 1. 世界 POE 生产现状

目前,世界上生产聚烯烃弹性体的生产商主要有美国 Dow、ExxonMobil 公司、荷兰 Borealis 公司、日本 Mitsui 公司、韩国 LG 公司以及 SK/SABIC 合资公司,产能分布情况如表 2.33 所示。

POE 总产能在 251.6 万吨/年左右,其中,美国 Dow 公司产能最大,2018 年底达到 115.6 万吨/年,占世界产能的 45.9%,可生产 Engage、Affinity、Infuse、Versify 等不同系列的弹性体产品。Exxon 公司产能为 47 万吨/年,主要生产 Exact 和 Vistamax 两种类型的弹性体产品。日本三井公司为 25 万吨/年,产品的牌号类型为 Tafmer 和 Notio;韩国 LG 公司产能为 29 万吨/年,主要产品有 Lucene 系列,据报道 LG 公司有意向扩大产能到 38 万吨/年。2015 年韩国 SK 公司和沙特 SABIC 公司共同出资在韩国蔚山新建 23 万吨/年生产装置,主要产品为 Solumer 系列。

世界主要生产企业见表 2.33。

表 2.33 世界主要 POE 生产企业

| 企业名称 | 产能/(万吨/年) | 装置所在地 | 工艺来源 |
| --- | --- | --- | --- |
| Dow | 72 | Freeport, TX | Insite |
| | 13.6 | Plaquemine, LA | |
| | 10 | Tarragona, Spain | |
| | 20 | Map ta phut, Thailand | |
| ExxonMobil | 17 | Baton Rouge, LA | Exxpol |
| | 30 | Jurong Island, Singapore | |
| Borealis | 12 | Geleen, Netherlands | 自有技术 |
| Mitsui | 20 | Jurong Island, Singapore | 自有技术 |
| | 5 | Ichihara, Japan | |
| LG | 20 | Taesan, Korea | 自有技术 |
| | 9 | Yeosu, Korea | |
| SK/SABIC | 23 | Ulsan, Korea | 自有技术 |

#### 2. 需求分析及预测

聚烯烃弹性体由于性能突出,被广泛应用于车用材料增韧改性、建筑、电子电器、日用制品以及医疗器材等领域，近两年来，还在高性能光伏膜领域大量应用，其应用涉及国计民生的方方面面，已成为广泛替代传统橡胶和部分塑料且极具发展前景的新型材料。

POE 产品广泛的应用使其全球消费量快速增长。2017—2021 年间 POE 需求量平均每年以高于 8% 的速度增长，2021 年底达到 131 万吨。

消费结构如图 2.9 所示，国内 POE 在汽车领域中的应用最多，市场份额占到 51%；在光伏膜中的应用位居第二，市场份额为 18%；在建筑领域中所占份额为 15%；电子电器领域中所占份额为 11%；其他领域中所占份额为 5%。

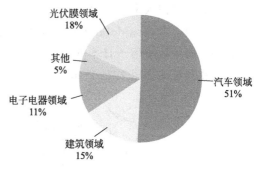

图 2.9 世界 POE 消费构成

### （二）国内供需及预测

**1. 国内生产现状**

我国尚无中试以上规模 POE 制备技术，产品全部依赖进口，并且国外公司均不对中国许可 POE 生产技术。近年来，随着 POE 国内需求量的不断增加，国内科研院所及企业纷纷加大研发力度。目前，除中国石化之外，中国石油、烟台万华、山东京博等公司都在开发 POE 生产技术，但均未实现工业化。

**2. 需求分析及预测**

中国地区的 POE 消费量在 2017—2021 年间平均每年以高于 10% 的速度增长。2021 年底消费量为 44 万吨，处于高速发展期。

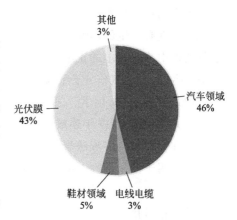

图 2.10 中国 POE 消费构成

国内 POE 消费结构如图 2.10 所示。与全球市场类似，国内 POE 在汽车领域中的应用最多，市场份额占到 46%，在光伏膜、鞋材、电线电缆等方面也有较多应用。

## 三、工艺技术

POE 生产始于 20 世纪 90 年代初，生产工艺主要有 Dow 开发的 Insite 高温溶液聚合工艺和 ExxonMobil 开发的 Exxpol 高压聚合工艺，其他公司的工艺多与这两种工艺相近。

1991 年，Dow 化学公司将限制几何构型催化剂（constrained geometry catalyst，简称 CGC）与其用于生产 LLDPE 的 Dowlex 溶液聚合工艺相结合，形成了 Insite 高温溶液聚合工艺，用于生产聚烯烃弹性体。CGC 属于单茂金属催化剂，是用氨基取代非桥联茂金属催化剂结构中的一个环戊二烯（或茚基、芴基）或其衍生物，用烷基或硅烷基等作桥联，是一种单环戊二烯与第Ⅳ副族过渡金属以配位键形成的络合物，如图 2.11 所示。从结构上看，这种半夹心结构催化剂只有一个环戊二烯基屏蔽着金属原子的一边，另一边大的空间为各种较大单体的插入提供了可能。

由于茂金属催化剂活性很高,聚合产物中催化剂残余物的量足够低,因此可省去催化剂移除步骤。离开反应器的聚合物溶液在脱挥单元中经历多步压力降,充分脱除 VOC 组分。同时将添加剂掺入聚合物中。

1989 年,ExxonMobil 公司公布了自行开发的茂金属催化剂专利技术,即 Exxpol 催化剂,并且同年被应用于日本 Mitsui 石化在美国路易斯安那州 Baton Rouge 的聚合装置中,所用催化剂结构如图 2.12 所示。

图 2.11　限定几何构型茂金属催化剂结构示意图　　　图 2.12　Exxpol 催化剂结构

茂金属化合物 $Cp_2MCl_2$ 是一个 16 电子体系的基础化合物,茂环上取代基对茂金属化合物的稳定性有一定的影响。一般情况下,给电子取代基团有利于茂金属化合物的稳定,减少催化活性中心金属上的正电性,提高催化活性。Exxpol 工艺采用的催化剂具有高活性特点,以己烷作溶剂,以氢气作分子量调节剂,可生产乙烯基弹性体、丙烯基弹性体、乙丙橡胶等产品。

LG 化学、住友化学、三井化学等也开发了类似的产品,采用与 Dowlex 相似的工艺。日本三井化学于 2005 年建成并投产了 POE 装置,商品名为 Tafmer。韩国 LG 公司将独特的茂金属催化剂与溶液法聚合工艺相结合,生产乙烯基聚烯烃弹性体,以 LUCENE 作为品牌名,应用于汽车部件、鞋材、线缆、片材和薄膜等领域。

## 四、应用进展

聚烯烃弹性体(POE)合成技术攻关具有必要性。POE 密度在 $860\sim890kg/m^3$ 之间,在未发泡材料中密度最低。在汽车上使用能降低汽车质量,减少能耗和废气排放,符合汽车轻量化要求。同时,全球汽车工业已经对整车可回收性提出要求,我国关于汽车工业政策也明确规定积极开展轻型材料、可回收材料、环保材料等车用新材料的研究,POE 具有良好的可回收性,生产工艺更加绿色环保,POE 的生产和使用符合现行政策。同时,POE 价格与传统增韧剂相比并未提高,替代传统增韧剂成为必然。

建筑行业也是 POE 的重要应用领域。POE 密封材料在全球范围内正逐渐被作为门、窗、天窗等密封材料的首选材料。随着高档建筑物的铝合金门窗,办公家具的嵌条,火车、船舶和飞机门窗所用密封条,以及集装箱密封条等向高档、环保的方向发展,代替传统建筑密封材料必将成为发展趋势。

在工业应用类电子产品领域中,POE 共混后的 TPO 可用作控制电缆、船用电缆及千伏级以上矿用电缆的包覆材料,取代原有的氯丁橡胶、天然橡胶/丁苯橡胶、氯磺化聚乙烯和聚氯乙烯等包覆材料。近年来,POE 在光伏电池中的应用迅速增长,主要是替代 EVA 用以生产胶膜,POE 胶膜能保持低漏电电流,极大解决电势诱导衰减问题,并在提高能量输出和稳定性的情况下,提高组件在高温下的效率,延长组件寿命。

## 五、发展建议

聚烯烃弹性体新产品的出现与催化剂技术的发展密不可分，催化剂类型最初为茂金属催化剂。如今，催化剂已经发展为后茂过渡金属催化剂，Mitsui 公司和 Dow 公司分别发展出 N∧O 类和 O∧O 类催化剂，该类催化剂活性更高，耐水、耐氧性更好，有望替代茂金属催化剂。

国内应加强单中心催化剂催化烯烃聚合的基础研究和 POE 应用的基础研究。需基于催化剂技术，开发烯烃溶液聚合工艺、工程及装备技术，开发 POE 材料。优先完成乙烯无规共聚工艺及产品制备技术开发，加快溶液聚合弹性体新品种和新牌号的开发与推广。进一步完成丙烯基弹性体工艺及产品、嵌段共聚物工艺及产品开发。加强产品加工应用技术的开发和市场开拓。

# 第六节　高端聚酯 PETG

华润化学材料科技股份有限公司　康念军　胡广君

## 一、概述

广义上来说，PETG 是以聚对苯二甲酸乙二醇酯（PET）为基础，添加一种或多种二元醇作为改性单体合成的共聚酯。原则上讲，作为改性单体的二元醇既可以是丙二醇、丁二醇等简单二醇，也可以是 1,4-环己烷二甲醇（CHDM）、新戊二醇（NPG）、异山梨醇（ISB）、2,2,4,4-四甲基-1,3-环丁烷二甲醇（TMCD）等特种二元醇。

通常来说，PETG 是一种结晶度较低乃至非结晶型的共聚酯，可以看作是由对苯二甲酸（TPA）、乙二醇（EG）和其他一种或多种二元醇作为共聚单体的缩聚产物。由于致非结晶性单体的加入，PETG 和 PET 性能大不相同。随着共聚物中第三单体的增加，PETG 熔点下降，结晶度下降，第三单体用量达到一定值后形成无定形聚合物。目前市场上商品化的 PETG 产品主要有以下几种：以 NPG 进行共聚改性的 PETG、以 CHDM 进行共聚改性的 PETG 和 PCTG、以异山梨醇及 CHDM 进行共聚改性的 PETG，代表性的商品化产品为 SK 公司的 ECOZEN 系列；还有一种是以 TMCD 及 CHDM 进行共聚改性的 PETG，代表性的商品化产品为 EASTMAN 公司的 TRITAN 系列。

PETG 制品的透明度和光泽度高，是一种全新的透明塑料。PETG 冲击强度优异、耐热性好、热封性好、弯曲不泛白、耐划痕、耐老化、防静电、耐化学性优异、低萃取性、耐水解性、流动性好、着色力强、易于成型加工、卫生性好。PETG 有未改性型和带有各种添加剂的，包括脱模剂、色母粒和冲击改性剂等。根据不同应用领域的特殊要求，采用不同的改性配方，可以应用于多种塑料制品，属于新一代环保塑料。PETG特别适宜成型厚壁透明制品，其加工成型性能极佳，能够按照设计者的意图进行任意形状的设计，可以采用传统的挤出、注塑、吹塑及吸塑等成型方法，广泛应用于板片材、高性能收缩膜、瓶用及异型材等领域，同时其二次加工性能优良，可以进行常规的机加工修饰。

目前全球主要的PETG生产商有美国Eastman（伊士曼）化学公司和韩国SK公司，主要产品牌号、性能特点、加工成型方式及用途如表2.34所列。

表2.34 共聚酯PETG主要牌号及性能用途

| 牌号 | 生产厂商 | 商品名 | 成型方式 | 特性及用途 |
|---|---|---|---|---|
| EB062 | 伊士曼 | Eastman | 挤出注塑 | 有效阻隔性能、耐化学性、高清晰度、优良的着色、良好的抗冲击强度、良好的刚度、高光泽、高韧性<br>用途：饮料包装、瓶、白酒包装、玻璃瓶的替代、家用包装、果汁包装、大型液体容器 |
| ADD5 | 伊士曼 | Eastman | 吹塑 | 用途：家电薄膜、建筑层板、汽车贴膜、手袋、装饰层压板、电子层压板、地板铺装、家具/家具装饰、标签、露天薄膜、可印刷薄膜 |
| GS1 | 伊士曼 | Eastman | 吹塑 | 用途：家电薄膜、建筑层板、汽车贴膜、手袋、装饰层压板、电子层压板、地板铺装、家具/家具装饰、标签、露天薄膜、可印刷薄膜、收缩膜 |
| DS3010HF | 伊士曼 | Drystar | 注塑 | 耐化学性、高光泽度、高流动性、高清晰度、良好的抗冲击强度、良好的刚度<br>用途：模内装饰、模内贴标 |
| DS1010 | 伊士曼 | Drystar | 注塑 | 良好的清晰度、高流动性、快速干燥、耐化学性、抗冲击性、快速循环<br>用途：家电、地板护理、家具/家具装饰、家庭用品、冰箱内部组件、洗衣机零部件、书写工具 |
| DS1900HF | 伊士曼 | Drystar | 注塑 | 良好的清晰度、高流动性、快速干燥、耐化学性、抗冲击性、快速循环<br>用途：家电、地板护理、家具/家具装饰、家庭用品、冰箱内部组件、洗衣机零部件、书写工具 |
| DS2000 | 伊士曼 | Drystar | 注塑 | 良好的清晰度、高流动性、快速干燥、耐化学性、抗冲击性、快速循环用途：玩具/体育用品、书写工具 |
| DS2010 | 伊士曼 | Drystar | 注塑 | 良好的清晰度、高流动性、快速干燥、耐化学性、抗冲击性、快速循环用途：家电、地板护理、玩具/体育用品、冰箱内部组件、洗衣机零部件、书写工具 |
| DS1110UVI | 伊士曼 | Drystar | 注塑 | 抗紫外线、良好的清晰度、高流动性、快速干燥、耐化学性、抗冲击性、快速循环<br>用途：家电、地板护理、玩具/体育用品、冰箱内部组件、洗衣机零部件、家具/家具装饰、家庭用品 |
| DS1910HF | 伊士曼 | Drystar | 注塑 | 含脱模剂、良好的清晰度、高流动性、快速干燥、耐化学性、抗冲击性、快速循环<br>用途：家电、地板护理、玩具/体育用品、冰箱内部组件、洗衣机零部件、书写工具、家庭用品、模内装饰、模内贴标、笔/文具耗材 |
| DS2110UVI | 伊士曼 | Drystar | 注塑 | 抗紫外线、良好的清晰度、高流动性、快速干燥、耐化学性、抗冲击性、快速循环<br>用途：家电、地板护理、玩具/体育用品、冰箱内部组件、洗衣机零部件、家具/家具装饰、家庭用品 |

续表

| 牌号 | 生产厂商 | 商品名 | 成型方式 | 特性及用途 |
|---|---|---|---|---|
| MN610 | 伊士曼 | Drystar | 注塑 | 高透明度、高韧性、耐化学性、耐冲击性、高流动性<br>用途：输液部件、医疗、手术器械、药物包装 |
| MN611 | 伊士曼 | Drystar | 注塑 | 耐大多数医疗溶剂（包括脂肪和IPA）、易于加工、伽马和电子束色彩稳定<br>用途：输液部件、医疗、手术器械、药物包装 |
| MN621 | 伊士曼 | Drystar | 注塑 | 高透明度、耐化学性、高韧性，耐大多数医疗溶剂（包括脂肪和IPA）、易于加工、伽马和电子束色彩稳定<br>用途：输液部件、医疗、手术器械、药物包装 |
| MN630 | 伊士曼 | Drystar | 注塑 | 抗冲击性、高透明度、耐化学性、高韧性，耐大多数医疗溶剂（包括脂肪和IPA）、易于加工、伽马和电子束色彩稳定<br>用途：输液部件、医疗、手术器械、药物包装 |
| MN631 | 伊士曼 | Drystar | 注塑 | 高流动性、高透明度、耐化学性、高韧性，耐大多数医疗溶剂（包括脂肪和IPA）、易于加工、伽马和电子束色彩稳定<br>用途：输液部件、医疗、手术器械、药物包装 |
| A150 | 伊士曼 | Eastar | 薄膜挤出 | 水解稳定性、热稳定性<br>用途：吸塑包装、食品包装、食品接触应用、肉类包装、家禽包装 |
| AN001 | 伊士曼 | Eastar | 挤出吹塑 | 阻隔性、耐化学性、高清晰度，优良的着色性、抗冲击、高刚性、高光泽、高韧性<br>用途：化妆品/个人护理用品包装、香水包装 |
| AN004 | 伊士曼 | Eastar | 注吹 | 高流动性、阻隔性、耐化学性、高清晰度、优良的着色性、抗冲击、高刚性、高光泽、高韧性<br>用途：化妆品瓶帽、化妆品瓶、香水瓶盖、香水包装、唇膏容器、个人护理瓶、化妆品/个人护理用品包装 |
| AN011 | 伊士曼 | Eastar | 注吹 | 高流动性、耐化学性、高清晰度、高光泽<br>用途：香水包装、化妆品/个人护理用品包装 |
| AN014 | 伊士曼 | Eastar | 注吹 | 高流动性、耐化学性、高清晰度、优良的着色、高光泽度<br>用途：化妆品瓶帽、化妆品瓶、香水瓶盖、香水包装、唇膏容器、个人护理瓶、化妆品/个人护理用品包装 |
| BR001 | 伊士曼 | Eastar | 注塑 | 高强度、高刚性、良好的加工性能、高透明、良好的着色性<br>用途：卫生用品、女性用品、牙刷 |
| BR003 | 伊士曼 | Eastar | 注塑 | 耐化学性、高强度、高刚性、良好的加工性能、高透明、良好的着色性<br>用途：卫生用品、女性用品、牙刷 |
| BR203 | 伊士曼 | Eastar | 注塑 | 耐化学性、高强度、高刚性、良好的加工性能、高透明、良好的着色性<br>用途：牙刷 |
| CN005 | 伊士曼 | Eastar | 挤出吹塑 | 耐化学性、高光泽、良好的抗冲击强度、高刚性<br>用途：化妆品瓶帽、化妆品瓶、香水瓶盖、香水包装、唇膏容器、个人护理瓶、化妆品/个人护理用品包装 |
| CN015 | 伊士曼 | Eastar | 挤出吹塑 | 耐化学性、高光泽、良好的抗冲击性、高刚性<br>用途：化妆品瓶帽、化妆品瓶、香水瓶盖、香水包装、唇膏容器、个人护理瓶、化妆品/个人护理用品包装 |

续表

| 牌号 | 生产厂商 | 商品名 | 成型方式 | 特性及用途 |
|---|---|---|---|---|
| DN001 | 伊士曼 | Eastar | 挤出吹塑 | 抗冲击、耐化学性、尺寸稳定性、低收缩率<br>用途：化妆品瓶帽、香水瓶盖、框架 |
| DN001HF | 伊士曼 | Eastar | 注塑 | 良好的流动性、良好的力学性能、高透明、高韧性、耐化学性<br>用途：显示屏、个人护理和化妆品 |
| DN003 | 伊士曼 | Eastar | 挤出吹塑 | 阻隔性、耐化学性、高清晰度、优良的着色性、抗冲击、高刚性、高光泽、尺寸稳定性、低收缩率、含脱模剂<br>用途：药物包装、输液部件、手术器械 |
| DN004 | 伊士曼 | Eastar | 注塑 | 抗冲击、耐化学性、尺寸稳定性、低收缩率，耐大多数医疗溶剂（包括脂肪和IPA）、伽马和电子束色彩稳定<br>用途：家电、化妆品/个人护理用品包装、输液部件、卫生用品、女性用品、冰箱内部组件、文具用品、手术器械、牙刷、玩具/体育用品、书写工具 |
| DN004HF | 伊士曼 | Eastar | 注塑 | 良好的流动性、良好的力学性能、高透明度、高韧性、耐化学性、含有脱模剂<br>用途：显示屏、个人护理和化妆品 |
| DN010 | 伊士曼 | Eastar | 注塑 | 抗冲击、耐化学性、低收缩率<br>用途：显示屏、个人护理和化妆品 |
| DN011 | 伊士曼 | Eastar | 挤出 | 抗冲击、耐化学性、低收缩率、含脱模剂<br>用途：化妆品瓶帽、化妆品瓶、地板护理、香水瓶盖、唇膏容器、冰箱内部组件、显示屏、个人护理和化妆品 |
| DN114 | 伊士曼 | Eastar | 注塑 | 抗冲击、耐化学性、尺寸稳定性、低收缩率、抗紫外线、易脱模<br>用途：灯饰 |
| EB062 | 伊士曼 | Eastar | 挤出吹塑 | 阻隔性、耐化学性、高透明、良好的着色性能、抗冲击、高刚性、高光泽、高韧性<br>用途：瓶、化妆品包装、个人护理瓶 |
| EN001 | 伊士曼 | Eastar | 注塑 | 用途：食品包装、家庭用品、玩具/体育用品、书写工具 |
| EN010 | 伊士曼 | Eastar | 注塑 | 用途：集装箱、包装 |
| EN058 | 伊士曼 | Eastar | 挤出吹塑 | 用途：化妆品/个人护理用品包装、除臭剂包装、香水瓶盖、香水包装、卫生用品、女性用品、牙刷、玩具/体育用品、书写工具 |
| EN059 | 伊士曼 | Eastar | 挤出吹塑 | 良好的力学性能、耐化学性<br>用途：化妆品/个人护理用品包装、除臭剂包装、香水瓶盖、香水包装、卫生用品、女性用品、牙刷、玩具/体育用品、书写工具 |
| EN067 | 伊士曼 | Eastar | 注塑 | 良好的流动性<br>用途：化妆品/个人护理用品包装、除臭剂包装、香水瓶盖、香水包装、卫生用品、女性用品、牙刷、玩具/体育用品、书写工具 |
| EN076 | 伊士曼 | Eastar | 挤出吹塑 | 高清晰度、良好的着色性<br>用途：化妆品瓶帽、化妆品瓶、化妆品/个人护理用品包装、冰箱内部组件 |
| GN007 | 伊士曼 | Eastar | 挤出吹塑 | 高透明度、高韧性、良好的熔体强度<br>用途：化妆品/个人护理用品包装、除臭剂包装、香水瓶盖、香水包装、卫生用品、女性用品、牙刷、玩具/体育用品、书写工具 |
| GN046 | 伊士曼 | Eastar | 挤出吹塑 | 阻隔性、耐化学性、高透明度、良好的着色性能、抗冲击、高刚性、高光泽、高韧性<br>用途：瓶 |

续表

| 牌号 | 生产厂商 | 商品名 | 成型方式 | 特性及用途 |
|---|---|---|---|---|
| GN071 | 伊士曼 | Eastar | 挤出吹塑 | 阻隔性、耐化学性、高透明、良好的着色性能、抗冲击、高刚性、高光泽、高韧性<br>用途：化妆品瓶、化妆品/个人护理用品包装、家具/家具装饰、家庭用品、文具用品、玩具/体育用品、书写工具及各种卡 |
| GN078 | 伊士曼 | Eastar | 挤出吹塑 | 耐化学性<br>用途：化妆品瓶帽、化妆品瓶、香水瓶盖、唇膏容器 |
| GN119 | 伊士曼 | Eastar | 挤出吹塑 | 高流动性<br>用途：个人护理和化妆品 |
| MB002 | 伊士曼 | Eastar | 挤出吹塑 | 耐大多数医疗溶剂（包括脂肪和IPA）、伽马和电子束色彩稳定、良好的熔体强度的电子束熔炼工艺<br>用途：实验设备、医疗、吸气及排水 |
| MN004 | 伊士曼 | Eastar | 挤出吹塑 | 抗冲击、耐化学性、尺寸稳定性、低收缩率<br>用途：医疗、吸气及排水 |
| MN005 | 伊士曼 | Eastar | 注塑 | 高流动性、高透明度、耐化学性、高韧性，耐大多数医疗溶剂（包括脂肪和IPA）、伽马和电子束色彩稳定、含有脱模剂、耐辐射<br>用途：输液部件、医疗、手术器械、药物包装、个人护理和化妆品 |
| MN058 | 伊士曼 | Eastar | 挤出吹塑 | 耐大多数医疗溶剂（包括脂肪和IPA）、伽马和电子束色彩稳定、尺寸稳定、抗冲击<br>用途：药物传递、实验设备、医疗 |
| MN006 | 伊士曼 | Eastar | 挤出吹塑 | 耐大多数医疗溶剂（包括脂肪和IPA）、伽马和电子束色彩稳定、尺寸稳定、抗冲击<br>用途：药物传递、输液部件、医疗、手术器械 |
| MN021 | 伊士曼 | Eastar | 挤出吹塑 | 化学耐大多数医疗溶剂（包括脂肪和IPA）、伽马和电子束色彩稳定<br>用途：药物传递、实验设备、医疗 |
| MN059 | 伊士曼 | Eastar | 注塑 | 抗冲击、耐化学性、尺寸稳定性、低收缩率<br>用途：医疗应用 |
| MN200 | 伊士曼 | Eastar | 注塑 | 高流动、抗辐射性、耐化学性<br>用途：医疗 |
| MN210 | 伊士曼 | Eastar | 注塑 | 耐大多数医疗溶剂（包括脂肪和IPA）、伽马和电子束色彩稳定、尺寸稳定、抗冲击<br>用途：药物传递、输液部件、医疗、手术器械 |
| MN211 | 伊士曼 | Eastar | 注塑 | 耐大多数医疗溶剂（包括脂肪和IPA）、伽马和电子束色彩稳定、尺寸稳定、抗冲击、易脱模<br>用途：药物传递、输液部件、医疗、手术器械 |
| GN120 | 伊士曼 | Eastar | 注塑 | 高清晰度和透明度、高流动性、共聚、高韧性<br>用途：家电、消费性电子产品、个人护理和化妆品、文具用品 |
| EN052 | 伊士曼 | Eastar | 注塑 | 用途：一般的消费类产品、口腔卫生、个人护理和化妆品 |
| MN052 | 伊士曼 | Eastar | 注塑 | 高流动性，耐大多数医疗溶剂（包括脂肪和IPA）、伽马和电子束色彩稳定<br>用途：药物传递、实验设备、医疗 |

续表

| 牌号 | 生产厂商 | 商品名 | 成型方式 | 特性及用途 |
|---|---|---|---|---|
| K2012 | SK化学 | SkyGreen | 吹瓶；注塑；挤出；薄膜成型 | 蓝光，优异的耐化学性，极佳的韧性，仅次于PMMA的透明度<br>用途：大量用于吹瓶（例如化妆品容器），注塑（例如文具类、牙刷类、工具类、容器、手机配件、鞋材），板材片材（例如包装材料、建筑材料） |
| K2012DW | SK化学 | SkyGreen | 注塑成型 | 蓝光，耐高温性佳<br>用途：空调外壳、吸尘器集成盒、电器仪表板、电脑零件等 |
| S2008 | SK化学 | SkyGreen | 吹瓶；注塑，挤出；薄膜成型 | 自然光，性能特点和用途与K2012类似，但不适合较厚的制品 |
| KN100 | SK化学 | SkyGreen | 注吹 | 蓝光，KN100是由K2012改良过后的注塑专用的PETG产品。因为PETG本身流动性不如PMMA、ABS等原料高，所以加工工艺不易掌握。经改良后KN100的流动性大幅提升，以满足部分不修改模具的客户。目前用在壁厚较厚的产品（例如杯子）以及真空瓶的制作最多 |
| KN200 | SK化学 | SkyGreen | 注吹 | 蓝光，高度透明。性能特点和用途与KN100接近，但在熔体流动和脱模性能上有所改善 |
| PN100 | SK化学 | SkyGreen | 注塑 | 无底色，高透明度，流动性优异<br>用途：厚壁制品（例如膏霜罐）以及较薄、表面积较大的产品（例如空调面板） |
| PN200 | SK化学 | SkyGreen | 注塑 | 无底色，高透明，注塑的流动性比PN100更优异<br>用途：更适合生产超厚的产品（例如厚壁膏霜罐）或超薄的产品（如手机面板） |
| DX3500 | 伊士曼 | Tritan | 注塑 | 优异的抗冲击性能，高强度，耐化学性、耐热性、高流动性<br>用途：食品接触用品 |
| DX4000 | 伊士曼 | Tritan | 注塑 | 优异的耐热性和耐化学性，韧性和水解稳定性<br>用途：饮料制品及小家电 |
| EX401 | 伊士曼 | Tritan | 注塑 | 优异的透明度<br>用途：婴幼儿制品 |
| TX1001 | 伊士曼 | Tritan | 注塑 | 出色的韧性、水解稳定性以及耐热和耐化学性。应用范围广泛，具有优异的加工性能 |
| VX301 | 伊士曼 | Tritan | 注塑 | 出色的透明度和耐冲击性，出色的耐化学性，水解稳定性和易加工的特性使其成为各种光学应用的理想选择 |
| T120 | SK化学 | ECOZEN | 注塑 | 高HDT、优异的耐热性、高透明性、优异的耐化学性和高流动性、易加工性<br>用途：食品接触器皿、水具、婴幼儿产品、耐高温片材、光学薄膜等 |
| YF300 | SK化学 | ECOZEN | 注塑 | 高透明性、高韧性和高抗冲击性能，优异的耐化学性、耐低温性和二次加工性，良好的注塑加工性能<br>用途：食品接触器皿、密闭容器、婴幼儿食品用具、运动水杯等 |

## 二、市场供需

### （一）世界供需及预测

**1. 世界 PETG 生产现状**

CHDM 是生产 PETG 的关键原料，美国 Eastman 公司率先突破了 CHDM 的生产技术，并成功开发出 DMT 酯交换工艺生产 PETG 共聚酯，后通过加强研发投入，成功开发出 PTA 直接酯化工艺生产 PETG 共聚酯，形成了 Eastar、Drystar 和 Spectar 等几大系列产品，已经投入中国市场。经过多年发展，Eastman 已形成上百个牌号。韩国 SK 公司也在 20 世纪 90 年代开发出 CHDM 的工业化技术，于 2001 年正式开发了 PTA 法聚合技术生产 PETG 共聚酯，目前已经形成了十多个产品规格。另外，在欧洲也有几个厂商通过购入 Eastman 和 SK 的 CHDM 来生产 PETG 共聚酯，但规模和产品不具有明显优势。

近几年，为了降低应用成本，以新戊二醇为改性单体的 PETG 也逐步走向产业端，基于新戊二醇的 PETG 主要应用为热收缩膜，优质品在化妆品瓶等领域的应用也日渐出现。基于新戊二醇的 PETG 总体在 PETG 产品中的占比还比较少，但逐渐呈现上升趋势。世界主要 PETG 生产企业见表 2.35。

表 2.35　世界主要 PETG 生产企业

| 企业名称 | 产能/(万吨/年) | 装置所在地 | 工艺技术 |
| --- | --- | --- | --- |
| 美国 Eastman | 约 25 | 美国、马来西亚、英国 | 酯交换/直接酯化 |
| 韩国 SK | 约 15 | 韩国 | 直接酯化 |
| 合计 | 40 | | |

**2. 需求分析及预测**

近年来，全球 PETG 需求增长稳定，自 2014 年以来年均增长率约为 7%，从 2014 年的 37.5 万吨增长到 2021 年的约 60 万吨。目前中国已经是全球最大的 PETG 消费市场，以中国为代表的亚洲市场经济发展对 PETG 的需求旺盛，未来五年全球市场对 PETG 的需求年增长率预计仍保持在 7% 左右的水平。

### （二）国内供需及预测

**1. 国内生产现状**

长期以来 PETG 的关键原料 CHDM 由美国 Eastman 和韩国 SK 两家公司垄断，Eastman 和 SK 一直采用上游原料和下游共聚酯产品一体化配套生产模式，对中国市场实行限量供应，并实施严格的技术封锁策略。国内在 20 世纪 90 年代初就已经开始涉足 PETG 相关技术的研究与开发，但是进展十分缓慢。比如北京化工研究院曾经在实验室合成出 CHDM，并进行了聚合研究，但由于缺少市场支撑，不久就停止了研究。进入 21 世纪后，国内共聚酯市场开始启动，大连化物所、江苏凯凌化工、康恒化工等公司先后突破了 CHDM 生产技术,为PETG共聚酯的国产化奠定了基础。在聚合工艺方面,原华源聚酯和汕头锦源聚酯等国内公司也进行了大胆尝试,但由于聚合技术方面的积累较少,未能实现工业化。目前国内有辽阳石化、华润化学材料、腾龙特种树脂、江阴华宏、江苏景宏、河南银金达等企业推出了以NPG或CHDM作为共聚单体的PETG产品。综上而言,至2021年底国内PETG共聚酯90%以上以进口Eastman和SK产品为主,国内产品尚在发展阶段,不占主流地位。国内PETG主要研发和生产单位见表2.36。

2018年,华润化学材料科技股份有限公司实现了分别以CHDM和NPG为改性单体的两种PETG的技术突破,生产出了高品质的PETG。2021年底,该公司在珠海市完成了PETG生产基地的建设和设备安装并顺利投产,产品已经投放市场。

表2.36 国内PETG的主要研发和生产企业

| 企业名称 | 产能/(万吨/年) | 装置状态 | 装置所在地 | 工艺技术 |
|---|---|---|---|---|
| 中国石油辽阳石化分公司 | 10(工业试生产) | 停产 | 辽宁辽阳 | 直接酯化法 |
| 江苏伊尔曼新材料有限公司 | 1 | 停产 | 江苏宝应 | 直接酯化法 |
| 腾龙特种树脂(厦门)有限公司 | 1 | 停产 | 福建厦门 | 直接酯化法 |
| 江阴华宏化纤有限公司 | 3.5 | 在产 | 江苏江阴 | 直接酯化法 |
| 江苏景宏新材料科技有限公司 | 0.5 | 停产 | 江苏宿迁 | 直接酯化法 |
| 河南银金达新材料股份有限公司 | 1.5 |  | 河南卫辉 | 直接酯化法 |
| 华润化学材料科技股份有限公司 | 5 | 已经投产 | 广东珠海 | 直接酯化法 |

在下游应用PETG生产企业方面,东莞万塑成塑料有限公司、江苏华信新材料股份有限公司以及浙江中盛新材料股份有限公司等为我国主要PETG消费企业。东莞万塑成主要生产PETG片材,拥有国内先进的PETG片材生产线,产品主要用于建筑装饰、医疗设备、医用包装、电子吸塑包装、食品和化妆品包装以及文化办公用品等领域。江苏华信新材料是我国生产能力强、技术先进的智能卡基材的研发和生产企业,产品主要用于各类高档证件卡、银行卡等领域,是全国第二代居民身份证基材的指定供应商。浙江中盛是国内领先的环保包装材料生产企业,产品主要为聚酯片材,应用于玩具、医药包装、建筑五金、信用卡以及标牌等领域。

**2. 需求分析及预测**

2011年欧盟和我国先后在食品接触材料领域禁用含有双酚A的产品,以PETG为主的共聚酯得到了快速发展。2016年我国PETG消费量超过13万吨,比2015年增长21%以上,2017年相对于2016年增长率也达到两位数。2018年国内PETG消耗量达到了16.92万吨,2021年达到了23万吨。

目前,我国PETG的加工和销售市场主要集中在华南和华东地区,主要的应用领域为热收缩膜、片材和化妆品包装。按消费结构分,食品包装领域占比最大,接近50%,其次为化妆品包装领域,大约为28%,医用包装领域占比为14%,居第三位。

受健康环保等因素影响,传统的PVC热收缩膜的应用领域将受到极大的限制,因此未来PETG热缩膜的增长空间较大;其次,随着我国居民消费升级,对健康、环保和高品质产品的关注度将会持续提高，因此化妆品包装和医用包装领域的 PETG 消费量也将保持快速增长态势，PETG 化妆品包装和 PETG 片材的需求将持续旺盛。

## 三、工艺技术

目前，PETG 工业化生产技术主要有 DMT 法和 PTA 法。美国 Eastman 公司开发了 PTA 法（直接酯化法）和 DMT 法（酯交换法）两种工艺路线，韩国 SK 公司的工艺路线主要是 PTA 法。

DMT 法以对苯二甲酸二甲酯（DMT）、EG、CHDM 为原料，DMT 与 EG、CHDM 两种混合醇保持一定醇酸摩尔比，经过酯交换反应后生成 BHET（对苯二甲酸双羟乙酯）和 BHCT（对苯二甲酸双羟甲基环己基甲酯）单体，再缩聚制成共聚酯 PETG。

PTA 法以 PTA、EG、CHDM 为原料，PTA 与 EG、CHDM 两种混合醇保持一定醇酸摩尔比，醇酸摩尔比受设备和工艺条件限制，可选择不同摩尔比，经过酯化反应后生成 BHET（对苯二甲酸双羟乙酯）和 BHCT（对苯二甲酸双羟甲基环己基甲酯）单体，再缩聚制成共聚酯 PETG。

与 DMT 法相比，PTA 法生产过程无需回收甲醇，可简化回收过程与设备，提高生产效率，减少环境污染，生产工艺合理，因此相对而言，PTA 法较 DMT 法有较大的优越性。而且随着近年来 PTA 的发展，PTA 远较 DMT 易得，PTA 法将是今后 PETG 生产的主要方法，是今后的发展方向。

国内对 PETG 共聚酯材料的认识较晚，在 PETG 的研究开发方面也较晚。国内 PETG 共聚酯技术从 20 世纪 90 年代初起步，先后有北京石化研究院、天津石化研究院、东华大学、四川大学、上海石化等科研单位和企业进行研发。目前国内公开报道的 PETG 生产企业均是通过直接酯化法生产，产品类别以新戊二醇改性的 PETG 为主。

## 四、应用进展

### 1. 板、片材

使用常规的成型方法，PETG 可以制备 1~25.4mm 厚的透明材料，具有突出的韧性和高抗冲击强度，其抗冲击强度是改性聚丙烯酸酯类的 3~10 倍，成型性能优异，冷弯曲不泛白，无裂纹，易于印刷和修饰，广泛应用于室内外标牌、储物架、自动售货机面板、家具、建筑及机械挡板等。

PETG 材料应用于银行卡和证件卡等卡片应用。Visa 公司已认可 PETG 为其信用卡材料。对于要求卡片材料对环境更友好的国家，PETG 可替代聚氯乙烯材料。Visa 还指出：来自 3 个不同试验厂的结果显示，PETG 满足信用卡国际标准（150/IEC7810）的所有要求。PETG 已作为卡基材料得到广泛应用。

### 2. 异型材

PETG 材料可成型管材或各种型材，其制品坚硬、透明、光泽好，受压不泛白，易于成型及后加工处理，符合环保要求，广泛应用于建筑装饰及材料。

### 3. 膜用

PETG应用于高性能收缩膜，有大于70％的最终热收缩率，可制成复杂外形容器的包装，具有高吸塑力、高透明度、高光泽、低雾度、易于印刷、不易脱落、存储时自然收缩率低的优点，应用于饮料瓶、食品、化妆品、礼品和药品的收缩包装及电子产品等的收缩标签。其中双向拉伸的PETG膜适用于高档包装、印刷、电子电器、电缆包扎、绝缘材料以及各种工业领域的优质基材。单向拉伸PETG热收缩薄膜适用于各种罐装、聚酯瓶、各种容器等外用标签。与PVC收缩膜相比，PETG收缩膜具有环保的优点。

### 4. 瓶用

PETG克服了传统聚酯饮料瓶（PET）韧性低的不足，尤其适合制造大容量厚壁透明容器，不易破碎，易于表面修饰，达到美国FDA关于食品接触标准，可以应用于食品及医疗制品等领域。

### 5. 化妆品包装

PETG具有玻璃一样的透明度和接近玻璃的密度，具有很好的光泽度，耐化学腐蚀，耐冲击，并且容易加工，能注射成型、注吹成型和挤吹成型。还能够产生独特的形状、外观和特殊效果，比如鲜亮的颜色、磨砂、大理石纹理、金属光泽等。而且还可以利用其它聚酯、弹性塑料或ABS进行重叠注塑。

PETG吹塑产品有香水瓶和瓶盖、化妆品瓶和瓶盖、口红管、化妆盒、除臭剂包装、爽身粉瓶和眼线笔套等。

## 五、发展建议

PETG是一种重要的特种聚酯，市场需求旺盛，而高端PETG产品我国几乎100％依赖进口。过去数十年，美国Eastman和韩国SK等公司垄断了PETG的关键原料CHDM合成及下游聚合技术，并对我国实行技术封锁和产品限量供应策略，从而保持垄断高利润，同时也限制了我国PETG上下游产业的发展和PETG市场的进一步开发。

近年来，中科院大连化物所实现了CHDM的工艺技术突破，江苏凯凌化工、康恒化工、浙江清和等在CHDM生产技术上取得了突破，华润化学材料、江阴华宏等在PETG上取得了较大突破，但产品牌号丰富度与品质离国际巨头还有不少差距。因此，国内相关企业应加强与科研院所的产学研用合作，争取早日突破相关技术壁垒并提高产品质量和稳定性，从而为我国PETG产业的健康快速发展铺平道路。其次，我国PETG相关技术标准欠缺，对市场的稳定和行业健康发展较为不利。受制于高昂的原料价格，我国PETG相关应用开发企业的盈利水平受到限制，同时也限制了相关加工技术的发展，加工经验和产品设计落后于国外。相关企业应加强对国外产品的技术跟踪，同时加大产品研发投入，尽快发展出能满足国内市场需求的PETG产业集群。

# 第七节 聚甲醛

富艺国际工程有限公司　秦华

## 一、概述

聚甲醛又名聚氧亚甲基，英文名称为 polyoxymethylene（简称 POM），是一种性能优异的热塑性工程塑料。聚甲醛为线型结构聚合物，主链分子为 $(CH_2O)_n$，其结构规整，几乎没有支链，内聚能大、结晶度高。

聚甲醛的自身结构特点使其具有优异的力学性能，较高的弹性模量、刚度和硬度，其拉伸强度、弯曲强度、耐蠕变性和耐疲劳性优异；在较宽的温度和湿度范围内均有良好的自润滑性；具有优良的电绝缘性、耐磨性、耐腐蚀性等；是金属材料和合金产品如铁、铜、铝等的理想替代品，被称为工程塑料中力学性能最接近金属材料的一种工程塑料，也被称为"塑料中的金属""赛钢""超钢""夺钢"。因此，其被广泛应用于电子电器、汽车、日用品、精密仪器、农业设备等各种领域。

聚甲醛按结构可分为两大类：均聚合物（homopolymer）及共聚合物（copolymer）。均聚合物为甲醛或甲醛环状三聚物（即三聚甲醛）的聚合体，被称为均聚甲醛；共聚合物为三聚甲醛与少量戊环的共聚体，被称为共聚甲醛。

无论是均聚甲醛还是共聚甲醛，分子链都是由 C—O 键构成，C—O 键的键长比 C—C 键的键长短，聚甲醛沿分子链方向的原子密集度大，因而使其拥有十分优异的力学性能，在较大的温度范围内，弹性模数、硬度、刚性都比较高。均聚甲醛结晶度高，分子量分布窄，刚性好，但热稳定性差，不耐酸碱；共聚甲醛结晶度低，成型温度范围广，有良好的强度、尺寸稳定性，而且耐化学性和耐溶剂性佳，流动特性、加工性优于均聚甲醛。

两类聚甲醛产品性能对比如表 2.37 所示。

表 2.37　聚甲醛产品性能对比

| 参数 | 均聚甲醛 | 共聚甲醛 |
| --- | --- | --- |
| 密度/(g/cm$^3$) | 1.43 | 1.41 |
| 结晶度/% | 75～85 | 70～75 |
| 熔点/℃ | 175 | 165 |
| 力学性能 | 较高 | 较低 |
| 吸水率（24h）/% | 0.25 | 0.22 |
| 熔点/℃ | 175 | 165 |
| 体积电阻率/Ω·cm | $10^{15}$ | $10^{15}$ |

续表

| 参数 | 均聚甲醛 | 共聚甲醛 |
|---|---|---|
| 连续工作温度/℃ | 90 | 100 |
| 介电强度/(kV/mm) | 20 | 20 |
| 耐电弧性/s | 220 | 240 |
| 热稳定性能 | 较差 | 较好 |
| 耐化学性 | 较差 | 较好 |
| 成型加工温度/℃ | 较窄，约为10 | 较宽，约为50 |
| 主要生产商 | 美国杜邦 | 宝理，塞拉尼斯 |

目前，全球聚甲醛生产商有20多家，除美国杜邦全部生产均聚甲醛，日本旭化成部分生产均聚甲醛外，其他生产商基本都生产共聚甲醛。

均聚甲醛具有较好的延展强度、抗疲劳强度，但不易于加工，加工温度范围窄。均聚甲醛工艺以美国杜邦为代表，该工艺路线由于甲醛提纯工艺复杂和后处理封端技术上的困难，使得均聚产品耐碱性、耐热性差，生产成本较高。由于技术和经济上的问题，近年来在国外发展缓慢。

共聚甲醛加工成型比均聚甲醛较为容易，加工过程热分解释放出来的甲醛气体少。共聚甲醛工艺以塞拉尼斯为典型代表，该工艺制得的共聚甲醛有较好的热稳定性、热老化性、耐碱性、耐油性、化学稳定性且易于加工，其填充玻璃纤维后力学性能有所增强，经过改性后的共聚甲醛各项指标均超过均聚甲醛。代表厂商有美国塞拉尼斯、日本宝理、德国巴斯夫、日本三菱、日本旭化成等。

正因为此，近二十年来，国内外投产或即将投产的聚甲醛装置几乎都是共聚甲醛工艺，均聚甲醛工艺发展势头已经明显减弱。目前，共聚甲醛产量已占总量的90%以上。

按照用途的话，聚甲醛产品可分为三大类：基础树脂、增强填充类树脂和经特殊改性的专用树脂。经过添加玻纤、玻璃微珠、无机矿物、碳纤维、晶须和金属纤维（用于屏蔽材料）等不同材料生产的性能各异的增强填充类品种和经过低磨耗、高润滑（改善流动性）、增韧（包括超韧）、可电镀等改性处理的专用树脂品种开发繁多。这些经过增强和改性处理的品种某些性能更加优异，满足了更广泛的用途需求。

## 二、市场供需

### （一）世界供需及预测

#### 1. 世界聚甲醛生产现状

聚甲醛是一种高新技术产品，自20世纪50年代末由杜邦公司发明和工业生产以来，就因其优异的性能获得迅速发展，世界需求量不断增加。目前，其产量仅次于聚酰胺（尼龙）和聚碳酸酯，是第三大通用工程塑料。

发展初期，世界聚甲醛生产与消费主要集中在美国、西欧、日本等工业发达国家和地区。近二三十年来,包括中国(含台湾)、韩国、马来西亚、泰国等亚洲国家和地区也逐渐发展起来,并迅速成为聚甲醛市场的生产和消费主体。

截至2021年,世界聚甲醛产能约180万吨/年。宝理、塞拉尼斯和杜邦是世界上前三大聚甲醛生产企业,其生产能力总和接近世界总产能的一半。目前,美国、德国、日本、韩国、泰国、马来西亚及中国均建有万吨级聚甲醛生产装置。

主要聚甲醛生产商见表2.38。

表2.38 主要聚甲醛生产商

| 企业名称 | 产能/(万吨/年) | 装置所在地 | 工艺路线 |
| --- | --- | --- | --- |
| 日本宝理 | 29 | 日本、马来西亚、中国 | 共聚 |
| 塞拉尼斯 | 22 | 美国、德国 | 共聚 |
| 杜邦 | 20 | 美国、荷兰 | 均聚 |
| 韩国可隆 | 15 | 韩国 | 共聚 |
| 韩国工程塑料 | 11 | 韩国 | 共聚 |
| 日本三菱 | 7.5 | 泰国、日本 | 共聚 |
| 巴斯夫 | 5.5 | 德国 | 共聚 |
| 台塑 | 5 | 中国台湾 | 共聚 |
| 日本旭化成 | 4.5 | 日本 | 均聚/共聚 |

**2. 需求分析及预测**

目前,世界聚甲醛工业发展呈现以下两大特点:一是生产更趋集中和垄断,其中宝理、塞拉尼斯和杜邦三家公司产能占全球聚甲醛总产能的一半,这几大公司控制着世界聚甲醛的生产与市场,主宰着世界聚甲醛的命运;二是亚洲发展迅速,消费增加较快。1995年以前世界聚甲醛生产装置90%左右在美国、西欧、日本等工业发达国家和地区。近年来随着亚洲经济逐步恢复,中国、东盟经济的持续稳定发展,对工程塑料的需求越来越强劲,世界著名聚甲醛生产商都看好亚洲市场,纷纷来亚洲投资建厂。1995年至2010年亚洲尤其是马来西亚、新加坡、韩国和中国台湾新建多套装置,加日本本土的增加量,亚洲新增能力占全球新增加能力的65%以上。目前,聚甲醛在亚洲的产量也已达到65%以上,其余的平均分配在西欧和美国。

亚洲目前有十余个聚甲醛生产商,除了旭化成外都是共聚甲醛生产商。日本宝理后来居上,超过杜邦、塞拉尼斯,现已成为全球第一大聚甲醛生产商,在全球拥有日本富士、中国台湾高雄、马来西亚关丹、中国南通等4个聚甲醛树脂生产基地,年供应能力达29万吨。2022年1月底,宝理发布公告称将在中国江苏南通新建聚甲醛树脂制造工厂,新的总产能计划达到15万吨,分2期实施,先期实施预计2024年11月投产9万吨,将弥补原南通工厂被当地政府要求停止运营造成的影响,同时最终将实现15万吨的供应能力。

根据美国BRG咨询公司的研究报告,预计聚甲醛今后会有高速增长并有可能超过需求。全球聚甲醛消费结构以汽车、电子电器、日用消费品为主,其中汽车领域约占31%、建筑领域约占28%、电子电器约占12%、家电消费品约占9%、医疗领域约占5%、其他消费领域约占15%。

BRG咨询公司预测，今后几年内，聚甲醛的增长将继续保持在4%，而市场及用途均将和现在类似。但是，中国是个例外，预计中国的增长将会翻一番。过去二十年，中国的市场平均增长率在6%以上，中国市场的表观消费量也在不断增长，正逐步发展成为一个新的全球聚甲醛生产和消费的主体。

### (二) 国内供需及预测

**1. 国内生产现状**

我国聚甲醛产品研发始于20世纪60年代，基本与国外研发同期开始，但受工艺技术水平低、产品质量低、原材料及动力损耗高及生产成本偏高等多种因素制约，国产聚甲醛的研发进展相当缓慢。20世纪末，上海溶剂厂和吉化石井沟联化厂生产规模仍停留在千吨级，后因规模太小及工艺技术落后、产品质量不稳定等原因相继停产。

为发展聚甲醛产业技术，国家投入大量人力、物力进行开发，由于聚甲醛生产技术的高度贸易壁垒，在20世纪90年代初期，技术引进一直未能成功。1997年，云天化从波兰ZAT引进技术，于2000年在云南水富建成1万吨/年聚甲醛生产装置，中国实现了首套万吨级聚甲醛自有装置；在此基础上，云天化于2003年在云南水富扩产2万吨/年、2006年在重庆长寿扩产6万吨/年生产装置。

自2004年以后，国内聚甲醛行业快速发展，中国本土聚甲醛生产能力迅速提升。中国化工上海蓝星、天津渤海化工天津碱厂、河南能源开封龙宇化工、神华宁夏煤业等聚甲醛装置相继投产，单套产能4万吨/年或6万吨/年，总产能18万吨/年。上述装置均引进香港富艺聚甲醛工艺技术，聚合单线能力达到3万吨/年。

接着，中海油天野化工6万吨/年聚甲醛装置投产。开滦唐山中浩、兖矿鲁南化工通过引入韩国P&ID聚甲醛工艺技术，均于2014年投产了4万吨/年聚甲醛装置。

在此过程中，外资品牌也陆续在中国建厂。宝理、三菱瓦斯、塞拉尼斯及韩国工程塑料合资组建了南通宝泰菱工程塑料，于2004年投产6万吨/年聚甲醛装置；杜邦和旭化成合资组建了张家港杜邦-旭化成，并于2005年投产2万吨/年聚甲醛装置。

截至目前，国内聚甲醛生产能力已达到53万吨/年，且均为共聚甲醛，如表2.39所示。

表2.39 国内主要聚甲醛生产商

| 企业名称 | 产能/(万吨/年) | 装置所在地 | 工艺来源 |
| --- | --- | --- | --- |
| 云南云天化 | 9 | 云南/重庆 | 波兰ZAT技术 |
| 中国化工上海蓝星 | 4 | 上海 | 香港富艺技术 |
| 中海油天野化工 | 6 | 内蒙古 | |
| 天津渤海化工天津碱厂 | 4 | 天津 | 香港富艺技术 |
| 河南能源开封龙宇化工 | 4 | 河南 | 香港富艺技术 |
| 神华宁煤 | 6 | 宁夏 | 香港富艺技术 |
| 开滦唐山中浩化工 | 4 | 唐山 | 韩国P&ID技术 |

续表

| 企业名称 | 产能/(万吨/年) | 装置所在地 | 工艺来源 |
|---|---|---|---|
| 兖矿鲁南化工 | 8 | 山东 | 韩国P&ID技术 |
| 杜邦-旭化成聚甲醛（张家港） | 2 | 张家港 | 杜邦、旭化成 |
| 宝泰菱工程塑料（南通） | 6 | 南通 | 宝理、三菱、塞拉尼斯 |

在国内聚甲醛行业发展的过程中，也遇到了一段困难时期。特别是在2012年至2015年，国内外聚甲醛行业价格恶性竞争，导致部分国内聚甲醛企业持续亏损。在此期间，受外购原料、公用工程等成本影响，中国化工上海蓝星、天津渤海化工天津碱厂相继停产；中海油天野化工也因多种因素停产。直到2017年10月，中国商务部正式对原产于韩国、马来西亚、泰国的聚甲醛征收6.2%～34.9%不等的反倾销税，国内聚甲醛行业也逐渐开始走向有序竞争。

2021年，我国聚甲醛产量达到40.58万吨（含外资企业）。国内10家聚甲醛企业在产品质量及客户依赖度上逐步形成了以云天化、神华宁煤、开封龙宇领跑的态势，云天化产量为国内最大，2020年产量为8.57万吨，2021年产量为9.37万吨；神华宁煤2020年产量为6.4万吨，2021年产量为6.5万吨。

**2. 国内供需及市场价格变化**

2004年以前，国内聚甲醛表观消费量维持在5万～14万吨。2010—2021年，国内聚甲醛表观消费量逐年增加，2021年达到72.55万吨。

目前，国产聚甲醛产品仍以日常用品、工业品为主；汽车配件、精密电子电器零件等聚甲醛高端需求原料持续依靠进口，并保持占表观消费量的50%以上。

近年来，我国聚甲醛进口量呈现震荡增长趋势。据海关数据统计显示，2021年中国聚甲醛产品进口量34.81万吨，同比上升12.73%。

近五年中国聚甲醛产品供需平衡详见表2.40。

表2.40 2017—2021年中国聚甲醛产品供需平衡表

| 项目 | 2017年 | 2018年 | 2019年 | 2020年 | 2021年 |
|---|---|---|---|---|---|
| 产能/(万吨/年) | 49 | 49 | 49 | 49 | 53 |
| 产量/万吨 | 25.70 | 29.55 | 31.63 | 33.37 | 40.58 |
| 进口量/万吨 | 30.94 | 33.96 | 31.86 | 30.88 | 34.81 |
| 出口量/万吨 | 3.29 | 3.03 | 2.58 | 2.26 | 2.84 |
| 表观消费量/万吨 | 53.35 | 60.48 | 60.91 | 61.99 | 72.55 |

近五年市场价格方面，2017—2019年市场整体处于震荡上行走势，价格趋稳运行，2019年市场均价约为12522元/吨。2020年初，受到国内外疫情影响，市场价格开始下滑，聚甲醛产品在4月份降至低点10300元/吨。疫情控制趋稳后，市场重新复苏。伴随全球刺激消费的流动性释放，化工市场价格开始急速反弹，聚甲醛产品价格也随之开始强势上调，2021年底价格达到了近10年高位至23500元/吨，市场价格一路飙高。近五年国内聚甲醛市场价格走势见图2.13。

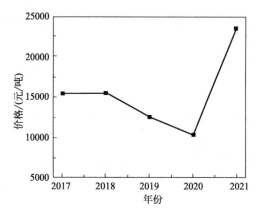

图 2.13　2017—2021 年国内聚甲醛市场价格走势图

**3. 需求分析及预测**

（1）聚甲醛产品消费结构

不同国家聚甲醛应用及消费结构见表 2.41。从中可以发现，我国聚甲醛的主要消费领域是电子电器行业，占到了 43%。而国外聚甲醛的主要消费领域包括汽车工业、工业器械等。

表 2.41　不同国家和地区聚甲醛应用及消费结构　　单位：%

| 用途 | 中国 | 美国 | 欧洲 | 日韩 |
| --- | --- | --- | --- | --- |
| 汽车工业 | 16 | 17.4 | 41.0 | 46.0 |
| 电子电器 | 43 | 7.0 | 14.8 | 13.7 |
| 工业机械 | 8 | 24.5 | 14.1 | 11.7 |
| 消费品 | 21 | 17.4 | 11.4 | 9.2 |
| 管件和喷灌 |  | 20.9 | 5.4 | 8.7 |
| 其他 | 12 | 12.8 | 13.3 | 10.7 |

从消费结构数据也可以看出，我国聚甲醛的消费还主要集中在一些门槛比较低、技术要求比较基础的市场，在高附加值的汽车配件行业以及精密电子产品等高精尖的行业应用还不足。而每年聚甲醛进口量持续攀升也正因为此。

（2）中国聚甲醛项目拟建计划及供应预测

2016 年以来，中国聚甲醛工业平稳发展，新上生产装置较少，仅有兖矿鲁南化工于 2020 年扩建一套 4 万吨/年聚甲醛装置。

2022—2025 年中国在建或拟建的聚甲醛项目见表 2.42。

表 2.42　2022—2025 年中国聚甲醛拟建项目

| 项目建设单位 | 拟建产能/(万吨/年) | 建设地点 | 预计投产时间 | 工艺路线或来源 |
| --- | --- | --- | --- | --- |
| 新疆国业 | 4 | 新疆 | 2022 年底 | 共聚甲醛 |
| 恒力石化 | 8 | 辽宁 | 2023 年底 | 香港富艺 |

续表

| 项目建设单位 | 拟建产能/(万吨/年) | 建设地点 | 预计投产时间 | 工艺路线或来源 |
|---|---|---|---|---|
| 鹤壁龙宇 | 6 | 河南 | 2023 年 | 香港富艺（原开封龙宇二期改建） |
| 新疆心连心 | 6 | 新疆 | 2024 年 | 共聚甲醛 |
| 国能宁煤二期 | 6 | 宁夏 | 2024 年 | 香港富艺 |

国内近年来规划聚甲醛项目较多，但真正付诸实施的项目较少，在市场逐步成熟、竞争日益激烈的情况下，越早开工建设对项目产品抢占市场越有利。如全部投产，预计至2025年中国聚甲醛新增产能30万吨，国内总产能将稳步增长至83万吨/年，预计产量可达到70万吨。

（3）聚甲醛需求及价格预测

全球对聚甲醛的需求在不断增长，其生产成本也在变化，目前国外规模装置的产品成本一般在1500～2000美元/吨，但不同品种牌号、不同性能指标、不同用途的聚甲醛产品，其价格差异较大。国际主流生产商拥有几十个牌号可以选择，基础牌号一般在2500美元/吨上下，专供或特殊牌号甚至达到5000美元/吨以上。

国内聚甲醛生产商也已意识到产品牌号单一的问题，除了不断优化工艺技术、提高装置连续稳定性、降低原材料及公用工程消耗等生产成本、提高产品质量稳定性等方面不断投入外，开始着眼于产品市场开发、提升高附加值聚甲醛产品应用上，国内整个聚甲醛行业也将从发展期日益趋于成熟。

另一方面，长远来看，未来出口需求有望缓慢增长。一是国家出口退税率的提高，为未来聚甲醛产品的出口提供政策性支持；二是原料甲醇国产化速度加快，生产成本将呈下降趋势，令聚甲醛产品的国际竞争力更强。

价格上，聚甲醛价格受甲醛、甲醇波动影响明显，与甲醛、甲醇走势成正相关。大部分聚甲醛投产和扩产工厂均有配套上游甲醇、乙二醇设备，价格重心或将长期稳定，因此预计随着国内聚甲醛企业在提高自身技术水平的同时，产品质量和成本得到大幅改善，开工率长期来看也将稳中有增。

由此，尽管未来几年聚甲醛产能可能将有大幅释放，但通过不断优化聚甲醛产品消费结构，扩大消费需求，降低进口依存度，增加出口，国内市场将逐步实现自给自足的供需平衡状态，产品价格也将愈趋于合理。

未来十到二十年，中国聚甲醛市场将逐步走向成熟，市场竞争也将在有序中更加激烈，市场中也将会大浪淘沙，各生产商必须拥有自己的核心竞争力，在产品品质、生产成本、市场应用等各方面拥有独到之处，才能与国内外竞争对手抗衡，并最终立于不败之地。

## 三、工艺技术

### （一）聚甲醛工艺技术发展

聚甲醛的生产是以甲醇或甲醛为初始原料，主要有均聚甲醛和共聚甲醛两种生产工艺。

均聚甲醛工艺最早是美国杜邦公司在1959年开发成功的。其生产工艺为以50%的甲醛水溶液为原料，先与异辛醇反应生成半缩醛，经脱水、热裂解得到纯度较高的甲醛，将其通入含有三氟化硼乙醚络合物的惰性溶液中进行悬浮聚合，经过液固分离、干燥得到粉状的粗聚合物。再进行酯化封端处理，稳定后的聚合物与助剂掺混挤出造粒得到成品。

此工艺路线由于甲醛精制过程复杂和后处理封端技术上存在困难，使得均聚甲醛产品耐碱性、耐热性差，生产成本较高。目前仅杜邦和日本旭化成生产均聚甲醛，旭化成实施以甲缩醛合成浓甲醛；固体酸催化合成三聚甲醛；聚合采用多级短双螺杆反应机组；后处理摆脱了湿式水解法，实现了连续操作等改进技术，并于1972年建成工业化装置。当前，均聚工艺的生产能力约占聚甲醛总生产能力的16%左右。

共聚甲醛工艺最早是由美国塞拉尼斯公司于1960年成功开发的，1962年正式实现工业化生产。其生产工艺为将65%的浓甲醛在硫酸催化剂的作用下合成三聚甲醛（TOX），经提浓和溶剂苯萃取并精制得到的聚合级三聚甲醛与第二单体（环氧乙烷或二氧五环DOX，用量约为TOX的1%~5%）在催化剂的作用下进行共聚反应，生成的粗聚合物经研磨及钝化处理，再与助剂掺混挤出造粒成共聚甲醛粒料。

其他生产共聚甲醛的公司各自具有独特的技术特点。巴斯夫在TOX纯化工序上采用二氯乙烷做萃取剂，三氧七环做共聚单体；三菱瓦斯同样以二氯乙烷做萃取剂；旭化成开发甲缩醛直接合成高浓度甲醛工艺路线；另外宇部兴产采用气相法，将精制的甲醛气与三氧八环共聚合制备聚甲醛。其中旭化成既有均聚甲醛又有共聚甲醛的生产，而其它公司都是生产共聚甲醛，只是在三聚甲醛合成、单体精制、聚合、稳定化等具体工艺上有所不同。

由于共聚甲醛原材料及公用工程的消耗低，加工成型条件没有均聚甲醛那样苛刻，污染物排放少，聚合物分子量和特性容易控制，产品牌号可调，因此应用较广，是现今及未来聚甲醛的主力发展方向。

近年来，各种生产工艺不断简化、优化，新技术、新设备不断被采用，产品质量逐步提高，成本有所下降。聚甲醛生产技术发展情况可简单归纳为以下几点。

（1）在共聚甲醛产生后，均聚甲醛技术进展不大，生产能力也基本没有扩大。

（2）以三聚甲醛为聚合单体的共聚技术，占世界聚甲醛生产能力的80%。三聚甲醛制造以硫酸催化为主。

（3）以高浓度甲醛生产单体是共聚路线发展的重大进步，因高浓度甲醛有利于提高反应的转化率和反应物中三聚甲醛的浓度，减少副反应，减少甲醛浓缩和稀醛回收，大大降低了能耗和成本。

（4）干法共聚甲醛工艺流程短、投资少、能耗低，能够同原有的均聚和主流共聚路线竞争。但该工艺分子量分布不够集中、无法去除小分子，导致产品中甲醛含量较高，工艺上有一定缺陷，长远来看应用前景并不乐观。

（5）大型装备配套取得了明显进步，三聚甲醛单体单线规模最大达到9万吨/年，聚合单线能力达到4万吨/年。

## （二）国内聚甲醛工艺现状

我国聚甲醛产品研发基本与国外研发同期开始，于1959年由中科院长春应用化学所和沈阳化工研究院等单位合作先后进行了均聚甲醛和共聚甲醛研制开发工作。1970年吉林石井沟联合化工厂和上海溶剂厂共聚甲醛装置投产。均采用三聚甲醛路线，生产工艺大致相同，但经30多年发展，技术水平没有重大突破，并且没有建成规模化生产装置，始终停留在千吨级，未实现商业化大规模生产，且后因规模太小及工艺技术落后、产品质量不稳定等原因相继停产。

国外聚甲醛厂商如美国杜邦、塞拉尼斯、日本宝理、德国巴斯夫等一直对中国进行技术封锁和设备管控，技术极为保密，只向固定协作伙伴提供产品，但不提供技术。我国生产企业很难得到以上厂商的技术。

1997年，云天化成功从波兰ZAT引进1万吨/年聚甲醛工艺技术；2006—2010年，中国化工上海蓝星、天津渤海化工天津碱厂、河南能源开封龙宇化工、神华宁夏煤业等引进香港富艺聚甲醛工艺技术，单套能力4万吨/年或6万吨/年；开滦唐山中浩、兖矿鲁南化工后来引入韩国P&ID 4万吨/年聚甲醛工艺技术，均于2014年投产。上述项目均采用共聚甲醛生产工艺。

截至目前，原波兰ZAT技术已停止出售，仅有香港富艺、韩国P&ID两家公司在向中国企业转让其工艺技术。

**1. 波兰ZAT技术**

波兰ZAT共聚甲醛工艺主要由六个单元构成：甲醛提浓、TOX单元、DOX单元、丁缩醛单元、聚合后处理单元、包装。该技术采用60%高浓度甲醛合成TOX，催化剂为硫酸，TOX精制采用熔融冷冻结晶分离技术。此工艺存在主要问题如下：

（1）三聚甲醛纯度受限，导致产品热稳定性欠佳，注塑过程中甲醛味道大。

（2）三聚甲醛反应和结晶均采用搪瓷釜，且反应为间歇反应，造成了设备维修工作量大和易泄漏的问题。

（3）单纯聚合能力小，仅有1万吨/年左右。需加入荧光增白剂，无法用于食品及医药级领域。

**2. 香港富艺技术**

香港富艺聚甲醛工艺由四个工序组成：甲醛工序、三聚甲醛工序、二氧五环工序、聚合及后处理工序。该工艺与世界主流的共聚甲醛工艺一致，技术特点是：产品质量高；无增白剂、达到食品级标准；产品牌号丰富，熔体流动速率$1.0\sim45g/10min$，可生产高端料；单体和聚合反应控制稳定；装置连续性和可操控性好。

该工艺的主要问题如下：

（1）湿法共聚甲醛工艺流程长、设备多，尤其是进口转动大型设备，投资相对大。

（2）原料回收系统负荷较高，导致蒸汽耗用高。

（3）三聚甲醛合成工序采用硫酸催化剂，对设备材质要求高，存在腐蚀问题。

**3. 韩国P&ID技术**

韩国P&ID聚甲醛工艺由下列五个工序组成：甲醛工序、三聚甲醛工序、聚合及后处理工序、成品和包装。

该工艺的主要问题如下：

(1) 三聚甲醛反应采用搪瓷釜,搪瓷釜造成了设备维修工作量大和易泄漏的问题,已逐渐换掉。

(2) 聚合采用干法工艺,无法去除小分子,导致产品中甲醛含量较高,影响下游用户体验。

(3) 聚合单线生产能力较低(2万吨/年),反应分四段、转化率高,操作难度大,产品质量不稳定。

**4. 国内原料甲醛的生产工艺对比**

甲醇氧化制甲醛有两种生产工艺:银法和铁钼法,银法是以金属银为催化剂,主要用于37%甲醛溶液的生产。铁钼法以铁、钼等的氧化物为催化剂,转化率和选择性较高,催化剂对有害杂质不敏感,使用寿命长,操作控制比较容易,产品甲醛浓度高,甲醇含量低,废水排放少,比较适用于对甲醛产品浓度要求高的下游产品的生产,缺点是其投资约为银法的2倍,副产甲酸含量稍高,对设备的腐蚀性较强。两种方法工艺对比见表2.43。

表2.43 甲醛工艺对比

| 项目 | 银法 | 铁钼法 |
| --- | --- | --- |
| 反应原理 | 甲醇过量 | 空气过量 |
| 反应温度/℃ | 650 | 350 |
| 收率/% | 87 | 90 |
| 甲醇消耗/(t/t) | 0.45 | 0.43 |
| 动力 | 消耗较低 | 消耗较高 |
| 催化剂 | 可再生 | 不能再生 |
| 甲酸含量 | 较低 | 较高 |
| 转化率 | 较低 | 较高 |
| 能源利用与环境污染 | 副产蒸汽 | 副产蒸汽 |
| 废水 | 无生产性废水 | 无生产性废水 |
| 投资 | 较低 | 相同规格是银法的2倍 |

**5. 国内聚甲醛生产工艺对比**

波兰ZAT、香港富艺和韩国P&ID聚甲醛主工艺流程相似,基本都由二氧五环(DOX)和三聚甲醛(TOX)合成精制、共聚甲醛制备、挤出、造粒及包装等工序组成。工艺流程简图见图2.14。

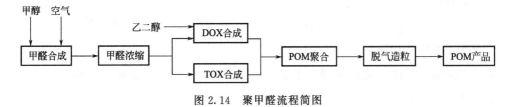

图2.14 聚甲醛流程简图

三种工艺的不同之处大致如下。

(1) 韩国 P&ID 工艺无二氧五环单体制备单元，需外购二氧五环，富艺和 ZAT 工艺都有二氧五环制备单元。

(2) TOX 制备单元。波兰 ZAT、香港富艺、韩国 P&ID 合成催化剂都是硫酸；萃取工序不同，因 TOX 和水共沸，不能通过精馏得到 TOX 纯品，需配合结晶分离和萃取制得纯品，波兰 ZAT 选用熔融冷冻分离，香港富艺精制选用液液萃取法，韩国 P&ID 选用气液萃取法。

(3) 聚合单元。波兰 ZAT、韩国 P&ID 聚合转化率较高，造粒前采用干式研磨，香港富艺聚合转化率较低，造粒前采用湿式研磨。

(4) 钝化阶段。波兰 ZAT 工艺的钝化溶液，使用三乙醇胺和乙酸镁水溶液配制，而香港富艺工艺的钝化溶液，使用三乙基胺和水配制。

(5) 粉料干燥工艺。波兰 ZAT 工艺采用板式干燥器进行热氮气循环干燥，造粒前的聚甲醛粉料得以干燥；香港富艺工艺采用湿式研磨，先进行离心分离，再利用回转式干燥机，充分干燥物料，干燥器使用氮气密封，避免物料高温氧化。

## (三) 新工艺方向

### 1. 新工艺技术

据了解，香港富艺于 2018 年推出了第三代聚甲醛工艺技术，优化了主单体三聚甲醛合成及提纯技术；优化聚合反应，提高聚合反应的稳定、均一性，使产品中不稳定端基物质含量大幅降低（≤1%）；再采用湿法封端技术去除少量的低分子聚合物，生产高品质的共聚甲醛产品。聚甲醛产品覆盖全牌号，并增加新牌号如高端基础料牌号 MC90-44H、符合汽车工业新标准的低挥发级聚甲醛 LV 系列及高分子量级 MC15-01。并进一步提升装置操作稳定性、长期生产连续性、产品批次稳定性、产品质量及可加工性。

### 2. 成核剂

因聚甲醛为线型无支链的高分子结构，其结晶度受到分子量、共聚单体含量、晶核种类及杂质等因素影响，一般商业化聚甲醛树脂结晶度为 60%~80%。聚甲醛树脂的物理、机械性质、耐化学性及耐磨耗等性质的优劣，乃至加工成型周期的长短及成型品尺寸的安定性，都与聚甲醛树脂的结晶控制状况息息相关。

一般未添加成核剂的聚甲醛树脂，其结晶速度较慢，结晶晶球较大且大小不均匀，有较低的结晶度及较多的结晶缺陷，导致机械强度、冲击强度及耐药品性较差，甚至加工成型周期延长和尺寸不稳定等问题。因此，高端聚甲醛树脂常加入成核剂来控制结晶状况。目前国内聚甲醛生产企业几乎都未添加有效成核剂，研发成核剂是国内聚甲醛产品进入高端产业的关键课题。

从国内生产装置运行来看，整体国内聚甲醛生产技术从工艺技术、原材料及公用工程消耗、产品质量稳定性等方面都还有提升的空间。随着国内聚甲醛产业的不断发展，业内对工艺、技术、产品、质量等方面的认识也在不断成熟。

未来新建或扩建项目中，希望借助技术方持续的技术升级和更新，新工艺、新配方等，助力中国聚甲醛整体跨出对标国际一流品牌的一大步。

## 四、应用进展

由于聚甲醛除具有较强的刚性和硬度、自润滑性、耐磨性、耐溶剂腐蚀、尺寸稳定性、耐疲劳性强等优点，自20世纪50年代一经问世便备受青睐，现已广泛用于飞机、火车、汽车及机床、仪器仪表等的零部件及生产阀门、喷雾头、拉链、玻璃增强纤维等行业。特别是聚甲醛质轻，加工成型简便，生产成本低廉，材料性能与金属相近，近年来在汽车和电子行业的应用呈现快速增长的趋势。

### （一）聚甲醛的应用领域

#### 1. 汽车行业

因聚甲醛具有优良的耐磨性能、耐冲击度强以及耐有机溶剂的特点，适用于汽车制造业中，尤其是在高级轿车中应用最为广泛。如汽车排气再循环阀及水泵叶轮、汽化器、排气装置、排气调节阀、灯光反射器、轴承、传感部件等。此外还可以制作汽车外装件，如汽车车轮罩、反光镜外壳、尾灯罩等。改性的聚甲醛可以替代聚酰胺，被应用于汽车发动机及周边零部件，与聚酰胺相比，成本降低30％。

#### 2. 机械制造行业

聚甲醛可以被用来制造机床电动机保护开关、润滑剂万向导管、磨床叶轮、外圆磨床液压套筒等。用聚四氟乙烯乳液改性的高润滑聚甲醛制造的机床导板具有优良的刚性和耐疲劳性能，能够克服过去纯聚四氟乙烯容易磨损和易蠕变的缺陷，同时具有自润滑的良好性能。此外还可用于轴承、泵、阀门、活塞、精密齿轮，以及复印机、照相机、计算机零部件、管道、喷雾器、喷油嘴等机械设备零部件中。

#### 3. 电子电器行业

由于聚甲醛的电耗较小，介电强度和绝缘电阻较高，具有耐电弧性等性能，广泛应用于电子电器领域。聚甲醛在办公设备用于电话、无线电、录音机、录像机、电视机、计算机和传真机的零部件、计时器零件等。在家用电器行业用来制造电源插头、电源开关、按钮、继电器、洗衣机滑轮、空调曲柄轴、微波炉门摇杆、电饭锅开关安装板、电冰箱、电扳手外壳等。

#### 4. 其他行业

替代锌、黄铜、铝和钢制作许多部件。冲浪板、帆船及各种雪橇零件，手表微型齿轮、体育用设备的框架辅件和背包用各种环扣、紧固件、打火机、拉链、扣环。医疗器械中的心脏起搏器；人造心脏瓣膜、顶椎、假肢等。

### （二）改性聚甲醛应用

#### 1. 聚甲醛改性

聚甲醛为线型结晶聚合物，分子链结构规整、内聚能密度大、结晶度高、力学性能优异,具有较高的弹性模量,很高的刚度和硬度、拉伸强度、弯曲强度,耐蠕变性和耐疲劳性性能优良,比刚度和比刚性接近于金属,是工程塑料中力学性能最接近金属的材料,有金属塑料之称。另外,聚甲醛耐反复冲击、去载回复性优;吸振性、消音性、绝缘性好且不受湿度影响;耐化学药品性优;其力学性能受温度影响小,具有较高的热变形温度。但是,聚甲醛也存在一些缺点,如阻燃性差、易燃烧、冲击强度低、缺口敏感性大、热稳定性差、耐候性不理想等。这些缺点一定程度上限制了聚甲醛在各个领域中应用范围的扩大,基于此延伸发展了聚甲醛的改性产品,以改善聚甲醛的这些劣势。典型的几类聚甲醛改性如下。

(1) 增强/填充型聚甲醛产品性能及应用　聚甲醛主要用玻璃纤维、玻璃球及碳纤维增强。采用玻璃纤维增强聚甲醛,其强度和刚度得到大幅度提高,韧性基本不变或略有提高。国外各聚甲醛生产商都成功开发出各自的增强填充类产品,但国内厂家相应产品少。

(2) 耐磨/润滑型聚甲醛产品性能及应用　聚甲醛具有较高的磨蚀阻力和低的摩擦系数,并且具有较好的自润滑性能,但普通聚甲醛在相对速度较高、负荷较大的场合下作为摩擦件使用时,由于得不到充分润滑、摩擦产生的热不易及时传出去,会使零件变形、加速磨损,因此只能用于制造低速、低负荷条件下工作的摩擦件。但用聚四氟乙烯、石墨、二硫化钼、液体润滑油、低分子聚乙烯等改性后,其耐磨性进一步提高,从而使聚甲醛更好地应用于齿轮、链轮、凸轮、轴承、轴套、输送带等对摩擦磨损性能要求较高的产品。

(3) 抗静电/导电型聚甲醛产品性能及应用　聚甲醛树脂在石油化工厂内使用,或者作为记录媒体设备中的部件,在有粉尘的环境中使用时,为防止静电引发火灾或者爆炸危害,危及人员及设备安全,要求聚甲醛制品具有抗静电性,消除制品表面静电聚积。通过在聚甲醛中加入金属纤维、炭黑、脂肪酸单甘油酯、变性硅油及改性聚乙二醇等可以降低聚甲醛表面电阻率。

**2. 改性聚甲醛的应用及生产情况**

改性聚甲醛通常都是采用在基础树脂中添加具有某种特性的无机或有机化合物以改善其部分物理或化学特性为目的,生产方法简单,包括将基础树脂粉碎、改性剂混合、挤塑造粒、包装等,其核心技术是改性剂配方。由于聚甲醛的应用领域不断开发,从而改性聚甲醛也派生出了诸多的新牌号,且单个牌号的市场需求数量并不是太大,其价格远高于基础树脂的售价。

国外杜邦(82种牌号)、塞拉尼斯(134种牌号)、日本宝理(63种牌号)生产的聚甲醛品种,90%以上是玻纤增强、冲击改性、静电消散、低磨耗等特殊品级。

从目前改性聚甲醛的生产情况看,大多数的国内聚甲醛生产商仅生产基础树脂,只有少数生产商根据客户的需求开发改性聚甲醛产品,而大多数聚甲醛的改性是由使用厂家根据自身加工件的需求对基础树脂进行改性后,用于加工件的挤塑。

聚甲醛的高性能化研究应适应不同用户个性化需求。要适应高速、高压、高温的工作环境,进一步扩大聚甲醛的应用范围,均有待于高性能聚甲醛的应用开发。促进产品的高性能化、精细化、差别化和系列化,通过聚甲醛改性研究,有利于扭转国内改性产品发展缓慢的现状,有利于增强企业的国际竞争力。

图 2.15 聚甲醛产品梯级示意图

### （三）国内聚甲醛的应用情况

根据历年国内聚甲醛产品市场调研情况，结合应用可将聚甲醛产品细分为基础料及再生料、普通基础料、稳定基础料、高端基础料、专供料等五大梯级，如图 2.15 所示。呈金字塔形分布，图形面积表示市场消费量。自下而上，产品品质要求越来越高，而市场消费量越来越低。

十几年来，国内聚甲醛行业处于起步发展期，生产和市场均处于探索阶段，装置操作、技术水平、人员能力、生产控制、产品质量、市场研发等方面较国外知名品牌都存在一定差距。

截至目前，国内企业聚甲醛产品 90% 以上为普通基础料，大多应用于电子电器、日用品等普通应用领域；缺乏高端基础料及更高附加值的专供料及改性产品，因此国内产品在汽车、工业机械、输水灌溉等专业领域的应用消费比例较低。而国外聚甲醛企业经历几十年的发展，产品系列品种众多，专供料及高端改性产品的占有率已达到 30% 以上。相比之下，国内企业在产品应用和研发上仍有很大差距。

如前所述，我国聚甲醛消费结构与国外有较大区别，主要分布在电子电器和日用消费品领域，在高附加值的汽车配件行业以及精密电子产品等高精尖的行业应用还不足。其中电子电器需求量占总需求量的 43%，日用消费品占 21%，汽车工业占 16%，工业机械占 8%，其他领域占 12%。

除了消费结构与国外存在差距外，在聚甲醛的后加工技术和设备上与国外也存在较大差距。例如加工聚甲醛，国外一般要用模温控制器，而国内一般很少有企业用；国内模具的加工技术与国外也有巨大的差距。如何避免这些差距带来的不利影响，成为聚甲醛应用的关键所在。

在聚甲醛的加工应用中，一般会出现以下问题：产生模垢、制品变黄、加工气味大、收缩率大、制品发脆、表面光泽差、翘曲变形、空洞或气泡、流痕、银纹等。这些问题的产生，一是同聚甲醛本身的特性相关，另外聚甲醛对光也敏感，在光的作用下也容易分解引起制品变黄；二是加工技术或设备落后造成的，例如注射机的精度差，温度控制不准确，导致聚甲醛分解，引起制品变黄等。

要解决聚甲醛加工中存在的上述问题，一是不断开发研究，提高基础树脂的品质及稳定性，二是提高加工应用技术，提升加工设备的质量或精度。随着聚甲醛生产技术的提高和加工设备的发展，聚甲醛在加工中存在的问题也会逐渐减少，应用领域会逐渐扩大。

### （四）国内聚甲醛未来应用领域

#### 1. 精密电子电器

国内外电子信息产业的迅猛发展给上游电子元器件产业带来了广阔的市场应用前景。精密电子电器领域要求聚甲醛产品低模垢、热稳定性及成型尺寸稳定性能优良,目前国内每年市场进口量达 30 万吨,一多半以日本宝理 M90-44 为主。电子工业的迅猛发展在为聚甲醛行业带来巨大机遇的同时,也提出了更高的要求和挑战,中低端市场需求趋于饱和,根据用户需求生产针对性专用料的高性能产品,是未来国内聚甲醛行业主攻的重要方向之一。

### 2. 汽车

汽车领域是聚甲醛的主要消费领域,目前国内汽车厂商主要以进口聚甲醛为主。面对日趋严格的车内 VOC 管控现状,低挥发聚甲醛产品向国内汽车市场推广,逐步代替进口料。

### 3. 水泥混凝土和砂浆用合成纤维

《水泥混凝土和砂浆用合成纤维》标准(GB/T 21120—2018)于 2019 年 11 月颁布实施,标准中增加了聚甲醛纤维,为聚甲醛应用于混凝土领域提供了法规依据。目前国产聚甲醛纤维在建筑行业已有小规模应用,虽然工程应用初期可能投资较大,但是从提高使用性能、延长使用寿命、减少维护费用等综合效益和长期效益考虑,是十分有利的。

### 4. 风电

随着近年来材料应用技术的不断积累和发展,长纤维增强聚合物基复合材料以其优异的力学性能、工艺性能和耐环境侵蚀性能,成为当今大型风力发电机叶片材料的首选。聚甲醛作为热塑性工程塑料的代表之一,在风电叶片中应用前景广阔。但是,由于目前热塑性复合材料叶片的应用规模有限,制造成本一直居高不下。提升材料性能和使用寿命的同时控制甚至压缩生产成本,是聚甲醛行业目前面临的主要课题,并将是未来提质和专用料的主攻方向之一。

### 5. 渔业

由聚甲醛制成的纤维具有高强度、尺寸稳定性好、耐化学腐蚀、耐磨等优点,特别是尺寸稳定性好,即抗蠕变性能优异这一特点,是传统的聚烯烃类纤维无法比拟的,很好地契合了渔用材料的多方面需求,能够替代传统聚乙烯渔网以用于综合要求更高的苛刻环境中去,甚至有望成为未来渔业领域的第三大纤维材料。

## 五、发展建议

### (一)国内聚甲醛行业存在的问题

#### 1. 工艺技术水平整体不高

因聚甲醛原物料易自聚、易结晶等物性特点,单体酸性催化剂、聚合反应控制难,导致聚甲醛生产确实存在一定难度。由于国外对我国长期聚甲醛技术的封锁,及国内行业发展尚不成熟,工艺技术水平整体比国外仍有差距,并带来装置连续性差、产品稳定性差等问题。国内生产商与国外、外资生产商竞争力不足,工艺技术水平限制了整体行业发展。

**2. 专业技术人才不足**

随着聚甲醛行业的不断发展，业内慢慢积累了一定的聚甲醛技术人才。但因各工艺路线差异、对技术保密性不敏感、人员流动等，导致技术人员对工艺的消化吸收和掌握能力不足，无法自如应对装置各种工况。行业的成熟需要专业技术人才深耕，才可以保证企业和行业的可持续发展。

**3. 设备配套能力较弱**

如今，国内静设备制造能力取得了很大进步，但大型转动设备加工制造水平有待提高。包括聚甲醛在内的很多种聚合物的聚合过程都依赖大型转动设备，目前均以进口为主。配套设备的好坏会严重影响将来的产品品质及装置长周期连续运行，国产化恐尚有时日。

**4. 产业不集中**

近年来，国内聚甲醛建设多套装置，但产业不集中、地域布局零散，大部分企业没有聚甲醛甚至聚合物的生产经验。虽然成立了聚甲醛行业协会，但国内企业或经销商不时呈现零和博弈，影响行业整体健康有序发展。

**5. 产品结构单一**

改性等高附加值聚甲醛产品是国内聚甲醛行业的蓝海。由于国内聚甲醛行业起步晚，生产企业在技术、人才、市场等都有待提高，产品结构单一，对改性等高附加值产品的研发和销售方面投入较弱。外资高端聚甲醛生产企业已经有了几十年的产品研发经验，在产品改性及市场应用上优势明显。

## （二）行业发展建议

目前，我国虽已成为全球最大的聚甲醛生产国和消费国，但是国内聚甲醛行业核心竞争力不足。随着我国"转方式、调结构""2025制造"等战略的进展，我国汽车、电子电器、日用消费品等产业的不断升级和发展，我国对高端聚甲醛的需求将不断增加。

为此，向国内聚甲醛行业提出几点发展建议。

**1. 提升工艺技术水平**

引入国内外先进的工艺技术，充分借鉴国际品牌的技术经验，持续进行技术升级和更新，提升自身工艺技术水平及管理能力，从而达到提高操作稳定性、装置连续性、产品稳定性等目标。

**2. 提升产品品质**

（1）新建装置产品须定位生产高端基础料，目标着眼于汽车产业、高端电子产品等高端市场领域，不再受限于普通基础料市场，杜绝同质化竞争，与其他现有企业产品拥有品质上的根本差异。

（2）已建装置企业应持续消化、吸收国外先进技术，提升研发能力，保护知识产权，综合各种力量不断提升聚甲醛产品质量稳定性、产品品质，力争达到中高端产品层级。

**3. 优化产业布局**

国内聚甲醛建设多套装置布局零散，大部分企业没有聚甲醛甚至聚合物的生产经验，不利于行业的稳健发展。因聚甲醛生产成本主要集中在甲醇、蒸汽及电力等三大项，我国又是煤炭丰富且甲醇过剩的国家，因此聚甲醛装置建议布局在能源丰富、原材料价格低廉的地区，保证运行后的生产成本优势。

**4. 扩大进出口贸易**

（1）以高品质为根基，在占有进口料市场的同时，扩大产品出口并不断开拓国际市场。

（2）现有进口料中基础料占据 80% 以上（超过 25 万吨），这些进口基础料与国产同类聚甲醛差异较小，在物化特性、原材料、生产工艺、产品用途、销售渠道、客户群体等方面基本一致，具有高度的相似及可替代性，国产品牌产品质量提升后，逐渐替代该进口料。

**5. 提升产品市场开发能力**

专供及改性料市场仍将是国内企业聚甲醛市场开发和研究的方向，它不但会给企业带来高额的产品附加值，更在一定程度上代表着聚甲醛生产企业的技术水平和品牌认知度。

但必须要认识到，开发市场要有较强的研发人力物力和市场投入，并需要生产、研发、市场人员专业的技术力量支持。同时，国内生产企业应以基础树脂为主，建议与下游改性客户进行技术合作，共同开拓终端市场。国内聚甲醛企业任重而道远，但这正是国内聚甲醛产业需要经历的从量变到质变的过程。

## 第八节　耐高温聚酰胺

郑州大学　刘民英

## 一、概述

耐高温聚酰胺是指可在 150℃ 条件下长期服役的聚酰胺材料，目前已经工业化的可模塑成型的耐高温聚酰胺主要包含 PA46、PA4T、PA5T、PA6T、PA9T、PA10T、PA11T、PA12T 和 PA13T 及相关共聚物等。耐高温聚酰胺通常具有优异的力学性能、耐油性、耐化学腐蚀性和尺寸稳定性等，目前已广泛应用于电子电器、汽车及机械制造、通信和 LED 等领域。耐高温聚酰胺的分类如下。

**1. 聚对苯二甲酰丁二胺（PA4T）**

PA4T 是丁二胺和对苯二甲酸通过缩合聚合而成。作为世界领先的耐热性聚酰胺生产厂家，荷兰 DSM 公司研发出了世界仅有的丁二胺工业化合成技术，并首先以丁二胺合成出了 PA4T 制品，见图 2.16。

然而，PA4T 在 430℃ 左右才会熔融，具有热分解温度低于熔融温度这一缺点，需对其进行共聚来降低自身熔融温度以促进其工业化应用。2002 年，DSM 公司研发出了 PA4T/6T 共聚物，经共聚改性，产物的熔点降低，约为 330℃，且其本身的结晶度没有降低。

## 2. 聚对苯二甲酰戊二胺（PA5T）

戊二胺与己二胺之间仅仅相差一个碳原子，两者结构相似，性能也比较接近。PA5T 化学结构见图 2.17。

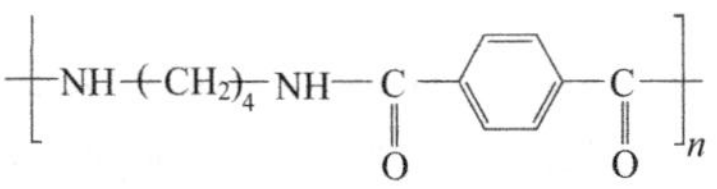

图 2.16　PA4T 化学结构示意图

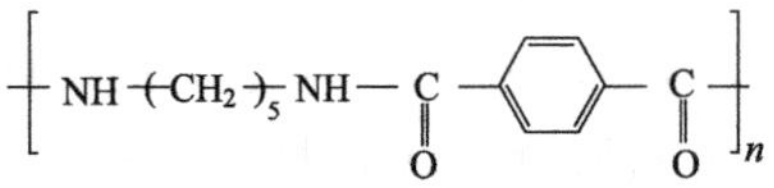

图 2.17　PA5T 化学结构示意图

但 PA5T 并没有如 PA6T 般发展起来，直到 2000 年后才逐渐有涉及 PA5T 合成的相关专利，这是因为 PA5T 中原料戊二胺的合成困难重重，通常需要经过赖氨酸脱羧反应才能得到，而赖氨酸的脱羧反应需要经过生物化学的方法才能进行，而这一反应目前也还处在研究阶段。目前，东丽公司拥有了 PA5T 的大部分相关专利，其公司目前开发的相关产品主要为 PA56、PA5T/6T 等。

在共聚单体含量相同的情况下，PA5T 与 PA6T 相比玻璃化转变温度相近而熔点更低，耐酸性与热稳定性比 PA6T 高。虽然拥有以上优点，但是其自身含有较高的酰胺基团，使得其吸水率较高，而且其原料戊二胺的成本较大，不适合 PA5T 的工业化生产。随着戊二胺产业的逐渐完善，以戊二胺为反应单体的聚酰胺也在逐步发展。

## 3. 聚对苯二甲酰己二胺（PA6T）

PA6T 是一种传统的半芳香聚酰胺，主要合成方法有界面缩聚和固相聚合。界面缩聚的原料为对苯二甲酰氯和己二胺，固相聚合的原料为对苯二甲酸和己二胺，其化学结构见图 2.18。

相较于脂肪族聚酰胺 PA66，PA6T 在大分子主链上引入了大量苯环，使其玻璃化转变温度提高，耐热温度大大提高。PA6T 在 370℃ 左右才会熔融，而其本身在 350℃ 即开始热分解，因此，难以通过热塑成型的方法得到具有稳定尺寸的制品。和其他聚酰胺共聚可降低 PA6T 的熔融温度，提高其成型加工性。日本学者在此方面也进行了探索，其中三井石油工业公司研发的改性 PA6T，熔融温度仅为 320℃，同时可保留 PA6T 原有的良好综合性能，包括耐热性和力学性能等。但是与纯的 PA6T 相比，其本身优异的物理性能（强度、耐药品性和尺寸稳定性等）有所下降。因此，解决 PA6T 成型加工的问题是实现 PA6T 工业化生产和应用的关键。

## 4. 聚对苯二甲酰壬二胺（PA9T）

PA9T 是由对苯二甲酸与壬二胺通过缩合聚合得到的一种半芳香聚酰胺。其由日本可乐丽公司开发，化学结构见图 2.19。

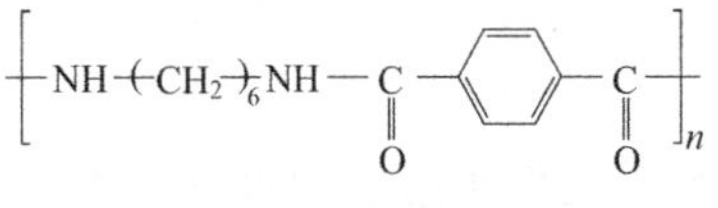

图 2.18　PA6T 的化学结构式

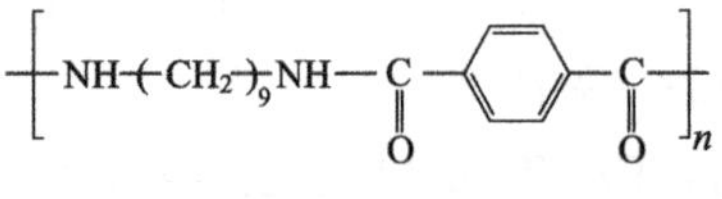

图 2.19　PA9T 化学结构示意图

与PA6T相比，PA9T的分子链中亚甲基柔性基团数量大，自身的熔点为308℃，玻璃化转变温度为125℃。PA9T具有许多优异的性能：耐热性好，热变形温度较高；材料本身不易吸水，制品可以长时间保持相对固定的尺寸；韧性和耐药性好；不需要经过改性就可进行热塑成型。

正是因为其性能优异，所以PA9T在汽车行业、建筑工程、管道运输和通信工程建设等领域用途广泛。但是由于制备PA9T所需的壬二胺是由丁二烯经加成、羰基化、还原氨化等过程所得，制备过程复杂、研发困难，使得PA9T的制备成本无法降低，因此，在一定程度上限制了PA9T的广泛应用。

### 5. 聚对苯二甲酰癸二胺（PA10T）

PA10T是由对苯二甲酸与癸二胺聚合而成，熔点309℃，综合性能与PA9T相当，是一种耐高温且综合性能优良的半芳香聚酰胺。通过与玻纤共混改性后，耐热性进一步提高，十分适合电子行业的表面组装技术工艺。PA10T不但耐高温性能良好，且吸水性很低，耐药品腐蚀性和成型加工性均较好。蓖麻是制备PA10T所需原料的主要来源，是一种环境友好型绿色材料。PA10T由于出色的热性能、物理性能以及绿色友好的单体来源，使其获得了较高的关注，国内外也已有较多企业对PA10T进行产业布局和规模化生产。PA10T化学结构见图2.20。

### 6. 聚对苯二甲酰十二碳二元胺（PA12T）

关于PA12T（结构见图2.21）的专利从二十世纪中叶就一直存在，但是十二碳二元胺的原料来源问题一直是困扰其工业化生产的最大阻力。常规方法中长碳链二元胺是由长碳链二元酸依靠化学合成的方法反应制得的，但是长碳链二元酸的化学合成路线存在工艺复杂，污染严重，成本较高等不足。1969年中国科学院微生物研究所开始提出采用微生物发酵法生产长链二元酸的课题，并组建了"烷烃代谢研究组"开始科研攻关，最终以原油厂生产的副料液体石蜡为原料来生产二元酸，突破了二元酸生产过程中的关键问题，实现了高纯度长碳链二元酸规模化生产的重大突破，这为PA12T的工业化生产提供了可靠的前提。

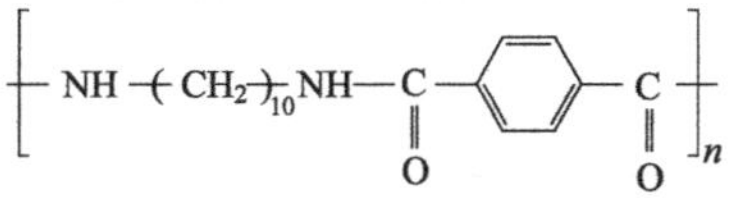

图2.20 PA10T化学结构示意图 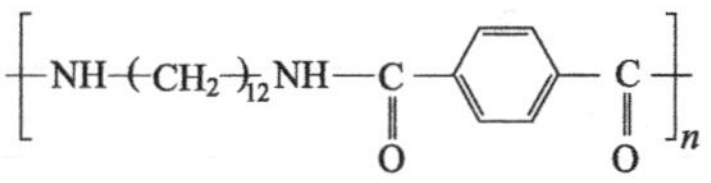　　图2.21 PA12T化学结构示意图

郑州大学工程塑料研究室基于生物发酵原材料开发了聚对苯二甲酰十二碳二胺（PA12T），并拥有自主知识产权。PA12T的玻璃化转变温度为144℃，熔点为311℃，分解温度为429℃。与其他半芳香族聚酰胺如PA6T、PA9T和PA10T相比，PA12T分子链上有更长的亚甲基结构和更少的酰胺基团数目，因此其具有更低的吸水率、更好的加工性能、尺寸稳定性和耐冲击性能。目前，已逐步研发了基于PA12T的导热、高强高韧等高性能、功能性复合材料，为PA12T的下游应用拓宽了市场。

## 二、市场供需

国外主要耐高温聚酰胺生产企业及产能见表 2.44。

表 2.44　国外主要耐高温聚酰胺生产企业及产能

| 企业名称 | 树脂种类 | 产地 | 产能/(kt/年) |
| --- | --- | --- | --- |
| 日本三井化学 | PA6T | 日本 | 5 |
| 日本可乐丽 | PA9T、PA9C | 日本 | 13 |
| 美国杜邦 | PA6T | 美国、新加坡、德国 | 50 |
| 比利时索尔维 | PA6T、PA10T | 美国 | 18 |
| 德国巴斯夫 | PA6T、PA9T | 德国 | — |
| 荷兰帝斯曼 | PA46、PA4T | 荷兰 | — |
| 瑞士艾曼斯 | PA6T、PA10T | 瑞士 | 10 |
| 日本三菱瓦斯化学 | PAMXD6 | 日本、美国 | 35 |

据统计，国外耐高温聚酰胺树脂总产能超过 15 万吨/年，发展相对成熟。主要生产企业有杜邦、帝斯曼 DSM、艾曼斯、索尔维、巴斯夫、阿科玛以及日本三井化学、可乐丽等。其中，帝斯曼作为全球唯一掌握丁二胺工业化方案的公司，独家生产 PA4T 等相关产品；凭借壬二胺的特有技术，很长一段时间可乐丽是 PA9T 的唯一生产商，随着可乐丽 PA9T 专利的过期，巴斯夫也逐步推出 PA9T 相关产品，而其他国外企业均以生产 PA6T 产品为主。

国内主要耐高温聚酰胺生产企业及产能见表 2.45。

表 2.45　国内主要耐高温聚酰胺生产企业及产能

| 企业名称 | 树脂种类 | 产能/(kt/年) |
| --- | --- | --- |
| 金发科技 | PA10T、PA6T | 15 |
| 杰事杰 | PA9T、PA10T | 0.2、0-1 |
| 惠生集团 | PA6T、PA10T、PA12T | 10、5、5 |
| 广东龙杰 | PA10T、PA6T | 0.3（在建） |
| 山东安岩 | PA10T | 0.5 |
| 优巨新材料 | PA10T | 10 |
| 山西恒力 | PA12T | 20（在建） |

我国耐高温聚酰胺树脂的产业化起步较晚，全球主要产能和生产核心技术掌握在国外化工巨头手中。据统计，目前国内耐高温聚酰胺树脂总产能约为 1.6 万吨/年，在建产能约在 2 万~3 万吨/年。主要生产企业包括金发科技、杰事杰、惠生集团、广东龙杰、山东安岩、优巨新材料及山西恒力等，其中，金发科技是目前国内最大的耐高温聚酰胺树脂的生产企业，主要以生产 PA10T 为主。从需求端看，2016—2020 年国内对耐高温聚酰胺树脂的需求

增速超过10%，2020年需求量达到3.3万吨，但由于国内耐高温聚酰胺产品的竞争力不足，消费仍大量依赖进口，进口依存度超过70%。预计未来5年，我国对耐高温聚酰胺的需求将保持8%以上的增速，至2025年将达到5万吨，其中电子行业、汽车工业等领域的快速发展仍将是带动耐高温聚酰胺需求增长的主要动力。

## 三、工艺技术

### 1. 低温溶液缩聚法

采用低温溶液缩聚法制备聚酰胺的路线大致为：以 N-甲基吡咯烷酮和吡啶的混合液为溶剂，加入摩尔比为 1∶1 的脂肪族二胺和芳香族二酸，同时加入适量稳定剂，最后添加适当比例的 LiCl 和 $CaCl_2$，于 100℃下反应 2h，反应完成后，待产物冷至室温，倒入甲醇，过滤，得到大部分产物，然后再洗涤 2~3 次，最后将其在真空烘箱中干燥，得到半芳香聚酰胺的预聚物。所得半芳香聚酰胺可在 310℃左右熔融，但其分子量相对较小（特性黏数大约是 0.14dL/g）。

相对于高温高压溶液缩聚法，该法的优势是合成温度大大降低，且制备过程在常压下即可进行。但由于反应中的有机溶剂价格高，造成生产成本提高；而且，副产物氯化氢气体会溶解在所用溶剂中，造成反应设备的腐蚀和损坏，使得生产无法连续进行。所以，低温溶液缩聚法的这些缺点大大限制了其在工业化生产中的应用。

### 2. 聚酯缩聚法

聚酯缩聚法是另一种合成半芳香聚酰胺的方法。例如：日本的 M&S 研发中心的 Seiko Nakano 利用废弃的聚对苯二甲酸乙二醇酯（PET）与脂肪族二胺反应，成功制备出了 PA6T 系列半芳香族聚酰胺。北京化工大学的樊润等人以己二胺和 PET 为原料，以环丁砜为溶剂，成功合成出了半芳香聚酰胺 PA6T，并且研究了温度对反应过程的影响。

由于该方法是以大分子聚酯为原料，产物的分子量不易控制，且到反应后期产物的分子量增长十分缓慢，分子量分布较宽，这使得聚酯缩聚法在工业上的推广应用受到了很大的限制。但是，该方法采用聚酯废弃物为原料，即把废弃的聚酯转化为具有较高附加值的半芳香聚酰胺产品，开辟了一条回收利用废弃聚酯的新途径。所以，作为一种合成半芳香聚酰胺的新方法，聚酯缩聚法受到了广泛的关注。

### 3. 界面聚合法

1950 年左右，DuPont 公司提出了界面聚合法，并用该方法成功制备出了芳香族聚酰胺。其工艺过程大致为：选择与水不相溶的有机溶剂作为溶剂相，将含有芳环的酰氯类化合物溶解或分散在该溶剂中，同时，把二胺分散于已加入适量缚酸剂的水溶液中，不断搅拌，制得具有较高分子量的芳香族聚酰胺。该合成反应于有机溶剂和水的界面上进行。研究表明，向体系中添加部分乳化剂可促进反应的进行。该方法合成聚酰胺的工艺过程较为复杂，需先将酸变成酰氯，然后把两种原料分开溶于两种不相溶的溶剂中，才能进行合成反应，所用原料的成本较高。同时，使用该法合成的产物分子量分布较宽，使其难以应用于工业化生产。

**4. 直接熔融缩聚法**

直接熔融缩聚法是一种常用的合成半芳香聚酰胺的方法，即在单体的熔融状态下直接缩聚，进而得到高分子量聚酰胺。例如，日本的东洋纺织株式会社通过该法合成出了 MXD6，并设计出了适合于该反应体系的新型管状反应装置。其工艺过程大致为：先将摩尔比为 1∶1 的间苯二甲基二胺和粉末状己二酸分别熔融，再采用柱塞泵将该二胺和二酸的熔融原料供给到设计好的新型酰胺化管状反应装置中，得聚酰胺预聚物，最后再在另一反应器中经过熔融缩聚得到半芳香聚酰胺终聚物。

直接熔融缩聚法通常能够有效制得分子量较高的聚酰胺产物，同时工艺过程简单，能够显著降低生产成本。但是，采用这种方法合成半芳香聚酰胺时，产物的下出料问题难以得到解决。这是因为：聚合后期，产物的分子量较大，整个体系中的熔体黏度很大，粘釜现象无法避免；此外，聚合产物的熔点太高，高温下出料时与空气接触，极易被氧化。

**5. 高温高压溶液缩聚法**

工业化生产合成半芳香聚酰胺时，大多采用这种方法。该法的工艺过程如下：在 $N_2$ 氛围下，将摩尔比为 1∶1 的脂肪族的二胺和与芳香族的二酸、适当比例的催化剂（常用的是磷基化合物，质量分数为 0.1%），以及适当比例的水溶液加入反应聚合釜中。于相对低的反应温度（如 100℃）下反应得到聚酰胺盐，接着缓缓升温，保持反应釜内温度在 2h 左右提高至 220℃，此时聚合釜内部的压力可达到 2MPa 左右，保温保压 3h；接着持续升高体系温度至 230℃，后继续保温保压 3h，这时，釜内的聚酰胺盐慢慢开始聚合，形成聚酰胺的预聚物。随后，采用较为缓慢的速度使体系压力降至 1MPa，除去沸点低的小分子，得到具有较高特性黏数（0.20dL/g）的聚酰胺产物。将该预聚物置于真空烘箱中烘干，研磨成粒径大小适合的颗粒。然后采用合适的温度（大致介于聚合物的熔点和玻璃化转变温度之间），使预聚物颗粒在高温高真空度下发生固相缩聚，或于合适的挤出机中熔融缩聚，从而获得具有较高分子量的半芳香聚酰胺。因此，在半芳香族聚酰胺的合成中，最常用的是高温高压溶液缩聚法，一般是先在高压聚合釜中预聚合，生成半芳香聚酰胺预聚物；然后通过固相聚合进一步提高产物的分子量，得到最终的聚合物，该法通常也被称为两步法。

采用这种方法合成半芳香聚酰胺的厂家很多，主要有美国的 Amoco、日本的 Mitsui Chemicals、法国的 RhonePoulencChimie 和意大利的 Eniricerche 等。这些厂家制备半芳香聚酰胺的方法大致相同，但合成工艺的具体的工艺参数和关键设备却不尽相同。高温高压溶液缩聚法以水为溶剂，能够显著降低生产的成本，该法由此得到广泛应用。

**6. 直接固相聚合法**

直接固相聚合是一种高效节能且绿色环保的固态聚合方法，可解决现有耐高温聚酰胺合成方法中面临的无法正常出料、产率受损严重、高温副反应、产品黄变、生产周期长等技术难题。直接固相聚合以单体晶体为反应物，在单体晶体熔点以下进行固态聚合反应。该方法具有反应温度低、反应高效的特点，在耐高温聚酰胺的合成应用中展现出广阔的应用前景。郑州大学工程塑料研究室团队独创了国际首套耐高温聚酰胺直接固相聚合装备，完成了多次技术转化，并已建成 PA11T、PA12T、PA13T 千吨级中试生产线，实现了直接固相聚合技术在耐高温聚酰胺聚合生产中的应用。目前基于直接固相聚合技术的耐高温聚酰胺万吨级生产线也正在建设阶段。

## 四、应用进展

### 1. 电子电器领域

随着电子元件向微型化、集成化、高效化发展，对于材料的耐热等性能有了进一步的要求。新的表面贴装技术（SMT）的运用，对于材料的耐热温度要求由以前的 183℃ 上升至 215℃，同时要求材料的耐热温度达到 270~280℃，传统材料无法满足要求。由于耐高温聚酰胺材料杰出的内在特性，既具有超过 265℃ 以上的热变形温度，又有较佳的韧性和极佳的流动性，因而能够满足 SMT 工艺对元器件的耐高温要求。耐高温聚酰胺可应用于以下领域和市场：3C 产品中的接插件、USB 插口、电源连接器、断路器、电动机部件等。

目前电子电器是半芳香族聚酰胺应用最多、最广泛的领域。这主要是利用半芳香族聚酰胺优异的耐热性能和薄壁成型性，要求玻璃纤维增强产品在 1.8MPa 载荷下热变形温度达到 280℃ 以上，即可生产过"回流焊"的精密零件，如适用无铅焊锡表面贴装技术（SMT）的电子连接器和无卤阻燃的低压电器精密零件等。近些年来，电子电器行业集成度进一步提高，部件越来越小，零件越来越精密。另一方面，大尺寸超薄制件的生产同样要求材料具有更高的流动性。在不添加润滑性助剂的情况下，提高半芳香族聚酰胺的流动性基本只能依靠降低分子量这一个办法，但降低分子量导致力学性能下降。

三井、杜邦、索尔维和青岛三力均有专门的超高流动性 PA6T/66 牌号，通常熔点约为 305℃，熔体流动速率大于 100g/10min（325℃，2.16kg）。在某些高端电子领域需要一些持续耐热部件，要求能在 150℃ 下持续工作数天而不变形，这就需要产品的连续使用温度达到 150℃ 以上。在半芳香族聚酰胺结晶度都不是很大的情况下，要想提高连续使用温度，便只有提高玻璃化转变温度这一种方法。这可以从两方面着手：一是增加侧基，二是提高芳环含量。而均聚型的产品种类有限，玻璃化转变温度普遍不到 130℃，因此开发高玻璃化转变温度的共聚半芳香族聚酰胺是常用方法。如杜邦公司的 Zytel HTN 501，因为 2-甲基戊二胺侧链甲基的引入，使其玻璃化转变温度提高到 135~140℃，能够满足连续使用温度 150℃ 以上。帝斯曼公司的 ForTii Ace 则是芳环含量高于 50% 的 PA4T 产品，熔点为 320~345℃，其玻璃化转变温度高达 135~160℃，为目前所有市售半芳香族聚酰胺中最高的一款。

### 2. 汽车领域

随着人们消费水平的提高，汽车产业正朝着轻量化、节能化、环保化和舒适化的趋势发展。汽车减重可以节省能源，增加汽车续航，减少制动器和轮胎磨损，延长使用寿命，最重要的是可以有效降低汽车尾气排放量。在汽车工业领域，传统的工程塑料和部分金属正在被耐热材料所逐步替代。如在发动机区域，相对于 PA66 材质的链条张紧器，用耐高温聚酰胺做的链条张紧器磨损率更低，性价比更高；耐高温聚酰胺材质的零部件在高温腐蚀介质中使用寿命更久；在汽车控制系统，因自身优异的耐热性能，在一系列的排气控制元件中（如各种外壳、传感器、连接器和开关等），耐高温聚酰胺有较多的应用；耐高温聚酰胺还可应用在可回收式的油过滤器外壳，以承受来自发动机的高温、路面的冲击颠簸和恶劣气候的侵蚀；在汽车发电机系统，耐高温聚酰胺可以应用于发电机、启动机和微电机等。

对于汽车领域大多数应用场景来说，其长期使用温度均不会超过100℃，大部分半芳香族聚酰胺产品不会出现因长期使用而变形的问题。随着半芳香族聚酰胺应用的拓展，汽车零部件对耐高温的要求也越来越高。如汽车发动机周边材料和汽车电子部件，虽然没有直接和发动机接触，温度不是特别高，但由于发动机工作时间长，要求材料的长期使用温度高于100℃，部分部件要求高于150℃。通常，适用此类场景使用的半芳香族聚酰胺对 $T_g$ 要求下限约为100℃，而目前市场上的大部分半芳香族聚酰胺的玻璃化转变温度在80～120℃之间，只有少数牌号可以达到120℃以上。满足以上要求的半芳香族聚酰胺主要有：索尔维 Amodel A1000 和 A4000、杜邦 Zytel HTN 501、帝斯曼 ForTii 和 ForTii Ace、青岛三力 1262 和 1357。

### 3. LED 领域

LED 是一个新兴的、处于快速发展阶段的行业。因其节能、环保、寿命长、抗震等优势获得了市场的广泛关注和一致好评，过去十年，我国 LED 照明产业年均复合增长率超过30%。LED 产品在封装制造的过程中会发生局部高热，对于塑料的耐温性提出了一定的挑战。目前较低功率 LED 反射支架已经全面使用耐高温聚酰胺材料。PA10T 材料目前已经和 PA9T 材料成为业内量大的支柱材料。

随着节能、环保概念的深入，发光二极管（LED）技术因能耗低、亮度高和安全性高得到快速发展。半芳香族聚酰胺在 LED 行业主要是应用在 LED 支架上，具体为：用于 LED 显示屏的黑料和用于中低功率 LED 照明的白料。黑料为50%以上矿物填充型，要求树脂具有良好的稳定性和高流动性，对树脂颜色则基本无要求。白料为钛白粉增白加矿物增强型，要求树脂具有良好的稳定性和高的耐热性，树脂颜色白，且高温无明显黄变。因为模具设计原因，LED 支架注塑单模灯珠数成百上千，注塑时会产生大量浇口料，需进行粉碎后再利用。因此要求反复注塑使用后，材料性能无明显下降。重复使用次数由材料稳定性决定，体现到半芳香族聚酰胺上，则主要取决于树脂分子链端基——氨基的影响。而目前所有的聚合工艺都不能完全将端氨基封端，只能尽量降低端氨基含量。根据改性厂家、下游注塑及封装厂家反馈计算，适用于 LED 支架的半芳香族聚酰胺最大允许端氨基含量约为40mol/t。满足以上要求的半芳香族聚酰胺树脂品种主要有：三井 Arlen C、索尔维 Amodel A6000、杜邦 Zytel HTN 502、青岛三力 1245、可乐丽 Genestar 和金发科技 PA10T 等。随着半芳香族聚酰胺流动性的提升，用于 LED 显示屏的 LED 支架越来越小，加之 LED 显示屏分辨率提升、价格下降，促使越来越多的显示及广告牌开始采用大型 LED 显示屏，这也为半芳香聚酰胺的应用和推广提供了重要契机。

### 4. 其他领域

耐高温聚酰胺材料具有耐热性高、吸水率低、尺寸稳定性好等优势，能够保障材料即使在潮湿环境下长期使用也具有高强度和高刚性，是一种取代金属的理想材料。目前，用高玻纤含量增强的耐高温聚酰胺材料取代金属做结构框架的发展趋势已经在平板电脑、手机、遥控器等产品上逐渐凸显，如 Dupont Zytel HTN53，EMS Grivary GV 和 Solvay IXEF 高玻纤含量增强系列材料已经在这个行业得到了应用。PA10T 材料具有低吸水率和优异的抗水解性能，比其它耐高温聚酰胺材料更加适合取代金属用于水表和水泵部件，如 EMS 公司 Grivory CV 系列材料在这个行业已得到大批量应用。

## 五、发展建议

经过多年发展，半芳香族聚酰胺已发展成为特种工程塑料领域的主要品种之一，并已在电子和汽车等多个领域得到广泛应用。国内半芳香族聚酰胺产业经过十几年的前期积累，实现了从无到有的实质性突破，为国内电子电器、LED 行业和汽车工业等高技术领域发展提供了有力的支撑。未来，半芳香族聚酰胺行业应重点在以下几方面努力。

（1）基础研究及产业升级　国内科技工作者应该深入研究半芳香聚酰胺的聚合机理，开发出绿色高效的聚合工艺（例如微波聚合等），力争实现高性能半芳香聚酰胺的低成本、大规模生产，提高产品质量和成本的竞争力。同时，国内相关生产企业应该团结协作、整合资源、加大研发投入，用技术与生产实力与国外厂家竞争，并为中国从制造大国转变为制造强国贡献自己的力量。

（2）新型耐高温聚酰胺品种的开发与应用　分子链中刚性基团的引入是提高聚酰胺耐高温性能和综合性能的关键，目前所用到的刚性结构主要以对苯结构为主。此外，萘环相较于单一苯环具有更高的刚性，同样可以作为耐高温聚酰胺的结构单元，以进一步提高耐热性。脂环结构是一类具有饱和环的刚性结构，其相较于苯环结构具有更加优异的稳定性，研究表明，用脂环结构（如环己烷二酸或环己烷二胺等）代替半芳香聚酰胺中的苯环结构通常可以进一步提高聚酰胺的玻璃化转变温度和熔点，即耐热性也可以得到显著提高。目前萘环聚酰胺与脂环聚酰胺均已开展初步研究，但尚不完善，继续深入研究含有不同刚性环结构单元（萘环、脂环、含氮杂环等）聚酰胺的构效关系及工艺过程对加速其产业化进程以及拓宽耐高温聚酰胺的种类和应用具有重要的价值和意义。

（3）国内聚酰胺单体的制备技术及生产规模尚需提高　目前耐高温聚酰胺中产能和应用最广泛的是 PA6T 及其共聚物，其原料己二胺的制备则一直是一项"卡脖子"技术。首先，己二胺是己二腈加氢的产物，但己二腈的制备技术我国并未掌握，长期依靠购买国外的己二腈再自行制备己二胺，因此在原材料上受到了诸多的限制。目前，国内已开发出以甲醇和丁二烯为原料制取己二腈的两步法工艺，相信未来几年国内可以突破这一技术瓶颈，实现原材料的自供给。另外，长碳链半芳香聚酰胺由于兼具优异的加工性能和耐热性能而具有越发广泛的应用领域，因此，进一步提高长碳链二元酸/胺的产能对于提高长碳链半芳香聚酰胺的生产规模至关重要。

（4）耐高温聚酰胺的应用形式和应用领域需进一步开发和推广　目前耐高温聚酰胺主要以块材、板材和管材的形式应用，涉及纤维领域的研究和应用则相对较少。耐高温聚酰胺纤维，尤其是长碳链耐高温聚酰胺纤维具有优异的熔纺性，且力学性能优异，可用于不同领域的增强体系，具有非常广阔的市场前景。此外，高流动性耐高温聚酰胺是制备高性能薄壁制件的主要基体材料之一，受到工业界和学术界的广泛关注，但目前基础研究和相关产品种类依然较少，尚需进一步发展。同时，耐高温聚酰胺基导热复合材料可应用于具有高温加工环境或高温应用环境的热管理领域，在电子电器、汽车和 LED 等领域均具有广阔的市场需求。

因此，开发耐高温聚酰胺基导热复合材料对于耐高温聚酰胺的高附加值应用具有重要的意义和前景。此外，高强度耐高温聚酰胺、高强高韧耐高温聚酰胺等均具有重要的研发意义。

## 第九节　聚苯硫醚

浙江新和成特种材料有限公司　连明　张伟芳

### 一、概述

#### （一）产品简介

聚苯硫醚，又名聚亚苯基硫醚（polyphenylene sulfide，PPS），是聚芳硫醚（polyarylene sulfide，PAS）中最重要，也是最常见的一个树脂品种，而聚芳硫醚是指聚合物分子主链结构为硫与芳基结构交替连接的一类高分子聚合物，其分子通式见图2.22。

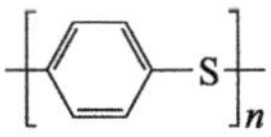

图2.22　聚苯硫醚结构式

聚苯硫醚是一种具有优良性能的特种工程塑料，规模比较大，被公认为继聚醚醚酮（PEEK）、聚砜（PSF）、聚酰亚胺（PI）、聚芳酯（PAR）和液晶聚合物（LCP）之后的第六大特种工程塑料，也是八大宇航材料之一。在高性能塑料金字塔中（见图2.23），聚苯硫醚位于高性能聚合物范畴，性能比较突出，价格也比较昂贵。

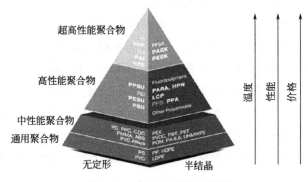

图2.23　高性能塑料金字塔

#### （二）发展历史

聚苯硫醚是美国菲利普斯公司于1971年首先实现工业化生产的。1987年前，菲利普斯公司的Ryton聚苯硫醚树脂占据了全球几乎所有的市场。由于工艺水平的限制，当时的聚苯硫醚树脂分子量还比较低，其重均分子量通常只有20000左右，存在耐冲击性能差、性脆的致命缺点，而且往往需要经过热氧交联处理，提高树脂分子量、降低树脂流动性后才能挤出造粒,然后制成复合材料。

菲利普斯公司的专利于1985年到期后,日本的企业也开始研发和生产,现阶段日企(东丽、吴羽、DIC等)的总产量已远大于美国本土企业的产量。尤其以日本吴羽化学工业公司及其推出的Fortron聚苯硫醚——第二代线型高分子量聚苯硫醚树脂的发展最引人注目,其复合材料由日本宝理塑料公司生产、销售。该树脂生产工艺先进,产品质量好、性能优,尤其是它全面改善了聚苯硫醚耐冲击性能差、性脆的致命缺点。此外,Fortron聚苯硫醚可以直接制成纤维和薄膜,加上树脂的本色较浅,可制成各种色泽鲜艳的制品,因而受到广泛的欢迎,并成为了聚苯硫醚树脂的一大发展方向,其生产能力也迅速扩展,与Ryton聚苯硫醚共同成为聚苯硫醚树脂的两大主要品牌。其他一些生产厂家也主要集中在美国、日本、欧洲。目前国内外聚苯硫醚在聚合上真正突破性的技术只有韩国SK的无卤工艺,采用的是苯、硫在碘催化剂的作用下生产聚苯硫醚树脂,产品不含氯和盐杂质,但是会有碘残留,产品颜色泛红,且性能还不够稳定。国内外PPS树脂生产和研究的热点主要集中在通过调整聚合助剂和改善后处理工艺来提升产品性能,降低产品杂质含量,开发低氯、高韧等差异化、高附加值规格。

中国聚苯硫醚的研究和生产始于20世纪70年代初期,先后有二十多家企业建立了聚苯硫醚树脂合成中试或生产装置,经过多年发展,浙江新和成等企业已初步形成近1.5万吨/年的产能。近几年,中国聚苯硫醚发展迅速,新和成、四川玖源、重庆聚狮等一批企业迅速崛起,产品品质也在不断进步,新和成等企业产品性能已达到国外先进水平。目前国内还有一大批企业在新建中,包括中科兴业、山西霍家、新疆中泰、安徽铜陵等。

### (三) 产品性能

聚苯硫醚因其硫原子与苯环交互整齐排列的化学结构,赋予分子高度稳定的化学键特性,具有耐高温、耐辐射、高阻燃、高尺寸稳定性、良好的耐溶剂和耐化学腐蚀性及电性能优异等特性,如图2.24所示。聚苯硫醚物性见表2.46。

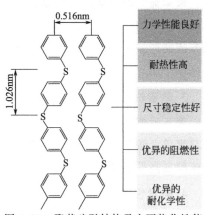

图2.24 聚苯硫醚结构及主要物化性能

表2.46 聚苯硫醚物性

| 项目 | 数值 | 项目 | 数值 |
| --- | --- | --- | --- |
| 密度/(g/cm$^3$) | 1.35~1.36 | 缺口冲击强度/(kJ/m$^2$) | 1.09~7.98 |
| 熔体流动速率/(g/10min) | 75~200 | 无缺口冲击强度/(kJ/m$^2$) | 1.09~50.4 |
| 吸水率/% | 0.020~0.031 | 洛氏硬度 | 92~126 |
| 拉伸模量/psi | 325000~4060000 | 熔点/℃ | 278~280 |
| 拉伸强度/psi | 7250~23000 | 漏电起痕指数(CTI)/V | 100~151 |
| 断裂伸长率/% | 0.40~4.1 | 摩擦系数 | 0.090~0.40 |
| 弯曲模量/psi | 348000~3540000 | | |

注:1psi=6.895kPa。

**1. 一般性能**

聚苯硫醚是一种结晶度高、硬而脆的聚合物，纯聚苯硫醚的密度为 $1.34g/cm^3$ 左右，但改性后会增大。聚苯硫醚吸水率极小，一般只有 0.03% 左右。PPS 的阻燃性好，其氧指数高达 44% 以上；与其他塑料相比，它在塑料中属于高阻燃材料（纯聚乙烯醇的氧指数为 47%、聚砜为 30%、聚酰胺 66 为 29%、改性聚苯醚为 28%、聚碳酸酯为 25%）。聚苯硫醚的耐辐射性好，耐辐射强度可达 $1×10^8$ Gy，其它工程塑料都无法比拟，在电子、电气、机械、仪器、航空、航天、军事等特殊领域，聚苯硫醚是耐辐射应用中的理想材料之一。

**2. 力学性能**

纯聚苯硫醚的力学性能不高，尤其冲击强度低。玻璃纤维增强后会大幅度提高冲击强度，由 $27J/m^2$ 增大到 $76J/m^2$，可增大 2 倍；拉伸强度由 70MPa 增大到 180MPa，可增大 1 倍以上。聚苯硫醚的刚性很高，在工程材料较少见。纯聚苯硫醚的弯曲模量可达到 3.8GPa，无机填充改性后可达 12.6GPa。而以刚性著称的聚苯醚仅为 2.55GPa，聚碳酸酯仅为 2.1GPa。聚苯硫醚在负荷下的耐蠕变性好、硬度高、耐磨性高，其 1000 转时的磨损量仅为 0.04g，填充聚四氟乙烯及二硫化钼后还会进一步得到改善；聚苯硫醚还具有一定的自润性。聚苯硫醚的力学性能对温度的敏感性小。通过加入弹性体等添加剂，可以进一步提升聚苯硫醚产品的韧性，产品的无缺口冲击强度可由原来的 $30kJ/m^2$ 提升到 $60kJ/m^2$。增韧后的聚苯硫醚产品可用于石油天然气管道、热水器用自攻螺钉、耐冲击要求较高的汽车引擎材料等高端应用。

**3. 热学性能**

聚苯硫醚具有优异的热性能，短期可耐 260℃，并可在 200~240℃下长期使用；其耐热性与聚酰亚胺相当，仅次于聚四氟乙烯塑料，这在热固性塑料中也不多见。更为可贵的是聚苯硫醚在高低温变化频繁的溶剂（如汽车油气）中，性能及稳定性表现优异。

**4. 电学性能**

聚苯硫醚的电性能十分突出，与其它工程材料相比，其介电常数与介电耗损角正切值都比较低，并且在较大的频率及温度范围内变化不大；聚苯硫醚的耐电弧性好，可与热固性塑料相媲美。聚苯硫醚常用于电器绝缘材料，这在热固性材料中也不多见，其用量可占 30% 左右。聚苯硫醚材料的相对漏电起痕指数（CTI）比较稳定，通过树脂原料优化和改性配方调整，还可以进一步提升 CTI 性能，有利于提高聚苯硫醚用于电子材料时的安全性。

**5. 化学特性**

聚苯硫醚最大的特点之一是耐化学腐蚀性好，其化学稳定性仅次于聚四氟乙烯；聚苯硫醚对大多酸、酯、铜、酚及脂肪烃、芳香烃、氯代烃等稳定；不耐氯联苯及氧化性酸、氧化剂、浓硫酸、浓硝酸、王水、过氧化氢及次氯酸钠等。聚苯硫醚在高温溶剂、高低温变化频繁溶剂中的性能表现非常优异。聚苯硫醚耐化学性能见表 2.47。

表 2.47　聚苯硫醚耐化学性能

| 物质 | PPS（GF40%）拉伸强度保持率/% | PPS（GF/MF65%）拉伸强度保持率/% |
| --- | --- | --- |
| $H_2SO_4$，10% | 94 | 93 |
| HCl，10% | 94 | 92 |
| $HNO_3$，10% | 96 | 93 |
| NaOH，10% | 95 | 94 |
| NaCl，10% | 96 | 94 |
| $CaCl_2$，10% | 95 | 93 |
| 乙醇 | 100 | 100 |
| 甲醇 | 99 | 99 |
| 丙酮 | 99 | 100 |
| 甲苯 | 99 | 97 |
| 机油 | 97 | 97 |
| 制动液 | 97 | 96 |
| 自动变速箱油 | 100 | 100 |
| 玻璃液 | 94 | 97 |
| 抗冷液 | 97 | 97 |
| 汽油 | 97 | 95 |
| 煤油 | 98 | 96 |

**6. 相容性**

聚苯硫醚和聚四氟乙烯、聚酰胺、聚醚醚酮等材料的相容性好，利用多元树脂及填充剂共混/复混而成的聚苯硫醚合金材料，能够达到平衡材料性能的目的。其主要原理是利用不同树脂、无机物、填充剂的特点与聚苯硫醚取长补短，克服聚苯硫醚树脂本身的不足，同时降低产品成本。比如为解决聚苯硫醚易碎的缺点，工业上将聚酰胺（PA）与聚苯硫醚共混生产聚苯硫醚/聚酰胺合金；为解决聚苯硫醚耐磨性不足的问题，工业上生产聚苯硫醚/聚四氟乙烯（PTFE）共混合金；为进一步提高聚苯硫醚的耐温性，工业上制成聚苯硫醚/聚醚醚酮（PEEK）/无机填料合金等。

## 二、市场供需

### （一）世界供需及预测

#### 1. 世界聚苯硫醚生产现状

聚苯硫醚已成为特种工程塑料的第一大品种和继聚碳酸酯、聚酯、聚甲醛、聚酰胺及聚苯醚等五大工程塑料之后的第六大工程塑料。目前，全球仅美国、日本和中国掌握聚苯硫醚树脂的工业化生产制造技术，拥有生产能力和产品。俄罗斯、印度正在积极进行聚苯硫醚树脂工业化生产的研发。目前主要国家的聚苯硫醚树脂生产情况如表2.48所示。

表2.48 世界主要聚苯硫醚生产企业

| 国家 | 企业名称 | 产品类型 | 产能/(吨/年) |
| --- | --- | --- | --- |
| 比利时 | 苏威 | 交联型、线型 | 20000 |
| 日本 | 东丽 | 交联型、线型 | 27600 |
| | 吴羽 | 线型 | 15000 |
| | 大日本油墨（DIC） | 交联型、线型 | 19000 |
| | 东曹 | 交联型、线型 | 3000 |
| 美国 | 塞拉尼斯 | 线型 | 17000 |
| 韩国 | INITZ | 交联型、线型 | 12000 |
| 中国 | 浙江新和成 | 交联型、线型 | 15000 |
| | 重庆聚狮 | 线型 | 10000 |
| | 新疆中泰 | 线型 | 10000 |
| | 珠海长先 | 线型 | 5000 |
| | 内蒙古磐讯 | 线型 | 5000 |
| | 铜陵瑞嘉 | 线型 | 10000 |
| | 山东滨化 | 线型 | 10000 |

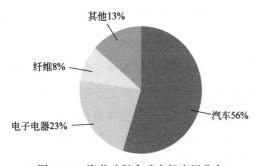

图2.25 聚苯硫醚全球市场应用分布

**2. 需求分析及预测**

正是由于聚苯硫醚优异的力学、化学性能，使其能广泛应用于日常生活、生产制造的各个领域，如汽车、电子、环保、机械等。据统计估算，汽车和电子电器是全球聚苯硫醚市场应用最大的两个领域，全球汽车和电子电器市场占比近80%（图2.25）。在汽车和电子电器领域，通常会涉及发动机周边、新能源汽车电池及热管理系统、5G宏基站长时间运行发热导致材料形变等高温应用场景，对聚苯硫醚材料高温下的刚性、耐蠕变、尺寸稳定性和热老化等性能提出更高的要求。在航空领域，关键高性能材料的国产化供应是突破大飞机项目的重要保障，而聚苯硫醚复合材料具有优异的耐高温、机械强度、尺寸稳定性和耐腐蚀等性能，是一种理想的飞机应用材料，主要应用于飞机机翼、发动机支架、大梁等区域。因此，随着汽车轻量化、新能源汽车、5G、大飞机、高端装备等新兴行业的快速发展，聚苯硫醚在高温场景应用的市场需求将快速增长。

2021年全球聚苯硫醚树脂市场需求约12.4万吨，主要应用于汽车、电子电器、环保、机械装备等领域，随着上述行业快速发展，全球聚苯硫醚树脂市场需求年增速约5%，预计到2025年，全球聚苯硫醚树脂市场需求达到16.61万吨。

## (二) 国内供需及预测

### 1. 国内生产现状

我国从 20 世纪 70 年代初就开始意识到聚苯硫醚的重要性，各大专院校及企业从 70 年代就开始致力于聚苯硫醚产品的研发。早些时候我国已初步形成较可观的产能，但国内聚苯硫醚企业生产的产品无论从产品性能上还是成本上与国际企业有一定差距；更重要的是国内企业一直未能解决溶剂、催化剂回收问题而带来的对环境的影响，以及无法解决稳定连续化生产所带来的质量问题，使得国内企业根本无法与国际企业抗衡。所以长期以来，聚苯硫醚树脂一直被国外垄断或封锁，特别是纤维级的聚苯硫醚树脂，国内一直未能规模化稳定生产。

近几年，国内聚苯硫醚发展迅速，在聚合级树脂和纤维级树脂方面都有较大进步，部分产品的质量已经接近国外水平。目前国内聚苯硫醚产能如表 2.49 所示。

表 2.49　国内主要聚苯硫醚生产企业

| 企业名称 | 规划产能/(万吨/年) | 目前进展 |
| --- | --- | --- |
| 浙江新和成特种材料有限公司 | 1.5 | 已投产 |
| 重庆聚狮新材料科技有限公司 | 1.0 | 已投产 |
| 铜陵瑞嘉特种材料有限公司 | 1.0 | 已投产 |
| 新疆中泰化学股份有限公司 | 1.0 | 已投产 |
| 珠海长先新材料科技股份有限公司 | 0.5 | 已投产 |
| 内蒙古磐讯科技有限责任公司 | 0.5 | 已投产 |
| 山西霍家工业有限公司 | 1.0 | 建设中 |
| 山东滨化滨阳燃化股份有限公司 | 1.0 | 已投产 |
| 四川得阳特种新材料有限公司 | 1.0 | 已停产 |
| 四川自贡鸿鹤特种工程塑料有限责任公司 | 0.2 | 已停产 |
| 鄂尔多斯市伊腾高科有限责任公司 | 0.3 | 已停产 |
| 广安玖源化工新材料有限公司 | 0.3 | 已停产 |

### 2. 需求分析及预测

2021 年中国聚苯硫醚树脂市场需求约 4.05 万吨，占全球市场 33%，预计 2025 年中国市场需求达到 5.12 万吨。随着中国电子电器、汽车行业的高速发展，进入 21 世纪以来全球聚苯硫醚生产与需求已趋于紧张。中国市场正在形成聚苯硫醚生产的国内外双重竞争态势，这将有利于聚苯硫醚在国内的进一步推广以及在市场和应用领域的扩展，并为国际市场的开拓打下良好基础。结合国内外聚苯硫醚及新材料的发展动向，在发展新型聚苯硫醚类材料品种，开发聚苯硫醚新合成方法的基础上还应当着力抓好新型改性料及专用料的研制开发，积极开发新型聚苯硫醚复合材料改性品种，尽快建立更大的规模化生产装置等。这是发展中国高性能结构材料所必须的战略举措，对打破国外技术限制和封锁，满足国民经济以及军工各领域对高性能结构材料的需求意义极为重大。

中国聚苯硫醚树脂市场增长预测见图2.26。

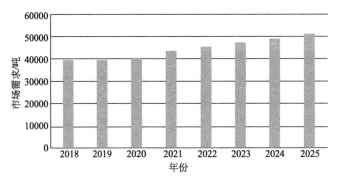

图2.26 中国聚苯硫醚树脂市场增长预测

## 三、工艺技术

目前，聚苯硫醚的合成方法主要有硫化钠法、硫黄溶液法、熔融缩聚法、氧化聚合法、对卤代苯硫酚缩聚法、硫化氢法等，如图2.27所示。

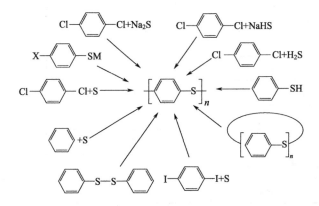

图2.27 聚苯硫醚合成路线

聚苯硫醚的合成路线有多种，但已经工业化的路线只有硫化钠法和熔融缩聚法。国外成功的硫化钠法都以精制工业硫化钠（含水）和对二氯苯为原料在极性有机溶剂 $N$-甲基吡咯烷酮中进行加压缩聚而成。近几年，韩国SK公司采用熔融缩聚法合成聚苯硫醚的工艺已经发展到车间调试阶段，市场上已出现少量样品，但至今车间未能稳定生产。

### 1. 硫化钠法

这是世界上最早实现工业化生产的方法，也是目前最主要的工业化生产方法。1967年美国Phillips Petroleum公司的Edmond和Hill在专利中第一次发表了使用对二氯苯和硫化钠在极性有机溶剂中直接缩聚，合成线型聚苯硫醚树脂的溶液聚合法，该反应是由等摩尔的对二氯苯和硫化钠或硫氢化钠在极性有机溶剂中，通氮气保护，在170～350℃、压力6.87MPa下进行溶液缩聚，其反应方程式为：

$$\text{Cl}-\text{C}_6\text{H}_4-\text{Cl} + \text{Na}_2\text{S} \xrightarrow{\text{NMP}} \left[\text{C}_6\text{H}_4-\text{S}\right]_n + \text{NaCl}$$

该方法由于原料价格低廉易得、工艺路线短、产品质量稳定、得率较高（一般在90%以上）而引起了人们的普遍重视，广泛开展了类似的合成研究工作。随着多年来对硫化钠法合成工艺的不断改进，其工业化技术与生产水平也得到极大的提高，现在可以合成高分子量线型和支化交联两种结构的树脂。硫化钠法目前仍然是最主要的聚苯硫醚树脂工业化生产方法，国内外成功的聚苯硫醚树脂生产厂家都普遍采用 $N$-甲基吡咯烷酮为溶剂进行加压缩聚。

**2. 熔融缩聚法**

以对二碘苯与硫黄为原料熔融缩聚合成聚苯硫醚，其反应式如下：

$$\bigcirc + X \xrightarrow{\text{催化剂}} \bigcirc-X + S \xrightarrow{\text{催化剂}} \left[\bigcirc-S\right]_n$$

如图 2.28 所示，将反应原料硫黄、对二碘苯以及引发剂加入到带有温度计、机械搅拌、氮气吹扫、黏度仪和抽真空装置的反应釜中，在一定温度和氮气保护下充分熔融混合；然后升高温度，在低压条件和氮气保护下进行聚合反应，在聚合反应中途（聚合进行 70%～99%）加入阻聚剂；聚合完成后对反应产物进行干燥纯化处理。

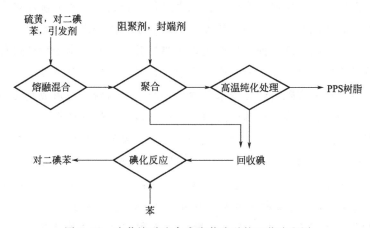

图 2.28 硫黄熔融法合成聚苯硫醚的工艺流程图

该方法与 Macallum 路线具有相似之处，反应过程中产生的副产物碘蒸汽能够在聚合反应期间被持续收集，用于与芳基化合物合成反应原料对二碘苯，聚合所得产品为线型结构，聚合度高，纯度高，不含 Cl、Br 等被限制物质以及 Na、Fe 等金属离子，非常适合用于电子产品，且不需要昂贵的有机溶剂，产品发烟量少，可以实现作业性的改善及减少金属模型的腐蚀、成型后在高温下挥发性物质的生成等现象。原料不含水，产品基本不需要干燥过程。但产物中含有多硫结构，原料精制难，硫黄和碘在高温下对设备的腐蚀严重，反应原料对二碘苯价格昂贵。如果利用苯和碘为原料合成对二碘苯，解决缩聚原料来源，原料成本可以大幅降低。目前，由于对二碘苯复杂的生产工艺及市场需求疲软等原因，国内对二碘苯供应商年产能力不足百吨，远不能满足硫黄熔融法生产聚苯硫醚的供应需求。

**3. SK 新工艺**

SK 开发的新型工艺（见图 2.29），生产过程中不需要 NaHS、对二氯苯等原料，也不需要 N-甲基吡咯烷酮（NMP）作为溶剂，生产成本低、环保风险小，产品中不含氯、NaCl等杂质，低聚物、挥发性物质含量低，适用于对卤素含量要求较高的电子电器应用。但是目前该工艺产品残留碘去除效果还有待提升，产品颜色泛红（碘的影响），且产品性能有待提升。

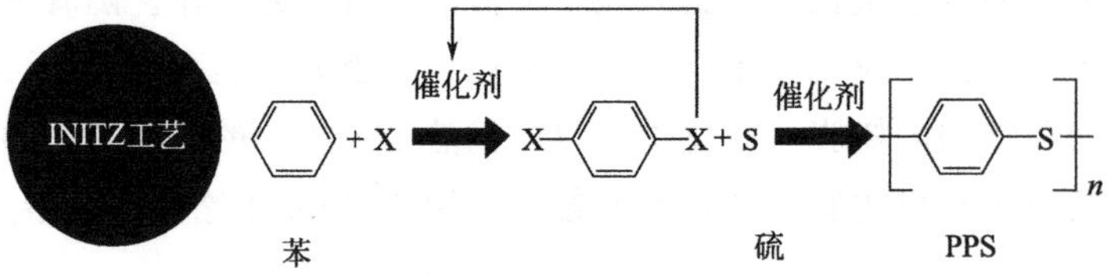

图 2.29　SK 合成聚苯硫醚的工艺流程图

随着多年来对硫化钠法合成工艺的不断改进，其工业化技术与生产水平也得到极大的提高，现在可以合成高分子量线型和支化交联型两种结构的树脂。硫化钠法目前仍然是最主要的聚苯硫醚树脂工业化生产方法，国外成功的聚苯硫醚树脂生产厂都以精制工业硫化钠和对二氯苯为原料在极性溶剂 N-甲基吡咯烷酮中进行加压缩聚，区别在于各自的催化体系和工艺控制条件与手段，这是聚苯硫醚研究中最通用的合成方法，同时也是最成熟的工业化路线。

为提高产品性能，国内主要生产厂家在脱水过程、合成过程和后洗涤过程中加入了大量的添加剂。虽然产品性能有了一定幅度的提升，缩短了与国外产品的差距，但大幅提高了溶剂、助剂和添加剂的回收难度，使得生产成本大幅提升。同时，由于生产过程中添加了大量的添加剂，导致反应体系复杂化，容易产生副反应，导致反应控制难度大大增加。

浙江新和成特种材料有限公司在脱水阶段利用脂肪酸与碱反应形成脂肪酸盐作为新型助剂体系，采用硫化钠法合成线型聚苯硫醚树脂，已获得自主知识产权，并获得了多国专利局的授权。该工艺利用助剂的特性，合成的线型高分子量聚苯硫醚分子量分布窄、熔点高、熔程短、力学性能良好，同时优化后处理工艺，消除了助剂在水相中的分配比例，全部助剂进入溶剂相，简化了水相废液的处理工艺，以及助剂和溶剂的回收工艺，降低了产品的生产成本。新和成公司于 2013 年完成聚苯硫醚一期年产 5000 吨项目建设并顺利投产，二期年产 10000 吨装置也已于 2017 年上半年建成并投产。新和成公司聚苯硫醚产品经过多年发展，已成功进入国内外市场，产品销售供不应求，目前在市场上已具备了良好的口碑及一定的品牌影响力。2016 年新和成公司作为主要起草单位参与制定了纤维级聚苯硫醚树脂的《浙江制造团体标准》，2017 年 11 月参与制定聚苯硫醚国家标准。新和成目前能够生产线型、交联两种不同类型的聚苯硫醚产品，且是国内唯一能够稳定生产纤维级、注塑级、挤出级、涂料级聚苯硫醚的厂商。

## 四、应用进展

聚苯硫醚因本身具有的优良性能，可以用传统的挤出、注塑等成型方法加工制成制品，也可以通过双轴拉伸、吹塑等方法制成薄膜，通过挤出、拉伸制成纤维。由于聚苯硫醚与无机填料、增强纤维的亲和性以及与其他高分子材料的相容性好，因此也可制成不同的增强填充品种及高分子合金，用途十分广泛，主要用于电子电器、精密仪器、机械、汽车、家用电器、薄膜领域、纤维领域、电力、航空、环保和化学等行业。此外，聚苯硫醚树脂还被作为高性能树脂基，制成连续纤维增强的复合材料，应用于军工、航空航天等特殊领域；聚苯硫醚可制成薄膜应用于电工绝缘；制成纤维应用于高温烟道气过滤以及化工、制药行业的耐腐蚀布；制成涂料应用于金属防腐、耐磨等领域。聚苯硫醚主要应用领域如表 2.50 所示，汽车零部件、电厂烟气过滤、航空航天、电子电器等主要应用领域占了绝大部分比例。

表 2.50　聚苯硫醚应用领域

| 应用领域 | 主要用途 |
| --- | --- |
| 电子电器 | 聚苯硫醚在高温、高盐雾气候条件下，仍有很高的绝缘性能。已广泛用于制造线圈骨架、连接器、接线器、插座、发动机壳、电磁调节器、电视高频头轴、继电器外壳、微调电容器、保险丝、支架、收录机、收音机、磁疗器零部件、半导体及 IC 元件封装等 |
| 精密仪器 | 聚苯硫醚注塑成型收缩率极低，且具有高光洁度、高绝缘性、高耐磨性，广泛用于制造电脑、计时器、转速器、复印机、照相机、温度传感器以及各种测量仪表的壳体和零部件 |
| 机械 | 在机器制造业特别是化机行业，由于 PPS 具有耐高温、耐腐蚀等突出特点，已大量用于制造泵壳、泵轮、阀、齿轮、滑轮、风扇、流量计部件、法兰盘、万向头、计数器、水准仪、内衬管子、管件、孔板、洗涤塔、烟尘处理装置零部件 |
| 汽车 | 点火器、加热器、汽化器、离合器、变速器、齿轮箱、轴承支架、保险杠、风扇、灯罩、反光镜、排气调节阀以及排气处理装置零部件 |
| 家用电器 | 热风筒、卷发器、干发器、烫发器、微波炉、咖啡煲、干衣机、电熨斗、电饭煲等的零部件 |
| 薄膜领域 | 聚苯硫醚薄膜作绝缘材料广泛用于包裹导体、光学纤维等 |
| 纤维领域 | 聚苯硫醚纤维主要用于纺织和混织工业滤布，高强度纸和高绝缘纸、高耐冲击织品，如防弹背心、X 射线屏蔽等 |
| 电力行业 | 聚苯硫醚用于制造电力设备高压输电绝缘子、变压器材料等，可减轻铁塔负荷 20% 以上，同时具有维护、更换方便等优点 |
| 航空行业 | 聚苯硫醚已用于大型客机的涡轮发动机涂层，波音飞机行李架、座椅骨架、机仓护墙等，不仅阻燃，也大大减轻了飞机自身的起飞量 |
| 环保产业 | 腐蚀性废水、废气处理机械设备零部件、阀门、管道、管件；滤布、滤袋 |

聚苯硫醚应用范围比较大的领域包括汽车、电子电器、环保、工业应用、航空航天和化工防腐等。

**1. 汽车领域**

从下游需求来看，目前聚苯硫醚需求最大的地方还是在汽车领域，而汽车电动化的趋势，对聚苯硫醚的需求来看既是挑战又是机遇。汽车电动化后，传统汽车油气、冷却管路等将会取消或数量大幅下降，而这些都是聚苯硫醚在传统汽车上的应用热点。汽车电动化后，需要整体轻量化，很多部件将实现以塑代钢或其他材料，而这些也有可能是聚苯硫醚应用的新方向。另一方面，汽车电动化后增加的充电桩等部件所用材料，也会是聚苯硫醚应用新增长点。但是汽车方面的应用由于对产品品质的要求非常高，国外汽车企业对供应商的供货历史尤为看重，而中国的聚苯硫醚企业普遍供货时间较短，在这方面劣势显著。汽车制件的标准制定权大都控制在国外厂商手中，汽车零部件用材料验证周期、替换周期都非常长，提高了国内聚苯硫醚产品进入汽车领域的难度和成本。此外随着汽车方面的应用越来越高端，进入汽车行业的门槛将进一步提高，国内聚苯硫醚下游厂家进入将增加困难。

聚苯硫醚树脂及其复合材料是高温汽车流体或机械应力下的汽车部件的理想选择。典型的应用包括引擎盖下部件、制动系统以及需要高耐热、高尺寸稳定性和耐腐蚀的电气/电子设备，可替代耐盐和所有汽车液体腐蚀的金属。同时，可以加工成型紧公差的复杂部件和插入成型，方便多种零部件的集成，满足燃油经济性要求、系统集成目标和成本目标。

在汽车领域，聚苯硫醚的汽车配件包括燃料系统（燃料通道、燃料喷嘴、喷嘴线圈、燃料泵、燃料泵推进器、燃料泵帽、燃料线路连接器、过滤箱），电子电路系统（交流发电机组件、传感器、交换器、点火组件、雨刷器等），涂线漆，进气歧管，气泵，涡轮增压器，热气出入口，冷却装置（水泵、流量表、推进器、恒温器壳体、油泵、扼流体、热防护层），感应装置，动力装置（锟环、活塞、发动机密封垫、密封壳体、传动叉、定子），刹车系统（ABS组件、电刹车、活塞、阀体、真空泵、刹车传感器），照明装置（插座和头灯）和变速箱组件。

聚苯硫醚在汽车市场上部分应用见图2.30。

图2.30　聚苯硫醚在汽车市场上部分应用

### 2. 电子电器领域

聚苯硫醚在电子电器市场有广泛用途。在中国它被大量用作电气组件，这些电气组件包括推进器、断路器继电器、连接符轴、封装线圈、电机电刷、风扇、热交换器、恒温器壳体和大小电气件。电子设备包括连接符、插座、继电器、交换机、断路器、封装器和包装器（晶体管、电容器、多芯片模块、绝缘器、电源转换器）、线轴、线圈（微波、控制组件、复印机头）、CD/DVD光学摄像管组件、高清电视机和投影仪以及喷墨盒。

聚苯硫醚在电子电器上的部分应用见图2.31。

近年来，在电子组件制造中的一个重要趋势便是无导线焊接应用，这需要塑料组件能够顶住240~260℃的高温。聚苯硫醚不仅能达到这个高温要求，而且其良好的阻燃性和绝缘性更能够降低该电子组件成本且提升质量。

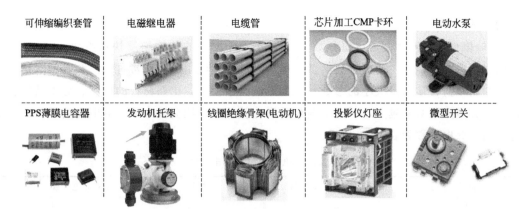

图 2.31 聚苯硫醚在电子电器上的部分应用

纳米注塑成型技术（NMT 技术）是一个跨越多种学科的工艺，涉及金属材料、塑料材料、模具设计、金属表面处理与加工、注塑成型等领域，这几环缺一不可。近年来手机的外壳从塑料向金属+少量塑料过渡，金属+塑料的结合有几种工艺，如嵌件注塑、LDS，而凭借金属外壳手机的普及，纳米注塑近年来已经成为行业的新宠。以手机为代表的移动通信器材的框体生产是一个有高度薄壁化要求的应用领域；采用 NMT 技术，可实现不在金属壳体上打孔，只是通过金属嵌件成型就能在金属壳体上形成复杂的树脂凸台，提高薄壁框体的设计自由度。此外，它还可以帮助减少金属框体的机械加工工序，起到降低成本的作用。使用纳米注塑成型技术可选用的金属有铝、镁、铜、不锈钢、钛、铁、镀锌板、黄铜等，其中铝合金的适应性较强；而树脂包括聚苯硫醚、PBT、PA6、PA66、PPA，其中聚苯硫醚具有特别强的黏合强度（$3000N/cm^2$）。聚苯硫醚在 NMT 中的部分应用见图 2.32。

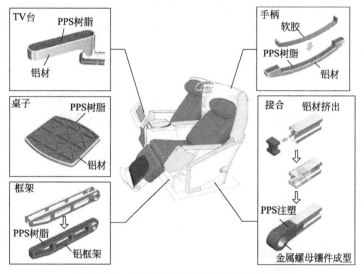

图 2.32 聚苯硫醚在 NMT 中的部分应用

### 3. 电子通信（5G）

近两年，5G 行业快速发展，全球主要国家持续加大 5G 基建。中国 5G 发展取得积极进展，网络建设速度和规模超出预期。工信部最新统计显示，我国 5G 基站以每周新增 1 万多个的数量在增长。目前，5G 终端连接数已超过 3600 万。聚苯硫醚在 5G 领域的应用促进了行业的发展。

5G 峰值理论传输速度可达每秒数 10GB,比 4G 网络的传输速度快数百倍。5G 时代的高频信号想要尽可能减少传播损耗,低介电材料的开发应用显得非常重要。介电常数是一个主要由材料本身性质决定大小的参数,它的影响因素很多,比如材料的极性、分子结构、结晶性等。介电常数数值越大,对电磁信号的影响就越大,就会极大地削弱电磁信号。几种低介电材料,介电常数如表 2.51 所示。

表 2.51 低介电材料介电常数

| 材料 | 相对介电常数（1MHz） | 材料 | 相对介电常数（1MHz） |
| --- | --- | --- | --- |
| PA6 | 3.7 | PPS | 2.9~3.2 |
| PA66 | 3.8 | LCP | 2~2.5 |

相对以上几种低介电常数材料,聚苯硫醚材料在 5G 应用优势如下:

相比金属:重量轻、适用 NMT 注塑工艺,可加工性好,精度高;

相比 PA:吸水性低,PA 无法通过室外霉菌实验;

相比 LCP:价格低、可行性高、介电损耗略高、金属结合力强、耐温阻燃等。

5G 时代的到来是不可争议的趋势,在 5G 时代,聚苯硫醚将在薄膜、基板等电子市场有所增长,特别是在电子基板材料的选择上。

聚苯硫醚在 5G 天线振子上应用见图 2.33。

### 4. 环保领域

PPS 在环保中的应用主要集中在 PPS 纤维,可以用于袋式除尘器、化学过滤器、液体过滤布等。袋式除尘器可用于高温烟气除尘,如燃煤锅炉、垃圾焚烧炉、炼钢厂烟气等;化学过滤器则可用于离子交换膜等,吸附环境中的重金属;液体过滤布则用于高温化学物质的过滤,像高温磷酸、高温浓碱的过滤。

将 PPS 纤维用于袋式除尘器,基本能满足现阶段环保部对高温烟气排尘浓度标准（10mg/m$^3$）的要求,因此不存在法规上的问题。除尘的机理如图 2.34 所示,含尘气体通过除尘袋时,粒径大于除尘袋孔径的颗粒被阻隔,从而实现气体除尘。

图 2.33 聚苯硫醚在 5G 天线振子上应用　　图 2.34 聚苯硫醚除尘吸附机理

相比于其他材料所制备的除尘袋,PPS 材质的除尘袋具有较高的工作温度,可以实现高温除尘;同时具备良好的耐化学腐蚀性能,可以用于含腐蚀物质的气体除尘,如强酸、强碱气体的除尘;最后,PPS 的耐磨损性能也相对较好,能忍受除尘时颗粒对 PPS 的一定磨损。PPS 除尘袋的最佳工作条件如表 2.52 所示。

表 2.52　聚苯硫醚除尘袋最佳工作条件

| 最佳工作条件 | | | |
| --- | --- | --- | --- |
| 氧含量 | ≤14% | 硫含量 | ≤2700mg/Nm³ |
| 氢氧化物 | ≤600mg/Nm³ | 最大短时间工作温度 | 200℃，≤400h/年 |
| 工作温度 | ≤180℃ | | |

单纯的 PPS 纤维是不能用于吸附重金属离子，对 PPS 纤维进行一定的化学处理，在其苯环上嫁接特定化学官能团，就能实现重金属离子的吸附功能。这种 PPS 纤维状离子交换膜可用于废水中重金属离子的吸附，略高于市售普通离子交换膜的吸附性能，基本能满足应用要求。

将 PPS 纤维经过纺丝可制备 PPS 布料，再经过一定的后续加工可制备用于过滤器中的滤布。由于 PPS 纤维具有优异的耐化学腐蚀性，对盐酸、硫酸、浓硫酸、硝酸、氢氧化钠、四氯化碳等具有一定耐受性，经过长时间接触后，还能保持良好的力学性能，因此，可以用于常见的废水过滤、原油过滤和磷酸过滤。

聚苯硫醚除尘过滤设备见图 2.35；聚苯硫醚过滤应用见图 2.36。

废水过滤

原油过滤

磷酸过滤

图 2.36　聚苯硫醚过滤应用

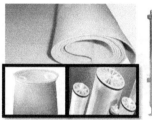

图 2.35　聚苯硫醚除尘过滤设备

除此之外，PPS 纤维还可以替代原有环境危害物质，从而实现环境友好的目的。早前，电解行业中所用的隔膜布普遍以石棉材料为主，石棉的生产和使用过程中均会对环境产生极大危害，引发土壤、水资源的污染并伤及人类健康。利用 PPS 替代石棉制备环保节能型隔膜布，其各项性能指标均能达到原有石棉的水平，其碱失重量、气密性能、线拉力均优于现有隔膜石棉布标准。

另外，PPS 还可以用于一些材料的表面涂覆，如可以在过滤材料表面涂覆，像玻璃纤维滤料等，提高原有滤料的环境腐蚀耐受性；此外，还可以通过 PPS 涂覆替代传统电镀，实现工艺替代，进而提高工艺的环境友好性，如在陶瓷表面涂覆 PPS 树脂。

**5. 工业应用领域**

工业应用包括油田设备、泵和阀门。这些组件所使用的是在防化学腐蚀的机械功能而非电子功能。PPS 受益于整个工业倾向于用塑料组件替代金属器件以降低重量并更好地防止化学腐蚀，这种倾向在机床加工也存在，宇宙航天和化学处理业尤其明显。

**6. 航天领域**

军工国防领域所需材料需要性能稳定且尺寸精准的特性，PPS 优异的性能使其在船舶、航空航天以及军事方面占有一席之地。PPS 可用于制作歼击机和导弹垂直尾翼、导弹燃烧室、航空航天飞行器接插件、线圈骨架密封垫等诸多部件，特别是用于制作隐形战斗机和轰炸机主要部件，也可制作枪支、头盔、军用帐篷、器皿、宇航员用品、军舰和潜艇的耐腐蚀耐磨零部件。聚苯硫醚在飞机上的部分应用见图 2.37。

### 7. 化工防腐领域

涂层主要被用在化工和建筑行业对黑色金属的防腐蚀保护，可用于反应釜、管道、储罐的涂层，PPS 涂层可以适用于泥浆涂层、静电喷涂与冷热表面、粉涂和流水床涂层。所有现有的技术均需要在 285～370℃ 的高温烘烤下以达到涂层预期的性能，这样就限制了大面积涂层的 PPS 或者那些底座不适合烘烤炉的涂层。但目前工业界已经发展出多种涂层技术如悬浮涂层、粉末涂层、火焰沉积和熔点沉积工艺过程以适应多种不同的部件。

### 8. 其他应用

除以上较大的应用领域之外，近年来，PPS 材料还开发出了一些新用途，如 PPS 合金筷（见图 2.38）。PPS 合金耐磨性强，用于制作筷子使用寿命长。PPS 耐高温、耐辐射、耐溶剂，制作筷子后可满足复杂使用环境（如火锅）、高温或臭氧消毒环境下的要求。

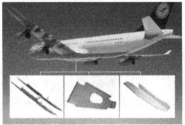

图 2.37　聚苯硫醚在飞机上的部分应用　　　　图 2.38　PPS 合金筷

近几年，国内外政府企业大力发展新能源汽车行业，欧美等部分发达国家提出在 2030 年左右将停止生产纯燃油车，新能源汽车进入高速发展时期，PPS 作为重要功能性材料，在新能源汽车领域有着多种应用。轨道交通领域是 PPS 发展的新的应用领域，以中国为代表的发展中国家大力发展轨道交通等领域，也促进了 PPS 在这些领域的发展。

此外，近两年，5G 行业快速发展，全球主要国家持续加大 5G 基建。中国 5G 发展取得积极进展，网络建设速度和规模超出预期。我国 4G 基站（宏基站）总量在 400 万站左右。5G 基站（宏基站）的覆盖密度将比 4G 更密。原因在于，5G 通信频段提升，基站覆盖范围持续缩小（蜂窝小区的半径缩小），要达到同样的覆盖范围，基站的密度会有所增加。5G 领域的飞速发展，也将促进 PPS 5G 应用市场的发展。

## 五、发展建议

PPS 是一种应用前景非常广泛的高性能工程塑料，未来几年会有稳定长远的发展。目前国内的 PPS 聚合已经发展了相当长一段时间，取得了长足的进步和发展，但是还需要进一步努力开发更高性能的树脂产品。另外需要抓好新型改性料及专用料的研制开发，积极开发新型 PPS 复合材料改性品种，具体发展建议有如下三个方面。

（1）产业链一体化发展方向　产业链一体化方向发展是化工及新材料行业比较常见的发展趋势，产业链一体化可以有效降低综合生产成本，保障原材料供应，提升企业的竞争力。同时还可以减少废弃物的排放，降低环保压力。国外巨头企业如巴斯夫，国内巨头如万华化学均为一体化发展的代表企业，企业产品成本低，竞争力强，能够更适合企业可持续发展。

（2）开发新规格产品　国内通用规格的 PPS 产品已经能够完全满足市场需求，但是对于一些特殊的应用规格，国内尚需努力突破。相比东丽等企业动则数十种产品规格，国内企业的产品规格比较单一。

（3）加强下游应用开发　材料的最终目的还是在于下游应用，满足终端客户需求并解决其问题。国外企业在应用开发上具有长时间的经验积累，并且拥有一整套完备的技术方案，因此能够牢牢抓住终端客户的需求。国内企业在应用开发能力上依然需要加强。

# 第十节　聚酰亚胺

中国石油和化学工业联合会　蔡恩明

北京化工大学　田国峰

江苏先诺新材料科技有限公司　武德珍

## 一、概述

聚酰亚胺（polyimide，PI）是指一类主链上含有酰亚胺基团的低晶态或非晶态高分子化合物，主链以芳环和杂环为主要结构单元，由二胺和二酐的化合物经聚合反应制备而成，且不同分子结构的二胺和二酐单体制备的 PI 具有不同的分子结构和性能，被认为是 21 世纪最有希望的工程塑料之一，长期以来一直占据着高分子材料金字塔最顶端的位置。PI 具有极宽的温度适用范围，在 −269℃ 的液态氦中仍不脆裂，热分解温度一般超过 500℃，部分体系可达 600℃ 以上，是迄今聚合物中热稳定性最高的品种之一。此外，PI 还具有力学性能优异、耐有机溶剂、耐辐照、耐老化、阻燃自熄等优点。根据其产品形式，PI 材料可分为薄膜、纤维、塑料（颗粒料、模塑粉）、热固性树脂、光敏胶、浆料、分离膜或隔膜、气凝胶、泡沫等多种产品形式，在电子微电子、航空航天、机械电工、核工业等领域均具有重要应用。

目前，我国在 PI 的原料单体方面基本实现自主保障，部分国外 PI 生产厂家也在我国采购单体原料。但是，我国 PI 薄膜、树脂、浆料等产品的规模和性能与国外都存在不小的差距，且处于技术和高端产品封锁状态。虽然部分产品对我国开放销售，但随时面临受限风险。比如电子级 PI 薄膜、光敏胶、液晶取向剂、柔性显示用 PI 基板浆料和透明 PI 薄膜（CPI）盖板等，是"一芯、一屏"的关键原材料之一，一旦受限，相应的国产材料尚难以达到替代水平，将在很大程度上限制我国电子、电力、航空、航天等技术的发展。落后的原因主要在 PI 材料的制备技术、装备水平以及产学研合作深度等方面。值得关注的是，我国在PI纤维的制备技术、产品性能和规模方面已达到国际领先水平，从生产装备到制备技术均具有完全自主知识产权，可为其他PI产品的技术升级提供一定的参考作用。

## 二、市场供需

### （一）世界供需分析及预测

**1. 世界聚酰亚胺生产现状**

将PI材料的各种产品形式均考虑在内，当前全球PI总产能约为10万～15万吨/年，产量约为8万～10万吨/年，产能利用率约为80%。据MarketsandMarkets等机构测算，2021年全球PI市场总额约87.3亿美元，2022年可达91.5亿美元。预计到2028年，全球PI总产能将达到16万～20万吨/年，市场总额达到124亿美元，年复合增长率达5.2%。其中，PI薄膜2021年全球市场总额约19.45亿美元，预计到2028年将达到22.6亿美元，年复合增长率约为2.2%，低于PI材料总体增长率。

国外从事PI材料生产的国家主要以美国和日本占主导地位，约占据全球市场份额的60%。主要企业有美国的杜邦公司，日本的宇部兴产、钟渊化学、东丽集团（TORAY）、三井化学、三菱瓦斯化学等，掌握PI薄膜、树脂、浆料等核心技术。欧洲、韩国位于第二梯队，约占据全球市场20%的份额，主要企业有德国赢创（Evonik Industries AG）、法国索尔维（Solvay）、韩国SKC公司等。世界主要聚酰亚胺生产企业见表2.53。

表2.53 世界主要聚酰亚胺生产企业

| 企业名称 | 产能/(吨/年) | 装置所在地 | 产品类型 |
|---|---|---|---|
| 杜邦 | 20000 | 美国、日本、新加坡 | 薄膜、树脂、塑料 |
| SABIC | 20000 | 美国、西班牙 | 树脂、薄膜 |
| 宇部兴产 | 5000 | 日本 | 薄膜、浆料 |
| 钟渊化学 | 3500 | 日本、美国、马来西亚 | 薄膜 |
| 三菱瓦斯 | 1000 | 日本 | 树脂、浆料 |
| 三井化学 | 2000 | 日本 | 树脂 |
| SKC | 2500 | 韩国 | 薄膜 |
| 赢创 | 4000 | 德国、奥地利 | 纤维、树脂 |

**2. 需求分析及预测**

基于其不同的产品形式，PI材料已经在电子微电子、航空航天、汽车、高铁、医疗等多个领域实现应用。其中电子微电子领域是PI材料最主要的应用方向，市场份额约占PI材料总份额的60%，具体产品有PI薄膜、浆料、光刻胶等。航空航天和汽车、高铁也是PI材料近年来的主要应用领域，市场份额约占PI材料总份额的25%左右，主要产品有高导热薄膜、高尺寸稳定性薄膜、耐电晕薄膜、耐高温树脂等。随着柔性显示、航空航天等高端领域的技术发展，以上方向的PI材料应用占比将进一步增加，如透明薄膜CPI、低介电薄膜MPI等产品。根据全球不同地区的科技发展水平和生产能力，PI材料的生产和应用主要集中于美国、日本、欧洲、韩国，约占PI全球总产量的80%。

## (二) 国内供需及预测

### 1. 国内生产现状

我国是世界上最早开展 PI 材料研究的国家之一。二十世纪六、七十年代，上海合成树脂研究所、中科院长春应化所、第一机械工业部电器科学研究院（现桂林电器科学研究院）等单位开始了 PI 薄膜的研究工作，形成了浸渍法和流延法制备均苯型 PI 薄膜的工艺路线和双轴定向 PI 薄膜的专用设备。近年来，我国 PI 薄膜市场呈现高速增长趋势，年平均增长率约为 10%～15%，高于世界平均增长率。国内从事 PI 薄膜生产的企业主要有深圳瑞华泰、株洲时代华鑫、桂林电器科学研究院、山东万达微电子等。

2017 年，我国 PI 材料总产能约为 6000 吨/年，产量约为 4000 吨，进口量约为 6000 吨。2021 年，我国 PI 材料总产能约为 1 万吨/年，产量约为 5000 吨，进口量约为 9000 吨。可以看出，进口量的增速要高于国内产量的增速，而这一差距还有可能进一步扩大。目前国内生产的 PI 材料主要是中低端电工级产品，高性能电子级 PI 主要依赖进口。

新增产能方面，鼎龙股份 1000 吨/年 PI 浆料投产后，已经启动二期项目，在潜江建设光电半导体及光电显示材料研发和生产基地，包括年产 5000 吨 PI 薄膜项目。2020 年，三爱富（常熟）新材料有限公司"年产 1100 吨聚酰亚胺材料扩建项目"开工建设。2021 年，国风塑业投资 23.8 亿元，建设 1300 吨/年 PI 薄膜和 2000 吨/年 PI 浆料生产能力，目前已投产 4 条产线，产能约 350 吨/年。同年，中科玖源一期 500 吨/年 PI 浆料和 1000 吨/年 PI 膜产能建成，预计在 3～5 年内达到 2500 吨/年的 PI 浆料和 2000 吨/年 PI 薄膜产能。2022 年，瑞华泰募资 4.3 亿元用于嘉兴 PI 薄膜生产，总投资约 13 亿元，规划产能 1600 吨/年，产品覆盖热控、电子、电工、特种功能等系列 PI 薄膜产品。上述产能全部释放后，预计我国 PI 材料总产能可达 3 万吨/年。国内主要 PI 生产企业见表 2.54。

表 2.54  国内主要 PI 生产企业

| 企业名称 | 产能/(吨/年) | 装置所在地 | 产品类型 |
| --- | --- | --- | --- |
| 深圳瑞华泰 | 1500 | 深圳 | 薄膜 |
| 桂林电科院 | 400 | 桂林 | 薄膜 |
| 山东万达 | 500 | 东营 | 薄膜 |
| 时代华鑫 | 600 | 株洲 | 薄膜 |
| 中天科技 | 300 | 深圳 | 薄膜 |
| 国风塑业 | 350 | 合肥 | 薄膜 |
| 鼎龙集团 | 1000 | 武汉 | 浆料 |
| 中科玖源 | 1500 | 兰溪 | 浆料，薄膜 |
| 江苏奥神 | 2000 | 连云港 | 纤维 |
| 江苏先诺 | 210 | 常州 | 纤维 |

### 2. 需求分析及预测

国内对于 PI 材料的需求和应用领域与全球市场保持一致，同样集中于电子微电子、航空航天、汽车、高铁、医疗等领域。我国 PI 材料 2017 年需求量约为 1 万吨，进口量约为 6000 吨，2021 年需求量约为 1.4 万吨，进口量约为 9000 吨，不论是需求量还是进口量都呈现出高速增长的态势。其中手机、柔性显示、智能化设备、高铁、风电、新能源汽车等技术的发展是 PI 需求量增长的主要动力来源。预计到 2025 年，国内 PI 需求总量将接近 2 万吨，进口量将超过 1 万吨。

其中，柔性显示是 PI 材料近年来的重点需求领域。随着显示技术领域迅猛发展，市场对于显示产品的要求也越来越高，柔性显示因此备受关注。近年来，产业界对柔性显示设备的需求不断增长，这不仅是因为其成功实现商业化，更在于柔性显示深深影响了可穿戴设备的形态，大大扩展了其应用范围。过去的几年间，我国有关部门针对柔性显示科技创新与产业发展进行了全方位前瞻性布局。例如，2017 年 1 月，工业和信息化部和国家发展改革委印发的《信息产业发展指南》就明确提出"突破柔性制备和封装等核心技术，完成量产技术储备，开发 10 英寸以上柔性显示器件"。2022 年国家重点研发计划"新型显示与战略性电子材料"重点专项更是提出了"柔性显示用聚酰亚胺新材料关键技术"的研发指南方向。

在柔性显示技术和市场方面，韩国三星公司占据绝对的主导地位，2021 年出货量约 2 亿片，我国京东方公司出货量超过 6000 万片。全球柔性 OLED 产线（含规划）约 23 条，国内主要柔性 OLED 生产厂家有京东方、华星光电、武汉天马、和辉光电、维信诺等公司。以京东方 48K/月的 G6 产线计算，满产情况下其 1 年生产的柔性 OLED 屏面积可达 60 万平方米。以此估算，全球柔性 OLED 产线理论产能将达到 3700 万平方米/年，满产情况下总计全球市场规模可达 1.5 万亿元（以 4 万元/平方米的价格估算），其中国内产能约 1680 万平方米/年，满产可达 6720 亿元。

根据 IHS 数据，2018 年全球柔性基板用 PI 浆料约 2687 吨，2019 年用量约 3500 吨，仍处于市场发展初期。以柔性 OLED 屏幕全球满产 3700 万平方米/年、国内满产 1680 万平方米/年估算，全球年需求 PI 浆料约 9000 吨，国内年需求 PI 浆料约 4000 吨，以平均价格 100 万元/吨计算，PI 浆料全球市场规模约 90 亿元/年，国内市场规模约 40 亿元/年。

## 三、工艺技术及原材料

### （一）技术发展

除作为热塑性塑料使用的 PI 材料外，大部分的 PI 产品在成型过程中均会伴随着化学反应，这就导致 PI 产品的合成制备方法、生产工艺技术与其产品形态密切相关。每种产品都需要从单体聚合开始，充分掌握其聚合机理，控制反应过程，然后了解其成型过程中的化学结构和凝聚态结构变化规律，并通过生产装备和工艺的调控，得到最终的目标产品。因此，PI 产品的生产是一个集化学、材料、机械、控制等学科的系统工程。任何一方面出现短板都会影响 PI 产品的性能和品质。

以 PI 薄膜为例，PI 薄膜的制备技术路线主要分为化学法和热法两种。二者的主要区别在于亚胺化成环反应机理，前者依靠化学亚胺化试剂的催化作用完成闭环反应，可在相对较低的反应温度下进行，容易控制溶剂含量和牵伸比；后者则依靠高温提供能量克服反应能垒，实现闭环，通常需要在 300～400℃ 以上完成反应，牵伸难度较大。目前，美国杜邦、日本钟渊等国外厂家多采用化学亚胺化法；而国内厂家则多采用热亚胺化法，仅有时代新材和中天科技选择了化学法，经过近几年关于配方-设备-工艺等方面的磨合优化，已经取得了比较好的进展。但化学法设备昂贵、工艺复杂、技术门槛较高，且国外对我国长期实行技术封锁。除亚胺化方式不同外，薄膜生产设备的控温精度、洁净度、钢带精度等方面与国外设备也存在不同程度的差距，需要加强在相关装备方面的研发投入。

在 PI 纤维方面，根据纺丝浆液的不同，主要分为两种方法：一步法和两步法。其中，一步法是采用二酐与二胺单体在酚类等溶剂中反应得到可溶性 PI 溶液，然后直接采用该溶液制备 PI 纤维，这种方法纺丝过程中，没有化学变化干扰，且 PI 强度较高，可以进行高倍牵伸，容易实现高强高模，但由于高温溶剂难脱除，可溶性 PI 受到结构限制，单体来源有限，很难实现工业化制备，国外兰精公司采用较柔的酮酐和 TDI、MDI 为原料，牺牲了高的刚性和耐热性，实现了一步法工业化，产品强度只有 0.5GPa。两步法是采用二酐与二胺单体在 $N,N$-二甲基乙酰胺（DMAc）等非质子溶剂中进行缩合聚合得到聚酰胺酸（PAA），然后将 PAA 溶液纺制成 PAA 初生纤维，经过热亚胺化或化学亚胺化后得到 PI 纤维。但两步法制备的纤维性能一直不高，多数研究者认为，采用两步法从 PAA 纤维酰亚胺化得到 PI 纤维的过程中，分子间脱水会造成纤维内部产生孔洞等结构缺陷，从而影响纤维的性能。进入 21 世纪以来，国内研究工作者对两步法开展了大量研究工作，并形成了工业规模的生产。其中江苏奥神和长春高琦主要生产耐热型 PI 纤维，实现了对兰精公司产品的部分替代；江苏先诺与北京化工大学共同攻关，率先突破了两步法的连续制备技术，通过工艺与装备耦合，从预聚体溶液出发，直接获得 PI 纤维，并结合化学结构调整，实现了高强高模，打破了两步法难以实现高强高模的魔咒。

### （二）原材料情况

聚酰亚胺的主要原料为二酐和二胺，最常用的二酐主要有均苯四甲酸二酐（PMDA）、3,3′,4,4′-联苯四酸二酐（BPDA）、3,3′,4,4′-二苯酮四酸二酐（BTDA）、4,4′-联苯醚二酐（ODPA）等；最常用的二胺主要有 4,4′-二氨基二苯醚（4,4′-ODA）、对苯二胺（pPDA）等。

PMDA 的主要生产企业有奥沙达化学（南京）、山东和利时石化、石家庄昊普科技、江苏华伦化工、濮阳龙德洋新材料等，总产能在 2 万吨/年。产品出口美国、韩国、日本、欧盟、中国台湾等，主要用于制备聚酰亚胺膜，少量用于制备聚酰亚胺纤维（400 吨/年）。

BPDA 的主要生产企业有日本三菱化学、日本宇部、河北彩客、河北海力香料、上海固创等，总产能在 2600 吨/年，中国大陆 2021 年产能约 430 吨/年，产品主要以出口为主，销往美国、韩国、日本、中国台湾等，主要用于聚酰亚胺膜制备。

BTDA 主要生产企业为德国赢创，其在奥地利的兰精工厂产能在 1000 吨/年，主要用于 P84 聚酰亚胺纤维的生产。

ODPA 的主要生产企业为河北海力香料、上海固创等公司，总产能在 300 吨/年。主要用于聚酰亚胺膜及浆料生产。

4,4′-ODA 的主要生产企业有日本和歌山、山东冠森高分子、南通汇顺化工、山东欧亚化工、山东万达化工、东营市明德化工等。企业产品部分出口，销往美国、韩国、日本、中国台湾等，大部分产能为中国大陆企业消耗，主要用于聚酰亚胺膜生产，少量用于聚酰亚胺纤维生产（400 吨/年）。

pPDA 主要生产企业为美国杜邦、日本帝人、浙江鸿盛化工、安徽高盛化工、吴江罗森化工等，产能在 4 万吨/年，美国杜邦及日本帝人的产量主要用于生产各自的芳纶产品，国内企业生产的 pPDA 主要用于生产染料及颜料，部分用于芳纶 1414 产品生产。国内外用于聚酰亚胺产品生产用量在 1500 吨/年，国外用量在 1000 吨/年。

目前 PI 合成原料二酐以 PMDA 为主，价格相对便宜。BPDA 是近年来为改善 PI 性能而研发的单体。BPDA 的引入对 PI 性能有很大影响，热分解温度高，热膨胀系数低，是聚合物中热稳定性最高的品种之一。除具有优越的热稳定性、耐热氧化性、加工性能、光电性能、机械强度、优异的力学性能外，还克服了 PMDA 难于加工的特点。联苯型 PI 不仅热稳定性好，而且可以溶于有机溶剂。BPDA 中所含有的扭曲非共面结构能降低分子规整度，改善 PI 的加工性能，可以用于制备高性能的 PI 薄膜、模压树脂、热固性树脂、泡沫和电子材料等，也可用于制备高强高模 PI 纤维，这些材料是我国国防工业、电子工业和航空航天等尖端技术领域急需的新材料。

随着电子级 PI 材料需求的增加，BPDA 单体需求逐年增长。以 BPDA 在柔性显示屏用聚酰亚胺浆料和 COF 聚酰亚胺薄膜为例，添加 BPDA 的 PI 浆料成膜后的性能高，具有耐高温、低热膨胀系数、低吸水率、表面平整度高和耐弯折等性能，是当前综合性能最佳的柔性基板材料。据华经产业研究院预测，2020 年柔性显示屏面板市场规模为 343.24 亿美元，2025 年预计将达到 547.05 亿美元，复合增长率约为 9.77%。COF 聚酰亚胺薄膜 2019 年月使用面积为 151 万平方米，预计到 2025 年，月使用面积将超过 228 万平方米，复合增长率约为 7.1%。预计未来 BPDA 需求将以 7%～10% 的增长率持续增长，到 2025 年全球 BPDA 需求量将达到 3200～3600 吨。

国内 PI 企业也在瞄准高端产品发力，随着技术不断进步，高端 PI 产品将逐步实现进口替代，BPDA 及一些含氟等特种单体需求也会得到发展。

二胺的种类比较多，但常用的是 ODA 和 pPDA，其中 ODA 是 PI 生产使用量最大的二胺品种，用量占 90% 以上。针对高强高模和高耐热聚酰亚胺薄膜或者纤维，一般是 pPDA 与 BPDA 缩合聚合制得，而普通的绝缘薄膜和耐热性聚酰亚胺薄膜或者纤维，一般用 ODA 与 PMDA 缩合聚合制得，成本也比较低。很少有 PMDA 与 pPDA 缩合聚合的聚酰亚胺产品，主要是刚性太大，产品不易成型和呈脆性。发展趋势是多种二胺进行共聚，可进一步实现高性能化。

## 四、应用进展

PI 材料以其突出的综合性能在电子微电子、航空航天等各领域都有着重要的应用。如柔性覆铜板用高尺寸稳定性 PI 薄膜、高导热石墨膜用 PI 薄膜、大功率电机和变压器用耐电晕 PI 薄膜、高温滤料用 PI 纤维、航空发动机用热固性 PI 树脂，以及 PI 液晶取向剂、光刻胶和泡沫等。我国正处于从制造业大国向制造业强国转型升级的关键时期，PI 材料市场空间极为广阔。

PI 材料最具代表性的应用方向为柔性显示技术，是近 10 年来电子信息领域最为活跃的研究方向，同时也是电子信息产业发展的重要方向。具有轻质、可弯曲、可折叠特性的柔性电子产品,包括柔性薄膜晶体管液晶显示器、柔性有机发光显示器等已经逐渐发展成为最具前景的高科技产业。作为支撑体的柔性基板技术和保护体的柔性盖板技术是柔性显示领域的关键门槛技术。柔性基板技术决定了刚性显示向柔性 OLED 显示的转变,柔性保护盖板技术决定了固定形态显示向折叠 OLED 显示的转变。在这两方面的应用成为 PI 材料在电子领域最重要的发展方向。

由于要实现非晶硅到多晶硅的转变,工艺温度要达到 300～500℃。同时基板在高温时尺寸变化过大会导致器件显示精度的降低以及弯曲时造成层间剥离,因此基板材料通常需要具备较高的耐热性($T_g$>450℃),高温尺寸稳定性(CTE<7ppm/℃),同时还要具有柔韧性以及阻水、阻氧等特性。由于技术和品控门槛高,只有少量进口 PI 浆料产品可以满足应用要求,其中以日本宇部兴产公司的 U-Varnish S 为代表性产品。随着以京东方为代表的国产柔性 AMOLED 业务崛起,国产 PI 基板浆料的研发也在紧锣密鼓地进行,主要从刚性骨架结构、氢键相互作用、交联结构或有机无机杂化等方面进行设计,部分产品已进入中试生产和器件评价阶段。在柔性保护盖板方面,目前主流的材质有 CPI、超薄玻璃(UTG)和聚对苯二甲酸乙二醇酯(PET)薄膜三种。UTG 的透光率和抗蠕变性最好,但抗冲击性不足;CPI 的抗冲击性能最好,但透光率还有待提升;PET 在成本方面有明显的优势,但抗蠕变性能不好。所以提高透光率和抗蠕变性能、降低成本是 CPI 未来的研究重点。

在 PI 纤维方面,随着我国高强高模 PI 纤维的产业化发展,纤维性能持续提升并形成了高强型和高模型的系列化产品,最高等级纤维拉伸强度可达 4.5GPa,模量超过 180GPa,已用于特种织物、结构/透波复合材料、防弹装备、柔性囊体、特种绳缆等下游产品制造,并在雷达罩、飞机蒙皮、航空发动机包容机匣、防弹头盔、消防服、星载光纤等方面进入应用评价环节,市场需求呈逐渐增加的趋势;PI 纳米纤维膜的基础研究和工程化也在稳步推进,在气体分离、锂离子电池隔膜、气凝胶等方面表现出很好的应用潜力。另外,在 PI 树脂方面,可通过 PMR 法成型的热固性 PI 树脂玻璃化转变温度可以达到 450℃以上,热分解温度可以超过 600℃,在航空航天飞行器的结构部件、发动机零部件中具有重要应用,可通过 RTM 成型的热固性 PI 树脂由于成型工艺得到改善也在更多的部件中获得应用;以 Ultem、Aurum 等为代表的热塑性 PI 树脂虽然耐温等级不如热固性 PI 树脂,但由于可以通过挤出、注塑、热模压等多种方法加工成型,除在齿轮、轴承、套管等方面应用外,近年来在光波导元器件、医疗等领域也获得了较高的关注,如光纤连接器、腔体滤波器、无缝管等。

## 五、发展建议

总体而言,我国 PI 材料仍集中于中低端市场,虽然已有少数企业可以量产电子级 PI 薄膜,但是生产效率低,不良率较高,性能和稳定性方面也不如国外进口产品。如国际上 2014 年已能生产的 8μm 以下厚度的超薄 PI 薄膜,在我国仅有少数企业可以量产,而且还处于刚刚试产成功的初级阶段。前述柔性显示用 PI 基板和盖板材料,我国还全部依赖进口。

PI 材料技术难度高,想要达到美国、日本等国家的技术水平,需要长期的积淀和系统的研究,而且要实现结构设计、聚合方法、装备和工艺等各环节研究工作的连通,这对我国 PI 材料的发展至关重要。建议从以下三个方面加强政策引导支持工作:

第一，PI 材料技术涉及材料、设备、工艺、终端验证等多个环节，可通过国家级的产业政策打造涵盖上下游产业链的创新研发平台或产业联盟，实行"政产学研用"协同创新，运用产业政策、税收政策等工具鼓励平台单位加强原始创新；

第二，注重科研人员培养，尤其是跨专业的复合式人才，鼓励企业定向培养和专业硕士在企业进行工程实训；

第三，加强项目支持，鼓励相关科研机构、高校和企业以联合团队的形式共同申报，通过项目研发加强产学研合作，集中优势力量解决市场痛点问题。

## 第十一节 热致液晶高分子

南京清研新材料研究院有限公司　南京清研高分子新材料有限公司

游石基　于冉　倪铭阳　张东宝

### 一、概述

有一类物质受热熔融或被溶剂溶解后，表观上虽然失去了固体物质的刚性，具备了液体的流动性质，但是结构上仍然保持着一维或二维有序排列，从而在物理性质上呈现出各向异性，形成一种兼有部分晶体和液体性质的中介状态，这种中介状态称为液晶态。液晶态是物质的一种存在形态，处在这种状态下的物质称为"液晶"（liquid crystal, LC）。具有液晶性的高分子称为液晶高分子（liquid crystalline polymer, LCP），又称为液晶聚合物。

液晶高分子的首次发现是 1937 年 Bawden 等在烟草花叶病毒的悬浮液中观察到液晶态。美国物理学家 Onsager（1949 年）和高分子科学家 Flory（1956 年）分别对刚棒状液晶高分子做出了理论解释。20 世纪 60 年代以来，美国杜邦公司先后推出 Kevlar$^{TM}$ 等酰胺类液晶高分子，其中 Kevlar$^{TM}$ 于 1972 年生产，它是一种高强高模材料，被称为"梦幻纤维"。以后又有自增强塑料 Xydar$^{TM}$（美国 Dartco 公司，1984 年）、Vectra$^{TM}$（美国 Celanese 公司，1985 年）、X7G$^{TM}$（美国 Eastman 公司，1986 年）和 Ekonol$^{TM}$（日本住友，1986 年）等聚酯类液晶高分子生产。

20 世纪 70 年代，Finkelman 等将小分子液晶显示及存储等特性与聚合物的良好加工特性相结合使得具有各种功能特性的侧链液晶高分子材料得到开发。作为结构性材料，由于液晶高分子是强度和模量最高的高分子，它可用于防弹衣、航天飞机、宇宙飞船、人造卫星、飞机、船舶、火箭和导弹等；由于它具有对微波透明、极小的线膨胀系数、突出的耐热性、很高的尺寸精度和尺寸稳定性，优异的耐辐射、耐气候老化、阻燃和耐化学腐蚀性，可用于微波炉具、纤维光缆的被覆、仪器、仪表、汽车及机械行业设备及化工装置等；作为功能材料它具有光、电、磁及分离等功能，可用于光电显示、记录、存储、调制和气液分离材料等。

从科学意义上看，液晶高分子兼有液晶态、晶态、非晶态、稀溶液和浓溶液等各种凝聚态，对它的研究必将有助于全面了解高分子凝聚态的科学奥秘。

从 1950 年首次发现合成高分子多肽溶液的液晶态至今，液晶高分子的历史只不过七十余年，但其发展之迅速，应用之广泛却令人惊讶。已知的液晶高分子种类很多，至今已经合成了近两千多种，而且每年还在不断出现新的品种。为了更好地研究和开发液晶高分子材料，有必要将其进行合理分类。

液晶的分类有很多方法，可以按液晶态形成的方式、高分子的形状和液晶基元的位置、液晶晶型、主链的化学结构特征、聚合物的基本链节类型、耐温等级等进行分类。但下面论述主要偏重于具有工业价值的液晶高分子，着重选取了按照液晶态形成方式和耐温等级进行分类。

按照液晶态形成的方式可以分为热致型液晶高分子（thermotropic liquid crystalline polymer，TLCP，以液晶聚酯为代表）和溶致型液晶高分子（crystalline polymer，LLCP，以 Kevlar$^{TM}$ 为代表）。其他像压致型液晶和流致型液晶则很少见，不做详细表述。

按耐热等级可分为Ⅰ型（高耐热级，成型温度高，热变形温度在 320℃左右或更高，如美国 Dartco 公司的 Xydar$^{TM}$ 和日本住友公司的 Ekonol$^{TM}$）、Ⅱ型（中等耐热级，具有与通用级工程塑料相近的耐热等级和成型加工温度，热变形温度在 220℃以上，如美国 Celanese 公司的 Vectra$^{TM}$）和Ⅲ型（一般耐热级，耐热温度较低，热变形温度在 120℃左右，成型加工性能好，价格低，如美国 Eastman-Kodak 公司的 X7G$^{TM}$ 和日本 Unitika 公司的 Rodrun$^{TM}$ LC 系列），三种型号聚合物的典型结构见图 2.39。

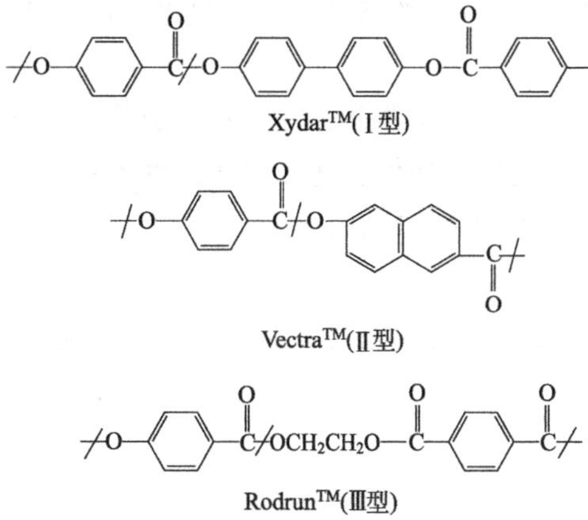

图 2.39 三种型号聚合物的典型结构

目前全球有聚合能力的生产企业主要集中在美国和日本，韩国和中国作为后起之秀大有赶超态势，各大公司主要型号的液晶高分子产品类型见表 2.55。

表 2.55 各大公司主要型号的液晶高分子产品类型

| 生产商 | 商品名 | 主要型号 |
| --- | --- | --- |
| 塞拉尼斯 | VECTRA/ZENITE | Ⅱ型 |
| 宝理塑料 | LAPEROS | Ⅱ型 |
| 住友化学 | SUMIKASUPER | Ⅰ型 |
| 苏威 | XYDAR | Ⅰ型 |
| 上野制药 | UENO | Ⅱ型 |

续表

| 生产商 | 商品名 | 主要型号 |
|---|---|---|
| 东丽 | SIVERAS | Ⅱ型 |
| 世洋伟业 | SEYANG | Ⅰ型 |
| 沃特股份 | SELSION | Ⅰ型 |
| 金发科技 | VICRYST | Ⅰ型 |
| 普利特 | PRET | Ⅱ型 |
| 清研高分子 | HORRICA | Ⅰ型、Ⅱ型 |
| 聚嘉新材 | COPOLYMEN | Ⅰ型 |

本节主要介绍在工业应用中最为广泛的热致型液晶高分子，溶致型液晶高分子会稍有涉及，但不作为重点介绍。液晶高分子由于具有独特的分子和相态结构而具有高强度、高模量和高耐热等一系列优异性能，也被称为"超高性能塑料"或"超级工程塑料"。

热致液晶高分子材料因优异的综合性能被广泛应用于国民经济的各个领域。

① 电子工业：表面贴装用电子部件、接插件、SIM插口、线圈骨架、QFP插口、发光二极管外壳；

② 电子封装：晶体管、注射成型线路板、集成块支撑座；

③ 航空航天：部分电子产品、成像和光电部件、传感器器件复合材料；

④ 音响设备：音响振动板、CD拾音器部件、影碟机部件、耳机部件、立体声录放机外壳、各种机械部件；

⑤ 汽车领域：恒速感应装置、禁止器开关、燃料系统的零部件、各种感应器等；

⑥ 光缆领域：二次涂膜、光缆拉伸件、连接器接插件等；

⑦ OA机器/照相机部件：针式打印机的线圈、针式打印机的底座、FDD底盘、电扇、手表用的齿轮、照相机快门板；

⑧ 化学装置/医疗器具：填充塔的填充物、油井的部件、泵的部件、阀的部件、牙医工具盒、仪器部件等。

## 二、市场供需

### （一）世界供需关系及预测

**1. 世界液晶高分子生产现状**

液晶高分子的工业化产品被国外几大公司所垄断，例如美国的塞拉尼斯公司、日本的宝理塑料株式会社、日本的住友化学株式会社等，我国在液晶高分子的生产制备上处于起步阶段。而另一方面，随着我国经济的快速发展，尤其是与高新技术密切相关的电子工业、汽车工业、航空航天、通信和国防以及相关制造业的高速发展，液晶高分子材料的需求和依赖性日益增长，开发具有竞争力的高性能液晶高分子，以适应我国相关产业发展的要求，对打破国外的垄断，提高我国相关产业的经济效益和竞争力，将具有重要的现实意义。

2021年全球LCP产能分布见图2.40。

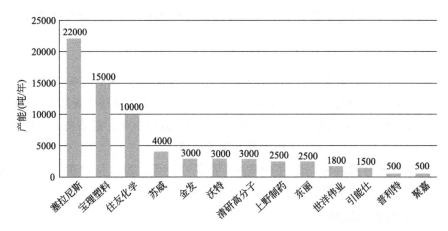

图 2.40　2021 年全球 LCP 产能分布

### 2. 需求分析及预测

从全球需求端来看，根据 Grand view Research 的报告，2013 年全球 LCP 的需求为 4.61 万吨，同时预计到 2025 年将达到 8.17 万吨，将以 6.4% 的年均增长率增长。2019 年后随着电子行业的片式化、小型化，电子电器连接器的用量有所下降，加之受疫情带来的下游企业开工率的影响，2020 年液晶高分子全球需求量对应有所下降。

随着 5G 技术的推进以及新能源汽车的应用增加，液晶高分子的全球需求量将继续持续增长，预计 2025 年能达到 8.17 万吨水平。

## （二）国内供需及预测

### 1. 国内生产现状

中国企业进入液晶高分子产业时间比较晚，我国相关液晶高分子产品曾经长期依赖进口，随着液晶高分子材料需求的增长叠加国内替代效应，国内有少数几家公司开始关注该领域并陆续进行相关技术开发和工业化生产。

其中，复旦大学卜海山教授率先进行 LCP 的研究开发，经过不懈的努力，完成了 LCP 聚合的研究开发，于 2003 年成立了上海科谷化工产品制造公司进行产业化和商品化。后期上海普利特复合材料有限公司整体收购了上海科谷公司，获取部分工业化技术后，在上海金山工业园区建设液晶高分子树脂聚合装置和改性装置，并开始批量生产，以商品名 PRET 供应客户，前期主要开发了熔点为 330℃、335℃ 和 340℃ 的液晶高分子，后期又开发了熔点为 280℃ 的液晶高分子。

金发科技前期以购买美国苏威公司树脂进行改性生产为主，并以 VICRYST 为商品名开始向外销售液晶高分子改性材料，后期逐步开始自主生产液晶高分子树脂部分替代苏威公司树脂，并进行改性后向外销售。

南通海迪新材料有限公司为配合某科技公司推广液晶改性材料，于 2014 年开始研发液晶高分子树脂的聚合技术，于 2017 年成功生产出低温、中温和高温 LCP 树脂，并向全国销售液晶高分子纯树脂，海迪新材料于 2021 年被普利特收购。

深圳沃特新材料股份有限公司于 2014 年购买了韩国三星精密化学的液晶高分子聚合和

改性的成套设备并在江苏盐城建立了工厂，经过积极吸收消化三星的聚合和改性技术，成功生产出 KD、KC、KB 等系列产品，商品名延续了原三星液晶高分子的商品名"SELCION®"。

南京清研高分子新材料有限公司于 2018 年利用深圳清华大学研究院的先进技术，开始生产液晶高分子纯树脂和改性料，产品涵盖Ⅰ型和Ⅱ型树脂，包括注塑级液晶高分子树脂、膜级液晶高分子树脂、纤维级液晶高分子树脂和液晶高分子改性材料，商品名为"HORRICA®"，2021 年产能为 3000 吨/年，2023 年将建成万吨级规模。

宁波聚嘉新材料有限公司 2020 年中试生产液晶高分子，2021 年产量为 500 吨左右，产品主要以低端为主，在注塑端具有不耐温和起泡风险。

**2. 国内需求分析及预测**

近年来由商务部牵头海关、税务、中国石油和化学工业联合会等部门，加大支持国产液晶高分子材料的工程化、产业化及其应用，国产液晶高分子行业进入有序发展阶段。

根据国内各公司对液晶高分子技术壁垒的不断突破与产能的扩展计划，结合上市公司公告以及查阅相关公司的环评报告，预计到 2023 年，国内液晶高分子产能将达到 42500 吨/年，比 2021 年增长 215%。

## 三、工艺技术

液晶高分子的合成和其他高分子材料一样，主要有两种聚合方式，缩聚反应和加聚反应。合成侧链和甲壳型液晶高分子主要以烯烃加聚反应为主，而合成主链型液晶高分子主要以缩聚反应为主。

热致液晶高分子材料主要以高温熔融酯交换缩聚法合成，在温度超过 300℃条件下，羧酸酯通过和羟基（或酚）单体反应而聚合成聚酯。为了进一步提高分子量，后期主要采用两种途径去实现。第一种工艺是熔融聚合后期通过长时间的高真空反应，抽出小分子副产物如乙酸、酚类等；第二种工艺是在熔融聚合反应到合适的分子量条件下，使熔融物排放出聚合反应装置进行冷却破碎，后期通过固相聚合来提高分子量。

第一种方法需要在高温条件下抽真空 1h 以上，这种工艺在合成过程中有一个分子量上限，当分子量过高、熔融黏度过大时，聚合物不容易从聚合装置中排放出来，当得到的产物熔点超过 340℃时，这一问题变得更加突出。第二种方法就能解决这一难点，先合成出较低分子量的预聚体，然后在玻璃化转变温度以上、熔融温度以下进行长时间的固相聚合来提高它的分子量。

早期液晶高分子生产常采用第一种工艺，生产出的液晶高分子产品颜色较深并保持不了一致性，分子量分布比较宽、产品中碳化物较多。随着这几年对聚酯行业理论的深入研究以及对工业化设备的改进，液晶高分子的合成基本采用第二种工艺，即熔融聚合结合固相聚合，生产出的液晶聚合物颜色一致、分子量分布比较集中。另外，直接熔融聚合对聚合设备要求高，聚合温度基本在 350℃左右，某些熔点更高的液晶高分子聚合温度会更高，甚至会超过 390℃，加热介质的温度要比聚合温度高 20℃左右，在如此高的温度条件下，聚合反应的生成产物醋酸对设备的腐蚀变强。同时，采用第二种工艺相对而言产品品质要优于第一种工艺。

两种聚合工艺对比见表 2.56。

表 2.56 两种聚合工艺对比

| 项目 | 熔融聚合 | 熔融聚合＋固相聚合 |
|---|---|---|
| 产品颜色 | 较深 | 正常米黄色 |
| 产品中碳化物 | 较多 | 较少 |
| 产品分子量分布 | 宽 | 窄 |
| 产品中小分子含量 | 高 | 低 |

目前欧洲、美国、日韩液晶高分子生产商都采用第二种工艺生产，细微的区别在于聚合用反应釜的大小和形状的差异以及固相反应器类型的差异，固相反应器部分厂家采用间歇式，部分厂家采用连续式。

普利特作为国内最早开发液晶高分子的企业，最早采用熔融聚合，再高真空聚合的工艺生产，生产出的液晶高分子产品整体不是太理想，收购了海迪新材料后采用熔融聚合和固相聚合结合的工艺，工艺以及工程能力有明显进步，产品品质进一步提升。沃特股份购买了韩国三星的液晶高分子生产设备，在江苏盐城建厂生产液晶高分子，采用韩国三星的熔融聚合结合固相聚合生产工艺，生产出的产品相对比较稳定。金发科技也是国内较早自主开发液晶高分子的企业，主要采用熔融聚合和间歇式固相聚合相结合的工艺。清研高分子建厂于宁夏，其自主开发出国内第一条连续式固相聚合设备，生产工艺采用熔融聚合结合连续式固相聚合工艺，生产的液晶高分子品质稳定，性能基本达到国外产品水平，同时能生产出对标宝理塑料和住友公司全牌号的液晶高分子树脂以及改性料。聚嘉新材料液晶高分子生产采用两步法，主要采用熔融聚合和连续式固相聚合相结合的工艺。

在产能方面，目前沃特股份、金发科技、清研高分子不相伯仲，产能皆为 3000 吨/年左右。2023 年随着国内厂家的扩产，沃特股份和清研高分子将跻身于全球五家万吨级液晶高分子生产厂家行列，将为液晶高分子产品的国产化替代做出重要的贡献，届时有望彻底打破国内液晶高分子原材料长期依赖进口的局面。在技术方面，清研高分子因具备深圳清华大学研究院的背景和相关技术支持，积极开发先进工艺和工程设备，紧随国外公司研发方向，在国内拥有技术领先优势。

## 四、应用进展

由于液晶高分子在力学性能、化学性能以及信号传输方面具有良好的特性，因而在多个领域具有极强的应用价值。目前液晶高分子主要应用在工程塑料领域、薄膜领域和纤维领域。未来随着 5G 时代的到来，因液晶高分子具有优异的介电性能，会进一步拓展到高频封装领域、无人驾驶领域和可穿戴领域等。

**1. 工程塑料领域**

作为工程塑料的液晶高分子主要通过添加玻纤、矿物质以及其他添加剂来填充改性，达到某些特定的规格应用于不同的产品。早期应用较为单一，基本都是电子器件，随着科技发展逐渐扩宽，应用涵盖了以下领域。

① 电子电器：连接器、线圈架、线轴、基片载体、电容器等；

② 汽车工业：汽车燃烧系统元件、燃烧泵、隔热部件、精密元件、电子元件等；

③ 航空航天：雷达天线屏蔽罩、耐高温耐辐射壳体等。

其中，电子器件仍然是液晶高分子的最主要应用领域，根据化工咨询公司 Prismane Consulting 战略咨询显示，2019 年液晶高分子 73% 是应用于电子领域，传统工业及消费领域占比为 7% 左右，汽车及医疗领域占比分别为 4% 和 3%。

液晶高分子在高频段能表现出优异的介电性能，其自身就具有较低的介电常数和介电损耗，因此，在 5G 时代设备对于材料的各项性能要求（特别是电性能要求）越来越高的背景下，LCP 将会被广泛应用于高速连接器、5G 基站天线振子、5G 手机天线、高频电路板等方面。

（1）高速连接器　5G 传输速度大幅提升，为了确保数据传输的可靠性，需要提升高速连接器的性能，从而增加了对低介电常数、低介电损耗连接器材料的需求，LCP 具有极低的吸水性和更好的介电稳定性，同时具备低翘曲、高流动性和尺寸稳定性，适合应用在 5G 高速连接器。

（2）天线阵子　振子是天线内部最为重要的功能性部件，出于减重降本的目的，塑料振子受到关注，塑料振子已经导入量产的是 LDS 工艺，其中采用了部分 LDS-LCP 材料，LCP 材料具有极低的介电损耗、良好的耐热耐燃性以及极低的热膨胀系数，在 5G 高频段竞争优势明显。

（3）LDS 天线　LDS-LCP 材料除了应用在天线振子上，还可以应用于手机天线领域。据了解，部分安卓系智能终端选择了以 LDS 成熟工艺为主的 5G 天线解决方案。LCP 材料具有高流动、薄壁成型和尺寸稳定等特性，超高的耐温特性可通过回流焊制程，适合用于 LDS 天线。

**2. 薄膜领域**

随着 5G 时代的到来，LCP 在微波/毫米波频段内介电常数低和损耗小，并且其热稳定性高、机械强度大、吸水率低，是一种适合于微米/毫米波电路使用、综合性能优异的高分子材料，LCP 天线将替代 PI 天线，LCP 膜的需求量将会迅速增长。

由于 LCP 膜制备技术壁垒较高和薄膜企业的供应链相对封闭，因此市场上薄膜制备企业稀缺，目前国际市场上掌握天线用 LCP 制膜核心技术的企业主要是日本的村田制作所、可乐丽以及千代田，而能够达到商品阶段的为村田制作所和可乐丽，国内尚没有能够自主量产满足天线用 LCP 膜的企业。国内也有部分厂商开始研发 LCP 薄膜产品，但离量产成熟应用的 LCP 薄膜产品还需要较长的时间。

**3. 纤维领域**

LCP 纤维具有的高强高模、优越的耐磨损、耐切割、耐次氯酸钠以及质轻、耐老化、不吸水等性能，是严峻环境下作业人员防护用具材料的优选。LCP 纤维以及芳纶纤维同属于高强高模的高性能纤维，在高强度的牵引绳缆领域具有较广泛的应用。而 LCP 纤维独特具备的低吸湿性，更优越的干/湿态耐磨性能使其在海洋等恶劣的环境中有优异的应用性能。同时具有轻质以及优异的电绝缘性，是一种理想的通信光缆的增强材料。具有高断裂强力、优异的电绝缘性、尺寸稳定性、低密度、低吸湿性、耐老化性等特性，使其在线缆包覆增强材料的应用上具有优越的综合性能。

纤维级液晶高分子通过单螺杆挤出机进行熔融纺丝，可形成不同规格的纤维，从液晶高分子的特性来看，LCP 纤维主要具有以下特点。

(1) 优良的力学性能和较低的吸湿性　具有高强高模特性和小于 0.1% 的回潮率。

(2) 优良的耐磨性　据宁波海格拉新材料有限公司测试数据显示，其耐磨性能优于芳纶纤维。

(3) 优良的耐折性能　在 6kg 下负重 10 天以及 25kg 下负重 2 天的测试条件下，其强度损失均低于 2%。

(4) 优良的介电性能　海格拉使用清研高分子的纺丝级树脂纺丝后，在 1GHz 和 10GHz 测试条件下，其相对介电常数均低于 2。

(5) 优良的耐化学性能　在酸性或者碱性的环境中均具有较高的强度保持率。

**4. 高频封装领域**

LCP 性能突出，有望用于 5G 高频封装材料，尤其可以用作射频前端的塑封材料，相比 LTCC 工艺，使用 LCP 封装的模组具有烧结温度低、尺寸稳定性强、吸水率低、产品强度高等优势，目前已被行业认作 5G 射频前端模组首选封装材料之一，应用前景广阔。

**5. 无人驾驶领域**

经过多年的发展，无人驾驶技术仍未实现大面积普及与高端应用，其主要原因之一便是现有的通信技术无法稳定高效的提供信号传输支持。5G 新时代的来临，高速、高频、低时滞的信号传输将大大提升无人驾驶技术的稳定性，LCP 天线的毫米波雷达具有探测距离远、分辨率高、方向性较好、体积小等优点，其受到天气环境影响较小，可有效辨别行人，且对驾驶感测精度有不错的提升，因而低介电损耗的 LCP 天线将成为无人驾驶汽车的绝佳选择。与汽车制造的高额成本相比，LCP 天线的单体价格差异几乎可以忽略不计，因此在未来无人驾驶智能汽车的推广中，LCP 天线有望实现高速渗透，提高 LCP 市场需求。

**6. 可穿戴设备领域**

可穿戴设备在近年来呈现持续增长势头，可穿戴智能手表作为通信终端，需要高频信号的同步接收，且因其需要体积小、重量轻的特殊性，对空间有较高要求。LCP 具有传输效率高且性价比高的优势，随着 5G 配套网络及应用场景的推广应用，LCP 将随着可穿戴设备的增长实现同步高速增长。

## 五、发展建议

液晶高分子由于其分子间独特的有序排列而赋予聚合物特有的宏观物理性能，诸如力学性能方面的高强高模以及各向异性的光电性能等，并因此在许多领域得到了应用。但是直到目前，对高分子液晶态各种性质的了解还是很肤浅，因此有必要加强对高分子液晶态的研究。高分子液晶态的研究范围很广，包括液晶相态织构、液晶相转变及其动力学和液晶性高分子材料的结构和性能关系等。

科学技术和生产技术的发展要求高分子材料具有更多的形式和更高的综合性能，以适应空中、地下、水上各种条件下的使用。但是，目前已商品化的主要液晶高分子产品熔融加工温度很高，不能满足一般条件下的纺丝和共混等需要；其次，市场上的液晶高分子产品与大部分通用基体树脂的相容性较差，达不到原位复合所应有的效果；再次，高端高品质的液晶高分子的生产被国外几家公司所垄断，我国仍然处于起步阶段，因此迫切需要国内广大液晶高分子工作者进行研究，以适应我国高科技的发展。

鉴于目前液晶高分子市场的现状，液晶高分子产品要想得到进一步发展，还需要国内各个企业积极面对，勇于创新，积极开发液晶高分子产品新的牌号，如导热、导电、耐磨等特殊规格的液晶高分子，以应对新的应用和新的领域，如高低介电常数的液晶高分子以应对5G市场的需求，通过新的应用领域的增长带动液晶高分子质和量的快速增长。

国内液晶高分子企业，还需要积极开发合成液晶高分子所需要的单体，降低液晶高分子产品的生产成本，使得国产液晶高分子在保障产业链安全的同时，和欧美品牌竞争时有技术优势和成本优势。

# 第十二节　生物基聚酰胺

## 一、概述

聚酰胺英文名POLYAMIDE（简称PA），是分子主链重复单元为酰胺基团的聚合物，广泛用于纺织行业和工程塑料领域。聚酰胺纤维是最早工业化生产的合成纤维，是仅次于聚酯纤维的第二大合成纤维。DuPont公司的科学家卡罗瑟斯（Carothers）于1935年，用戊二胺和癸二酸聚合得到聚酰胺510，1937年成功开发了PA66纤维，两年后实现了大规模工业化生产，并以"nylon"作为商品名。PA66纤维具有高强、耐磨、吸湿、耐碱等特点。

按照聚酰胺合成单体的来源不同，可将聚酰胺分为生物基聚酰胺和非生物基聚酰胺。非生物基聚酰胺主要依赖化石资源生产，而生物基聚酰胺以葡萄糖、淀粉、纤维素、木质素和动植物油等可再生资源为原料，通过生物、物理或者化学方法制得单体，再经聚合得到聚酰胺。随着环境问题的日益严峻，环境保护越来越受到重视，聚酰胺领域研究的焦点渐渐从传统的非生物基聚酰胺转向生物基聚酰胺。

表2.57列出了部分生物基聚酰胺的分类及研发状态。目前比较成熟的生物基聚酰胺产品，例如PA610和PA410广泛应用于单丝的生产。凯赛生物开发的PA56、PA510、PA512、PA514等PA5X系列产品，作为聚酰胺家族的新成员，具备优良的性能，逐渐在纺织行业和工程塑料行业进行推广和应用。

表2.57　部分生物基聚酰胺及研发状态

| 品种 | 单体 | 单体来源 | 商品状态 | 生物质含量/% | 代表厂商 |
|---|---|---|---|---|---|
| PA 11 | 11-氨基酸 | 蓖麻油 | 商品化 | 100 | 阿科玛 |

续表

| 品种 | 单体 | 单体来源 | 商品状态 | 生物质含量/% | 代表厂商 |
|---|---|---|---|---|---|
| PA 1010 | 癸二胺、癸二酸 | 蓖麻油 | 商品化 | 100 | 阿科玛 |
| PA 1012 | 癸二胺、十二碳二元酸 | 蓖麻油、烷烃 | 商品化 | 45.5 | 赢创 |
| PA 10T | 癸二胺、对苯二甲酸 | 蓖麻油、苯 | 商品化 | 51.8 | 艾曼斯 |
| PA 410 | 癸二酸、丁二胺 | 蓖麻油、丙烯腈 | 商品化 | 69 | 阿科玛 |
| PA 610 | 己二胺、癸二酸 | 丁二烯、蓖麻油 | 商品化 | 62.5 | 巴斯夫 |
| PA 46 | 丁二胺、己二酸 | 淀粉、苯 | 商品化 | 40.0 | |
| PA 4T | 丁二胺、对苯二甲酸 | 淀粉、苯 | 商品化 | 40.0 | |
| PA 56 | 戊二胺、己二酸 | 淀粉、苯 | 商品化 | 45.5 | 凯赛 |
| PA 510 | 戊二胺、癸二酸 | 淀粉、蓖麻油 | 商品化 | 100 | 凯赛 |
| PA 511 | 戊二胺、十一碳二元酸 | 淀粉、烷烃 | 研发 | 31.3 | |
| PA 512 | 戊二胺、十二碳二元酸 | 淀粉、烷烃 | 商品化 | 29.4 | 凯赛 |
| PA 513 | 戊二胺、十三碳二元酸 | 淀粉、烷烃 | 商品化 | 27.8 | 凯赛 |
| PA514 | 戊二胺、十四碳二元酸 | 淀粉、烷烃 | 研发 | 26.3 | |
| PA 516 | 戊二胺、十六碳二元酸 | 淀粉、烷烃 | 研发 | 23.8 | |
| PA 518 | 戊二胺、十八碳二元酸 | 淀粉、植物油 | 研发 | 100 | |

## 二、市场供需

### (一) 世界供需及预测

**1. 世界主要聚酰胺产品生产现状**

聚酰胺作为重要的高分子材料之一，行业下游需求广泛，全球生产规模近千万吨，市场空间数千亿水平，其中PA6和PA66合计占比90%以上，PA6主要原料己内酰胺基本实现国产化，PA6国内自给率90%以上。生物基聚酰胺竞争PA66的应用市场集中在工业丝、电子电器、汽车等领域，新开发的应用市场是纤维增强复合材料、生物基聚酰胺弹性体等领域。具有高强、耐温、可回收和低成本综合优势的新型生物基聚酰胺，有望进入大场景应用阶段，实现"以塑代钢、以塑代塑"，具有千亿级的市场规模。

**2. 世界主要生物基聚酰胺产品生产现状**

目前已经商品化的生物基聚酰胺产品，主要有PA1010、PA11、PA610、PA410、PA56、PA510、PA512、PA513等，此外还有多种生物基聚酰胺正在研发。虽然当前生物基聚酰胺的产量不足聚酰胺产业化总量的1%，但生物基聚酰胺的研究和产业化已吸引了杜邦、巴斯夫、阿科玛、DSM、朗盛、EMS、兰蒂奇、赢创等传统化工巨头纷纷布局规划。

近年来，阿科玛公司在蓖麻油方面的布局逐渐完善：收购了癸二酸生产商卡斯达、苏州翰普高分子材料以及位于印度的蓖麻油生产企业，通过产业链整合，阿科玛已成为了全球生物基聚酰胺 1010 的最大供应商之一。

2021年4月22日，阿科玛发布公告称其位于新加坡裕廊岛的新工厂将于2022年上半年开始生产氨基十一酸单体及其 Rilsan® 聚酰胺 11（PA11）高性能聚合物，此次新工厂的投建将会提升阿科玛全球 PA11 50%的产能，新工厂也将成为阿科玛第二家氨基十一酸单体生产基地。

赢创在 2009 年首推生物基聚酰胺 VESTAMID® Terra，2019 年重组其聚酰胺业务，并在德国投资约 4 亿欧元（约合人民币 31.23 亿元）建造全新的 PA12 一体化生产装置，扩大其在德国马尔化工园区内透明聚酰胺的生产，投入使用后，其总体产能将翻倍。赢创发布的透明聚酰胺新牌号 TROGAMID® myCXeCO，含有 40% 的生物基原料，完全使用可再生能源。

杜邦利用从蓖麻油中提取的癸二酸取代碳氢化合物，制备出再生生物基聚合物 Zytel® RS。杜邦 Zytel® RS 聚酰胺树脂产品系列中，PA1010 和 LCPA 中的可再生来源材料占 20%~100%，PA610 中的可再生来源材料占 20%~63%。

2010年，巴斯夫宣布向市场推出由蓖麻油来源的癸二酸制成的生物基 PA610。对于特种聚合物业务，巴斯夫在 2013 年进行了一系列投资，其中包括收购马扎费罗巴西的聚酰胺聚合物业务。

近期，巴斯夫与 Sculpteo 合作推出四种由可再生蓖麻油制成的 PA11 3D 打印粉末，生物基聚酰胺已用于马自达汽车关键零部件。

兰蒂奇集团拥有 35 年的高技术聚酰胺生产经验。其中有 PA610 的 Radilon® D 系列，以可再生能源为基材制备而成。PA612 的 Radilon® DT 系列及共聚物 PA610/66 的 RADILONCD 系列，也都是来自纯天然的生物基材。

帝斯曼以生物基丁二胺为原料，生产出符合碳中和概念的 PA410，以及 PA4T 及其共聚物。凭借独有技术 DSM 生产出的生物基己二胺，其成本要比传统的石油基己二胺降低 20%~25%，同时减少 50% 的温室气体排放。

近期，帝斯曼在生物基聚酰胺方面开发了高性能 EcoPaXX 生物基 PA410 系列产品，此外还以该产品为基础开发出 PA410 新型聚酰胺薄膜用于饮用水。

索尔维采用蓖麻油基制备出 PA10 生物基聚酰胺，力学性能优，熔点高达 215℃。索尔维在 2011 年 9 月收购罗迪亚公司及其 TECHNYL 相关生产线，之后又采用非食物可再生原料，利用 100% 的可再生电力生产出低碳排的高性能生物基聚酰胺，扩展其产品品种，可用于电动汽车中高性能电气和电子应用。

**3. 需求分析及预测**

聚酰胺作为重要的高分子材料之一，行业下游需求广泛，全球生产规模近千万吨，市场空间数千亿水平。据 FortuneBusinessInsight 数据，2019 年聚酰胺全球市场约为 243 亿美元，保守估计生物基聚酰胺 5 年内替代 5%，将有数十亿美元的市场空间。

## (二) 国内供需及预测

**1. 国内生产现状**

我国对生物基聚酰胺的研究也是方兴未艾。

金发科技将高熔点 PA10T 商业化,在 2009 年推出了 Vicnyl 品牌的 PA10T 产品。PA10T 树脂的原料近一半来自蓖麻油,综合性能优异。2013 年 10 月,金发科技第一个 5000 吨/年 PA10T 聚合装置投产。随后又开发出了 PA10T 基 LED 照明支架材料等相关产品。

凯赛生物主要聚焦聚酰胺产业链,其产品包括可用于生物基聚酰胺生产的单体原料——系列生物法长链二元酸和生物基戊二胺,以及系列生物基聚酰胺等相关产品。总部和研发中心位于上海浦东张江高科技园区,三个生产基地分别位于山东金乡、新疆乌苏和山西太原。目前凯赛金乡基地千吨级生物基聚酰胺 5X 生产线已向客户提供产品,乌苏基地年产 10 万吨聚酰胺 5X 生产线已于 2021 年中期投产;山西基地年产 4 万吨生物法癸二酸和年产 90 万吨生物基聚酰胺项目也陆续生产得到合格产品,得到市场和客户的认可。

**2. 需求分析及预测**

我国是 PA66 消费大国,2018 年 PA66 表观消费量已达 52 万吨左右,约占世界总消费量的 24%。根据行业智库数据测算:至 2022 年全球 PA66 消费量将达到 380 万吨,其中中国消费量达到 80 万吨,复合增长率约 9.8%。PA66 产业在全球呈现寡头垄断格局,主要供应商包括英威达、杜邦、首诺、罗地亚、巴斯夫、兰蒂奇、旭化成等。我国长期以来受核心原料己二腈生产技术的制约,只能从国外进口己二腈,这严重制约了我国 PA66 行业的发展。因此研发出性能接近甚至更优于 PA66 的新产品及新生产工艺,对我国聚酰胺行业发展十分关键,甚至有望改变全球尼龙行业的生产布局,深入千亿规模的尼龙市场。

## 三、工艺技术

生物基聚酰胺生产原料主要为糖类和油类,其合成路线大致分为以下两类。

(1) 糖路线  以葡萄糖和纤维素为原料,其中最为成熟的是葡萄糖。基本原理是采用微生物技术,对现有的生物原料或石油原料采用固定菌株发酵合成聚酰胺单体,从而合成生物基聚酰胺。

(2) 油路线  以蓖麻油、油酸与亚油酸等为原料。生产过程是将油脂进行一系列化学转化制备出聚酰胺单体进而合成生物基聚酰胺。油类路线是目前化工企业采用的生物基聚酰胺主要合成路线。例如,生物基 PA1010 的单体癸二胺和癸二酸都是由蓖麻油裂解得到的。

在单体基础上,一般可以通过不同条件下的聚合工艺,得到生物基聚酰胺产品。同时再扩充到下游的纺丝以及工程材料的应用领域。

## 四、应用进展

生物基聚酰胺的研究和产业化的研究一直在持续,近年来取得了阶段性的突破,已开发出 PA4X (PA46、PA410) 及 PA4T、PA5X (PA56、PA510、PA512、PA513)、PA610、PA1010、PA11 等丰富的生物基聚酰胺材料,理论上可以 100% 替代石油基同类产品,降低人类对石化产品的过度依赖,减少环境和能源压力,是最具发展潜力的聚合物类型。而且,PA610、PA410 和 PA56 已实现了纤维产品领域的大规模工业化应用。

**1. 早期生物基聚酰胺产品**

生物基聚酰胺 11 是最早期的生物基聚酰胺产品。以蓖麻油为原料，经皂化生成蓖麻油酸后，再经裂解、氨化氨解得到 1-氨基十一烯酸，以 1-氨基十一烯酸为单体聚合得到 PA11。1935 年，PA11 由 W. H. Carothers 首次在实验室成功合成，1955 年法国 Arkema 公司实现了 PA11 的工业化生产。目前 PA11 较大的生产厂家是法国 Arkema 公司和日本 Toray 公司，生产的 PA11 具有相对密度小、吸水性低、柔软、耐低温性优良等特点，适合制作各种软管、包装薄膜、电缆护套、耐磨损部件、军工宇航材料，产品能够替代 HDPE 管和金属管用于天然气输送管道。我国对 PA11 的研究起始于 20 世纪 60 年代，北京市化学工业研究院率先进行试制，之后中北大学（原华北工学院）、郑州大学、中国科学院长春应用化学研究所等单位，先后在 20 世纪 90 年代开始 PA11 的研究，小试和中试等，但是限于技术水平较低和生产成本较高，PA11 在我国始终未实现产业化。

生物基聚酰胺 1010 是我国特有的型号，其单体癸二酸和癸二胺均可以蓖麻油为原料制得。PA1010 属于半结晶聚合物，具有较高的力学性能和化学稳定性，主要用于医药、体育器材、汽车工业、特殊电缆和聚合物光导纤维等领域。另外，PA1010 还获得了食品接触许可（FCN），可作为基础聚合物用于食品接触材料的生产，在低温或室温下一次性使用。1958 年上海赛璐珞厂开发出 PA1010，并于 1961 年实现工业化生产，实现我国在长碳链尼龙领域的首次突破。目前我国 PA1010 产商近 40 多家，总生产能力为（6~7）kt/a。除此以外，Arkema 公司，Invista 公司也成功开发出 PA1010 产品。特别是 Arkema 公司，自收购了蓖麻油衍生物癸二酸生产商卡斯达（衡水）公司、用蓖麻油生产尼龙产品的翰普高分子材料（张家港）公司，以及从事蓖麻油生产的印度公司后，将原材料和聚合工艺全面整合，一跃成为全球生物基聚酰胺 1010 的最大供应商。

生物基聚酰胺 4X & 4T 最初由荷兰皇家 DSM 集团以淀粉为原料制得丁二胺，再经聚合获得。生物基聚酰胺 4 系列产品已经成功应用于诸多领域，例如跑车专用防火油气分离器、柴油发动机轻型多功能曲轴端盖、单板滑雪固定器、薄膜等。德国大众汽车的柴油发动机已成功使用 DSM 生物基聚酰胺 4 系列产品。

生物基聚酰胺 610，DuPont、BASF、Arkema 和 Rhodia 等公司均有生产，其具有出色的力学和热力学性能（熔点高达 215℃）、卓越的耐化学品性能、极高的气体阻隔性以及低吸水性，特别适于制造控制系统与气动辅助领域的软管和发动机供油系统领域的油管与接头，性能明显优于石油基 PA6 和 PA66。

**2. 新型生物基聚酰胺产品**

随着生物基戊二胺的工业化生产，新型生物基聚酰胺 5 系列产品应运而生，目前已经商品化的生物基聚酰胺 5 系列产品有：PA56、PA510、PA512、PA513，同时 PA511、PA514、PA516、PA518 也在不断研发当中，实现商品化指日可待。其中，PA510 可以淀粉和蓖麻油，分别合成戊二胺和癸二酸，是为数不多的 100% 生物基聚酰胺之一。

生物基聚酰胺 56 具有良好的机械强度、耐各种有机溶剂，且阻燃性较一般聚酰胺好，同时具有较高的吸湿排汗性，可以部分替代 PA66 在纺丝领域中使用。凯赛公司基于其世界领先的生物基戊二胺工业化生产优势，于 2018 年在新疆乌苏建立了年产 10 万吨的生物基聚酰胺 56 产业基地，不但开辟了生物基聚酰胺 56 的工业扩大化生产道路，也促进了中国生物基聚酰胺的发展。

生物基 PA56 在纺丝领域因其特殊性质展现了优异的性能。传统常规的主流聚酰胺都难以实现规模化的熔体直纺技术，例如 PA6 的聚合物中单体含量较高，因此需要后续萃取才能实现纺丝；PA66 则容易产生凝胶等问题。而生物基 PA56 聚合物中单体含量低、不易产生凝胶，可以采用熔体直纺工艺制备各种聚酰胺纤维。同时，可通过纺丝工艺中喷丝板微孔孔型的设计生产出圆形、三角形、十字形、扁平形、菱形等各种截面形状的纤维，也可使用复合纺丝机通过喷丝板设计生产包括双组分并列型、皮芯型、海岛型、橘瓣型等复合纤维。生物基 PA56 的熔体直纺工艺大大缩短了生产周期，降低了成本，促进了 PA56 在纤维领域的应用。

进一步的，以戊二胺为单体原料聚合得到的生物基 PA512 和 PA513，因其具有较长的亚甲基链和较低密度的极性酰胺基团，韧性及柔软性好，吸水性低，尺寸稳定性好，且能够耐低温，可以广泛应用于精密注塑、精密零部件、汽车管路、降落伞绳索、纤维护套等，而且应用在航天航空、汽车、船舶、建筑、电子电器等领域，对减轻重量，降低能耗也具有重要意义生物基 PA512 和 PA513 已经可以完全替代现有进口的 PA11 和 PA12 产品，打破我国长碳链聚酰胺一直依赖进口的困境。

## 五、发展建议

我国在合成生物学和生物制造领域已经领跑全球。对具有产业示范意义的真正的创新企业，建议实行切实可行的评价机制和鼓励政策，构建有利于持续创新的产业发展环境。

以凯赛生物为例，二十多年来已经有四个系列的生物基产品实现了规模化生产，并成为全球合成生物学领域实现产业化并盈利的公司。其中长链二元酸系列产品市场占有率 80% 以上，被工信部评为制造业单项冠军产品。生物基戊二胺和生物基聚酰胺产品，解决了我国高端聚酰胺产品卡脖子问题，除了对传统聚酰胺材料的替代，还开发具有大型应用场景的生物基新材料，特别是热塑性纤维增强复合材料。以玻璃纤维和碳纤维增强的耐高温生物基聚酰胺具有轻量化、高强度、耐高温、高耐磨、耐腐蚀等特点，具有原料可再生、产品可回收、成本可竞争的优势，将在车辆、风电、航空、建筑材料等需要轻量化的应用领域实施推广。此外，单位生物基聚酰胺将传统聚酰胺产品的碳排放降低一半，是实现碳中和目标的有效途径。

凯赛生物开发的高效生物质的预处理、纤维素糖化、杂糖生物利用等综合技术，目标是将秸秆等农业废弃物作为生物制造原料，达到或超过使用玉米等粮食原料的经济效率，实现在生物制造规模化时"不与人争粮、不与粮争地"。

在研发方面，凯赛生物经过 20 多年的研发和产业化探索与实践，已经建成系统的多学科协同的研发体系。目前将结合数字化、智能化的工具和方法，建立合成生物学全产业链的研发和生产设施。将技术创新作为企业持续发展的动力，加强合成生物学全产业链高通量研发设施建设，选择有相对竞争力、前瞻性、社会意义和商业价值的项目进行系统性重点研发。

生物经济已经被列为国家"十四五"战略性新兴产业规划的重点发展方向。而生物基材料的开发和应用，在规模和对各行业的影响程度上都能够体现其对生物经济的贡献。建议国家在原料、政策、资源投入等要素上支持生物基新材料领域的发展。

对生物基新材料在各行业应用所遇到的新问题设立专项流程，提高审批效率，推动新材料应用的快速落地。

建议对生物基材料应用设立绿色通道，特别是对于在传统材料应用行业，如集装箱、石油/天然气输送管道、高铁动车、风叶叶片、直升机等领域的应用，实施除非生物制造产品不能使用、否则优先的政策。对生物制造产品替代化石基产品减少的碳排放，进行减碳认证并纳入碳交易市场。

## 第十三节　丁基橡胶和卤化丁基橡胶

浙江信汇合成新材料有限公司　彭照亮　尤昌岭

### 一、概述

丁基橡胶（IIR）是世界上第四大合成橡胶，是由异丁烯和少量异戊二烯（一般不大于3%）在氯甲烷溶剂及路易斯酸催化体系存在下，于-100℃极低温度下聚合制得的共聚物。

丁基橡胶具有优良的气密性和良好的耐热、耐老化、耐酸碱、耐臭氧、耐溶剂、电绝缘、减震及低吸水等性能，广泛应用于内胎、水胎、硫化胶囊、气密层、胎侧、电线电缆、防水建材、减震材料、药用瓶塞、食品（口香糖基料）、橡胶水坝、防毒面具、黏合剂、内胎气门芯、防腐蚀制品、码头船护舷、桥梁支撑垫以及耐热运输带等方面。丁基橡胶的主要优势性能是气密性，当前主要应用领域是汽车轮胎和药用瓶塞。

卤化丁基橡胶（HIIR）包括氯化丁基橡胶（CIIR）和溴化丁基橡胶（BIIR），是丁基橡胶在脂肪烃溶剂中与氯或溴进行反应的产物。卤化丁基橡胶一方面具有丁基橡胶分子主链所固有的一切特性，如耐热、耐臭氧、耐化学腐蚀介质，滞后性高、屈挠疲劳强度高和透气性低等。另一方面，在卤化丁基橡胶分子结构中，由于有取代卤原子存在，使烯丙基位的双键被活化，通过该烯丙基卤可以进行多种交联反应；卤原子存在也提高了卤化丁基橡胶的极性，改善了其与其它通用橡胶和补强剂的相容性。因此，卤化丁基橡胶具有一系列比丁基橡胶更好的特性：①反应活性高，硫化速度快；②交联结构热稳定性好，制品耐热性比丁基橡胶更优良；③可单独用氧化锌硫化，硫化方式多样化；④具有共硫化性，容易与其它橡胶共混；⑤卤化丁基橡胶本身或与其它通用橡胶有良好的硫化黏合性能，丁基橡胶则较差。

普通丁基橡胶（IIR）主要用于内胎和硫化胶囊的生产，其牌号比过去有所减少。各公司 IIR 的牌号列于表 2.58。在市场上主要流通与使用的牌号是 ExxonMobil Butyl268、ARLANXEO Butyl301、NKNK BK1675N 和信汇的 IIR532，此外信汇新增食品添加剂丁基橡胶FD-01。

表 2.58　各公司普通丁基橡胶主要牌号列表

| 公司 | 牌号 | 不饱和度 | 门尼黏度［ML（1+8）125℃］ |
|---|---|---|---|
| ExxonMobil | Butyl065 | 1.05±0.2 | 32±3 |
| | Butyl068 | 1.15±0.2 | 51±5 |
| | Butyl268 | 1.7±0.2 | 51±5 |
| | Butyl365 | 2.3±0.3 | 33±3 |
| Arlanxeo | RB301 | 1.85 | 51±5 |
| | RB402 | 2.25 | 33±4 |
| | RB100 | 0.9 | 33±4 |
| | RB101-3（Food Grade） | 1.75 | 51±5 |
| NKNK | BK1570S | 1.5±0.5 | 40～60 |
| | BK1675M | 1.4～1.8 | 40～50 |
| | BK1675N | 1.6±0.2 | 46～56 |
| 信汇材料 | IIR532 | 1.7±0.2 | 51±5 |
| | CB-01 | 1.6±0.05 | 51±2 |
| | FD-01 | ≤3 | — |
| 京博石化 | IIR 1953 | 1.7±0.2 | 51±5 |

BIIR 的市场需求量增速较快，其牌号也多。全钢子午胎的气密层 100% 使用 BIIR，小轿车用的半钢子午胎也开始向使用 BIIR 转化。表 2.59 列出了各公司 HIIR 的牌号。

表 2.59　各公司 HIIR 主要牌号列表

| 公司 | 品种 | 牌号 | 氯（摩尔分数）/% | 溴（摩尔分数）/% | 门尼黏度［ML（1+8）125℃］ |
|---|---|---|---|---|---|
| ExxonMobil | BIIR | Bromobutyl2211 | | 1.08±0.15 | 32±4 |
| | | Bromobutyl2244 | | 1.08±0.15 | 46±5 |
| | | Bromobutyl2222 | | 1.03±0.1 | 32±4 |
| | | Bromobutyl2235 | | 1.03±0.1 | 39±4 |
| | | Bromobutyl2255 | | 1.03±0.1 | 46±5 |
| | | Bromobutyl6222 | | 2.4±0.2 | 32±5 |
| | CIIR | Chlorobutyl1066 | 1.26±0.08 | | 38±4 |
| | | Chlorobutyl5066 | 1.5±0.1 | | 40±5 |
| Arlanxeo | BIIR | BB2030 | | 1.8* | 32±4 |
| | | BB2040 | | 1.8* | 39±4 |
| | | BBX2 | | 1.8* | 46±4 |
| | CIIR | CB1204 | 1.25* | | 38±4 |

续表

| 公司 | 品种 | 牌号 | 氯（摩尔分数）/% | 溴（摩尔分数）/% | 门尼黏度[ML (1+8) 125℃] |
|---|---|---|---|---|---|
| NKNK | BIIR | BromobutylBBK232 | | 1.8~2.2* | 28~35 |
| | | BromobutylBBK239 | | 1.8~2.2* | 36~42 |
| | | BromobutylBBK246 | | 1.8~2.2* | 43~50 |
| 信汇材料 | BIIR | BIIR2302 | | 1.9±0.2 | 32±4 |
| | | BIIR2502 | | 1.9±0.2 | 46±4 |
| | CIIR | CIIR1301 | 1.25±0.10 | | 38±4 |
| 京博石化 | BIIR | BIIR2828 | | 2.0±0.2* | 32±4 |
| | | BIIR2430 | | 2.3±0.15* | 32±4 |
| | | BIIR2841 | | 2.0±0.2* | 41±3 |

注：* 的单位是质量分数，%。

## 二、市场供需

### （一）世界供需分析

近年来，世界丁基橡胶（包括 IIR 和 HIIR）的生产能力稳步增长，新增生产能力主要来自中国、日本、俄罗斯和新加坡。截至 2021 年底，世界丁基橡胶的总产能达到 201.7 万吨/年，其中北美地区的产能为 47 万吨/年，占世界总产能的 23.3%；西欧地区的产能为 28.5 万吨/年，占世界总产能的 14.1%；中东欧地区的产能为 27.2 万吨/年，占世界总产能的 13.5%；亚太地区的产能为 99 万吨/年，占世界总产能的 49.1%。

世界丁基橡胶生产装置主要集中在美国、俄罗斯以及中国大陆等，中国是世界最大的丁基橡胶生产国，年生产能力为 54 万吨，占世界总产能的 26.8%；其次是美国，年产能 32 万吨，占世界总产能的 15.9%。埃克森美孚化学是世界最大的丁基橡胶生产企业，年产能为 80.5 万吨，占世界总产能的 39.9%，分别在美国、英国、日本、沙特和新加坡建有生产装置；其次是阿朗新科公司，年生产能力为 40 万吨，占世界总产能的 19.8%，分别在比利时、加拿大和新加坡建有生产装置。2021 年世界丁基橡胶主要生产企业生产情况见表 2.60。

表 2.60 世界主要丁基橡胶生产企业　　　　单位：万吨/年

| 供应商 | 国家 | 地区 | HIIR | IIR | 合计 | 装置状态 |
|---|---|---|---|---|---|---|
| ExxonMobil | 美国 | BatonRouge | 12.5 | 2.5 | 15.0 | 正常 |
| | | Baytown | 15.0 | 2.0 | 17.0 | 正常 |
| | 英国 | Fawley | 11.0 | 2.5 | 13.5 | 正常 |
| | 日本 | Kawasaki | 8.0 | | 8.0 | 正常 |
| | | Kashima | — | 2.0 | 2.0 | 正常 |
| | 沙特 | Byblos | 11.0 | | 11.0 | 正常 |
| | 新加坡 | JurongIsland | 14.0 | | 14.0 | 正常 |
| | 小计 | | 71.5 | 9.0 | 80.5 | |

续表

| 供应商 | 国家 | 地区 | HIIR | IIR | 合计 | 装置状态 |
|---|---|---|---|---|---|---|
| Arlanxeo | 新加坡 | JurongIsland | 10.0 | — | 10.0 | 正常 |
| | 加拿大 | Sarnia | 13.5 | 1.5 | 15.0 | 正常 |
| | 比利时 | Antwerp | 13.0 | 2.0 | 15.0 | 正常 |
| | 小计 | | 36.5 | 3.5 | 40.0 | |
| 俄罗斯 | 俄罗斯 | Nizhnekamsk | 18.0 | 2.0 | 20.0 | 正常 |
| | | Sibur | | 7.2 | 7.2 | 正常 |
| | 小计 | | 18.0 | 9.2 | 27.2 | |
| 燕山 | 中国 | 北京 | 3.0 | | 3.0 | 正常 |
| | | | | 9.0 | 9.0 | 停滞 |
| 信汇 | | 嘉兴 | 12.0 | | 12.0 | 正常 |
| | | 盘锦 | 7.8 | 4.2 | 12.0 | 正常 |
| 京博 | | 滨州 | 6.0 | — | 6.0 | 正常 |
| | | | 7.0 | | 7.0 | 正常 |
| 台塑 | | 宁波 | — | 5.0 | 5.0 | 停滞 |
| | 小计 | | 35.8 | 18.2 | 54.0 | |
| | 全球合计 | | 161.8 | 39.9 | 201.7 | |

## （二）现有装置情况

埃克森美孚化学公司新加坡装置于2021年开始试生产，2022年已稳定生产。

阿朗新科新加坡工厂于2014年7月投产，但产品稳定性比其他两个工厂要差，开工率在70%以下，加拿大和比利时工厂正常开车，开工率约90%。

浙江信汇工厂正常开车，开工率约90%，2020年丁基橡胶产量超过10万吨。2019年底浙江信汇收购原盘锦和运，成立盘锦信汇，丁基橡胶产能12万吨，正常开车。

燕山石化共有两套丁基橡胶装置，2000年建成的9万吨/年IIR装置建成后一直未开车。另外一套3万吨/年HIIR装置（也可生产IIR），因产品质量及供应稳定性，仅有个别客户在采购使用。

山东京博于2017年初开车，设计产能为5万吨/年BIIR，2021年底两套溴化丁基橡胶装置建成投产，目前产能13万吨，正常开工。

台塑合成橡胶工业（宁波）有限公司5万吨装置，闲置中。

## （三）新建与扩建装置情况

印度Reliance公司与俄罗斯西布尔公司合资成立信诚西布尔弹性体公司，在印度西部的Jamnagar建设年生产能力为10万吨/年的IIR生产装置，该装置已于2016年开始商业化操作，卤化丁基已于2021年生产，客户已认证。

### (四) 全球 IIR 消费现状与市场前景

**1. 全球 IIR 消费现状**

目前世界上丁基橡胶主要用于轮胎和医药瓶塞等领域。其中，85%用于轮胎制造，10%用于医药胶塞，5%用于胶黏剂、口香糖及其他领域。轮胎行业的发展基本代表了丁基橡胶的发展，而汽车保有量及产量情况决定了轮胎的需求。

医用胶塞约占全球丁基橡胶消费量的10%，中国市场由于限抗限输政策，医用胶塞在中国市场消费量仅2万吨，占比中国丁基消费量不足5%，医药胶塞的产量基本维持稳定。

其他制品涉及鞋底、防护服、电线电缆、防水建材、减震材料等行业，制品行业占丁基总消费量仅为5%左右，年均增速达到8%以上，未来有较大的增长潜力。

**2. 全球市场需求分析**

随着汽车工业的发展和对汽车安全性和舒适性的要求提高，加速了汽车轮胎子午化的进程及无内胎轮胎的发展。过去几年，世界丁基橡胶总消费量呈增长趋势，HIIR 消费量占较大比例并维持稳定。2017 年世界丁基橡胶总消费量 126 万吨，其中 HIIR 消费量为 92.1 万吨，约占总消费量的 73.1%。2021 年世界丁基橡胶总消费量约为 134.8 万吨，其中 HIIR 消费量为 98.8 万吨，约占总消费量的 73.29%，年复合增长率 1.4%，预计到 2026 年，世界丁基橡胶总消费量将达到 145 万吨，见表 2.61。

表 2.61　近五年世界丁基橡胶消费量

| 年份 | 2017 年 | 2018 年 | 2019 年 | 2020 年 | 2021 年 |
| --- | --- | --- | --- | --- | --- |
| 总消费量/万吨 | 126 | 131.3 | 137.5 | 121.5 | 134.8 |
| IIR 消费量/万吨 | 33.9 | 36.1 | 37 | 30.5 | 36 |
| HIIR 消费量/万吨 | 92.1 | 95.2 | 100.5 | 91 | 98.8 |
| HIIR 比例/% | 73.10 | 72.51 | 73.10 | 74.90 | 73.29 |

**3. 市场前景**

2021 年全球 HIIR 产能为 161.8 万吨/年（含沉没产能），消费量为 98.8 万吨，IIR 产能 40 万吨/年，消费量为 36 万吨，基本已经处于过剩状态。由于无内胎化的快速提升，全球有内胎的轮胎处于微增长状态，发达国家停止增长维持稳定，东南亚、非洲、南美等国家具有较大潜力，全球预测未来基本维持在1%的增速。

从世界装置能力平衡来看，将过剩丁基橡胶产能 60 万吨/年以上，世界装置能力总体利用率将从目前的 90% 下降到 75% 左右。中国丁基橡胶生产企业面临市场竞争压力将进一步加大。

### (五) 国内 IIR 消费现状与市场前景

**1. 国内消费现状**

我国丁基橡胶的研究开发始于 20 世纪 60 年代，并建立了中试生产装置，后因各种原因而停止。1999 年，北京燕山石化公司合成橡胶厂引进意大利 PI 公司技术，建成了我国第一套丁基橡胶装置，燕山石化 3 万吨/年丁基橡胶生产装置；2010 年浙江信汇通过引进俄罗斯关键技术建成一套 5 万吨/年丁基橡胶生产装置。浙江信汇卤化丁基装置 2012 年 10 月投产，经过几年的不断改进，产品质量已经基本达到埃克森美孚、阿朗新科的水平，广泛地被国内外用户所接受，国内市场占有率已经超过 40%，成为全球第三卤化丁基橡胶供应商。

作为国民经济的支柱产业，近年来我国汽车工业发展迅速，并逐步向大型化、高速化、专业化方向发展，轮胎也随国际潮流向子午化、扁平化、无内胎化方向转化。汽车工业的发展相应带动了轮胎工业的快速发展，我国已经成为世界第一大轮胎生产国和消费国。

医用瓶塞是我国丁基橡胶的第二大需求市场。为了保证用药安全，国家医药主管部门已经规定国内所有药用胶塞（包括粉针剂、输液及口服液等各剂型胶塞）一律停止使用普通天然胶瓶塞，取而代之以更为安全方便的丁基橡胶胶塞。随着我国制药行业的快速发展，必将促进医用瓶塞需求量的增加，进而增加对丁基橡胶的需求。

另外，随着我国城市化进程的加快，各种基础建设步伐的加速，也将使丁基橡胶在胶带、胶管、黏合剂以及防水卷材等方面的需求量增加。

据统计，"十三五"期间我国丁基橡胶生产、消耗、进口数据见表 2.62。

表 2.62　我国丁基橡胶生产、消耗、进口情况

| 年份 | 丁基橡胶消耗量/万吨 | 国内产量/万吨 | | 进口量/万吨 | |
| --- | --- | --- | --- | --- | --- |
| | | IIR | HIIR | IIR | HIIR |
| 2017 年 | 39.87 | 5.30 | 8.54 | 6.30 | 21.01 |
| 2018 年 | 39.61 | 4.92 | 10.5 | 6.43 | 18.71 |
| 2019 年 | 38.7 | 3.49 | 12.24 | 8.42 | 16.3 |
| 2020 年 | 46 | 3.2 | 16.32 | 11.65 | 16.75 |
| 2021 年 | 47.42 | 6.95 | 22.46 | 8.4 | 13.38 |

2021 年，我国丁基橡胶的总消费量约为 47.42 万吨，其中 HIIR 约占总消费量的 75%。

**2. 市场供需平衡分析**

近年来我国丁基橡胶的表观消费量波动起伏，2017—2021 年表观消费量的年均增长率为 4.6%。相应的产品自给率由 2017 年的 34.7% 提高到 2021 年的 62.02%，说明我国的丁基橡胶产品从主要依赖进口转变为国产替代。预计 2021—2026 年，丁基橡胶年消费增长率维持在 4%～6%，到 2026 年，我国丁基橡胶总消费量约为 58 万吨，其中 HIIR 消费量为 45 万吨。近年我国丁基橡胶的供需平衡情况见表 2.63。

表 2.63　近年我国丁基橡胶的供需平衡情况

| 年份 | 产量/万吨 | 进口量/万吨 | 出口量/万吨 | 表观消费量/万吨 | 同比增长/% | 自给率/% |
| --- | --- | --- | --- | --- | --- | --- |
| 2017 年 | 13.84 | 27.31 | 0.52 | 39.87 | 3.9 | 34.7 |
| 2018 年 | 15.42 | 25.14 | 0.95 | 39.61 | −0.6% | 38.93% |
| 2019 年 | 15.73 | 24.72 | 1.75 | 38.7 | −2.3% | 40.65% |
| 2020 年 | 19.52 | 28.4 | 1.92 | 46 | 18.86% | 42.43% |
| 2021 年 | 29.41 | 21.78 | 3.77 | 47.42 | 3.1% | 62.02% |

2021年，中国IIR产能过剩，随着浙江信汇、京博石化的产品转型（IIR转为HIIR），中国IIR装置的产能已满足市场需求。目前中国IIR的需求基本维持稳定，随着HIIR新装置的不断建成，HIIR市场也将处于供过于求的局面。

## 三、工艺技术

### （一）国内外工艺技术概况

#### 1. 国外工艺技术概况

1873年，俄国БуТлероВ等以硫酸为催化剂进行异丁烯反应，得到油状异丁烯低聚物；1930年，德国Faben实验室的MichaelOtto发现，将$BF_3$加入到经干冰预冷的异丁烯中，可制得橡胶状产物。1932年，Otto到美国StandardDevelopment公司与该公司的Thomas等一起继续探索低温下不同催化剂对聚合的影响，并以$BF_3$为催化剂、乙烯为制冷剂制得了高分子量的聚异丁烯。1937年8月，Thomas和Sparks用新发现的三氯化铝在氯乙烷溶剂中将异丁烯与少量的丁二烯共聚，合成出了丁基橡胶的前身产物，不久发现异戊二烯是更好的共聚单体。丁基橡胶的发现提出了新的低官能度的概念，即分子链上存在少量双键就足以提供所需的硫化能力。

1940年，美国Texas州Baytown丁基橡胶中试装置（27～36kg/d）生产出具有商品价值、分子量约35万的丁基橡胶。1943年3月，世界上第一套淤浆法丁基橡胶工业装置在美国Louisiana州的BatonRouge建成投产。1944年，第二套丁基橡胶装置在Texas州的Baytown投产。1954年，Exxon公司从联邦政府手中购买了以上两套丁基橡胶工业生产装置，产品的商品名为EnjayButyl。

1942年，加拿大Polysar公司采用美国技术，在Ontario省的Sarnia建设丁基橡胶生产装置，并于1944年投产。1963年，Polysar公司在比利时Antwerp的丁基橡胶生产装置也建成投产。1990年，这两套丁基橡胶生产装置由德国的Bayer公司收购。

1959年，Exxon公司与法国合资建设的丁基橡胶生产装置在NotreDamedeGravenchon投产。1963年，在英国Fawley的合资厂也投入生产。此后，Exxon公司又与日本JSR公司合作于1968年在日本的Kawasaki建造了丁基橡胶生产装置，从而使Exxon公司成为世界上最大的丁基橡胶生产商。

苏联在1943年，由КарпоВаля在全苏合成橡胶科学研究所的实验室合成出第一批丁基橡胶样品。之后，丁基橡胶淤浆法生产装置于1973年在NizhnekamskneftekhimInc.（NKNK）投入生产。1982年，世界上第一套溶液法丁基橡胶生产装置在Togliatti建成投产。

意大利Pressindustria公司从1975年开始进行丁基橡胶聚合反应器的研究，1976年在苏联NKNK丁基橡胶生产装置上进行了中试试验。1983年NKNK工厂利用Pressindusria公司的聚合反应器，改造其丁基橡胶生产装置，取得了成功。此后，Pressindusria公司与苏联建立了Sovbutital合资公司，在Tobolsk建设丁基橡胶装置。1991年，由于苏联解体，合资公司解散，该装置停止建设。Pressindusria公司开始对外转让丁基橡胶生产技术。

随着轮胎工业的发展，从20世纪50年代开始，各公司开始进行 HIIR 技术的研究开发。20世纪50年代中期，美国 Goodrich 公司采用本体、间歇法工艺开发了溴化丁基橡胶，产品投放市场。但是由于制造过程困难，1969年停产。在此期间，溶液法 CIIR 工艺取得成功，1961年，Exxon 公司在 BatonRouge 工厂建立了第一套 CIIR 装置。1971年，该公司又在英国的 Fawley 开始生产 CIIR。1979年，Polysar 公司引进 Exxon 的 CIIR 生产技术，在 Sarnia 工厂投入生产。

1965年以后，Polysar 公司开发了溶液法 BIIR 工艺，1971年在 Sarnia 厂工业化。随后，该公司又在 Antwerp 建设了 BIIR 装置，于1980年投产。同年，Exxon 公司引进了该技术，在 Fawley 工厂投入生产，此后又在美国的丁基橡胶装置增加了 BIIR 品种。1985年，Exxon 公司与 JSR 公司合作在日本 Kashima 建立了 HIIR 装置，基础胶由 Kawasaki 工厂提供。意大利 Pressindustria 公司于1984—1991年期间在中试装置上开发了 HIIR 生产技术，并计划用于拟建的 Tobolsk 丁基橡胶装置。

**2. 国内工艺技术概况**

国内丁基橡胶的研究自20世纪60年代开始，主要由兰州石化研究院进行，但始终没有实现工业化。

燕山石化公司1996年引进意大利 Pressindustria 公司丁基橡胶的生产技术和聚合反应器，建设了3万吨/年 IIR 生产装置，1999年建成投产。

2008年，浙江信汇新材料股份有限公司通过引进俄罗斯关键技术，消化吸收再创新，建成一套5万吨/年 IIR 生产装置。2012年，浙江信汇利用自主开发的卤化丁基技术，建成了5万吨/年 HIIR 装置。

目前国内只有燕山石化、浙江信汇、盘锦信汇、山东京博四套 HIIR 生产装置。

### （二）工艺技术比较

**1. IIR 的生产方法**

目前世界上 IIR 的生产方法主要有淤浆法和溶液法两种。全世界现有 IIR 生产装置中大部分装置都使用淤浆法生产工艺，只有俄罗斯的一套工业装置使用溶液法生产工艺。

（1）淤浆法工艺　淤浆法工艺是以氯甲烷为稀释剂，以铝系催化剂为引发体系，在低温（−100℃左右）下将异丁烯与少量异戊二烯通过阳离子共聚合制得的。反应生成的 IIR 在低温下不溶于氯甲烷溶剂，呈淤浆状。该淤浆状反应液的黏度很低，有利于反应热的导出。

淤浆法生产工艺主要包括混合进料和催化剂溶液的配制、聚合反应、脱气、单体和稀释剂的回收及橡胶后处理等工序。淤浆法生产工艺具有以下优点：聚合反应的单体浓度较高，可达到30%以上；反应器的生产能力大，可高达 3t/h 以上；产品质量优良、稳定；综合能耗较低等。淤浆法生产工艺的主要缺点是：反应器运转周期较短，一般在 40h 左右，含水的氯甲烷溶剂在较高的温度下易分解，产生盐酸腐蚀设备，氯甲烷溶剂容易污染环境。

（2）溶液法工艺　溶液法是以烷基氯化铝催化剂与水的络合物为引发剂，在异戊烷和氯乙烷混合溶剂中于−90～−70℃条件下异丁烯和少量异戊二烯共聚而成。溶液聚合的胶液黏度随单体浓度和单体转化率的升高而显著上升，不利于反应热的导出，因此异丁烯的转化率在30%左右，胶液中的聚合物含量约10%。溶液聚合IIR的加工工艺性能较差，长期以来不用于制造内胎。虽然近期有所改进，也用于内胎的制造，但综合性能仍差于淤浆法生产的同类产品。溶液法工艺的优点是反应器运转周期较长，可达到500h，混合溶剂毒性小于氯甲烷，对环境污染较轻，对设备的腐蚀性小。

**2. HIIR的生产方法**

HIIR的生产一般采用连续工艺，其工艺过程包括基础胶液的制备，液氯、液溴的贮运及准备，卤化反应及卤化胶液的中和，卤化胶液脱气和溶剂回收，卤酸气的处理，卤化丁基橡胶后处理干燥等过程。

IIR的卤化反应是一个离子取代反应，发生在烯丙基链节处，反应速率较快，在常温条件下即可进行，氯化反应快于溴化反应。IIR的卤化反应是在己烷溶剂中进行的，因此要将IIR配制成一定浓度的己烷溶液。IIR己烷溶液的浓度不超过20%。现工业装置IIR己烷溶液的配制方法有3种：①聚合以后脱气塔的IIR胶粒水直接送入己烷溶剂中溶解、脱水；②在脱气塔中用己烷替代水溶解IIR，分离氯甲烷聚合溶剂；③用IIR干胶切碎，溶于己烷溶剂中。第3种方法用于IIR生产装置与卤化生产装置不在同一地点的情况。第2种方法技术上比较先进，常用于只生产HIIR的装置。

## （三）技术进展

近年来，世界丁基橡胶的生产技术进展主要体现在引发体系、聚合溶剂、淤浆稳定技术、基础胶液制备、提高卤素利用率等方面。

**1. 引发体系**

异丁烯与异戊二烯共聚合成IIR是一个典型的碳正离子聚合过程。引发剂体系由引发剂和助引发剂组成。引发剂可以是$H_2O$、$HCl$、$RCOOH$一类的能够提供质子的质子酸或是烷基卤，例如$(CH_3)_3CCl$等；助引发剂为路易斯酸，如$AlCl_3$、$RAlCl_2$、$BF_3$、$SnCl_4$等。长期以来各生产装置均使用$H_2O/AlCl_3$引发剂体系，该体系虽然很成熟，但是也存在一些缺点，例如微量$H_2O$的精确、稳定控制较为困难，$AlCl_3$的配制工艺比较复杂，并且存在腐蚀等问题。近年来约有一半的工业化装置停止使用该体系，采用了易于控制、比较稳定的$H_2O$和烷基氯化铝引发剂体系。此外还有矾、锌、锆等引发剂体系，茂金属衍生物引发剂体系，活性聚合引发剂体系等，但是以上研究工作遇到了种种问题，至今还没有一个理想的新引发剂体系可用于工业化生产。

**2. 聚合溶剂**

传统淤浆法聚合工艺通常采用氯甲烷为聚合体系的稀释剂，与烃类溶剂相比，它在较高的单体转化率下所形成的体系黏度较低，这有利于聚合反应热的导出。然而在聚合温度有所波动的情况下，聚合物淤浆的不稳定性会明显升高，从而加剧聚合物粒子的聚集及在反应器内的挂胶现象，严重影响聚合热的有效导出和聚合釜的连续运转周期。另外，氯甲烷对人的神经系统有毒害作用，而且可消耗大气中的臭氧。21世纪初，美国ExxonMobil公司开发了以氟烃（HFC）取代氯甲烷为聚合稀释剂的新工艺。它具有较低的臭氧消耗潜能和低可燃性。许多氟烃的介电常数比氯甲烷大，在同样的聚合温度下可得到较高分子量的聚合物。采用 HFC 为稀释剂合成丁基橡胶时，聚合温度在 $-75℃$ 左右即可得到理想分子量的产物，这样既可显著降低合成丁基橡胶的能耗，又有利于聚合物的分离回收。另外，用传统淤浆工艺合成 IIR 时，随着共聚物中结合异戊二烯量的升高，其长链支化度一般也会增加，而采用 HFC 稀释剂时，聚合物基本上无长链支化存在。更具有实用价值的是在 HFC 中形成的聚合物粒子的形态及性质有所不同，它呈玻璃态，黏结性较小。异丁烯与异戊二烯于 $-95\sim-80℃$ 下不论在何种 HFC 中聚合，所生成的胶粒均不会黏结在反应器壁或搅拌叶上，搅拌停止后外观较硬的胶粒会漂浮在液相表面。又如，在以四氟乙烷或二氟乙烷为稀释剂的聚合中，所得聚合物淤浆静置 5~30min 后便可自然分离为富含橡胶的上层液和以稀释剂为主的下层液，这就有可能采用过滤或其他简便的方式对其进行初步分离处理，还能为制取卤化丁基橡胶所需的橡胶烃溶液带来便利。

**3. 淤浆稳定技术**

聚合物粒子间会发生附聚，在反应器表面沉积（简称挂胶）。在系统温度升高或有所波动的情况下，聚合物淤浆的不稳定性明显升高，聚合物粒子的附聚速率也迅速增大，而聚合物在反应器表面成膜也会导致淤浆温度升高，如此造成恶性循环。20 世纪 80 年代开始，研究者通过向淤浆中加入某种界面稳定剂，可明显延长聚合釜的连续运转周期，提高淤浆中的聚合物浓度。这种界面稳定剂是由亲液（稀释剂可溶）和疏液（不溶于稀释剂，但与聚合物的相容性较好）两部分构成的嵌段或接枝共聚物，它在聚合物粒子间起到隔离作用，能有效地减轻聚合物粒子间的附聚作用。其亲液组分由含有聚苯乙烯和聚氯乙烯或其衍生物的聚合物组成；疏液组分则由碳四至碳七异构烯烃聚合物或丁基橡胶、乙丙橡胶、低苯乙烯结合量的苯乙烯-丁二烯共聚物组成，比较实用的稳定剂是嵌接 20%~80% 苯乙烯嵌段的异丁烯-异戊二烯共聚物或接枝甲基丙烯酸酯的丁基橡胶，以及接枝苯乙烯的三元乙丙橡胶。Exxon 公司开发出支化型淤浆稳定剂，它是氢氯化改性的苯乙烯-异戊二烯-苯乙烯（SIS）三嵌段共聚物，它既能起到稳定淤浆的作用，又能通过活泼的叔氯原子生成部分支化的高分子量丁基橡胶组分，这种支化型丁基橡胶的应力松弛速度可比普通丁基橡胶提高 5%~20%，生胶强度提高 5% 以上。

有专利报道，在聚合体系中加入适量的醇或酚、胺或吡啶可稳定聚合体系，改善系统传热传质状态，据称有望使聚合釜连续运转周期延长至 120h。这类添加剂有 $N,N$-二丙基乙胺、吡啶、苯基丁醇、哌啶等。另有试验表明，在聚合体系中加入适量的羧酸酯或醚、酮、胺、苯乙烯或烷基苯乙烯等均可起到体系分散剂的作用，使体系黏度降低，淤浆在 $-20℃$ 以下的稳定性得到改进。

俄罗斯尼日卡姆斯克合成橡胶厂的研究人员还利用异戊二烯对低温碳正离子聚合的缓滞作用（在无异丁烯存在的情况下只形成无活性的碳正离子，此时加入异丁烯后的聚合速率要比异丁烯加至异丁烯碳正离子的反应速率慢得多），用适量的异戊二烯对水/三氯化铝体系进行改性，以降低反应初期的聚合速率，改善系统热的分布，从而提高聚合工艺的稳定性。

**4. 基础胶液制备**

用于卤化反应的基础胶液的制备方法有水凝析溶解法和溶剂置换法两种。

水凝析溶解法是指聚合反应釜溢流的聚合淤浆与热水和蒸汽混合后，氯甲烷气化，橡胶在热水中析出成胶粒,再用振动筛和挤压机除去大部分水后去溶解成己烷溶液的方法。

溶剂置换法是指聚合反应釜溢流的聚合淤浆直接与热己烷混合,氯甲烷气化的同时即完成橡胶溶解,形成橡胶溶液。

溶剂置换法相比水凝析溶解法,具有工艺流程短、能耗低、绿色环保、设备腐蚀少、设备占地少和运行成本低等优点,得到了广泛的应用。

溶剂置换法制备基础胶液的通常工艺:丁基橡胶淤浆在闪蒸罐内进行气液分离,同时,过热的溶剂蒸汽通入该闪蒸罐带走汽化的部分稀释剂及丁基橡胶未反应单体。闪蒸罐中的液相物进入汽提塔内进一步除去稀释剂及丁基橡胶未反应单体。该汽提塔同样通入过热的溶剂蒸汽以辅助带走气化的稀释剂及丁基橡胶未反应单体。汽提塔内馏出的液相物再次进行闪蒸以对丁基橡胶液进行浓缩,使其达到标准浓度。但该工艺溶剂使用量大且并没有回收,且汽化的稀释剂及丁基橡胶未反应单体无法再次进行利用,会进一步增加运行负担。

也有技术在上述工艺技术方案的基础上进行了改进:将丁基橡胶淤浆与己烷蒸汽在闪蒸釜内接触,得到气相产物和丁基橡胶的己烷溶液,将丁基橡胶的己烷溶液直接通入导向筛板塔,与己烷蒸汽逆向接触,直接得到用于卤化的丁基橡胶己烷溶液,其具有能够脱除丁基橡胶己烷溶液中残留的未反应单体、可以直接得到卤化用的胶液的优点,简化了卤化丁基橡胶的生产流程,降低了生产成本。但是,该技术方案中,稀释剂及丁基橡胶未反应单体仍无法回用,在原料的资源化利用方面尚存在不足。

目前,有技术进一步针对上述工艺技术方案进行改进:将丁基橡胶淤浆与溶剂、终止剂和稀释剂混合,将反应终止后的丁基橡胶溶液与溶剂进一步混合并完全溶解;通过闪蒸脱除部分稀释剂和未反应单体,随后通入脱氯甲烷塔,塔釜通入己烷蒸汽,丁基橡胶溶液与己烷蒸汽在塔内逆流接触传质,彻底脱除稀释剂和未反应单体,再通入胶液浓缩塔中浓缩,胶液浓度提高,最终得到可用于卤化反应的丁基橡胶基础胶溶液。此外将脱除的稀释剂和未反应单体通入溶剂回收塔,将溶剂和稀释剂、未反应单体进行蒸馏分离。该技术能够实现反应的迅速终止,提高产品质量,缩短工艺时间且将分离出来的己烷回用,能够节约资源,降低成本。

**5. 提高卤素利用率**

丁基橡胶溴化过程中,由于卤化反应为取代反应生成副产物 HBr,溴原子的利用率不超过 50%,为了提高溴原子的利用率,最初研究采用某些氧化剂如对每摩尔溴化剂添加至少 0.5mol 的氧化剂(如过氧化氢或者碱金属次氯酸盐或者碱土金属次氯酸盐),在一种乳化剂的存在下,使 HBr 就地还原为溴离子,继续参与溴化反应,这种情况下溴原子的利用率最多达到 85%,没有乳化剂存在下则最多达到 73%,同时却会伴随发生聚合物的氧化。近来发现,如采用比较温和的氧化剂(如低浓度的 NaOCl)以及在亲电性共溶剂(如二氯甲烷)存在下可避免聚合物的氧化,提高了溴原子的转化率和利用率。另外,增加反应介质中有机相的亲电性,亦可显著提高卤化反应速率,同时避免副反应,得到质量比较均一的产物。

考虑到安全性,也有技术是对丁基橡胶溴化反应后的副产物进行回收利用。卤水制溴工艺发展较为成熟,可参考类似的制溴工艺装置。将含溴化盐废水通氯气氧化/蒸汽吹出,经冷凝分液,将生成的溴单质回用至丁基橡胶的溴化反应中,从而将溴化丁基橡胶生产中溴元素的利用率提高到 98% 以上。

## 四、应用进展

**1. 汽车轮胎**

丁基橡胶在轮胎中的应用领域包括内胎、内衬层、气密层、硫化胶囊、胎面、胎侧等。在部分有内胎轮胎中,为了保护外胎中的骨架钢丝以及其他部件不受湿空气腐蚀,目前很多外胎内会安装一层内衬层,该内衬层用 HIIR 作为原料。从该部件的功能要求看,HIIR 仍然是不可替代的材料,最多就是为了满足部分加工工艺的要求,在 HIIR 中掺混部分(一般 20%~30%)的天然橡胶。

在欧洲,无内胎轮胎由于安全、高效而被应用于从轿车轮胎到工程机械轮胎几乎所有子午线轮胎。气密层是使无内胎轮胎保持高充气压力所需的部件。丁基橡胶是透气性最低的橡胶,是制造内胎的理想材料。但 IIR 与轮胎常用的通用高不饱和橡胶无法共硫化,相容性不好,黏合性也不好。HIIR 可以解决这个问题,HIIR 既保持了丁基橡胶的不透气性,又可以与通用高不饱和橡胶共硫化,而且黏合性也有显著改善。

除了直接用于构成内胎和轮胎气密层、胎面胎侧外,轮胎硫化时用到的模具硫化胶囊也是以 IIR 为主要原料制成的,其要求是具有好的气密性、耐热老化性、耐疲劳老化性、耐屈挠性等。目前所有硫化胶囊基本使用内胎级 IIR 作为原材料。

**2. 医药用瓶塞**

国外在 20 世纪 60 年代已经采用 IIR 和 HIIR 制造医药用瓶塞。HIIR 与 IIR 相比,胶料硫化速度更快,可采用低硫或无硫硫化体系,交联后结构稳定,成品表现为耐热稳定,最高处理温度比丁基橡胶高 10℃。同时,IIR 经过卤化改性后,引入了极性较大的卤原子,使分子间吸引力增大,分子链之间的空隙减小,对进一步提高橡胶瓶塞的气密性和防止药物向瓶塞内扩散渗透有很大益处。

**3. 口香糖胶基**

基于丁基橡胶的良好气密性,做成的口香糖味道保持时间长于天然橡胶做成的,因此世界上大型口香糖公司的配方中都使用的是丁基橡胶。依据食品级 IIR 用户开发的经验,食品客户要更换主要配方中的原料,需要很长的时间,因此,丁基橡胶在胶基中的应用,会长期存在。另外,还有一些用聚异丁烯的客户也逐渐转移为丁基橡胶。

**4. 黏合剂**

丁基橡胶黏合剂属于非极性黏合剂,多用于非极性材料间的黏合,例如纤维织物、非极性橡胶、塑料等,主要包括触敏型、压敏型、溶剂型、乳液型和热熔型等。与其他非极性橡胶黏合剂相比,丁基橡胶具有耐老化、耐腐蚀、黏性高等优点。随着丁基橡胶价格的不断降低,有逐渐替代其他非极性橡胶黏合剂的趋势。

**5. 防腐材料**

设备和管道用防腐材料要求胶料耐强酸、强碱、无机盐等化学品,而且要求低渗透性和较好的耐热性、耐候性以及与被保护设备管道的黏结性。卤化丁基橡胶这方面性能优异,对于60%以上的盐酸、硫酸、硝酸，在70℃以上耐久性表现优异，为其他橡胶、树脂材料所不及。

防护服和手套等也是要求低透气、防腐蚀、耐臭氧、耐紫外线等，在这方面HIIR具有最适宜的性能。

目前，该领域使用的材料多为其他橡胶或树脂，在性能和寿命上较差。随着HIIR价格的不断降低，其在这个领域的应用会逐渐扩大。

### 6. 电线电缆

丁基橡胶具有优良的耐臭氧、耐热、抗潮湿性和良好的电性能，非常适于制造高低压电缆、电缆外套和其他电绝缘材料。IIR的不饱和度对硫化胶性能影响很大，高压电缆适宜用低不饱和度（0.6%~0.7%，摩尔分数）牌号，以满足耐臭氧性能要求；低压电线及电气适用于高不饱和度（>2.0%，摩尔分数）的牌号。但是目前该领域丁基橡胶的应用比较少，主要原因是与PE相比，丁基橡胶的价格比较高。

### 7. 减震制品

减震制品要求材料具有优良的阻尼性，同时具有良好的耐热老化、耐天候老化性。在这方面，丁基橡胶是所有橡胶材料中最好的。由于原来丁基橡胶的价格很高，该领域一般用其他胶种替代，有些产品标准甚至都没有用丁基橡胶作为标准材料，例如桥梁、铁路的减震材料，随着丁基橡胶价格的降低，在这个领域，丁基橡胶的应用将会更加广泛。

### 8. 丁基防水胶带

丁基防水胶带是以丁基橡胶为主要原料，配以其他助剂，通过先进工艺加工制成的一种终生不固化型自粘防水密封胶带，对各种材质表面都有极强的粘接力，同时具有优良的耐候性、耐老化性及防水性，对被粘物表面起到密封、减震、保护等作用。该产品完全不含溶剂，所以不收缩，不会散发有毒气体。因其终生不固化，是一种极为先进的防水密封材料。

### 9. 军工领域

用于防化兵用面具、66型防毒手套、氚防护衣和手套、空军代偿手套等。

在20世纪承担研发成功由国防科工委和九院及903厂共同下达的重大核工业防护科研项目"军工氚防护长臂手套产品"，填补了我国在此领域的空白，为核工业安全防护提供保障，并达到了同类产品的国际水平。

防氚手套采用五层材质复合结构。第一层为防辐射隔离层，由硅橡胶做主体材料；第二层为气密层，丁基橡胶为主体材料；第三层为增强层，以锦纶编织物做主体材料；第四层为防渗透层，由丁基橡胶和防渗透剂组成；第五层为隔离层，由硅橡胶和金属薄膜复合而成。

### 10. 其他

随着丁基橡胶价格的不断降低，消费升级以及终端用户对产品性能的逐步提升，下游用户根据其各种优异的性能也在不断拓宽其应用。近年来，在鞋用、储水宝、空调胶管、工业制品、建筑材料等细分行业的用途逐渐显现。

## 五、发展建议

（1）目前国外不到85%IIR产品应用于轮胎行业，应用领域逐渐向其他高附加值领域开拓，而国内市场应用于轮胎行业依旧占比超过90%，加大产品应用配方的研发，提出产品在其他应用领域的解决方案，提升产品附加值，是丁基橡胶生产商提高自身竞争力的发展方向。

（2）随着全球新建和扩建装置的逐步完成，产品的供需基本达到饱和，因此，新建或扩建装置应该慎重，不宜盲目扩能，以免导致资源浪费和无序竞争。

（3）国内各厂家需要不断进行技术创新，可利用现有成熟的阳离子聚合工艺技术，逐步探索开发以异丁烯为原料的系列产品，包括聚异丁烯系列产品、星型支化丁基橡胶、液体丁基橡胶、改性丁基橡胶等，以满足下游企业不断发展的应用需求。

（4）IIR合成工艺的主要发展方向为聚合温度升高和能耗降低，我国已建或在建的IIR装置均采用淤浆法工艺，今后应进一步完善淤浆法生产工艺技术，重点是聚合反应器设计和过程控制等；卤化工艺的研究主要从基础胶液制备新工艺及过程强化等方向展开，以降低过程单耗，提高产品质量，节约能源，降低生产成本，提升技术水平。

# 第十四节　氢化丁腈橡胶

山东道恩特种弹性体材料有限公司　邢海琳

## 一、概述

氢化丁腈橡胶（HNBR）是由丁腈橡胶（NBR）经加氢处理而得到的一种高度饱和的特种弹性体。与NBR相比，HNBR分子结构中含少量或不含碳碳双键，在保持NBR耐油、耐磨等性能的同时，还具备更优异的耐热、耐氧化、耐臭氧、耐辐射、耐化学品等性能，是一种综合性能优异的特种橡胶。

HNBR的耐高温性为150~180℃，耐寒性为−55~−30℃，且力学性能优良，与其它聚合物相比更能满足汽车工业的要求。用ZnO/甲基丙烯酸（MAA）补强的HNBR可制作三角带、等规三角带、多用三角环的底层胶、隔振器等；也可制备密封圈、密封件、耐热管等。在石油钻井中，要求橡胶制品必须耐受高温、高压、酸、胺、$H_2S$、$CO_2$、$CH_4$等蒸汽的考验，而用HNBR制备的各种制品，可耐酸、耐油、耐溶剂。用ZnO/MAA补强的HNBR可用于制作钻井保护箱和泥浆泵用活塞。此外，采用打浆法将HNBR制成纸型垫圈可用作石油工业及汽车工业的密封垫圈。HNBR的耐热、耐辐射性能比硅橡胶、氟橡胶、聚四氟乙烯要好，适宜作发电站的各种橡胶密封件，也用作液压管、液压密封、发电站用电缆护套，还可作印刷和织物辊筒、武器部件及航天用密封件、覆盖层、燃油囊等；HNBR 胶乳可用作表面涂层（画）、纺织、纸张、皮革、金属、陶瓷、无纺布纤维用的黏合剂，以及发泡橡胶、浸渍胶乳产品等。此外，用 ZnO/MAA、过氧化物、高耐磨炉补强的 HNBR，其综合性能比普通 HNBR 要好。

HNBR 在保持 NBR 原有的优异的耐油性的同时，又获得了非常好的耐热性（耐 150℃高温）、耐臭氧性，其应用领域已突破了 NBR 的传统领域，使得氯化聚乙烯、氯磺化聚乙烯等特种橡胶也受到一定的冲击。从经济角度看，HNBR 销售价暂时还较贵，但由于 HNBR 的刚度低，工艺性能好，密度低，可以加入更多的填料，而且 HNBR 制品单位体积只有氟橡胶的一半，所以，它将成为氟橡胶等特种弹性体的代用品。

## 二、市场供需

### （一）主要生产商

HNBR 全球制造企业目前共计 4 家，具体见表 2.64。

**表 2.64　全球 HNBR 生产厂商**

| 企业名称 | 工厂所在地 | 产能/(万吨/年) | 年销量/吨 | 市场价格/(万元/吨) | 备注 |
| --- | --- | --- | --- | --- | --- |
| 山东道恩 DAWN | 山东龙口 | 0.3（现阶段 0.1） | 目标 330 | 14.4~16 | 铑钌双体系催化剂 |
| 上海赞南 ZANNAN Zhanber | 浙江嘉兴 | 约 0.2 | 500 | 11~13 | 钌系催化剂 |
| 德国阿朗新科 Therban | 德国勒沃库森/美国得克萨斯州 | 约 1.0 | 8000 | 20~24 | 铑系催化剂 |
| 日本瑞翁 Zetpol | 日本高岗/美国得克萨斯州休斯顿 | 约 1.25 | 9500 | 20~24 | 钯催化剂 |

**1. 道恩特弹**

山东道恩特种弹性体材料有限公司与北京化工大学弹性体中心联合攻关，致力于氢化丁腈橡胶（HNBR）系列产品的研发、生产、销售及应用服务。2009 年北京化工大学在北京建成 HNBR 中试基地，2010 年该基地发展为国防军工用的 HNBR 规模化生产平台。2019 年道恩特弹与北京化工大学合作的 3000 吨/年 HNBR 生产装置于 2019 年 3 月 27 日一次开车成功，目前一期装置产品已进入岱高，应用于同步带制造。道恩 HNBR 系列牌号见表 2.65。

表 2.65 道恩 HNBR 系列牌号

| 产品牌号 | 丙烯腈含量 (±1.5)/% | 门尼黏度 [ML (1+4) 100℃] (±5) | 碘值 /(mg/100mg) | 饱和度 (±1)/% | 性能及应用 |
|---|---|---|---|---|---|
| DN3408 | 34 | 80 | 4~10 | 98 | 具有优异的耐热性和动态性能，适用于过氧化物硫化体系，可用于同步带、多楔带、O型圈、垫片和密封件等 |
| DN3418 | 34 | 80 | 12~20 | 96 | 标准中高腈牌号。具有优异的耐热性及低压变性，适用于硫黄和过氧化物硫化体系，可用于O型圈、垫片、油封及石油工业配件等 |
| DN3428 | 34 | 80 | 24~32 | 93 | 具有优异的耐油性和易加工性，适用于硫黄硫化体系，可用于耐油密封件、胶辊和动态油田组件等 |
| DN3708 | 37 | 80 | 4~10 | 90 | 具有优异的耐油性、对各种润滑油添加剂具有化学稳定性，适用于硫黄硫化体系，可用于O型圈、垫片、油封、液压软管、同步带、防喷器、井口密封和水泵密封等 |
| DN3718 | 37 | 80 | 11~22 | 95 | 标准中高腈牌号。具有优异的耐热性、耐臭氧性和耐药品性能，适用于硫黄和过氧化物硫化体系 |
| DN3719 | 37 | 120 | 11~22 | 95 | DAWN3718的高门尼牌号 |
| DN3728 | 37 | 80 | 28~36 | 99 | 耐热性、耐臭氧性、耐药品性优异，适用于过氧化物硫化。 |
| DN4308 | 43 | 80 | 4~9 | 90 | 对车用燃油、芳香族类溶剂、氟里昂、酸、碱等具有优异的抗耐性，适用于硫黄硫化体系，可用于燃料软管、隔膜和油封等 |
| DN4318 | 43 | 80 | 10~18 | 95 | 标准高腈牌号 |
| DN4328 | 43 | 80 | 22~30 | 99 | 具有优异的耐热性、耐油性和耐溶剂性能，适用于过氧化物硫化体系，可用于耐燃油、耐工业冷媒等的胶管、膜片及油封 |

**2. 阿朗新科**

1982 年 Bayer 公司开发出商业牌号 Therban 1707 和 1907，丙烯腈含量分别为 34% 和 38% 的 HNBR。2004 年 Bayer 公司将其下属的化学品业务和三分之一的聚合物业务重新整合成一家新公司——朗盛公司，其中包括 HNBR 的业务。2016 年 7 月 1 日，朗盛旗下橡胶业务部与沙特阿美石油公司成立的合成橡胶合资公司 ARLANXEO 正式宣布其中文名为"阿朗新科"。其 HNBR 产能为 1 万吨/年，生产基地分布在美国和德国，美国基地产能为 5500 吨/年，占阿朗新科总产能的 55%。全球销量达 8000 吨/年。

阿朗新科 HNBR 产品具有质量稳定、牌号全、色泽浅等优势，在客户中拥有较好口碑。阿朗新科 HNBR 系列牌号见表 2.66。

表 2.66 阿朗新科 HNBR 系列牌号

| 品种牌号 | 丙烯腈含量/% | 门尼黏度 [ML (1+4) 100℃] | 氢化度/% | 备注 |
|---|---|---|---|---|
| 完全氢化牌号（适用于过氧化硫化） | | | | |
| A 3406 | 34 | 63 | 90 | 与 3407 类似，但具有更好的流动特性 |
| A 3407 | 34 | 70 | 90 | 兼备抗油溶胀性和低温柔软性 |
| A 3607 | 36 | 68 | 90 | 抗油溶胀比 3407 差，低温柔性极好 |
| A 3907 | 39 | 70 | 90 | 硫化产品的抗油溶胀比 3407 的硫化产品少 |
| A 4307 | 43 | 63 | 90 | 硫化产品在油品及液体 A 4307 染料中的溶胀最少 |
| A 4309 | 43 | 100 | 90 | |
| 部分氢化牌号（适用于过氧化物及硫黄硫化） | | | | |
| C 3446 | 34 | 61 | 96 | 硫黄交联，提供很好的动态性能及附着力 |
| C 3467 | 34 | 68 | 95 | |
| C 3627 | 36 | 68 | 98 | 特低残余双键含量 |
| C 3629 | 36 | 87 | 98 | |
| C 4367 | 43 | 62 | 95 | 在油品及液体燃料中溶胀最少 |
| C 4369 | 43 | 97 | 95 | |

### 3. 日本瑞翁

日本瑞翁（Zeon）公司早在 70 年代就开展了 HNBR 的研究工作，1978 年开发成功高活性、高选择性的以二氧化硅为载体的钯催化剂，1980 年 HNBR 生产中试成功，并于 1984 年 4 月在日本高冈建厂，其商品牌号为 Zetpol，瑞翁是全球 HNBR 产能最大的企业，产能为 1.25 万吨/年。瑞翁生产基地分布在日本和美国，其中日本的产能为 8500 吨/年，占其总产能的约七成。全球销量达 9500 吨/年。

瑞翁 HNBR 产品以质量稳定、牌号全、色泽深、气味小等优势，赢得了客户良好口碑。瑞翁 HNBR 系列牌号见表 2.67。

表 2.67 瑞翁 HNBR 系列牌号

| 品种牌号 | 丙烯腈含量/% | 门尼黏度 [ML (1+4) 100℃] | 氢化度/% | 备注 |
|---|---|---|---|---|
| 超高腈型 HNBR | | | | |
| 0020 | 49.2 | 65 | 91 | 对汽车燃油、有机溶剂具有最大的耐性。用于燃油胶管等 |

续表

| 品种牌号 | 丙烯腈含量/% | 门尼黏度[ML (1+4) 100℃] | 氢化度/% | 备注 |
|---|---|---|---|---|
| 高腈型 HNBR | | | | |
| 1010 | 44.2 | 85 | 96 | 对汽车用燃油、芳香族类溶剂具有优异的耐性。对氟里昂气体、酸、碱等具有优异的耐性，适用于燃料软管、隔膜等 |
| 1020 | 44.2 | 78 | 91 | |
| 中高腈型 HNBR | | | | |
| 2001 | 40 | 95 | ≥99.5 | 对润滑油、长效冷却剂、润滑脂、丙烷气、柴油、原油、酸、碱等具有优异的耐性。对各种润滑油添加剂具有化学稳定性。用于O型圈、填密材料、垫圈、油封、液压软管、正时皮带、防喷器、井口密封、水泵密封等 |
| 2000 | 36.2 | 85 | ≥99.5 | |
| 2000L | 36.2 | 65 | ≥99.5 | |
| 2010 | 36.2 | 85 | 96 | |
| 2010L | 36.2 | 57.5 | 96 | |
| 2010H | 36.2 | ≥120 | 96 | |
| 2020 | 36.2 | 78 | 91 | |
| 2020L | 36.2 | 57.5 | 91 | |
| 2030L | 36.2 | 57.5 | 85 | |

**4. 赞南**

中国浙江赞昇新材料有限公司（上海赞南）2000吨/年HNBR产能于2015年初正式投产，2016—2017年开始有产品推向市场。全球年销量达500吨。

赞南研发力量较强，HNBR产品系列丰富，牌号较多，催化剂成本较低，可生产低门尼牌号产品，具体见表2.68。

表2.68 赞南HNBR系列牌号

| 品种牌号 | 丙烯腈含量/% | 门尼黏度[ML (1+4) 100℃] | 氢化度/% | 碘值/(mg/100mg) | 应用 |
|---|---|---|---|---|---|
| ZN28255 | 28 | 50 | 90 | 23～31 | 汽车工业、油田、空调 |
| ZN35056 | 36 | 65 | 99 | 4～10 | 汽车工业、油田、空调、印刷 |
| ZN35058 | 36 | 85 | 99 | 4～10 | |
| ZN35156 | 36 | 60 | 95 | 10～17 | |
| ZN35158 | 36 | 80 | 90 | 10～17 | |
| ZN35256 | 34 | 60 | 90 | 23～31 | |
| ZN35258 | 34 | 82 | 99 | 23～31 | |
| ZN43056 | 42 | 65 | 99 | 4～10 | |
| ZN43058 | 42 | 85 | 99 | 4～10 | |
| ZN43156 | 42 | 65 | 95 | 10～17 | |
| ZN43158 | 42 | 90 | 95 | 10～17 | |

续表

| 品种牌号 | 丙烯腈含量/% | 门尼黏度[ML (1+4) 100℃] | 氢化度/% | 碘值/(mg/100mg) | 应用 |
|---|---|---|---|---|---|
| 特殊牌号 HNBR | | | | | |
| ZN35053 | 36 | 35 | 99 | 4～10 | 汽车工业、油田、空调、印刷 |
| ZN35153 | 36 | 35 | 95 | 10～17 | 同步带、胶管、线缆 |
| ZN35253 | 34 | 35 | 90 | 23～31 | 同步带、胶管、线缆 |
| ZN35355 | 35 | 50 | 85 | 52～60 | 同步带、胶管、线缆 |
| ZN350512 | 36 | 110～130 | 99 | 4～10 | 汽车、油田、空调、印刷 |
| ZN39057 | 39 | 70 | 99 | 4～10 | 汽车、油田、空调、印刷 |

2015年出口量约为30吨，2016年出口量约为100吨，2017年出口量约为200吨，2021年总销量400吨，出口货源均来自赞南公司。

### （二）世界供需分析及预测

#### 1. 世界HNBR总产能、产量

2021年，全球HNBR产能约2.75万吨/年，产量2.2万吨。国外生产企业主要为阿朗新科和日本瑞翁，其中阿朗新科总产能为10000吨/年，分两家工厂生产HNBR，一家位于德国的勒沃库森，另一家位于美国的得克萨斯州；日本瑞翁总产能为12500吨/年，分三家工厂生产，两家分别位于日本的高冈市和川崎市，另外一家位于美国的得克萨斯州。

2022年3月24日，日本瑞翁公司宣布，计划扩大其位于富山县高冈市工厂的氢化丁腈橡胶（HNBR）产能，将高冈工厂的产能提高10%。该项目将于2022年秋季实施，新增产能预计将于2023年投产。瑞翁表示，Zetpol的需求在需要高耐热性和高强度的各个工业领域不断扩大，预计未来需求将"稳定增长"。

2022年5月3日，阿朗新科发布公告，正在通过投资其位于德国勒沃库森的氢化丁腈橡胶工厂来加强战略部署。该投资再次强调了阿朗新科将致力于通过汽车系统、石油勘探、机械工程和航空航天领域的应用升级以实现高效、充足的产品供应。同时，这将为进一步提升产能以满足全球对氢化丁腈橡胶不断增长的需求打下坚实基础。得益于该产能提升项目，勒沃库森氢化丁腈橡胶工厂的年产量将增加10%，并预计于2022年底全面投产。

世界主要HNBR生产企业见表2.69。

表2.69 世界主要HNBR生产企业

| 企业名称 | 产能/(万吨/年) | 装置所在地 | 工艺 |
|---|---|---|---|
| 阿朗新科 | 10000 | 德国勒沃库森、美国得州 | 均相溶液加氢法 |
| 日本瑞翁 | 12500 | 日本高冈市和川崎市、美国得州 | 非均相溶液加氢法 |
| 山东道恩 | 3000 | 山东省烟台市龙口 | 均相溶液加氢法 |
| 上海赞南 | 2000 | 浙江省嘉兴市 | 均相溶液加氢法 |

**2. 需求分析及预测**

2021 年,全球 HNBR 消费量约 2.2 万吨,主要消费领域及消费量占比见图 2.41。

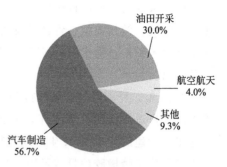

图 2.41　HNBR 全球消费结构

近年来,氢化丁腈以其不可替代的性能优势,消费领域不断扩展,消费量也相应增加。但由于生产氢化丁腈橡胶使用的催化剂价格昂贵、技术难度大、设备要求高,氢化丁腈产品价格一直极高。尤其是近两年全球性的供应紧张,价格更是一路飙升,进口胶国内市场价格由 20 万元/吨涨到了目前的 30 万～35 万元/吨,且一货难求,极大制约了下游客户的产业发展。

供应方面,传统厂商阿朗新科和瑞翁未来几年还将握有市场的话语权,中国新增产能需快速提产并持续工艺升级,提升产品质量,争取在五年后供应量达到世界需求量的 1/3。这对于中国 HNBR 产业来说是个极大的挑战,需要国家政策方面以及企业自身科研方面的大力推进。借助此次全球性缺货的机会,国内工厂应快速提产,把握良机,进入更多的终端应用客户。

需求方面,未来几年,新能源领域的快速发展,会给市场供需关系带来较大影响,加剧供应方面的紧张程度。预计未来五年,HNBR 的需求量将以年均 5% 左右的速度持续增长,到 2026 年,全球需求量将达到 2.8 万吨。

**(三) 国内供需及预测**

**1. 国内 HNBR 发展情况**

原德国朗盛和日本瑞翁早在 20 世纪 70～80 年代就开始了 HNBR 的自主研发工作,并在 80 年代后成功推出产品。1992 年国内 HNBR 的技术研发首先由北京化工大学与台湾南帝化学合作引入,之后北京化工大学持续深耕 HNBR 领域,经过近 20 年的持续攻关,北京化工大学先进弹性体材料研究中心于 2009 年在北京建成 HNBR 中试基地,到 2010 年该基地发展为国防军工用的 HNBR 规模化生产平台,打破了国外长达 30 年之久的技术垄断。2013 年 7 月国产生胶 HNBR 中试化产品通过了装机评审,首飞评审,且实现装机应用,圆满完成了国家科技重大项目规定的各项任务指标。2013 年 9 月 HNBR 规模化制备技术通过了中国石油和化学工业联合会组织的由两名院士参加的科技成果鉴定,专家组一致认为该成果整体技术达到了国际先进水平。同时,研制的高活性加氢催化剂可以生产世界独一无二的某种特种氢化丁腈产品。北京化工大学生产的部分型号 HNBR 已经在 Y-20 大运飞机装机实际应用且使用周期超过 10 年,在水栖两陆 AG600 上装机应用,J-20 歼击机上装机应用,另外在其他直升机上也实现装机应用,打破了长期以来我国航空领域 HNBR 基础原材料完全依赖进口的卡脖子问题。

兰州石化自产 NBR,具有 HNBR 的技术及生产工艺储备,早在 1999 年成功开发出 HNBR,牌号为 LH-9901、LH-9902。后期随着兰化研究中心停止对 HNBR 的研发工作,项目终止。

近年来国内其他高校机构、研究所经过多年的研发发展，先后又有华南理工大学、北京化工研究院、兰州大学、青岛科技大学、福州大学、安徽大学及相关航天动力院所等多家科研单位投入研发，为实现 HNBR 国有化努力，技术攻关呈现多头并进趋势，但均无工业化产品产出。

2010 年，赞南科技开始进行 HNBR 合成研究，2015 年赞南科技工厂建成投产，并开始给下游客户送样检测。2016 年，道恩集团设立山东道恩特种弹性体材料有限公司，联合北京化工大学建成了 HNBR 生产线，其 3000 吨/年的 HNBR 装置于 2019 年 6 月份建成投产，实现了氢化丁腈橡胶项目装置顺利开车并产出合格产品。

国内 HNBR 市场尚属发展起步阶段，2021 年国内 HNBR 产能为 5000 吨/年，主要有两家生产企业，分别为山东道恩特种弹性体材料有限公司和浙江赞昇新材料有限公司。山东道恩产能为 3000 吨/年，于 2019 年投产；浙江赞昇产能为 2000 吨/年，于 2015 年投产。

**2. 未来国内 HNBR 扩建计划**

中国石油化工股份有限公司齐鲁分公司为了扩大公司规模，增加企业收入，充分利用当地资源，决定投资 5.87 亿元建设 5000 吨/年氢化丁腈橡胶项目。项目已经立项，前期手续已办理，设计正在进行中，长周期设备已采购。

2020 年 11 月，山东京博石油化工有限公司"京博乳液加氢法开发氢化丁腈橡胶"项目已完成小试工艺开发和产品性能评价。本项目突破传统工艺，采用 NBR 乳液直接加氢，整体制备工艺流程不使用任何有机溶剂，从而避免了环境污染，降低了企业的"三废"处理负担，符合国家发展绿色化工的趋势。氢化丁腈橡胶绿色环保的乳液加氢技术为最新一代氢化丁腈橡胶制备技术，工艺难度大，创新性高，目前还未实现大规模的工业化生产。项目第四阶段计划实现中试装置稳定运行，产品质量合格。

**3. 需求分析及预测**

2021 年中国 HNBR 消费量约 3000 吨，主要用于生产密封垫片和同步带等产品。其中，密封垫片行业消费约 2100 吨，不仅用于汽车行业，也用于油田开采及航空航天等领域。同步带行业消费约 700 吨，主要用于汽车行业。

从终端下游来看，HNBR 制品主要应用在汽车制造、油田开采及航空航天等领域。其中，汽车制造行业是最大的终端领域，2021 年 HNBR 需求约 1700 吨，占比为 56.7%，广泛应用于汽车传动系统油封、燃油喷射系统密封件、同步带以及转向油管等；其次为油田开采行业，2021 年 HNBR 需求约 900 吨，占比为 30.0%。油田行业的橡胶制品需要具备更高的耐油性能，同时要经受住钻探出的泥浆和其他腐蚀物质的物理、化学破坏，HNBR 可满足所需要求，可用于制作封隔器胶筒、螺旋泵定子和防喷器等；航空航天行业占比为 4.0%，2021 年 HNBR 需求约 120 吨，主要用于航空航天用密封件；其他行业主要包括军事工业、空调、印刷领域占比为 9.3%，2021 年 HNBR 需求约 280 吨，主要用于核工业用各种橡胶密封件、空调密封制品、印刷和纺织用胶辊等。

当前 HNBR 市场主要依赖进口，目前进口产品的紧张给国内厂家带来了机会，利好国内工厂。随着汽车制造行业增速放缓，未来对 HNBR 需求增速将有所降低。但新能源领域的快速发展已经开始影响 HNBR 的市场结构，国内工厂应把握新能源领域带来的机会。由于中国油田开发的不断深入，HNBR 相关制品受到更多的关注和应用，故油田开发行业中 HNBR 需求增速将加快。总的来说，汽车制造和油田开发领域仍将是中国 HNBR 的传统领域的主要应用终端，而作为国家战略物资，新的需求增长点将来自航空航天和军事工业领域。

HNBR 性能优越，性价比高，中国市场对 HNBR 的需求较为强劲。尽管有 2 家国内企业先后突破生产技术，但是装置产能仍然不能满足国内需求。从市场反馈来看，在客户培育和品牌影响力方面与国际品牌还有差距。国内企业应尽快完善工业技术，加快对特种牌号 HNBR 和 HNBR 加工应用方面的研究，以期待具备为下游客户提供定制化服务的能力，加快对国外品牌市场替代的速度。

中国 HNBR 主要应用领域发展趋势分析见表 2.70。

表 2.70　中国 HNBR 主要应用领域发展趋势分析

| 主要应用领域 | 发展趋势 |
| --- | --- |
| 汽车行业 | 自 2009 年以来，中国汽车行业稳步发展，产量连续 10 年蝉联世界第一，2018 年产量达到 2782 万辆。虽然 2018 汽车行业遭遇寒冬，但中国消费者对汽车还存在刚性需求，中国人均汽车保有量依旧远低于全球发达国家水平。目前，国内汽车千人保有量约 170 辆，而美国的汽车千人保有量达到了 800 辆以上，随着经济的发展、收入的提高，中国的汽车市场依旧有着巨大的增长潜力可挖掘。国务院发展研究中心市场经济研究所在"2020 中国汽车市场发展预测峰会"中预测我国汽车行业中长期销量处于 4%~5% 的潜在增长区间。中国汽车行业的稳中向好将提升对汽车同步带的需求，从而促进 HNBR 产业的发展 |
| 油田行业 | 基于原油开采成本、能源战略储备等因素考虑，中国原油开采量维持稳定或呈现负增长。根据发改委《石油天然气发展"十三五"规划》要求，到 2020 年中国原油需求量达到 5.9 亿吨，产量稳定在 2 亿吨，原油净进口量为 3.9 亿吨，原油对外依存度达到 66%。受国家行业政策指导影响，油田行业发展相对稳定，油田开采对密封垫和胶筒的需求稳中伴降，因此 HNBR 在油田行业用量有一定程度的萎缩 |
| 空调行业 | 中国空调产量已经连续 6 年保持在 1.3 亿台以上，未来市场需求将主要受益于城镇化持续推进带来的增量，节能减排、绿色环保等要求带来的技术升级和产品更新换代的存量替代。根据 2016 年制冷空调行业"十三五"规划，2020 年空调产量将是 2015 年的 1.29 倍，即达到 1.83 亿台，从国家统计局发布的官方数据来看，2018 年空调产量已经达到 2.05 亿台，超出预计的数量。空调行业的超预期发展极大促进了对 HNBR 密封件的需求 |
| 大飞机领域 | 目前中国民用大飞机项目整体进展顺利，近几年将会实现批量化生产，大飞机项目的生产将快速带动国内航空航天材料的发展，相关材料需求或将出现快速增长。综合测算，每架大飞机中 HNBR 约占橡胶密封材料总量的 10% 左右，每架大飞机橡胶密封材料用量约为 5 吨，依此测算每架大飞机需要消耗 HNBR 为 0.5 吨，根据大飞机订单量 850 架计算氢化丁腈橡胶总消耗约为 425 吨，按年均交付 170 架测算（5 年完成 850 架交付），每年对产品的消费量为 85 吨左右 |

## 三、工艺技术

### （一）主要生产技术

NBR 现有加氢技术：溶液加氢、乳液加氢、丙烯腈-乙烯共聚及其他的加氢方式。

**1. 乳液加氢**

乳液加氢法是指在丁腈胶乳状态下直接对不饱和链段进行选择性加氢反应，制得 HN-

BR 胶乳，与溶液加氢法相比，乳液加氢反应过程中不需要或仅需要少量有机溶剂，环境污染小，工艺简单易操作，但是有凝胶产生，影响产品的性能。

**2. 溶液加氢**

溶液加氢法是目前工业化生产 HNBR 采用的主要方法。NBR 溶于有机溶剂，保持高温高压，在催化剂作用下氢气将丁二烯单元的双键选择性加氢还原成饱和键，同时保留丙烯腈单元的侧链氰基。催化剂活性中心：铑、钌、钯、铱、锇系等第Ⅷ族贵金属络合物；胺类、金属氧化物等作为配体，溶剂一般为氯苯、二甲苯、丙酮、乙酸乙酯等。

溶液 NBR 加氢具有良好的传质传热性能，提升加氢效率，表现出高选择性与高加氢度，根据催化剂溶解性的不同，溶液加氢法又可分为均相催化溶液加氢法和非均相催化溶液加氢法，这两种加氢方法在工业上均已得到应用。

均相催化溶液加氢法的主要特点是加氢催化剂溶解并分散在丁腈橡胶胶液中，催化剂与橡胶溶液处于同一相中，在一定的温度和氢气压力条件下，催化剂将氢气活化进而与不饱和双键反应，将双键还原为饱和的碳碳单键，完成加氢过程。与非均相催化剂相比，较高的选择性和反应性是均相催化剂明显的优势。均相催化剂可以在反应溶液中均匀分散，其有效成分与底物充分接触使得反应性得到明显提高。均相催化剂的主要缺点就是成本太高，目前研究成熟的均相催化剂主要是铑系、钌系和钯系催化剂。

（1）铑系催化剂　铑系络合物是目前加氢最有效和最广泛使用的均相催化剂，适合 HNBR 的工业化生产。催化剂类型为 $RhXS_n$，其中 X 为氢或氯、S 为配体，当 X 为氯时，$n$ 值为 3，即为 $RhCl(S)_3$；当 X 为氢时，$n$ 值为 4，即为 $RhH(S)_4$。以威尔金森催化剂为例，铑配合物在其他官能团的协同作用下，显著优势体现在：极高的反应活性和对烯烃双键的高选择性；有效抑制交联问题；可制得加氢度 100% 的 HNBR，工业上易于实现高转化率。缺点也很明显：催化剂体系价格昂贵；制备过程复杂，需要保证在真空环境下进行；催化剂溶液性质不稳定，易生成二聚物，对空气敏感，极易氧化。其优缺点都很明显，故从产品中回收铑络合物，进而降低 HNBR 的生产成本成为其重要的研究方向。阿朗新科采用铑系催化剂实现 HNBR 工业化生产。

（2）钌系催化剂　常见的钌系催化剂包括 $RuH_2(PPh_3)_4$、$RuH(CH_3CO_2)(PPh_3)_3$、$RuCl_2(PPh_3)_3$ 等，钌系催化剂价格优势巨大，其次稳定性好，虽然加氢活性、选择性都不如铑，但辅以适合的工艺条件可制得高加氢度产品，以 $RuCl_2(PPh_3)_3$ 为催化剂、丁酮为溶剂，温度 150℃、氢气压力 14MPa 时可制得氢化度为 99% 的 HNBR。钌系催化剂的加氢条件较为宽泛，温度 20~150℃，氢气压力根据催化剂和溶剂体系的变化也有较大不同。其缺点为：单独使用钌系催化剂对丁腈橡胶加氢时，体系容易发生副反应，分子之间发生交联导致氢化产品的分子量明显增大、产物生成凝胶，双键异构化，影响了 HNBR 的力学性能及加工性能。为了解决凝胶问题，钌络合其他金属的催化剂成为重点研发方向。

（3）钯系催化剂　采用钯作催化剂有很大的发展潜力，其价格较低，活性很高，相对容易回收。钯系催化剂结构式 $Pd/X_mY_n$，X 为负离子，Y 为中性配位体，$m$ 为 0，2，4，$n$ 为 1~4。即钯盐与稳定配体形成络合物，溶于极性溶剂中，易于加氢反应的稳定进行。其作用机理为：催化剂同氢气先发生作用后降低反应的活化能，更容易实现 NBR 的选择加氢。其制备方法一般有两种：一种为氢还原法，另一种为联胺化合物还原法。日本 Zeon 公司开发的 Pd（AC）$_2$ 催化剂制得的 HNBR 的氢化度为 97%。但钯系催化剂的氢化反应转化率无法满足工业化的要求，阻碍了其在工业中的应用。中国石油吉林石化公司研究院采用乙酸钯均相络合催化剂高压氢化反应的方法研制的 HNBR 小试产品基本达到了国际先进平。

多年以来，研究者一直致力于有效推动均相催化剂的工业化应用进程、有效回收氢化后的贵金属，降低均相催化剂的贵金属含量和寻找成本较低的金属都成为了均相催化剂能否得到广泛应用的关键。在贵金属络合物的回收方面也已经取得了一些实质性进展，例如使用超临界二氧化碳回收贵金属络合物等。

**3. 烯烃复分解催化加氢**

丁腈橡胶的烯烃复分解加氢分两个步骤：首先在钌系卡宾催化剂作用下，惰性氛围中进行复分解以降低分子量或引入官能基团，通过催化剂加入量控制复分解反应进行程度，达到分子量可调控的目的；复分解反应进行到一定程度，体系通入氢气，在钌系络合物催化下进行加氢反应。烯烃复分解反应是在金属催化作用下的烯烃分子的切断与重组，是 C=C 双键在金属卡宾催化作用下的重排反应，其核心是 C=C 双键与金属卡宾形成 4 原子的环状过渡态结构，进而重排形成新的产物。其反应类型有：开环复分解、闭环复分解、非环二烯烃复分解、交叉复分解等。20 世纪 50 年代中期开发的钛、钨、钼等金属催化剂反应条件严苛，至 20 世纪 90 年底 Grubbs 等提出了以钌为中心、氮杂环（NHC）为配体的复分解催化剂，反应活性良好且稳定。1992 美国加州理工学院 Robret Grubbs 发现钌卡宾络合物，1996 年合成了高活性及稳定性复分解催化剂，复分解技术得到巨大突破，并应用于橡胶的官能化、液体橡胶、橡胶氢化等领域。国内赞南科技有限公司以钌系金属的烯烃复分解催化剂进行 HNBR 的制备，将复分解与加氢催化剂结合统一为詹氏催化剂，实现了 HNBR 的工业化。

**4. 乙烯类-丙烯腈共聚**

乙烯-丙烯腈共聚法是指乙烯类单体与甲基-丙烯腈单体在高压下进行自由基共聚直接合成 HNBR，由于各单体的反应速率差异很大（$r_{丙烯腈}=0.04$，$r_{乙烯}=0.8$），共聚反应条件苛刻，且容易发生链段重排、链段转移等副反应，产物分子链支化度高、无规性差，聚合物性能不好，此法尚处于小试研究阶段。

**5. 其他加氢方式**

目前，NBR 工业化的加氢方法都要使用有机溶剂，这会对环境造成污染。鉴于这些因素，研究者试图开发出绿色加氢技术，新的 NBR 加氢方法主要有本体加氢法、储氢合金加氢法、超临界二氧化碳加氢法、离子液体加氢法、温控相转移加氢法、生物技术加氢法、纳米级的聚酰胺-胺型树枝状高分子负载催化剂，目前都处于实验室阶段。

## （二）发展趋势

全球市场 HNBR 主要产能仍以日本瑞翁、阿朗新科为主，占据 95% 以上的市场份额，国内小部分 HNBR 产能投放市场，产品种类有待完善，产品整体性能可以达到国外同类产品，但仍需在批次稳定性下足功夫。加氢工艺路线与大装置的工程化仍需整合、完善，在生产实践中稳步提升、固化工艺及操作。催化剂技术是 HNBR 技术研发中的关键与难点，

HNBR 生产技术的优势也主要体现在其生产过程所用催化剂体系的先进性上。除催化剂技术外，工业化进程中胶液凝聚技术对保证 HNBR 性能稳定性也相当关键。在溶液加氢方面，非均相催化剂需要在载体微观结构设计及活性中心的高分散性方面进行改进，选择优化配体，同时开发高效催化剂的回收和再生技术，保证重复利用的催化活性，工艺方面重点开发固定床以简化催化剂分离流程；均相加氢催化剂可以通过选择多种催化剂共催化来降低贵金属催化剂的使用成本，均相体系研究催化剂回收工艺路线，实现催化剂的回收再利用。乳液加氢方面，需要着重开发能提升 HNBR 力学性能的催化剂，同时探索在保证产物氢化度的同时解决其凝胶问题的新技术。烯烃复分解催化剂能够有效调控聚合物的分子量，通过改善胶液浓度和传质效率提高产物氢化度，引入新官能团提升产品性能。

## 四、应用进展

氢化丁腈橡胶（HNBR）与传统的丁腈橡胶（NBR）相比，其分子结构中含有少量或不含碳碳双键（C=C），它不仅具有 NBR 的耐油、耐磨、耐低温等性能，而且还具有更优异的耐热氧老化、耐臭氧、耐化学介质、良好的动态性能等，是目前最具发展潜力的橡胶品种之一，在许多方面已取代了氟橡胶等其它特种橡胶，广泛地应用于汽车、油田等工业领域。

**1. 石油工业的应用市场**

近年来，油气井深度越来越大，井下环境和温度条件日益苛刻，要求橡胶制品必须耐高温、高压以及硫化氢、甲烷、酸、蒸汽等的考验。HNBR 在上述介质中的综合性能优于 NBR 和氟橡胶，具有高强度及与金属间良好的黏结性能，广泛用作石油开采橡胶制品，例如油井封隔胶筒、超深井用潜油泵电缆护套、防喷器、定向采油用锭子电机、海洋石油钻井平台配套软管等。

**2. 汽车工业的应用市场**

橡胶配件作为汽车的重要组成部分，在汽车工业市场中需求旺盛。据统计，世界橡胶消耗量的 70% 被用于汽车工业，其中 60% 用于轮胎，40% 用于汽车用非轮胎橡胶制品。据报道，日本橡胶制品工业中近 80% 的减震制品和 70% 的胶管用于汽车工业。作为我国国民经济支柱产业的汽车工业，近年来一直呈现高速发展的势态。2015 年中国汽车产销量均超过 2450 万辆，创全球历史新高，连续七年蝉联全球第一，这对橡胶行业无疑是一个巨大的市场。

随着大功率、高速度、小型化、舒适化汽车的快速发展，以及排气控制法规的日趋严格，对汽车橡胶制品的质量提出了更苛刻的要求。同时，汽车性能的提高和安全与否在很大程度上又取决于橡胶制品的可靠性，对于耐新型燃料、新型制冷剂、耐动态疲劳等性能的要求也越来越高，因此各种特种橡胶在汽车中的应用越来越受到人们的重视。

汽车燃油系统部件：长期以来汽车工业所用的耐油橡胶制品一直采用 NBR。但是随着汽车工业的发展，NBR 已不能满足汽车用橡胶的要求。为达到环境保护和节约能源的目的，汽车工业总的发展趋势是小型化和对燃油系统的改进。为达到这一目的，必须要求所使用的燃油系统橡胶部件具有耐高温（150℃）、耐酸性汽油、耐臭氧等性能，而 HNBR 恰恰具备这种综合性能，完全能满足现代汽车燃油系统的要求。

汽车传动带：现代汽车工业要求汽车同步齿形带的材料具有耐高温、高温下应力变化小、硬度波动小、动态性能稳定等性能。由于 HNBR 在这些性能方面具有显著优势，大有取代 CR 之势。HNBR 相比 CR，耐热性好，温度可高约 30℃，除具有高弹性、高耐磨、高臭氧的特点外，更由于 HNBR 的动态弹性率随温度变化小，在较大温度范围内使用可保持动力的准确传递，是目前同步齿形带最理想的橡胶材料。

HNBR 取代 CR 制造汽车同步带、V 带是汽车工业发展的主流，随着汽车工业的发展和国产 HNBR 的正式投产，中国汽车工业对 HNBR 的需求将会逐年增加，市场前景看好。

**3. 其他工业应用市场**

HNBR 耐热、耐辐射性能比硅橡胶、氟橡胶、聚四氟乙烯性能更优异，适宜作核电站的各种橡胶密封件，也可用作液压管，液压密封发电用电缆护套，还可作为印刷和织物辊筒、武器部件（如坦克履带垫衬）及航天航空用密封件、覆盖层、燃油囊等，此外，HNBR 胶乳可用作表面涂层、纺织、纸张、皮革、金属、陶瓷、无纺布纤维的粘接剂，以及发泡橡胶、浸渍胶乳产品等。

综上所述，随着汽车工业、油田开采业及相关工业的发展，对 HNBR 的市场需求将日益增大，市场应用前景广阔。

## 五、发展建议

氢化丁腈橡胶被广泛应用于石油工业、汽车工业和航空工业等领域，2021 年 11 月 HNBR 作为先进化工材料，新增列入《重点新材料首批次应用示范指导目录》，属于战略物资，对于保障国家重大工程建设，促进传统产业转型升级，构建国际竞争新优势具有重要的战略意义。

近年来国内北京化工大学、兰州大学、青岛科技大学、福州大学、安徽大学及相关航天动力院所等多家科研单位投入研发，为实现 HNBR 国有化努力，技术攻关呈现多头并进趋势。为进一步推动行业进步，可根据发展需求，对现有技术及产能进行整合，实现资源、技术、人才优势互补，打破 HNBR 的技术壁垒，多种加氢方式并行共进，生产不同性能的 HNBR，满足军品领域、国内外市场的不同需求。打造 HNBR 生产基地、技术平台，促进特种氢化丁腈橡胶的普及，适应高新技术产业化需要，具有极高的社会和经济效益。

在国家战略层面，HNBR 产业切合新材料"十四五"规划中的大力推进军民结合的要求，充分利用国内已有新材料产业的技术优势，优化配置军民科技力量和产业资源，推进 HNBR 产业的科技成果加速转化，促进军民新材料技术在基础研究、应用开发、生产采购等环节有机衔接，加快军民共用新材料产业化、规模化发展。鼓励优势新材料企业积极参与军工新材料配套，提高企业综合实力，实现寓军于民。建立军民人才交流与技术成果信息共享机制，积极探索军民融合的市场化途径，推动军民共用材料技术的双向转移和辐射。

# 第十五节 热塑性硫化胶

山东道恩高分子材料股份有限公司　陈文泉

## 一、概述

TPV（thermoplastic dynamic vulcanizate）是热塑性动态全硫化橡胶，它是橡胶在熔融的塑料相中进行动态硫化，同时被剪切成微米级的硫化胶粒子，从而形成海-岛结构的橡塑两相体系，这样的两相共存的体系，使 TPV 材料具有了橡胶与塑料的各自特性，可以进行热塑性加工，可完全回收利用，又具有良好的回弹性，可以取代橡胶，使用节能环保。

TPV 主要生产商有埃克森美孚、特诺尔爱佩斯、山东道恩高分子材料股份有限公司、日本三井等。其主要品种为 EPDM/PP 型 TPV，占所有 TPV 品种产量的 90% 以上。埃克森美孚是全球 TPV 市场的引领者，全球市场占有率较高，山东道恩高分子材料有限公司是 TPV 中国市场的引领者，产品广泛应用于汽车、工业产品和终端消费产品。

## 二、市场供需

### （一）世界供需及预测

#### 1. 世界热塑性硫化胶（TPV）生产现状

全球 TPV 产能高度集中，美孚产能占全球约 77%，但近年竞争格局逐渐发生演变，中国企业取得突破，以道恩为代表的国内企业打破国外技术垄断，凭借高性价比和下游应用开发灵活等优势，已获取一定的市场份额，未来发展潜力大。世界主要 TPV 生产企业见表 2.71。世界 TPV 供需及竞争格局见图 2.42。

表 2.71　世界主要 TPV 生产企业

| 企业名称 | 产能/(万吨/年) | 装置所在地 | 工艺来源 |
| --- | --- | --- | --- |
| Celanese | 50 | 美国、英国 | 美国埃克森美孚 |
| Teknor Apex | 6 | 美国 | 原荷兰 DSM |
| 山东道恩 | 3.3 | 中国山东 | 自主产权 |
| 三井化学 | 3.2 | 日本、中国 | 三井 |

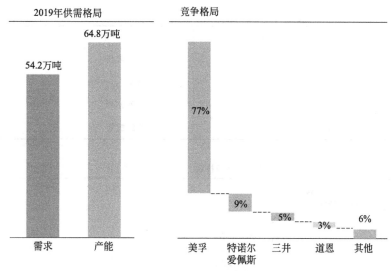

图 2.42 世界 TPV 供需及竞争格局

### 2. 需求分析及预测

TPV 目标市场主要集中在汽车零部件行业，汽车主机厂和汽车零部件的主要厂商集中在少数几个国家，如中国、日本、美国、韩国、法国、德国等，特别是中国是汽车零部件生产大国。据罗兰贝格 2020 年的研究数据显示，TPV 全球市场增长稳定，全球总消费量约 55 万吨，目前已形成百亿级市场。

全球 TPV 市场集中在亚洲、北美和欧洲。亚洲市场消费占比约 44％，是增长主力，作为全球汽车主要产地，得益于汽车行业环保标准提高和性能要求升级，TPV 需求持续扩大。北美市场约占 27％，欧洲市场约占 23％。TPV 应用相对广泛，在建筑、工业、医用和终端消费品市场接受度不断提升。全球 TPV 产能高度集中，美孚产能约占全球 77％，但近年竞争格局逐渐发生演变，中国企业取得突破。以道恩为代表的国内企业打破国外技术垄断，凭借高性价比和下游应用开发灵活等优势，已获取一定的市场份额，未来发展潜力大。

## （二）国内供需及预测

### 1. 国内生产现状

我国现有 TPV 厂商已超过 20 家，但大都产能较小。国内首条万吨级的 TPV 生产线于 2012 年初在山东道恩高分子材料股份有限公司建成。2018 年，道恩股份 TPV 产能扩至 3.3 万吨，产能位居世界第三，国内第一。据罗兰贝格 2020 年的研究数据表明，当前国内 TPV 还高度依赖进口，国内产量仅 3.7 万吨，而进口量约 5 万～6 万吨，进口替代潜力巨大。伴随道恩、奥普特等国内企业取得突破，未来供给紧张情况有望得到一定缓解，国内主要 TPV 生产企业见表 2.72。中国市场供需及竞争格局见图 2.43。

表 2.72 国内主要 TPV 生产企业

| 企业名称 | 产能/(万吨/年) | 装置所在地 | 工艺来源 |
| --- | --- | --- | --- |
| 道恩股份 | 3.3 | 山东烟台龙口 | 自主产权 |

续表

| 企业名称 | 产能/(万吨/年) | 装置所在地 | 工艺来源 |
|---|---|---|---|
| 江苏顶塑 | 1 | 江苏常州 | — |
| 金陵奥普特 | 0.75 | 南京 | 自主 |
| 中广核特威 | — | 江苏苏州 | — |
| 万马高分子 | 0.5 | 浙江杭州 | — |

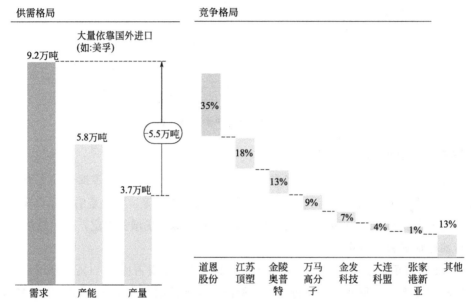

图 2.43　中国市场供需及竞争格局

### 2. 需求分析及预测

据罗兰贝格 2020 年的研究数据表明，得益于我国汽车工业的飞速发展和汽车轻量化工作的推进，目前我国 TPV 需求量增长至 9 万吨以上，其中 60％应用于汽车工业。2022 年，随着新能源汽车的高速增长，车用 TPV 的需求量增长率预计超过 10％。

TPV 各领域应用构成：汽车领域 60％左右、流体处理 15％左右、消费品 10％、医疗设备 10％、其它领域 5％。

未来数年，TPV 在非车用领域的应用将会得到快速发展，如在建筑防水、体育休闲、新型能源等领域将得到广泛应用。

## 三、工艺技术

制备热塑性硫化胶（TPV）的关键技术为动态硫化技术。根据动态硫化所用的硫化体系不同可分为酚醛树脂硫化 TPV 和过氧化物硫化 TPV。酚醛树脂硫化体系制备 TPV 具备优异的弹性和耐老化、耐天候性。全球前两位的 TPV 生产企业 Celanese 和 Teknor Apex 均采用酚醛树脂硫化体系制备 TPV。过氧化物硫化 TPV 具备优异的加工性能、低吸湿性，弹性及耐老化、耐天候性稍逊于树脂硫化体系，日本三井 TPV 则全部采用过氧化物硫化体系。在国内，道恩生产的 TPV 包含酚醛树脂硫化和过氧化物硫化两大品类，其占比分别约为 60% 和 40% 左右。中国其它 TPV 制造商除中广核特威、张家港美特之外，其它 TPV 企业大部分采用过氧化物硫化体系。

TPV 的制备包含橡塑共混、动态硫化、配色和功能化改性三个工艺过程。然而，这三个工艺过程的组合方案国内外不同 TPV 生产企业不尽相同。代表国际 TPV 制备最高水平的 Celanese，将橡塑共混、动态硫化、配色和功能化改性三套工艺组合到一台双螺杆挤出机上完成，即所谓的一步法制备 TPV 技术。一步法制备 TPV 技术有很高的技术难度，难点一是物料在一台空间有限的双螺杆挤出机内极短的停留内完成 TPV 制备的三个工艺过程，如何确保整个工艺的可控性、稳定性及相态结构的精细化；二是如何将 EPDM 橡胶这种发黏物料精细破碎并实现工艺过程所需的数小时的储存时间内不结块，同时实现在线定量精确计量喂料。一步法制备 TPV 工艺路线见图 2.44。

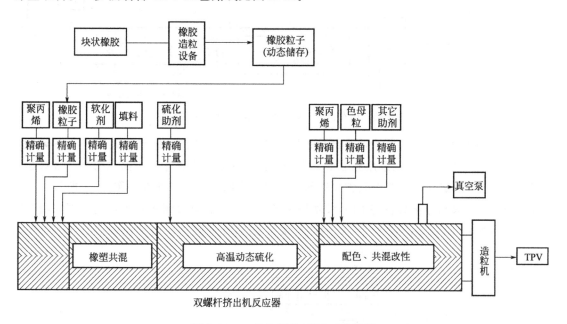

图 2.44　一步法制备 TPV 工艺路线

鉴于上述一步法制备 TPV 存在很高的技术难度，因此，目前仅有 Celanese 报告该工艺技术，而 Teknor Apex 和日本三井化学制备 TPV 的工艺路线并不明确。在中国，山东道恩采用自主产权的双阶一步法技术制备 TPV，即橡塑共混在一台双螺杆挤出机上实现，而动态硫化和配色、功能化改性在另一台双螺杆挤出机上实现，两台双螺杆挤出机进行双阶串联，实现了双阶一步法，结合了二步法工艺稳定、可控性高和一步法的劳动力投入低的优势。同时，山东道恩也具备成熟的块状橡胶制备成橡胶颗粒并数小时短时储存的工艺技术，因此块状 EPDM 和颗粒状 EPDM 均可使用道恩自主的双阶一步法制备 TPV，甚至可以采用 EPDM 充油胶制备高性能 TPV，因此可以广泛应用于对弹性要求高的密封系统、对耐油耐热要求较高的防尘罩和进气管中。

山东道恩双阶一步法制备 TPV 工艺路线见图 2.45。

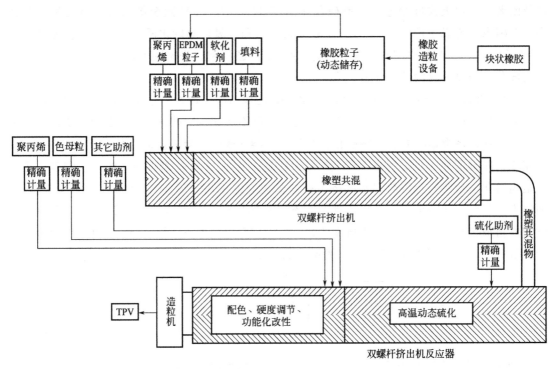

图 2.45　山东道恩双阶一步法制备 TPV 工艺路线

国内其他厂家的 TPV 制造商大部分采用三步法的制备工艺，即橡塑共混、动态硫化和配色、功能化改性三步分别采用独立的双螺杆挤出机实现（即整个工艺路线需要三台双螺杆挤出机），三台双螺杆挤出机之间独立造粒，未进行串联。其工艺路线如图 2.46 所示，并且这些 TPV 厂家大部分不具备将 EPDM 块胶制备成颗粒并精确计量的技术，基本都采用颗粒 EPDM，因颗粒 EPDM 乙烯含量高，因此与块状 EPDM 橡胶相比回弹性差，更远不及充油

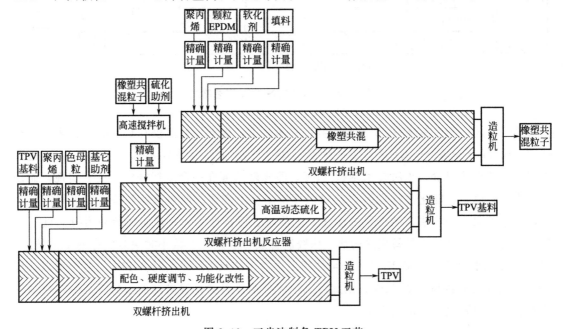

图 2.46　三步法制备 TPV 工艺

EPDM 块胶，因此制得的 TPV 弹性较差，在对弹性要求较高的汽车动态密封系统及对耐温耐油性要求较高的汽车防尘罩、进气管中较少应用。

## 四、应用进展

TPV 具备与 EPDM 硫化胶接近的弹性、更优的耐老化和耐天候性，且成型制品的工艺简单，可采用挤出、注塑、吹塑、压延等热塑性塑料的成型方法进行加工；成型过程中的边角料、不良品 100% 可回收重复使用，因此作为传统硫化橡胶的绿色环保替代材料广泛应用于汽车工业、建材工业、运动休闲、家用卫浴、电线电缆、轨道交通等众多领域。

### （一）TPV 在汽车零部件中的应用

TPV 可以替代传统的硫化橡胶应用于汽车密封、内外饰件、防尘罩及滤清器进气管等零部件。

**1. TPV 在汽车密封系统中的应用**

TPV 具备与 EPDM 相近弹性和比 EPDM 硫化胶更优的耐热老化和耐天候性，在玻璃导槽密封条、内外水切密封条、三角窗密封条、天窗密封条、挡风玻璃密封条等汽车密封系统中的应用广泛，超过 TPV 本身 40% 以上的需求量。与 EPDM 密封条相比制备工艺简化，能耗降低 70% 以上，边角料及不良品可回收，具备长久的使用寿命，更低的气味和 VOC 排放，制备过程中不需要使用胶水等存在有溶剂释放的组分，且密度比 EPDM 硫化胶低 30% 以上，符合整车轻量化和"碳中和、碳达峰"的发展趋势。全球前三大 TPV 制造商汽车密封系统应用的 TPV 如表 2.73～表 2.75 所示。

表 2.73 密封系统中应用的 Santoprene TPV 主要牌号

| 牌号 | 类别 | 加工方法 | 关键特性 | 密封条应用 |
| --- | --- | --- | --- | --- |
| 121-58W175 | 黑色、耐 UV、62A | 挤出（密实） | 优异密封性、低压缩永久变形、耐光照 | 水切、导槽、天窗密封、挡风密封 |
| 121-67W175 | 黑色、耐 UV、72A | 挤出（密实） | 优异密封性、低压缩永久变形、耐光照 | 水切、导槽、天窗密封、挡风密封 |
| 121-73W175 | 黑色、耐 UV、78A | 挤出（密实） | 优异密封性、低压缩永久变形、耐光照 | 水切、导槽、天窗密封、挡风密封 |
| 9101-80E | 黑色、80A | 挤出（密实） | 性价比优 | 静态密封、导槽、水切、天窗密封等非密封部位 |
| 123-50W175 | 黑色、耐 UV、51D | 挤出（密实） | 优异光泽度、耐光照 | 水切、天窗密封条等骨架或表面外观层 |
| 123-52W242 | 黑色，耐 UV、52D | 挤出（涂层） | 低 CoF、耐磨 | 导槽密封条涂层 |
| 8123-45S100 | 黑色、耐 UV、45D | 挤出（涂层） | 低 CoF、耐磨、柔韧 | 导槽密封条涂层 |
| 121-50E500 | 黑色、耐 UV、56A | 挤出 | 优异弹性、优异加工性 | 各类密封条功能部位 |
| 121-50M100 | 黑色、耐光照、59A | 注塑、包边注塑 | 高流动性 | 角窗密封条 |
| 121-62M100 | 黑色、耐光照、66A | 注塑、包边注塑 | 高流动性 | 角窗密封条 |
| 121-75M100 | 黑色、耐光照、76A | 注塑、包边注塑 | 高流动性 | 角窗密封条 |

续表

| 牌号 | 类别 | 加工方法 | 关键特性 | 密封条应用 |
|---|---|---|---|---|
| 121-60M200 | 黑色、耐光照、61A | 注塑、包边注塑 | 高流动性、优异外观 | 角窗密封条 |
| 121-75M200 | 黑色、耐光照、76A | 注塑、包边注塑 | 高流动性、优异外观 | 角窗密封条 |
| 121-79W233 | 黑色、耐光照、84A | 注塑 | 与EPDM和TPV较优黏结性 | 密封条接角或封端 |
| 121-65B200 | 黑色、耐光照、64A | 注塑 | 与EPDM和TPV更优黏结性 | 密封条接角或封端 |

表2.74 密封系统中应用的Sarlink TPV主要牌号

| 牌号 | 类别 | 加工方法 | 关键特性 | 密封条应用 |
|---|---|---|---|---|
| 5755B | 黑色、耐UV、58A | 挤出（密实） | 优异密封性、低压缩永久变形、耐光照 | 水切、导槽、天窗密封、挡风密封 |
| 5765B | 黑色、耐UV、68A | 挤出（密实） | 优异密封性、低压缩永久变形、耐光照 | 水切、导槽、天窗密封、挡风密封 |
| 5775B | 黑色、耐UV、75A | 挤出（密实） | 优异密封性、低压缩永久变形、耐光照 | 水切、导槽、天窗密封、挡风密封 |
| 5780B | 黑色、82A | 挤出（密实） | 耐光照 | 导槽密封条、天窗密封条等非密封骨架部位 |
| 5790B | 黑色、耐UV、89A | 挤出（密实） | 耐光照 | 水切、天窗密封条等骨架或表面外观层 |
| 5740DB | 黑色、耐UV、40D | 挤出（涂层） | 耐光照 | 水切、天窗密封条等骨架或表面外观层 |
| 5750DB | 黑色、耐UV、52D | 挤出（涂层） | 高光泽度、耐光照 | 水切、天窗密封条等骨架或表面外观层 |
| 4755B | 黑色、56A | 注塑、包边注塑 | 高流动性 | 角窗密封条 |
| 4765B | 黑色、65A | 注塑、包边注塑 | 高流动性 | 角窗密封条 |
| 4775B | 黑色、76A | 注塑、包边注塑 | 高流动性 | 角窗密封条 |

表2.75 密封系统中应用的Dawnprene TPV主要牌号

| 牌号 | 类别 | 加工方法 | 关键特性 | 密封条应用 |
|---|---|---|---|---|
| 13-55A | 黑色、耐UV、62A | 挤出（密实） | 优异密封性、低压缩永久变形、耐光照 | 水切、导槽、天窗密封、挡风密封 |
| 13-67A | 黑色、耐UV、72A | 挤出（密实） | 优异密封性、低压缩永久变形、耐光照 | 水切、导槽、天窗密封、挡风密封 |
| 13-73A | 黑色、耐UV、76A | 挤出（密实） | 优异密封性、低压缩永久变形、耐光照 | 水切、导槽、天窗密封、挡风密封 |
| 801B1 | 黑色、82A | 挤出（密实） | 性价比优 | 静态密封，导槽、水切、天窗密封等非密封部位 |
| 13-50D | 黑色、耐UV、51D | 挤出（密实） | 优异光泽度、耐光照 | 水切、天窗密封条等骨架或表面外观层 |
| 6601 | 黑色、耐UV、52D | 挤出（亮面涂层） | 低CoF、耐磨 | 导槽密封条涂层 |

续表

| 牌号 | 类别 | 加工方法 | 关键特性 | 密封条应用 |
| --- | --- | --- | --- | --- |
| 6603 | 黑色、耐UV、45D | 挤出（麻面涂层） | 低CoF、耐磨、柔韧 | 导槽密封条涂层 |
| 14-65A | 黑色、耐光照、66A | 注塑、包边注塑 | 高流动性性 | 角窗密封条 |
| 14-70A | 黑色、耐光照、72A | 注塑、包边注塑 | 高流动性性 | 角窗密封条 |
| 14-70A | 黑色、耐光照、61A | 注塑、包边注塑 | 高流动性、优异外观 | 角窗密封条 |
| 14-75A | 黑色、耐光照、76A | 注塑、包边注塑 | 高流动性、优异外观 | 角窗密封条 |
| E18-65A | 黑色、耐光照、66A | 注塑 | 与EPDM和TPV优异黏结性 | 密封条接角或封端 |
| E18-75A | 黑色、耐光照、75A | 注塑 | 与EPDM和TPV优异黏结性 | 密封条接角或封端 |
| E18-80A | 黑色、耐光照、82A | 注塑 | 与EPDM和TPV优异黏结性 | 密封条接角或封端 |

**2. TPV在汽车内外饰中的应用**

TPV具有可反复使用的优异特性，材料重复加工6次以上还具备很高的性能保持率，具备低气味、低VOC、低雾化等优异性能，同时还具备优异的耐高低温性能和韧性，在汽车内外饰的应用受到青睐。

TPV可以应用于挤出压延和真空成型工艺成型汽车仪表板表皮、门板表皮，替代搪塑PVC表皮，实现内饰表皮环保化和轻量化。可以注塑成型安全气囊盖和气囊支架，替代部分TPEE，在众多车型，特别是日系车和自主品牌车型上应用广泛，产品耐高低温性能和抗冲性能优异，可保证安全气囊爆破时的安全性。同时，TPV因具备优异的防滑性能、舒适的触感和较优的抗刮擦性能，可以注塑成型杯垫、手机垫等内饰垫片，及在门把手、手拨包覆等内饰包胶广泛应用。

TPV具备优异的耐光照老化、耐天候性能，同时可以与PP进行双色注塑成型复杂结构的零件，在汽车轮罩、挡泥板、进气格栅密封等汽车外饰件中普遍应用。

**3. TPV在防尘罩及进气管的应用**

TPV具备与氯丁橡胶相当的耐油性、更优的抗疲劳性、耐臭氧性和耐温性，因此被广泛应用于吹塑或注塑成型汽车发动机周边、底盘周边的转向或减振防尘罩及空气滤清器进气管，替代氯丁橡胶，实现产品的可回收、降低加工能耗和轻量化。比相同硬度的氯丁橡胶具备更优的刚性，在制备防尘罩、进气管时，产品厚度可明显低于氯丁橡胶防尘罩，因此不但可实现40%以上的减重，且零件成本明显降低。并且，TPV比氯丁橡胶具备更优异的抗疲劳性和耐老化性，因此制备的防尘罩、减震和转向护套等产品具备更长久的使用寿命。同时产品采用吹塑或注塑加工成型，其加工成型效率相比模压硫化的氯丁橡胶提升数倍，劳动力投入减少50%以上，能耗降低70%以上。

**（二）TPV在建筑建材领域的应用**

TPV可替代EPDM应用于建筑密封条，如门窗密封条、玻璃幕墙密封等，具有长效耐老化和低散发性能。同时，TPV 因具备优异的柔软性、耐光照性、可焊接性及良好的挤出成型性，也被广泛应用于对使用年限要求高的防水卷材，应用于隧道、建筑物屋面的防水工程。

### (三) TPV 在运动休闲中的应用

TPV 因有良好的回弹、缓冲性能和优异的耐天候性，近些年在运动跑道、悬浮拼装地板上得到应用。

TPV 可作为透气型运动跑道和复合型运动跑道的主要原材料。采用聚氨酯单组分材料与热塑性硫化胶（TPV）颗粒搅拌均匀后现场浇注可成型透气型 TPV 运动跑道，产品呈孔隙结构，空气、水分可以贯通，在高温下，地基产生的蒸汽会很快散发，不会产生蒸气压聚集，所以不会产生鼓泡等不良问题，较 EPDM 成型的透气型跑道具备更优的耐天候性和更低的气味和 VOC 散发。采用双组分聚氨酯材料与热塑性硫化胶颗粒（TPV）现场浇注的复合型跑道，兼具了全塑型跑道的耐磨性、耐钉刺、可修复性，和透气型跑道的透气性，是一类综合性能较优的跑道。

TPV 还是软质悬浮地板的主要原材料，与传统的硬质 PP 地板相比更方便安装、更耐用，更突出的优势体现在其更优的安全、环保、健康特性。产品具备优异的柔软性、舒适性，对幼儿园孩童和专业运动者提供更好的防护。

### (四) TPV 在电线电缆中的应用

TPV 所用的主要原材料 EPDM 和 PP 都为非极性组分，同时其内部 EPDM 的交联键为碳-碳交联，因此材料具备非常高的体积电阻率（$10^{14} \sim 10^{15} \Omega \cdot m$）和表面电阻率（$10^{15} \sim 10^{16} \Omega \cdot m^2$），耐电压击穿，因此可作为很多军用、民用电线电缆的绝缘层材料。如充电桩电缆、汽车 UL 线、军工线缆和工业线缆等均有应用。

### (五) TPV 在卫浴中的应用

TPV 中不含对人体有害的组分，且材料具备优异的耐水性，与水接触具备低迁移性，材料可通过 NSF 认证，因此被应用于卫浴水管与水接触的内层。

### (六) TPV 在轨道交通中的应用

TPV 具备优异的回弹性、缓冲性能和抗疲劳性能，且具备优异的韧性，同时还具备优异的耐酸碱等介质的性能，因此也被应用于轨道减震垫板中。

## 五、发展建议

自 1982 年美国 AES 公司将 EPDM/PP 型 TPV 商业化以来，发展到在众多领域广泛应用的今天，TPV 已商业化近 40 年的时间。其发展存在以下问题：一方面，商业化的 TPV 品种过于单一，大批量应用的品种目前只有 EPDM/PP；另一方面，即使是最成熟的 EPDM/PP 型 TPV，虽然已商业化 40 年，但是其某些关键性能与其替代的 EPDM 硫化橡胶相比也有欠缺，使得其在某些应用上还无法完全替代 EPDM 硫化胶。同时，TPV 的应用领域偏单一，其应用主要集中于汽车零部件，而其它领域的应用相当分散，虽说涉及领域多，但每个领域都只是个别产品小占比使用 TPV 替代 EPDM。因此，未来 TPV 还需要向如下几个方向发展。

**1. 大力开发 TPV 新体系、新品种**

EPDM/PP 型 TPV 有类似于 EPDM 硫化胶的性能，可以在很多产品上替代 EPDM 硫化胶使用，但是毕竟属于非极性材料，因此耐油性一般，且材料的最高使用温度不超过 135℃，气密性较差，在众多要求耐油、耐高温的产品上无法替代硫化橡胶。因此未来有必要开发新品种、新体系 TPV，比如耐油 TPV、耐高温 TPV、气密性 TPV 等应用于特殊性能要求的 TPV 新品种。

埃克森美孚曾率先将 NBR/PP 型 TPV 产业化，可应用于生产耐油产品，埃克森美孚和山东道恩也各自将 BIIR/PA 型 TPV（简称为 DVA）、BIIR 型 TPV（简称 TPIIR）产业化，分别可应用于轮胎气体阻隔层和医用胶塞及阻合盖，道康宁将硅橡胶型 TPV（TPSIV）产业化，应用于软触感智能穿戴产品中，然而这些新型 TPV 或者因售价较高，或者因所应用的产品后成型工艺难题未完全得到解决，或者因相应应用领域的准入门槛过高，未能得到广泛推广。因此这些新型 TPV 的深入开发和推广依然是未来 TPV 的重要发展方向。

除了上述新型 TPV 体系及品种之外，兼具耐高温和耐油的 TPV 也是未来发展的 TPV 新品种，如 ACM 型 TPV、氟橡胶型 TPV 等。这类 TPV 若实现产业化，将促使 TPV 在更高性能要求的产品及应用领域得到拓展。

**2. EPDM 型 TPV 关键性能的升级提升**

作为替代传统硫化橡胶的热塑性弹性体，优异的回弹性为其最基本也是最关键的性能要求。EPDM/PP 型 TPV 拥有较优的弹性，即较低的压缩永久变形，然而其弹性与 EPDM 相比还是有较大差距，特别是较短时间的压缩永久变形，这也是 TPV 目前还不能完全替代 EPDM 硫化胶的主要原因。未来，TPV 的弹性提升，特别是短时间周期的压缩永久变形的改善迫在眉睫，也将成为 EPDM/PP 型 TPV 未来性能提升的主要关注点。

**3. TPV 在非车用领域应用的拓展**

目前，TPV 的最主的应用领域还以车用为主，车用需求 TPV 占所有 TPV 总需求量的 60% 以上，而其它领域，TPV 只是个别产品且小占比替代 EPDM，主要原因在于：除汽车领域之外，其它领域对所用材料的轻量化、可回改、低能耗方面还未有系统的、强制性的制度要求和政策支持，并且 TPV 因产业化的品种单一限制了其适用的产品范围，且短周期弹性不及 EPDM，使得其替代 EPDM 时，有较大一部分产品需要通过优化结构得以弥补，因此在下游应用切换的意愿不强。然而，在国家"双碳"政策的加快落实背景下，TPV 在非车用领域将会快速得到拓展及系统化，将有非常好的发展前景。

**4. "双碳"背景下的 TPV 发展**

随着世界范围内各国对减碳目标的高度重视，中国也制定了"碳中和、碳达峰"的战略目标，各类产业都逐步聚焦、倾斜于此目标。目前世界范围内在生物基热塑性弹性体领域的研究尚处起步阶段，未有工业化生产装置，我国若在此领域加大研发力度，并实施产业化，将在此领域处于国际领跑地位，极大促进化工新材料领域碳达峰、碳中和目标的实现。在此战略指引下，国内多家研究单位都纷纷开展此项研究，其中自 2020 下半年开始，张立群院士团队与山东道恩技术研发团队合作，致力于聚乳酸（PLA）/生物基聚酯弹性体型（BEE）全生物基热塑性弹性体制备技术的研究，中试已取得突破性进展。生物基动态硫化热塑性弹性体具有如下优势和特点：

（1）该类弹性体所有主要原材料均来源于可再生生物基资源，不依赖于石油资源；

（2）该类弹性体可循环使用，大大延长材料的使用生命周期；产品具备优异的力学性能、介电性能和良好触感；

（3）张立群院士团队和山东道恩技术研发团队合作开发的全生物基热塑性弹性体制备技术目前中试已有突破性进展，居国际领先水平，具备产业化基础；

（4）全生物基 TPV 若实现产业化，可在医疗卫生、智能穿戴和高端通信、电子等领域得到广泛应用，市场前景非常乐观。

# 第十六节　碳纤维

**威海拓展纤维有限公司　李杨　孙家乐　于函弘**

## 一、概述

碳纤维被称为"黑色黄金"，是主要由碳元素组成的高性能新型纤维材料，含碳量在 90% 以上，其中含碳量高于 99% 的称为石墨纤维。其拉伸强度约为钢材的 10 倍，重量约为钢材的 1/5，具有出色的力学性能和化学稳定性，并具有低密度、耐腐蚀、耐高温、耐摩擦、抗疲劳、导电及热导率高、膨胀系数低、X 光穿透性高、非磁体但有电磁屏蔽等特点，又兼具纺织纤维的柔软可加工性，被称为继石器和钢铁等金属之后的"第三代材料"。

由于具有独特的结构和性能，碳纤维大量应用于飞机结构、火箭壳体、卫星制造等航空航天领域；风电叶片、储氢气瓶、光伏、电线电缆、体育器材、医疗器械、建筑补强等国民经济诸多领域。随着制备技术的不断发展和成本的持续下降，碳纤维将得到工业及民用产品的更多青睐。

目前，国际上水平较高的碳纤维生产企业主要集中在日本、美国。其中日本东丽公司（Toray）的碳纤维产品，无论品质、产量还是品种种类均居处于世界领先地位。东丽公司碳纤维牌号及性能如表 2.76 所示。

表 2.76　日本东丽（Toray）主要的碳纤维牌号及性能

| 牌号 | 丝数 | 拉伸强度/MPa | 拉伸模量/GPa | 断裂伸长率/% | 线密度/(g/km) | 密度/(g/cm$^3$) |
| --- | --- | --- | --- | --- | --- | --- |
| T300 | 1K | 3530 | 230 | 1.5 | 66 | 1.76 |
| | 3K | 3530 | 230 | 1.5 | 198 | 1.76 |
| | 6K | 3530 | 230 | 1.5 | 396 | 1.76 |

续表

| 牌号 | 丝数 | 拉伸强度/MPa | 拉伸模量/GPa | 断裂伸长率/% | 线密度/(g/km) | 密度/(g/cm³) |
|---|---|---|---|---|---|---|
| T400H | 3K | 4410 | 250 | 1.8 | 198 | 1.8 |
| T400H | 6K | 4410 | 250 | 1.8 | 396 | 1.8 |
| T700S | 12K | 4900 | 230 | 2.1 | 800 | 1.8 |
| T700S | 24K | 4900 | 230 | 2.1 | 1650 | 1.8 |
| T800S | 24K | 5880 | 294 | 2 | 1030 | 1.8 |
| T800H | 6K | 5490 | 294 | 1.9 | 223 | 1.81 |
| T800H | 12K | 5490 | 294 | 1.9 | 445 | 1.81 |
| T1000G | 12K | 6370 | 294 | 2.2 | 485 | 1.8 |
| T1100G | 12K | 7000 | 324 | 2 | 505 | 1.79 |
| T1100G | 24K | 7000 | 324 | 2 | 1010 | 1.79 |
| M35J | 6K | 4510 | 343 | 1.3 | 225 | 1.75 |
| M35J | 12K | 4700 | 343 | 1.4 | 450 | 1.75 |
| M40J | 6K | 4400 | 377 | 1.2 | 225 | 1.77 |
| M40J | 12K | 4400 | 377 | 1.2 | 450 | 1.77 |
| M46J | 6K | 4200 | 436 | 1 | 223 | 1.84 |
| M46J | 12K | 4020 | 436 | 0.9 | 445 | 1.84 |
| M50J | 6K | 4120 | 475 | 0.9 | 216 | 1.88 |
| M55J | 6K | 4020 | 540 | 0.8 | 218 | 1.91 |
| M60J | 3K | 3820 | 588 | 0.7 | 103 | 1.93 |
| M60J | 6K | 3820 | 588 | 0.7 | 206 | 1.93 |

除东丽公司外，日本东邦和三菱的聚丙烯腈碳纤维也具备相当高的水平，产品性能和东丽公司相当。日本东邦的碳纤维产品牌号为 Tenax，以 1~24K 小丝束为主。两家公司的碳纤维牌号及性能详见表 2.77 和表 2.78。

表 2.77　日本东邦公司主要的碳纤维牌号及性能

| 规格 | 丝数 | 拉伸强度/MPa | 拉伸模量/GPa | 断裂伸长率/% | 密度/(g/cm³) |
|---|---|---|---|---|---|
| HTA40 | 1K | 4100 | 240 | 1.7 | 1.77 |
| HTA40 | 3K | 4100 | 240 | 1.7 | 1.77 |
| HTA40 | 6K | 4100 | 240 | 1.7 | 1.77 |
| HTS40 | 3K | 4400 | 240 | 1.8 | 1.77 |
| HTS40 | 6K | 4400 | 240 | 1.8 | 1.77 |
| HTS40 | 12K | 4400 | 240 | 1.8 | 1.77 |
| HTS40 | 24K | 4400 | 240 | 1.8 | 1.77 |
| HTS45 | 12K | 4500 | 240 | 1.9 | 1.77 |

续表

| 规格 | 丝数 | 拉伸强度/MPa | 拉伸模量/GPa | 断裂伸长率/% | 密度/(g/cm³) |
|---|---|---|---|---|---|
| STS40 | 24K | 4300 | 240 | 1.8 | 1.78 |
| | 48K | 4300 | 250 | 1.7 | 1.77 |
| UTS50 | 12K | 5100 | 245 | 2.1 | 1.78 |
| | 24K | 5100 | 245 | 2.1 | 1.78 |
| IMS40 | 3K | 4500 | 290 | 1.6 | 1.73 |
| | 6K | 4500 | 290 | 1.6 | 1.73 |
| | 12K | 4500 | 290 | 1.6 | 1.73 |
| IMS60 | 6K | 5800 | 290 | 2.0 | 1.79 |
| | 12K | 5800 | 290 | 2.0 | 1.79 |
| | 24K | 5800 | 290 | 2.0 | 1.79 |
| HMA35 | 12K | 3300 | 355 | 0.9 | 1.78 |
| UMS40 | 12K | 4700 | 390 | 1.2 | 1.79 |
| | 24K | 4700 | 390 | 1.2 | 1.79 |
| UMS45 | 12K | 4600 | 425 | 1.1 | 1.83 |
| UMS55 | 12K | 4000 | 550 | 0.7 | 1.91 |

表 2.78 日本三菱公司主要的碳纤维牌号及性能

| 规格 | 丝数 | 拉伸强度/MPa | 拉伸模量/GPa | 断裂伸长率/% | 密度/(g/cm³) |
|---|---|---|---|---|---|
| TR 30S 3L | 3K | 4120 | 235 | 1.8 | 1.79 |
| TR 50S 6L | 6K | 4900 | 235 | 2.1 | 1.82 |
| TR 50S 12L | 12K | 4900 | 235 | 2.1 | 1.82 |
| TR 50S 15L | 15K | 4900 | 235 | 2.1 | 1.82 |
| TR 50D 12L | 12K | 5000 | 235 | 2.1 | 1.82 |
| TRH50 18M | 18K | 5300 | 250 | 2.1 | 1.82 |
| TRH50 60M | 60K | 4830 | 250 | 1.9 | 1.81 |
| TRW40 50L | 50K | 4120 | 240 | 1.7 | 1.81 |
| MR 60H 24P | 24K | 5680 | 280 | 2.0 | 1.81 |
| MS 40 12M | 12K | 4410 | 340 | 1.3 | 1.77 |
| HR 40 12M | 12K | 4410 | 375 | 1.1 | 1.82 |
| HS 40 12P | 12K | 4610 | 425 | 1.1 | 1.85 |

美国也是碳纤维技术水平较高的国家，赫式（Hexcel）是其中的典型代表，其碳纤维牌号及性能详见表 2.79。

表 2.79 美国赫式（Hexcel）主要的碳纤维牌号及性能

| 规格 | 丝数 | 拉伸强度/MPa | 拉伸模量/GPa | 断裂伸长率/% | 密度/(g/cm$^3$) |
|---|---|---|---|---|---|
| AS4 | 3K | 4619 | 231 | 1.8 | 1.79 |
| | 6K | 4447 | 231 | 1.7 | 1.79 |
| | 12K | 4413 | 231 | 1.7 | 1.79 |
| AS4C | 3K | 4654 | 231 | 1.8 | 1.78 |
| | 6K | 4550 | 231 | 1.8 | 1.78 |
| | 12K | 4654 | 231 | 1.8 | 1.78 |
| AS4D | 12K | 4723 | 241 | 1.8 | 1.79 |
| AS7 | 12K | 4930 | 243 | 1.7 | 1.79 |
| IM2A | 12K | 5309 | 276 | 1.7 | 1.78 |
| IM2C | 12K | 5723 | 296 | 1.8 | 1.78 |
| IM6 | 12K | 5860 | 279 | 1.9 | 1.76 |
| IM7 | 6K | 5516 | 276 | 1.8 | 1.78 |
| | 12K | 5688 | 276 | 1.8 | 1.78 |
| IM8 | 12K | 6170 | 304 | 1.9 | 1.79 |
| IM10 | 12K | 6826 | 313 | 2.0 | 1.79 |
| HM63 | 6K | 4482 | 429 | 1.1 | 1.81 |
| | 12K | 4826 | 434 | 1.0 | 1.83 |

我国碳纤维研发工作始于20世纪60年代，经过六十余年的发展，国内涌现出威海拓展、中复神鹰、吉林化纤、江苏恒神等优秀的碳纤维生产企业，基本实现了国防军工领域用碳纤维的自主保障并不断向风电叶片、储氢气瓶、建筑补强、体育休闲等民用领域拓展。其中，威海拓展的碳纤维牌号及性能详见表2.80。

表 2.80 威海拓展主要的碳纤维牌号及性能

| 牌号 | 丝束 | 拉伸强度/MPa | 拉伸模量/GPa | 断裂伸长率/% | 线密度/(g/km) | 密度/(g/cm$^3$) |
|---|---|---|---|---|---|---|
| CCF300 | 3K | 3530 | 230 | 1.5 | 198 | 1.78 |
| | 12K | | | | 800 | |
| | 24K | | | | 1600 | |
| CCF700G | 12K | 4900 | 255 | 1.9 | 800 | 1.78 |
| CCF700S | 12K | 4900 | 230 | 2.1 | 800 | 1.8 |
| | 24K | | | | 1600 | |

续表

| 牌号 | 丝束 | 拉伸强度/MPa | 拉伸模量/GPa | 断裂伸长率/% | 线密度/(g/km) | 密度/(g/cm³) |
|---|---|---|---|---|---|---|
| CCF800H | 6K | 5490 | 294 | 1.9 | 223 | 1.8 |
|  | 12K |  |  |  | 445 |  |
|  | 24K |  |  |  | 890 |  |
| CCF800S | 12K | 5880 | 294 | 2 | 450 | 1.8 |
|  | 24K |  |  |  | 900 |  |
| CCF800G | 12K | 5880 | 300 | 1.95 | 450 | 1.8 |
| CCF1000G | 12K | 6370 | 294 | 2.2 | 450 | 1.8 |
| CCF1100 | 12K | 7000 | 324 | 2 | 505 | 1.79 |
| CCM40J | 6K | 4400 | 380 | 1.2 | 225 | 1.79 |
|  | 12K |  |  |  | 450 |  |
| CCM55J | 3K | 4020 | 540 | 0.8 | 109 | 1.9 |
|  | 6K |  |  |  | 218 |  |
| CCM65J | 3K | 3850 | 644 | 0.6 | 85~110 | 1.92~1.96 |
|  | 6K |  |  |  | 170~220 |  |
| CCM40X | 12K | 5700 | 370 | 1.5 | 520 | 1.78 |

## 二、市场供需

### (一) 世界供需及预测

**1. 世界碳纤维生产现状**

根据《2021年度全球碳纤维复合材料市场报告》，2021年度全球碳纤维总产能约为20.7万吨/年，相对于2017年的14.7万吨/年增长了41%。从区域分布来看，全球碳纤维产能主要分布在中国、美国、日本，三国共占据全球碳纤维产能的66%。值得一提的是2021年中国大陆地区产能首次超过美国，占据了全球产能的30.5%，成为全球产能最大的国家。2021年全球碳纤维运行产能（区域）见图2.47。

2021年，全球新增产能主要是：吉林化纤集团新增16000吨（含收购江城的产能）；常州新创碳谷新建产能6000吨；卓尔泰克在墨西哥新增3000吨；中复神鹰新增8000吨（老厂有产能调整）；宝旌新增2000吨；东邦新增1900吨。

2022年，已经公开并在进行中的新建产能有：吉林27000吨；宝旌21000吨；中复神鹰14000吨；上海石化12000吨；新创碳谷12000吨；光威包头4000吨；ZOLTEK 6000吨以上；DOWAKSA 1800吨；韩国晓星2500吨。

世界主要碳纤维生产企业产能见表2.81。

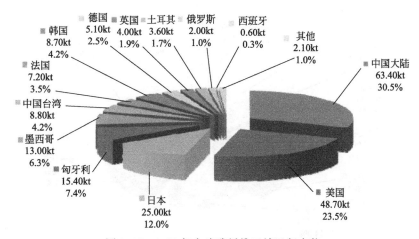

图 2.47 2021 年全球碳纤维区域运行产能

表 2.81 世界主要碳纤维生产企业产能

| 企业名称 | 产能/(万吨/年) | 装置所在地 | 工艺来源 |
| --- | --- | --- | --- |
| 东丽 | 5.75 | 日本、美国 | 自主研发 |
| 吉林化纤 | 1.6 | 吉林 | 自主研发 |
| 赫式 | 1.6 | 美国 | 自主研发 |
| 东邦 | 1.45 | 日本 | 自主研发 |
| 三菱 | 1.43 | 日本 | 自主研发 |
| 西格里 | 1.3 | 德国 | 自主研发 |
| 中复神鹰 | 1.15 | 江苏、青海 | 自主研发 |
| 宝旌 | 1.05 | 浙江 | 自主研发 |
| 合计 | 15.33 | | |

**2. 消费分析及预测**

2021 年，碳纤维全球消费量为 11.8 万吨，同比增长 10.4%。从消费领域来看，风电市场仍然是碳纤维消费量最大的领域。2021 年，风电行业消费碳纤维 3.3 万吨，同比增长 7.8%，受风场补贴及成本等因素影响，增速有所回落，但仍占全球碳纤维总消费量的 28%。

体育休闲行业的碳纤维消费量相对 2020 年有较大增长，增幅达到 20%，是第二大消费市场。2021 年，该行业共消费碳纤维 1.85 万吨，占全球碳纤维消费总量的 15.7%。

航空航天作为高端碳纤维的主要应用领域，对碳纤维的需求保持稳定，2021 年消费碳纤维 1.65 万吨，与 2020 年基本持平，占全球碳纤维消费总量的 15.7%。

压力容器得益于储氢气瓶的高速发展，2021 年的碳纤维消费量保持了 25% 的高速增长，达到 1.1 万吨，占全球碳纤维消费总量的 9.3%。

2021 年全球碳纤维应用需求见图 2.48。

未来几年，预计航空航天领域对碳纤维的需求将稳中有增，风电叶片、体育休闲、压力容器、碳-碳复合材料将是碳纤维需求持续增长的主力军，乐观估计到 2025 年全球市场对碳纤维的需求将达到 20 万吨。

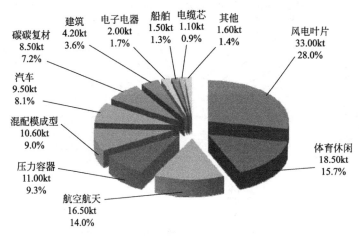

图 2.48　2021 年全球碳纤维应用需求
注：图表来自广州赛奥《2021 年度全球碳纤维复合材料市场报告》

## （二）国内供需及预测

**1. 国内生产现状**

我国对碳纤维的研究始于 20 世纪 60 年代，中科院长春应化所、中科院化学所、中科院煤化所、化工部吉林化工研究院、吉林碳素厂、上海合成纤维研究所等单位分别开展了初步研究工作。因国防领域的迫切需求，国家于 1975 年 11 月启动了碳纤维研究攻关专项。历经十年时间，到 1985 年我国实现了碳纤维百吨级装置的突破，为国产碳纤维的发展打下了坚实基础。

2000 年左右，以师昌绪院士为代表的老一辈科学家再次向党和国家领导人呼吁碳纤维的重要性，并得到党和国家领导人的极大重视，特批重大专项支持碳纤维的研发与产业化，由中科院山西煤化所、中科院化学所、北京化工大学、山东大学承担并先后引入威海拓展、上海金山石化、东华大学、复旦大学等企业和高校共同参与。在全行业的共同努力下，经过十余年的研发，我国碳纤维产业取得空前的发展，产能逐步释放，基本实现与日本东丽公司的全系列牌号对标，满足了国防军工的需求并不断向民用领域拓展。

近两年来，在国家"双碳"战略背景下，市场对碳纤维的需求保持高速增长，中国碳纤维生产企业也迎来了收获期。根据《2021 年度全球碳纤维复合材料市场报告》，2021 年中国碳纤维总产能约为 6.35 万吨，相对于 2017 年的 2.6 万吨增长了 144%，发展势头十分迅猛。从产能分布来看，我国碳纤维产能主要分布于吉林、江苏、山东、浙江等地。国内主要碳纤维生产企业产能见表 2.82。

表 2.82　国内主要碳纤维生产企业产能

| 企业名称 | 产能/(万吨/年) | 装置所在地 | 工艺来源 |
| --- | --- | --- | --- |
| 吉林化纤 | 1.6 | 吉林 | 自主研发 |
| 中复神鹰 | 1.15 | 江苏、青海 | 自主研发 |
| 宝旌 | 1.05 | 浙江 | 自主研发 |

续表

| 企业名称 | 产能/(万吨/年) | 装置所在地 | 工艺来源 |
|---|---|---|---|
| 新创碳谷 | 0.6 | 江苏 | 自主研发 |
| 江苏恒神 | 0.55 | 江苏 | 自主研发 |
| 光威复材 | 0.51 | 山东 | 自主研发 |
| 合计 | 5.46 | | |

2021年，碳纤维市场需求旺盛，产品供不应求，利润节节攀升，因此碳纤维投资项目大量上马。据新闻媒体公开报道，国内重点碳纤维项目有以下几个：

吉林化纤：在"十四五"期间计划完成20万吨原丝、6万吨碳纤维及1万吨复合材料项目，组建国兴碳纤维及凯美克公司，在2021年完成1.6万吨碳纤维的扩产，2022年预计新增2.7万吨碳纤维产能；

中复神鹰：在青海西宁投资建设2万吨碳纤维项目；

威海光威：在内蒙古包头投资建设1万吨碳纤维项目；

宝武旗下的宝旌碳纤维：2021年扩建了一条2500吨碳化线，在2022年初开工了宝万原丝建设计划，旗下另一子公司太钢钢科，在2021年内完成了1800吨碳纤维产能建设；

新创碳谷：建设3.6万吨大丝束项目，2021年完成了其中的6000吨产能建设，2022年正在加紧安装调试另外1.2万吨的产能，预计年内投入生产；

上海石化：1.2万吨大丝束项目正在抓紧建设，预计在2022年投产6000吨；

中简科技：宣布18.67亿元投资、1500吨的碳纤维及制品项目；

新疆隆炬：计划投资60亿元，建设年产5万吨碳纤维碳化项目；

国泰大成：宣布年产25000吨原丝、10000吨碳纤维、碳纤维织物及复合材料的投资计划。

**2. 消费分析及预测**

根据《2021年度全球碳纤维复合材料市场报告》，2021年中国碳纤维的总消费量为62379吨，相对2020年的48851吨，同比增长27.7%，其中进口量为33129吨，占总需求的53.1%；国产纤维供应量为29250吨，占总需求的46.9%。总体来看，中国碳纤维市场供不应求并在持续增长。

从消费领域来看，风电叶片仍是我国碳纤维第一大消费市场，2021年消费碳纤维22500吨，占到国内总消费量的36.1%；体育休闲是我国碳纤维第二大消费市场，2021年消费碳纤维17500吨，占到国内总消费量的28.1%；碳-碳复合材料尤其是热场材料，受光伏行业迅猛发展的带动，国内市场蓬勃发展，2021年消费碳纤维7000吨，占到国内总消费量的11.2%，已经迅速跃升为我国第三大碳纤维消费市场。

除此之外，压力容器、混配模成型、航空航天等消费领域也十分活跃。预计未来几年，随着应用技术的不断成熟与新应用市场的持续开拓，我国碳纤维市场仍有广阔的发展空间。2021年全球碳纤维应用需求见图2.49。

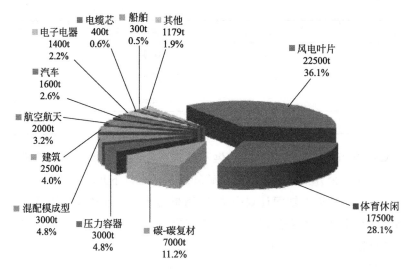

图 2.49 2021 年全球碳纤维应用需求
注：图表来自广州赛奥《2021 年度全球碳纤维复合材料市场报告》

## 三、工艺技术

碳纤维的分类方法有很多，根据纤维的力学性能可以分为高强度碳纤维和高模量碳纤维。根据丝束大小可以分为大丝束（48K 及以上）碳纤维和小丝束（1K、3K、6K、12K、24K 等）碳纤维。大丝束碳纤维主要应用于体育用品、工业用品等领域，成本低，性能与小丝束碳纤维相比差距较大。小丝束碳纤维相对于大丝束碳纤维而言，生产工艺控制更加严格，成本相对较高，性能也更加优异，主要应用于航空航天、军工等领域。

**1. 原材料的选择**

根据原材料的不同碳纤维可以分为沥青基碳纤维、黏胶基碳纤维、酚醛基碳纤维、聚丙烯腈（PAN）基碳纤维。

（1）沥青基碳纤维　沥青基碳纤维是以石油沥青或煤基沥青为原料，经过精制、纺丝、预氧化、碳化制造而成。沥青基碳纤维原料成本较低，碳含量、碳收率高，但由于生产工艺复杂，生产成本较高。相对于其他种类碳纤维，沥青基碳纤维具有更加优良的热传导性、导电性能，并且在受热状态下膨胀系数呈负值变化，在温度变化较大的恶劣环境中表现出优异的稳定性，因此在航空航天、军工等领域发挥着不可替代的作用。

（2）黏胶基碳纤维　黏胶基碳纤维的原材料是人造丝，经过脱水、热解、碳化而来。黏胶基碳纤维有高调控性和发达的孔隙结构，又是由天然纤维素木材或棉绒转化而来，因此与生物的相溶性较好，是极佳的环保、医用卫生材料。并且由于其热导率小，石墨层间距大，石墨微晶取向度低，也是极佳的隔热、耐烧蚀材料。但黏胶基碳纤维生产工艺苛刻，流程长，生产成本较高，应用受到很大程度的限制，因此产量非常有限，不足世界碳纤维总产量的 1%。

（3）酚醛基碳纤维　酚醛基碳纤维，是由酚醛原丝制成的非晶质碳纤维，阻燃性、绝缘性极好，可在松弛条件下碳化，加工工艺简单，碳化时间短且温度低，碳化率高，手感柔软。但强度和模量较低，主要用于复写纸原料，耐腐蚀电线，以及制造耐热、防化防毒、无尘等特种服装。

（4）聚丙烯腈（PAN）基碳纤维　聚丙烯腈基碳纤维是丙烯腈通过聚合、纺丝、预氧化、碳化等工序制造而成的，具有高强度、高刚度、重量轻、耐高温、耐腐蚀、优异的电性能等特点，而且它柔曲性好，便于编织加工和缠绕成型。因为原料来源方便、工艺技术相对简单且生产出的碳纤维综合性能优良，聚丙烯腈基碳纤维逐步成为世界碳纤维的主流，全球市场占有率超过90%。

**2. 纺丝液制备工艺**

（1）一步法　此工艺中使用的聚合溶剂和纺丝溶剂相同，目前普遍使用二甲基亚砜（DMSO）作为溶剂，优点是工序少、流程短、转化率高、单体回收量少，生产出的原丝质量较高。

（2）二步法　此工艺使用的聚合溶剂和纺丝溶剂不相同，聚合釜具有较大的生产能力，适合生产大丝束碳纤维，目前国内腈纶企业多使用此工艺。此工艺转化率不如一步法高，聚合液浓度低，未聚单体的回收量较大。

**3. 纺丝工艺**

（1）湿法纺丝工艺　湿法纺丝工艺是将纺丝液经过过滤、脱泡以后，进入计量泵，通过喷丝头挤出，直接进入凝固浴。随着牵伸速度的提升，在喷丝头处容易产生断丝现象，因此湿法纺丝工艺生产速度相对较低，生产成本较高。通过湿法纺丝工艺生产的碳纤维原丝具有高强度、高取向度、高密度的特点，且表面有沟槽，在复合材料制作工序有利于与树脂结合形成高性能的复合材料，目前大多应用于航空航天、军工等领域。

（2）干喷湿纺工艺　干喷湿纺工艺生产流程与湿法工艺类似，只是纺丝液经过喷丝头喷出后先经过空气层再进入凝固浴。相对于湿法纺丝工艺，该工艺可以实现高速纺丝，例如威海拓展已经可以实现500m/min的原丝纺丝速度。干喷湿纺工艺制备的原丝表面光滑，原丝截面近圆形，而且强度高于湿法工艺制备的原丝。干喷湿纺工艺是近年来较为流行的纺丝工艺，产品性能高、成本低，广泛应用于风电、缠绕壳体等领域。

**4. 预氧化工艺**

聚丙烯腈（PAN）原丝经退丝机退丝整经和调湿后，进入三台热风循环干式氧化炉，在180～300℃的热空气介质中进行逐级氧化处理。虽然聚丙烯腈分子的氰基为极强性基团，分子间存在着很强的偶极-偶极力，熔点较高，但是碳化处理的最低温度要远高于其熔点，因此，在碳化处理之前必须对其进行预氧化处理，目的是促进PAN的线型大分子链转化为耐热的网状梯形分子结构，同时抑制热裂解反应，减少热解小分子逸出，使其在高温碳化时熔融不断，保持纤维形态，处于较好的热力学稳定状态，制得合格的预氧化纤维。

**5. 碳化工艺**

预氧化纤维进入低温碳化炉、高温碳化炉，在高纯氮气的保护下，分别在300～900℃和900～1700℃的温度下，进行低温碳化和高温碳化处理。预氧化纤维经过低温碳化和高温碳化后形成具有乱层石墨结构的碳纤维，在这一结构变化过程中，较小的梯形结构单元进一步进行交联、缩聚，且伴随有热解等复杂的物理和化学反应，在向乱层石墨结构转化的同时，释放出许多小分子副产物，逐步去除 O、N、H 等非碳元素，促使碳元素逐步富集，最终生成含碳量大于 91% 的碳纤维初级产品。

**6. 表面处理工艺**

碳纤维的初级产品经过电解、水洗、烘干、上浆、干燥等表面处理工序的进一步处理，成品卷绕成卷。由于在高温惰性气体中碳化处理，随着非碳元素的逸出和碳元素的富集，碳纤维表面活性降低，造成在后序工序应用中与树脂的浸润性差，导致复合材料的层间剪切强度低下，达不到设计和使用要求。因此需要对碳纤维进行表面处理，设计中采用脉冲直流电源进行阳极电解氧化处理，不仅氧化刻蚀除去碳纤维表面沉积物，而且进行表面氧化引入含氧基团，碳纤维表面含氧量显著增加，表面亲液性明显改善。该工艺过程中，上浆剂的选择至关重要，关系着后续碳纤维复合材料的性能。

## 四、应用进展

（1）航空航天领域　碳-纤维增强复合材料的高模量、高强度特性，有助于飞行器减重，增加结构效率。良好的抗疲劳性、抗振动性和耐腐蚀性可以提高飞行器结构的可靠性。早期，碳纤维主要应用于飞机的非承力部件，如飞机雷达罩、舱门、整流罩等。随着复合材料制备工艺越来越成熟，结构设计水平越来越高，碳纤维增强复合材料开始应用于飞机的主要承力部件。根据 Cirium 数据库显示，2021 年全球商用飞机交付量达到 1034 架，同比增长 28.6%，新增确认订单 1647 架，约为 2020 年的 2.7 倍，因此碳纤维在航空航天领域的应用是十分广阔的。

（2）风电叶片领域　2021 年，风电市场剧烈波动，陆上主机价格扣除塔筒成本后相比 2020 年几乎减半，再加上原材料价格不断上涨，整个风电产业的利润不断压缩，各大风电巨头也都减慢了产业扩张的速度。进入 2022 年，受风场补贴以及成本因素影响，风电用碳纤维需求量大致与 2021 年持平。从工艺角度来看，碳纤维拉挤板应用于叶片主梁已成为主流，近两年中材科技、时代新材、中复连众、艾朗等叶片厂家以及主机厂三一重工、明阳电气、上海电气等均陆续发布了使用碳纤维或碳玻混合拉挤大梁叶片。总体来看，风电市场前景依然光明。

（3）体育休闲领域　碳纤维在鱼竿、球拍、高尔夫球杆、自行车、滑雪板等体育休闲领域的应用十分广泛。2021 年，体育休闲用碳纤维需求量为 1.85 万吨，其中我国是第一消费大国，体育休闲用碳纤维用量为 1.75 万吨。目前，我国体育休闲制品的碳纤维市场已经基本饱和，产品更多以出口国际市场为主，未来对碳纤维的需求增速将逐渐放缓。预计随着其他应用领域的发展，体育休闲用碳纤维在整个碳纤维消费中的占比将逐步降低。

（4）碳-碳复合材料领域　碳-碳复合材料领域是一个高附加值、高技术含量的应用领域。近年来，在我国"双碳"战略背景下，得益于光伏行业的迅猛发展，碳-碳复合材料行业保持了 70% 的超高速增长。在该领域，刹车盘、航天部件、热场部件是三个最主要的应用方向。

（5）压力容器领域　随着全球二氧化碳减排的刚性要求，储存天然气和氢气的压力容器需求大幅增长。得益于储氢气瓶等压力容器的快速发展，该领域对碳纤维的需求将保持25%的高速增长。据《2021年度全球碳纤维复合材料市场报告》统计，2021年我国气瓶碳纤维用量约3000吨。其中，储氢气瓶用量约为1900吨，呼吸气瓶用量大约为600吨，CNG气瓶大约500吨。未来几年，气瓶领域尤其是储氢气瓶将成为碳纤维需求新的增长点。

## 五、存在问题

近年来，我国碳纤维产业整体技术水平已经有了长足进步，行业实现了从无到有的突破，跨入了从有到优的发展阶段，在这过程中行业暴露出一些问题，需要引起足够的重视与警惕。

（1）产品质量不稳定　与日本东丽等知名企业相比，国产碳纤维的批次稳定性还存在较大差距，部分高端应用领域仍有"挑着用"现象，不能完全满足下游用户的需求。

（2）产品应用领域偏低端　从应用领域来看，风电叶片和体育休闲两个领域占据了我国碳纤维消费市场的半壁江山，而较为高端的航空航天领域，2021年消费量占比仅为3.2%。从全球来看，航空航天领域是仅次于风电叶片、体育休闲的第三大应用领域，该领域所需碳纤维产品对于应用技术的要求很高，但国内应用技术整体水平较低，不能有效匹配用户需求。

（3）国产装备亟待开发　受国际形势影响，碳纤维生产装备一直是国外封锁的重中之重。国产装备在工艺适用性、可靠性、精密程度等方面与国际先进水平还存在着较大差距，导致国产碳纤维在性能稳定性等方面竞争力不足。

（4）新建项目同质化严重　近年来，国内碳纤维新建项目产品质量、性能、应用趋同，技术水平和成本相近，存在严重的同质化问题，导致了产能扩张速度远超需求的增长速度，市场竞争日趋激烈。

## 六、发展建议

为适应国家经济发展转型的需求，我国碳纤维行业迫切需要通过高端应用的牵引提升技术装备水平，扩大产品应用领域，提高行业整体的国际竞争力。为此，未来我国碳纤维行业在发展过程中应重点加强以下几方面工作。

（1）稳定T700、T800级碳纤维的生产工艺，提升产品质量，提高性能的稳定性和可靠性，降低产品制造成本，实现油剂、上浆剂等关键原材料的国产化。

（2）调整需求结构，加快向高端应用领域、高附加值领域发展。大力发展低成本技术，增强竞争力，提升碳纤维复合材料的应用技术水平和自主设计能力，加强企业间的垂直合作，提高生产企业"产品研发-复材配比-模具设计-终端应用"的整体解决方案能力。

（3）重视碳纤维制造装备的研发和国产化，通过重大攻关项目等组建生产企业和装备制造企业的联合攻关团队，群策群力，不断迭代升级，突破"卡脖子"的关键装备制造技术，实现碳纤维生产线整体的国产化。

# 第十七节 芳纶

烟台泰和新材料股份有限公司　马千里

## 一、概述

芳纶全称"芳香族聚酰胺"（aromatic polyamide），于 20 世纪 60 年代由美国杜邦公司发明并实现商业化，被誉为 20 世纪人类材料史上最伟大的发明之一。1974 年，美国联邦贸易委员会（FTC）开始正式采用"芳纶"（Aramid）来命名芳香族聚酰胺并沿用至今：成纤物质是长链合成聚酰胺，其中至少 85% 的酰胺键直接连接在芳香基团上。2013 年，国际标准化组织（ISO）将芳纶属名进行了拓展和补充：由酰胺键或亚酰胺键连接芳香族基团所构成的线型大分子组成的纤维，至少 85% 的酰胺键或亚酰胺键直接与两个芳纶相连接，且当亚酰胺键存在时，其数值不超过酰胺键数。目前，我国也采用相同的命名。

按照分子结构，芳纶可分为两种：一是间位芳纶（PMIA），国内简称芳纶 1313；二是对位芳纶，包括聚对苯甲酰胺（PBA）、聚对苯二甲酰对苯二胺（PPTA）、多元共聚芳纶，当多元共聚芳纶中引入杂环结构时，称为杂环芳纶。其中 PPTA 纤维是对位芳纶最典型的产品，国内简称芳纶 1414。几种芳纶的化学结构式如图 2.50 所示。

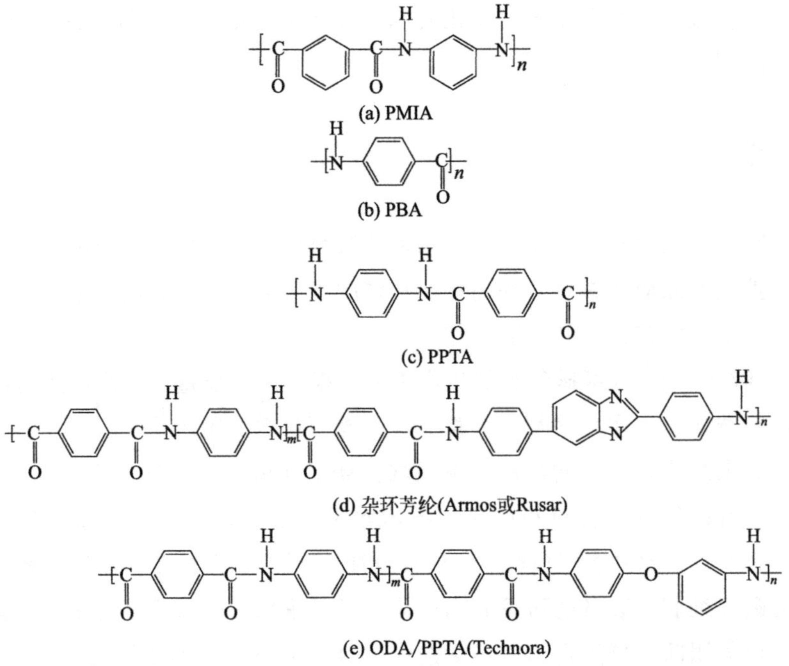

图 2.50　芳纶的分子结构式

1967 年，美国杜邦公司商业化了首款高耐热性间位芳纶，注册商标为 Nomex®，此外，间位芳纶的代表产品还有日本帝人公司的 Conex®、国内泰和新材的 Tametar® 等。对位芳纶产品中，芳纶 1414 的代表产品有美国杜邦的 Kelvar®、荷兰阿克苏诺贝尔开发的 Twaron®（现已与日本帝人合并）、韩国科隆的 Heracron® 以及国内泰和新材的 Taparan®、蓝星（成都）新材料的 Staramid F-2、中芳特纤的 Vicwa 等；多元共聚芳纶的代表产品有帝人 Technora®，俄罗斯特威尔和卡门斯克生产的 Armos®、SVM®、Rusar® 三元共聚型杂环芳纶，国内中蓝晨光的 Staramid F-3 和航天六院 46 所的 F-12 等。芳纶主要产品、生产厂家及应用厂家见表 2.83、表 2.84。

表 2.83 芳纶主要产品及生产企业

| 类型 | | 品牌 | 企业名称 | 国家 |
|---|---|---|---|---|
| 间位芳纶 | | Nomex | 杜邦（DuPont） | 美 国 |
| | | Conex | 帝人（Teijin） | 日 本 |
| | | MetaOne | 汇维仕（Huvis） | 韩 国 |
| | | Tametar | 泰和新材 | 中 国 |
| | | X-FIPER | 超美斯 | |
| 对位芳纶 | 芳纶Ⅱ | Kevlar | 杜邦（DuPont） | 美 国 |
| | | Twaron | 帝人（Teijin） | 日 本 |
| | | Heracron | 科隆（Kolon） | 韩 国 |
| | | ALKEX | 晓星（Hyosung） | |
| | | Taparan | 泰和新材 | 中 国 |
| | | SF | 中化国际 | |
| | | Vicwa | 中芳特纤 | |
| | 芳纶Ⅲ | Technora | 帝人（Teijin） | 日 本 |
| | | SVM | 特威尔（Tver）、卡门斯克 (Kamenskvolokno) | 俄罗斯 |
| | | Aroms | | |
| | | Rusar | 卡门斯克（Kamenskvolokno） | |
| | | Staramid F-3 | 中蓝晨光 | 中 国 |
| | | F-12 | 航天六院 46 所 | |
| | | 芙丝特 | 四川辉腾 | |

表 2.84 芳纶主要应用领域及应用厂家

| 应用领域 | 芳纶类型 | 应用厂家 |
|---|---|---|
| 安全防护领域 | 间位芳纶 | 际华集团、北京邦维、上海伊贝娜<br>美国 Tencate、美国 Milliken、美国 Honeywell 等 |
| | 芳纶 1414 | 中国兵器工业集团第 53 研究所、际华集团、北京普凡防护、北京普诺泰新材料、重庆盾之王实业；俄罗斯 Klass 等 |
| | 杂环芳纶 | 北京中天锋等 |

续表

| 应用领域 | 芳纶类型 | 应用厂家 |
|---|---|---|
| 工业领域 | 间位芳纶 | 中材科技、无锡必达福等 |
| 汽车及轨道交通领域 | 间位芳纶 | 中车集团、江阴沪澄等 |
| | 芳纶1414 | 鹏翎股份、中策橡胶、山东美晨工业集团、上海新上橡汽车胶管等<br>法国 Hutchinson、美国 Parker Hannifin、德国 Continental、美国 Goodyear 等 |
| 航空航天领域 | 间位芳纶 | 中航复材、昊天龙邦 |
| | 杂环芳纶 | 航天科技、中航复材、航天四院43所 |
| 信息通信领域 | 芳纶1414 | 烽火科技、中天科技、亨通光电、长飞光纤；<br>美国 Corning、德国 Prysmian、日本 Furukawa 等 |

芳纶高度规整的分子链以及大量的苯环棒状分子结构，使其具有低密度、高模量、高强度、耐切割、耐腐蚀、耐高温等优良性能，除此之外，还具有绝缘、阻燃、抗老化和生命周期长等优异性能。不同种类芳纶其突出性能也不一样，间位芳纶的优点是阻燃性和绝缘性、耐化学品腐蚀、介电常数低，被誉为"防火纤维"。对位芳纶产品中，芳纶1414具有突出的高强度、高模量、耐高温、阻燃、减震、抗疲劳和耐磨等优异性能，被誉为"防弹纤维"；杂环芳纶具有比芳纶1414更加优异的力学性能、热性能和复合性能，可弥补其他有机纤维不耐紫外光照、不耐湿热老化等缺陷，在工程界被誉为"纤维之王"。

几种国内外常见芳纶的性能对比见表2.85。

表 2.85 不同芳纶的基本性能

| 性能 | 间位芳纶 | | 对位芳纶 | | | |
|---|---|---|---|---|---|---|
| | | | 芳纶Ⅱ | 芳纶Ⅲ | | |
| | Conex | Nomex | Kevlar Twaron Taparan | Technora | Armos | Staramid F3-368 |
| 密度/(g/cm³) | 1.38 | 1.38 | 1.44~1.45 | 1.39 | 1.43 | 1.44 |
| 拉伸强度/GPa | 0.51~0.86 | 0.59~0.86 | 2.7~3.6 | 3.2~3.5 | 4.5~5.5 | ≥4.4 |
| 拉伸模量/GPa | — | 7.9~12.1 | 60~170 | 65~85 | 140~160 | ≥125 |
| 断裂伸长率/% | 28~5 | 20~45 | 2.3~4.2 | 3.9~4.5 | 3.4~4.0 | ≥3.2 |
| 回潮率/% | 5.3 | 5.2 | 2.0~7.0 | 1.9 | 3.0~4.0 | 3.5~4.5 |
| 热分解温度/℃ | >400 | 400 | 500 | 500 | 550~600 | ≥520 |
| 极限氧指数/% | 28~31 | 29 | 29~40 | 25~40 | 37~43 | 38~42 |

注：数据来源于 DuPont、Teijin、中蓝晨光等企业官网及公开资料整理。

## 二、市场供需

### (一) 世界供需及预测

**1. 世界芳纶生产现状**

全球有9个国家生产芳纶，分布在美国、日本、中国和韩国，主要生产企业情况见表

2.86。截至 2021 年底,全球芳纶名义产能约 13.7 万吨,其中,间位芳纶约为 5 万吨,对位芳纶约为 8.7 万吨,主要被杜邦、帝人、泰和新材、科隆等公司占据。杜邦公司芳纶产能 5.4 万吨/年,占全球总产能的 38.8%,旗下主要包括 Nomex、Kevlar-29、Kevlar-49、Kevlar-49AP 等多个牌号数十种规格产品,在全球市场上占据绝对领导地位;帝人公司芳纶产能 3.45 万吨/年,居全球第二。

表 2.86 世界主要芳纶生产企业情况

| 类型 | 企业名称 | 产能/(kt/a) | 装置所在地 | 工艺来源 |
| --- | --- | --- | --- | --- |
| 间位芳纶 | 杜邦(DuPont) | 22 | 美国 | — |
| | 帝人(Teijin) | 4.5 | 日本 | — |
| | 熊津(Woongjin) | 2 | 韩国 | — |
| | 汇维仕(Huvis) | 1 | 韩国 | — |
| | 泰和新材 | 11 | 中国(山东) | — |
| | 超美斯 | 5 | 中国(江苏) | 东华大学 |
| | 德安德新材料 | 3 | 中国(江苏) | — |
| | 龙邦 | 1.5 | 中国(江西) | — |
| 对位芳纶 | 杜邦(DuPont) | 32 | 美国 | — |
| 芳纶Ⅱ | 帝人(Teijin) | 30 | 荷兰、日本 | Twaron 为 2000 年从荷兰阿克苏诺贝尔收购 |
| | 科隆(Kolon) | 8 | 韩国 | — |
| | 晓星(Hyosung) | 2 | 韩国 | — |
| | 泰光(Taekwang) | 1 | 韩国 | — |
| | 泰和新材 | 4.5 | 中国(山东、宁夏) | — |
| | 蓝星新材料 | 1.5 | 中国(四川) | 中蓝晨光 |
| | 中化瑞盛 | 5 | 中国(江苏) | — |
| | 中芳特纤 | 1 | 中国(山东) | 清华大学 |
| | 仪征化纤 | 1 | 中国(江苏) | — |
| | 山东聚芳 | 1 | 中国(山东) | 清华大学 |
| 芳纶Ⅲ | 帝人(Teijin) | 2 | 日本 | — |
| | 卡门斯克(Kamenskvolokno) | 2 | 俄罗斯(卡门斯克) | — |
| | 中蓝晨光 | 0.05 | 中国(四川) | — |
| | 航天科工 46 所 | 0.05 | 中国(内蒙古) | — |
| | 自贡辉腾 | 0.05 | 中国(四川) | — |

2021 年,全球间位芳纶产能约为 5 万吨/年,其中国外产能约为 2.95 万吨/年。间位芳纶产能集中在杜邦与泰和新材两家公司,合计占 66%。近五年,间位芳纶产能及产量情况见表 2.87 和图 2.51。预计 2025 年全球间位芳纶产能将达到 5.5 万吨/年,国内产能将达到

1.8万吨/年。

表 2.87　2017—2021 年全球间位芳纶产能、产量情况

| 年份 | 2017 年 | 2018 年 | 2019 年 | 2020 年 | 2021 年 |
| --- | --- | --- | --- | --- | --- |
| 产能/(kt/a) | 44.5 | 44.5 | 44.5 | 48 | 50 |
| 产量/kt | 27 | 27 | 27 | 25.5 | 32.3 |

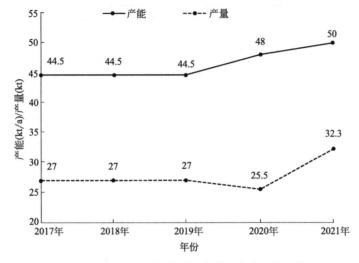

图 2.51　2017—2021 年全球间位芳纶产能、产量情况

2021 年，全球对位芳纶有效产能约为 7.2 万吨/年，其中芳纶 1414 主要集中在杜邦和帝人两家公司，合计占总产能的 70%~80%；杂环芳纶的主要生产国为俄罗斯，约为 2000 吨/年。目前，杜邦和帝人公司芳纶 1414 产能已达万吨级，国内企业只有千吨级。国外部分企业正在有计划地进行芳纶产能扩建工程建设，见表 2.88，其中晓星扩建的 2500 吨项目已经于 2021 年底投产；帝人扩产 6000 吨对位芳纶项目将于 2022 年年中完成；科隆计划到 2023 年底实现产能翻番；国内企业如泰和新材、中芳特纤等也正在部署产能扩张。近五年对位芳纶产能及产量情况见表 2.89 和图 2.52。

表 2.88　国外对位芳纶扩产情况

| 公司名称 | 国别 | 产能扩建计划 | 预计投产时间 |
| --- | --- | --- | --- |
| 帝人 | 日本 | 6000 吨 | 2022 年年中 |
| 晓星 | 韩国 | 2500 吨 | 2021 年年底 |
| 科隆 | 韩国 | 7500 吨 | 2023 年年底 |
| 泰光 | 韩国 | 2000 吨 | 2022 年年底 |

表 2.89　2017—2021 年全球对位芳纶产能、产量情况

| 年份 | 2017 年 | 2018 年 | 2019 年 | 2020 年 | 2021 年 |
| --- | --- | --- | --- | --- | --- |
| 产能/(kt/a) | 70 | 75 | 80 | 85 | 87 |
| 产量/kt | 55 | 65 | 70 | 70 | 70 |

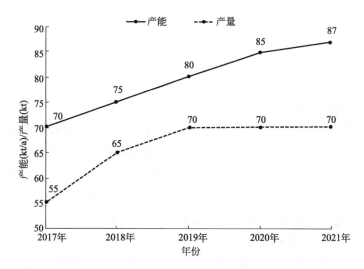

图 2.52 2017—2021 年全球对位芳纶产能、产量情况

**2. 需求分析及预测**

全球芳纶市场需求约 12 万吨，其中间位芳纶 5 万吨，对位芳纶 7 万吨，主要集中在欧美、日韩、中国等地。

间位芳纶的需求主要分布在安全防护、汽车及轨道交通和工业领域，占比分别达到 39%、32% 和 29%。随着航空、新能源汽车、海上风电等行业的发展，芳纶纸或芳纶纸复合材料的需求将大量增加，从而带动间位芳纶需求量的快速增长，预计未来五年间位芳纶年复合增长率约 5%。2025 年全球间位芳纶需求量将超过 8 万吨，产值将超过 150 亿元。

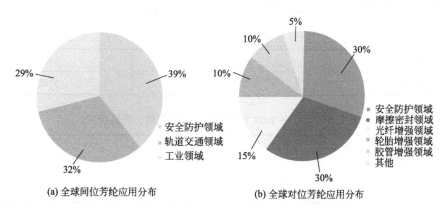

(a) 全球间位芳纶应用分布　　(b) 全球对位芳纶应用分布

图 2.53 全球间位芳纶和对位芳纶应用各领域占比

对位芳纶消费领域主要包括安全防护、摩擦密封、光纤增强和橡胶增强。各消费领域占消费总量的构成情况如图 2.53（b）所示。随着对位芳纶应用领域的拓展，预计后续产能会呈现持续提升的状态。由于国际局势紧张多变，军备等防护品使用量的不断提升，为整体需求量的增长奠定了基础。此外，随着高端消费领域的应用增加、人们安全出行观念的提升，对位芳纶的消费量也会有进一步的增长。预计未来 5 年，全球对位芳纶的需求量将稳步增长并超过 10 万吨，市场产值超过 200 亿元。

## （二）国内供需及预测

### 1. 国内生产现状

我国间位芳纶的研制始于 20 世纪 70 年代。中科院、清华大学、中国纺大、上海合成纤维研究所等单位曾先后开展了芳香族聚酰胺纤维的研究和小试生产。1990 年以后，化工部在南通建成了 30 吨/年间位芳纶聚合生产装置，上海合纤所进行了间位芳纶的纺丝试验，与此同时中国纺大也开发了间歇聚合纺丝技术。但由于种种原因，相关研究成果未能实现工程化转化。直到 2000 年，广东彩艳股份有限公司建成我国第一条年产 200 吨间位芳纶工业生产线。2004 年底，泰和新材在国内率先实现了间位芳纶千吨级规模化生产。目前，国产间位芳纶已实现系列化、差别化生产，总产能约 20500 吨/年。

"六五"期间，我国开始布局芳纶 1414 国产化工作，但是由于缺乏企业参与，对位芳纶纤维国产化技术长期没有实质性突破。"十五"期间，我国初步建成十吨级工程试验线。"十一五"期间，我国终于突破了对位芳纶工程化关键技术，建成百吨级生产线并实现了连续稳定生产。"十二五"期间，国内对位芳纶进入高速发展阶段，泰和新材和蓝星新材等企业建成了千吨级对位芳纶生产线，实现了普通型以及部分高性能产品的批量供应，2021 年总产能达到 1.4 万吨/年。企业扩产计划见表 2.90。

国内杂环芳纶的研发始于 20 世纪 90 年代，中蓝晨光于 2007 年率先在国内开发出满足要求的杂环芳纶纤维，2013 年开发出综合性能更加优异的杂环芳纶并在关键装备实现应用。目前国产杂环芳纶产能约 150 吨/年，主要厂家为中蓝晨光、航天科工 46 所和自贡辉腾。国内对位芳纶近 5 年的产能情况见表 2.91 和图 2.54。

表 2.90　国内对位芳纶扩建计划

| 企业名称 | 产能扩建计划 | 预计投产时间 |
| --- | --- | --- |
| 泰和新材 | 新建 1500 吨 | 2022 年 |
| 中芳特纤 | 新建 800 吨 | 2022 年 |

表 2.91　2017—2021 年我国对位芳纶产能、产量情况

| 年份 | 2017 年 | 2018 年 | 2019 年 | 2020 年 | 2021 年 |
| --- | --- | --- | --- | --- | --- |
| 产能/(kt/a) | 3.5 | 4.3 | 4.5 | 9.5 | 14.0 |
| 产量/kt | 3.0 | 3.5 | 4.0 | 5.5 | 5.7 |

### 2. 需求分析及预测

现阶段我国芳纶市场供需存在较大缺口，间位芳纶纤维需求约 30000 吨，而国内总产能仅为 20500 吨。对位芳纶纤维的产量仅 7000 吨左右，远不能满足每年 11800 吨的需求量。未来对位芳纶纤维的需求量将持续增长，预计 2025 年将达到 18000 吨。由此可见，我国芳纶纤维市场仍具有较大的增长空间与发展潜力。

在国内，间位芳纶主要应用于防护领域、工业领域以及芳纶纸，应用市场分布情况如图 2.55（a）所示。防护领域应用量占比达 57%，主要用于制作工业、军事、消防隔热阻燃防

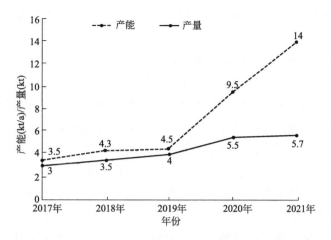

图 2.54　2017—2021 年我国对位芳纶产能、产量情况

护服；其次在工业领域，主要用于水泥、沥青、冶金等高温过滤材料；芳纶纸领域用量占比较低，但随着国家在军用飞机、大飞机和大型无人机等航天领域，复兴号等轨道交通领域、新能源汽车领域、风力发电领域、特高压领域以及 5G 领域进行重点扶持，将会进一步促进芳纶纸用量的增长。预计未来几年中国间位芳纶年复合增长率将达到 5% 以上。

国内对位芳纶的需求主要集中在安全防护、通信领域、橡胶领域等，各领域占消费总量的构成情况见图 2.55（b）。2021 年国内对位芳纶应用最多的是光纤增强材料，占比达 40%；其次是安全防护用品、胶管增强和绳索产品。未来几年，随着我国 5G 建设的持续推进，对位芳纶存在巨大的潜在市场。加之新能源汽车、高档箱包、特种纺织品等消费品都将拉动对位芳纶消费量的增加，预计未来 5 年，国内年均消费量增长将超过 10%。

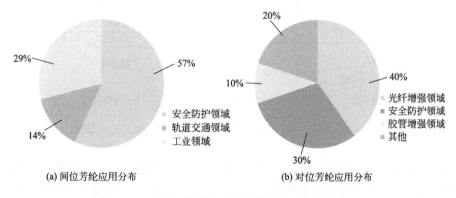

(a) 间位芳纶应用分布　　(b) 对位芳纶应用分布

图 2.55　我国间位芳纶和对位芳纶应用各领域占比

## 三、工艺技术

芳纶主要的生产过程包括聚合、纺丝和溶剂回收。

国内外芳纶的聚合技术主要包括低温溶液缩聚和界面缩聚。低温溶液缩聚是间/对苯二胺和间/对苯二甲酰氯在溶剂体系（间位芳纶通常采用 DMAc 溶剂、对位芳纶通常采用

NMP溶剂）中发生聚合反应。间位芳纶聚合后形成均相体系，经中和、过滤、脱泡后直接输送至纺丝工序；对位芳纶则是聚合反应后期聚合物析出，经中和、过滤、洗涤等操作获得提纯的聚合物粉末，将其溶于浓硫酸配浆后纺丝。此外，间位芳纶还可采用界面缩聚法，将间苯二甲酰氯溶于四氢呋喃（THF）中形成有机相，同时将间苯二胺溶于碳酸钠的水溶液中形成水相，然后在搅拌下将有机相加入水相中，两单体在两相界面处快速发生缩聚反应，聚合物经析出、过滤、洗涤、干燥后得到纯化聚合物。界面缩聚技术的优点是反应速度快，生成的聚合物分子量高，可以配制高质量的纺丝原液，但工艺复杂、设备要求高、投资大。低温溶液缩聚技术的优点是工艺相对简单、生产效率高、成本较低。

国内外芳纶的纺丝技术主要包括干法纺丝、湿法纺丝以及干喷湿纺（如图2.56所示），目前企业纺丝多采用干法纺丝和湿法纺丝。干法纺丝是将纺丝原液加热后通过喷丝板进入甬道，经甬道中高温气体介质脱除纤维中的大部分溶剂，使纤维凝固成型，得到初生纤维；初生纤维经过水洗、拉伸、干燥、热处理后定型，最后经过冷却、上油得到纤维。湿法纺丝是将纺丝原液流经喷丝板进入凝固浴中得到初生纤维，经拉伸、洗涤、干燥、高温热拉伸、上油后得到纤维。目前，由于干法纺丝工艺限制，喷丝头孔数较少，生产效率较低，且溶剂回收复杂，国内间位芳纶企业多采用湿法纺丝。湿法纺丝生产的纤维表面较粗糙，纺速较低，但喷丝头孔数较多，生产效率高，溶剂回收相对容易。

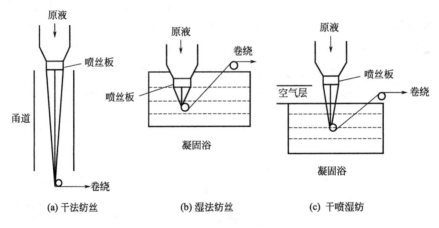

图2.56 干法纺丝、湿法纺丝、干喷湿纺法纺丝工艺示意图

国内外对位芳纶生产企业纺丝多采用干喷湿纺，首先将聚合物粉末溶解于浓硫酸，脱泡后得到纺丝原液，原液通过喷丝板挤出后，先经过空气层拉伸，再进入稀硫酸溶液中低温凝固成型，经过多级洗涤，高温热处理、上油、卷绕得到纤维。

芳纶溶剂回收技术主要包括精馏法、萃取法以及萃取-精馏法。对位芳纶NMP的工业化回收基本采用萃取-精馏工艺，间位芳纶的溶剂回收多采用多效精馏的方法。

近年来，我国芳纶产业发展迅速，工艺技术水平不断进步并逐步接近国际领先水平。国内芳纶主流工艺流程与国外基本一致，见表2.92。但是，国内芳纶产品在聚合物品质、纺丝速度、工艺稳定性控制及产品质量等方面还与国际领先水平存在一定差距。此外，我国芳纶一体化生产技术尚未实现，单线产能规模小，产品性能不够稳定，生产成本较高。

表 2.92　国内外芳纶工艺技术

| 生产过程 | 工艺技术 |
| --- | --- |
| 聚　　合 | 低温溶液缩聚 |
| | 界面缩聚 |
| 纺　　丝 | 干法纺丝 |
| | 湿法纺丝 |
| | 干喷湿纺 |
| 溶剂回收 | 萃取 |
| | 精馏 |
| | 萃取-精馏 |

## 四、应用进展

工业和安全防护是芳纶重要的应用领域。随着新《环保法》的实施，芳纶在工业过滤领域也迎来了全新的发展机遇；随着国家相关部门及企业主动提高安全防护水平动力的不断增强，芳纶在安全防护领域的应用需求不断增长。2020年，《防护服装阻燃服》《个体防护装备配备规范》等国家强制标准先后发布，对防护工装的阻燃等性能提出了更明确、严格的要求，为芳纶等阻燃材料带来新的市场空间。

此外，随着我国高端装备制造业的发展，芳纶在信息通信、汽车及轨道交通、航空航天等领域的用量也将逐步增加。

**1. 工业领域**

间位芳纶对高温烟道气、工业尘埃的除尘特性突出，高温下长期使用仍保持高强力、高耐磨性，可用作工业领域高温过滤袋和过滤毡。作为滤材，间位芳纶滤布最高连续使用温度是204℃，在金属冶炼、水泥石灰生产、炼焦、发电等行业中用作高温过滤除尘袋，既能有效除尘，又能抵抗有害烟雾的化学侵蚀，有利于改善环境和资源回收。

**2. 安全防护领域**

在个体防护领域，间位芳纶具有优异的防火效果，可用于制作耐高温防护服、消防战斗服、飞行服、炉前工作服、电焊工作服、防辐射工作服、高压屏蔽服等各种特殊防护服装，广泛应用于航空航天、消防、电气、燃气、冶金、赛车等领域。此外，掺碳间位芳纶可代替现有的腈氯纶纤维，提高防化服的阻燃、防化性能，这也是间位芳纶在个体防护领域应用的新发展方向。

在日常防护领域，发达国家普遍将间位芳纶织物用作宾馆纺织品、救生通道、家用防火装饰品、熨衣板覆面、厨房手套以及保护老人儿童的难燃睡衣等。

在防弹领域，防弹头盔、防弹衣等防护装备一直都是对位芳纶应用的重要领域。防弹衣、防弹头盔、排爆服、防弹车体、装甲板等均大量采用对位芳纶。例如，高档防弹芳纶的无纬布与高性能的聚乙烯薄膜制成的软质防弹背心，比超高分子量聚乙烯纤维的防弹性能和耐热性能更好；芳纶与陶瓷复合装甲板已广泛用于防弹装甲车、防弹运钞车等。在国内，已有多家企业将对位芳纶用于防弹防刺服、防弹头盔。

**3. 信息通信领域**

光纤/缆增强是对位芳纶最主要应用领域之一，对位芳纶用于光缆的增强芯具有能提高光缆的放线速度、增加放线长度、增加收放次数等优点。随着全世界5G通信的建设，通信设备速率及覆盖率不断提升，更多数据长距离传输、组建网络所需的光缆数量日益增多，对于对位芳纶的需求将进一步扩大。此外，对位芳纶还在海底电缆、拖链电缆、电力电缆等领域有着广泛应用。

**4. 汽车及轨道交通领域**

对位芳纶可作为橡胶增强材料应用于汽车轮胎、胶管等。用对位芳纶作骨架材料制作的轮胎具有重量轻、负载能力强、抗刺穿性能好、耐屈挠、黏合性能好、滚动阻力小、节省燃油等特点。在矿山工程用轮胎中，芳纶作为缓冲层可使轮胎寿命提高25%，耐刺割性能提高60%。采用芳纶替代钢丝，一条载重轮胎可减重9kg，一辆配置18条轮胎的载重汽车可减重162kg。例如，固特异公司采用"安静铠甲技术"制备了芳纶纤维增强SUV轮胎冠带层，米其林号采用了芳纶增强层束缚钢丝带束层，号称为全球速度最快的轮胎。

对位芳纶浆粕是对位芳纶下游深加工产品，保留了对位芳纶纤维优良物理和力学性能的同时，具有更强的复合效果，从而替代石棉，在摩擦、密封、增强材料等领域中得到广泛应用。对位芳纶浆粕可用于私家车、公交车、商用车和重型货车的刹车片、摩擦衬片和离合器摩擦片中，还可以用于火车、电车、地铁以及摩托车、自行车的刹车部件中。

**5. 航空航天领域**

对位芳纶纤维增强复合材料由于轻质、高强、耐磨、耐冲击性能好、耐高温等一系列优异性能而广泛应用于航空航天领域。固体火箭发动机壳体和整流罩、空运集装箱、波音飞机的壳体、内部装饰件和座椅等部件都使用了对位芳纶。此外，采用芳纶制造的航空轮胎能很好地满足现代大型飞机对轮胎高速度、高载荷、耐高温、耐屈挠和耐着陆高冲击性的要求。美国固特异、法国米其林等国际知名轮胎公司已制造出芳纶航空轮胎，促使大型客机的起落次数提高20%以上。对位芳纶在固体火箭发动机和直升机蒙皮方面也已实现批量应用。

芳纶纸为芳纶下游深加工产品，制成的蜂窝芯材具有优良的防火性、强度高、质量轻、表面光滑、耐冲击等特点，已广泛应用于飞机的大刚性次受力夹层结构部件，如侧翼、整流罩、舱门、地板等。

**6. 其他领域**

在特种绳缆领域，对位芳纶可用于直升机吊缆、深海工作站专用缆绳起重机吊索、船舶系泊线、消防员紧急绳索、风筝线、缝纫线、钓鱼线等。例如，在采矿和海洋工业，日本帝人的对位芳纶被大深度小型探查机用作二次缆索材料，在马里亚纳海沟挑战成功，达到了现有无人探查机的最深记录（10258m）。

在消费品领域，5G信号穿透性强，强度、模量高的芳纶纤维可用于制备电子消费品背板或外壳。例如，Razr刀锋系列手机采用芳纶纤维作为背板；日本也有新款智能手机，由日本帝人黑色芳纶纤维增强塑料背盖及镁合金制成；国内也有部分厂家生产了由对位芳纶复合材料制成的手机保护壳。此外，对位芳纶可用于拉杆箱、手提包、野外服装、鞋帽、手套等日常消费品。

## 五、发展建议

在国家大力支持下，我国芳纶产业取得空前发展，目前间位芳纶、对位芳纶和杂环芳纶产业已具备相当规模，是世界上同时具备三种芳纶生产能力的唯一国家。但是我国在技术、产品、装备、应用等方面都和国际先进水平存在不小差距，总体来说还处于产业化初期，主要问题体现在以下几方面。

（1）主原料生产技术落后。目前，我国普遍采用氯化亚砜（$SOCl_2$）作酰化试剂生产对/间苯二甲酰氯，有副产物 $SO_2$ 排出，导致原料纯度不够高，造成产品性能不高，质量不稳定。另外，芳纶原料单线产能普遍较小，影响了芳纶纤维的力学性能与质量稳定。相比之下，美国的间/对苯二甲酰氯和间/对苯二胺分别采用光气（$COCl_2$）酰化工艺和催化加氢还原工艺，原料纯度高，质量稳定。

（2）芳纶的高性能化、稳定化和均一化的制备技术落后。导致纤维力学性能离散性较大，质量稳定性差。同时，纤维的强度、模量和伸长等性能指标距离国外高等级产品存在一定差距。

（3）一体化生产技术落后。我国的芳纶一体化生产技术缺失，单线产能低，整体生产规模小，生产效率低，成本较高。目前，我国芳纶原料和纤维的生产较为分散，酰氯和二胺等原料运输成本较高，也不利于原料质量的稳定。美国杜邦和日本帝人（荷兰）均采用从基础化工原料到芳纶纤维一体化生产技术，省去了原料运输环节，且原料生产过程中产生的 $SO_2$ 等副产物实现了循环利用，生产体系绿色环保。

（4）国产芳纶应用技术落后。我国芳纶应用技术相对落后，缺少高端应用企业的有力牵引，而纤维技术的落后又反过来影响芳纶下游市场的开发与应用。目前，我国芳纶产业上下游企业已达数百家，但产业链不够完整。相比之下，美国则形成了从基础原料、纤维、复合材料到国防军工、航天航空等高端应用领域完整的产业链条。

（5）关键装备的进口依赖性强。尤其是对位芳纶对设备材质、精度等要求很高，关键装备基本都采用进口，如连续聚合反应器、纺丝计量泵等关键设备。对位芳纶聚合螺杆等设备已实现国产化，但应用质量与进口产品相比差距较大，对我国芳纶产业的发展存在隐患。

结合芳纶行业的差距与不足，提出如下发展建议。

（1）支持龙头企业一体化发展，建立产业链合作开发机制。协调产业链上下游企业，建立合作开发机制，实现产业链一体化发展，加快开发符合下游应用需求的产品，使产业链形成规模效应，降低成本，提高国际竞争力。

（2）整合研发力量，加快突破"卡脖子"技术及重大共性关键技术。国内企业在产品高端化、技术一体化、产业集群化、工艺绿色化等方面与世界领先水平尚存在差距，芳纶成膜、芳纶电镀、沉析纤维等技术属于"卡脖子"技术，亟需整合各方研发创新资源，打通从基础研究到工程技术，再到终端应用的全创新链，重点突破各环节的关键技术和"卡脖子"技术，补强产业链短板。

（3）突出企业的创新主体地位。强化企业创新主体地位，促进各类创新要求向企业集聚，形成以企业为主体、市场为导向、产学研用深度融合的技术创新体系。建议在国家重点研发计划、重大专项申报指南编制过程中，切实关注企业关键技术需求，注重从各行业企业征集技术课题，并纳入指南规划。提高企业牵头和参与国家重点研发计划、重大专项的积极性，在国家重点实验室建设、国家科技奖励评审等方面向龙头企业倾斜，鼓励企业更好地发挥创新主体作用。

# 第十八节　有机硅单体

北京国化新材料技术研究院　梁雅婷

## 一、概述

有机硅单体是有机硅工业最重要的基础原料。根据所带官能团的不同，有机硅单体可分为甲基氯硅烷、苯基氯硅烷、乙基氯硅烷等品种，其中甲基氯硅烷的体量最大。有机硅下游制品主要是具有硅氧硅结构的聚硅氧烷，如硅油、硅橡胶、硅树脂，有少量的中间体也可在一些下游领域直接应用。为便于统计，下面主要分析甲基有机硅单体，且有机硅单体数据已折纯为聚硅氧烷的量。

## 二、市场供需

### （一）世界供需及预测

**1. 世界生产现状**

世界有机硅工业自20世纪40年代实现工业化、20世纪70年代后开始规模化生产，至今工业化发展已70多年。有机硅是典型的技术密集型行业，长期以来为少数公司垄断。但自21世纪初以来，随着中国企业的崛起，市场格局逐步发生变化。中国企业在市场所占的比例快速提高，而国外企业所占比例逐步下滑。

2021年，全球聚硅氧烷产能289.3万吨/年，产量约245.3万吨，同比分别增长8.1%和9.0%，增量来自中国。未来，随着中国企业扩产项目的实施，预计2026年全球聚硅氧烷总产能将达到510.0万吨/年，产量约368.4万吨。2021年世界各国主要聚硅氧烷产能及其分布见表2.93。

表 2.93　2021 年世界各国主要聚硅氧烷产能及其分布

| 公司名称 | 装置地址 | 产能/(万吨/年) | 合计/(万吨/年) |
|---|---|---|---|
| 陶氏 | 美国 Carrolton, Kentucky | 20.0 | 51.7 |
| | 英国 Barry, Wales | 14.5 | |
| | 中国江苏张家港 | 17.2 | |
| 埃肯 | 中国江西永修 | 24.0 | 34.0 |
| | 法国 Roussillon | 10.0 | |
| 瓦克 | 德国 Nunchritz | 13.0 | 28.3 |
| | 德国 Burghausen | 10.0 | |
| | 中国江苏张家港 | 5.3 | |
| 合盛 | 中国浙江 | 8.5 | 44.1 |
| | 中国四川 | 7.0 | |
| | 中国新疆 | 28.6 | |
| 迈图 | 日本 Ota，Gumma Prefecture | 4.0 | 15.3 |
| | 中国浙江建德 | 3.5 | |
| | 韩国 Seosan | 7.8 | |
| 新安 | 中国浙江 | 8.3 | 19.5 |
| | 中国江苏 | 11.2 | |
| 信越 | 日本群马县 Isobe 和 Matsuida | 10.5 | 20.1 |
| | 泰国 Map Ta Phut, Rayong | 9.6 | |
| 兴发 | 中国湖北 | 16.9 | 16.9 |
| 东岳 | 中国山东 | 14.1 | 14.1 |
| 其他 | | | 45.3 |
| 全球合计 | | | 289.3 |

**2. 需求分析及预测**

2021 年全球聚硅氧烷消费量约为 245.3 万吨，同比增加 9.0%。其中硅油、硅橡胶、硅树脂消费分别占比 39.3%、56.5%、4.2%。预计 2022 年全球聚硅氧烷需求量将达到 266.5 万吨，2026 年的消费量将达到 368.4 万吨，2022—2026 年需求年均增长率约 8.5%。

**(二) 国内供需及预测**

**1. 国内生产现状**

2021 年中国聚硅氧烷产能、产量分别达到 189.9 万吨/年、162.6 万吨，均占全球总量的一半以上，同比分别增长 20.7%、20.5%，产能增量来自合盛、陶氏-张家港和云能硅材。2021 年中国甲基有机硅单体生产企业聚硅氧烷产能统计见表 2.94。

表 2.94  2021 年中国聚硅氧烷企业生产情况

| 序号 | 企业名称 | 聚硅氧烷产能/(万吨/年) |
|---|---|---|
| 1 | 合盛硅业 | 44.1 |
| 2 | 埃肯 | 24.0 |
| 3 | 新安（包括新安迈图） | 23.0 |
| 4 | 陶氏（张家港） | 22.5 |
| 5 | 湖北兴发 | 16.9 |
| 6 | 山东东岳 | 14.1 |
| 7 | 恒业成 | 11.8 |
| 8 | 唐山三友 | 9.4 |
| 9 | 山东金岭 | 6.8 |
| 10 | 鲁西化工 | 3.6 |
| 11 | 浙江中天 | 4.5 |
| 12 | 云能硅材 | 9.2 |
| | 合计 | 189.9 |

目前中国有机硅行业进入新一轮产能扩张期，未来投放的新增产能主要来自现有龙头企业扩产，也有内蒙古大全、东方希望和新特能源等多晶硅行业新进入者等。2022—2026年，中国聚硅氧烷新增项目总规模十分可观，据 SAGSI 对项目投产可能性的分析，预计产能、产量年均增速分别在 17.9% 和 12.9%，见图 2.57。

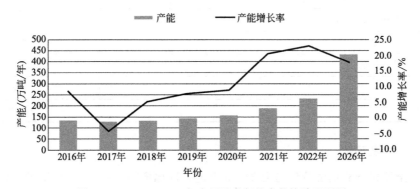

图 2.57  2016—2026 年中国聚硅氧烷产能统计及预测

### 2. 需求分析及预测

经过数年的调整，有机硅行业的产能过剩问题得到初步缓解，行业开工率提高，龙头企业优势地位进一步确立。从应用领域来看，有机硅下游产品广泛应用于建筑、汽车、纺织、电子电器、电力等领域，行业需求与宏观经济关联密切，目前需求增速虽然有所放缓，但仍保持逐年增长。据 SAGSI 统计，2021 年中国聚硅氧烷消费量约 146.0 万吨，同比增长 14.3%。其中，HTV、LSR、RTV、硅油、硅树脂及其他领域消费占比如图 2.58 所示。

未来五年，随着国内有机硅企业新建产能陆续释放，中国聚硅氧烷产量保持稳定增长。预计 2026 年中国聚硅氧烷消费量达到 249.1 万吨，2022—2026 年年均消费增速 11.3%。

**3. 进出口分析及预测**

2021年中国聚硅氧烷进口量、出口量和净出口量分别为10.7万吨、30.1万吨和19.3万吨,同比分别下滑24.6%、增加33.6%和133.0%,出口增速明显较快,见图2.59。长期来看,作为世界主要的聚硅氧烷原料供应国及中东欧、东亚、东南亚、中东等"一带一路"沿线地区的主要供应国,随着中国聚硅氧烷产能的扩张,预计未来中国聚硅氧烷出口会持续增加。

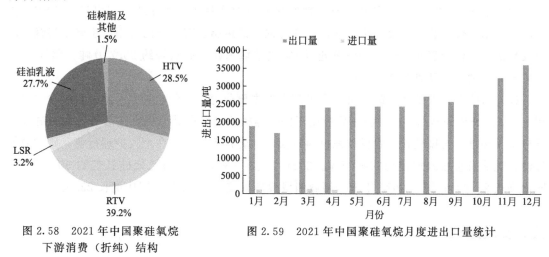

图2.58  2021年中国聚硅氧烷下游消费(折纯)结构

图2.59  2021年中国聚硅氧烷月度进出口量统计

## 三、工艺技术

目前,有机硅生产的技术核心仍然是甲基氯硅烷的生产。工业界通用的直接法技术是原通用电气有机硅部门(即迈图前身)与瓦克在20世纪40年代同时开发成功的。在随后70多年的发展过程中,各主要厂商采用不同的技术手段分别对其加以改进,形成了四到五个技术体系。

中国的甲基氯硅烷工业起步于20世纪50年代,是在国外严密封锁的情况下,经历几代人艰苦攻关自主研发而成,除在早期得到非常有限的国外资料外,主要依靠自主摸索研发成功,这是中国甲基氯硅烷生产技术与国外先进水平之间存在一定差距的原因之一。近年来,本土企业在装置大型化、产品质量、副产物治理等方面已经有了一定的进步,与国外先进水平之间的差距总体在缩小。

## 四、应用进展

(1) 建筑及基建  建筑领域消耗的聚硅氧烷产品主要为RTV、硅油及其二次加工产品等。2021年建筑领域消费聚硅氧烷28.9万吨,同比下滑2.2%。受房地产行业资金面流动性紧张影响,销售和投资面临较大下行压力,2022年房屋新开工面积难有明显改观,全年或延续回落态势。预计2022年建筑领域聚硅氧烷消费增速约为-0.5%,达到28.7万吨。

(2) 纺织服装  纺织服装领域消耗的聚硅氧烷产品主要为硅油乳液,另有用于服装附件的硅橡胶等。2021年中国纺织服装行业消费聚硅氧烷约14.8万吨,同比增长10.9%。预计

2022年该行业聚硅氧烷消费量约在16.0万吨，同比增长8.2%。

（3）电力/新能源　电力领域消耗的聚硅氧烷产品主要为HTV，主要用于电缆、复合绝缘子及电缆附件，此外还用到少量RTV、硅树脂和硅油。新能源领域消耗的聚硅氧烷产品主要为RTV，主要用途为灌封和粘接，此外也有少量硅油，用途为导热及绝缘。2021年电力/新能源领域聚硅氧烷消费量24.4万吨，同比增加27.8%；预计2022年该领域消费聚硅氧烷约31.6万吨，同比增长29.7%。

（4）电子/家电　电子/家电领域消耗的聚硅氧烷产品主要为HTV、RTV和LSR，主要用途为结构件、装饰件及电路灌封，此外硅油、硅树脂也有一定的应用，主要是绝缘、润滑及易刮擦部位的表面处理。2019年电子/家电领域消耗聚硅氧烷约20.7万吨，预计2020年电子领域消费聚硅氧烷21.7万吨。

（5）医疗及个人护理　医疗及个人护理市场主要分为两部分，其中医用材料用途主要使用HTV、LSR和硅油，硅橡胶主要应用于医疗器械、母婴用品、美容整形等方面，硅油主要应用于肠镜、胃镜检查、眼科填充材料以及硅油乳膏等方面；在个人护理行业，则主要为硅油、乳液及直接添加使用的中间体。2021年电子/家电领域消耗聚硅氧烷约30.0万吨，同比增长23.5%。预计2022年电子领域消费聚硅氧烷36.9万吨，同比增长22.9%。

## 五、发展建议

目前，中国有机硅单体行业进入了新一轮扩张期，部分一体化程度低、规模小、技术水平有限的单体产能将面临被淘汰的风险，同时中国有机硅上游单体生产规模的迅速扩大也为中国有机硅下游行业的发展提供了巨大机遇。对于有机硅单体企业而言，虽然中国产能占据了全球50%以上的份额，但有机硅单体的生产技术、产品质量、副产物的利用等方面仍与海外先进水平有较大差距。尤其是在目前市场转入过剩的阶段，企业应通过提升技术实现产品质量的提升，通过优化工艺路线来达到日益严格的低碳环保的要求，通过适当配套优势下游产业链来实现产品的结构化差异，从而减少在低端产能恶性竞争中受到的影响。

# 第十九节　硅橡胶

北京国化新材料技术研究院　柳任璐

## 一、高温硫化硅橡胶

### （一）概述

高温硫化硅橡胶（HTV）是由线型、高聚合度（5000～10000个硅氧烷结构单元）的聚硅氧烷配合补强填料和其它各种添加剂，经加压成型，在高温（110～170℃）硫化得到的弹性体，分子量在 50 万～80 万之间。由于具有优异的耐高低温性能、耐天候老化性能、电性能、透气性、生理惰性等，已在航空航天、国防军工、电子电器、机械制造、建材、石油化工、医疗卫生等国民经济各个领域得到了广泛的应用。

### （二）市场供需

**1. 国内生产现状**

2021 年中国 HTV 产能约 129.2 万吨/年，产量约为 85.1 万吨，分别同比增长 25.6％和 27.8％。2015—2026 年中国 HTV 产能、产能增长率及预测见图 2.60。

图 2.60　2015—2026 年中国 HTV 产能、产能增长率及预测

国内 HTV 生产集中在长江三角洲和珠江三角洲地区，主要的生产厂家有合盛、东爵、陶氏、新安（含新安天玉）、埃肯、宏达等。2021 年中国主要 HTV 生产企业及产能见表 2.95。

表 2.95　2021 年中国主要 HTV 生产企业及产能

| 企业名称 | 产能/(万吨/年) |
| --- | --- |
| 东爵有机硅（南京）有限公司 | 11.5 |
| 合盛硅业股份有限公司 | 22.7 |
| 浙江新安化工集团股份有限公司 | 7.5 |
| 迈高精细高新材料（深圳）有限公司 | 6.0 |
| 广东乐普泰新材料科技有限公司 | 6.0 |
| 正安有机硅材料有限公司 | 3.0 |
| 湖南贝森新材料有限公司 | 3.0 |
| 东莞新东方科技有限公司 | 4.0 |
| 江苏宏达新材料股份有限公司 | 5.0 |

续表

| 企业名称 | 产能/(万吨/年) |
|---|---|
| 江苏明珠硅橡胶材料有限公司 | 3.0 |
| 山东东岳有机硅材料有限公司 | 3.0 |
| 埃肯（星火）有机硅有限公司 | 2.9 |
| 其他 | 51.6 |
| 总计 | 129.2 |

截至 2021 年，中国未来 HTV 拟在建产能约 115.0 万吨/年。中国 HTV 拟在建项目情况见表 2.96。

表 2.96　中国 HTV 拟在建项目情况

| 建设单位 | 产能 | 地点 |
|---|---|---|
| 内蒙古恒星化学有限公司 | 3 万吨/年生胶，3 万吨/年 HTV | 内蒙古鄂尔多斯 |
| 山东东岳有机硅材料有限公司 | 3 万吨/年 HTV | 山东淄博 |
| 江西双龙硅材料科技有限公司 | 2 万吨/年 HTV | 江西万载 |
| 湖北正安新材料有限公司 | 3 万吨/年 HTV | 湖北宜昌 |
| 新亚强硅化学股份有限公司 | 2500 吨/年 HTV | 江苏宿迁 |
| 中天东方氟硅 | 5 万吨/年生胶，5 万吨/年 HTV | 浙江衢州 |
| 合盛硅业股份有限公司 | 84308 吨/年生胶，14 万吨/年 HTV | 新疆鄯善 |
| 广东省仟甫新材料有限公司 | 5000 吨/年 HTV | 广东清远 |
| 唐山三友化工股份有限公司 | 2.5 万吨/年生胶 | 河北唐山 |
| 山东省科多有机硅材料有限公司 | 0.8 万吨/年生胶，2.6 万吨/年 HTV | 山东菏泽 |
| 内蒙古圣和新材料有限公司 | 一期 1200 吨/年生胶、二期 2850 吨/年生胶、三期 3600 吨/年 HTV | 内蒙古鄂尔多斯 |
| 江西宏柏新材料股份有限公司 | 2 万吨/年 HTV | 江西乐平 |
| 安徽东爵有机硅有限公司 | 19 万吨/年生胶，7 万吨/年 HTV | 安徽马鞍山 |
| 广东乐普泰新材料科技有限公司 | 3.0655 万吨/年 HTV | 广东东莞 |
| 杭州赛肯新材料技术有限公司 | 1 万吨/年 HTV | 浙江建德 |
| 江西宏强新材料有限公司 | 10 万吨/年 HTV | 江西赣州 |
| 中蓝晨光化工研究设计院有限公司 | 4200 吨/年 HTV | 四川成都 |
| 瓦克化学（张家港）有限公司 | 0.7 万吨/年 HTV | 江苏张家港 |
| 云南省能源投资集团有限公司 | 1 万吨/年生胶，2.3 万吨/年 HTV | 云南曲靖 |
| 广东皓明有机硅材料有限公司 | 1 万吨/年 HTV | 广东肇庆 |
| 江西宏柏新材料股份有限公司 | 2 万吨/年 HTV | 江西乐平 |
| 合盛硅业股份有限公司 | 153000×2 吨/年 HTV | 云南昭通 |
| 浙江新安化工集团股份有限公司 | 2000 吨/年生胶，1 万吨/年 HTV | |
| 湖北梦之江硅胶科技有限公司 | 5 万吨/年硅橡胶 | 湖北兴山 |

续表

| 建设单位 | 产能 | 地点 |
| --- | --- | --- |
| 湖南贝森新材料有限公司 | 5000 吨/年 HTV | 湖南株洲 |
| 东莞市九艺硅胶材料科技有限公司 | 2 万吨/年 HTV | 福建宁化 |
| 广州市瑞合新材料科技有限公司 | 5 万吨/年 HTV | 广东 |
| 福建纳新硅业科技有限公司 | 3 万吨/年 HTV | 福建宁化 |
| 福建固泰有机硅材料有限公司 | 3 万吨/年 HTV | 福建宁化 |

2004—2021 年中国 HTV 年度均价对比及趋势见图 2.61。2021 年,受供需关系和原料价格的影响,HTV 价格波动较大,均价为 29655 元/吨,同比上涨 59.7%。

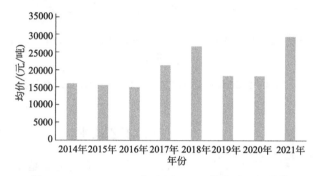

图 2.61  2004—2021 年中国 HTV 均价对比及趋势

2021 年中国进口 HTV 约 2.1 万吨,同比减少 8.1%;出口 HTV 约 12.2 万吨,同比增加 53.7%。2021 年中国 HTV 月度进口情况如图 2.62 所示。

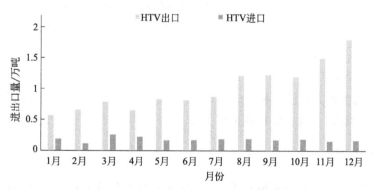

图 2.62  2021 年中国 HTV 月度进出口情况

**2. 需求分析及预测**

2021 年中国 HTV 产量为 85.1 万吨,消费量 75.0 万吨,缺口-10.1 万吨。预计 2022 年中国 HTV 的产量将达到 102.4 万吨,需求量达到 91.5 万吨。预计到 2026 年,中国 HTV 产量将达到 155.0 万吨,需求量在 143.9 万吨。2014—2026 年供需情况及产品自给率见图 2.63。

中国 HTV 主要用于电子电器、电线电缆、绝缘子、汽车以及航空航天等领域,电子与绝缘子行业总体呈正增长趋势。2021 年 HTV 在各领域所占消费比例见图 2.64。

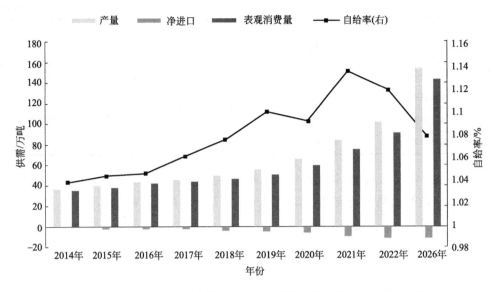

图 2.63 2014—2026 年中国 HTV 供需情况、产品自给率分析及预测

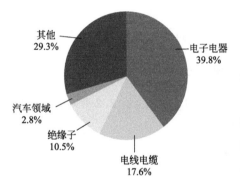

图 2.64 2021 年中国 HTV 在各领域的消费情况

### （三）工艺技术

HTV 的生产工艺主要是 110 生胶、硫化剂、填料及色母粒等助剂在混炼机中混炼的过程。

110 生胶本身具有很好的耐高低温和耐老化、绝缘等性能，但其强度低，无法加工成产品，只有通过添加补强填料，如气相或沉淀法白炭黑以及其他助剂来提高其物理机械性能和加工性能，才能适应不同的应用需求。生胶通过冷炼、热炼、包辊、薄通等一系列工序，可以生产出 HTV。

中国 HTV 的生产工艺已经相对成熟，但与国外生产工艺相比，仍存在较大的差距，主要体现在间歇式和密闭系统、原料纯度等方面。

### （四）应用进展

（1）电子电器　电子电器领域对 HTV 的需求主要是各种电器遥控器的按键胶、手机护套、硅橡胶垫片、笔记本键盘贴、密封垫圈、胶塞、胶套、电饭锅、电水壶、电冰箱、空气炸锅衬垫等耐高低温部件。除了以上常见的应用外，还广泛应用于各种插件、电极定子线圈绝缘胶带、耐高温电位器密封及电机高压线圈的推力环。2021 年中国在电子领域消耗 HTV 约 29.8 万吨，预计 2022 年该领域消费 HTV 约 34.5 万吨。

（2）电线电缆　HTV 具有柔软性，能耐臭氧、电晕、火焰，绝缘性能好，用作电线电缆是它在电气工业中的主要应用，尤其适宜在高温和苛刻的环境中使用，其寿命远远高于普通电缆。2021 年电线电缆领域消费 HTV 约 13.2 万吨，预计 2022 年该领域消费 HTV 约 15.8 万吨。

(3) 绝缘子　与传统的瓷、玻璃绝缘子相比，高温硅橡胶绝缘子具有重量轻、强度高、耐污闪能力强、制造维护方便等优点，目前已占据绝缘子市场主流。2021 年绝缘子领域消耗 HTV 约 7.9 万吨，2022 年该领域消耗的 HTV 约 9.4 万吨。

(4) 汽车工业　HTV 是汽车制造中不可缺少的重要材料之一，不仅可优化汽车生产制造过程，也可提高汽车的性能和安全性，目前已广泛应用于汽车的各种零部件，如汽车涡轮增压管冷却管、安全气囊涂层、动力传动密封件、垫圈、软管、挡风玻璃内衬、汽车发动机密封、点火线及线圈护套、汽车元器件的密封和保护、高压电缆及线束密封等。2021 年汽车生产中 HTV 产品用量约 2.08 万吨，预计 2022 年汽车生产中 HTV 产品用量约 2.35 万吨。

### (五) 发展建议

随着市场竞争加剧，HTV 行业将呈现两大趋势：一是上下游一体化的企业具备成本优势，将进一步发展壮大，部分小规模企业因成本压力逐渐退出市场；二是外购原料的企业中，与上游企业合作关系好的有不错的发展前景，其他企业生存压力则日渐增大。

目前国内 HTV 产业存在整体技术水平不高、配套不完善、产品单一等问题。产品结构以低档次 HTV 为主，高品质的 HTV 还得依赖进口。而随着环保不达标的小产能的退出和新建项目的规模门槛的提高，整个 HTV 行业的格局正在逐步重塑，市场份额向龙头企业集中，市场集中度进一步提升。

## 二、液体硅橡胶

### (一) 概述

液体硅橡胶（LSR）是在铂催化剂作用下，有机硅基胶上的乙烯基或丙烯基和交联剂分子上的硅氢基发生加成反应形成的高分子弹性体，主要用于医疗卫生、电子电器、汽车及高端装备制造等领域。

### (二) 市场供需

#### 1. 国内生产现状

21 世纪初，中国开始 LSR 的工业化生产，LSR 主要生产企业包括深圳森日、广州瑞合、深圳正安、迈高等，其中森日产品主要销往国外，瑞合产品主要在国内销售。实力雄厚的有机硅上游企业也开始进入 LSR 领域，例如新安化工、星火等，星火收购广东聚合后重点开发高品质液体胶产品。

2021 年中国 LSR 产能为 14.3 万吨/年，同比增长 26.2%，产量达到 9.3 万吨，同比增长 27.6%。2015—2026 年中国 LSR 产能、产能增长率及预测见图 2.65。2026 年中国主要 LSR 生产企业及产能见表 2.97。

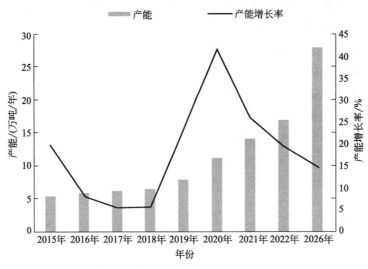

图 2.65 2015—2026 年中国 LSR 产能、产能增长率及预测

表 2.97 2021 年中国主要 LSR 生产企业及产能

| 企业名称 | 产能/(万吨/年) |
| --- | --- |
| 埃肯(星火)有机硅有限公司 | 1.80 |
| 浙江新安化工集团股份有限公司 | 1.00 |
| 迈高精细高新材料(深圳)有限公司 | 2.00 |
| 深圳市森日有机硅材料股份有限公司 | 1.00 |
| 深圳市正安有机硅材料有限公司 | 0.80 |
| 广州市瑞合新材料科技有限公司 | 1.00 |
| 信越有机硅(南通)有限公司 | 0.80 |
| 深圳市易佳三硅胶有限公司 | 0.70 |
| 陶氏(张家港)有机硅有限公司 | 0.71 |
| 东莞市天桉硅胶科技有限公司 | 0.40 |
| 浙江天德新材料科技有限公司 | 0.35 |
| 东莞市贝特利新材料有限公司 | 0.50 |
| 其它 | 3.20 |
| 合计 | 14.26 |

由于国家政策鼓励新型硅橡胶发展,部分企业仍有产能扩张计划。截至 2021 年,中国未来 LSR 新建拟建项目产能约 22.85 万吨/年。中国 LSR 拟在建项目情况见表 2.98。

表 2.98 中国 LSR 拟在建项目情况

| 企业名称 | 产能/(万吨/年) | 地点 |
| --- | --- | --- |
| 云能硅材股份有限公司 | 1.4 | 云南曲靖 |

续表

| 企业名称 | 产能/(万吨/年) | 地点 |
|---|---|---|
| 内蒙古恒星化学有限公司 | 1.5 | 内蒙古鄂尔多斯 |
| 宜昌兴迈新材料有限公司 | 1 | 湖北宜昌 |
| 广东省仟甫新材料有限公司 | 0.52 | 广东清远 |
| 山东东岳有机硅材料有限公司 | 2 | 山东淄博 |
| 福建纳新硅业科技有限公司 | 3 | 福建宁化 |
| 福建固泰有机硅材料有限公司 | 3 | 福建宁化 |
| 广州从化兆舜新材料有限公司 | 1.5 | 广东广州 |
| 陶氏有机硅（张家港）有限公司 | 0.8 | 江苏张家港 |
| 广东省良展有机硅科技有限公司 | 0.2 | 广东肇庆 |
| 瓦克化学（张家港）有限公司 | 2.06 | 江苏张家港 |
| 江西天永诚高分子材料有限公司 | 0.4 | 江西永修 |
| 陶氏有机硅（张家港）有限公司 | 0.25 | 江苏张家港 |
| 湖北兴瑞硅材料有限公司 | 3 | 湖北宜昌 |
| 广东乐普泰新材料科技有限公司 | 0.3 | 广东东莞 |
| 江西宏柏新材料股份有限公司 | 0.5 | 江西乐平 |
| 湖南省港田新材料有限公司 | 0.28 | 湖南衡南 |
| 浙江摩天新材料有限公司 | 0.2 | 浙江德清 |
| 迈高精细高新材料（宜昌）有限公司 | 1 | 湖北宜昌 |

2021年中国进口LSR约1.0万吨，同比减少9.4%；出口LSR约2.4万吨，同比增加33.9%，净出口0.64万吨。2021年中国LSR月度进出口情况如图2.66所示。

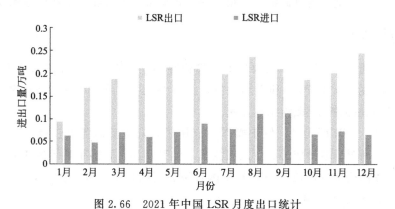

图2.66　2021年中国LSR月度出口统计

**2. 需求分析及预测**

2021年中国LSR消费量达到8.0万吨，同比增长20.8%，预计到2026年中国LSR的需求量将达到16.98万吨。近几年来中国LSR胶需求量及预测见图2.67。

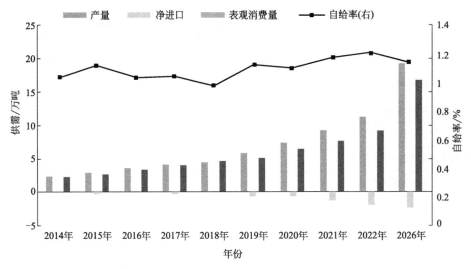

图 2.67　2014—2026 年中国 LSR 的需求情况及预测

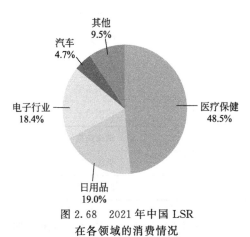

图 2.68　2021 年中国 LSR 在各领域的消费情况

目前 LSR 主要应用在孕婴用品、医疗保健、电子领域等，2021 年中国 LSR 在各行业所占比例见图 2.68。

**（三）工艺技术**

LSR 通常是由基础胶（一般为聚甲基乙烯基硅氧烷生胶）、填料（一般为气相白炭黑或沉淀白炭黑）、交联剂（一般为聚甲基氢硅氧烷）、催化剂（一般为过渡金属的络合物）等组成。工艺是采用乙烯基硅油为基础聚合物，白炭黑做补强填料，再加入处理剂助剂后通过热处理获得基胶，再配合适量的铂催化剂、抑制剂及含氢硅油，获得的 A、B 双组分即为加成型液体硅橡胶。

**（四）应用进展**

（1）医疗保健领域　LSR 具有良好的生物相容性，广泛用于人体植入和人体接触材料，在医疗器件领域逐步取代 PVC 和天然乳胶。2021 年医疗领域共消耗 LSR 约 3.8 万吨，预计 2022 年医疗领域消耗 LSR 约 4.5 万吨。

（2）日用品　LSR 因无毒、便于操作而应用于人们生活的各个领域，目前在厨具、工艺品、护目镜、面罩、各种瓶罐、食品级模具、体育用品、智能手环等健康监测设备等方面的需求迎来了较高速度的增长。2021 年中国日用品消耗 LSR 约 1.5 万吨，预计 2022 年中国日用品消耗 LSR 约 1.8 万吨。

（3）电子行业　加成型 LSR 被应用在电子行业的很多方面。由于在硫化过程中没有副产物放出，加成型硅橡胶比缩合型硅橡胶具有更加优良的介电性能且形变极小，这使它在电子元件、高端电器设备封装中应用广泛。2021 年电子电器行业约消耗 LSR 1.5 万吨，预计 2022 年消耗 LSR 约 1.7 万吨。

(4) 汽车　加成型 LSR 具有深层硫化特性，加热下短时间内能完全硫化，耐热性好、电气绝缘性好、耐老化性好、机械强度高、无毒无味、可延伸性强等特性，广泛用于汽车工业。2021 年汽车领域消耗 LSR 约 3700 吨，预计 2022 年汽车领域 LSR 消费量约 4300 吨。

### （五）发展建议

近几年，随着生活水平和医疗水平的提高，对 LSR 的需求在增加，国内产能、产量也在逐步提升，LSR 成为硅橡胶中增长最快的产品。但由于发展时间有限，经验积累与科技创新受到很大限制，国内 LSR 行业的整体水平与国外有一定差距。未来 LSR 的技术开发方向主要集中在体系粘接性能的改善、单组分液体硅橡胶储存性的研究和新型催化剂、抑制剂的开发方面。

## 三、室温硫化硅橡胶

### （一）概述

室温硫化硅橡胶在分子链的两端（有时中间也有）各带有一个或多个官能团，在一定条件下（空气中的水分或适当的催化剂），这些官能团可发生反应，从而形成高分子量的交联结构。室温硫化硅橡胶（RTV）最常见类型为脱酸型、脱醇型和脱肟型。

### （二）市场供需

**1. 国内生产现状**

2021 年中国 RTV 总产能为 187.8 万吨/年，同比增长 25.0%；产量约为 119.2 万吨，同比增长 14.2%。预计 2022 年中国 RTV 总产能将达到 214.3 万吨/年，同比增长 14.1%；产量可达到 137.3 万吨，同比增长 15.2%。2015—2026 年中国 RTV 产能、产能增长率及预测见图 2.69。

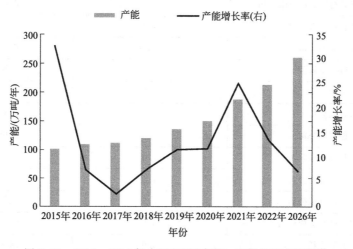

图 2.69　2015—2026 年中国 RTV 产能、产能增长率及预测

目前,世界上主要的 RTV 生产企业有美国陶氏、美国迈图、德国瓦克、日本信越、瑞士西卡和德国汉高等,这些企业在中国主要占据中高端领域市场。中国本土生产企业主要集中在广东和江浙一带,生产规模达到 10 万吨/年以上的有四家,5 万吨/年以上的有十多家,国内主要生产企业有广东欧利雅化工、杭州之江、广东白云、成都硅宝、郑州中原、广州集泰、山东永安等。2021 年中国主要 RTV 生产厂家及其产能和中国 RTV 拟在建项目如表 2.99 和表 2.100 所示。

表 2.99  2021 年中国主要 RTV 胶主要生产厂家及产能

| 企业名称 | 产能/(万吨/年) |
| --- | --- |
| 合盛硅业股份有限公司 | 22.5 |
| 成都硅宝科技股份有限公司 | 12.6 |
| 广州市白云化工实业有限公司 | 11 |
| 杭州之江有机硅化工有限公司 | 10.6 |
| 湖北回天胶业股份有限公司 | 9.5 |
| 广州集泰化工股份有限公司 | 8 |
| 郑州中原思蓝德高科股份有限公司 | 6.3 |
| 山东永安胶业有限公司 | 6 |
| 广东欧利雅化工有限公司 | 6 |
| 陶氏有机硅(张家港)有限公司 | 6 |
| 广东长鹿新材料科技有限公司 | 6 |
| 湖北君邦新材料科技有限公司 | 6 |
| 其他 | 61.5 |
| 合计 | 187.8 |

表 2.100  中国 RTV 拟在建项目

| 企业名称 | 产能/(万吨/年) | 地点 |
| --- | --- | --- |
| 浙江中天东方氟硅材料股份有限公司 | 4.5 | 浙江省衢州市 |
| 山东东岳有机硅材料有限公司 | 7.0 | 山东淄博 |
| 广州集泰化工股份有限公司 | 11.0 | 广东从化 |
| 郑州思蓝德高科股份有限公司 | 4.2 | 河南郑州 |
| 埃肯有机硅有限公司 | 2.0 | 江西永修 |
| 广州回天新材料有限公司 | 2.5 | 山东潍坊 |
| 成都硅宝科技股份有限公司 | 6.0 | 四川成都 |
| 江山大秦新材料科技有限公司 | 2.0 | 浙江嘉兴 |
| 杭州金迎新材料有限责任公司 | 4.0 | 建德市 |
| 瓦克化学(张家港)有限公司 | 4.9 | 江苏张家港 |
| 陶氏有机硅(张家港)有限公司 | 3.2 | 江苏张家港 |
| 湖北雅邦新材料有限公司 | 5.0 | 湖北宜昌 |

续表

| 企业名称 | 产能/(万吨/年) | 地点 |
| --- | --- | --- |
| 湖北君邦新材料科技有限公司 | 2.0 | 湖北宜昌 |
| 湖北兴发凌志新材料有限公司 | 10.0 | 湖北宜昌 |
| 江西卓润新材料有限公司 | 3.0 | 江西永修 |

国内 RTV 种类繁多,高低端产品价格相差甚远,而且依品种、牌号不同也有较大差异。RTV 产品包装一般 600mL 或者 500mL 每支,市场售价一般 15~60 元/支不等,特种 RTV 按克计价。

2021 年随着各国经济复苏,RTV 出口持续增长,中国 RTV 出口量大约 7.96 万吨,进口 RTV 约 2700 吨。2021 年 1—12 月中国 RTV 月度进出口情况如图 2.70 所示。

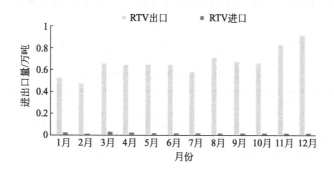

图 2.70　2021 年 1—12 月中国 RTV 月度进出口情况

**2. 需求分析及预测**

2021 年中国 RTV 产量约为 119.2 万吨,市场缺口-7.69 万吨;RTV 表观消费量达到 111.51 万吨,同比增长 11.4%,保持稳定增长。预计到 2026 年中国 RTV 的需求量将达到 183.7 万吨。2011—2026 年中国室温硫化硅橡胶供需平衡状况及预测见图 2.71。

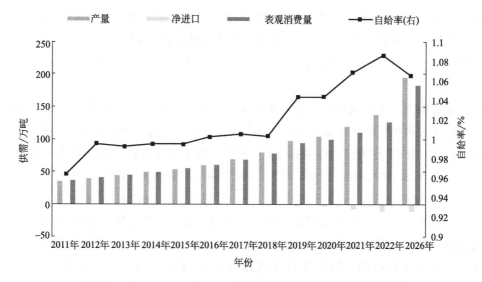

图 2.71　2011—2026 年 RTV 供需情况及产品自给率分析及预测

中国RTV消费最大的领域是建筑领域，占比50.8%，其次是电子领域、可再生能源（锂电）及其他制造业。2021年RTV在各领域消费占比见图2.72。

### （三）工艺技术

（1）单组分RTV生产　单组分RTV在真空无水条件下由107胶（基胶）和补强填料、交联剂、催化剂及其他添加剂按不同的比例和顺序进行搅拌、混合，经过缩合封端反应生成活性膏状物，再经过脱除小分子等后续工艺处理，包装在各种规格密闭

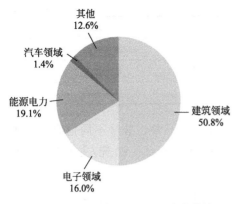

图2.72　2021年中国RTV消费结构

容器中，形成成品。使用时，从包装中挤出后与空气中的水分引发交联反应，形成网状弹性体。

（2）双组分RTV生产　双组分RTV的分装方法见表2.101。

表2.101　双组分RTV的分装方法

| 组分 | 方法1 | 方法2 | 方法3 |
| --- | --- | --- | --- |
| A | 基础聚合物、填料、交联剂 | 基础聚合物、填料 | 基础聚合物、填料、催化剂 |
| B | 催化剂 | 催化剂、交联剂 | 基础聚合物、填料、交联剂 |

### （四）应用进展

（1）建筑领域　建筑是RTV最大的消费领域，RTV在建筑领域的应用主要包括建筑幕墙、房屋建筑的密封和门窗节能玻璃加工。RTV还可用于公路、机场、道桥等伸缩缝的嵌缝密封。2021年建筑领域消耗RTV约56.7万吨，预计2022年该领域对RTV消费量约55.8万吨。

（2）电子领域　RTV在电子领域主要用于包封、灌注、粘接、浸渍和涂覆等，对集成电路、微膜元件、厚膜元件、电子组合件或整机进行灌封后，胶层内元件清晰可见，可准确测量元件参数。2021年电子领域消耗RTV约17.9万吨，预计2022年电子领域消费RTV约22.4万吨。

（3）能源电力　为解决传统能源污染环境较严重、利用率低的问题，中国正在加快风电、太阳能等可再生能源的开发利用，这将大大促进太阳能光伏产业元器件制备、风电设备和材料的需求，RTV作为元器件主要封装用材料，需求相应增长。2021年可再生能源领域消费RTV约21.3万吨，预计2022年可再生能源领域消耗RTV约28.5万吨。

（4）汽车领域　有机硅密封胶因具有良好的黏结性和便于成型、不需要加热等特性，被广泛应用于汽车行业。不仅可以起到增强汽车结构、紧固防锈、隔热减振和内外装饰的作用，还能够代替某些部件的焊接、铆接等传统工艺，实现相同或不同材料之间的连接，简化生产工序，优化产品结构。2021年汽车领域消耗RTV约1.6万吨，预计2022年约1.8万吨。

### (五) 发展建议

由于室温硫化硅橡胶行业轻资产属性较为明显，投资少，扩产快，行业进入门槛不高，未来几年仍有一些企业扩产或新建 RTV 项目，中国 RTV 市场会持续扩增。但 RTV 行业也面临着低端产品产能过剩风险，因此，国内企业应注重增加投入，积极开发中高档产品，提高市场竞争力。

# 第二十节　硅油

北京国化新材料技术研究院　张厚

## 一、概述

硅油通常是指室温下保持液体状态的线型有机硅高分子材料，是最重要的有机硅产品之一。以 Si-O-Si 为主链的线型硅油，由于分子间作用力小，分子呈螺旋状结构，有机基团可自由旋转，因而具有一系列特性，如无色透明、黏度范围宽、温黏系数小、膨胀系数大、低蒸气压、高闪点、耐高温、耐低温、耐候、耐辐照、低表面张力、对材料无腐蚀及有生理惰性等，具有广泛的用途。

硅油是一种具有链状结构的聚硅氧烷，根据硅原子连接有机基团的不同，可分为线型通用硅油和改性硅油。改性硅油由于分子中引入了碳官能基或特定结构的有机基，赋予了通用硅油新的物理及化学性能，如提高了对有机溶剂及有机聚合物的相容性及溶解性；可以和有机化合物反应，并形成稳定的化学键结构，作为 UV 固化、3D 打印、人工皮肤、新型反应器的关键预聚体；进一步提高润滑性、光亮性、柔软性、憎水性、防污性及脱模性等。

常见的商品硅油有甲基硅油、乙烯基硅油、甲基含氢硅油、氨基硅油、嵌段硅油、苯基硅油、甲基苯基硅油、聚醚改性硅油、环氧基改性硅油、环氧基聚醚改性硅油、羧基改性硅油、巯基改性硅油等，广泛用于纺织、化工、机械加工、日化、电子电器、医疗卫生等行业。近几年，随着世界经济的高速发展，硅油的新品种不断涌现，新的应用领域不断被开发，新的市场环境不断在变化，在此就近年来硅油的相关情况和进展进行一些简要介绍。

## 二、市场供需

### (一) 世界市场供需情况

经济全球化促使硅产业布局向全球一体化的方向发展，特别是大型跨国公司的业务布局是面向全球，在全世界范围内进行产业的战略布局。2021 年，随着世界范围内的经济复苏，硅油下游消费明显增长。全球硅油的生产和消费主要集中在西欧、美国和日本，广泛应用于日化、个人护理、机械加工、化工、电子电器等行业。据 SAGSI 估计，2021 年美国、西欧、日本硅油的消费量分别达到 17.1 万吨、22.2 万吨和 6.4 万吨，同比增长分别为 6.3%、6.0% 和 6.7%。2011—2026 年全球主要国家和地区硅油消费情况及预测如表 2.102 所示。

表 2.102　2011—2026 年全球主要国家和地区硅油消费情况及预测　　单位：万吨

| 地区 | 2011年 | 2012年 | 2013年 | 2014年 | 2015年 | 2016年 | 2017年 | 2018年 | 2019年 | 2020年 | 2021年 | 2022年 | 2026年 |
|---|---|---|---|---|---|---|---|---|---|---|---|---|---|
| 美国 | 13.0 | 13.6 | 14.0 | 14.3 | 14.7 | 15.3 | 15.7 | 16.2 | 16.6 | 16.1 | 17.1 | 17.3 | 19.8 |
| 西欧 | 18.0 | 18.6 | 19.0 | 19.6 | 20.2 | 21.1 | 21.5 | 21.9 | 22.2 | 20.9 | 22.2 | 22.5 | 25.8 |
| 日本 | 6.2 | 5.8 | 5.1 | 6.5 | 5.7 | 6.6 | 6.2 | 6.0 | 6.3 | 6.0 | 6.4 | 6.7 | 7.9 |
| 中国 | 15.0 | 16.5 | 19.2 | 20.8 | 22.3 | 24.4 | 25.2 | 26.7 | 36.8 | 42.3 | 47.9 | 52.7 | 72.0 |
| 总计 | 52.2 | 54.5 | 57.3 | 61.2 | 62.9 | 67.4 | 68.6 | 70.8 | 81.9 | 87.3 | 93.6 | 99.2 | 125.5 |

注：数据来源：ACMI/SAGSI。

## （二）中国市场供需分析

### 1. 国内生产现状

2021 年中国硅油总产能约 73.1 万吨/年，同比增长 16.0%，开工率 72.0%，产量达 52.6 万吨，同比增长 19.0%。2010—2026 年中国硅油产能、产量及增长率和预测如表 2.103 所示。

表 2.103　2010—2026 年中国硅油产能、产量及增长率和预测

| 年份 | 2010年 | 2011年 | 2012年 | 2013年 | 2014年 | 2015年 | 2016年 | 2017年 | 2018年 | 2019年 | 2020年 | 2021年 | 2022年 | 2026年 |
|---|---|---|---|---|---|---|---|---|---|---|---|---|---|---|
| 产能/(万吨/年) | 13.0 | 16.0 | 20.0 | 22.2 | 23.4 | 25.0 | 27.5 | 31.5 | 33.5 | 50.0 | 63.0 | 73.1 | 85.1 | 120.0 |
| 产量/万吨 | 9.0 | 11.0 | 15.1 | 17.6 | 19.8 | 21.3 | 23.4 | 28.8 | 31.6 | 38.6 | 44.2 | 52.6 | 58.6 | 84.6 |
| 表观消费量/万吨 | 12.5 | 15.0 | 16.5 | 19.2 | 20.8 | 22.3 | 23.2 | 25.2 | 26.7 | 36.8 | 42.3 | 47.9 | 52.7 | 72.0 |
| 缺口/万吨 | 3.5 | 4.0 | 1.4 | 1.6 | 1.0 | 1.0 | −0.2 | −3.6 | −4.9 | −1.8 | −1.9 | −4.7 | −5.9 | −12.6 |
| 产能增长率/% | | 30.0 | 23.1 | 25.0 | 11.0 | 5.4 | 6.8 | 10.0 | 14.5 | 6.3 | — | 16.0 | 16.4 | 10.4 |
| 产量增长率/% | | 12.5 | 22.2 | 37.3 | 16.6 | 12.5 | 7.6 | 9.9 | 23.1 | 9.7 | — | — | 19.0 | 11.4 | 10.0 |
| 开工率/% | 69.2 | 68.8 | 75.5 | 79.3 | 84.6 | 85.2 | 85.1 | 91.4 | 94.3 | 77.0 | 70.2 | 72.0 | 68.9 | 70.5 |

注：数据来源于 ACMI/SAGSI。

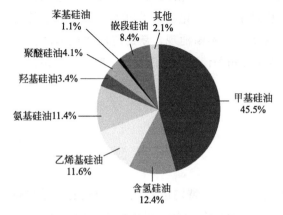

图 2.73　2021 年中国不同类型硅油的产能份额（数据来源：ACMI/SAGSI）

近年来，有机硅市场不断向中国聚集，中国硅油发展迅速，产能、产量大幅增加。甲基硅油、乙烯基硅油、氨基硅油、嵌段硅油及羟基硅油、聚醚硅油等改性硅油产能也迅速增加，中国硅油生产水平明显提升。但是国内本土企业的产品还是多集中在中低端，如常规甲基硅油、含氢硅油等，在高质量、高品质的改性硅油、特种硅油方面仍有不少欠缺。2021 年中国不同类型硅油的产能份额如图 2.73 所示。

2021 年国内硅油产能最大的为陶氏化

学，其次为埃肯和瓦克。中国生产硅油的企业主要分布在华东、华南地区，产能超过5000吨/年的企业大约30家，产能规模最大的是甲基硅油，其次是含氢硅油、乙烯基硅油、氨基硅油及嵌段硅油，2021年上述产品产能占比分别为45.5%、12.4%、11.6%、11.4%及8.4%。目前合盛、东岳、中天等单体厂硅油体量也在不断提升，未来普通型号硅油产品将进一步向单体生产企业集中。2021年中国主要硅油生产企业见表2.104，改性硅油主要生产企业见表2.105。

**表2.104 2021年中国主要硅油生产企业**

| 企业名称 | 产能/(万吨/年) | | | | 总产能/(万吨/年) | 总产量/万吨 | 备注 |
| --- | --- | --- | --- | --- | --- | --- | --- |
| | 甲基硅油 | 含氢硅油 | 乙烯基硅油 | 其他硅油 | | | |
| 陶氏有机硅（张家港）有限公司 | — | — | — | — | 10.70 | 8.42 | |
| 埃肯有机硅有限公司 | 5.60 | 1.20 | 1.54 | 0.40 | 8.74 | 6.67 | 2021年有新增产能 |
| 瓦克化学（张家港）有限公司 | — | — | — | — | 5.00 | 3.16 | |
| 合盛硅业有限公司 | 1.20 | 0.40 | | 2.30 | 3.90 | 1.50 | 2021年有新增产能 |
| 浙江传化集团有限公司 | | | | 3.50 | 3.50 | 2.00 | |
| 浙江新安化工股份有限公司 | 1.20 | 0.84 | 0.20 | 0.94 | 3.18 | 1.47 | |
| 山东东岳有机硅材料股份有限公司 | 2.00 | 0.20 | | 0.20 | 2.40 | 1.64 | 增加改性硅油0.2万吨 |
| 宁波润禾高新材料科技股份有限公司 | | 0.13 | 0.85 | 1.20 | 2.18 | 1.45 | 增加改性硅油 |
| 浙江溶力高新材料技术有限公司 | 1.50 | | 0.30 | 0.20 | 2.00 | 1.85 | |
| 江西品汉新材料有限公司 | 0.30 | 0.80 | 0.26 | 0.60 | 1.96 | 1.58 | 2021年有新增产能 |
| 扬州宏远化工新材料有限公司 | 0.80 | 0.10 | 0.60 | 0.20 | 1.70 | 1.52 | |
| 衢州科峰新材料有限公司 | | | | 1.68 | 1.68 | 0.60 | 2021年新增产能 |
| 宜昌科林硅材料有限公司 | 1.20 | | 0.30 | | 1.50 | 1.34 | 增加改性硅油 |
| 浙江恒业成有机硅有限公司 | 0.25 | 0.50 | 0.45 | 0.30 | 1.50 | 1.20 | |
| 唐山三友硅业有限责任公司 | 0.90 | 0.34 | 0.01 | 0.18 | 1.43 | 1.15 | 2021年有新增产能 |
| 黄山强力化工有限公司 | 1.20 | | 0.05 | 0.05 | 1.30 | 1.10 | |
| 杭州崇耀科技发展有限公司 | | | | 1.15 | 1.15 | 0.88 | |
| 广州天赐有机硅科技有限公司 | 0.40 | | | 0.60 | 1.00 | 0.85 | |
| 江西鸿利达实业有限公司 | | | | 1.00 | 1.00 | 0.85 | |
| 宜昌泽美新材料有限公司 | | 0.60 | | 0.30 | 0.90 | 0.60 | |
| 湖北集发新材料有限公司 | | | | 0.70 | 0.70 | 0.50 | |
| 无锡市全立化工有限公司 | 0.20 | 0.10 | | 0.40 | 0.70 | 0.50 | 增加改性硅油 |
| 湖北隆胜四海新材料股份有限公司 | 0.40 | | | 0.20 | 0.6 | 0.51 | 原湖北新四海 |
| 江西鲁宇新材料有限公司 | 0.20 | | | 0.39 | 0.59 | 0.40 | |
| 德美瓦克有机硅有限公司 | | | | 0.50 | 0.50 | 0.45 | |

续表

| 企业名称 | 产能/(万吨/年) | | | | 总产能/(万吨/年) | 总产量/万吨 | 备注 |
|---|---|---|---|---|---|---|---|
| | 甲基硅油 | 含氢硅油 | 乙烯基硅油 | 其他硅油 | | | |
| 广东标美硅氟新材料有限公司 | 0.20 | | | 0.30 | 0.50 | 0.45 | |
| 内蒙古恒业成有机硅有限公司 | | 0.50 | | | 0.50 | 0.45 | |
| 上海华之润化工有限公司 | | 0.10 | 0.40 | | 0.50 | 0.45 | |
| 珠海华大浩宏新材料有限公司 | | | | 0.50 | 0.50 | 0.45 | |
| 浙江佳汇新材料有限公司 | | | 0.50 | | 0.50 | 0.42 | |
| 江西鼎润科技股份有限公司 | | | | 0.50 | 0.50 | 0.30 | |
| 江西氟聚新材料科技有限公司 | | | | 0.40 | 0.40 | 0.28 | |
| 山东宝龙达新材料有限公司 | 0.30 | | | | 0.30 | 0.22 | |
| 青岛兴业有机硅新材料有限公司 | 0.30 | | | | 0.30 | 0.25 | |
| 浙江凯斯特新材料有限公司 | | 0.30 | | | 0.30 | 0.22 | |
| 江西新嘉懿新材料有限公司 | | 0.19 | | 0.10 | 0.29 | 0.20 | |
| 桂阳县聚源有机硅科技有限公司 | | | | 0.26 | 0.26 | 0.22 | |
| 山东大易化工有限公司 | 0.12 | 0.02 | 0.04 | 0.05 | 0.23 | 0.25 | |
| 小计 | 28.27 | 8.52 | 7.56 | 20.54 | 64.89 | 46.35 | |
| 其他 | 5.00 | 0.55 | 0.95 | 1.75 | 8.25 | 6.21 | |
| 总计 | 33.27 | 9.07 | 8.51 | 22.29 | 73.14 | 52.56 | |

注：数据来源于 ACMI/SAGSI。

表 2.105　2021 年中国改性硅油主要生产企业

| 改性硅油 | 主要生产企业 | 总产能/(万吨/年) |
|---|---|---|
| 氨基硅油 | 传化化学、德美瓦克、上海雅运、陶氏、埃肯、宁波润禾、广州佳和等 | 8.36 |
| 嵌段硅油 | 传化化学、合盛硅业、宁波润禾、湖北集发、珠海华大浩宏、广东宏昊化工、埃肯等 | 6.11 |
| 聚醚改性硅油 | 杭州荣耀、江西鸿利达、山东大易、青岛美思得、山东圣佑 | 3.02 |
| 羟基硅油 | 陶氏化学、埃肯、无锡市全立、江苏众合、深圳众信、湖北隆胜四海、广东标美等 | 2.46 |
| 苯基硅油 | 浙江置正、广州天赐、江西品汉、上海树脂厂、宁波科乐、安徽艾约塔等 | 0.77 |

注：数据来源于 ACMI/SAGSI。

甲基硅油是最典型、最常见的硅油产品。2021 年中国甲基硅油总产能约 33.3 万吨/年，占全年硅油产能的 45.5%，是国内产能最大的一类硅油产品，商品名为 201 系列。甲基硅油分为高黏、中黏和低黏三种。其中美国陶氏、德国瓦克、埃肯等跨国企业和本土企业的甲基硅油，尤其部分高黏甲基硅油品牌中 $D_4$ 和 $D_5$ 能够满足 SVHC 要求。美国陶氏、德国瓦克、埃肯等企业的低黏度甲基硅油可以替代 $D_5$ 的 $1.5\sim2\,mm^2/s$ 甲基硅油。

国内含氢硅油采用 202 系列名称，有端含氢硅油、侧含氢硅油和端侧氢硅油。2021 年中国含氢硅油总产能约 9.1 万吨/年，目前国内生产含氢硅油的企业有数十家，有机硅单体生产企业多配套含氢硅油生产装置，主要企业有恒业成、埃肯、新安、合盛、三友、东岳、江西品汉、美国陶氏、迈图、信越公司等，部分厂家的含氢硅油的环体含量可以满足 SVHC 要求。

乙烯基硅油用途广泛，可用作高温硫化硅橡胶生胶生产中的基本原料，也可用于制作液体硅橡胶，是注射成型硅橡胶、电子胶、导热胶的主要原料。乙烯基硅油产能最大的是端乙烯基硅油，作为特种硅橡胶的重要原材料的侧乙烯基硅油和端侧乙烯基硅油产能不大，一般作为下游内用原料，不进行对外出售，在特殊应用领域需满足超低挥发分、低离子含量要求。2021 年中国乙烯基硅油总产能约 8.5 万吨/年，目前国内主要生产企业有埃肯、新安化工、浙江润禾、扬州宏远、恒业成等。市场有相当部分企业的乙烯基硅油，尤其高品质乙烯基硅油直接用于下游产品生产。

氨基硅油是生产纺织品柔软整理剂的基本成分。2021 年中国氨基硅油总产能约 8.4 万吨/年，主要生产企业包括传化、德美瓦克、润禾、陶氏、埃肯、山东大易化工等。传化、德美瓦克、润禾等纺织助剂生产厂家，其氨基硅油主要配套下游纺织助剂产品。陶氏（道康宁）的商品牌号主要为 OFX 系列，埃肯满足环体 SVHC 的是 L\*\*L 氨基硅油系列。

聚醚硅油是用聚醚与聚二甲基硅氧烷接枝共聚而成的一种性能独特的有机硅非离子表面活性剂，在制作产品时，通过改造硅油链节数、聚醚 EO 与 PO 的配比和末端基团，可获得性能各异的各种有机硅表面活性剂，其中 SiC 侧链型聚醚改性硅油占据主要市场份额，可以用于化妆品中改善其铺展性，用在织物上可以使织物更加容易吸水、吸汗、防静电和保持织物的柔软平整性，此外还可以作为聚氨酯泡沫的匀泡剂、消泡剂、水溶性润滑剂、玻璃防雾剂等。2021 年中国聚醚改性硅油总产能约 3.0 万吨/年，国内主要生产企业有杭州崇耀、山东大易化工、湖北隆盛四海（新四海化工）等。

羟基硅油通常用来表示低黏度的 $\alpha,\omega$-二羟基封端聚二甲基硅氧烷，其可作为高温硫化硅橡胶生产的结构控制剂及合成其他产品的扩链剂，2021 年中国羟基硅油总产能约 2.5 万吨/年，目前生产厂家主要有陶氏化学、瓦克化学、埃肯、无锡全立、江苏众合、深圳众信、安徽艾约塔、扬州宏远、湖北隆盛四海等企业。陶氏 OHX 系列、埃肯 P48 系列羟基硅油的环体含量满足 SVHC 要求。

嵌段硅油（主要为三元共聚嵌段硅油，一般为三个结构链段，即硅氧烷基链段、聚醚链段及聚醚胺链段）主要用于纺织助剂，近几年国内企业扩产较多，新增产能体量较大，多数为纺织助剂生产企业在生产，但部分单体生产企业也在大规模新上相关项目。2021 年中国嵌段硅油总产能约 6.1 万吨/年，目前主要生产企业有传化、润禾、合盛、湖北集发、珠海华大浩宏等。

其他硅油还包括（链）烷基硅油、端环氧改性硅油、低沸硅油、高沸硅油、水溶性硅油、含氟硅油等产品。

**2. 国内新建或拟建项目**

随着全球经济的发展，有机硅下游产品如硅油和硅橡胶的市场需求日益增大，尤其是具有高附加值、高品质的有机硅深加工产品具有广阔的市场空间和竞争优势。近年来，国家出台了多项重要政策，鼓励有机硅下游产品发展。如《产业结构调整指导目录（2019 年本）》

中提出鼓励苯基硅油、氨基硅油、聚醚改性型硅油等下游产品的发展。

《中国有机硅行业"十四五"发展规划（2021—2025 年）》指出，十四五期间将重点发展苯基、超高分子量、长链烷基等特种硅油产品；加强超低挥发分、低离子含量、T 型官能基、非对称聚硅氧烷等先进技术的开发；二甲基硅油、甲基含氢硅油、甲基苯基硅油、聚醚改性硅油、氨基硅油及其乳液等产品质量达到国际先进水平。

2021 年，硅油类产品实际新增产能约 10.0 万吨/年，部分计划投产产能推迟至 2022 年，实际投产产能见表 2.106。据不完全统计，未来新建、拟建的硅油产能合计约 63.2 万吨/年，综合考虑项目进度，市场需求以及部分产能淘汰退出，预计 2022 年实际新增产能约 12.0 万吨/年。详细情况见表 2.107。

表 2.106　2021 年中国新投产硅油产能

| 项目 | 企业名称 | 产能/(万吨/年) | 投产时间 | 品种 |
| --- | --- | --- | --- | --- |
| 改扩建 | 江西品汉新材料有限公司 | 1.36 | 2021 年 2 月 | 氨基硅油、端环氧改性硅油、乙烯基硅油，羟基硅油、聚醚改性硅油等 |
| 新建 | 合盛硅业有限公司 | 3.50 | 2021 年 2 月 | 甲基硅油、嵌段硅油 |
| 改扩建 | 唐山三友硅业有限责任公司 | 0.12 | 2022 年 6 月 | 含氢硅油 |
| 改扩建 | 衢州科峰新材料有限公司 | 1.00 | 2021 年 11 月 | 嵌段硅油、其他改性硅油 |
| 新建 | 埃肯有机硅有限公司 | 1.10 | 2021 年 12 月 | 低黏度甲基硅油 |
| | 其他 | 3.00 | | |

注：数据来源于 ACMI/SAGSI。

表 2.107　2021 年中国硅油新建及拟建项目

| 企业名称 | 产能/(万吨/年) | 产品种类 | 地址 | 投产时间及进展 |
| --- | --- | --- | --- | --- |
| 云南能投硅材科技发展有限公司 | 2.00 | 年产 10000 吨乙烯基硅油、5000 吨二甲基硅油、2650 吨含氢硅油，2400 吨高沸硅油 | 云南曲靖 | 已建成，2022 年投产 |
| 山东东岳有机硅材料股份有限公司 | 6.00 | 年产 10000 吨含氢硅油、30000 吨二甲基硅油、20000 吨乙烯基硅油 | 山东淄博 | 2022 年二季度投产 |
| 合盛硅业（鄯善二期） | 0.70 | 年产含氢硅油 7018 吨 | 新疆鄯善 | 在建，预计 2022 年二季度投产 |
| 中天东方氟硅有限公司 | 3.80 | 年产甲基硅油 24000 吨、乙烯基硅油 6000 吨、端含氢硅油 2500 吨、端环氧硅油 2500 吨、氨基硅油 1000 吨、三元共聚硅油 1000 吨、低含氢硅油 1000 吨 | 浙江衢州 | 在建，预计 2022 年三季度投产 |
| 内蒙古恒星化学有限公司 | 1.17 | 年产 5000 吨二甲基硅油、5000 吨乙烯基硅油、1700 吨含氢硅油 | 内蒙古鄂尔多斯 | 已建成，2022 年投产 |
| 唐山三友硅业有限责任公司 | 1.14 | 年产普通甲基硅油 6400 吨，端乙烯基硅油 2000 吨，端环氧基硅油 1000 吨，低黏度甲基硅油 2000 吨 | 河北唐山 | 在建，预计 2022 年投产 |
| 山东依田新材料有限公司 | 2.00 | 年产 20000 吨聚醚改性硅油及氨基硅油 | 山东临沂 | 在建，预计 2022 年投产 |

续表

| 企业名称 | 产能/(万吨/年) | 产品种类 | 地址 | 投产时间及进展 |
|---|---|---|---|---|
| 苏州思德新材料科技有限公司（江西惠超化工） | 1.60 | 聚醚改性硅油 | 江西永修 | 2020年7月开工，2022年8月建成 |
| 浙江赢科新材料股份有限公司 | 3.65 | 年产29000吨反应性硅油、2500吨聚醚改性硅油、5000吨三元共聚硅油 | 浙江衢州 | 在建，2022年投产 |
| 湖北兴瑞硅材料有限公司 | 2.50 | 1.0万吨高黏度甲基硅油、0.5万吨低黏度甲基硅油，含氢硅油5000吨 | 湖北宜昌 | 预计2022年 |
| 迈高精细高新材料（宜昌）有限公司 | 1.00 | 乙烯基硅油 | 湖北宜昌 | 2020年6月开工，2022年投产 |
| 内蒙古恒业成有机硅有限公司 | 0.60 | 二甲基硅油 | 鄂尔多斯 | 计划2022年投产 |
| 九江润禾合成材料有限公司 | 1.50 | 年产3000吨端含氢硅油、4000吨端环氧聚醚硅油、3000吨嵌段硅油、2000吨含氢硅油、3000吨乙烯基硅油 | 江西九江 | 2020年10月开工，2023年投产 |
| 宁波润禾高新材料科技股份有限公司 | 0.65 | 年产5000吨乙烯基硅油，另1500吨二甲基硅油（技改项目，化妆品用） | 浙江宁波 | 在建 |
| 广州从化兆舜新材料有限公司 | 0.80 | 乙烯基硅油 | 广东从化 | 在建 |
| 埃肯有机硅有限公司 | 0.73 | 年产特种硅油6000吨，高沸硅油1300吨 | 江西永修 | 2020年7月二次环评公示 |
| 埃肯有机硅有限公司 | 0.11 | 甲基硅油 | 江西永修 | 2021年3月开工，2023年投产 |
| 清远天赐高新材料有限公司 | 0.95 | 年产低黏度硅油800吨、甲基硅油4200吨、透明混合硅油2200吨、乳化硅油2300吨及含氢硅油1200吨（中间体） | 广东清远 | 2020年12月环评批复 |
| 江西海多化工有限公司 | 0.60 | 年产含氢硅油4000吨，高黏度硅油、乙烯基硅油、甲基苯基硅油合计2000吨 | 江西永修 | 2020年11月第一次环评公示 |
| 江西东恒新材料有限公司 | 0.13 | 年产650吨低含氢硅油、610吨改性硅油 | 江西永修 | 2021年1月第三次环评公示 |
| 陶氏有机硅（张家港）有限公司 | 1.00 | 年产功能性硅油6500吨、硅油3500吨 | 江苏张家港 | 2021年1月环评批复 |
| 瓦克化学（张家港）有限公司 | 4.86 | 年产29200吨高黏度硅油、5600吨含氢硅油、13800吨功能性硅油 | 江苏张家港 | 2021年1月环评批复 |
| 瓦克化学（张家港）有限公司 | 3.43 | 年产26200吨中黏度硅油、3240吨功能性硅油、4860吨功能性硅油 | 江苏张家港 | 2021年1月环评批复 |
| 湖北正安新材料有限公司 | 0.50 | 特种硅油 | 湖北宜昌 | 2021年4月二次环评公示 |
| 湖北兴瑞硅材料有限公司 | 2.00 | 年产乙烯基硅油20000吨、含氢硅油5000吨 | 湖北宜昌 | 2021年7月环评公示 |
| 浙江新安迈图有机硅有限责任公司 | 4.40 | 年产羟基硅油25066吨、二甲基硅油5023吨、乙烯基硅油14000吨 | 浙江建德 | 2021年7月环评批复 |

续表

| 企业名称 | 产能/(万吨/年) | 产品种类 | 地址 | 投产时间及进展 |
|---|---|---|---|---|
| 新亚强硅化学股份有限公司 | 0.50 | 年产苯基硅油5000吨 | 江苏宿迁 | 待建 |
| 合盛硅业（昭通） | 5.49 | 含氢硅油6940吨、嵌段硅油36000吨、二甲基硅油12000吨 | 云能昭通 | 2021年8月环评公示 |
| 杭州崇耀科技发展有限公司 | 1.00 | 年产聚醚改性硅油10000吨 | 浙江杭州 | 2021年9月公示 |
| 湖北兴拓新材料科技有限公司 | 1.20 | 年产功能性羟基硅油12000吨 | 湖北宜昌 | 2021年11月环评 |
| 江西亚迪化工有限公司 | 0.65 | 年产4000吨含氢性硅油、2500吨高沸硅油 | 江西永修 | 2021年11月环评公示 |
| 江西凯美迪生物医药技术有限公司 | 1.50 | 年产乙烯基硅油4000吨、甲基硅油10000吨、低含氢硅油1000吨 | 江西永修 | 2022年2月第三次环评公示 |
| 其他 | 5.00 | | | |
| 合计 | 63.16 | | | |

注：数据来源于ACMI/SAGSI。

### 3. 硅油出口情况

受国外经济复苏，需求增长影响，2021年中国硅油净出口量为4.7万吨，已恢复至2018年水平。2021年中国硅油表观消费量约为47.9万吨，同比增长13.2%。部分领域受原料高价及货源紧缺影响，消费受到一定抑制。未来，有机硅新增产能基本都在中国，中国产能占比越来越大，预计出口将保持稳定增长，2019—2021年中国硅油月度出口情况如图2.74所示。

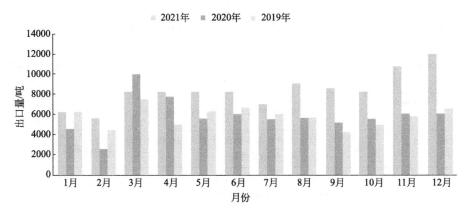

图2.74 2019—2021年中国硅油月度出口情况（数据来源：ACMI/SAGSI）

### 4. 需求分析及预测

2021年中国硅油消费量约47.9万吨，同比增长13.2%。2021年全球经济复苏，外部需求因海外开工受限而转移至中国，国内硅油下游产品出口订单充足，极大刺激了国内硅油消费量增长。2022年，整体需求增速将低于2021年，预计总需求量增长约10.0%。未来，随着科学技术的进步及硅油产业链的不断延伸,硅油在电子行业、新能源及个人消费品等领域的消费量将不断增加,预计未来五年硅油年均消费增速在 8.5%,到 2026 年硅油消费预计达 72.0 万吨。2006—2026 年中国硅油产量、消费量见表 2.108。

表 2.108　2006—2026 年中国硅油表观消费量统计及预测

| 年份 | 产量/万吨 | 消费量/万吨 | 缺口/万吨 | 消费增长率/% |
| --- | --- | --- | --- | --- |
| 2006 年 | 3.2 | 4.0 | 0.8 | 32.0 |
| 2007 年 | 4.2 | 5.6 | 1.4 | 40.0 |
| 2008 年 | 6.0 | 8.0 | 2.0 | 42.9 |
| 2009 年 | 8.0 | 10.0 | 2.0 | 25.0 |
| 2010 年 | 9.0 | 12.5 | 3.5 | 25.0 |
| 2011 年 | 11.0 | 15.0 | 4.0 | 20.0 |
| 2012 年 | 15.1 | 16.5 | 1.4 | 10.0 |
| 2013 年 | 17.6 | 19.2 | 1.6 | 16.4 |
| 2014 年 | 19.8 | 20.8 | 1.0 | 8.3 |
| 2015 年 | 21.3 | 22.3 | 1.0 | 7.2 |
| 2016 年 | 23.4 | 24.0 | 0.6 | 7.6 |
| 2017 年 | 28.8 | 25.2 | −3.6 | 5.0 |
| 2018 年 | 31.6 | 26.7 | −4.9 | 6.0 |
| 2019 年 | 38.6 | 36.8 | −1.8 | — |
| 2020 年 | 44.2 | 42.3 | −1.9 | — |
| 2021 年 | 52.6 | 47.9 | −4.7 | 13.2 |
| 2026 年 | 84.6 | 72.0 | −10.6 | 8.5 |

注：数据来源于 ACMI/SAGSI。

## 三、工艺技术

硅油主要是利用不同官能度的单体或偶联剂通过一定方式聚合而成,或是在聚硅氧烷主链或侧链上接枝改性而成,主要通过硅氧烷平衡化反应、硅氧烷的官能团间的缩合反应和硅氢加成反应而实现。硅氧烷平衡化反应是在亲核或亲电试剂作用下 Si-O-Si 键发生断键,断裂的键能重新组合形成新的硅氧硅键,最终形成各种组合物的动态平衡,绝大部分含硅氧硅键（Si-O-Si）的有机硅材料都能够进行硅氧烷平衡化反应。官能团间缩合反应是利用不同硅氧烷单体通过缩合反应来制备,体系中常会有水解反应同时存在,在整个反应过程中有新的硅氧键形成,硅碳键无变化。硅氢加成反应是指含不饱和键的化合物与含 Si-H 键的有机硅材料间所发生的配位加成反应,反应过程中会形成新的硅碳键,而硅氧键无变化,主要用于改性硅油的制备。

对于通用线型硅油如甲基硅油、乙烯基硅油、甲基苯基硅油等具有类似的制备技术,下面以甲基硅油为例介绍。甲基硅油的工业生产方法是由二甲基环硅氧烷（$D_4$ 或 DMC）与六甲基二硅氧烷或者三甲基硅氧烷基封端的低摩尔质量二甲基聚硅氧烷经平衡化反应制取。其他常用的方法还有：二甲基二氯硅烷与三甲基氯硅烷共水解，之后进一步平衡缩聚制取，或者二甲基二氯硅烷的水解物与六甲基二硅氧烷（MM）进行平衡化反应等。另外部分公司基于线性体制备硅油的技术，硅油环体含量较低，分子量分布较窄。

改性硅油由于分子中引入了碳官能基或特定结构的有机基，制备方法更加多样灵活。如环氧硅油的主要制法有三种，即氢硅化加成法、异官能缩合法和开环加成法，并以氢硅化加成法为最重要和常用的方法。不同结构的氨基硅油主要有五种制备方法：氨烃基硅烷与硅氧烷催化平衡、氨烃基硅氧烷与硅氧烷催化平衡、氨烃基硅烷与端羟基硅氧烷缩合、含氢硅油与烯丙胺加成以及活性聚合缩合法。聚醚改性硅油可分为 Si-O-C 和 Si-C 型，前者两链段以 Si-O-C 键连接，为水解型聚醚改性硅油，不稳定；后者两链段以 Si-C 键连接，为非水解型聚醚改性硅油，较为稳定、易存储。水解型聚醚改性硅油的制备方法有置换反应和缩合反应两种，非水解型聚醚改性硅油的制备方法主要有硅氢加成反应、酯化反应和开环加成反应三种。

## 四、应用进展

硅油的应用主要有两大途径，一类是通过物理性质来实现，主要品种是甲基硅油、苯基硅油、长链烷基硅油等；另一类则通过化学性质来实现，主要是含有活性基团的乙烯基硅油、含氢硅油、氨基硅油、羟基硅油等。

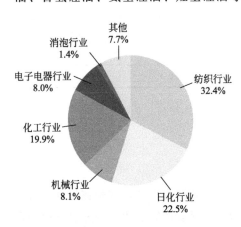

图 2.75　2021 年中国硅油消费结构
（数据来源：ACMI/SAGSI）

硅油下游消费领域十分广泛，主要包括纺织、日化、化工轻工、机械、电子电器等行业。综合来看，2021 年纺织、日化及化工行业消费占比占据前三位，分别是 32.4%、22.5%、19.9%，其中纺织行业消费占比有所降低，化工行业与日化消费占比提高。2021 年中国硅油消费结构见图 2.75。

（1）纺织行业　硅油具有表面张力低、憎水、抗剪切等特点，因此广泛应用于纺织印染及后整理，可作为织物的柔软剂、润滑剂、防水剂、整理剂等用于纤维、织物及染整各工序，赋予整理织物柔软、润滑、防水、防静电、弹性、免烫、防霉、抗菌等功能。

2021 年中国纺织行业努力克服疫情因素以及内外部市场波动的不利影响，产能利用率全年维持高位。2021 年，规模以上纺织企业工业增加值同比增长 4.4%，较 2020 年提高 7.0 个百分点。规模以上企业化纤、纱、布、服装产量同比分别增长 9.1%、8.4%、7.5%、8.4%。

2021 年，规模以上纺织品企业实现营业收入 51749 亿元，同比增长 12.3%；实现利润总额 2677 亿元，同比增长 25.4%。全国限额以上单位服装鞋帽、针纺织品类商品的零售额为 13842 亿元，同比增长 12.7%。

2021年，我国纺织品服装出口3155亿美元，同比增长8.4%，创历史新高。其中纺织品出口1452亿美元，同比下降5.6%；服装出口1703亿美元，同比增长24%。

(2) 日化行业　早在20世纪，硅油就被用作日化品的原料，如20世纪40年代露华浓公司推出了一款含硅油的护肤霜，50年代硅油被用作润滑剂加在头发喷雾剂中，70年代无色透明、挥发性好的$D_5$首次被用于止汗剂，90年代宝洁将硅油乳液添加于配方中，推出了首款二合一的洗发水，使产品具有更佳的调理作用与柔顺效果。发展至今，硅油已被广泛用于护发、护肤、美容产品及抗汗剂和除臭剂等日化产品中。

硅油在护发、护肤、美容类产品中的使用可增强头发的滑顺感、光泽和易梳理性，易于清洗，增进皮肤滑爽细腻感，且无油腻感和残留感；表面活性剂硅油应用于洗涤剂产品中，既有一般表面活性剂的功能，又具有低泡、抗静电等方面的特点，有良好的扩散性，安全性高。随着经济的发展，中国已经成功迈入了化妆品消费大国的行列，目前消费水平已超越欧盟、日本，仅次于美国，成为世界上化妆品第二消费大国。2021年全国化妆品零售额为4026亿元，与2020年同期相比增长14%。2011—2016年，中国洗涤剂行业产量一直呈现逐年递增趋势，2018年产量下降幅度较大。2018—2020年，逐年增长，但在2021年再次下降，2021年产量1037.7万吨，同比下降6.8%。

2018年1月，欧盟委员会发布（EU）2018/35号修订案，对（EC）No 1907/2006（即REACH法规）附录XVII进行修订，增加关于八甲基环四硅氧烷（$D_4$）和十甲基环五硅氧烷（$D_5$）的规定，自2020年1月31日起，$D_4$或$D_5$浓度大于或等于0.1%的淋洗类化妆品将不得在欧盟市场销售。针对上述法案，使用低黏度甲基硅油替代$D_4$与$D_5$在个人护理领域的应用，但5$mm^2/s$以下的高品质、高纯度、超低黏度的产品生产困难、产量低，主要是国外企业和国内一些大企业有供应，如埃肯星火有机硅新投产的低黏度甲基硅油可以供应高品质、高纯度的1.5$mm^2/s$和2$mm^2/s$甲基硅油。一些小企业生产的低黏度甲基硅油品质尚不能满足特殊行业的需求，未来个人护理领域，低黏度甲基硅油领域仍具有较好的发展前景。

(3) 机械行业　在机械工业，硅油主要用于压铸离型剂和润滑剂，机械加工过程中的脱模剂和切削液，汽车刹车油和离合器的工作油，仪表、缓冲阻尼器等防震、阻尼用油，压缩机工作油，扩散泵真空油等。2021年中国机械行业硅油消费量约为3.9万吨，同比增长13.1%，约占硅油总消费量的8.1%。预计2022年中国机械行业硅油消费量约为4.2万吨，同比增长8.6%。未来五年，机械行业对硅油的需求增速预计在7.6%左右，到2026年，机械行业硅油用量约5.6万吨。

(4) 化工行业　在化工行业，低黏度羟基硅油作为结构控制剂可用于有机硅混炼胶，也可作为改性剂、扩链剂用于有机硅改性塑料、树脂、弹性体等，中高黏度羟基硅油作为主要基体聚合物用于室温硫化硅橡胶；乙烯基硅油由于在主链或两端引入了乙烯基团，可发生一系列加成反应，在加成型液体硅橡胶、有机硅凝胶、混炼胶的改性剂、塑料添加剂、补强材料等领域具有广泛的应用；含氢硅油通常作为加成型液体硅橡胶的交联剂使用。聚醚改性硅油作为泡沫稳定剂，可以在聚氨酯发泡中控制泡孔结构和均匀度，也可以用于涂料润湿剂和流平剂。

2021年化工行业硅油消费量约为9.5万吨，同比增长18.4%，占总消费量的比例上升至19.9%。2022年，新增有机硅产能将大量投产，硅橡胶产能、产量增幅巨大，预计2022年室温胶产量增幅约15.2%，混炼胶产量增幅约19.5%，液体胶产量增长约17.0%，同时涂料、聚氨酯等领域也将保持增长，2022年化工行业硅油消费量将达到约11.1万吨，同比增长16.6%。预计2022—2026年化工行业硅油的消费年均增长率约11.2%，2025硅油用量将达到16.2吨。

（5）电子电器行业　在电子电器行业，硅油主要用于变压器绝缘冷却介质油（可参考DL/T 24121—2021《电力电缆终端用绝缘油选用导则》），还可以用作阻尼油、导热油，并在电机、电器、电子仪表上用作耐高温、耐电弧、耐电晕、抗蚀、防潮、防尘的绝缘保护涂层。

2021年，规模以上电子信息制造业实现营业收入141285亿元，比2020年增长14.7%，增速较2020年提高6.4个百分点，两年平均增长11.5%。营业成本121544亿元，同比增长13.7%，增速较2020年提高5.6个百分点。实现利润总额8283亿元，比2020年增长38.9%，两年平均增长27.6%，增速较规模以上工业企业利润高4.6个百分点，但较高技术制造业利润低9.5个百分点。手机产量17.6亿台，同比增长7%，其中智能手机产量12.7亿台，同比增长9%；微型计算机设备产量4.7亿台，同比增长22.3%；集成电路产量3594亿块，同比增长33.3%。

（6）消泡行业　有机硅消泡剂广泛应用于纺织、食品发酵、生物医药、涂料、造纸、工业清洗、石油化工等行业。有机硅消泡剂按其产品的形态可分为油型、溶液型、乳液型及固体型四大类，其中乳液型消泡剂的使用最广，用量最大。2021年消泡剂领域消耗硅油约0.7万吨，同比增长11.9%，预计2022年消费量约0.8万吨，同比增长9.8%。未来五年中国该领域硅油消耗量年均增速为8.2%左右，2026年硅油在消泡行业的消耗量将达1.0万吨。

（7）其他行业　硅油产品在其他行业也有广泛应用。如甲基硅油作为润滑油用于成人用品；建筑材料经硅油处理后，可提高其耐风蚀性及憎水性，在灰浆中掺入0.1%至0.15%或固含量更高一些的硅油乳液，即可改善灰浆的流动性，石棉、水泥、石膏板等也可使用含氢硅油处理，以提高防水性能。由于硅油纸具有耐高温、防潮、防油的特性，一般用于食品行业包装；硅油还能用于农药助剂，有利于促进药液快速吸收（耐雨水冲刷），减少农药用量，保护环境。

2021年其他行业消耗硅油约3.7万吨，同比增加14.7%。随着科技进步和经济发展，硅油产品种类越来越多，新的用途不断涌现，应用领域也将不断扩大，预计未来五年其他行业对硅油的需求增长率在8.5%左右，到2026年其他行业中硅油的用量可达到5.6万吨。

## 五、发展建议

目前，硅油行业依然面临产品结构性矛盾，低端产能过剩，高端供给不足。为此，国家在政策层面一直积极鼓励苯基硅油、氨基硅油、聚醚改性型硅油等深加工产品的发展。近两年，国内企业在改性硅油及高品质硅油国产替代化方面有了很大进步，2021年在外资品牌硅油货源紧缺情况下，部分实现国产替代，但国内硅油质量还有很大的提升空间。建议重点发展苯基、超高分子量、长链烷基等特种硅油产品；加强超低挥发分、低离子含量、T型官能基、非对称聚硅氧烷等先进技术的开发；提高甲基硅油、甲基含氢硅油、甲基苯基硅油、聚醚改性硅油、氨基硅油及其乳液等产品质量，以达到国际先进水平；加快发展高性能、多用途、环境友好型硅油及其二次加工品，提高硅油类产品的应用比例。希望未来在高端硅油产品方面取得更多突破。

# 第二十一节　硅树脂

新亚强硅化学股份有限公司　桑修申

## 一、概述

### （一）硅树脂结构和性能

硅树脂是以 Si-O 键为分子主链，并具有高支链度的有机硅聚合物。因 Si-O 键比普通有机高聚物中的 C-C 键的键能大，并且 Si、O 原子的电负性差异大，因此 Si-O 键的极性大，可对所连接的烃基起到屏蔽作用，且 Si 原子上连接的羟基受热氧化后，生成的是更加稳定的 Si-O-Si 键，可防止主链的断裂降解，并生成稳定的保护层，因此具有优异的抗氧化性和耐热、耐候性能。此外，高支链度的特点决定了硅树脂比常规的线型硅氧烷材料更接近于无机的 $SiO_2$ 结构，使其带有一定的无机材料特性。

硅树脂性能主要取决于 R/Si（R=Me，Ph）的比值和苯基含量［Ph/(Me+Ph)］。R/Si 比值越小，硅树脂低温固化特性越好，所得的漆膜硬度较硬；R/Si 比值越大，硅树脂固化温度和固化时间越长，所得的漆膜硬度越低，但热弹性要比前者更好。通常 R/Si 的值在 0.8～1.6 之间（表 2.109）。在甲基硅树脂基础上，引入苯基官能团后对硅树脂热性能影响明显。苯基含量越低，生成的漆膜越软，缩合越快；苯基含量越高，生成的漆膜越硬，越具有热塑性。硅树脂中苯基质量分数通常在 20%～60% 之间时，漆膜的抗弯曲性和耐热性最好（表 2.110）。

表 2.109　R/Si 比值对硅树脂性能的影响

| 性能及用途 | | R/Si 比值 | | | | | | | | |
|---|---|---|---|---|---|---|---|---|---|---|
| 性能 | | 0.8 | 0.9 | 1.0 | 1.1 | 1.2 | 1.3 | 1.4 | 1.5 | 1.6 |
| 干燥性 | 快 | ←  |  |  |  |  |  |  |  → | 慢 |
| 硬度 | 硬 | ←  |  |  |  |  |  |  |  → | 软 |
| 柔软性 | 差 | ←  |  |  |  |  |  |  |  → | 良 |
| 热失重 | 少 | ←  |  |  |  |  |  |  |  → | 多 |
| 热开裂性 | 差 | ←  |  |  | 良 |  |  |  |  → | 稍差 |

续表

| 性能及用途 | R/Si 比值 |
|---|---|
| 用途 | |
| 层压板用 | ←————————————→ |
| 云母粘接用 | ←——————→ |
| 线圈浸渍用 | ←————→ |
| 漆布用 | ←——→ |

表 2.110 苯基含量对硅树脂性能的影响

| 性能 | 苯基含量（质量分数）/% | | | | | |
|---|---|---|---|---|---|---|
| | 0 | 20 | 40 | 60 | 80 | 100 |
| 缩合速度 | 快 ←——————————————————→ 慢 | | | | | |
| 漆膜硬度 | | 硬 ←————————————→ 软 | | | | |
| 固化性能 | 热固性 ←——————————————→ 热塑性 | | | | | |
| 耐热性 | | | 优良 | | | |

## （二）硅树脂分类

按照 Si-O 链上硅原子连接的取代基，硅树脂可分为单取代基硅树脂、混合取代基硅树脂以及改性有机硅树脂。单取代基硅树脂主要包括烷基硅树脂和芳基硅树脂，主要产品包括甲基硅树脂、乙烯基硅树脂和苯基硅树脂。混合取代基硅树脂主要是指烷基芳基有机硅树脂，主要产品包括甲苯基硅树脂和乙基苯基硅树脂。改性有机硅树脂是指引入其他树脂对有机硅树脂进行改性，主要产品包括环氧改性有机硅树脂、聚酯改性有机硅树脂、聚氨酯改性有机硅树脂和酚醛改性有机硅树脂等。

除了从分子基团结构进行分类外，还可从用途和形态将硅树脂产品分为清漆、绝缘漆、涂料、胶黏剂、有机硅模塑料、树脂微粉等。按硅树脂固化方式则可分为缩合型、加成型、过氧化物引发型等，其中以缩合型最为常见。按固化条件可分为加热固化型、常温干燥型、常温固化型和光固化型等（表 2.111）。

表 2.111 硅树脂种类及应用领域

| 分类 | 反应机理 | 优点 | 缺点 | 应用领域 |
|---|---|---|---|---|
| 缩合型 | ≡SiOH + HOSi≡ —$-H_2O$→ ≡Si—O—Si≡<br>≡SiOH + ROSi≡ —$-ROH$→ ≡Si—O—Si≡<br>≡SiOH + H-Si≡ —$-H_2$→ ≡Si—O—Si≡ | 耐热性好，强度大，粘接性好，成本低 | 发泡，控制官能团数量较难 | 涂料，线圈浸渍，层压板，憎水剂，黏合剂 |
| 过氧化物硫化型 | ≡Si=CH_2 + RO· ⟶ ≡Si—CH_2—CH_2—Si≡ | 无溶剂，低温固化，贮存寿命长 | 空气妨碍表面固化 | 线圈浸渍，黏合剂，层压板 |

续表

| 分类 | 反应机理 | 优点 | 缺点 | 应用领域 |
|------|---------|------|------|---------|
| 硅氢加成反应型 | $\equiv$Si—+H-Si$\equiv$ $\xrightarrow{[Pt]}$ $\equiv$Si—CH$_2$-CH$_2$-Si$\equiv$ | 不发泡，固化形变小 | 催化剂易中毒 | 套管，线圈浸渍，层压板，LED照明、Micro LED和Mini LED显示 |
| 光引发交联型 | 自由基或阳离子引发的烯丙基或环氧官能团进行的加成聚合、开环聚合或复合型 | 迅速固化，无溶剂 | 粘接性较差 | 电子元器件和精密仪器的封装 |

## 二、市场供需

### （一）世界供需及预测

**1. 世界硅树脂生产现状**

截至 2021 年底，全球有机硅产能超过 600 万吨，全球有机硅巨头如道康宁、瓦克、信越和埃肯均有高端硅树脂产品生产和销售，但各公司均未披露 2021 年硅树脂及其下游产品的产能和产量数据。

按照硅树脂占有机硅消费 4% 比例进行估算，全球用于生产硅树脂的有机硅单体消耗量约为 24 万吨，考虑到氯硅烷缩合形成硅树脂过程中硅氯键的释放和硅氧键形成过程中的质量变化，估计全球 2021 年硅树脂产量约为 15 万吨左右。按照 2021 年全球有机硅树脂市场规模预计约 48 亿美元及 2021 年中国硅树脂平均价格 63 元/kg 进行估算，2021 年全球有机硅树脂产量约为 49.5 万吨。综合上述两种计算口径，并考虑到中国硅树脂主要集中在中低端产品市场，2021 年全球有机硅树脂产量修正值约为 13 万～18 万吨。

**2. 需求分析及预测**

据 SAGSI 统计，2021 年全球主要硅树脂消费地区美国、西欧、日本、中国分别消费硅树脂约 1.90 万吨、2.28 万吨、1.37 万吨及 3.30 万吨，分别同比增长 5.6%、3.6%、2.2% 和 16.6%。2021 年全球主要地区硅树脂消费总量为 8.85 万吨，同比增长 8.3%。全球主要地区历年消费情况及预测如表 2.112 所示。

表 2.112　2016—2021 年全球硅树脂消费结构及预测　　　　单位：万吨

| 年份 | 2016 年 | 2017 年 | 2018 年 | 2019 年 | 2020 年 | 2021 年 |
|------|--------|--------|--------|--------|--------|--------|
| 美国 | 1.65 | 1.69 | 1.75 | 1.81 | 1.8 | 1.9 |
| 西欧 | 2.09 | 2.14 | 2.2 | 2.26 | 2.2 | 2.28 |
| 日本 | 1.3 | 1.33 | 1.35 | 1.37 | 1.34 | 1.37 |
| 中国 | 1.75 | 1.91 | 2.1 | 2.32 | 2.83 | 3.3 |
| 总计 | 6.79 | 7.07 | 7.4 | 7.76 | 8.17 | 8.85 |

注：数据来源于 ACMI/SAGSI。

(1) 美国　硅树脂在美国的主要应用领域包括防水剂、电子封装、涂料、压敏胶、玻纤涂覆、脱模剂、塑料添加剂等。据统计，2021年美国硅树脂消费量为1.90万吨，同比增长5.6%。预计未来5年美国硅树脂消费量将维持稳定增长，2026年达到2.38万吨，年均增长4.6%。

(2) 西欧　西欧硅树脂应用领域主要涉及建筑外墙用的防水剂、电子零部件用清漆、耐高温涂料等。据统计，2021年西欧硅树脂的消费约2.28万吨，同比增长3.6%。预计未来五年西欧硅树脂消费量将继续维持2%～3%的增长速度，2026年达到2.57万吨，年均增长2.4%。

(3) 日本　日本硅树脂主要应用于电子业。据统计，2021年日本硅树脂的需求量约1.37万吨，同比增长1.7%。近年来日本对硅树脂的需求一直保持缓慢增长的速度，年同比增速在1%～2%区间内浮动。预计2026年日本硅树脂的需求量将达到1.49万吨，年均增长1.7%。

(4) 中国　近年来，随着中国建筑建材、电子电器及医疗卫生产业的飞速发展，中国对硅树脂的需求也开始实现稳步增长，这尤其表现在对高端硅树脂的进口增长上。但同时由于受到国际宏观环境低迷，以及中国低端硅树脂市场相对饱和的影响，近五年来中国的硅树脂年消费量增长维持在10%左右。据统计，2021年中国硅树脂的需求量约3.30万吨，同比增长16.6%。预计2026年中国硅树脂消费量将达到6.59万吨，年均增长14.8%。

## （二）国内供需及预测

### 1. 国内生产现状

中国有机硅树脂的发展来源于军工领域的需求牵引。1951年，国家下达任务给重工业部北京化工试验所（后来原黄海化学研究社也并入该所），为朝鲜战场研究防止发报机等电器在山洞里受潮的有机硅防潮涂料，由此掀开了硅树脂在中国的发展序幕。

硅树脂生产与应用技术相对复杂，生产工序多，但与其他高端产品相比具有投资少、见效快、产品应用范围广等优点，因此中国也有不少中小企业进入硅树脂行业，但其产品多集中在低端，高档产品仍然需要从国外进口。中国高端产品发展缓慢的主要原因在于，涉足该领域的大型企事业单位较少，技术投入不足，部分关键原材料尚未实现高质量国产化，以及日益严格的环保安全要求限制了对本领域的新增投资。

2021年，中国硅树脂产能约8.64万吨，产量约3.15万吨，分别同比增长15.9%和19.0%。近些年由于中国低端硅树脂市场的饱和以及气相法白炭黑产业的迅猛发展，导致国内硅树脂企业的开工率受限，维持在30%～40%。2021年，中国经济稳定恢复，出口增长明显，中国硅树脂产量也实现了较快增长，但由于新增产能较多，整体开工率为36.5%，增长有限。2016—2021年中国有机硅树脂产能、产量及开工率统计数据如表2.113所示。

表2.113　2016—2021年中国硅树脂供应统计

| 年份 | 2016年 | 2017年 | 2018年 | 2019年 | 2020年 | 2021年 |
|---|---|---|---|---|---|---|
| 产能/(万吨/年) | 4.33 | 4.86 | 5.48 | 6.15 | 7.45 | 8.64 |

续表

| 年份 | 2016年 | 2017年 | 2018年 | 2019年 | 2020年 | 2021年 |
|---|---|---|---|---|---|---|
| 产能增长率/% | — | 12.24 | 26.56 | 42.03 | 72.06 | 99.54 |
| 产量/万吨 | 1.51 | 1.69 | 1.9 | 2.13 | 2.65 | 3.15 |
| 产量增长率/% | — | 11.92 | 25.83 | 41.06 | 75.5 | 108.61 |
| 开工率/% | 34.87 | 34.77 | 34.67 | 34.63 | 35.57 | 36.46 |

注：数据来源于 ACMI/SAGSI。

中国市场流通的硅树脂多以溶液的形式对外出售，固含量约50%，溶剂主要是甲苯、二甲苯、丁醇、异丁醇等易挥发性溶剂，也有以甲基硅油为溶剂的乳液型产品，此外还包括固体粉末形式。但随着环保要求的趋严，2021年溶剂型硅树脂生产几度受阻，而固体粉末型的硅树脂市场增长较快。

目前，硅树脂跨国公司主要包括陶氏、迈图、瓦克、信越等有机硅巨头，2021年陶氏在中国的硅树脂工厂正式投产。中国本土企业包括湖北隆盛四海、江苏三木、江西新嘉懿等，其他多为中小型企业，集中在华东、华南与华中地区，如表2.114所示。

表2.114 2021年中国硅树脂主要生产企业产能与产量统计

| 企业名称 | 地区 | 产能/(吨/年) | 产量/吨 | 备注 |
|---|---|---|---|---|
| 江西新嘉懿新材料有限公司 | 江西九江 | 10000 | 4600 | MQ树脂及少量的甲基、甲基苯基和甲基乙烯基硅树脂 |
| 陶氏有机硅（张家港）有限公司 | 江苏张家港 | 12000 | 3500 | 2019年6月开建，2021年建成投产 |
| 湖北隆胜四海新材料股份有限公司 | 湖北枣阳 | 7000 | 3200 | 甲基苯基硅树脂、环氧改性有机硅树脂、聚酯改性有机硅树脂、甲基苯基聚硅氧烷树脂 |
| 惠州市安品新材料有限公司 | 广东惠州 | 6000 | 3000 | 全自用与生产压敏胶 |
| 江苏三木集团公司 | 江苏宜兴 | 5000 | 2800 | 环氧改性有机硅树脂、甲基苯基有机硅树脂、聚酯改性有机硅树脂 |
| 江西大凯新材料有限公司 | 江西新余 | 2000 | 1200 | 甲基硅树脂 |
| 常州市嘉诺有机硅有限公司 | 江苏常州 | 2000 | 1100 | 纯有机硅树脂、丙烯酸改性有机硅树脂、环氧改性有机硅树脂、聚酯改性有机硅树脂、不粘锅专用硅树脂、排气管专用硅树脂、绝缘漆专用硅树脂 |
| 新亚强硅化学股份有限公司 | 江苏宿迁 | 3000 | 0 | 苯基硅树脂 |
| 浙江恒业成有机硅有限公司 | 浙江绍兴 | 1500 | 1100 | 甲基苯基硅树脂 |
| 宿迁市同创化工科技有限公司 | 江苏宿迁 | 1450 | 900 | 甲基硅树脂和MQ硅树脂为主，少量苯基硅树脂 |
| 江西贝特利新材料有限公司 | 江西九江 | 3100 | 1000 | 苯基氢硅树脂、苯基乙烯基硅树脂、甲基苯基乙烯基硅树脂、有机硅压敏胶 |

续表

| 企业名称 | 地区 | 产能/(吨/年) | 产量/吨 | 备注 |
|---|---|---|---|---|
| 迈图高新材料（南通）有限公司 | 江苏南通 | 1000 | 980 | 甲基硅树脂、甲基苯基硅树脂、改性硅树脂 |
| 九江宇仁新材料有限公司 | 江西九江 | 1500 | 900 | 甲基硅树脂微粉 |
| 山东大易化工有限公司 | 山东烟台 | 1200 | 800 | MQ硅树脂 |
| 唐山偶联硅业有限公司 | 河北唐山 | 1100 | 750 | 甲基硅树脂微粉 |
| 常州市源恩合成材料有限公司 | 江苏常州 | 2500 | 700 | 甲基苯基硅树脂（耐高温涂料用） |
| 九江润禾合成材料有限公司 | 江西九江 | 1000 | 600 | 甲基乙烯基MQ硅树脂 |
| 江西硅博化工有限公司 | 江西九江 | 1500 | 500 | MQ硅树脂自用于生产加成型硅树脂；甲基苯基硅树脂部分自用于生产有机硅涂料；利用星火高沸物生产高沸硅树脂 |
| 九江泽美硅材料有限公司 | 江西九江 | 2000 | 300 | 甲基硅树脂 |
| 其它企业 | — | 18500 | 2600 | — |
| 合计 | | 86350 | 31530 | |

注：数据来源于ACMI/SAGSI。

硅树脂种类繁多，生产厂家情况各有不同，以市场上用量最大的甲基硅树脂（固含量50%）为例，其2019—2021年平均价格波动较大，最低价格约为40元/kg（2020年2月），最高价格为89元/kg（2021年9月）。

2019年，受全球经济衰退的影响，甲基硅树脂的市场需求未出现显著爆发，装置开工率通常维持在30%~50%，甲基硅树脂价格也维持在51元/kg左右。2020年，受新冠肺炎疫情的影响，中国甲基硅树脂的价格在2月触底，为40元/kg，之后随着中国疫情的有效控制，市场逐步恢复，价格渐渐回升，在10月份达到60元/kg的高点，全年平均价格为50元/kg，略低于2019年的均价。2021年上半年，甲基硅树脂价格小幅稳步上涨，其上涨内因在于原料价格推动所致。2021年9月，由于金属硅价格暴涨，整个有机硅行业受此影响纷纷上调价格，甲基硅树脂最高达到89元/kg的月均价，随后市场价格理性回归。2021年均价为63元/kg，涨幅达到26%，较2020年涨幅较大。近年来，中国硅树脂下游需求一直保持增长趋势，出口价格持续上涨，在一些高端市场仍具有很大增长空间。2021年，随着疫苗的普及，全球经济活动进一步复苏，中国硅树脂市场得到较高速增长。

未来几年，除了迈图和陶氏外，瓦克和埃肯也正在或者计划在中国建立或增加硅树脂产能，高端硅树脂产能正在向中国转移；而中国本土企业也在积极建设硅树脂项目，积极投入生产和应用技术方面的研发。尤其是2021年9月中国有机硅行业暴涨之后，中国公布了大量硅树脂方面的新建项目，其中甲基硅树脂和配套了压敏胶的MQ硅树脂的项目占比高。未来5年内，预计中国硅树脂行业的向下一体化程度有望不断提升。另外，随着环保趋严，无溶剂型硅树脂将是未来重点研发方向。中国硅树脂规模化发展已逐渐具备基础条件，发展空间广阔。

从 2022 年全年来看，下游电子电器、涂料、胶黏剂等行业预计稳步增长，这些都对甲基硅树脂和 MQ 硅树脂的消费增长提供了动力；LED 和光伏产业的强劲需求带动了甲基苯基硅树脂和 MQ 硅树脂的发展，技术水平和产品质量有了很大进步，市场竞争力进一步提高。随着国内低端市场的竞争逐渐加剧，人工和环保成本增加，国内一些落后产能将面临淘汰的危险，市场也将迎来重新洗牌。

2022 年，中国硅树脂价格预计稳中上涨。长远来看，随着国内落后产能的逐步淘汰和人力成本的提高，中国硅树脂的价格有进一步上涨的空间，其中高端硅树脂价格的上涨区间将会更大。

2021 年中国拟建和在建的硅树脂产能为 78530 吨/年，具体情况如表 2.115 所示。

表 2.115　2021 年以来中国硅树脂拟建和在建项目

| 企业名称 | 规划产能/(吨/年) | 备注 |
| --- | --- | --- |
| 江西新嘉懿新材料有限公司 | 10000 | 二期新建 10000 吨/年；建设中 |
| 江西蓝星星火有机硅有限公司 | 3000 | 有机硅下游产品装置扩改项目，1000 吨/年苯基硅树脂、2000 吨/年甲基硅树脂；建设中 |
| 江西蓝星星火有机硅有限公司 | 3000 | MQ 硅树脂项目：300 吨/年甲基含氢 MQ 硅树脂、2700 吨/年甲基羟基 MQ 硅树脂；建设中 |
| 山东东岳有机硅材料有限公司 | 5000 | 建设中；2022—2023 年投产 |
| 江西融信科技硅业有限公司 | 500 | 苯基硅树脂 300 吨/年，MQ 树脂 200 吨/年，有机硅压敏胶 4000 吨/年；建设中 |
| 江西汇能新材料科技有限公司 | 500 | 500 吨/年固体型，500 吨/年溶剂型；建设中 |
| 江西硅博化工有限公司 | 1830 | 甲基苯基硅树脂 500 吨/年、防污硅树脂 1000 吨/年、甲基烷氧基硅树脂 300 吨/年、MQ 硅树脂 30 吨/年；建设中 |
| 瓦克化学（张家港）有限公司 | 5700 | 甲基硅树脂、苯基硅树脂；2021 年 1 月环评公示 |
| 万华化学集团有限公司 | 20000 | 新建 15000 吨/年有机硅 MQ 树脂装置和 5000 吨/年电子组、包装组有机硅树脂衍生物产品单元，包括高羟基有机硅 MQ 树脂、低羟基有机硅 MQ 树脂、乙烯基有机硅 MQ 树脂和压敏胶（BPO 压敏胶、铂金高黏压敏胶）。2022 年 3 月进行环评公示 |
| 四川晨光博达新材料有限公司 | 2500 | 甲基 MQ 硅树脂 2500 吨/年，无溶剂 MQ 硅树脂 2500 吨/年；2020 年 1 月环评批复 |
| 湖北正安新材料有限公司 | 5000 | 1000 吨/年苯基硅树脂和 4000 吨/年 MQ 硅树脂；2021 年 8 月环评批复 |
| 内蒙古圣和新材料有限公司 | 2800 | 一期 1200 吨/年，二期 1600 吨/年；甲基硅树脂和乙烯基硅树脂；2021 年 11 月受理审批 |
| 兰州康鹏威耳化工有限公司 | 1700 | 2022 年 2 月环评公示 |

续表

| 企业名称 | 规划产能/(吨/年) | 备注 |
|---|---|---|
| 迈颂（山东）新材料有限公司 | 2000 | MQ硅树脂950吨/年、甲基硅树脂150吨/年、球形硅树脂800吨/年、苯基硅树脂100吨/年；有机硅压敏胶2000吨/年；2022年3月环评公示 |
| 湖南高安新材料有限公司 | 2000 | 2021年8月环评公示 |
| 福建盛创新材料有限公司 | 8000 | 2021年8月环评公示 |
| 广东东莞同乐新材料有限公司 | 2000 | 2021年12月项目签约 |
| 九江润禾合成材料有限公司 | — | 7000吨/年有机硅技改项目；2021年12月第一次EIA（环境影响评估） |
| 浙江华晶氟化学科技有限公司 | — | 2000吨/年有机硅压敏胶、500吨/年有机硅油 |
| 江西宏强新材料有限公司 | — | 5万吨/年水性涂料树脂以及10万吨/年硅氧烷等系列产品，用于生产有机硅压敏胶的甲基MQ硅树脂、有机硅压敏胶、有机硅纸张隔离剂等产品 |
| 江西凯美迪生物医药技术有限公司 | 5000 | 5000吨/年硅树脂（MQ树脂）；2021年8月12日环评信息首次公示 |
| 江西东恒新材料有限公司 | 3000 | 3000吨/年有机硅树脂；2021年9月18日环评信息第2次公示 |
| 合计 | 78530 | — |

注：数据来源于ACMI/SAGSI。

**2. 国内硅树脂消费情况**

硅树脂兼具无机材料和有机材料的性能，其介电性能在较宽的温度、湿度、频率范围内保持稳定，还具有优异的热氧化稳定性、耐化学品、耐寒性、耐辐射、阻燃性、耐盐雾、防霉菌、耐候性、电绝缘性、憎水性及防粘脱模性。因此硅树脂可用作耐高低温绝缘漆、粘接云母粉或碎片、粘接玻璃布、作为特种涂料的基料和作为基料或主要原料用于制备耐湿黏结剂及压敏胶等，广泛应用于电子电器、轻工纺织、建筑、医疗等行业。

2021年中国硅树脂消费总量约为3.30万吨，同比增长16.6%，各主要消费领域消费分析如下。

（1）不同品种消费情况　中国硅树脂消费市场目前以甲基硅树脂（不包括甲基MQ硅树脂）、甲基苯基硅树脂、MQ硅树脂（正硅酸乙酯法和水玻璃法生产的硅树脂）、改性硅树脂等产品为主。2021年，改性硅树脂消费量占全年总消费量的43.6%，其次为甲基苯基硅树脂，占23.9%；MQ硅树脂消费比例为17.6%，甲基硅树脂消费比例为11.5%，其余类型硅树脂占3.3%。

① 甲基硅树脂　甲基硅树脂常以甲基三氯硅烷为原料经水解缩聚反应制得，属于T型树脂。该树脂固化后具有坚硬透明、高温失重少和发烟量少等优点，并且具有优异的耐高温性、电绝缘性、耐潮防水性、阻燃性、防腐蚀性等多种性能，可用于制备绝缘漆、涂料、云母板黏结剂、脱模剂、层压塑料等材料，广泛应用于宇航、家用电器、电子、电机、化工、

机械加工、云母绝缘材料等行业。

2021 年中国甲基硅树脂消费量约 0.38 万吨,增速为 16.35%;预计 2026 年将达到 0.75 万吨,年均增长 14.6%。

② 甲基苯基硅树脂　甲基苯基硅树脂一般由多种甲基氯硅烷与苯基氯硅烷水解缩聚制得。尽管甲基硅树脂具有很多优点,但纯甲基硅树脂与有机物、颜料等的相容性差、热弹性小,应用范围受到限制。甲基苯基硅树脂可以看作是在甲基硅树脂主链中引入了苯基硅氧链节,从而改进产品的热弹性、与有机树脂和颜料等的相容性、对各种基材的黏结性等,其力学性能、光泽性、与无机填料的配伍性等方面也明显加强,因而广泛应用于耐高温电绝缘漆、耐高温涂料、耐高温胶黏剂、耐高温模塑料封装料等。

2021 年甲基苯基硅树脂消费量约 0.79 万吨,同比增长 11.1%。中国对甲基苯基硅树脂的需求较大,随着新能源汽车的发展,甲基苯基硅树脂在燃油汽车排气管的应用有所减速。随着国内甲基苯基硅树脂新建项目的陆续投产,预计 2026 年需求量将达到约 1.31 万吨,年均增长 10.6%。

③ MQ 硅树脂　MQ 硅树脂具有优异的耐热性、耐低温性、成膜性、柔韧性、抗水性和粘接性能,主要用作硅氧烷压敏胶的填料、增黏剂及加成型液体硅橡胶的补强填料。

2021 年中国 MQ 硅树脂消费量约 0.58 万吨,同比增长 17.4%。目前国内硅树脂项目中 MQ 硅树脂占比较大,且很大一部分配套生产压敏胶,其市场增速较高;MQ 类型硅树脂的另一应用领域为有机硅生态皮革,2021 年陶氏公司推出全新 LUXSENSE 有机硅合成皮革,其以 MQ 树脂为增强填料,采用加成型液体硅橡胶配方工艺,目前已成功批量应用于汽车座椅领域,此外还有望在内饰、家居、时尚产业、智能可穿戴电子产品和消费电子等高端领域获得广泛应用,有机硅合成皮革具有易清洁、无刺激性气味、触感亲肤、绿色环保等优异特性。

从工艺上来看,传统用水玻璃生产 MQ 硅树脂因产率低、废水排放量较大,其占比逐渐减少;采用正硅酸乙酯生产 MQ 硅树脂工艺增长明显,随着环保要求进一步加严,未来正硅酸乙酯法的 MQ 硅树脂的占比有望继续提高。预计 2026 国内 MQ 树脂需求量约 1.18 万吨,年均增长 15.3%。

④ 改性硅树脂　纯硅树脂的固化物在高温下具有抗分解变色及碳化的能力,但对金属、塑料、橡胶等基材的粘接性差。改性硅树脂包括有机树脂改性硅树脂、聚硅氧烷改性有机树脂、多官能团可水解硅烷改性有机树脂和无机材料改性硅树脂等,从而形成一种兼具两者优良性能的改性树脂。

改性硅树脂种类较多,且性能各具优势。环氧改性有机硅树脂具有优良的表面活性和低温柔顺性;聚酯改性有机硅树脂具有固化温度低、介电性能好等优势;聚氨酯改性有机硅树脂耐磨性、耐油、耐化学介质性等都有显著提高;酚醛改性有机硅树脂拥有良好的耐热性和稳定性,可以制成耐热涂料及其复合材料。

目前中国对改性硅树脂的市场需求量很大,部分高端牌号要依靠进口满足。2021 年改性硅树脂消费量约 1.44 万吨,同比增长 17.6%。预计 2026 年需求量达到 2.91 万吨,年均增长 15.1%。

⑤ 其他硅树脂　苯基硅树脂是在硅氧烷主链上仅带有苯基的共聚物,是以 $PhSiX_3$

（X=Cl、OMe、OEt 等）水解缩聚或 $PhSiX_3$ 与 $Ph_2SiX_2$ 共水解缩聚而制成的有机硅树脂。用一般的水解缩聚方法制得的苯基硅树脂热塑性太大，而无太大的实际用途。然而，由 $PhSiCl_3$ 在特定条件下水解，而后再经平衡重排反应得到的含苯基硅倍半硅氧烷单元结构的聚合物（$PhSiO_{1.5}$）具有很好的综合性能，已得到实际应用。其与立体结构的硅树脂不同，为环线型结构，可溶解于苯、四氢呋喃、二氯甲烷等有机溶剂，并能流延成无色透明、坚韧的薄膜，但不熔融，具有优异的耐潮热解聚性能、耐热老化性能、电气性能和抗氧化性能等。

乙烯基硅树脂的制造工艺与缩合型硅树脂基本相同，采用不同比例的氯硅烷或烷氧硅烷单体共水解缩聚，在单体中加入适量的乙烯基单体即可。这种硅树脂有良好的电气绝缘性、防水性、耐高低温性等，可用于浸渍或浇注电容器、变压器、螺线管、马达及其他电控仪表等，也可用于模塑料制品。

含氢硅树脂具有高反应性的 Si-H 键，可通过各种反应，例如加成、缩合等交联。含氢硅树脂可在宽范围条件下通过氢化硅烷化而官能化，可提供各种官能化的硅树脂。此外，相对于羟基硅树脂，含氢硅树脂可在环境温度下储存。加成型硅树脂是指通过含 $Si-CH=CH_2$ 的基础树脂和含 Si-H 基的聚硅氧烷交联剂（如含氢硅油）发生硅氢加成反应而交联固化的硅树脂。该种硅树脂通常不含溶剂，固化条件温和，固化时无小分子物放出，使用时不会产生气泡及沙眼。并且具有优良耐热冲击性能，适合于电气设备的浸渍和封装，也作为高温黏结剂的保护涂料。加成型硅树脂在 Mini LED 和 Micro LED 等新型显示领域具有广阔的应用前景。

（2）下游行业消费情况 硅树脂在有机硅市场中份额较小，但在许多领域有着不可替代的地位，如用作 H 级电机线圈浸渍漆、耐高温绝缘漆（1800℃下长期工作）、耐高温黏结剂及云母板、云母带黏结剂等。特别是引入苯基后，可提高硅树脂的热稳定性，还可提高和其他有机树脂以及颜料的配伍性，高端应用进一步拓宽。

硅树脂主要应用于涂料、胶黏剂、有机硅模塑料等领域，其中涂料市场上硅树脂多以溶剂形态对外出售。2021 年硅树脂在胶黏剂领域消费占比为 46.7%，在绝缘漆和涂料领域占比 39.7%，在模塑料领域占比为 13.6%。

① 绝缘漆、涂料 有机硅树脂可作为绝缘漆（包括清漆、瓷漆、色漆、浸渍漆等）浸渍 H 级电机及变压器线圈，以及用来浸渍玻璃布、玻布丝及石棉布后制成电机套管、电器绝缘绕组等。用有机硅绝缘漆黏结云母可制得大面积云母片绝缘材料，用于高压电机。此外，硅树脂还可用作耐热、耐候的防腐涂料、金属保护涂料、建筑工程防水防潮涂料、脱模剂等。

粉末涂料作为一类绿色环保型涂料近年来在众多领域特别是金属涂装方面得到了广泛的应用。粉末涂料常以环氧、聚酯、丙烯酸、聚氨酯等有机树脂作为基体，由于受基体树脂自身结构的影响和限制，这些常用粉末涂料在一些性能上存在着不足之处，导致了应用上的局限性。与通常的有机树脂相比，有机硅树脂有着更为优良的耐热、耐寒、耐候、耐水性及电绝缘性能。粉末涂料中使用有机硅树脂，可以改进其耐热性及耐候性，但单纯使用有机硅树脂存在价格昂贵、对基材附着力差等问题。因此，常利用有机硅树脂改性其他有机树脂，可以将有机硅树脂和其他有机树脂的优点结合起来，弥补相互的不足，改善漆膜耐候、耐热等性能，得到性能优异的粉末涂料，这也是发展功能性粉末涂料的一条有效途径。硅树脂涂料根据应用场所可制备成耐热、耐候的防腐涂料、耐搔抓透明涂料、防粘脱模涂料、建筑防水涂料、电子元件保护涂层、耐辐射涂料等。

2021年中国绝缘漆和涂料用硅树脂约1.31万吨，随着中国电子行业、涂料行业的稳定发展，该类硅树脂的需求量将保持10%左右的增长速度，预计2026年中国对绝缘漆、涂料用硅树脂需求量达2.23万吨，年均增长11.2%。

② 硅树脂胶黏剂　硅树脂型胶黏剂是以硅树脂或改性硅树脂为基础黏料，配以固化剂、无机填料、有机溶剂构成的一类胶黏剂。其突出特点是耐高低温和耐候性好，纯有机硅树脂固化后能长期在200℃工作而不破坏，短期工作温度可以达到800℃甚至1000℃。它主要用于胶接金属与耐热非金属材料，如金属、塑料、橡胶、玻璃、陶瓷等材料，同时也广泛应用于宇宙航行、飞机汽车制造、电子工业、建筑及医疗等领域。这类胶黏剂固化时要排除溶剂以及缩合反应产生的小分子挥发物，一般要加热加压固化。常见硅树脂胶黏剂为有机硅压敏胶等。

云母板是由云母纸与高性能有机硅树脂经黏合、加温、压制而成的硬质或者软质板状绝缘材料，其中云母含量约为90%，有机硅树脂含量为10%。云母板具有优良的绝缘性能和耐高温性能，广泛应用于家用电器、冶金、化工等行业。此外，硅树脂优异的耐紫外线和耐老化、低应力的特性使得硅树脂及改性硅树脂正在逐步取代传统的环氧树脂、聚碳酸酯等材料在LED封装领域的应用。2021年由于家电行业在国内外需求的增长，硅树脂在云母板中的应用提升较快；另外，MQ硅树脂的下游压敏胶行业增长明显。2021年中国硅树脂胶黏剂需求量约1.54万吨，同比增长21.5%。由于硅树脂胶黏剂在一些苛刻环境下无可替代，此类硅树脂近5年用量将保持高速增长，预计2026年需求量可达3.50万吨，年均增长17.8%。

③ 有机硅模塑料及其他　有机硅模塑料是以有机硅材料作为基料或某种助剂的一种新型塑料，属于热固性塑料。与常用的热塑性塑料相比，有机硅模塑料并不含有塑化剂等有害物质，其主要组成物料包括基础硅树脂、填料、颜料、固化剂等。用于模压成型的有机硅树脂模塑料包括有溶剂和无溶剂两类。有溶剂的有机硅树脂通常是由甲基或苯基硅氧烷经水解、缩聚反应而成的带交联结构的高聚物，再配制成的乙醇溶液；无溶剂有机硅树脂通常是由苯基氯硅烷、甲基氯硅烷经共水解、缩聚而成的固状物料。根据其性能的不同，有机硅模塑料可分为有机硅层压塑料、有机硅模压塑料、有机硅泡沫塑料。2021年，中国硅树脂模塑料需求量约0.45万吨，同比增长13.6%。预计2026年需求量可达0.86万吨，年均增长13.8%。

2021年中国硅树脂消费总量约为3.30万吨，同比增长16.6%。预计2026年中国硅树脂表观消费量达6.59万吨，年均增长14.8%，如表2.116所示。

表2.116　2016—2021年中国硅树脂消费结构及预测

| 年份 | 绝缘漆、涂料/吨 | 胶黏剂/吨 | 模塑料/吨 | 总消费/吨 |
|---|---|---|---|---|
| 2016年 | 7600 | 7600 | 2300 | 17500 |
| 2017年 | 8200 | 8400 | 2600 | 19100 |

续表

| 年份 | 绝缘漆、涂料/吨 | 胶黏剂/吨 | 模塑料/吨 | 总消费/吨 |
|---|---|---|---|---|
| 2018 年 | 8900 | 9300 | 2900 | 21000 |
| 2019 年 | 9600 | 10400 | 3200 | 23200 |
| 2020 年 | 11600 | 12700 | 4000 | 28300 |
| 2021 年 | 13100 | 15400 | 4500 | 33000 |
| 2022 年 | 14500 | 18700 | 5000 | 38200 |
| 2026 年 | 22300 | 35000 | 8600 | 65900 |
| 2022—2026 年年均增长率/% | 11.2 | 17.8 | 13.8 | 14.8 |

### 3. 需求分析及预测

2021 年全球有机硅树脂市场规模预计约 48 亿美元，预计到 2026 年将达到 63 亿美元。2021 年，中国硅树脂市场增长明显，这与中国经济增长和出口贸易增长较快一致。同时，2021 年下半年有机硅行业强劲上行，吸引了大量相关投资，硅树脂新建项目集中公布，这将进一步加速中国硅树脂行业的发展。

目前，中国依然是硅树脂净进口国，2021 年中国硅树脂进出口量增长明显，全年净进口硅树脂 0.15 万吨，同比减少 17.5%，自给率从 2020 年的 93.5% 提高到 2021 年的 95.4%。近年来，不少外资企业在中国新建硅树脂产能，迈图、赢创、陶氏、瓦克均在积极布局中国硅树脂市场，中国高端硅树脂产业会继续加快升级。同时，中国企业也在不断扩产硅树脂规模，行业自给率将逐步提高，未来净进口量将进一步缩小，预计 5～6 年内中国将成为硅树脂净出口国。2016—2021 年中国硅树脂供需平衡状况及未来需求预测变动如表 2.117 所示。

表 2.117　2016—2021 年中国硅树脂供需平衡状况及预测

| 年份 | 产量/万吨 | 净进口/万吨 | 表观消费量/万吨 | 消费增长率/% | 自给率/% |
|---|---|---|---|---|---|
| 2016 年 | 1.51 | 0.24 | 1.75 | — | 86.3 |
| 2017 年 | 1.69 | 0.22 | 1.91 | 9.1 | 88.5 |
| 2018 年 | 1.90 | 0.20 | 2.10 | 9.9 | 90.5 |
| 2019 年 | 2.13 | 0.19 | 2.32 | 10.5 | 91.8 |
| 2020 年 | 2.65 | 0.18 | 2.83 | 22 | 93.6 |
| 2021 年 | 3.15 | 0.15 | 3.30 | 16.6 | 95.5 |
| 2022 年 | 3.71 | 0.11 | 3.82 | 15.8 | 97.1 |
| 2026 年 | 6.54 | 0.05 | 6.59 | 72.5 | 99.2 |

注 1. 净进口量＝进口量－出口量；表观消费量＝净进口量＋产量。
2. 数据来源于 ACMI/SAGSI。

有机硅树脂具有良好的耐热性，在建筑工程领域可用作建筑防火涂料的基料组分，与合适的填料反应后能显著提高钢结构、塑料、织物、纤维、木材等基材的防火性能，延长耐火时间,从而赢得更多的逃生时间。有机硅树脂还广泛应用于油气工业、汽车制造业及交通运输、大型工程设施等领域。

硅树脂的固化交联大致有三种方式:一是利用硅原子上的羟基进行缩水聚合交联而成网状结构,这是硅树脂固化所采取的主要方式;二是利用硅原子上连接的乙烯基,采用有机过氧化物为催化剂,类似硅橡胶硫化的自由基固化方式;三是利用硅原子上连接的乙烯基和硅氢键进行加成反应的方式,例如无溶剂硅树脂与发泡剂混合可以制得泡沫硅树脂。因此,硅树脂按其主要用途和交联方式大致可分为有机硅绝缘漆、有机硅涂料、有机硅塑料和有机硅胶黏剂等几大类。

采用有机氯硅烷经水解缩合而得的硅树脂分子上有活性基团,需进一步固化成型,属热固性树脂,由有机硅树脂构建的复合材料主要有如下几种。

(1) 有机硅玻璃漆布 将玻璃布浸渍有机硅树脂经烘干制得,主要用作电器电机的包扎绝缘或衬热绝缘材料。

(2) 有机硅层压塑料 将浸渍了有机硅树脂的玻璃布层叠,用高压成型、低压成型或真空袋模压法制成制品,可在 250℃下长期使用,短期使用温度可高达 300℃,主要作 H 级电机的槽楔绝缘、高温继电器外壳、高速飞机的雷达天线罩、印刷电路板等。

(3) 有机硅云母制品 根据选用的有机硅绝缘树脂的类型和云母的结构可得到硬质或软质的多种制品,如云母箔、云母带、云母板等,主要作 H 级电机电器绝缘材料。

(4) 有机硅模压塑料 以有机硅树脂为基料,添加石英粉、白炭黑等填料,经滚压、粉碎制成模压材料。在 150℃下有良好的流动性,能快速固化,石棉填充的有机硅模压制品可在 250℃下长期工作,瞬时工作温度可以高达 650℃,现已广泛应用于航空、航天以及电子电器工业领域中。

除了上述应用领域外,硅树脂还广泛应用于 LED 封装领域。近年来中国硅树脂一直处于净进口状态,特别是 LED 领域、耐高温涂料等一些高端领域用硅树脂基本依赖进口。2021 年,中国硅树脂出口量增长明显。据估计,2021 年中国出口硅树脂约 1604 吨,同比增长 51.9%;2021 年中国硅树脂的月均出口量为 134 吨,出口呈现递增的趋势,尤其是第四季度出口量增长明显;2021 年,中国硅树脂出口主要面向部分欧洲和亚洲发展中国家,其中比利时、日本、意大利、越南、韩国、俄罗斯、印度分别占总出口量的 36%、16%、13%、8%、7%、6%、4%。全年进口硅树脂约 3116 吨,同比增长 7.9%,2021 年全年进口量除 2 月份受春节影响较少和 1 月、3 月备货较多,其他月份进口量较平均。2021 年,中国硅树脂进口主要来自发达国家,其中美国为榜首,占总量的 38%;排第二的是法国,占总量的 26%。其他主要进口国家如日本、德国、意大利,2021 年市场占比分别为 9%、8%、4%。全年净进口约 1512 吨,同比缩小 17.5%。估计 2021 年硅树脂出口贸易额为 1745 万美元,进口硅树脂贸易额为 3712 万美元,进出口贸易逆差为 1967 万美元,同比减少 6.2%。

亚太地区是有机硅树脂最大的市场,而尤以中国的有机硅树脂市场发展最快。从品种来看,甲基有机硅树脂市场占比最大,甲基苯基有机硅树脂次之;从其应用领域来看,涂料是有机硅树脂应用最大的领域。

2022 年中国预计有 2 万吨/年新产能投产,整体开工率预计有所下滑。长远来看,随着低端落后产能的逐步淘汰以及高端硅树脂消费需求的不断增长,中国硅树脂产业结构会持续优化,开工率也会逐渐提高。2026 年,中国硅树脂产能预计将达到 16.24 万吨/年,产量 6.54 万吨,年均增长率分别为 13.5% 和 15.7%。

根据 2018—2021 年中国硅树脂进出口数量,预计 2022 年底和 2026 年底硅树脂进出口数量及金额如表 2.118 所示。

表 2.118　2018—2021 年中国硅树脂进出口情况及预测

| 年份 | 进口量/吨 | 进口金额/万美元 | 出口量/吨 | 出口金额/万美元 |
| --- | --- | --- | --- | --- |
| 2018 年 | 3257 | 3757 | 1305 | 1050 |
| 2019 年 | 3054 | 3488 | 1144 | 1206 |
| 2020 年 | 2888 | 3186 | 1056 | 1088 |
| 2021 年 | 3116 | 3712 | 1604 | 1745 |
| 2022 年 | 3211 | 3907 | 2080 | 2298 |
| 2026 年 | 3628 | 4675 | 3146 | 3609 |

注:数据来源于 ACMI/SAGS。

近些年由于中国低端硅树脂市场的饱和以及气相白炭黑产业的迅猛发展,导致国内硅树脂企业的开工率受限,维持在 30%~40%。2021 年,中国经济稳定恢复,出口增长明显,中国硅树脂产量也实现了较快增长,但由于新增产能较多,整体开工率为 36.5%,增长有限。

## 三、工艺技术

硅树脂是分子结构中至少含有三官能度(T 链节)或四官能度(Q 链节)链节的有机硅聚合物。早期的硅树脂主要由甲基三氯硅烷或苯基三氯硅烷为原料,通过控制溶剂浓度、水解温度、水解过程 pH 值、缩合温度等条件先制备得到溶解在甲苯或二甲苯等溶剂中的预聚物,然后再在烷基锌等催化剂作用下进一步缩合,形成高度交联的不熔不溶的热固性聚合物。除氯硅烷外,也可使用烷氧基硅烷为原料,虽然使用烷氧基硅烷为原料可以避免以氯硅烷为原料时存在的 HCl 释放和回收问题,但烷氧基硅烷水解缩聚过程中容易存在烷氧基官能团残留问题,加上烷氧基硅烷原料成本高于相应的氯硅烷,因此目前 T 型结构硅树脂的生产主要采用氯硅烷水解缩合工艺。

在 T 链节基础上,通过改变水解缩合的氯硅烷单体种类和比例,可以将其它官能团如 M 链节、D 链节、Q 链节等官能团引入 T 链节硅树脂中,得到 MT 型、DT 型、MDT 型、TQ 型、MDTQ 型等分子结构的硅树脂。在甲基氯硅烷单体基础上,将苯基三氯硅烷、甲基苯基二氯硅烷、二苯基二氯硅烷等苯基氯硅烷单体与甲基氯硅烷单体一起进行共水解缩合,可进一步改善硅树脂或硅树脂预聚物的耐热性能。近年来,随着欧美国家对不粘锅涂层的巨大需求,瓦克和道康宁分别开发出苯基硅树脂中间体,这些中间体分子中含有甲氧基等活性官能团,可与聚酯分子中的羟基进行反应,从而得到苯基有机硅改性的聚酯,在耐高温不粘锅外涂层得到大量应用。我国作为炊具和耐高温不粘锅涂层的产地国,对于苯基硅树脂中间体需求量较大，估计年需求量为15000吨左右，目前这些中间体主要被瓦克和道康宁垄断，主要产品型号有SILRES® IC 232、DOWSIL™ 3074、DOWSIL RSN-0805等。

T型硅树脂在特定条件下也可自身进一步缩合，形成笼型结构的聚倍半硅氧烷结构（POSS），如$T_8$、$T_{12}$等，这些POSS结构的聚合物虽然具有优异的热性能和电学性能，但目前尚未进入产业化应用阶段。

MQ类型的硅树脂是当今硅树脂领域另一个非常重要的产品类别，从分子组成结构上看，它由Q链节和M链节组成，其中Q链节构成树脂的核层结构，而M链节则组成树脂的壳层结构。M链节可以选择不含活性官能团的甲基，也可以选择含有活性官能团的Si-H或Si-CH=$CH_2$作为M链节结构，这些活性官能团的存在使得MQ树脂不仅仅通过物理作用分散在聚合物基体中，而且还可以通过Si-H或Si-CH=$CH_2$等化学键参与聚合物的交联固化过程，进一步提高聚合物的力学性能。在MQ树脂基础上，还可引入D链节或T链节，得到MDQ或MTQ类型硅树脂，进一步改善硅树脂的光学或力学性能。

早期制备MQ树脂采用水玻璃为原料，虽然水玻璃价格便宜，但MQ树脂的结构控制较难，且收率较低。随着直接法合成烷氧基硅烷工艺的发展以及三氯氢硅产业链的进一步延伸，四甲氧基硅烷或四乙氧基硅烷等四官能度的烷氧基硅烷来源得到保障，目前采用正硅酸酯制备MQ树脂成为主流生产工艺。

**1. 甲基（苯基）硅树脂**

甲基硅树脂通常是将各种氯硅烷（如甲基三氯硅烷、二甲基二氯硅烷）混合，经共水解（或先烷氧基化、后水解）缩聚反应制备得到，采用苯基单体（苯基三氯硅烷、二苯基二氯硅烷或甲基苯基二氯硅烷）代替相应的甲基单体，采用类似工艺可以制备苯基硅树脂，如图2.76所示。

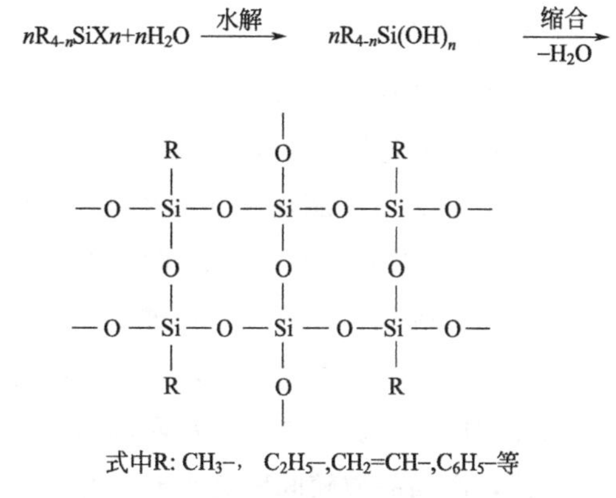

**2. MQ树脂**

MQ硅树脂是由单官能度的硅氧单元（$R_3SiO_{1/2}$，M单元）与四官能度的硅氧单元（$SiO_{4/2}$，Q单元）水解缩合而成的一种具有结构

$$nR_{4-n}SiX_n + nH_2O \xrightarrow{水解} nR_{4-n}Si(OH)_n \xrightarrow[-H_2O]{缩合}$$

式中R: $CH_3-$，$C_2H_5-$，$CH_2=CH-$，$C_6H_5-$等
X: Cl, $OCH_3$, $OC_2H_5$, $OCOCH_3$等

图2.76 氯硅烷制备硅树脂反应方程式

比较特殊的双层-紧密球状物的硅树脂，主要结构式为$[R_1R_2R_3SiO_{1/2}]_a[SiO_{4/2}]_b$。MQ硅树脂通常包括甲基MQ硅树脂、甲基乙烯基MQ硅树脂、甲基氢MQ硅树脂和甲基乙烯基MDQ硅树脂。MQ硅树脂的制备方法按Q链节的来源主要分为水玻璃（硅酸钠）法和正硅酸乙酯法，M链节来源主要为$(Me_3Si)_2O$或者$Me_3SiCl$，为了提高MQ树脂参与聚合物化学交联反应过程，提高MQ树脂增强有机硅聚合物的力学性能，通常还需要还可配入少量乙烯基双封头$(ViMe_2Si)_2O$或含氢双封头$(HMe_2Si)_2O$，形成甲基乙烯基MQ树脂或甲基含氢MQ树脂。在M链节中引入苯基官能团，可以提高MQ树脂的折射率，有助于提高Mini LED、Micro LED及功率型LED照明器件的光学效率。

（1）水玻璃法（硅酸钠法） 首先将硅酸钠水溶液采用盐酸进行酸化，生成硅醇中间体，然后进行酸催化作用下的硅醇间缩合反应，使Q链节长大；再加入单官能团的M单元进行封端，制得 MQ 树脂产品；经过中和水洗，得到 MQ 硅树脂的甲苯或乙醇溶液。此法的缺点是所获得的 MQ 硅树脂的结构及 M/Q 值难以控制，摩尔质量分布较宽，易产生凝胶且产率较低；但因其水玻璃来源广泛，原料易得、成本较低及工艺简单，容易获得低 M/Q 比值的 MQ 硅树脂，目前仍有部分企业采用此法备 MQ 硅树脂，如图 2.77 所示。

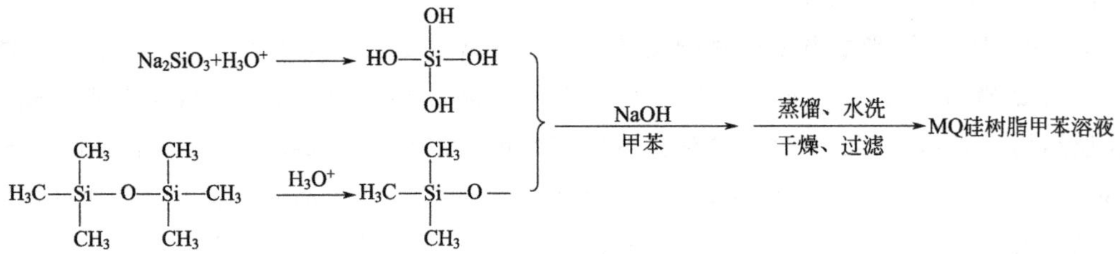

图 2.77 水玻璃法制备 MQ 硅树脂

水玻璃法制备 MQ 树脂工艺的另一缺陷是产生大量的低浓度含酸废水。随着中国环保安全要求越来越严格，硅酸钠法因三废处理量较大，目前正被正硅酸酯法工艺所代替。

（2）正硅酸酯法　正硅酸乙酯或正硅酸甲酯均可经过水解缩合后形成 Q 链节，因此可以采用正硅酸乙酯或正硅酸甲酯代替水玻璃形成 Q 核，由于正硅酸甲酯水解释放出甲醇，而且正硅酸甲酯水解反应剧烈，单体反应活性较高，过程控制较难，因此目前主要采用正硅酸乙酯为原料。

以乙烯基双封头和六甲基二硅氧烷为封端剂、正硅酸乙酯为 Q 链节来源，制备乙烯基MQ 树脂的工艺如图 2.78 所示。

无论是 MQ 树脂还是 T 型结构的甲基硅树脂或苯基硅树脂，生产过程中单体的浓度、pH 值、停留时间等参数对硅树脂的结构、构型和性能影响非常显著。我国硅树脂生产企业大多采用反应釜为反应设备，通过间歇生产工艺制备得到，导致硅树脂产品性能稳定性较差，主要以中低端为主；国外通常采用管道反应器进行连续法生产，过程控制和产品品质明显领先国内产品。国内江西新嘉懿新材料有限公司也建设了连续法制备 MQ 系列树脂的生产工艺，产品品质较间歇法明显提升。

与其他有机硅下游产品相比，中国硅树脂产业发展较慢，生产、应用技术都相对落后，目前仍以中低端的产品为主，虽然一些国内企业实现了少数高端硅树脂的自给和出口，但大量高端硅树脂牌号目前还依赖于国外进口。

## 四、应用进展

我国硅树脂产品的主要下游应用领域为涂料或绝缘材料制造企业，产品包括以甲基硅树脂、苯基硅树脂为基料的绝缘漆、耐热涂料及云母黏结剂等产品。2020 年中国硅树脂总产能约 6 万吨，产量约 3 万吨。"十三五"期间，LED 和光伏产业的强劲需求带动了苯基硅树脂和 MQ 硅树脂的发展，技术水平和产品质量有了很大进步，市场竞争力进一步提高。

以甲基硅树脂为例，其主要应用领域为塑料助剂、绝缘漆和涂料、压敏胶和胶黏剂、模塑料和改性树脂等。

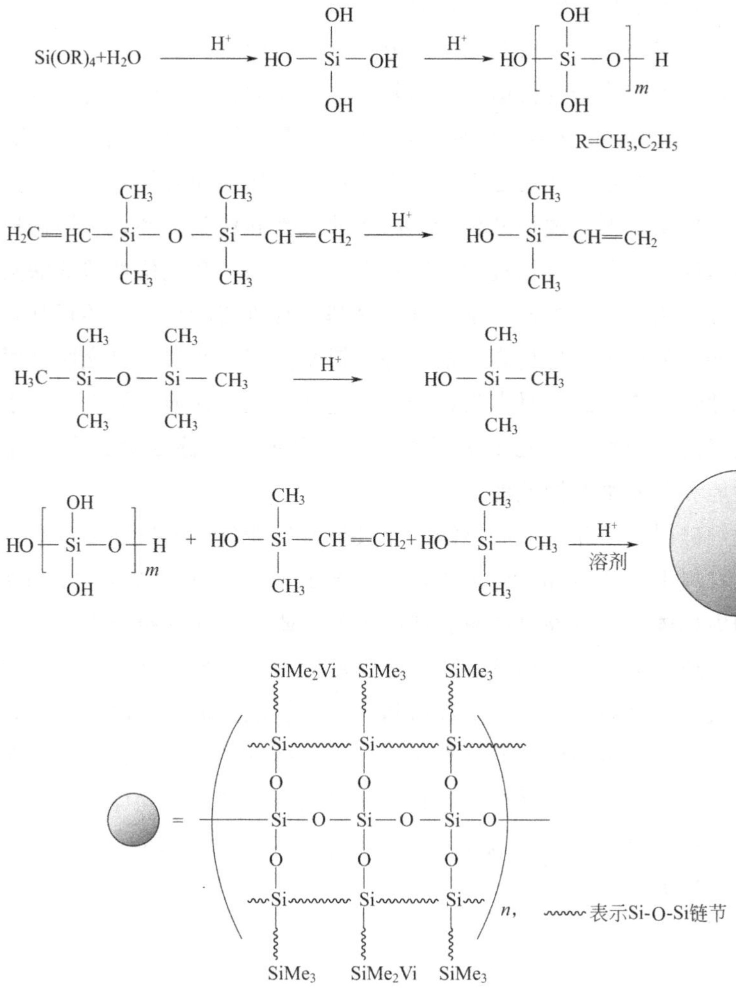

图 2.78 正硅酸酯法制备甲基乙烯基 MQ 树脂

高交联度的聚甲基倍半硅氧烷球形硅树脂是一类非反应型的甲基硅树脂微球,其具有疏水、耐热、密度低、润滑性好等优异特性,可用作塑料助剂,改善塑料的光扩散性、滑爽性、耐热性和阻燃性等。例如在聚丙烯中添加 5% 的甲基硅树脂微球,即可显著提升聚丙烯材料的耐热性;甲基硅树脂微球对聚丙烯材料的结晶性和拉伸强度也有一定影响,若将纳米甲基乙烯基硅树脂微球与改性后的氢氧化镁加入聚酰胺 6 中,可大幅提升聚酰胺 6 的阻燃性能。

甲基硅树脂具有优异的电绝缘性、耐候性和耐高温性,非常适用于绝缘漆和耐高温涂料领域,2019 年国内绝缘漆和涂料用硅树脂消费量约为 9600 吨。甲基硅树脂作为电绝缘漆使用时,可用于线圈浸渍漆、云母漆、玻璃布层压板漆、玻璃套管漆、电子线路板保护漆等领域;作为涂料使用时,可用于耐热涂料、耐候涂料、耐烧蚀涂料、防腐涂料、家装涂料等。

甲基 MQ 树脂为双层结构紧密球状体,主要用于胶黏剂、透明硅橡胶的补强和增黏。采用正硅酸乙酯法制备的甲基 MQ 树脂应用于压敏胶中具有较好的剥离性能、初黏性能和耐高温性能;将甲基 MQ 硅树脂用于缩合型透明室温硫化硅橡胶中,适宜的 M/Q 比值的

MQ 树脂对室温硫化硅橡胶具有较好的补强效果。

以甲基硅树脂为预聚物，加入补强填料、分散剂、脱模剂、颜料、固化剂等组分可制得甲基硅树脂模塑料，产品形式分为抗电弧模塑料及电子元器件外壳包装材料等。道康宁公司生产的 MS1002、MS1003 模塑成型硅树脂主要用于光学元件、LED 灯和 LED 光源导光管的制造，具有较好的光学稳定和热稳定性，光学元件可直接与光源接触。

采用醇酸改性硅树脂、聚酯改性硅树脂、丙烯酸改性硅树脂、环氧改性硅树脂、酚醛改性硅树脂替代纯甲基硅树脂可改善粘接性、固化性、耐溶剂性及配伍性差的缺陷。改性甲基硅树脂可利用甲基硅树脂分子中的硅羟基或硅烷氧基与有机树脂分子中的羟基官能团经催化缩合反应制得，例如，采用甲基硅树脂与桐油醇酸树脂共缩合制得的自交联型甲基硅树脂改性桐油醇酸树脂水性绝缘漆，漆膜具有良好的热稳定性、电气性能、硬度和耐水性能；采用丙烯酸对甲基硅树脂进行改性，制得的丙烯酸改性甲基硅树脂涂层表面具有规整的微观形貌、更好的疏水性能和耐海水腐蚀性能。

长期以来，我国硅树脂产品发展明显滞后于其他有机硅材料的发展速度和发展水平，硅树脂在我国有机硅材料中的产量和产值占比较低，不足 10%；生产企业也以中小企业为主，投资相对分散，国内单体厂很少涉足硅树脂产品生产，研发人才和投资不足，而国外有机硅大型企业如道康宁、迈图、瓦克、信越等均有成熟的硅树脂系列产品，由此造成我国高端硅树脂产品几乎全部被外企垄断，部分高端硅树脂产品只能依赖进口。随着硅树脂消费量的快速增长及国内单体企业上下游一体化发展和布局，未来硅树脂将向绿色化、环保化、高附加值和高端化方向发展，尤其是以氯硅烷为原料的硅树脂预聚物（中间体）和硅树脂产品，单体厂生产时更具技术和资源优势，可以实现水解产生的 HCl 的循环利用，解决其他硅树脂制造企业面临的环保压力。

## 五、发展建议

作为一种战略性新材料，硅树脂在国民经济各个主要部门得到广泛应用，硅树脂市场需求日益扩大，硅树脂的研发生产也引起国家层面的高度重视。2015 年 5 月，国务院发布的《中国制造 2025》中明确提出重点发展硅树脂、硅油、硅橡胶等材料；2016 年 12 月，工信部发布的《新材料产业发展指南》，指出重点发展氟硅树脂、特种合成橡胶等先进化工材料；2019 年国家发改委颁布的《产业结构调整指导目录（2019 年本）》中明确将甲基苯基硅树脂等高性能树脂列为鼓励类产品；2020 年 12 月国家发改委发布的《鼓励外商投资产业目录（2020 年版）》中，鼓励有机硅新型下游产品开发、生产；内蒙古自治区和宁夏回族自治区进一步鼓励高性能硅油、橡胶、树脂等开发、生产。

针对中国硅树脂与国外先进水平之间的差距，中国氟硅有机材料工业协会在中国有机硅行业"十二五"发展规划（2011—2015 年）、"十三五"发展规划（2016—2020 年）及"十四五"发展规划（2021—2025 年）中均对我国硅树脂各个发展阶段存在的问题进行了分析和总结，尤其在中国有机硅行业"十四五"发展规划（2021—2025 年）中，结合国内外硅树脂产品应用领域和国内外产品的差异提出了发展思路和目标。

中国氟硅有机材料工业协会认为"十四五"期间 3D 打印材料和可穿戴设备的发展为硅

树脂材料的发展提供了广阔的应用空间。3D 打印技术的核心是材料，光固化和热固化硅橡胶及硅树脂、加成型硅橡胶、热塑性有机硅弹性体等有望在 3D 打印中获得应用。

中国有机硅行业"十四五"发展规划（2021—2025 年）中将"加快发展高性能硅油和硅树脂产品，提高其在硅氧烷中的消费比例"被列入"十四五"发展思路，在具体的硅树脂产品中，重点开发无溶剂/水性、重防腐、高透明、耐高温、防水、防紫外等特性的硅树脂/改性硅树脂；关注硅树脂在 LED、太阳能电池封装、模塑料等领域的应用。预计到 2025 年，我国硅树脂产量可达到 4 万吨。"十四五"期间，硅树脂产品领域的主要任务是围绕 LED、高性能涂料、塑料等重点应用领域，加大硅树脂开发力度，提高国产化比例，替代进口，满足内需。

"十四五"期间重点发展的产品包括：用于电子电器封装的无溶剂型硅树脂（LED、电器等）；高性能 MQ 硅树脂（用于压敏胶、硅橡胶补强、个人护理等）；高强度有机硅模塑料（电器连接器、工程塑料替代等）；硅树脂乳液型产品（防水剂、环保型涂料等）；低成本功能化 POSS 产品（助剂、个人护理等）；固体改性硅树脂产品（粉末涂料等）及光固化硅树脂产品。

重点解决硅树脂发展中的关键技术：硅树脂分子结构调控及分析检测技术；MQ 硅树脂封端调控技术（羟基检测与调控技术等）；硅树脂绿色化生产技术（废水处理技术、VOC 控制技术等）；硅树脂改性调控技术（接枝改性及分子量调控技术等）；连续化硅树脂管式生产系统；无溶剂型硅树脂 $T_g$ 调控技术；光固化硅树脂关键制备技术；固体改性硅树脂关键制备技术（环氧改性硅树脂等）；POSS 及 MQ 硅树脂低成本制备技术。

## 第二十二节　功能性硅烷

江西宏柏新材料股份有限公司　宋建坤　刘江

## 一、概述

### （一）功能性硅烷概述

功能性硅烷是主链为-Si-O-C-的小分子有机硅，即 OFS（oragnic functional silane）。功能性硅烷分子中同时含有两种不同化学性质基团，其分子结构式一般为 Y-R-Si（OR）$_3$，经典产物可用通式 YSiX$_3$ 表示。式中，Y 为非水解基团，X 为可水解基团。由于这一特殊结构，功能性硅烷会在无机材料（如玻璃、金属或矿物）和有机材料（如有机聚合物、涂料或黏合剂）的界面起作用，偶联或结合两种截然不同的材料。功能性硅烷有增强有机物与无机化合物之间的亲和力作用，并可提高复合材料的物理化学性能，如强度、韧性、电性能、耐水、耐腐蚀性。

硅烷依其官能团所连接的原子可分为两大类：硅官能有机硅硅烷和碳官能有机硅硅烷。硅官能有机硅硅烷的官能团直接连在硅原子上，其基本结构：

$$R_n SiX_{4-n}$$

R 为烷基、芳基、芳烷基、烷芳基及氢等；X 为一价可水解官能基，如卤素（主要是氯）、烷氧基、酰氧基、氨基及氢等。

碳官能有机硅硅烷的有机基中连接有官能团的有机硅烷，其基本结构：

$$Y\text{-}R\text{-}Si(Me)_n X_{3-n}$$

Y 为官能基，如 $NH_3$、$OCH_3$、$OCOMe=CH_2$、$Cl$、$OH$、$SH$ 等；X 为一价易水解的官能基，如卤素、MeO、EtO、AcO。

功能性硅烷根据用途可分为硅烷偶联剂以及交联剂，其主要区别：高分子链段之间的化学键连接叫交联；不同材料之间的连接叫偶联，常见的偶联剂作用为在有机物和无机物之间建立相容性。硅烷偶联剂可以改善聚合物与无机物实际粘接强度，还可以在界面区域产生改性作用，把两种性质悬殊的材料连接在一起，因此广泛应用于橡胶、塑料、涂料和油墨、胶黏剂、铸造、玻璃纤维、填料、表面处理等行业。消费量比较大的硅烷偶联剂包括含硫硅烷、氨基硅烷、乙烯基硅烷、环氧硅烷等。硅烷交联剂通常用于线型分子间架桥，从而促进或调节分子链间共价键或离子键的形成，是单组分室温硫化硅橡胶的核心部分。相比于硅烷偶联剂，硅烷交联剂用量和产量较小。据 SAGSI 统计，2021 年中国各类硅烷偶联剂的产量占比为 72.3%，其中含硫硅烷、氨基硅烷、乙烯基硅烷、环氧硅烷、酰基硅烷的产量占比分别为 28.4%、8.5%、10.7%、8.3%、8.2%；而硅烷交联剂的产量占比仅约 27.7%，具体见图 2.79。

全球功能性硅烷已经具备百亿级市场规模，绿色轮胎、新能源汽车、复合材料等新兴产业将拉动市场消费量快速增长。

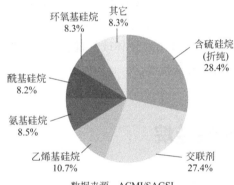

图 2.79 2021 年中国功能性硅烷生产结构（按折纯量）

硅烷偶联剂种类繁多，按取代基不同可分为含硫基、氨基类、链烯基类、环氧基类、酰氧基类等。

硅烷交联剂主要用于室温硅橡胶（RTV）的合成。根据其在单组分室温硫化硅橡胶中缩合反应产物的不同，可以分为脱酸型、脱酮肟型和脱醇型三种。一般认为，酸性胶中交联剂的使用量约为 10%，脱酮肟型一般为 8%，脱醇型则在 5% 以下，但该比例与厂商配方有关。目前室温硫化硅橡胶中性胶需求增长较快，如脱酮肟型胶已成为市场主流，脱酸型胶则呈萎缩态势。表 2.119 总结了我国市场主要的硅烷交联剂品种及其应用领域。

表 2.119　我国主要的硅烷交联剂品种及其应用领域

| 分类 | 产品 | 应用领域 |
|---|---|---|
| 脱酸型 | 甲基三乙酰氧基硅烷、二叔丁氧基二乙酰氧基硅烷、乙基三乙酰氧基硅烷、丙基三乙酰氧基硅烷、苯基三乙酰氧基硅烷 | 硅橡胶、胶黏剂 |

续表

| 分类 | 产品 | 应用领域 |
|---|---|---|
| 脱醇型 | 正硅酸甲酯、正硅酸乙酯 | 硅橡胶、表面处理、涂料 |
| | 甲基三甲氧基硅烷 | 玻璃纤维、硅树脂、硅橡胶、塑料、填料 |
| | 甲基三乙氧基硅烷 | 硅橡胶、硅树脂、填料、硅油 |
| | 聚甲基三乙氧基硅烷、丙基三乙氧基硅烷 | 建筑、表面处理、胶黏剂 |
| | 丙基三甲氧基硅烷 | 建筑、塑料、填料、涂料 |
| | 辛基三甲氧基硅烷、辛基三乙氧基硅烷、十二烷基三甲氧基硅烷 | 表面处理、建筑、塑料、填料、涂料 |
| | 十六烷基三甲氧基硅烷 | 白炭黑 |
| | 1,2-双（三乙氧基硅基）乙烷 | 胶黏剂、树脂、填料、涂料、铸造 |
| | 1,2-双（三甲氧基硅基）乙烷 | 胶黏剂、表面处理 |
| 脱酮肟型 | 甲基三丁酮肟基硅烷、丙基三丁酮肟基硅烷、苯基三丁酮肟基硅烷、乙烯基三丁酮肟基硅烷、乙烯基三丙酮肟基硅烷、乙烯基三（甲基异丁酮肟基）硅烷、四丁酮肟基硅烷、四（甲基异丁酮肟基）硅烷、甲基乙烯基二丁酮肟基硅烷、甲基乙烯基二丙酮肟基硅烷、甲基乙烯基二（甲基异丁酮肟基）硅烷、甲基三（甲基异丁酮肟基）硅烷、二甲基二丁酮肟基硅烷 | 硅橡胶、胶黏剂 |

### （二）产业链

功能性硅烷上游产业链主要包括硅块、氯丙烯、甲醇、乙醇、氢气、氯气、炭黑及其他。

中游产业链以三氯氢硅、四氯化硅、氯硅烷等中间体产品为主，主要用于制造终端功能性硅烷产品，也可作功能助剂或原料直接使用。

下游产业链包括橡胶加工、玻璃纤维、复合材料、密封胶、黏合剂、塑料加工、涂料加工、金属表面处理、建筑防水等产业。

早期由于三氯氢硅生产需要氯碱化工配套氯气和氢气，所以功能性硅烷行业多布局在氯碱厂附近。自 2014 年后氯化氢回收工艺得到推广和应用，以宏柏新材等为首的功能性硅烷龙头企业开始产业链闭锁循环整合。以工业硅为源头，建成"硅块-氯硅烷-中间体-功能性硅烷-气相白炭黑"绿色循环产业链，产业链整合一方面环保和节约了原材料成本，另一方面不再受制于氯碱化工的地域限制，为行业全国投资布局发展铺平了道路。功能性硅烷绿色循环产业链流程图见图 2.80。

### （三）工艺技术沿革

功能性硅烷属于有机硅精细化学品新材料，20 世纪 40 年代由美国联合碳化物公司研发。中国功能性硅烷研究起步较晚，开始于 20 世纪 60 年代初。改革开放后，随着对功能性硅烷研发的不断投入，技术水平不断提升，高端专业人才不断引进、汇集，校企合作（包括院士工作站）模式趋于成熟，我国功能性硅烷的技术研发与生产工艺水平迅速提高，已属世界先进水平。

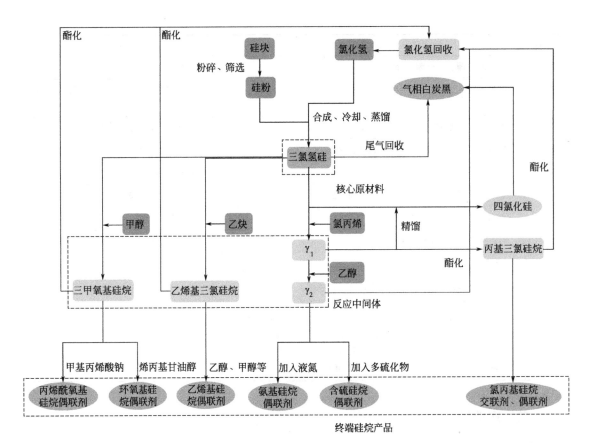

图 2.80 功能性硅烷绿色循环产业链流程图

功能性硅烷的生产工艺主要有两种：传统的间接法工艺和直接法工艺。湖北武大有机硅新材料有限公司是国内最早开发并采用直接法生产工艺的企业。湖北新蓝天公司也建成了直接法中间体生产装置。传统的间接法工艺是：金属硅与氯化氢合成三氯氢硅，三氯氢硅与氯丙烯在催化剂的作用下转化为氯丙基三氯硅烷（俗称 $\gamma_1$），然后再与甲醇或乙醇反应生成氯丙基三甲（乙）氧基硅烷（俗称 $\gamma_2$），作为氨基、甲基丙烯酰氧基和含硫类硅烷偶联剂的中间体；三氯氢硅与乙炔反应则可制成乙烯基硅烷偶联剂的中间体——乙烯基三氯硅烷；三氯氢硅与甲醇反应则可获得环氧类硅烷偶联剂的中间体——三甲氧基硅烷。另外，乙烯基硅烷偶联剂还可以用氯乙烯法生产。因此，间接法的主要原料是金属硅，中间体包括三氯氢硅、氯丙基三甲（乙）氧基硅烷、乙烯基三氯硅烷和三甲氧基硅烷。其他辅助性原料包括甲醇、乙醇、电石、液氨、氯丙烯、盐酸、多硫化钠、氯乙烯、烯丙基甘油醚、乙二胺和甲基丙烯酸酯及盐等。间接法须引入氯，所以存在污染和设备腐蚀问题，生产流程比较长。直接法生产工艺以硅粉、醇为原料，直接合成三烷氧基硅烷，再进一步接入所需官能团合成乙烯基、环氧基及甲基丙烯酰氧基硅烷等目标产品。其技术优势：①缩短合成步骤，减少设备投入，大幅降低原料和生产成本；②没有氯的引入，减少污染和设备腐蚀；③金属硅转化率提高，醇循环利用，资源利用率高；④降低杂质含量（如有机杂质、金属杂质、氯等），产品质量提高。但目前直接法仍仅限于生产三大类硅烷，而且副产物四烷氧基硅烷需处理，中间体稳定性有待提高，收率较低，产能产量有限，未来有待继续完善。

### (四) 商业模式

功能性硅烷行业属于资金和技术密集型行业。硅烷制造需要较大的前期固定资产投入，且为满足下游客户的定制化需求，通常需要进行持续的科研投入。此外，由于化工行业面临较大安全和环保督察压力，生产项目需要配置专业的废气焚烧装置、固废处理装置、污水处理站、消防设施、防爆设施等专业设施，投资及管理门槛较高。随着硅烷偶联剂生产商的逐步发展壮大，行业对于技术实力、成本控制能力提出了更高的要求，行业对于中小投资者的进入存在一定的资金和技术壁垒。由于轮胎、橡胶下游客户一般为大型集团公司且多为跨国公司，对于客户认证要求和标准都比较严苛，所以功能性硅烷企业一般是"研-产-销"模式，销售方面国内以直销为主，国外以直销、经销结合的模式。随着行业标准和安全环保监管压力的不断提高，小型生产厂家或者贸易公司生存空间将被进一步压缩，行业集中度将进一步提高。另一方面，随着功能性硅烷龙头企业宏柏新材、新亚强、三孚硅业、晨光新材等先后上市，获得融资平台后均在布局扩产及产业链延伸项目，未来该行业将迎来新一轮洗牌。

### (五) 发展趋势及创新应用

功能性硅烷应用广泛，市场需求方兴未艾，亚太地区（尤其是大中华片区）需求强劲。因其具有无毒、无害、环境友好、耐高低温、生物相容性等优异特性，发展前景广阔。可以预见，随着塑料、橡胶、涂料等化工行业的快速发展，功能性硅烷的品种和需求量将会很快增长。开发新型功能性硅烷及新的合成方法将是未来的发展方向。

近年来，功能性硅烷开始向功能化、高分子量方向发展，如十二烷基硅烷偶联剂、辛基等。功能性硅烷在改善有机物对填料的浸润性方面有独特的优点，尤其对纳米 $SiO_2$、玻璃纤维等填料，长链硅烷偶联剂因其疏水性的柔性长链的存在，极大改善了填料表面的憎水性，促进了这些填料在溶剂、树脂、助剂等中的分散性，提高了复合材料的热稳定性和冲击强度等。作为一种用于有机材料和金属表面处理的新型偶联剂，异氰酸酯类硅烷偶联剂在处理无机粉体填料、玻璃纤维增强的复合材料及涂料的增黏中都有显著效果。此外，含氟功能性硅烷在材料表面防水、防污性，对氟树脂亲和性方面显示较强的性能，可用作含氟树脂或木材胶粘的底涂层。

## 二、市场分析

### (一) 全球市场

全球功能性硅烷市场规模已从 2015 年的 13.3 亿美元增至 2021 年的 22.7 亿美元，2015—2021 年 CAGR（复合年均增长率）为 9.32%。其中亚太地区硅烷需求强劲，是推动全球硅烷市场增长的主要因素。

全球功能性硅烷产能和产量如表 2.120 所示。

表 2.120　全球功能性硅烷产能和产量

| 年份 | 2011年 | 2012年 | 2013年 | 2014年 | 2015年 | 2016年 | 2017年 | 2018年 | 2019年 | 2020年 | 2021年 |
|---|---|---|---|---|---|---|---|---|---|---|---|
| 产能/(万吨/年) | 38.8 | 41.6 | 43.9 | 46.7 | 50.5 | 54.1 | 57.2 | 59.6 | 62.1 | 69.8 | 76.5 |
| 产量/万吨 | 26.5 | 28.1 | 29.1 | 31.2 | 33.7 | 35.1 | 37.6 | 41.5 | 43.9 | 43.4 | 47.8 |

2011—2021年全球功能性硅烷行业开工率保持在65%~70%，但由于受新冠肺炎疫情影响，导致线下开工活动受阻，2020年和2021年开工率有所下降，见图2.81。

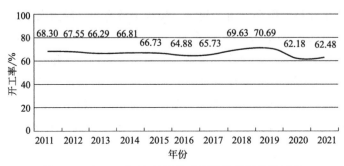

图 2.81　2011—2021年世界功能性硅烷行业开工率

## （二）中国市场

据SAGSI（全国硅产业绿色发展战略联盟）研究报告，中国功能性硅烷产能从2002年2.5万吨/年扩大到2020年的49.07万吨/年，CAGR（复合年均增长率）接近20%。中国为世界主要硅烷消费国和最大的功能性硅烷生产国，引领亚太地区硅烷市场的发展。中国功能性硅烷产能与产量全球占比见表2.121，中国功能性硅烷消费量及增速见表2.122，中国功能性硅烷进出口情况见表2.123。

表 2.121　中国功能性硅烷产能与产量全球占比

| 年份 | 2011年 | 2012年 | 2013年 | 2014年 | 2015年 | 2016年 | 2017年 | 2018年 | 2019年 | 2020年 | 2021年 |
|---|---|---|---|---|---|---|---|---|---|---|---|
| 产能占比/% | 48.5 | 52.2 | 54.4 | 57.2 | 60.4 | 64.9 | 66.0 | 67.8 | 69.1 | 70.3 | 72.9 |
| 产量占比/% | 41.9 | 44.5 | 48.1 | 51.0 | 54.0 | 56.7 | 58.8 | 62.9 | 61.5 | 64.1 | 67.5 |

表 2.122　中国功能性硅烷消费量及增速

| 年份 | 2011年 | 2012年 | 2013年 | 2014年 | 2015年 | 2016年 | 2017年 | 2018年 | 2019年 | 2020年 | 2021年 |
|---|---|---|---|---|---|---|---|---|---|---|---|
| 消费量/万吨 | 8.45 | 9.16 | 10.04 | 10.85 | 12.61 | 13.80 | 15.36 | 17.10 | 18.76 | 19.98 | 21.89 |
| 增速/% | — | 8.40 | 9.61 | 8.07 | 16.22 | 9.44 | 11.30 | 11.33 | 9.71 | 6.50 | 9.56 |

表 2.123　中国功能性硅烷进出口情况

| 年份 | 2011年 | 2012年 | 2013年 | 2014年 | 2015年 | 2016年 | 2017年 | 2018年 | 2019年 | 2020年 | 2021年 |
|---|---|---|---|---|---|---|---|---|---|---|---|
| 进口量/万吨 | 0.56 | 0.69 | 0.77 | 0.46 | 0.48 | 0.35 | 0.41 | 0.48 | 0.89 | 0.37 | 0.87 |
| 同比增速/% | — | 23.2 | 11.6 | −40.3 | 4.3 | −27.1 | 17.1 | 17.1 | 85.42 | — | 135.14 |
| 出口量/万吨 | 3.21 | 4.03 | 4.75 | 5.51 | 6.07 | 6.49 | 7.17 | 9.08 | 9.14 | 8.21 | 11.24 |
| 同比增速/% | — | 25.5 | 17.9 | 16.0 | 10.2 | 6.9 | 10.5 | 27.5 | 0.66 | — | 36.91 |

中国功能性硅烷行业近年来开工率见图 2.82。

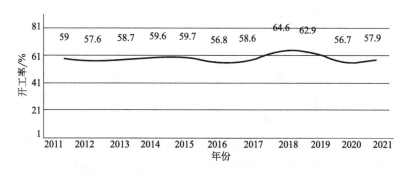

图 2.82　2011—2021 中国功能性硅烷行业开工率

### （三）市场特征与竞争环境

市场总体稳中向好：国外市场保持稳定，市场起伏较小；我国功能性硅烷人均消费量不足一公斤，远低于发达国家人均消费，市场潜力巨大；新能源和 5G 网络等新兴市场日趋成熟，市场需求旺盛；国家出台相关政策，支持、鼓励功能性硅烷产业发展，市场后劲十足。新冠肺炎疫情虽对市场有一定的影响，但有限度，而且只是暂时的。

国际、国内市场对高端优质功能性硅烷的需求越来越大。

在供给侧改革持续推进、安全环境政策日益收窄、资金和技术壁垒不断高企及新冠肺炎疫情等因素的叠加影响下，国内功能性硅烷行业出现了"大鱼吃小鱼"的现象，大型企业通过兼并等形式不断吞并小型企业，功能性硅烷行业大型化、区域化和一体化特征日渐清晰。

国内功能性硅烷产业日新月异，发展态势总体上是良性的。但是，国内各大企业一窝蜂地上马新项目，功能性硅烷产能的扩充速度已超过市场容量和市场发育程度。预计到 2023 年，功能性硅烷总产能将达到 56.4 万吨/年，总产量将达到 38.9 万吨，而同期消费量仅有 27.8 万吨。据估算，仅国内几家头部企业的产能届时就会超过 20 万吨/年。这样，在不远的将来可能会导致惨烈的价格竞争。相关企业应未雨绸缪，加大科研投入力度，设计合理的产品价值链，增加产品附加值，提高管理水平，方可立于不败之地。

## 三、主要功能性硅烷供应及应用情况

### （一）含硫硅烷偶联剂

含硫硅烷是主要功能基团含硫元素的一类功能性硅烷的统称，可有效提高白炭黑填料与橡胶分子的结合能力，并促进橡胶硫化，常用于处理 $SiO_2$、炭黑等无机填料，在橡胶、硅橡胶等聚合物中起活性剂、偶联剂、交联剂、补强剂的作用；是一种具有反应性和可交联的硅烷偶联剂，在酸性或碱性条件下可水解，广泛应用于天然和合成橡胶，如丁苯橡胶、氯丁橡胶、丁腈橡胶、三元乙丙橡胶等；作为补强剂和交联促进剂可用于复合材料（如树脂/玻璃纤维复合材料）、涂层、油墨、胶黏剂和密封材料等，还可用作树脂改性添加剂和酶固定剂；适用于硫黄硫化橡胶，可作为补强剂，能显著提高胶料的力学性能尤其是耐磨耗性能，广泛用于胶辊、轮胎、电线电缆、鞋底等；还可用于橡胶、塑料、玻璃纤维、胶黏剂、密封剂等制品中。

2021年中国含硫硅烷（包括巯基）产能约为16.41万吨/年，产量约为9.16万吨（折纯），占硅烷总产量的28.4%。其中Si-69和Si-75生产集中度比较高，主要企业包括江西宏柏、湖北江瀚、广州艾科普、江西晨光、新特能源等。巯基硅烷售价昂贵，主要供应非轮胎市场，主要生产企业如江西宏柏、湖北江瀚、曲阜华荣等。

含硫硅烷主要用于与沉淀法白炭黑复配生产"绿色轮胎"，可降低轮胎的滚动阻力并提高轮胎的抗湿滑性能，从而使轮胎更加节能和安全，最常用的产品有Si-69和Si-75。由于绿色轮胎可有效降低汽车的油耗和尾气排放，具备环境友好的特点，因此被广泛配套于新能源汽车。欧盟、日本、韩国、美国、巴西等地政府通过轮胎标签法等形式强制推广绿色轮胎，使其快速发展。2016年4月，中国汽车绿色轮胎等级认证（C-GTRA）成功发布。随后，我国政府先后出台了多项产业政策来引领轮胎工业的绿色制造及消费，绿色轮胎在我国的普及率快速提升：2010年我国轮胎市场绿色化率仅为2%，而2018年已经突破30%，预计2023年我国绿色轮胎的渗透率将超过50%。2018年我国橡胶加工行业消费含硫硅烷合计约为5.80万吨，其中轮胎行业消费量5.66万吨，其他橡胶制品消费约0.14万吨。未来，随着国内绿色轮胎相关法规的逐步实施以及新能源汽车市场的快速发展，绿色轮胎的市场渗透率的提升将拉动含硫硅烷产销量进一步增长：预计2023年我国含硫硅烷的消费量将达到8.5万吨；产量将增长至12.56万吨（假设2023年含硫硅烷占硅烷总产量的比例与2019年保持一致）。

### （二）氨基硅烷偶联剂

氨基硅烷是玻璃纤维及碳纤维表面处理中最常用的一类硅烷偶联剂。氨基硅烷是一类通用型硅烷偶联剂，能与除聚酯树脂之外的几乎所有聚合物发生偶联作用，因此在表面处理领域应用广泛。由于游离氨基的存在，氨基硅烷具有较高的反应活性，成型后复合材料的挠曲强度与氨基的数量呈正相关关系。常见的氨基硅烷偶联剂有γ-氨丙基三甲氧基硅烷、γ-氨丙基三乙氧基硅烷、γ-二乙烯三胺丙基甲基二甲氧基硅烷。

γ-氨丙基三甲氧基硅烷的氨基和甲氧基分别用来偶联有机高分子和无机填料，增强其黏结性，提高产品的力学、电气、耐水、抗老化等性能，应用于矿物填充的酚醛、聚酯、环氧、PBT、聚酰胺、聚碳酸酯等热塑性和热固性树脂，能大幅度提高增强塑料的干湿态弯曲强度、压缩强度、剪切强度等力学性能和湿态电气性能，并改善填料在聚合物中的润湿性和分散性。树脂砂铸造中，增强树脂硅砂的黏合性，提高型砂强度及抗湿性，玻纤棉和矿物棉生产中，将其加入酚醛黏结剂中，可提高防潮性及增加压缩回弹性；作为优异的黏结促进剂，可用于聚氨酯、环氧、腈类、酚醛胶黏剂和密封材料，改善颜料的分散性并提高对玻璃、铝、铁金属的黏合性，也适用于聚氨酯、环氧和丙烯酸乳胶涂料；用于氨基硅油及其乳液的合成。

γ-氨丙基三乙氧基硅烷（KH-550）是产量最大的一种氨基硅烷（2018年中国KH-550产量约占氨基硅烷总产量的70%），也是玻璃纤维表面处理领域用量最大的硅烷偶联剂之一。KH-550 能通过水解与玻纤表面的硅羟基反应生成硅氧键,降低玻纤的表面张力;而氨基官能团与树脂连接后形成生成较强的界面,可以使玻璃纤维与基体的黏结力大幅增强。此外,KH-550 还可以对碳纤维表面进行改性,增加纤维表面粗糙度,促进其与树脂基体的物理铆合过程。因此,氨基硅烷被大量运用于风电叶片主体复合材料的制造。氨丙基三乙氧基硅烷是一种优异的黏结促进剂,对于硫化物、聚氨酯、RTV、环氧、腈类、酚醛树脂、黏结剂和密封剂,可改善颜料的分散性并提高与玻璃、铝和钢铁的粘接力;在玻璃纤维增强的热固性与热塑性塑料中使用,可大幅度提高在干湿态下的弯曲强度、拉伸强度和层间剪切强度,并显著提高湿态电气性能;加入酚醛树脂黏结剂中可提高防潮性及压缩后的回弹性;能大幅提高无机填料填充的酚醛树脂、聚酯树脂、环氧、聚酰胺、聚碳酸酯等的力学性能和电气性能,并改善填料在聚合物中的润湿性和分散性。

$\gamma$-二乙烯三胺丙基甲基二甲氧基硅烷是经二乙烯三胺改性的氨基硅烷偶联剂,其微乳液和乳液作为棉、麻、毛、丝和化纤织物柔软整理剂,可使织物具有柔软、滑爽、蓬松、富有弹性等特点;并可与其他偶联剂复配使用,增加硅油的蓬松性,增加平滑剂的油滑性。

2021 年我国氨基硅烷产能约为 4.26 万吨/年,产量约为 2.73 万吨,约占总产量的 8.5%。氨基硅烷最主要品种为氨丙基三烷氧基硅烷,典型产品包括 $\gamma$-氨丙基三乙氧基硅烷,市场主流牌号 KH-550(A-1100);N-$\beta$-(氨乙基)-$\gamma$-氨丙基三甲氧基硅烷,市场主流牌号 KH-792、A-1120。此外有双官能产品、苯胺、丁胺等多个小品种。KH-550 牌号产量约占总量 70%,其余占约 30%。主要生产企业包括武汉华伦、湖北江瀚、国泰华荣、江西晨光、安徽硅宝、曲阜晨光等。

### (三) 乙烯基硅烷偶联剂

与通用型偶联剂的氨基硅烷不同,乙烯基硅烷仅适用于聚酯、聚烯烃等少数树脂体系,不饱和双键参与树脂材料的交联固化,用在玻璃纤维中可提高纤维单丝和聚酯等树脂的黏结力,适用于部分复合材料的表面处理。乙烯基硅烷也能满足大功率风能用叶片以及高压管道对偶联剂抗疲劳、抗冲击、耐候的要求,在湿态下对复合材料性能的提升作用较氨基硅烷更为突出。乙烯基硅烷最常见的型号为 A-151、A-171,除用于部分复合材料的表面处理,乙烯基硅烷还广泛应用于电线电缆、覆铜板、涂料、密封胶及胶黏剂等领域。电线电缆、耐热管材和薄膜多用乙丙橡胶(EPM)、三元乙丙橡胶(EPDM)和煅烧高岭土矿粉复合制备,乙烯基硅烷可提高 EPDM、交联聚烯烃的力学性能和电气性能。常用的乙烯基硅烷为乙烯基三乙氧基硅烷、乙烯基三甲氧基硅烷、乙烯基三($\beta$-甲氧基乙氧基)硅烷。

乙烯基三乙氧基硅烷和乙烯基三甲氧基硅烷用途相近,兼有偶联剂和交联剂的作用,适用的聚合物类型有聚乙烯、聚丙烯、不饱和聚酯等,还可以提高玻璃纤维、无机填料和树脂之间的亲和力,常用于硅烷交联聚乙烯电缆和管材;用于水性交联聚乙烯;用作室温硫化硅橡胶的交联剂;具有较高的使用温度,优异的抗压力裂解性、记忆性、耐磨性和抗冲击性。

乙烯基三($\beta$-甲氧基乙氧基)硅烷可用作多种矿物填充聚合物的黏合促进剂,以改善填料的物理性能和保护界面免受潮气侵蚀,普遍应用于乙烯、丙烯、二烯类三元乙丙橡胶和交联聚乙烯电线、电缆工业。

2021 年我国乙烯基硅烷产能约为 6.12 万吨/年,产量约为 3.45 万吨,约占总产量的

10.7%。典型产品包括乙烯基三乙氧基硅烷,市场主流牌号 KH-151、A-151;乙烯基三甲氧基硅烷,市场主流牌号 KH-171、A-171。此外也有其他烷氧基取代的小品种。主要生产企业包括湖北新蓝天、新安化工、宏柏新材、湖北江瀚、山东硅科、江西晨光等。

### (四) 环氧基硅烷偶联剂

环氧基硅烷主要用于提高水性涂料、水性胶黏剂对基材的附着力和耐水性;适用的树脂包括丙烯酸乳液、丁苯乳液、聚氨酯水性分散体和水性环氧树脂等,能在水性树脂中实现较长的贮存期,较好地解决了普通硅烷偶联剂在水性体系下易自聚、贮存期短的缺点。环氧基硅烷可用于环氧类黏合剂和密封剂中,以改善黏合剂性能;用于玻纤增强环氧树脂、ABS、酚醛树脂、聚酰胺、PBT 等,以提高其物理性能,尤其是复合材料的力学性能、防水性、电气性、耐热性等;用于硅橡胶,以改善拉伸强度、抗撕裂强度、相对伸长率及压缩永久性变形;还可用于无机填料填充以增强复合材料的性能。

2021 年我国环氧基硅烷产能约为 4.28 万吨/年,产量约为 2.67 万吨,约占总产量的 8.3%。该类产品中典型产品为 3-缩水甘油醚氧基丙基三甲氧基硅烷,市场主流牌号 KH-560,市场上还有少量含其他取代基的产品或双官能产品,如 3-(2,3-环氧丙氧)丙基三乙氧基硅烷、3-(2,3-环氧丙氧)丙基甲基二甲氧基硅烷。主要生产企业包括湖北江瀚、江西晨光、武汉华伦、曲阜晨光、山东硅科、湖北新蓝天等。

缩水甘油醚氧基丙基三甲氧基硅烷主要用来改善有机材料和无机材料表面的粘接性能,它所适用的树脂包括环氧、酚醛、三聚氰胺、聚氨酯等;提高无机填料、底材和树脂的黏合力,从而提高复合材料的力学性能、电气性能,并且在湿态下有较高的保持率;作为无机填料表面处理剂,广泛应用于陶土、玻璃微珠、滑石粉、硅灰石、白炭黑、石英、铝粉、铁粉;可改善双组分环氧密封剂的黏合力,增强基于环氧树脂电子密封剂和封装材料及印刷电路板的电气性能。

2021 年我国环氧基硅烷产能约为 4.28 万吨/年,产量约为 2.67 万吨,约占总产量的 8.3%。该类产品中典型产品为 3-缩水甘油醚氧基丙基三甲氧基硅烷,市场主流牌号 KH-560、A-187,市场上还有少量含其他取代基的产品或双官能产品。主要生产企业包括湖北江瀚、江西晨光、武汉华伦、曲阜晨光、山东硅科、湖北新蓝天等。

### (五) 酰氧基硅烷偶联剂

酰氧基硅烷偶联剂主要通过甲基丙烯酰氧基官能团与有机聚合物连接,常见的酰氧基硅烷偶联剂有 3-甲基丙烯酰氧基丙基三甲氧基硅烷 (KH-570)、γ-甲基丙烯酰氧基丙基三乙氧基硅烷 (KH-571) 和 γ-甲基丙烯酰氧基丙基甲基二甲氧基硅烷 (KH-572)。

3-甲基丙烯酰氧基丙基三甲氧基硅烷 (KH-570) 主要用于不饱和聚酯复合材料中,可以提高复合材料力学性能、电气性能、透光性能,特别是能大幅度提高复合材料的湿态性能;用含该偶联剂的浸润剂处理玻纤,可提高玻纤增强复合材料的湿态力学性能和电气性能;在电线、电缆行业,用该偶联剂处理陶土填充过氧化物交联的 EPDM 体系,可改善损耗因子及电感容抗;与乙酸乙烯和丙烯酸或甲基丙烯酸单体共聚,广泛用于涂料、胶黏剂和密封剂中,提供优异的黏合力和耐久性。

γ-甲基丙烯酰氧基丙基甲基二甲氧基硅烷和 γ-甲基丙烯酰氧基丙基三乙氧基硅烷适用于各种复杂形状、所有密度的聚乙烯和共聚物；适用于具有较大的加工工艺宽容度的复合材料等。接枝到聚合物主链从而改性聚乙烯并使其侧链带有酯基，作为温水交联的活性点；用于玻璃纤维可有效提高玻纤制品的力学性能、与基质的粘接力；用作丙烯酸系涂料的交联剂可提高丙烯酸涂料的耐候性，延长使用寿命，并且可增加交联密度，使涂膜硬度达到5H（铅笔硬度）以上；用作油墨、涂料后添加剂，可使油墨、涂膜具有优良的成膜硬度和光亮度；通过缩聚或共聚合成含甲基丙烯酰氧基硅油，利用甲基丙烯酰氧基自由基反应性可以与苯乙烯、丙烯酸、丙烯酸酯等共聚，赋予丙烯酸树脂、聚苯乙烯树脂耐热、光滑、耐候等特性；在光敏剂存在下，经紫外光照射能交联固化，已成为有机硅防粘隔离剂的主要品种之一；作为补强剂和交联促进剂广泛用于复合材料、涂层、油墨、胶黏剂和密封材料等，还可用作树脂改性添加剂和酶固定剂。

2021年我国酰氧基硅烷产能约为4.23万吨/年，产量约为2.64万吨，约占总产量的8.2%。该类产品中典型产品包括 γ-甲基丙烯酰氧基丙基三甲氧基硅烷，市场牌号KH-570、A-174；γ-甲基丙烯酰氧基丙基三异丙氧基硅烷，市场主流牌号KH-571、WD-71。主要企业包括天津圣滨、湖北江瀚、江西晨光、武汉华伦、湖北新蓝天、安徽硅宝、国泰华荣等。

### （六）苯基和辛基硅烷偶联剂

国内主要的苯基硅烷产品：苯基三甲氧基硅烷、苯基三乙氧基硅烷、二苯基二甲氧基硅烷、二苯基二乙氧基硅烷。

苯基三甲氧基硅烷是一种三官能团硅烷，带有三个可水解的烷氧基及一个可以为溶胶凝胶涂层提供热稳定性及柔韧性的苯基；易水解，呈无色低黏度液体状。可用于硅灰石，氢氧化铝等无机填料，改善硅灰石、氢氧化铝等无机填料的表面，使材料表面具有疏水性；适合于那些需要在高温下加工的聚合物，提高分散性、降低聚合物的熔化黏度；还可用于生产具有更好的抗紫外线、耐热性的涂料。苯基三乙氧基硅烷与苯基三甲氧基硅烷相似，不仅可以用于改善无机材料的表面，还是溶胶凝胶系统的重要组成部分。不同的是，苯基三乙氧基硅烷水解速度比苯基三甲氧基硅烷慢。

二苯基二甲氧基硅烷、二苯基二乙氧基硅烷常用于丙烯聚合反应中，起着提高等规度的作用。可用于交联的有机硅树脂，也可作为原料生产苯基硅油和硅橡胶。

辛基硅烷多指辛基三乙氧基硅烷，是以1-辛烯和三氯氢硅进行硅氢加成，再醇解得到。除辛基硅烷外，其他碳链长度的烷基硅烷可通过对应的 α-烯烃硅氢加成制得。烷基硅烷偶联剂多用于粉体改性、混凝土防水等，烷基硅烷市场目前处于高速增长趋势，未来发展潜力巨大。辛基硅烷常见的有辛基三乙氧基硅烷、辛基三甲氧基硅烷，是一种单分子构造的中链烷基硅烷，可创造超强的疏水性，提高产品耐候性及抗湿性，提高材料的相容性及分散性。高纯级产品也可用于化妆品行业，加入后具有优异的疏水性能和更低的吸油量，在油相和硅油相中具有更好的分散性能，更容易制备稳定的乳液体系，可降低黏合剂的用量。

### （七）硅烷交联剂

2021年中国交联剂产能约为15.48万吨/年，产量约为8.92万吨，约占功能性硅烷总产量的 27.7%。主要产品包括乙烯基三丁酮肟基硅烷、甲基三丁酮肟基硅烷、三乙酰氧基、硅酸酯、烷基三乙氧基和甲基三甲氧基等品种。主要生产企业包括湖北新蓝天、杭州硅宝、新安化工、江西晨光、潜江宜生、宏柏新材、山东硅科、恒业成等。

脱酸型硅烷交联剂主要应用于硅橡胶、胶黏剂行业，可改善塑料、尼龙、陶瓷、铝等与硅橡胶的黏合，提高硅橡胶与基材的粘接强度。

国内主要脱酸型硅烷交联剂产品：甲基三乙酰氧基硅烷、乙基三乙酰氧基硅烷、丙基三乙酰氧基硅烷、苯基三乙酰氧基硅烷、二叔丁氧基二乙酰氧基硅烷。

脱醇型硅烷交联剂应用较为广泛，根据其分子结构和特性的不同，除了可以作为 RTV 单组分硅橡胶的交联剂和用以制备硅树脂外，还可用作表面处理剂，用以改善基材的耐候性、耐划性、防水性、耐腐蚀性等，应用于建筑、涂料、塑料、填料、铸铁等各个领域。

国内主要脱醇型硅烷交联剂产品：正硅酸甲酯、正硅酸乙酯、甲基三甲氧基硅烷、甲基三乙氧基硅烷、聚甲基三乙氧基硅烷、丙基三甲氧基硅烷、丙基三乙氧基硅烷、辛基三甲氧基硅烷、十二烷基三甲氧基硅烷、1,2-双（三甲氧基硅基）乙烷。

脱酮肟型硅烷交联剂的应用领域与脱酸型硅烷交联剂相似，主要应用于硅橡胶、胶黏剂行业，改善硅橡胶与塑料、尼龙、陶瓷、铝等基材的粘接强度。但其性质较脱酸型硅烷交联剂更为温和，大都具有较低的生理毒性，更适合于制备环境友好的、与人亲密接触的 RTV 硅橡胶。

国内主要脱酮肟型硅烷交联剂产品：甲基三丁酮肟基硅烷、丙基三丁酮肟基硅烷、苯基三丁酮肟基硅烷、乙烯基三丁酮肟基硅烷、乙烯基三丙酮肟基硅烷、四丁酮肟基硅烷、四（甲基异丁酮肟基）硅烷、甲基三（甲基异丁酮肟基）硅烷。

## 四、行业普遍存在的问题与发展建议

该行业从业人员整体年龄偏大，对青年就业群体吸引力小。同时，员工整体文化素质偏低，大专以上学历所占比例超过 30% 以上的企业屈指可数，而且明显呈现"两头弱"的特点：硕士以上的高学历人才太少，一线员工中低学历员工太多。

与国外同行相比，国内各企业研发投入占比虽逐年提升，但研发投入的绝对费用还远远不够，对顶尖专业人才的招募、培养力度和关心程度不够。

行业管理水平仍有待提高，很多企业管理水平还很粗放，功能性硅烷行业产品大多涉及危化品，危化品生产在环保减排、节能降耗和安全管理方面目前监管要求越来越严，现在行业存在不少小厂，相关设施不齐全，隐患亟待改进。

需要特别指出的是，整个行业目前呈现出积极投资的态势，在不提升管理水平和技术水平的前提下不断扩充产能。如果任由行业盲目无序地发展扩张，未来必然因为产能过剩而带来行业洗牌，导致整个行业萎靡不振。希望有关部门未雨绸缪，提前介入疏导和规范。

总之，增加研发投入，提高技术管理水平，增强行业统筹规划和引导，规避行业风险，功能性硅烷行业总体前景可期。

# 第二十三节 聚四氟乙烯

东岳神舟新材料有限公司　王汉利

## 一、概述

聚四氟乙烯（PTFE），英文名称 Polytetrafluoroethylene，又称特氟隆、塑料王，最早由氟树脂之父罗伊·普朗克特 1936 年在美国杜邦公司研究氟里昂的代用品时无意中发现，是目前氟塑料中占比最大的类型，约占整个氟塑料市场的 60%。分子结构为完全直链型，没有支链，氟原子紧密排列在分子链外围起保护作用，材料具有优异的耐高低温、耐老化、耐酸碱、表面张力低、低摩擦、低介电损耗等特点，广泛应用于化工、机械、电子电器、通信、航空航天等国民经济的各个领域。

聚四氟乙烯树脂的聚合方法主要是悬浮聚合和分散聚合，根据工艺的不同可分为悬浮树脂、分散树脂和浓缩液三大类。两者都是以水相为聚合介质，水溶性过硫酸盐、过氧化物或氧化-还原体系作引发剂。目前全球市场供应统计悬浮树脂占 50%～60%，分散树脂占 20%～35%，浓缩液占 10%～20%。PTFE 悬浮树脂的生产主要由聚合、洗涤、捣碎和干燥等工序组成。根据捣碎程度和树脂的粒度可再分为中粒和细粉，中粒粒径一般为 90～120$\mu m$，细粉粒径一般为 20～60$\mu m$。物料疏松不结团，加工时主要使用模压的方式制成棒材、膜材、板材等制品，常用作密封圈、垫片、化工用泵、阀、管配件和设备衬里，电绝缘零件、薄膜等。PTFE 分散树脂的生产主要由聚合、除蜡、凝聚和干燥等工序组成。物料呈白色松软颗粒状，根据压缩比的不同可分为高、中、低型品级。加工时主要使用糊状挤出的方式制成膜材、管材、纤维等制品，常用作生料带、滤材、长/短纤维、电线电缆、流体输送管等。PTFE 浓缩液的生产主要由聚合、配料和浓缩等工序组成。浓缩后的产品为白色乳状水分散液，固含量一般为 60% 左右，pH 值 9.5～10.5，贮运中要避免剧烈振荡、高温、暴晒和严寒，以防破乳凝聚。加工时主要使用浸渍、涂覆、纺丝和喷涂等方式制得薄膜，常用作食品、纺织、印染、造纸等工业领域的防粘涂层、防滴落剂、电池黏结剂等。

聚四氟乙烯行业具有较高资金和技术壁垒，生产企业均为氟化工一体化程度较高的行业龙头，企业数量少、规模大，行业高度集中。经过多年的发展与兼并重组，全球聚四氟乙烯形成了相对集中的行业格局。20 世纪 90 年代末，聚四氟乙烯生产总格局随着全球兼并重组的浪潮也进行了较大规模的调整，许多企业之间进行了重组、转让和兼并，如 1999 年英国 ICI 公司把聚合物业务转卖给日本旭硝子公司；德国赫斯特公司把旗下的泰良（Dyneon）公司的 46% 股份卖给合资伙伴美国 3M 公司；比利时苏威（Solvay）公司收购意大利的奥希蒙特（Ausimont）公司等。20 世纪 90 年代后，全球聚四氟乙烯呈现迅猛的发展局面，许多公司纷纷新建和扩建聚四氟乙烯装置。目前，国内生产企业主要有山东东岳高分子材料有限公司、中昊晨光化工研究院有限公司、福建三农新材料有限责任公司等；国外生产企业主要有美国科慕、美国 3M、日本大金、日本旭硝子、比利时苏威等。具体情况见表 2.124。

表 2.124  国内外聚四氟乙烯主要生产企业

| | 企业名称 |
|---|---|
| 国内 | 山东东岳高分子材料有限公司 |
| | 中昊晨光化工研究院有限公司 |
| | 巨化集团 |
| | 福建三农新材料有限责任公司 |
| | 三爱富新材料科技有限公司 |
| | 江苏梅兰化工集团有限公司 |
| | 江西理文化工有限公司 |
| | 江西中氟化学材料科技股份有限公司 |
| | 山东华氟化工有限公司 |
| | 浙江永和制冷股份有限公司 |
| | 聊城氟尔新材料科技有限公司 |
| 国外 | 美国科慕 Chemours |
| | 日本大金 Daikin |
| | 比利时苏威 Solvay |
| | 日本旭硝子 Asahi Glass |
| | 美国 3M |
| | 俄罗斯 HALOPOLYMER |
| | 印度 GFL |

聚四氟乙烯制品可分为板材、管材、棒材、薄膜、纤维、涂层等。聚四氟乙烯制品加工行业技术壁垒和资金壁垒都较低，新企业进入较为容易，国内企业超上千家，整体规模小以中小企业为主，行业集中度低，总体利润水平不高。不同行业、不同企业对聚四氟乙烯制品需求存在较大的差异，聚四氟乙烯终端产品多为定制化生产，产品差异性强。我国本土聚四氟乙烯制品加工企业以生产管、棒、板、生料带、垫圈、油封等常规产品为主，基本是半成品、中低端产品。企业规模小，加工一般塑料制品，更新设备的能力和期望低；分散化、个体化、专业化态势明显，造成低水平产品重复和激烈竞争，从长远看对加工行业的发展是不利的。由于中国市场消费量大，越来越多聚四氟乙烯制品加工跨国企业进驻中国，占据着国内大部分中高端塑料制品市场份额。与发达国家相比，本土企业在加工手段、应用领域、功能开发等方面还有差距。近年来，国内制品行业通过加大技术研发投入，进行结构调整和产业升级，行业集中度有所提升，大中型企业数量增多，正在填补中高端制品供应市场的空白。随着产能的不断扩大和竞争日益激烈，越来越多的企业从半成品转向终端制品及相关配套产品的生产，产品结构改善，终端产品比例上升。

## 二、市场供需

### (一) 世界供需及预测

**1. 国外 PTFE 生产现状**

PTFE 最早由美国杜邦公司的罗伊·普朗克特博士在 1936 年研究含氟制冷剂的过程中发现,有别于其他常规塑料,PTFE 只能采用粉末冶金的方式进行加工。当时,美国为实现曼哈顿计划正在寻找一种新颖的耐腐蚀材料,PTFE 刚好符合技术要求;1938 年,美国杜邦公司开始试制 PTFE;1941 年,罗伊·普朗克特通过专利首次把聚四氟乙烯公之于世;1945 年,杜邦公司为聚四氟乙烯注册了 Teflon 商标,中文名称为特氟隆,开始投产;第二次世界大战结束后,聚四氟乙烯技术解密,并于 1946 年实现工业化生产;20 世纪 50 年代,英国、苏联、联邦德国、法国、意大利和日本也实现了 PTFE 的工业化生产。

截至 2021 年底,国外聚四氟乙烯树脂产能 121000 吨/年,占全球总产能的 39.16%。具体情况见表 2.125。

表 2.125 国外企业聚四氟乙烯树脂产能

| 企业名称 | 地址 | 产能/(吨/年) |
| --- | --- | --- |
| 美国科慕 Chemours | 美国 | 36000 |
| 日本大金 Daikin | 日本 | 29000 |
| 比利时苏威 Solvay | 比利时 | 10000 |
| 日本旭硝子 Asahi Glass | 日本 | 7000 |
| 美国 3M | 美国 | 10000 |
| 俄罗斯 HALOPOLYMER | 俄罗斯 | 14000 |
| 印度 GFL | 印度 | 15000 |
| 合计 | | 121000 |

相比于中国国内聚四氟乙烯树脂产能,国外产能小。鉴于近几年萤石资源的不断消耗和国内产能的不断扩张,国外氟化工巨头对中低端树脂产能的扩张欲望低,多聚焦于新能源、新基建、人工智能、自动驾驶、医疗健康、高端装备等新兴产业、高附加值产品的开发与生产。而这些领域用特种聚四氟乙烯,国内技术与产品欠缺,基本依赖进口,存在基础原材料"卡脖子"问题。

**2. 需求分析及预测**

据统计,全球 PTFE 的消费领域主要是工业加工、汽车、航空航天、电子电器等,具体情况见表 2.126。

表 2.126 全球聚四氟乙烯消费领域及占比

| 行业 | 工业加工 | 电子电器 | 汽车/航天 | 建筑 | 医疗健康 | 其他 |
| --- | --- | --- | --- | --- | --- | --- |
| 占比/% | 28 | 23 | 21 | 11 | 9 | 8 |

全球聚四氟乙烯的消费地域主要集中在中国、美国、日本、西欧等国家，其中中国已成为全球最大的聚四氟乙烯消费国。

聚四氟乙烯作为氟化工产业链中的重要产品，具备良好的耐高低温性、电绝缘性、不粘性和耐腐蚀性，是当今世界上耐腐蚀性能最佳的材料之一，在电子电器、化工、机械等行业中具有不可替代的作用，未来仍将保持旺盛需求。随着技术的不断进步与社会的不断发展，新兴产业领域如新基建、新能源、高端装备、芯片制造、半导体、人工智能、城市轨道交通等对高性能聚四氟乙烯材料亦具有大的需求，但不同于常规聚四氟乙烯，新兴产业领域对于树脂性能有特殊要求，树脂制备技术需要革新。

在全球"以塑代钢""以塑代木"的大背景下，塑料制品未来将在生活与生产中扮演越来越重要的角色，为塑料制品业的发展提供了广阔的市场空间。随着聚四氟乙烯行业产业结构逐步转型升级，高端产品比重增加，基础配套服务功能不断完善，制品产量不断增长，市场空间仍然较大，产值可保持较高增速，在满足社会一般需求的基础应用领域保持稳步增长情况下，高端应用领域逐步强化。

## （二）国内供需及预测

### 1. 国内生产现状

氟塑料是化工产业发展到一定水平后的产物，对技术和工艺水平的要求较高，由于欧美等西方国家的先发优势，全球氟化工的高端产业链主要集中在美国、日本、西欧一些发达国家，形成了发达国家掌握高端技术，输出高附加值产品，而发展中国家以原材料或成本较低的优势占有较大低端产品市场的格局。

相比于国外，国内氟化工起步晚。从发展历史看，1964年，国内第一套30吨/年PTFE装置于上海合成橡胶研究所建设完成，并顺利试产出悬浮法PTFE树脂，之后又试产出分散法PTFE树脂，1965年经化工部鉴定后正式投产。1984年，化工部第六设计院与上海市有机氟材料研究所共同开发了千吨级水蒸气稀释裂解生产PTFE技术，在济南化工厂试车成功后向国内推广。到20世纪80年代末期，上海市有机氟材料研究所、化工部晨光化工研究院等5家单位能够稳定、规模化生产PTFE，总产能约3000吨/年，产量2000吨，生产品种主要有粗、中粒度的悬浮PTFE树脂、分散PTFE树脂和浓缩分散液。至20世纪90年代末，国内最大单套装置生产能力达3000吨/年，总产能超过8000吨/年，产品种类涵盖了悬浮PTFE、分散PTFE和PTFE乳液三大类，十多个品种，基本满足了国内大多数加工单位的要求。2004年，我国聚四氟乙烯产品的出口量首次超过进口量，2010年聚四氟乙烯出口量首次超过2万吨。目前，中国已经成为全球PTFE主要生产国和供应国，年出口量稳步增加。

从分布格局看，国内的萤石资源主要集中在浙江、福建、江西、河南等省区，沿海经济发达地区凭借经济和产业优势发展较快，浙江、江苏、上海、山东等沿海地区形成了氟塑料研发和生产企业聚集地。截至2021年底，国内聚四氟乙烯树脂产能188000吨/年，占全球产能的60.84%。具体情况见表2.127。

表 2.127　国内企业聚四氟乙烯树脂产能

| 企业名称 | 地址 | 产能/(吨/年) |
|---|---|---|
| 山东东岳高分子材料有限公司 | 山东淄博 | 55000 |
| 中昊晨光化工研究院有限公司 | 四川自贡 | 33000 |
| 巨化集团 | 浙江衢州 | 28000 |
| 福建三农新材料有限责任公司 | 福建三明 | 12500 |
| 三爱富新材料科技有限公司 | 上海 | 10000 |
| 江苏梅兰化工集团有限公司 | 江苏泰州 | 10000 |
| 江西理文化工有限公司 | 江西九江 | 16700 |
| 江西中氟化学材料科技股份有限公司 | 江西会昌 | 5000 |
| 山东华氟化工有限公司 | 山东济南 | 3800 |
| 浙江永和制冷股份有限公司 | 浙江衢州 | 3000 |
| 聊城氟尔新材料科技有限公司 | 山东聊城 | 11000 |
| 合计 | | 188000 |

基于国际、国内形势及各生产企业实际，国内聚四氟乙烯材料生产单位 2021 年统计的扩建计划如表 2.128 所示。

表 2.128　2021 年国内聚四氟乙烯扩建计划

| 企业名称 | 地址 | 扩增产能/(吨/年) |
|---|---|---|
| 江西中氟化学材料科技股份有限公司 | 江西 | 0.3 |
| 山东东岳高分子材料有限公司 | 山东 | 2 |
| 巨化集团 | 浙江 | 0.6 |
| 江西理文化工有限公司 | 江西 | 1 |
| 聊城氟尔新材料科技有限公司 | 山东 | 1 |
| 内蒙古永和氟化工有限公司 | 内蒙古 | 1 |

聚四氟乙烯材料因其优异的性能倍受重视，同时，聚四氟乙烯是氟化工产业中的高附加值产品，是氟化工行业进行产业升级的重要高端产品，国家出台了系列政策大力支持聚四氟乙烯及其制品行业发展，具体见表 2.129。

表 2.129　有关聚四氟乙烯的相关政策

| 类别 | 实施时间 | 政策概要 |
|---|---|---|
| 新材料政策 | 2012-02 | 工信部发布《新材料产业"十二五"发展规划》，提出了着力调整含氟聚合物产品结构，重点发展高性能聚四氟乙烯等高端含氟聚合物，积极开发含氟中间体及精细化学品 |
| | 2012-12 | 工信部、发改委、科技部、财政部联合发布《新材料产业发展指南》，提出重点任务是突破应用领域急需的新材料，布局一批前沿新材料，完善新材料产业标准体系 |
| | 2017-02 | 发改委发布《战略性新兴产业重点产品和服务指导目录》(2016)，工程塑料及合成树脂：新型工程塑料与塑料合金，新型特种工程塑料，新型氟塑料列入目录 |
| | 2018-10 | 统计局发布《战略性新兴产业分类(2018)》，聚四氟乙烯列入该分类的重点产品和服务目录 |

续表

| 类别 | 实施时间 | 政策概要 |
| --- | --- | --- |
| 产业政策 | 2011-03 | 发改委发布《产业结构调整指导目录》(2013年2月修订)，聚四氟乙烯纤维列入鼓励类项目 |
| | 2016-10 | 工信部发布《石化和化学工业发展规划（2016—2020年）》，提出重点发展高端氟硅树脂和橡胶、含氟功能性膜材料和高品质氟硅精细化学品 |
| 安全生产 | 2002-01 | 国务院发布《危险化学品安全管理条例》(2013年修正) |
| | 2014-12 | 全国人大发布《中华人民共和国安全生产法》 |
| | 2017-03 | 国家安监总局发布《化学危险品生产企业安全生产许可证实施办法》 |
| 环保政策 | 2014-04 | 发布《中华人民共和国环境保护法》(2015年1月1日执行) |
| | 2015-03 | 中央政治局会议通过《关于加快推进生态文明建设的意见》，把坚持绿水青山就是金山银山的理念写进中央文件，成为指导中国加快推荐生态文明建设的重要指导思想 |
| | 2018-01 | 开始施行《中华人民共和国环境保护税法》 |
| | 2018-06 | 发布《中共中央国务院关于全面加强生态环境保护坚决打好污染防治攻坚战的意见》 |

国家对聚四氟乙烯行业扶持的同时，也对行业进行全方位的监管和引导，有力促进了健康与可持续发展。从2016年至2021年，国内PTFE产能呈波动式增长。具体情况见表2.130。

表2.130 国内PTFE产能变化情况

| 年份 | 2016年 | 2017年 | 2018年 | 2019年 | 2020年 | 2021年 |
| --- | --- | --- | --- | --- | --- | --- |
| 产能/(吨/年) | 116000 | 120100 | 120100 | 129000 | 150600 | 188000 |
| 同比增幅/% | 4.5 | 3.53 | 0.00 | 7.41 | 16.74 | 24.83 |

我国聚四氟乙烯行业迅速发展的同时我们还应看到国内生产的PTFE大部分为通用型品种，质量不高，基本集中于中低端。目前，在PTFE板材、管材、垫片和密封带等产品领域国内企业已基本占领市场，但在高端产品方面与西方发达国家仍然有较大的差距，如e-PTFE人工血管、医用缝线和心脏补片等产品国内尚无大规模工业化产品问世，所用产品主要依赖进口，价格昂贵。近五年我国聚四氟乙烯年进口量在6000吨左右，基本为高端应用领域用牌号产品，出口量稳定在20000吨以上，具体见表2.131。

表2.131 我国聚四氟乙烯进出口情况

| 年份 | 进口量/吨 | 出口量/吨 |
| --- | --- | --- |
| 2016年 | 5562 | 23100 |
| 2017年 | 6258 | 24983 |
| 2018年 | 6340 | 22908 |
| 2019年 | 6846 | 21535 |
| 2020年 | 8518 | 34206 |
| 2021年 | 8148 | 35299 |

**2. 需求分析及预测**

我国 PTFE 的消费领域主要是石油化工、机械、电子电器、轻工、纺织等，见表 2.132。

**表 2.132　我国聚四氟乙烯消费领域及占比**

| 行业 | 石油化工 | 机械 | 电子电器 | 轻工 | 纺织 | 建筑 | 航空航天 | 其他 |
|---|---|---|---|---|---|---|---|---|
| 占比/% | 33 | 24 | 12 | 10 | 9 | 6 | 4 | 2 |

2016—2019 年，我国聚四氟乙烯产能由 11.6 万吨/年增加至 12.9 万吨/年。2016 年以来，受环保监管趋严影响，同时部分聚四氟乙烯企业副产品盐酸滞销胀库，开工率严重不足，多数开工企业开工率在五成以下。制冷剂的旺盛需求使得原材料二氟一氯甲烷（R22）货源紧张，价格处于高位，部分聚四氟乙烯厂商由于原材料供应短缺开工率较低，加剧了聚四氟乙烯供应紧张的局面。产业政策是影响我国聚四氟乙烯材料供给的另一重要政策因素，国家在支持聚四氟乙烯行业发展的同时，根据氟化工产业结构调整的要求，适度控制聚四氟乙烯规模的增长。根据此前发布的《中国氟化工行业"十三五"发展规划》，到 2020 年，聚四氟乙烯的产能增速控制在 5% 以下；在"十三五"期间，聚四氟乙烯的产能在含氟聚合物中的比例由 70% 下降至 68%，产量比例由 73% 下降至 71%。

2019—2021 年，我国聚四氟乙烯产能由 12.9 万吨/年增加至 18.8 万吨/年。基于 2016—2019 年聚四氟乙烯树脂市场紧俏的诱因，国内诸多生产商大肆增加产能，三年内产能增加迅速导致聚四氟乙烯市场价格降低，产能出现过剩的局面。

聚四氟乙烯具备良好的耐高低温性、电绝缘性、不粘性和耐腐蚀性，是当今世界上耐腐蚀性最佳的材料之一，广泛应用于电子电器、化工、机械、医疗器材等行业。随着我国经济社会的快速发展，预计聚四氟乙烯材料传统消费领域需求将保持旺盛。同时在国际上我国的创新发展进入了一个新阶段，随着我国在国际上并跑、领跑的战略性新兴产业技术领域不断增多，预计"十四五"期间，聚四氟乙烯产品在高频通信、环保节能、高端装备、医疗健康、新能源、新基建等领域的应用将不断增加，其需求将保持 8% 左右的增长速度。

## 三、工艺技术

**1. 聚四氟乙烯生产技术**

工业上，聚四氟乙烯的聚合方法主要是悬浮聚合和分散聚合，两者都是以水相为聚合介质，采用水溶性过硫酸盐、过氧化物或氧化-还原体系作引发剂。

（1）悬浮聚合　四氟乙烯悬浮聚合反应在釜式反应器中进行，聚合体系由单体、引发剂、水、其他添加剂等组成。引发剂多用无机过氧化物，如过硫酸铵、过硫酸盐/亚硫酸氢钠、过硫酸盐/硫酸亚铁氧化-还原引发体系。聚合投料前先要经过严格试压，再用惰性气体对聚合釜进行置换、抽真空等多次重复操作直至体系氧含量在 20ppm（1ppm=$10^{-6}$）以下。聚合釜操作程序依次为加水、加配方助剂、保压、启动搅拌、除氧，最后投入四氟乙烯单体。随着聚合反应的进行，需要不断地往釜内补充四氟乙烯单体以维持聚合压力的稳定，聚合温度则依据具体的工艺要求可采用等温或变温控制。伴随着聚合反应的进行放出大量反应热，需借助聚合釜夹套的冷媒去除。聚合结束后，将釜内残余单体通过回收系统回收至气柜中，返送四氟乙烯生产装置处理。开启放料阀，将物料放入捣碎槽中，排去聚合母液。往捣碎槽中加入适量去离子水，启动捣碎装置内的搅拌器进行捣碎和洗涤。经多次捣碎和洗涤后，PTFE 与水分离，并由螺旋加料器定量送至热风喷嘴，与高温压缩空气充分混合后进入锥形干燥器。干燥后的 PTFE 物料经旋风分离，可得到中粒度 PTFE 树脂成品。成品的水含量控制在 0.04% 以内，物料疏松，不结团。若要制备细粒度 PTFE 悬浮树脂，则经过捣碎的中粒度料需进一步经过粉碎系统处理。待粉碎的 PTFE 物料由输送系统进入粉碎机，在高速气流作用下 PTFE 树脂被粉碎成平均粒径为 $20\sim60\mu m$ 的细粉，再经旋风分离器得到细粒度 PTFE 树脂成品。微量的超细粒度 PTFE 树脂，随空气进入袋式除尘器中进行收集。

(2) 分散聚合　四氟乙烯分散聚合体系通常由单体、水、分散剂、稳定剂及其他添加剂组成。四氟乙烯分散聚合体系中常用的分散剂为全氟辛酸盐，如全氟庚酸铵、全氟辛酸铵等，其中以含 8 个碳原子的全氟辛酸铵最为常用。引发剂可以是过硫酸盐、有机过氧化物和氧化-还原体系。石蜡作为稳定剂，其作用是防止聚合过程中乳液发生凝聚。四氟乙烯分散聚合工艺流程中，聚合前先往聚合釜中加入去离子水及聚合助剂，经多次重复抽空、充惰性气体置换直至釜内氧含量低于 20ppm。升温，通入四氟乙烯单体直至聚合设定压力，恒温并持续往聚合釜中通入四氟乙烯单体以维持釜内恒定。当釜中通入定量的四氟乙烯单体后，停止进料，回收未反应的单体。聚合得到的 PTFE 分散液为白色乳状液，它的稳定性差，受到摩擦、振动等作用易破乳形成凝聚物。将 PTFE 分散液加入收料槽中，并将聚合过程加入的石蜡稳定剂分离，回收的石蜡经处理后可重复使用。往除去石蜡的 PTFE 分散液中加入定量去离子水，将其固含量稀释至 10% 左右，并控制温度 $20\sim25℃$，分批进行凝聚。将凝聚 PTFE 粒子与母液分离，加入去离子水洗涤，再将树脂放入烘盘并送入热风循环烘箱中干燥至树脂中水分含量低于 0.04%，最后称重包装得到成品。

(3) PTFE 浓缩液的生产主要有电泳法和加热浓缩法。电泳法中，先往除去石蜡的分散液中加入定量聚氧乙烯醚类稳定剂，并调节 pH 值至中性，再放入电泳槽中，利用 PTFE 初级粒子带电的特性，在电场的作用下发生定向移动，受电泳槽内构件的阻隔，PTFE 初级粒子慢慢沉降浓缩，底层为浓缩液，上层为清液。当底部浓度达到要求后放料至成品槽中，继续加入部分稳定剂搅拌均匀后包装。加热浓缩法是利用非离子表面活性剂聚氧乙烯醚类乳化剂水溶性好，加热到浊点以上温度时具有分层作用的特点，将 PTFE 初级粒子带到下层而达到浓缩的目的。将 PTFE 分散液和非离子表面活性剂以及碳酸铵按一定比例加入不锈钢浓缩釜中，加热至 $60\sim65℃$ 直至分层。下层为浓度 60% 以上的 PTFE 分散液，从浓缩釜底部放出，进行再处理；上层为非离子表面活性剂的水溶液；中层为两者的混合液，把这种混合液集中后在 $80\sim90℃$ 再进行分层回收。为了配制 PTFE 分散液含量在 60% 左右、表面活性剂含量在 6% 左右的成品，在经过浓缩的 PTFE 分散液中尚需加入适量的非离子型表面活性剂，其做法为先将待补加的非离子型表面活性剂溶于水中，然后慢慢滴入浓缩的 PTFE 分散液中，同时进行不断搅拌，最后加入氨水调节 pH 值。

除共聚类聚四氟乙烯外，改性聚四氟乙烯在市场化的商品中占据半壁江山。聚四氟乙烯具有良好的物理化学性能，但也存在一些缺陷，如力学性能、耐蠕变性、耐磨性差，线膨胀系数大、易冷流、成型和二次加工困难等，使其应用受到一定限制。对聚四氟乙烯进行适当的改性，可以提高它的综合性能，并扩大在各个领域的应用。目前，聚四氟乙烯的改性主要采用复合的方法，以弥补它自身的缺陷，改性的方法主要有表面改性、填充改性、共混改性等。

（1）表面改性　聚四氟乙烯具有化学惰性和低表面能，难以与其他材料粘接，因此必须对聚四氟乙烯进行一定的表面改性，以提高其表面活性。聚四氟乙烯常用的表面改性技术有钠-萘溶液置换法、等离子处理技术、等分子激光处理、力化学粘接、激光辐射法、高温熔融法等，其中钠-萘溶液置换法是目前已知的各种改性方法中效果较好、应用较广泛的改性方法。

（2）填充改性　通过在聚四氟乙烯中添加无机类、金属类及高聚物类等不同填料来改善PTFE的耐压性、耐磨性、抗冷流性、尺寸稳定性等。目前用于PTFE复合材料的填料品种很多，大致可以分为无机材料、金属材料、有机材料等。

（3）共混改性　利用聚四氟乙烯的优异性能与其他工程塑料进行共混改性，可以综合共混各组分的长处，实现优势互补，拓宽材料的应用领域，主要有POM改性PTFE、PPS改性PTFE、PA改性PTFE等。共混的基本原理是相似相容、溶解度参数相近、表面张力相近原则，适用于聚四氟乙烯的共混料需要满足在380~400℃烧结温度下稳定、填料粒子与聚四氟乙烯粉末粒度相当、不潮解和不与聚四氟乙烯反应、与PTFE的界面相容性好等条件。

除了以上常规方法外，四氟乙烯单体还可以在非水相介质中进行聚合。四氟乙烯单体可以在高级氟化烃类溶剂中进行溶液聚合，但沉淀得到的PTFE树脂很难进行加工。以超临界二氧化碳为介质进行四氟乙烯单体均聚或共聚是一种研究开发的全新聚合方法。由于以二氧化碳为反应介质具有资源丰富、环境友好的特点，得到的PTFE树脂又具有高的纯度，可以满足高性能PTFE制品（如电绝缘性能要求高的制品等）生产的需要。除了采用引发剂引发四氟乙烯单体外，采用光、射线和等离子等辐照也可引发四氟乙烯的聚合反应，尽管有相关研究，但无工业生产应用的报道。

**2. 聚四氟乙烯加工技术**

聚四氟乙烯属于热塑性塑料，但它却难以用普通热塑性塑料的成型方法来加工，聚四氟乙烯的"难加工性"来自于其特殊的成型性，如它的熔融黏度大、剪切敏感以及收缩蠕变性大。基于聚四氟乙烯以上的特殊成型加工性，经过几十年的发展，技术人员摸索和发明了各种特殊加工方法，主要有烧结成型、挤压成型、模压成型、压延成型、液压成型、柱塞挤出成型、螺杆挤出成型、注射成型、浸渍成型、复合喷涂成型、二次加工成型、冷拉伸-热收缩成型、超临界二氧化碳辅助挤出成型等，用不同方法将聚四氟乙烯加工成板材、管材、棒材、薄膜、纤维等不同型材的制品。

## 四、应用进展

（1）化工领域　化工是PTFE最大的消费领域之一，主要是利用其耐腐蚀、耐高低温的特性，用于高温、强腐蚀的设备、阀门和管件等。化工设备方面，可用于制作反应器、蒸馏塔及防腐设备的衬里和涂层。

聚四氟乙烯在化工领域具体应用包括输送腐蚀性气体的输送管，排气管、蒸汽管，轧钢机高压油管，液压系统和冷压系统的高中低压管道，塔、釜、槽、热交换器、阀门的衬里等。

(2) 机械领域

① 密封件　密封件的性能对整个设备的效率与性能均有很大的影响，PTFE耐腐蚀、耐老化、低摩擦系数及不粘性、耐温范围广的特性使其非常适用于制造特种环境用密封件。聚四氟乙烯主要密封产品类型包括密封圈、垫片、活塞环、密封条、生料带等。应用环境如机器、热交换器、高压容器、大直径容器、阀门、泵的槽型法兰的密封件，玻璃反应锅、平面法兰、大直径法兰的密封件，轴、活塞杆、阀门杆、蜗轮泵、拉杆的密封件等。

② 轴承　加油润滑的方式对于有特殊要求的设备不适用，如润滑油脂会被溶剂溶解而失效的场合或造纸、制药、食品、纺织等工业领域需避免润滑油的污染，无油润滑成为此类润滑领域的首选。PTFE是目前已知的固体材料中摩擦系数最低的，实际使用中PTFE加工成活塞环、导轨、导向环等，用于机械设备的轴承。

(3) 电子电器领域　PTFE体积电阻率可达$10^{17}\Omega\cdot cm$，表面电阻率$>10^{16}\Omega\cdot cm$，在100%相对湿度下可保持不变；介电常数(1MHz)低至2.1，且在$10^{10}$ Hz内与频率和温度无关，介质损耗角正切在$10^{-4}$水平上；耐热性好，可在260℃下长期使用；绝缘性好，可达H级以上；耐老化、耐候性优良，高度的化学稳定性；不燃和低发烟性。优良的特性使其成为电线和电缆的理想材料，用作电线电缆包覆层。

(4) 医疗领域　随着科学技术的不断发展和医学技术的显著进步，生物医用材料在外科临床上的应用越来越广泛。当人体的组织或者器官出现先天性缺损或病变，已经不能使用现代医疗手段进行治疗时，可以通过植入一种修补或者代替缺损病变组织和器官的材料，以代替原有组织和器官的功能，这就是植入体材料。聚合物植入体材料因具有易加工成型、综合性能优越等优点，在用作植入体的生物医用材料中所占的比例越来越大，在目前医学领域内常用的植入体材料中所占比例能达到70%及以上。PTFE的分子结构稳定，具有良好的生物相容性，且未见有致癌和致病突变报道，是一类可在体内长期植入的材料。PTFE临床应用已有多年，目前在介入导管、人造血管、心脏封堵器、心脏瓣膜等方面有较多的应用，另外在整形外科中也常作为隆鼻假体材料。

(5) 新能源领域　近年来，全球新能源汽车市场进入了快速发展期，锂离子电池作为新能源汽车主要的动力电池也得到了快速发展。电极作为电池的重要组成部分，深刻影响着储能装置的性能。锂电池电极技术分为干法电极和湿法电极，干法电极技术为一种全新的技术，目前仅特斯拉一家发布拥有此项技术并严格保密。该技术使用PTFE分散树脂，将少量PTFE黏合剂与正极粉末混合，然后将混合的正极+黏合剂粉末通过挤压机形成薄的电极材料带。湿法电极技术可使用PTFE浓缩液作为黏结剂，从而获得电池电极。

(6) 半导体领域　半导体制程中大量使用强腐蚀性酸、碱等介质作清洗剂，同时对设备的清洁度及离子溶出有着苛刻的要求。因此要求所用材料具备更好的耐化学品性——长时间稳定运行、便利的加工性——易于制作、低析出物——保证化学品纯净度、耐渗透性——保护流体和精密器件。湿法刻蚀加工过程中，要对硅片进行清洗和蚀刻，对蚀刻过程产生的光刻胶和残留物进行清洗。PTFE优异的力学性能、耐渗透性、耐腐蚀性等，是半导体清洗设备衬里和特殊制件的理想材料。使用时 PTFE 可制成半导体制程中的管道、储罐和容器、流体处理部件、容器和水槽、晶圆载篮等。

（7）高频通信领域　5G 高频通信场景下，通信材料不再只是电路的互联、导通、绝缘和支撑，同时还需要扮演传输的角色，而 5G 高速的基础是高频，为保证高频信号的稳定传输，需要介电常数及介质损耗更低的树脂材料。PTFE 分子结构高度对称而呈现极低的介电常数和介电损耗，介电常数（1MHz）低至 2.1，且在 $10^{10}$Hz 内与频率和温度无关，介质损耗角正切在 $10^{-4}$ 水平上，具备其他材料所无法比拟的介电特性。使用中 PTFE 分散树脂可加工成低损耗线缆，PTFE 浓缩液可用于加工高频覆铜板、柔性覆铜板等，在 5G 高频、高速工况下可满足通信设备的要求。

（8）其他领域

① 涂料领域　PTFE 是固体材料中表面张力最低的材料，不黏附任何物质，同时还具有耐高低温、无毒的优良特性，故作为涂层可用于餐具的防粘内衬、不粘锅和微波炉的内胆，同时可用于食品工业的微波干燥输送带。此外，纺织工业中纱上浆需大量使用化学浆料，当使用丁苯乳胶、酸甲基纤维素、聚乙酸乙烯等黏性强的物质作浆料时，会发生严重的粘辊现象。需清除粘包才能进行继续生产，这不仅增加了劳动量，生产效率低，且影响产品质量。采用聚四氟乙烯处理辊筒后，防粘作用效果显著，工作效率大幅提升。

② 环保过滤材料领域　PTFE 纤维的品种有单丝、复丝、短纤维及长纤维等，生产方法主要有膜裂法、糊料挤出法和载体纺丝法，其中工业生产以膜裂法最为常用。由于 PTFE 特有的全直链、全氟分子结构，使其具有其他纤维不可比拟的特性：更高的拉伸、压缩强度，优良的耐腐蚀、耐热及耐老化等耐受性能，可编织成过滤气体、水的材料。除此之外，使用 PTFE 分散树脂经拉伸而得到的 PTFE 微孔膜，其形成的大量微孔尺寸稳定性较高，具有透气而不透水的特性，在过滤领域亦广泛应用。

## 五、发展建议

**1. 存在问题**

（1）萤石资源日趋紧张，PTFE 环保限产，高价原料拉升中下游企业成本。近十年来，尽管我国的萤石储量占全球总量的 16% 左右，但产量和出口量却长期占据全球总量的 50% 以上，储采比远低于全球水平。按现有披露我国萤石储量仅够开采 10 年，为全球回采比最低的国家。萤石是现代氟化工中氟元素的主要来源，因此广泛用作现代工业的重要矿物原料，且具有相当的不可替代性。政府自 2003 年已明令禁止不再开放新的开采许可证，2016 年又将萤石列入我国的"战略性矿产名录"。此外萤石开采又属于高污染行业，逐渐加码的环保政策使得萤石产量供不应求。

2016 年以来，受环保监管趋严影响，部分聚四氟乙烯企业由于副产品盐酸滞销胀库，开工率严重不足，其中中昊晨光、江苏梅兰、江西理文、福建三农皆有不同程度停工，多数开工企业开工率在五成以下。PTFE 价格自 2016 年底开始迅速攀升，2018 年下半年以来虽有所回落，但价格、价差仍处于历史高位。萤石资源的限采会推高 PTFE 材料价格，产业中下游企业成本面临较大压力，企业的盈利能力也势必受到影响。

（2）PTFE 行业存在结构性产能过剩问题。国内 PTFE 产能占据全球产能的 60.84%，但以注塑级的中低端产品为主，高端的改性 PTFE 树脂市场国产化率很低，需依赖进口。我国 PTFE 出口量逐年增长，进口量保持着 6000 吨左右的稳定规模，改性 PTFE 目前主要由日本大金、美国杜邦等外企供应。2016 年以来受环保严查影响，PTFE 开工率受限，叠加原料价格上涨，PTFE 价格大幅上涨，但整体产能过剩的格局短期内不会改变，价格增长具有不可持续性。因此较低水平重复建设和高端产品缺口较大造成了我国聚四氟乙烯行业出现了结构性产能过剩问题。

国内高端产品缺乏，出现了单体产能过剩，基础产品、通用牌号产能过剩，而下游创新不足、高端产品缺乏、高端客户不能满足要求、下游高端产品依赖进口的状况，尤其是缺乏高性能、专用化、系列化、精细化的产品。同时聚四氟乙烯的进出口价格相差很多，据海关统计，2016 年初级聚四氟乙烯进口均价 1.6 万元/吨，出口均价 7000 元/吨，价格差距一倍有余；2021 年初级聚四氟乙烯进口均价 1.2 万元/吨，出口均价 8000 元/吨；随着国内技术进步部分牌号产品替代进口，进出口单价有所缩窄，但价差依旧较大。

（3）行业技术水平低，科研投入不足。我国 PTFE 行业在相关基础研究和应用研究方面较为薄弱，这在一定程度上影响了行业的纵深发展。国际大型氟化工企业的科研投入占销售收入比例是我国的数倍之多。杜邦公司 2017 年研发费用已达 26 亿美元，占年度收入的 10%。高端生产技术和产品主要集中于发达国家，美国杜邦、日本大金等氟化工巨头基本占据了氟化工高端市场，在氟树脂品种和质量方面遥遥领先。在生产技术上，元素氟化技术、定向催化氟化技术等国外已较为完善。

美国科慕公司已成功地将超临界技术应用在氟聚合物合成上，生产出更高纯度和品质的氟聚合物产品。国外氟化工公司已解决了电子级氟化学品需依赖的高洁净生产条件和先进的分离提纯技术及装备。在产品方面，国际上氟化工强企的氟材料品种和质量保持领先态势。美国科慕公司和日本旭销子几乎垄断了用于氯碱和燃料电池的全氟离子膜（或质子膜）生产技术和世界市场。新型活性涂料、液晶显示材料、光纤涂覆材料、医用含氟材料等基本上由发达国家的跨国企业垄断。

聚合工艺的自动化程度较低、后处理技术较为落后，大型装备的设计、制造、与工艺的匹配以及生产设备的自动化程度落后于发达国家，低端产品泛滥、高端产品依赖进口，行业准入门槛较低，研发创新能力不足制约了氟化工产业链的进一步发展，导致国内 PTFE 材料出现品种少、性能低、质量稳定性差、低端产品竞争激烈卖不出去、高端产品依赖进口的尴尬局面。

（4）对环保技术开发和副产的综合利用不够，环保压力大。萤石开采属于高污染行业，自 2018 年 6 月份以来，江西、福建、浙江、河南等萤石供应大省均在环保影响下出现不同程度停车停产。氢氟酸是氟化工产业必备的上游原料，氟化氢生产过程的副产品氟硅酸多数还没有得到合理应用，只能作为废液处理，处理成本高。氟化铝尾气吸收液含氟较高（约为 1%～3%），一些企业直接排至污水处理站，没有进行综合利用，造成资源浪费和污水处理成本增加。

三氟甲烷（R23）和全氟异丁烯（PFIB）等仍以焚烧处理为主，大量的副产盐酸还处在低值化利用阶段，PFOA 替代技术尚未成熟，含卤难生化废水的处置仍制约着含氟精细化学品的发展。PTFE 需用四氟乙烯单体聚合反应而成，企业多需要以二氟一氯甲烷（R22）为原料先合成含氟单体，再进一步制成 PTFE，然而其原料二氟一氯甲烷（R22）因为高 GWP 值（全球变暖潜能值）在国际公约下冻结产能并实施配额生产，原料供给受到强制约束。在新一代低 GWP 值的替代品开发中，HFO-1234yf、HFO-1234ze 等极具商业化潜力的品种，其生产专利及相关的应用专利几乎为国外所垄断。

目前国内四氟乙烯和聚四氟乙烯的生产工艺还面临多方面的环保挑战，对环保技术开发和副产的综合利用不够，而随着国家推行安全生产、清洁生产、绿色生产的要求，对 PTFE 行业的环保压力和紧迫性加大，会影响和制约产业的持续发展。

**2. 发展趋势**

（1）向高端化、高附加值、新用途品种方向发展。随着工业转型步伐加快，下游汽车、电子、轻工、新能源、环保、航空航天等相关产业对高附加值、高性能的 PTFE 市场需求迫切，对产品结构优化和技术创新提出更高的要求，而且目前我国的 PTFE 产品性能与国际先进水平存在相当大的差距，进口依赖较为严重。增强我国 PTFE 产品的市场竞争力，大幅提高我国尖端氟化工产品的国内自给率，重点突破尖端产品，是 PTFE 行业得以可持续发展的重要方向；使得 PTFE 产品向高端化、高质化、精细化、高附加值、新用途品种方向发展，让有效投资集中在产业链延伸端，重点突破尖端氟化工产品，也将成为国家政策扶持的重点。国内目前正在加快聚合、后处理工艺研究，提高氟聚合物质量，产品方面向中高端、改性定制化方向发展，积极开发纳米聚四氟乙烯、膨体聚四氟乙烯、超高分子量聚四氟乙烯等产品。

（2）向更加节能环保的生产方式倾斜。根据国家碳中和、碳达峰的要求，氟化工行业 GDP 能耗、单位 GDP 碳排放量必须要达到标准。自 2017 年以来的环保严查使得缺乏氢氟酸配套和副产品盐酸处理能力的企业成本大幅提升，且生产严重受限。为保护臭氧层、减少温室气体释放，根据《蒙特利尔议定书》，中国已经启动了削减淘汰 HCFCs 工作，为更加绿色环保的替代产品打开了市场空间。目前第二代二氟一氯甲烷（R22）处于逐步限制应用阶段，并向第三代四氟乙烷 R134a、R410，以及第四代 HFO-1234yf 发展，应用推广正在逐步提速。在高压环保政策背景下，行业发展必将朝着节约能源、减少排放、副产物综合利用、推广低碳技术等方面发展，以减少排污成本、提高副产物回收利用能力、降低成本，进而推动节能环保。

（3）向高集中度、延伸产业链方向发展。供给侧结构性改革的推进和安全环保政策趋严，为行业并购重组、优势企业拉开竞争差距、行业集中度提升提供了契机，也倒逼行业加速产业升级。小企业和龙头企业在此轮环保风暴中受到的影响完全不同，小企业不但因为缺乏氢氟酸配套和下游盐酸处理能力而导致成本大幅高于大企业，而且开工率方面受到的负面影响也显著高于大企业，因此行业真实集中度可能会更高。随着政府为规范行业发展，设置氟化工技术、装备、安全、环保及能源利用效率等指标，提高行业准入门槛，建立健全企业相关机制，将有效推动企业间的并购和重组，大大提高行业集中度。

而且生产企业与加工企业的纵向合并有利于市场拓展和产品质量的提高，对 PTFE 材料的应用和持续发展大有裨益。能够促使上下游平衡协调发展，提高企业上下游一体化程度，形成规模优势而提高行业议价能力，大大降低生产成本，延伸产业链，提升企业经济效益。

# 第二十四节　聚偏氟乙烯

山东华夏神舟新材料有限公司　王汉利　杜延华　张洪滨

## 一、概述

聚偏氟乙烯，简称 PVDF，是偏二氟乙烯（VDF）均聚物或 VDF 与其它单体的共聚物，属于半结晶性聚合物。其因主链结构中 $CH_2$-和 $CF_2$-基元的交替排列而兼具氟树脂和通用树脂的特性，表现出极高的耐化学腐蚀性、耐热性、耐候性及耐辐照性等，且机械强度高、表面能低、加工性能优异，在一定条件下，还具有优异的压电性、热电性和铁电性等特殊电性能。PVDF 分子结构见图 2.83。

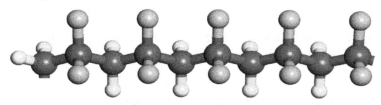

图 2.83　PVDF 分子结构

目前，PVDF 已成为仅次于聚四氟乙烯（PTFE，特氟隆）的第二大氟树脂，被广泛应用于航空航天、新能源汽车、光伏、半导体、电子电器、化工防腐、水处理和建筑涂料等领域。PVDF 熔点（160～175℃）和热分解温度（380℃以上）相差 200℃左右，加工窗口宽，可采用常规的热塑性树脂加工方法，如模压、挤出、注塑、吹塑、流延、共挤等进行成型加工。相比 PTFE 等全氟聚合物树脂而言，PVDF 还具有可溶解性，可采用 NMP、DMAC、DMF 等极性有机溶剂溶解，应用于锂电池黏结剂、水处理膜等。

聚偏氟乙烯最早于 1944 年由美国 DuPont 公司研制成功，1960 年美国 Pennwalt 公司（现归属于法国 Arkema 公司）首先实现商品化，1965 年 Pennwalt 公司在美国肯塔基州兴建了第一座 PVDF 规模化工厂，1970 年日本吴羽公司实现 PVDF 工业化生产，随后一些公司的工厂相继建成以满足 PVDF 均聚物和共聚物在各个行业的需求，国外生产技术在 20 世纪 70 年代已基本成熟。国内 PVDF 起步晚，发展速度较为缓慢，20 世纪 80 年代完成小试技术探索，90 年代中期开始中试生产，最先应用于建筑涂料，进入 21 世纪以来，发展速度加快，呈现产品品种多样化，生产装置规模化。

聚偏氟乙烯的应用发展经历了以下几个主要阶段。在 20 世纪 60 年代，军用绝缘热收缩管和热扫描电线是 PVDF 最初的核心市场。70 年代，随着 PVDF 在建筑涂装、化工厂塑钢等方面的大量使用，市场迅速增长。80 年代，美国提倡在高层建筑、天花板隔层（增压通风系统）中使用 PVDF 作为无烟阻燃线缆绝缘护套，为 PVDF 共聚物发展提供了更大的市场,导致 PVDF 短缺,并带来了新的 PVDF 工厂和已有工厂的扩产潮。与此同时,高纯度半导体厂商开始将 PVDF 作为半导体工业高纯液体管路材料的首选。90 年代,经济萧条时期 PVDF 依然保持持续发展,并且继续被作为高需求材料,例如高纯度加工部件(管道、罐衬里、泵、过滤组件、伸缩管等)、建筑涂装和一些新兴的较小市场(如作为聚合物加工助剂,以提高加工性能和生产能力)、耐候性保护薄膜和需要耐渗透的燃料容器用特殊软管。90 年代末,PVDF 作为锂电池黏结材料广泛应用于新型液态锂离子电池。值得一提的是,自 1969 年 Kawai 首次报道了 PVDF 具有工业应用价值的强压电活性及 1971 年 Bergman 报道了其显著的热释电效应之后,PVDF 成为目前在压电高分子材料中研究较为系统、应用最广泛的高聚物,使其研究发生了历史性转折。

## 二、市场供需

### (一) 全球 PVDF 需求分析及预测

**1. 全球 PVDF 需求现状**

根据百川盈孚数据,2020 年全球 PVDF 市场消费量为 7 万吨,其中涂料级 2.58 万吨、锂电用 1.39 万吨、注塑级 1.48 万吨、光伏级 0.57 万吨、水处理膜及其它领域用 0.97 万吨。各应用领域消费量占比如图 2.84 所示,其中,锂电用 PVDF 包含锂电池正极黏结剂及隔膜涂覆层,2020 年出货量占比 19.9%。

就消费区域而言,目前中国是全球最大的 PVDF 消费市场,占全球市场份额的 68% 左右,其次是欧洲和北美市场,二者共占有接近 22% 的份额,其它区域占比 10% 左右。

**2. 全球 PVDF 需求预测**

根据预测,2025 年全球 PVDF 市场需求将达到 13.44 万吨,年均复合增长率为 18.19%,并且未来随着下游新能源汽车需求的高速增长,锂电用途将成为第一需求主力,如图 2.85 所示。从目前国内外企业将产能集中转产锂电、光伏应用的情形看,目前新能源用 PVDF 实际需求量可能存在低估。

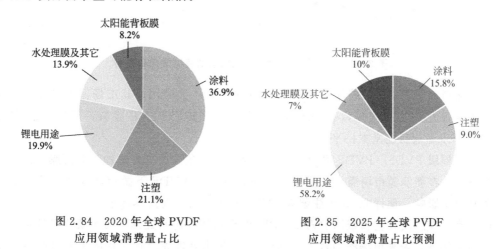

图 2.84　2020 年全球 PVDF 应用领域消费量占比　　　图 2.85　2025 年全球 PVDF 应用领域消费量占比预测

（1）锂电用 PVDF　2025 年，全球锂电需求将超过 2TW·h，按照 1GW·h 磷酸铁锂（LFP）电池大约需要 58 吨 PVDF，1GW·h 三元锂电池大约需要 20 吨 PVDF；按照三元：LFP＝1∶1 估算，2025 年锂电 PVDF 需求量约为 7.82 万吨，年均复合增长率将达到 38.2％，如图 2.86 所示。

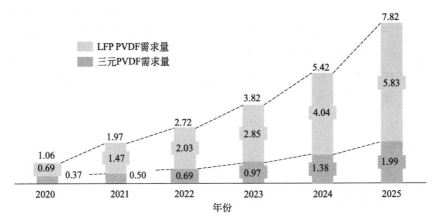

图 2.86　2025 年全球锂电 PVDF 市场需求预测（单位：万吨）

（2）光伏级 PVDF　2025 年，全球光伏新增装机量将达到 330 GW，如图 2.87 所示。按照 1GW 光伏装机量大约需要 40 吨 PVDF，2025 年需求量约为 1.34 万吨，年均复合增长率将达到 25％。

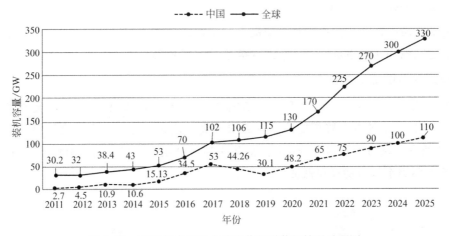

图 2.87　2025 年中国及全球光伏新增装机情况及预测

（3）涂料级 PVDF　氟碳涂料一直是 PVDF 的第一大应用，其市场需求增速与房地产基建相关度较大。自 2021 年以来需求放缓，部分市场转用 FEVE 涂料，预计 2025 年涂料对 PVDF 需求量与目前基本持平。

（4）注塑级 PVDF　PVDF 可通过注塑、挤出等热塑性加工方法加工为薄膜、片材、管材、棒材等。在新能源市场需求旺盛大背景下，注塑级 PVDF 下游市场受树脂价格上涨和供应紧缺双重影响，预计 2025 年注塑级 PVDF 需求量与目前基本持平。

（5）水处理膜及其它领域用 PVDF　PVDF 还可用在污水处理、海水淡化等领域以及压电膜等新兴领域，未来市场潜力较大。预计 2025 年水处理膜及其它领域用 PVDF 的需求量将达到 0.94 万吨左右，年均复合增长率将达到 5% 左右。

### （二）国内 PVDF 需求分析及预测

#### 1. 国内 PVDF 需求现状

根据数据显示，2020 年我国 PVDF 市场消费量为 4.8 万吨，其中涂料级 PVDF1.77 万吨，锂电用 PVDF 0.96 万吨（以正极黏结剂为主），注塑级 PVDF1.01 万吨，光伏背板膜级 PVDF 0.39 万吨，水处理膜及其它领域用 PVDF 0.67 万吨。各领域消费量占比如图 2.88 所示。

2021 年以来，受新能源汽车、光伏、5G 等行业高速发展影响，尤其是国家"双碳"政策的出台，各地发展清洁能源，控制"双高"产品及企业的发展，新能源汽车的超预期增长，促使 PVDF 需求飙升，产品供不应求。除了高端产品的供给不足外，受上游原料 R142b 的影响，在配额限制下，R142b 供应更为紧缺，价格同步拉涨，导致 PVDF 全系列产品价格大幅上涨，且供应量不足。

#### 2. 国内 PVDF 需求预测

根据百川盈孚预测数据显示，2025 年我国 PVDF 总需求量将增长至 11.37 万吨，其中锂电用途 PVDF 需求量将达到 4.99 万吨，占届时总需求的 44%，成为 PVDF 第一大应用。锂电、光伏等新能源领域 PVDF 需求量合计将占 PVDF 总需求的 52% 左右。涂料级 PVDF 由第一大应用转为第二大应用，市场份额下降明显。2025 年各应用领域需求占比预测如图 2.89 所示。

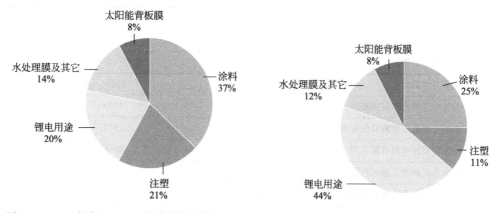

图 2.88　2020 年中国 PVDF 应用领域消费量占比　　图 2.89　2025 年中国 PVDF 应用领域消费量占比预测

### （三）国内外 PVDF 产能现状及预测

#### 1. 国内外产能现状

2020 年全球 PVDF 主要产能约 11.11 万吨，具体产能情况见表 2.133。其中，国外以法国阿科玛（Arkema）、比利时索尔维（Solvay）、日本吴羽（Kureha）三家公司为主，合计产能 6.81 万吨（含中国生产基地产能 2.7 万吨）。2020 年全球 PVDF 市场消费量 7 万吨，供应能力能够满足市场消费需求。

表 2.133　2020 年全球 PVDF 主要产能情况

| 企业名称 | PVDF 装置产能/(吨/年) |
|---|---|
| 法国阿科玛（Arkema） | 33700 |
| 比利时索尔维（Solvay） | 24400 |
| 日本吴羽（Kureha） | 10000 |
| 山东华夏神舟新材料有限公司 | 11800 |
| 上海三爱富新材料科技有限公司 | 10500 |
| 山东德宜新材料有限公司 | 6000 |
| 浙江孚诺林化工新材料有限公司 | 3000 |
| 浙江巨化股份有限公司电化厂 | 2500 |
| 东阳光、中化蓝天等其它企业 | 9200 |
| 合计 | 111100 |

注：国外公司产能数据包含中国生产基地产能。

2020 年中国 PVDF 生产企业主要有 11 家，总产能约 7 万吨，具体产能情况见表 2.134。其中，东岳集团神舟公司、上海三爱富公司等国内企业产能合计 4.3 万吨，国外企业在中国的产能合计约 2.7 万吨。2020 年国内 PVDF 市场需求 4.8 万吨，国内企业（不含国外中国生产基地）产能总缺口约 0.5 万吨左右，部分市场需要依赖进口或国外企业常熟基地的产能。尤其在锂电等高端产品领域，国内供应能力不足，而在传统的应用领域产能过剩。

表 2.134　2020 年中国 PVDF 主要产能情况

| 企业名称 | PVDF 装置产能/(吨/年) |
|---|---|
| 阿科玛（常熟） | 15000 |
| 索尔维（常熟） | 7000 |
| 吴羽（常熟） | 5000 |
| 山东华夏神舟新材料有限公司 | 11800 |
| 上海三爱富新材料科技有限公司 | 10500 |
| 山东德宜新材料有限公司 | 6000 |
| 浙江孚诺林化工新材料有限公司 | 3000 |
| 浙江巨化股份有限公司电化厂 | 2500 |
| 东阳光、中化蓝天等其它企业 | 9200 |
| 合计 | 70000 |

**2. 国内外产能预测**

目前，国内外 PVDF 各大生产厂商均瞄准 PVDF 广阔的市场前景，尤其锂电、光伏等新能源领域，纷纷宣布扩产或新建产能，其中新入企业达 10 家以上。据不完全统计，国内当前处于建设和项目布局中的 PVDF 产能已约达 23 万吨/年（包括国外企业在中国的扩产计划），部分产能释放预计在 2022 年底，预计 2025 年全球 PVDF 总产能将超过 35 万吨/年。对比 2025 年全球 PVDF 市场需求预测量 13.44 万吨，全球 PVDF 产能将会出现严重过剩。

## 三、工艺技术

聚偏氟乙烯树脂生产方法主要有乳液聚合法、悬浮聚合法、溶液聚合法、超临界聚合法等,其中工业化生产最常用的方法为乳液聚合法和悬浮聚合法。

目前国外乳液聚合法代表性企业为法国阿科玛(Arkema),悬浮聚合法代表性企业为比利时索尔维(Solvay)、日本吴羽(Kureha)。国内仍一直以乳液聚合法为主,代表性企业有上海三爱富、山东东岳等,达到万吨级规模。近十余年来,我国悬浮聚合法也逐步实现工业化量产,代表性企业有浙江孚诺林、中化蓝天,但规模相对较小,具体情况见表2.135。

表2.135 国内外 PVDF 主要生产厂家

| 区域 | 企业名称 | 产品系列 | 聚合方法 |
| --- | --- | --- | --- |
| 国外 | 阿科玛(Akema) | kynar | 乳液聚合 |
| | 索尔维(Solvay) | Solef | 悬浮聚合 |
| | 吴羽(Kureha) | KF | 悬浮聚合 |
| 国内 | 上海三爱富 | FR | 乳液聚合 |
| | 山东华夏神舟 | DS | 乳液聚合 |
| | 浙江孚诺林 | Zheflon | 悬浮聚合 |

### (一)乳液聚合法

PVDF 乳液聚合体系主要由单体、引发剂、乳化剂、链转移剂、防黏附剂和水组成。其优点是在较高温度下进行聚合,聚合速率快,得到的乳液可直接应用于胶乳场合。缺点是需要固体聚合物时,乳液需经凝聚、洗涤、脱水、干燥等工序,部分应用需要进一步经过二次粒径处理或熔融造粒后使用。产品中留有乳化剂等,难以完全除尽,有损制品色泽和电性能等。

PVDF 引发剂可用无机过氧化物或有机过氧化物。无机过氧化物引发剂主要有过硫酸铵、过硫酸钾等,采用此类引发剂,聚合产率高,但得到的 PVDF 耐温性不佳,在加工时易变色,得到的 PVDF 树脂常应用于涂料。有机过氧化物引发剂主要有过氧化二碳酸二正丙酯(NPP)、过氧化二碳酸二异丙酯(IPP)、过氧化二叔丁基酯(DTBP)等,相比无机引发剂,使用有机引发剂制备的产品具有更为优良的热稳定性。

PVDF 链转移剂主要有醇类(如甲醇、异丁醇)、酮类(如丙酮、甲乙酮)、酯类(如乙酸乙酯)和烷烃等。研究发现,使用 HFA-161、CFC 13、HFA-152a 等链转移剂,可以提高 PVDF 热稳定性。链转移剂用量、加入方式和加入时机影响 PVDF 分子量及其分布,进而影响加工性能,需要根据产品需要和聚合体系特点进行调整。

PVDF 乳液聚合体系一般使用化学稳定性优良的含氟烷基表面活性剂作为乳化剂,如全氟辛酸(PFOA)及其盐类,其乳化效果非常优异,但因已被确认为持久性生物积累和毒性物质而逐渐被淘汰。2008年我国环保总局将 PFOA 列入了第1批"高污染、高环境风险"产品名录。2013年欧盟将 PFOA 纳入 REACH 法规的高关注物质候选清单。2016年欧盟进一步将与全氟辛酸结构类似的全氟庚酸、全氟壬酸和全氟癸酸全部纳入限用清单。目前，国内外开发的PFOA替代品一般分为三类：①使用$C_4$、$C_6$结构的全氟烃结构羧酸或磺酸盐；②使用部分氟代或非含氟烃磺酸或羧酸盐；③使用含有氧杂原子醚键结构的氟代烃羧酸或磺酸盐。其中，Solvay公司采用具有醚键结构的双官能团结构，并完成了毒理研究，美国EPA意见审查认同了该产品。目前国内主要PVDF生产企业均已实现PFOA替代，但在聚合速率稳定性和产品批次稳定性方面仍需改善。

PVDF乳液聚合可用或不用pH缓冲剂，可加入防粘釜剂，但如洗涤不彻底有少量残留会严重影响产品色泽和热稳定性。乳液粒径一般在$0.1 \sim 0.5 \mu m$之间。

### （二）悬浮聚合法

PVDF悬浮聚合体系主要由单体、引发剂、分散剂、链转移剂和水组成。通常在低温下进行，因此需要高活性引发剂，如2-乙基己基过氧化二碳酸酯（EHP）等。分散剂一般为水溶性物质，如纤维素醚类。分散剂用量对树脂颗粒大小有较大的影响，用量过大，树脂颗粒则太细，所以一般用量为单体质量的$0.05\% \sim 0.4\%$。链转移剂种类通常与乳液聚合法相似。工艺流程如图2.90所示。

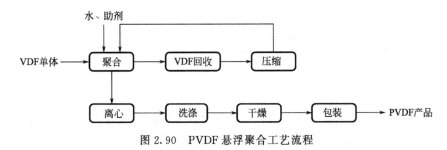

图2.90　PVDF悬浮聚合工艺流程

目前最具代表性的悬浮PVDF产品生产企业为索尔维和吴羽，表2.136、表2.137分别为两家公司的典型悬浮聚合工艺专利。

表2.136　索尔维公司悬浮聚合工艺专利对比

| 专利号 | 悬浮剂 | 温度/℃ | 压力/MPa | 备注 |
| --- | --- | --- | --- | --- |
| DE6900771712<br>EP0417686A1 | MHPC<br>EHEC | 52 | 12~12.5 | 加入引发剂同时加入碳酸二乙酯，聚合后期通过补加单体和升高温度65℃维持聚合压力 |
| LS20030176608A1 | MHPC | 55 | 12 | VDF/HEP/CTFE三元共聚，得到的共聚物中各组分的分布更加均一，且在丙酮中的溶解性更好，韧性好、熔点高、脆化温度低，可应用于涂覆和锂离子电池 |
| CN101679563A<br>VS20100133482A1 | Methocel K100GR | 52 | 12 | 通过连续补加共聚单体的水溶液维持压力平稳，得到的聚合物大分子链中的共聚单体随机分布，改善其热稳定性，用于锂离子电黏结剂和亲水膜的制造 |
| US20130267622A1 | Methocel K3和<br>Methocel K100GR | 52 | 12 | 改善PVDF树脂的亲水性，在聚合过程中Methocel K3提供多糖重复单元接枝到聚合物主链上 |

表 2.137  吴羽公司悬浮聚合工艺专利对比

| 专利号 | 引发体系 | 温度/℃ | 压力/MPa | 备注 |
|---|---|---|---|---|
| US8298446B2 | 叔丁基过氧化新戊酸 | 45～65 | 6～8 | 树脂颗粒孔隙率高，在有机溶剂中溶解性好，应用于锂离子电池 |
| US20130273424A1 | 叔丁基过氧化新戊酸 | 50 | 6.0～6.3 | 通过共聚得到更高黏结强度的PVDF黏结剂 |
| US7943707B2<br>US20080071045A1 | IPP | 50～60 | 6～7 | 超过临界温度和压力的悬浮聚合反应，得到的树脂具有优异的高温耐变色性，且重点为在加入引发剂后再进行缓慢升温 |
| US20020143103A1 | IPP | 60 | 4.15～4.17 | 聚合体系中通过加入氟氯烷烃溶剂以降低聚合压力，并提高引发剂聚合效率 |

与乳液聚合相比，悬浮聚合无需使用含氟表面活性剂，减轻了后处理洗涤难度，其产物纯度高，有较高的线型结构和结晶度，特别适合于高纯半导体加工部件和高耐碱性锂电池黏结剂。此外，悬浮聚合所得产品的颗粒度较大，这一点是乳液聚合难以做到的，但是也正是由于这一点，悬浮聚合的产品无法应用于涂料。

### (三) 溶液聚合

溶液聚合是应用较少的一种聚合方法，多限于实验室研究。聚合体系主要由单体、引发剂、溶剂和水组成。通常采用的溶剂选自含氟或含氟氯的饱和溶剂，这些溶剂可以溶解VDF单体和有机引发剂，但不会溶解聚偏氟乙烯。溶液聚合可以用引发剂引发，也可以通过辐射的方式引发。通过溶液聚合制得的PVDF，其分子量一般都较小，并且溶剂的后处理也较麻烦，这一点与乳液聚合和悬浮聚合不同，也因此限制了其应用和工业化。

### (四) 超临界聚合

超临界聚合是近年来日益受到关注的一种聚合方法。超临界二氧化碳是含氟聚合物的良溶剂，同时，溶解在含氟聚合物中的二氧化碳能诱导聚合物结晶。另外，由于含氟单体在超临界二氧化碳中的高扩散性，通过超临界聚合方法生产的聚偏氟乙烯的分子量分布比常规的PVDF要窄，这也使得超临界二氧化碳中制得的聚偏氟乙烯与其他方法制得的聚偏氟乙烯结构和性能有所差异。在超临界二氧化碳技术合成聚偏氟乙烯过程中，可通过控制初始反应压力来控制分子量分布以及改变超临界二氧化碳对聚偏氟乙烯的溶解性能，从而获得可控的结晶度。其中，晶型分布主要受反应温度的影响，结晶度主要受其分子量分布的影响，分子量分布越宽，其结晶度越高，这一结论与其他方法制备聚偏氟乙烯中结晶度受其结构缺陷影响的结论有较大差异。

PVDF分子链结构由-$CH_2$-$CF_2$-重复单元组成，在实际聚合过程中存在着几种单体连接方式，如头尾 (-$CH_2$-$CF_2$-$CH_2$-$CF_2$-)、尾尾 (-$CF_2$-$CH_2$-$CH_2$-$CF_2$-)、头头 (-$CH_2$-$CF_2$-$CF_2$-$CH_2$-) 三种结合方式以及一些支化结构。一般而言，头头和尾尾结构由于破坏了PVDF的规整性，会影响其结晶性和力学性能，一定的支化结构对一些应用也是有利的。总之，聚合方法不同，得到的PVDF链结构上会存在一定差异，各有利弊。但无论哪种聚合方法，只要掌握了关键聚合调控技术，针对下游具体应用需求调控关键性能指标，控制好产品质量,均可满足使用需求。

目前乳液聚合和悬浮聚合两种方法均已大规模应用于 PVDF 各个牌号工业化生产中,产品广泛应用于新能源、半导体、化工、建筑、水处理等多个领域。国内而言,乳液聚合法技术成熟,装置规模大,而悬浮聚合法起步晚,其技术成熟度和规模化均有待提升。

## 四、应用进展

### 1. 防腐涂料

PVDF 因具有优异的防腐、防污、耐化学品、耐候和耐老化等优良的综合性能,能够抵御户外环境引起的降解,如光催化、氧化、粉化、开裂、褪色、空气污染以及沾污等,被广泛应用于建筑、桥梁、车辆、船舶、航空航天等领域的防腐涂料,见图 2.91。

图 2.91　防腐涂料应用

传统的溶剂型 PVDF 氟碳涂料由于需要高温烘烤成膜,对金属基材有所限制,且其生产和使用过程中存在有机挥发物(VOC)对环境的污染。随着越来越苛刻的环保要求,环保型水性 PVDF 氟碳涂料的推广应用加快。2006 年,低 VOC 含量的 PVDF 水性氟碳涂料被引入市场,对涂料性能的关键指标光泽性和保光率进行比较,其性能与溶剂型 PVDF 氟碳涂料相当,且可以现场应用于包括三元乙丙橡胶(EPDM)、聚氯乙烯(PVC)、热塑性聚烯烃(TPO)屋面薄膜、木材、石材和沥青等多种基材,大大拓宽了 PVDF 氟碳涂料的应用范围,具有良好的社会经济效益。

目前水性 PVDF 氟碳涂料主要为丙烯酸改性 PVDF 树脂,其制备方法主要有物理共混和种子乳液聚合两种,由于种子乳液聚合获得的树脂较为理想,因此以种子乳液聚合为主。已经商业化的此类水性 PVDF 产品有阿科玛公司的 KynarAquatec 和大金公司的 Zeffle SE 310 等。

随着目前治理污染和环境保护方面要求的提高,水性 PVDF 涂料市场前景十分广阔,国内需加大水性 PVDF 涂料的开发力度和供应能力。

### 2. 太阳能背板膜

太阳能电池组件一般要求保证 25 年左右的使用时间,为此,给太阳能电池装置披上一件"护身服",抵御水汽和紫外线辐射的侵袭以及环境中带电粒子的攻击等不利影响,从而保障电池组件长期有效工作。

PVDF因其C—F键具有键长短、键能高的特性,且F原子电负性大,在分子间易形成氢键,可以承受强酸强碱的腐蚀,同时耐紫外线辐照,抗长期老化,而且具有良好的加工能力和热稳定性,同时PVDF不含亲水基团,具有强疏水性,故可以充分地隔绝水汽,因此已成为公认的太阳能电池背板封装膜的首选材料。"十三五"期间,我国已成功实现太阳能背板膜用PVDF树脂的国产化,并已规模化应用。目前其代表性产品为索尔维Solef 6008、东岳PVDF DS206。

近年来,太阳能背板膜(图2.92)用PVDF树脂方面,主要围绕改善亲水性、提高与基材的黏结性、改善力学性能和加工性能、增强紫外线屏蔽能力等方面展开研究,以进一步提高其综合性能。受近两年锂电PVDF市场拉动,PVDF树脂价格大幅增长,部分太阳能电池企业受成本压力影响扩大常温固化氟碳树脂(FEVE)使用量,太阳能背板膜用PVDF树脂市场份额有所减少。

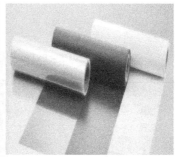

图2.92　太阳能背板膜应用

**3. 水处理膜**

PVDF因具有耐酸、耐碱、耐腐蚀的特性,可应用于海水淡化、废水处理等领域。作为膜分离技术中最常用的PVDF膜,因制备工艺简便、使用成本低,且具有良好的机械强度和优异的物理化学稳定性,已在食品加工、生物医药和油水分离等领域中受到广泛应用。

相比涂料和背板膜用途而言,水处理膜(图2.93)用PVDF树脂市场份额较小,但其对产品品质要求严苛,尤其对工业化生产水平要求相对较高,如批次间稳定性差会严重影响膜通量与使用稳定性。

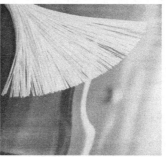

图2.93　水处理膜应用

目前新的发展方向是对PVDF进行共聚改性，如采用三氟氯乙烯单体与偏氟乙烯单体共聚以改善其亲水性，提高膜的抗污染能力。

**4. 锂电池黏结剂与隔膜**

PVDF因具有良好的电化学稳定性、热力学稳定性、力学性能、电解液亲和性和电击穿强度，成为目前锂离子电池体系应用最广泛的一种黏结剂，其在正极黏结剂领域份额占比90%以上，是锂电池正极黏结剂的最佳首选材料。此外，PVDF进一步经共聚改性后，可成为锂电池隔膜的优选材料，赋予其优异的电解液浸润性和良好的溶胀性。图2.94为PVDF树脂在锂离子电池中的应用。

目前锂电池黏结剂PVDF代表性产品有阿科玛HSV900、索尔维5130，锂电池隔膜用PVDF代表性产品为阿科玛LBG牌号。国内目前已成功实现动力锂电池黏结剂用PVDF树脂国产化，但锂电池隔膜用PVDF树脂目前仍需依赖进口。

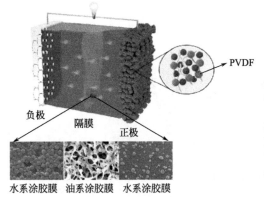

图2.94 锂电池黏结剂与隔膜应用

图2.95 高纯半导体用部件

**5. 高纯半导体用部件**

PVDF具有优异的耐酸性、耐碱性，可耐大多数有机溶剂，在药液中浸出的金属离子少，同时易于成型加工，特别适合于高纯半导体清洗工序用硅晶片花篮以及在超纯水制造中用作管道、泵、阀门和贮槽等材料。

目前我国高纯PVDF树脂仍完全依赖进口，因此，"十四五"期间，国内主要PVDF生产厂商应加大力度开发高纯PVDF树脂，并尽快实现市场应用与规模化量产。高纯半导体用部件见图2.95。

**6. 压电膜**

β晶型PVDF因其独特的热释电、压电、铁电特性，以及质量小、柔韧性强，化学稳定性好、声阻抗低、加工方便等优点而被广泛应用于机电能量转换的场合中，是目前已知压电性能最好的高分子材料。目前国内外对PVDF压电膜的性能优化展开了深入细致的研究，如对制备工艺、掺杂、改性等方法进行优化，成果颇丰。PVDF压电膜属于高端PVDF树脂应用领域，其用量少，但技术门槛高，附加值高，目前国内仍处于实验室研究阶段，产业化成果转化周期长，国内仍完全依赖进口。压电膜应用见图2.96。

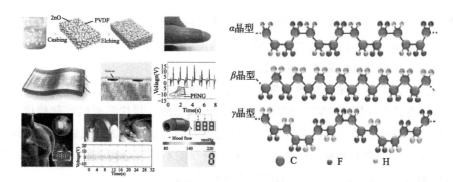

图 2.96  压电膜应用

### 7. 3D 打印

PVDF 对核辐射具有抵抗力,并且具有耐腐蚀性,与各种化学品(包括石油、天然气和润滑剂)以及全卤代烃类、醇类、酸类和碱类长期接触稳定性良好,还具有抗紫外线功能,不吸收水分,可满足高达 120~150℃ 的连续使用,同时阻燃性能良好,且 PVDF 不需要高温 3D 打印机进行打印,这可以为 3D 打印开辟了一些非常有趣的功能,有可能成为 3D 打印的抢手材料。

目前 3D 打印 PVDF 代表性产品为索尔维 Solef PVDF AM 线材。3D 打印应用见图 2.97。

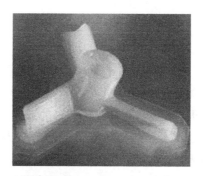

图 2.97  3D 打印应用

### 8. 其它应用

PVDF 机械强度大,易加工成单丝,其折射率与水接近,吸水性比尼龙线小,长时间在水中质量不变,是理想的钓鱼线材料。此外还可用于造纸工业用滤布。PVDF 经共聚单体改性后,柔韧性大幅改善,还可用于光纤护套和电缆绝缘层等。

## 五、发展建议

(1) 目前 PVDF 乳液聚合用的绿色环保型乳化剂存在质量不稳定问题,PVDF 生产企业需联合乳化剂生产厂家进一步提升产品质量,完善检测方法,最终确保 PVDF 乳液聚合产品的生产质量稳定性。

(2) 目前国内 PVDF 乳液聚合仍以均聚产品为主,共聚产品如锂电隔膜用 PVDF 树脂、光纤护套用 PVDF 树脂、水处理膜用亲水改性 PVDF 树脂等牌号均未实现规模化量产，建议"十四五"期间加大 PVDF 共聚产品的开发力度，进一步提升 PVDF 综合性能，拓宽应用领域，提高含氟聚合物终端产品附加值。

（3）我国 PVDF 悬浮聚合技术成熟度不高，尤其针对三元体系锂离子电池用高耐碱性 PVDF 树脂、高纯半导体用 PVDF 树脂，需加大开发力度，尽快实现国产化替代。

（4）加大基础研究和共性技术开发，在反应动力学、多组分协同机制、结晶调控、微观结构表征、支化度研究等方面，鼓励企业与高校科研院所展开合作，在此过程中，可以培养壮大 PVDF 研发队伍，助推我国 PVDF 产品高质量发展。

（5）目前我国 PVDF 迎来扩产潮，产能将面临严重过剩，但中高端产品及规模化生产装置缺乏，需相关行业协会进行政策性引导，规避低端产能过剩风险，避免恶性竞争，珍惜不可再生的萤石资源。

# 第二十五节　聚全氟乙丙烯

东岳神舟新材料有限公司　王汉利

## 一、概述

聚全氟乙丙烯（FEP）由四氟乙烯（TFE）与六氟丙烯（HFP）共聚获得，一般来说 HFP 所占的质量百分比较小，约为 16%～20%。其分子结构如图 2.98 所示，从分子结构可以看出它的主链和聚四氟乙烯（PTFE）一样，因此保留了 PTFE 的全部性能，能在 −80～200℃ 的温度范围内长期使用，其阻燃等级也可达到 UL94 标准中的 V-0 等级。同时，FEP 还具有很高的电绝缘性、优异的化学稳定性、完全的不燃性、突出的表面不粘性，对于潮湿、干燥、强光的苛刻环境的适应性极高。

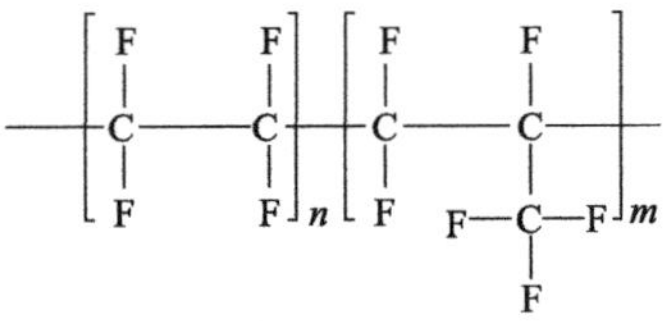

图 2.98　聚全氟乙丙烯分子结构

由于聚全氟乙丙烯具有 -$CF_3$ 侧基，并且是热塑性树脂，因此可采用通用的热塑成型法进行加工。FEP 主要的产品形式有粒料、粉料和水性分散液，可满足不同领域的加工和使用条件。聚全氟乙丙烯在电线电缆中的用途比较广泛，目前附加值比较高的有网络线、极细同轴线、信号传输线、电子线、屏蔽线、发泡线缆等，主要用于通信电缆设备、信号传输线缆、电子线绝缘层。随着电子信息技术的快速发展，电子器件的精致化、微小化发展方向日趋明显，因此电子器件中使用的线缆要求更细、更薄，这也对线缆绝缘层材料的性能提出了更高的要求。聚全氟乙丙烯还可以用于腐蚀介质输送管材、食品介质输送管材的加工以及泵阀衬里等防腐涂层的应用。此外，近几年聚全氟乙丙烯膜应用也开始逐渐起步，目前已有用途包括电子元件离型膜、设备防护膜、四氟板材焊接膜等。

国内外主要生产厂家为科慕（原杜邦）、日本大金（Dakin）、3M、东岳神舟、浙江巨化、金华永和、上海三爱富、江苏梅兰等。FEP牌号的主要划分依据为产品熔体流动速率的大小，表2.138给出了目前主要牌号的性能指标、生产厂家和应用厂家。

表2.138 FEP主要牌号的性能、生产和使用厂家

| 项目 | | 低熔体流动速率牌号 | 中间熔体流动速率牌号 | 高熔体流动速率牌号 | 浓缩液 |
|---|---|---|---|---|---|
| 性能指标 | 熔体流动速率/(g/10min) | 0.8～5 | 5～12 | 16～40 | 0.8～10 |
| | 拉伸强度/MPa | 26～28 | 22～25 | 17～21 | — |
| | 断裂伸长率/% | 310～320 | 310～330 | 280～320 | — |
| | 熔点/℃ | 265±10 | | | |
| 生产厂家 | 国外 | 科慕（原杜邦）、日本大金（Dakin）、3M等 | | | |
| | 国内 | 神舟、巨化、永和、上海三爱富、江苏梅兰等 | | | |
| 应用领域 | | 管材、套管、泵阀衬里 | 电线电缆绝缘、护套、膜 | 电线、电缆 | 喷涂、浸渍 |
| 应用厂家 | | 日氟荣、神宇科技、苏州凯博、杭州欧进、浙江兆龙、朋氟隆、美国TT、印度安格纳、韩国朝阳、德国爱博 | | | |

## 二、市场供需

### （一）世界供需与预测

**1. 世界聚全氟乙丙烯生产现状**

2021国外聚全氟乙丙烯生产厂商产能约为38900吨/年，与2017年30400吨/年相比，5年内产能提升了27.96%，产能提升明显，主要为美国科慕公司、日本大金公司和3M公司。美国科慕公司和日本大金公司对于聚全氟乙丙烯开发较早，产能较大，工艺技术比较先进，把控着聚全氟乙丙烯树脂高端领域。近几年美国科慕公司对含氟聚合物的推进发展相对较缓，产能无明显变化；大金公司则在中国对含氟聚合物进行了扩产，产能由原来的12250吨/年增长到18300吨/年，成为全球聚全氟乙丙烯产能最大的公司；3M公司含氟聚合物发展势头较小，曾经一度停止了聚全氟乙丙烯树脂的生产，而在2017年由于市场需求变化，又重新开始了生产，产能也由原来的2000吨/年扩产至5000吨/年，主要销售点为欧洲和美国。表2.139为目前国外聚全氟乙丙烯生产企业情况。

表2.139 国外聚全氟乙丙烯生产企业

| 企业名称 | 产能/(吨/年) | 装置所在地 | 工艺技术 |
|---|---|---|---|
| 美国科慕公司 | 15600 | 美国、日本、欧洲 | 乳液聚合 |
| 日本大金 | 18300 | 日本、美国、中国 | 悬浮聚合 |
| 3M公司 | 5000 | 欧洲、美国 | 乳液聚合 |

## 2. 需求分析及预测

国外生产企业对于聚全氟乙丙烯的研发起步较早，工艺技术相对先进，产品品级较高，占据着高端应用领域的主要地位。高端应用领域的聚全氟乙丙烯树脂不但附加值高，而且需要量也比较高，需求占比可以达到 60% 以上。由于受到技术的限制，目前国内的产品距离国外产品存在差距，预计 1~2 年内，高端应用领域用聚全氟乙丙烯仍将以国外产品为主，但占比会逐渐下降。据了解，科慕公司和大金公司之所以能一直保持在高端领域，无法被完全替代，除了质量优异外，其高的挤出加工速率给予了其下游客户强大的竞争力，其中，美国市场的高熔体流动速率树脂的加工速度普遍达到了 500m/min 以上，而如此高的挤出速度对于国产 FEP 树脂来讲，具有很大的挑战性。因此，美国市场 FEP 树脂领域，虽然国产 FEP 占据一定份额，但只能说是很少的一部分，加之美国市场对于高楼大厦用绝缘层的强制性政策要求，需求量依然极大，预计市场需求量约为 6000 吨/年，全球高速挤出级 FEP 树脂需求为 15000 吨/年，且每年约有 20% 以上的增量。

国外品牌产品虽然质量较高，但价格也相对较为昂贵，国内生产企业只能在部分特殊线缆上进行使用。国外产品销售主要面向日本、美洲、欧洲等发达国家。

## （二）国内供需及预测

### 1. 国内生产现状

据统计，2021 年全国聚全氟乙丙烯树脂生产装置产量约为 24516 吨，与 2020 年相比增长 5.28%，与 2019 年相比则增长 38.13%，五年产量提升了 84.59%。产量上涨的原因是浙江巨圣氟化学有限公司从 2020 年开始售出了大量的 FEP 粉料，由于粉料生产方式简单，耗费时间较少，直接带动了 2020 年和 2021 年国内 FEP 的产量上涨。国内主要生产厂家为山东华夏神舟新材料有限公司、浙江巨圣氟化学有限公司、金华永和氟化工有限公司、上海三爱富新材料股份有限公司、聊城氟尔新材料科技有限公司、江苏梅兰化工股份有限公司，其中山东华夏神舟、浙江巨圣氟化学和金华永和氟化工年产量位于前三名。近几年，聚全氟乙丙烯树脂由于在新领域的开发以及性能方面的改善，应用量在逐渐提高，各生产企业开车率也保持在较高的水平。表 2.140 为国内聚全氟乙丙烯生产企业情况。

表 2.140　国内聚全氟乙丙烯生产企业产能

| 企业名称 | 产能/(吨/年) | 装置所在地 | 工艺来源 |
| --- | --- | --- | --- |
| 山东华夏神舟新材料有限公司 | 7500 | 山东 | 乳液聚合 |
| 浙江巨圣氟化学有限公司 | 5000 | 浙江 | 乳液聚合 |
| 金华永和氟化工有限公司 | 4000 | 浙江 | 乳液聚合 |
| 上海三爱富新材料股份有限公司 | 3500 | 上海 | 乳液聚合 |
| 聊城氟尔新材料科技有限公司 | 2000 | 山东 | 乳液聚合 |
| 江苏梅兰化工股份有限公司 | 2000 | 江苏 | 乳液聚合 |

**2. 需求分析及预测**

近几年国产 FEP 树脂的质量不断提高，品种不断增多，在基础应用稳定的基础上，相关行业应用范围和领域也在不断拓展。市场需求信息显示，国内聚全氟乙丙烯整体处于缺货状态，各生产企业整体处于在产有货、不产无货的情况，产品供不应求。

泵阀、管道衬里主要应用低熔体流动速率产品，市场相对较为稳定，短期内不会有明显增长。

管材、膜材应用方面，由于在细管、食品介质输送管、油井套管以及精密波纹管等的开发，需求量不断提升，尤其是食品介质输送管、油井套管以及精密波纹管等对于部分性能指标有较高要求的应用，未来随着开发的程度不断加深，应用需求会有更大的提升。而膜材料因良好的透光性、疏水性、耐老化性和电绝缘性等，在灯透明护罩、太阳能板、离型膜、大棚膜等方面的需求也在不断提升。

涂料应用主要包括粉末以及乳液两个方面，乳液占主要地位，主要用于做不粘锅、PI 薄膜涂覆、玻纤布浸渍等。随着国家对于高铁、动车等行业的推进，会大力带动 FEP 乳液在 PI 薄膜涂覆上的应用。另外，随着胶黏剂行业的不断发展，FEP 超细粉除了用于泵阀衬里和静电喷涂外，还可作为胶黏剂和涂料添加剂，以增强被改性材料的耐磨性、耐极限特性以及阻隔性，同时粉末更加便于运输和储存。

线缆仍然是聚全氟乙丙烯树脂的主要用途，主要用作线缆的绝缘层和护套，聚全氟乙丙烯作为线缆绝缘层和护套，除了电绝缘性优异以外，其优异的阻燃性能也使其应用变得广泛，美国法规已规定高楼大厦用线缆必须使用聚全氟乙烯线缆。伴随着国家、社会、人们安全意识的不断提高，目前高楼、新建建筑等用线缆均不断替代传统线缆，相信未来普通家用线缆和空中架桥线缆也会不断被替代，因此对聚全氟乙丙烯的需求量增加会有很大的推动作用。

高端线缆用 FEP 树脂主要用于电子线、高频线、网络线、发泡线等，除了对加工速度有一定要求以外，对树脂个别性能要求也十分苛刻。国内 FEP 树脂受限于技术和设备等，在该领域虽然有进展，但仅限于高端线缆内的部分低端加工应用，真正的高端仍然无法满足。随着科技的快速发展，以及国内对航空航天、军工的日趋重视，电子通信行业的日益发达，高端含氟树脂将越来越多的走进国防、工业、生活、信息等行业，且逐步替代其他非含氟材料。初步估计高端线缆用 FEP 树脂的年需求量将达到 4000 吨/，且每年增量将不低于 15%。

随着能源消耗的加大，国家对光伏产业的投资不断加大，近几年，光伏产业发展迅猛，太阳能电池背板需求约 3.75 亿平方米。而且未来几年内，太阳能电池背板仍将以 20% 以上的速度增长，市场前景良好。太阳能板是目前市场需求极大的一个产品，除了目前使用的 PVDF 产品以外，厂家也在利用 FEP 膜优异的透光性、自清洁性、耐候老化性逐步替代太阳能板前玻璃防护等。而且膜材料在离型膜、灯罩上的护套膜等方面的应用也在不断推广，初步预计该领域的需求大约在 1000~2000 吨/年，且随着光伏产业的快速发展，膜材料的需求量增长将会达到 25% 以上。

随着科学技术的不断发展，当今社会涌现出诸多新兴行业，如高速挤出线缆、5G 高频通信、离型膜、电子半导体以及高端膜材料，FEP 作为一种性能优异的材料受到了研究人员的普遍关注,虽然目前国内体量较小,相信随着 FEP 性能的不断提升,一定会有更大的发展和提升。

聚全氟乙丙烯树脂应用领域覆盖面广泛,性能十分优异。而随着线缆、膜用以及管材应用的进一步深入,未来的聚全氟乙丙烯的需求量预计在 3~5 年内仍然会以 10%~20% 的速度增长,市场短期内应仍会保持供不应求的状态。

## 三、工艺技术

FEP 树脂发展较为迅速,生产技术逐步优化,形成了完善的聚合和后处理技术。目前聚全氟乙丙烯树脂聚合方法主要有三种,分别为乳液聚合、悬浮聚合和超临界聚合。而实现产业化的聚合生产技术主要为前两种。

乳液聚合采用无机引发剂引发聚合,聚合反应为高温、中压反应,生产过程较为容易控制,安全性较高,生产效率较高,有利于产能的发挥。乳液聚合工艺中由于采用无机引发剂,不但使得聚合产物的不稳定端基增多,也在产物中引入了较多的金属离子,其在后续的处理中需通过多次水洗脱除,因而会造成较多的水资源使用,也会产生较多的废水;此外不稳定端基还需要在后处理工艺中进行高温热处理或者封端处理,才能使得最终成品的质量得到保证。

悬浮聚合采用有机引发剂引发聚合,聚合反应为低温低压反应,生产过程中不需要分散剂,安全性较高,生产可控性较高,该聚合方法生产的产品由于在聚合阶段实现了部分封端处理,因此聚合产物中不稳定端基产生量相对较少,后处理工艺中虽然还需要对剩余的不稳定端基进行高温热处理,但处理负荷大幅度降低,不稳定端基处理效果也得到了进一步提升。但悬浮聚合工艺反应速度偏慢,生产效率偏低,产能的发挥受到的限制比较大。

超临界聚合是采用超临界二氧化碳为介质的连续聚合工艺,是目前聚全氟乙丙烯生产最先进的工艺,可以生产高纯的聚合物,而且环境友好,操作简单。超临界聚合采用的反应介质为二氧化碳,无毒、不燃且价格便宜。采用超临界聚合工艺得到的聚合乳液,可以通过压力释放二氧化碳,来实现产物与二氧化碳的分离,耗能少,且分离彻底,因此产品的纯度非常高,且二氧化碳可以循环使用,不会产生温室效益,环保性非常好。但超临界聚合的反应压力可以达到 15MPa,压力偏高,具有一定的安全隐患,因此对于生产设备和系统的要求也相对较高,这也是超临界聚合目前未能得到有效产业化推广的原因。

乳液聚合、悬浮聚合和超临界聚合生产工艺的差异如表 2.141 所示。

表 2.141 聚全氟乙丙烯聚合工艺对比

| 聚合工艺 | 乳液聚合 | 悬浮聚合 | 超临界聚合 |
| --- | --- | --- | --- |
| 聚合机理 | 自由基聚合 | 自由基聚合 | 溶液聚合 |
| 引发剂 | 无机过硫酸盐 | 有机过氧化物 | 有机过氧化物 |
| 分散剂 | 全氟表面活性剂 | 无 | 无 |
| 聚合介质 | 水 | 水 | 二氧化碳(超临界状态) |
| 生产连续性 | 间歇生产 | 间歇生产 | 连续生产 |

续表

| 聚合工艺 | 乳液聚合 | 悬浮聚合 | 超临界聚合 |
|---|---|---|---|
| 聚合条件 | 高温中压 | 低温低压 | 低温高压 |
| 系统自动化程度 | 半自动化 | 半自动化 | — |
| 系统密闭化程度 | 半密闭化 | 半密闭化 | — |
| 设备质量要求 | 一般 | 一般 | 较高 |
| 节能性 | 耗水、耗电较高 | 耗水、耗电较高 | 耗水、耗电较少 |
| 环保性 | 废水、少量废固 | 废水、少量废固 | 无废水、废固产生 |
| 安全性 | 较高 | 高 | 较低 |

随着技术不断进步，聚全氟乙丙烯生产工艺也在不断完善，聚合生产以及后处理技术日趋完善和成熟。但国内生产工艺水平，受限于发展时间、经验等各方面因素，与国外企业仍然存在一定的差距，主要体现在：国内的聚全氟乙丙烯生产技术精细化程度不足，生产一体化程度欠缺，生产用设备精度不足，生产过程控制能力还有待提高，如生产过程的参数控制、后处理流程密闭性、生产设备使用效果、过程的在线监测能力等。相比于国内，国外企业对于技术研究的较为透彻，技术参数更加细化，生产过程的可控能力高，生产设备对于流程的匹配性强，产品性能与流程控制统一性更好。

总之，国内企业聚全氟乙丙烯生产技术还需进一步完善，国外企业的部分工序中的关键技术还需要企业更深入的摸索和学习，但随着氟材料应用的不断推广，国内技术水平正在快速地提升改善，在不远的未来将会赶上甚至超过国外企业生产水平。

## 四、应用进展

聚全氟乙丙烯树脂主要应用为线缆，目前较为突出的应用为电子线、同轴线、高频线、信号线、网络线等。但随着聚全氟乙丙烯性能的不断开发，其他应用领域也在不断拓展，聚全氟乙丙烯性能指标的突出性变得越来越重要，个别应用对于特殊指标的要求也越来越苛刻，主要是膜领域用树脂、耐高压线缆用树脂、高频信号传输线缆用树脂、高速挤出线缆用树脂、电子线用树脂。

(1) 膜领域用树脂　聚全氟乙丙烯树脂膜具有耐老化性能优异、可熔融加工、透光性好、低摩擦系数以及电绝缘性优异、耐高温等特点。譬如利用 FEP 优异的电绝缘性，来生产电子元件离型膜；利用 FEP 优异的透光性来作大棚膜或者太阳能板前膜；利用 FEP 优异的力学性能以及低透水性等来作医药包装膜。太阳能板前膜的应用在太阳能行业需求量较大，医药包装膜则对密封性以及有害物质溶出等性能要求苛刻，这两个膜应用领域附加值较高，是膜应用开发的两个主要发展方向。

(2) 耐高压线缆用树脂　聚全氟乙丙烯树脂本身就具有非常优异的耐电压特性，但在部分高端应用领域，如海底线缆油田钻井等，对耐电压性能以及海水腐蚀等要求更为严格，部分线缆耐电压性能要求达到 30kV 以上，此类线缆是日后海底通信的主要应用领域，也适用于油田、钻井等深处作业。未来国家海洋的开发，对于该类线缆的需求比较大，是非常具有价值的研究方向。

(3) 高频信号传输线缆用树脂　信号传输线缆应用领域较宽，如电子通信、计算机、电视、电脑等方面，但国内的信号传输线缆的信号衰减是影响其应用的一个主要指标，该指标的优劣直接决定了其是否能在高端行业传输线缆上应用，如战斗机、航天器等。而且随着技术的进步，其要求也在逐步提高，介电性能达标条件已由原来的1GHz提高到10GHz以上，目前国内线缆低频上可以满足要求，但高频应用满足率偏低，这一方面的线缆加工目前仍然主要依赖于进口，高频线缆传输是未来实现国外品牌全面国产替代的主要发力点。

(4) 高速挤出线缆用树脂　高速挤出线缆用树脂是应对现有的FEP树脂加工慢、加工效率低而开发的树脂，目前电线电缆的挤出加工正在向高性能、高速加工转变，但国内FEP树脂与国外进口树脂的挤出速度差异明显，仅为200～300m/min，而国外挤出速度已最低可以达到400m/min以上。高速挤出用树脂代表着一种效率和速度以及成本的降低，是下游客户所追求的，特别对于一些极细线、电子线、信号线甚至是网络线的加工客户，因此高速挤出线缆用树脂是聚全氟乙丙烯树脂未来的主要发展方向之一。

(5) 电子线用树脂　电子线用树脂主要应用于电子线绝缘层薄壁。目前，电子线用线缆的加工壁厚正在变得越来越小，近几年电子线绝缘层壁厚已经由0.075mm降低至0.055mm，而这种降低趋势仍然在继续。目前，电子器件正在向精细化、精巧化的方向发展，这使得器件内可用空间逐步压缩，内部线缆的空间也在逐步降低，但未来电子通信使用的越来越广泛，电子线级线缆用树脂的需求也将不断提升，高性能的电子线开发也将在未来的发展中占据十分重要的地位。

## 五、发展建议

(1) 加快聚全氟乙丙烯技术创新　目前，部分聚全氟乙丙烯树脂品牌已实现国外品牌的国产化替代，但国内聚全氟乙丙烯树脂的生产水平和产品质量仍然与国外有较大差距，随着应用技术的不断拓展，要求聚全氟乙丙烯树脂生产企业加快创新；打造出优势品种、突出性能或者在新型领域能够引领发展，而不是单纯的进行追逐。

(2) 增强聚全氟乙丙烯树脂的研发并与下游应用客户研发结合　FEP树脂生产的厂家目前只提供相关原料，而下游客户的发展方向或研发领域会直接关系到上游FEP树脂生产企业的原料是否能够满足要求。生产企业应与下游加工企业，尤其是下游高端的、创新性企业加强交流，实现原料与制品的同时研发进步，缩短周期，开发专用料，实现快速推广。

(3) 提高聚全氟乙丙烯树脂生产企业准入门槛　近几年，聚全氟乙丙烯树脂产能在飞速上涨，市场供应量迅速接近饱和。但供应量饱和的同时，树脂质量却不能满足下游客户的需要，产品品级差异明显。主要原因在于新建聚全氟乙丙烯树脂生产厂家工艺技术、产品质量与客户不匹配，造成了聚全氟乙丙烯树脂的价格竞争加剧，市场出现混乱，聚全氟乙丙烯树脂的良性发展受到了破坏，因此也需要制定一系列政策和法规，以提高和限制聚全氟乙丙烯树脂的准入门槛，保证聚全氟乙丙烯行业的良性发展。

(4) 加强聚全氟乙丙烯树脂生产企业产品品种细分，突出品牌产品价值　聚全氟乙丙烯树脂的应用已经由原来的粗放式变得精细化。原来一种牌号可加工多种树脂的情况正在减少，这一现象在高端线缆领域表现更加突出。高端线缆领域的应用主要体现一种或几种指标，传统的种类分级已无法保证完全适用于下游客户。因此需要加强聚全氟乙丙烯树脂生产企业产品品种细分，突出品牌产品价值。

# 第二十六节 水处理膜

中国膜工业协会 郑根江

## 一、概述

水处理膜是高性能膜材料的重要组成部分，也是当代公认最先进的水处理技术之一，它主要应用于海水/苦咸水淡化、工业用水处理、纯水超纯水制备、工业废水资源化、市政污水再生回用、市政自来水提标改造以及石油、化工、医药、生物等工业领域的物质分离、浓缩和提纯。在水处理技术领域具有不可替代的作用，已成为国家水资源安全保障、环境污染治理、节能减排、民生保障和传统产业技术升级等领域的共性技术之一，也是支撑众多行业发展的战略性新材料，在我国社会经济发展中发挥着越来越重要的作用。

水处理膜产品种类多，根据其分离原理和驱动力不同，可分为微滤膜（MF）、超滤膜（UF）、纳滤膜（NF）、反渗透膜（RO）、膜生物反应器（MBR）和电渗析膜（ED）等；根据其材料不同可分为无机膜（如陶瓷膜）、有机膜、有机无机复合膜等；根据其材料结构不同可分为均相或非均相、对称或非对称、中性或荷电等；根据其几何形状可分为板式、卷式、管式、中空纤维式等。目前，水处理膜已形成微滤膜、超滤膜、膜生物反应器膜、纳滤膜、反渗透膜、电渗析膜和陶瓷膜等七大系列 200 多种产品。

## 二、市场供需

### （一）国外水处理膜发展现状及市场供需

美国、日本、欧洲等发达国家的膜技术研究始于 20 世纪 50 年代末，产业化及应用早于我国，技术先进，应用成熟，目前产品生产已覆盖各主要膜产品体系。

2021 年，全球膜产业总产值约 1100 多亿美元，年均增长保持在 12% 以上，其中水处理膜占 75%（反渗透膜占 39% 左右，超滤膜、MBR 膜占 21%，微滤膜、纳滤膜、电渗析膜共占 15%），其他膜占 25%。

水处理膜生产主要集中在美国、日本、欧洲等发达国家和地区。亚洲、欧洲、中东和南美洲是水处理膜最大的消费地区。国外水处理膜的生产企业如下。

微滤膜生产企业有美国杜邦公司、法国苏伊士公司、日本东丽公司、美国 3M 公司、德国碧然德公司、日本旭化成公司、美国康丽根公司、阿法拉伐公司、美国科氏公司、美国颇尔公司等。

超滤膜生产企业有美国科氏公司、日本旭化成公司、法国苏伊士公司、美国懿华公司、德国滢格公司、美国杜邦公司、日本东丽公司、德国 Membrana 公司、美国滨特尔公司、日本三菱公司等。

膜生物反应器生产企业有美国滨特尔公司、法国苏伊士公司、德国西门子公司、日本旭化成公司、日本三菱公司、日本东丽公司、日本久保田公司、美国科氏公司、美国懿华公司、新加坡美能公司等。

纳滤膜生产企业有美国杜邦公司、美国科氏公司、日本东丽公司、日东电工公司、法国苏伊士公司、美国 SnowPure 公司、美国坦福公司、韩国熊津化学公司、德国赫尔纳公司、美国颇尔公司等。

反渗透膜生产企业有美国杜邦公司、日本东丽公司、日东电工公司、法国苏伊士公司、美国科氏公司、韩国熊津化学公司、LG 化工公司、德国西门子公司、美国滨特尔公司、德国朗盛公司等。

电渗析膜生产企业有法国苏伊士公司、德国西门子公司、美国懿华公司、美国 SnowPure 公司、日本旭硝子公司、日本阿斯通公司、德国 Fumatech 公司、法国 Eurodia Industrie Sa 公司、捷克 MEGA a.s. 公司、AGC Engineering 公司等。

根据市场预测，至 2026 年，微滤膜市场总值可达 299 亿美元，超滤膜 240 亿美元，纳滤膜 105 亿美元，反渗透膜 1170 亿美元，电渗析膜 37 亿美元。

### （二）国内水处理膜发展现状及市场供需

**1. 总体发展情况**

（1）生产情况　截至 2021 年底，我国从事水处理膜企业约 1800 家，涉及膜制品、膜设备、膜工程、膜运维和膜配套设备等产业板块，其中膜生产企业近 420 家，膜设备制造企业 310 家，膜工程及运维等企业 1070 多家。膜产品总产能达 2.6 亿平方米/年，主要集中在珠三角、长三角和京津地区。膜企业区域分布见图 2.99。

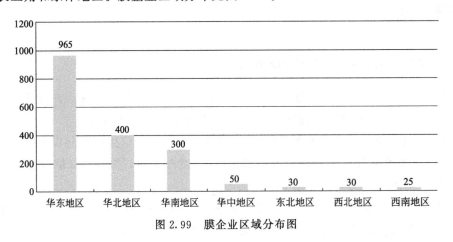

图 2.99　膜企业区域分布图

(2) 市场规模  近几年,水处理膜产业保持较快增长。但 2020 年后,受国家产业结构调整和新冠肺炎疫情等影响,增速有所减缓。截至 2021 年底,国内水处理膜工业总产值约 1920 亿元,年增长率 6.7%,水处理膜产值占膜工业总产值的 56.8% 以上。水处理膜各产业板块的产值构成见表 2.142。

表 2.142  2021 年膜工业总产值及构成

| 产业板块 | 2021 年产值/亿元 | 2020 年产值/亿元 | 增长率/% |
| --- | --- | --- | --- |
| 膜制品 | 342 | 290 | 17.9 |
| 膜设备 | 575 | 566 | 1.6 |
| 膜工程 | 683 | 661 | 3.3 |
| 运维 | 320 | 282 | 13.5 |
| 合计 | 1920 | 1799 | 6.7 |

2021 年,水处理膜与膜设备销售额达 917 亿元,其构成见表 2.143。

表 2.143  2021 年水处理膜制品销售情况

| 名称 | 2021 年销量额/亿元 | 2020 年销售额/亿元 | 增长率/% |
| --- | --- | --- | --- |
| 微滤膜 | 51 | 39 | 30.8 |
| 纳滤膜 | 10 | 8 | 25.0 |
| 超滤膜 | 94 | 80 | 17.5 |
| 反渗透膜 | 84 | 80 | 5.0 |
| 膜生物反应器 | 62 | 48 | 30.0 |
| 陶瓷膜 | 21 | 19 | 10.5 |
| 电渗析膜 | 20 | 16 | 25.0 |
| 家用净水设备 | 410 | 406 | 1.0 |
| 一体化设备 | 165 | 160 | 3.1 |
| 合计 | 917 | 856 | 7.1 |

2021 年水处理膜工程额达 683 亿元,其构成见表 2.144。

表 2.144  2021 年水处理膜工程产值

| 名称 | 2021 年产值/亿元 | 2020 年产值/亿元 | 增长率/% |
| --- | --- | --- | --- |
| 工业用水处理工程 | 145 | 166 | −9.3 |
| 工业废水处理工程 | 232 | 215 | 7.3 |
| 市政污水处理工程 | 189 | 172 | 10.0 |
| 市政给水处理工程 | 107 | 93 | 10.0 |
| 海水淡化工程 | 10 | 15 | −33.0 |
| 合计 | 683 | 661 | 3.3 |

## 2. 各类水处理膜发展情况

**(1) 微孔滤膜**

① 主要产品及重要生产商　国内微滤膜技术始于20世纪80年代，尽管起步较晚，但发展速度非常之快，目前形成商品生产的微滤膜有纤维素酯等十几种。目前，从事微孔膜生产的规模型企业约50多家，总产能约7000万平方米/年左右。

② 市场消费量及市场预测　我国微滤技术已在医药除菌、过滤、纯水、医用水处理等领域得到广泛应用。目前，微孔滤膜的国内市场消费量约6000万平方米/年，其中国产膜约占70%左右，进口膜约占30%左右，进口膜主要用于国内微滤膜市场中的高端领域（电子工业用超纯水、电泳漆回收、生物制药等领域）。

随着我国微电子和生物医药等战略性新兴产业的发展，微孔滤膜将进入快速发展阶段，市场需求大幅增加，预计未来几年年增长率约15%以上。

**(2) 超滤和MBR**

① 主要产品及重要生产商　2021年我国生产超滤膜和MBR膜的规模型企业有100多家，总产能约1.35亿平方米/年。主要生产中空纤维膜、平板式和管式膜等，主要生产商见表2.145。

表2.145　超滤和MBR国内主要生产商

| 主要生产商 | 主要产品 | 主要生产商 | 主要产品 |
| --- | --- | --- | --- |
| 天津膜天 | UF、MBR | 碧水源 | UF、MBR |
| 海南立升 | UF | 北京赛诺 | UF、MBR |
| 山东招金 | UF、MBR | 北京坎普尔 | UF、MBR |
| 浙江开创 | UF、MBR | | |

② 市场消费量及市场预测　近五年来，我国超滤膜行业保持高速增长，年均增长速度均在15%以上。2021年我国超滤膜市场消费量达1.2亿平方米，其中，国产超滤膜占80%以上。超滤和膜生物反应器市场销售额分别75亿元和37亿元，分别占水处理膜材料市场的31.3%和15.4%，超滤膜工程和膜生物反应器工程，分别为195亿元和75亿元，分别占水处理膜工程的32.2%和12.4%。

目前，超滤膜在废水回用领域占据着更大的市场份额，在电力、钢铁、化工等工业废水处理领域得到较多应用。特别近几年，采用超滤膜技术净化饮用水和采用MBR技术进行市政污水再生回用的项目逐渐增多，市场发展迅速。预计到2025年，我国的超滤膜市场规模将达到290亿元。

**(3) 反渗透膜和纳滤膜**

① 主要产品及生产商　目前，国内从事反渗透膜和纳滤膜生产的企业有40多家，产能约1亿平方米，占全球总产量的19%，已成为全球反渗透膜产量最大的国家之一。主要生产商见表2.146。

表 2.146　反渗透膜和纳滤膜主要产品及生产商

| 主要生产商 | 主要产品 | 主要生产商 | 主要产品 |
| --- | --- | --- | --- |
| 时代沃顿 | RO膜、NF膜 | 山东九章 | RO膜、NF膜 |
| 碧水源 | RO膜、NF膜 | 常州恩泰 | RO膜、NF膜 |
| 沁森高科 | RO膜 | 广东唯赛勃 | RO膜 |
| 厦门三达 | NF膜 | 杭州水处理 | RO膜、NF膜 |
| 山东招金 | RO膜、NF膜 | 河北海清源 | RO膜 |

② 市场消费量及市场预测　2021年，反渗透膜销售量约8000多万平方米，占全球反渗透膜消费量的26%，其中，国产和进口膜各占50%。国产膜主要用于家用净水器市场和部分工业用膜市场，进口膜主要用于工业用膜市场，部分为家用膜市场。

预测未来几年，我国反渗透膜市场的需求增速约在5%。反渗透市场主要来源于高盐工业废水资源化、工业用水深度脱盐、市政自来水提标改造和农村饮用水处理等。而随着市政饮用水深度处理市场的迅速兴起，纳滤膜市场需求将大幅增加，预测未来几年纳滤膜市场增速约在15%。

(4) 陶瓷膜

① 主要产品及重要生产商　目前国内从事陶瓷膜生产的企业约20多家，主要有久吾高科、山东工陶院、上海巴安、江西精博陶瓷、浙江中诚环科、山东泰禾环保、合肥世杰、厦门三达、上海科琅等。主要产品有管式、板式，总产能约160万平方米。

② 市场消费量及市场预测　由于陶瓷膜优异的产品性能，中国已成为陶瓷膜的新兴市场，近年来发展迅速。目前我国陶瓷膜产品推广近1200个工程，产品出口到美国、德国、加拿大等55个国家。年销售额20亿元以上，并保持快速增长。

陶瓷膜未来的应用方向将集中在废盐资源化利用、高难度污水处理、精细化工分离、烟气湿法处理、生物制品分离等领域。技术方面，陶瓷膜的趋势也将朝向高过滤精度、高装填面积、高性价比、低能耗方面发展。并通过膜性能的进一步提升、工程设计的进一步创新、高端化应用领域的扩大，陶瓷膜将成为未来发展最快的膜产业。

(5) 电渗析膜

① 主要产品及重要生产商　目前我国从事电渗析膜生产的企业近20多家，总产能约70万平方米，主要生产商见表2.147。

表 2.147　国内电渗析膜主要生产商

| 主要生产商 | 主要产品 | 主要生产商 | 主要产品 |
| --- | --- | --- | --- |
| 山东天维 | 电渗析膜 | 北京廷润 | 电渗析膜、双极膜 |
| 杭州蓝然 | 电渗析膜、双极膜 | 杭州水处理中心 | 电渗析膜 |

② 市场消费量及市场预测　2021年，我国电渗析膜市场销售额约20亿元，形成的电渗析膜工程等相关产业约50亿元，年增长速度约15%。随着电渗析膜技术的不断进步，产业化水平的提升和传统工业工艺的改造，电渗析膜市场在未来几年将保持高速增长，预计至2025年市场总销售额将超100亿元（含膜工程）。

## 三、应用进展

几年来，我国水处理膜产业化水平不断提升，产品覆盖面不断扩大，产品应用日益广泛，各方面都取得了重大进展。

### （一）在膜材料产业化方面

均相离子交换膜、渗析膜、PTFE平板超滤膜、平板陶瓷膜、碳化硅陶瓷膜、分子筛膜、中空纤维式纳滤膜等一批水处理膜均不同程度实现了产业化，并成功进入工程化应用，整体的产业化水平大幅提升。

### （二）在膜材料应用方面

**1. 海水淡化**

截至2021年底，我国已建成日产百吨级以上海水淡化装置155座，总产水能力达152.3万立方米/天。其中，膜法海水淡化占64.1%，低温多效海水淡化占35.5%，其它海水淡化占0.4%。

我国海水淡化产能主要分布在我国沿海6个省市，见图2.100。

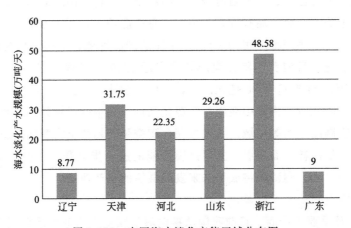

图2.100 中国海水淡化产能区域分布图

目前，我国最大的海水淡化装置是浙江石化集团舟山海水淡化装置，日产淡水58.5万立方米/天，其中膜法28万立方米/天，热法30.5万立方米/天，该装置也是全球最大的海水淡化装置之一。

**2. 工业废水处理**

膜技术在工业废水处理领域的应用发展迅速，主要是采用超滤、MBR、纳滤、反渗透和电渗析等多种膜组合工艺，实现高盐废水资源化和工业废水零排放或微排放。目前，已建成规模型各类膜法废水处理工程500多个，日处理能力达1000多万立方米，年减排工业废水40亿立方米左右。

### 3. 市政污水再生回用

膜技术在市政污水再生回用领域的应用后来居上，采用超滤、MBR 等膜技术，实现市政污水的再生回用。据不完全统计，国内已建成和在建的规模型市政污水再生回用工程达 500 多个，日处理能力 1000 多万吨，年回用再生水近 40 亿吨。

### 4. 市政自来水提标改造应用

随着我国饮用水标准的提高和人们生活质量的提高，膜技术在市政饮用水提标改造、分质供水、家用净水等方面的需求大幅提升。据不完全统计，目前我国已建成规模型膜法自来水提标改造工程约 250 多个，日产水量约 1000 多万吨，其中超滤约 500 万吨，纳滤约 150 万吨，家用净水器 3000 多万台。

## 四、发展建议

### （一）存在的主要问题

目前，我国水处理膜技术及产业已取得了长足进步，但仍面临一些困难及挑战。

#### 1. 原始创新能力较弱，核心技术偏少

总体上分析，我国膜与膜材料的原始创新能力偏弱，主要表现在：一是膜材料发展缓慢，大部分原材料和改性材料长期依赖进口，跟进开发的产品较多，原始创新不足，缺乏引领性、颠覆性技术；二是膜材料、成膜机理、成膜工艺和制膜设备等关键技术的发展水平不均衡，产业化水平偏低，产品市场竞争力弱；三是受市场容量等因素影响，缺乏膜材料创新动力，开发投入不足，且研发和产业脱节较严重，导致成果转化水平偏低，制约了膜产业高质量发展。

#### 2. 结构性矛盾突出，同质化现象较严重

一是同质化发展现象严重。中低端产品产能过剩，如反渗透膜产能已近 1 亿平方米，但达产率只有 60% 左右。超滤膜、陶瓷膜等产品都不同程度地存在着产能过剩的问题，而一些高端产品仍需要进口。

二是企业规模较小。膜制品生产企业的平均产值不到 8000 万元，工程及成套装备制造企业的平均产值不到 1.2 亿元，企业持续发展能力较弱。

三是产业布局不太合理，产业链发展不均衡。产业集中度低，缺乏配套发展、错位发展和互补发展的产业集群，制约了膜产业规模化高质量发展。

#### 3. 行业受市场宏观经济形势影响较大

近几年，受中美经济摩擦、国内产业结构调整等诸多因素的影响，膜市场波动较大。一是原材料价格波动，2021 年，PVDF 等主要膜原材料价格大幅增长，大大挤压了膜生产企业的盈利空间，严重影响了膜产品生产企业的良性发展；二是国家经济增长方式的转变和产业转型，化工、电力、冶金等大工业领域的水处理新上项目明显减少，膜在传统产业领域的市场需求减弱。

## （二）发展建议

**1. 科技创新，重点突破，推动膜科技水平上新台阶**

一是加强原始创新，重点开展高性能膜与膜材料研发、重大共性关键技术突破、产业化关键技术及应用研究，突破一批"卡脖子"技术，发展一批"短板"材料，抢占膜技术制高点，并实现跨越和引领，支撑我国膜产业的高质量发展。

二是加强膜装备模块化、智能化、机电一体化和零部件的通用化、标准化、集成化等共性技术的研究开发，通过装备的设计研究、制造流程及工艺优化等关键技术开发和国产化装备的重点突破，实现膜装备的高性能和高附加值，使膜装备产业成为先进装备制造业。

三是加强膜技术应用研究，拓宽膜应用领域，提高膜应用水平。

**2. 高端引领、强链补链，实现膜产业水平的跨越**

膜行业应紧紧围绕国家重大战略需求，结合膜行业发展实际，按照"高端引领、强链补链、整体推进、全面提升"的总体思路，推动膜产业发展，重点发展膜与膜材料、膜装备（含工程成套设备）、膜应用及运维服务三大主导产业，逐步形成以膜与膜材料为核心、膜装备为主体、膜应用及运维服务（工程设计与施工）为补充的产业格局，促进膜产业链协调、快速、高质量发展，实现产品从中低端向中高端发展，生产方式向智能、精细、集约转变，全面提升膜产业发展水平。

在具体措施上，一是要重点提升一批存量产品性能，使膜与膜材料存量产品逐步迈向中高端，化解中低端产品产能过剩的问题；二是要重点推进科技成果转化，发展一批高端膜与膜产品，扩大增量；三是要重点培育一批技术含量高、发展潜力大、国内急需的"短板"产品，培育新的经济点，突破膜与膜材料产业发展瓶颈，实现膜与膜材料产业的高端化发展，引领膜产业水平的全面提升。

**3. 优化产业结构和布局，推动高质量发展**

首先，坚持创新驱动发展，大力发展膜与膜材料，促进产业结构优化，通过科技进步优化存量，实现提质增效，发展高端产品，扩大增量，培育新的经济增长点，推动膜产业结构调整，逐步使产业结构整体素质和效率向更高层次发展。

第二，建立一批膜产业综合示范区或产业生态园，以现有膜产业技术为依托，以发展先进膜技术和高端产业为主导，以构建科技创新体系、产业发展体系和产业支撑系统为一体的膜产业生态体系为主线，充分发挥行业优质资源，推动上下游产业高度融合，强化创新链、产业链和价值链有机结合，使之成为创新驱动、高端引领、全面提升、绿色发展的综合示范园区，并通过互补、配套、错位发展，实现集群、集聚、集约发展，带动区域性膜产业全面发展。

第三，加大扶持力度，培育一批龙头企业和骨干企业，大力支持产业初具规模、产业优势明显、创新能力较强、成长性好的企业发展，在重点领域、重点专业培养一批龙头企业和骨干企业，增强龙头带动能力。

**4. 加强推广应用，促进科技成果产业化**

创建企业主动、市场拉动、国家和行业协会推动、金融保险机构助动的新技术、新产品推广应用机制，着力推进新技术、新产品的推广应用。

（1）建立一批重大应用示范工程，支撑国家战略需求　加强与国家战略需求对接，积极推动行业内膜企业参与国家示范工程建设，在水安全保障、环境污染治理、节能减排和健康保障等重点领域建立一批海水/苦咸水淡化、工业废水零排放、市政污水再生回用、市政自来水提质改造、农村微污染水（地表水和地下水）净化和村镇污水处理等方面的应用示范基地或示范工程，提高膜工艺及集成技术水平，推动膜成套装备及工程技术规模化应用，支撑国家重大战略需求。

（2）建立一批膜产品应用示范项目，加快膜产品国产化进程　加强与国家战略性新兴产业发展战略和相关产业化计划接轨，争取国家资金支持，鼓励行业内膜企业建立一批新产品、新技术产业化应用示范项目，优化产品性能，提升产品质量，大幅提高膜产品的国产化率，特别要加强技术难度大、附加值高、国外垄断性强、国内市场急需的高端膜产品的应用示范，推动产业化，替代国外进口产品，加快国产化进程，化解因国际形势变化所带来的各种安全风险。

**5. 加强国际合作，拓展国际发展空间**

根据国外膜产业发展现状和发展趋势分析，国际膜产品市场发展迅速。2018年全球膜产品市场销售额达950亿美元，未来几年仍将保持快速增长，预测至2025年，全球膜产品市场销售额将达到1350亿美元，其增长主要来自东南亚、南美洲、中东等地区的新兴市场。因此，要积极创造条件，加强国际合作，拓展国际发展空间。

一是紧紧抓住国家"一带一路"战略契机，高度融入国家战略实施中，借助政府间的合作，搭建国际贸易渠道，并积极开展与大型央企和外贸企业的深度合作，共同开拓国际市场，把中国膜产品"带出去"，着力打好国际贸易基础。

二是加强国内组织行业与国际行业组织间的合作，为企业搭建国际交流与合作平台，宣传推广中国优秀膜企业和优势产品，提高中国膜企业在国际市场的影响力和知名度，拓展国际市场。

三是支持企业与国际市场接轨，推动企业产品质量保证国际化、产品质量认证国际化和营销网络国际化，搭建国际贸易信息渠道，助力企业融入全球供应链，为企业开拓国际市场创造条件，最大限度地抢占国际市场，实现企业经营利益最大化。

通过国际市场培育和发展，形成一批具有国际竞争力的国际化经营龙头企业和骨干企业，大幅提升中国膜产品的出口比例，力争至2025年，中国膜产品出口比例提升到20%以上。

# 第二十七节　电子特气

昊华气体有限公司　张金彪

## 一、概述

电子特气，即电子特种气体，是电子工业不可或缺的基础和支撑性材料之一，广泛应用于太阳能电池片、半导体发光二极管（LED）、液晶面板、光纤、IC、半导体分立器件、线路板生产的薄膜、光刻、刻蚀、掺杂、气相沉积、扩散等工艺，在关键制程上起到非常重要的作用，其质量对电子元器件性能有重要影响。

电子特气在工业气体中属于附加值较高的品种，与传统工业气体的区别在于纯度更高或者具有特殊用途。电子特气对半导体器件性能起决定性作用，电子气体纯度每提高一个数量级，都会极大地推动半导体器件性能的飞跃。一般而言，半导体器件对电子特气的纯度要求达到5N～6N（其中N指纯度百分比中9的个数），同时还要求将金属元素净化到$10^{-9}$级至$10^{-12}$级。纯度每提升一个N，粒子、金属杂质含量每降低一个数量级，都将带来工艺复杂度和难度的显著提升。一旦电子特气的纯度或净度不达标，轻则使得下游产品质量不过关，重则扩散污染整条产品线，造成产品全部报废。

电子特气作为电子化学品中用量较大的分支，产品种类繁多。半导体工业中应用的有110多种电子特气，常用的有30种左右，可以分为刻蚀/清洗用气体、离子注入气体、气相沉积用气体、掺杂气体、清洗用气体等，被称为电子工业的"血液"和"粮食"，在集成电路、显示面板和太阳能电池等行业有广泛的应用。电子特气的分类及用途见表2.148，世界主要电子特气产品见表2.149。

表2.148　电子特气分类、主要产品及用途

| 按用途分类 | | 主要气体 | 作用 |
|---|---|---|---|
| 离子注入掺杂气 | | $AsH_3$、$PH_3$、$SeH_2$、$GeH_4$、$H_2S$、$AsCl_3$、$AsF_3$、$AsF_5$、$PF_5$、$BF_3$、$BCl_3$、$B_2H_6$、$SbH_3$、$PCl_3$ | 掺杂形成P型和N型半导体 |
| 外延晶体生长气 | | $SiH_4$、$SiH_2Cl_2$、$SiHCl_3$、$SiCl_4$ | 晶体生长 |
| 刻蚀气 | 气相刻蚀气 | $Cl_2$、HCl、HF、HBr | 刻蚀、改进气体、提高各向异性和选择性 |
| | 等离子刻蚀气 | $CH_3F$、$CH_2F_2$、$CHF_3$、$CF_4$、$C_2H_6$、$C_3H_2F_6$、$C_3F_8$、$C_4F_6$、$C_4F_8$、$NF_3$、$SF_6$、CO、$BCl_3$ | |
| | 反应性喷镀气 | $O_2$ | |
| 光刻气 | | $F_2$、He、$Cl_2$、Ne、Kr | 进行光刻 |
| 化学气相沉积（CVD）气 | | $SiH_4$、$SiH_2Cl_2$、$SiCl_4$、$NH_3$、NO、$WF_6$、$N_2O$ | 形成CVD薄膜 |
| 稀释气（平衡气） | | $N_2$、Ar、He、$H_2$、$CO_2$、$O_2$ | 提供惰性环境氛围 |

表2.149　主要电子特气产品

| 分类 | 产品 | 规格 | 应用厂家 |
|---|---|---|---|
| 掺杂气 | 砷烷、磷烷 | 6N | 中芯国际、长江存储、台积电、英特尔、三星、海力士等 |
| ALD用气 | HK前驱体 | 6N | 中芯国际、长江存储、台积电、英特尔、三星、海力士等 |
| CVD用气 | 六氟化钨 | 5N | 中芯国际、台积电、长江存储、英特尔等 |
| 清洗气 | 三氟化氮 | 4N6 | 京东方、华星光电、台积电、中芯国际、三星、海力士等 |
| CVD用气 | 硅烷 | 6N | 京东方、华星光电、台积电、中芯国际、三星、海力士等 |
| CVD用气 | 二氯二氢硅 | 6N | 中芯国际、长江存储、台积电、英特尔、三星、海力士等 |

续表

| 分类 | 产品 | 规格 | 应用厂家 |
|------|------|------|----------|
| CVD用气 | 氨气 | 5N | 京东方、华星光电、台积电、中芯国际、三星、海力士等 |
| 刻蚀气 | 氯气 | 5N | 中芯国际、长江存储、台积电、英特尔、三星、海力士等 |
| CVD用气 | 氧化亚氮 | 5N | 京东方、华星光电、台积电、中芯国际、三星、海力士等 |
| 刻蚀气 | 氯化氢 | 5N | 中芯国际、长江存储、台积电、英特尔、三星、海力士等 |
| 刻蚀气 | 碳酰氟 | 5N | 中芯国际、长江存储、台积电、英特尔、三星、海力士等 |
| 刻蚀气 | 羰基硫 | 5N | 中芯国际、长江存储、台积电、英特尔、三星、海力士等 |
| 掺杂气 | 三氟化硼 | 5N | 中芯国际、长江存储、台积电、英特尔、三星、海力士等 |
| 掺杂气 | 乙硼烷 | 5N | 中芯国际、长江存储、台积电、英特尔、三星、海力士等 |
| 刻蚀气 | 六氟丁二烯 | 5N | 中芯国际、长江存储、台积电、英特尔、三星、海力士等 |
| 刻蚀气 | 六氟乙烷 | 5N | 中芯国际、长江存储、台积电、英特尔、三星、海力士等 |
| 激光气 | 氪气、氖气等 | 6N | 中芯国际、长江存储、台积电、英特尔、三星、海力士等 |

## 二、市场供需

### (一) 世界电子特气供需分析及预测

#### 1. 世界电子特气生产现状

电子特气发展历程：工业气体行业起源于1886年的英国，Brins兄弟建立了BOC（英国氧气公司），起初的产品包括氧气、氢气、一氧化碳、氮气等大宗工业原料，对纯度要求不高。20世纪60年代，随着电子工业等高新技术产业的崛起，出现了电子气体及其它特殊用途的高纯气和混合气，统称为特种气体。国际上从事电子气体业务的公司有60余家，主要分布在美国、日本、欧洲、韩国等地。从全球市场占比来看，以海外龙头林德集团（含普莱克斯）、空气化工、液化空气和大阳日酸为首的气体公司占有全球90%以上的特种电子气体市场份额，市场高度集中，形成了寡头垄断的格局。这些公司通常在建设集成电路工厂时同步建设气站和供气设施，通过现场空分制气或罐车定期配气，并借助较强的技术服务和品牌能力为芯片制造公司提供整套气体解决方案，具有极强的市场竞争力。

其余公司则专注于电子气体细分市场，如美国REC、日本信越化学、德国瓦克等具有多晶硅业务的公司，都可以向市场供应高品质硅基气体；美国英特格在收购ATMI后开始进入离子注入源和CVD前驱体领域；日本Adeka和中国台湾南美特是CVD/ALD前驱体领域的先进技术代表。

根据Sanyo-times的资料，日本厂商在电子气体市场中占据了较大的比重，包括昭和电工、关东电化工业、Adeka（艾迪科）、日本中央硝子（Central Glass）、住友精化、大金工业等。比如，高纯度氯气的主要厂商是昭和电工和Adeka（艾迪科）；关东电化工业的$WF_6$（六氟化钨）全球占比30%，$CF_4$（四氟化碳）和$CHF_3$（三氟甲烷）全球占比40%；COS是亚洲第一供应商，全球占比60%。世界主要电子特气生产企业见表2.150。

表 2.150　世界主要电子特气生产企业

| 企业名称 | 市场占比/% | 装置所在地 | 工艺来源 |
|---|---|---|---|
| 林德 | 25 | 美国、日本等 | 自主研发、并购 |
| 空气化工 | 25 | 美国、加拿大、欧洲等 | 自主研发、并购 |
| 液化空气 | 23 | 韩国、日本、中国大陆、中国台湾、新加坡、美国、法国和德国等国家和地区 | 自主研发、并购 |
| 大阳日酸 | 18 | 日本、中国、韩国、澳大利亚、美国等 | 自主研发、并购 |
| 其他 | 9 | — | — |

**2. 世界电子特气需求分析及预测**

全球电子气体的增长主要得益于半导体、面板、存储、PCB、医药、食品等领域的强劲需求。预计未来3～5年，先进逻辑芯片、高端存储芯片、面板将是电子气体市场的主要驱动力。根据TECHCET调研显示，2020年全球电子气体市场规模58.5亿美元，其中电子特气的市场规模为41.9亿美元，占比71.6%。预计2025年将超过80亿美元，年复合增速达到6.5%。根据Linx Consulting显示，2020年全球半导体市场所需电子特气占全部市场消费量的70%左右，液晶显示和太阳能电池需求占比分别为20%和4%。未来随着疫情的缓解、能源革命与计算革命带动，半导体行业景气度将持续，预计在2025年全球电子特气市场将超过60亿美元，年复合增速达到7.45%，将长期处于供不应求的状态。

在电子气体需求的地域分布中，亚太地区占比最高，中国、美国、日本、韩国是全球规模最大的区域市场，而中国作为增速最快的市场，未来对电子特气的增速将保持在8.2%，全球占比逐年攀升。CINNO Research市场统计数据显示，2020年全球显示面板用电子特气总用量约4.6万吨，较2019年增长超7%。2021年全球显示面板企业保持高水平稼动率运转，所需电子特气总量将突破5.1万吨，较2020年增长11%。

## （二）国内电子特气供需及预测

**1. 国内电子特气生产现状**

20世纪80年代，下游行业对气体的纯度要求达到4.5 N～5N，全球各主要气体公司相继设立了特种气体业务，彼时我国的电子特气工业体系还不完善，研究多是对国外技术的跟踪与翻译。20世纪90年代，业界对电子特气的纯度要求提高到6N甚至8N，国外的大型气体公司逐步建立了具有自己特色的、分工明确、门类齐全的气体控制体系。我国气体工业在气体纯度、混配、贮运、分析、净化和应用上，与国外仍然有着10年左右的技术代差。21世纪，跨国气体公司通过大量整合兼并，最终组成了以德国林德、美国空气化工、法国液空、日本大阳日酸为首的几家巨头气体公司，形成垄断格局。近年来，国际电子气体供应商纷纷进入我国并建立生产基地，凭借技术水平高、产品覆盖面广、品牌效应明显等优势，外资四大巨头一度控制了85%以上的国内市场份额。

受益于上游半导体行业的高速发展，国产电子特气的研究及产业化持续加快，不断实现高端品种的技术突破，与国外的技术代差逐渐缩小，成功结束了国产电子特气无法大规模批量、稳定使用的历史，以高纯氨、氯化氢、四氟化碳、三氟化氮等为代表的国产电子特气，在 8 英寸晶圆、太阳能电池和平板显示领域有不俗的表现。目前，我国基本建成了品种齐全、质量接近的电子特气工业体系。国内从事电子气体研究和生产的企业有 40 多家，包括昊华气体、派瑞特气、南大光电、华特气体等。国内企业均在各自细分产品上不断突破，不仅实现了本土批量供应，同时远销海外。但从资产规模及企业营业收入规模来看，目前国内企业规模较小，全球市场占有率仍较低。国内能批量生产的电子特气主要集中在集成电路的清洗、蚀刻、光刻等工艺环节，对掺杂、沉积等工艺的电子特气仅有少部分品种取得突破。

据中国工业气体工业协会统计，目前集成电路生产用的电子特气我国仅能生产约 20% 的品种。三氟化氮、四氟化碳、六氟化硫、六氟化钨、氧化亚氮、氨气等产品的国产化程度较高，其中部分品种的国产化率超过 50%。但准分子气体（氟基混配气体，主要应用在激光领域）等国产化率还比较低。由于本土电子特气厂商扩能速度快，人工及原材料成本低，一旦相关技术实现突破，产品竞争力将很快超过海外企业。国内主要电子特气生产企业见表 2.151。

表 2.151　国内主要电子特气生产企业

| 企业名称 | 装置所在地 | 工艺来源 |
| --- | --- | --- |
| 昊华气体 | 洛阳、大连、成都、武汉 | 自主研发 |
| 派瑞特气 | 邯郸 | 自主研发 |
| 南大光电 | 苏州、滁州、淄博、乌兰察布 | 自主研发、专利购买、并购 |
| 华特气体 | 广州、江西等 | 自主研发 |

**2. 国内电子特气需求分析及预测**

近年来，随着全球半导体产业链向中国转移，国内电子气体市场增速远高于全球平均增速。根据中国半导体行业协会数据显示，2019 年我国电子特气行业市场规模约为 140.2 亿元，2020 年达到 173.6 亿元，占全球比例约为 48%，同比增长 23.8%，其中集成电路及器件领域占比 44.2%；面板领域占比 34.7%；太阳能及 LED 等领域占比 21.1%。预计 2024 年，中国电子特气市场规模将达到 230 亿元，年均复合增长率 11.5%，全球占比也将提高至 60%。

据 CEMIA 统计，2020 年中国集成电路用电子气体市场规模为 40.57 亿元，同比 2019 年的 34.98 亿元增长 15.98%，随着国内诸多晶圆厂的投产，电子气体的需求量也将随之增加，初步统计 2021 年中国集成电路用电子气体市场规模达到 45.65 亿元，预计 2023 年将进一步增加至 55.50 亿元（见表 2.152）。

表 2.152　中国集成电路用电子气体市场规模

| 年份 | 2019 年 | 2020 年 | 2021 年 | 2022 年 | 2023 年 |
| --- | --- | --- | --- | --- | --- |
| 规模/亿元 | 34.98 | 40.57 | 45.65 | 51.27 | 55.50 |

注：来源于 CEMIA-1。

在中国大陆显示面板市场方面，国内各面板厂部分新增产能也在快速爬坡放量。CINNO Research 数据显示，2021 年中国大陆显示面板用电子特气全年用量增加至 2.9 万吨，较 2020 年增长 26%。

## 三、工艺技术

电子气体的生产技术主要涉及合成技术和纯化技术两个部分。

### (一) 合成技术

目前,国内外电子气体的合成方法主要有电解法、化学法和电解-化学法等。

**1. 电解法**

目前国内利用电解法进行大规模生产的电子气体主要有三氟化氮、氯气、氟气等。三氟化氮是用量最大的含氟电子气体,主要用于等离子蚀刻,随着电子及光伏产业的快速发展,市场需求增长迅速。目前,日本、韩国及中国工业化生产三氟化氮主要采用电解法工艺,流程是在特制镍基电解槽中对熔融的 $NH_3F \cdot (HF)_x(x=2\sim3)$ 电解质进行电解,并在阳极上生成三氟化氮。一般在电解时控制电解质的熔盐比 $(M_{HF}/M_{NH_3})$ 为 $1.5\sim3$,电解槽压力为 $-0.01\sim0.01MPa$,电解槽温度为 $90\sim150℃$。

超纯氯是半导体、光纤生产的重要原料,作为重要的等离子刻蚀剂和脱羟基气体,分别用于制造大规模集成电路和光纤。工业上生产氯气一般采用电解食盐水法,工业氯气经过吸附、精馏等纯化工艺即可制得电子级氯气。该工艺具有反应路径短、产品纯度高、质量稳定等优点,可一步反应生成目标产物。

**2. 化学法**

目前利用化学法进行工业化生产的电子气体主要有六氟化钨、甲硅烷、三氯氢硅、三氟甲烷、砷烷等。

六氟化钨是金属钨化学气相沉积工艺的原材料,其制备过程是通过金属钨粉和氟化剂直接反应后得到六氟化钨产物。高纯甲硅烷是半导体制造领域的"源"性气体,广泛用于制造各种半导体材料,其生产工艺最初来源于美国 UCC 公司开发的氯硅法。该方法以三氯氢硅为原料,在催化剂作用下经过歧化反应制取甲硅烷。电子级三氯氢硅通常作为半导体硅外延片和 CVD 成膜工艺所需要的硅源气体。工业上生产三氯氢硅主要有两种方法,四氯化硅冷氢化法和硅氢氯化法。硅氢氯化法技术成熟、易产业化,是目前国内三氯氢硅生产的主要工艺。

化学法的优点是能耗低,设备投资小,但是反应副产物多,转化率低,一般需要使用重金属催化剂等,增加了后续精制纯化的难度。

**3. 电解-化学法**

电解-化学法是利用电解制备出氟气,利用氟气的高氧化性,与各类物质反应,制备电子气原料的方法。目前,国内利用电解-化学反应法进行大规模生产的电子气体主要有六氟化硫、四氟化碳及新型三氟化氯等。

高纯六氟化硫是一种良好的电子蚀刻气,广泛用于微电子技术领域。六氟化硫的生产工艺过程主要包括电解、合成、洗涤、干燥、精馏等环节,主要原料有氟化氢钾、氟化氢、硫黄等。电解槽中放入氟化氢钾,在熔融状态下电解,阳极和阴极分别产生氟气和氢气,其中氟气进入六氟化硫反应器中，与硫黄进行反应生成六氟化硫粗气，氢气则被收集处理。为保证电解的连续进行，需向电解槽中通入氟化氢，补充消耗的电解质。六氟化硫粗气经水洗、碱洗、干燥、精制后得到电子级六氟化硫。

四氟化碳在微电子领域主要用作蚀刻气和清洁气。目前，国内四氟化碳的生产工艺主要是氟碳直接化合法。其生产过程通常是先电解制氟，然后将制得的氟气通入装有碳粉的卧式固定床反应器中，使氟气与碳直接反应而生成四氟化碳粗气，粗气再经水洗、碱洗、干燥、吸附精馏等制得电子级四氟化碳。为了稳定氟碳反应过程，日本采用不同的卤素氟化物做抑爆剂，如三氟化溴、五氟化碘等，也可以通入引燃气（如二氟甲烷）或固体引燃剂，使氟气与碳安全稳定高效的进行反应，合成四氟化碳粗气。

## （二）纯化技术

电子特气通常对纯度要求高，部分品种的纯度要求 6N 甚至更高。因此，纯化技术是电子特气的关键制备技术。电子特气中常见的杂质包含氧气、水分、碳氧化物、烃类、金属颗粒物和灰尘颗粒等。在不同工艺的半导体器件生产过程中，不同的杂质对半导体产品的影响不同。在集成电路的刻蚀和清洗过程中，即使电子特种气中 ppm 级的微量杂质气体进入工序中就能导致半导体产品质量下降，使每个元件存储的信息量减少，使高密度集成电路产品的不合格率增加。随着集成电路制程越来越小、产品制造尺寸越来越大，产品成品率和缺陷控制愈发严格，整个电子工业界对气源纯度的要求越来越高。这要求电子气体纯化技术不断提升以满足市场的要求。常见的气体纯化技术主要有吸附法、精馏法、吸收法、膜分离法等。

### 1. 吸附法

吸附法是利用多孔材料对于混合物中的一种或多种组分的吸附能力将其吸附在材料表面，再利用适宜的溶剂洗涤、加热或气体吹扫等方法将被吸附物质解吸，以达到分离和富集的目的。吸附法可分为物理吸附法和化学吸附法。

日本昭和电工发明了用于吸附纯化八氟丙烷、八氟环丁烷等全氟烷烃的吸附剂，该吸附剂能有效吸附分离八氟丙烷中的七氟丙烷、六氟丙烯、一氯五氟乙烷等杂质，可以将杂质含量降低至 1ppm 以下。武峰发明的高纯砷烷的合成方法，以分子筛和金属合金为吸附剂，经过两级吸附可以制得 5N、6N 级的高纯砷烷。S. A. Krouse 等的研究表明，采用 5A 分子筛作为吸附剂可以有效脱除六氟丁二烯中的水、醇、氟化氢及其他氟氢类杂质，还可明显减少使用三氧化二铝作吸附剂时产生的热量，从而可以避免这些热量对六氟丁二烯造成的分子重排，间接减少了六氟-2-丁炔的生成。

### 2. 精馏法

精馏法提纯工艺在化工行业应用广泛，是进行气体纯化最主要的手段，电子工业用气 95% 以上都依靠精馏法进行提纯。精馏法分离操作简单，适用于气体混合气中的某些不凝气如氮气、氧气、氢气等压缩气体的脱除。例如韩瑞雄等报道的高纯三氟化硼的制备技术研究中采用低温精馏的方法对三氟化硼进行提纯。权恒道等发明的一氟甲烷的纯化方法，通过两次精馏可以将一氟甲烷中的氯化氢分离除去。

### 3. 吸收法

吸收法可分为物理吸收和化学吸收。电子气体精制过程中部分杂质可以利用特定的吸收剂进行吸收，如水洗或碱洗除去其中的氯化氢和氟化氢等酸性气体。津田武英等发明的二氟甲烷的制造方法，将二氟甲烷和氟化氢经蒸馏后的共沸混合物与硫酸接触，共沸混合物中的氟化氢被硫酸除去。中船重工718所发明的一氟甲烷的纯化方法，采用乙醇钠-无水乙醇溶液对一氟甲烷粗气进行吸收处理，能够有效吸收一氟甲烷粗气中的酸性杂质并降低含水量，再通过精馏等纯化过程可制得电子级一氟甲烷。

### 4. 膜分离法

膜分离法是一门新型分离技术，技术核心是膜材料，新型膜材料制备是膜分离技术的研究热点。日本大金发明了使用气体分离膜除去碳酰氟中二氧化碳的相关技术，通过采用聚酰亚胺中空纤维膜的技术手段对碳酰氟进行精制纯化，可以获得用于半导体蚀刻的高纯碳酰氟。贺高红等也发明了一种膜法分离二氟一氯甲烷和三氟甲烷混合气的方法，即将生产制冷剂R22过程中经冷凝后未能分离的二氟一氯甲烷和三氟甲烷混合气在环境温度、一定压力下引入至少一个气体膜分离组件，所使用的气体分离膜是由高分子材料制作的溶解-解析膜，由橡胶态高分子涂层与玻璃态高分子支撑层复合而成。

### 5. 其他分离方法

目前除了上述工业上常规使用的方法，国内外也在研究新的精制提纯技术，以满足电子气体工业越来越高的纯度要求，如离心法、吸气剂法、催化净化法及冷冻法等。比如Belyantsev等开发了一种砷烷的超纯离心分离技术，净化过程分为两步：第一步净化的目的是除去重杂质，第二步是除去分子量小于砷烷的轻杂质。高嵩等研发的CTC503型吸气剂可以深度脱除电子特气氢、氩气中的氧气、二氧化碳和水，纯化后的气体中氧气、二氧化碳和水等有害杂质含量都可以降低至20～50ppb以下。昊华气体有限公司开发了一种将四氟化碳中微量三氟化氮去除的工艺，在催化剂作用下，活性金属与四氟化碳中的三氟化氮发生氟化反应，生成金属氟化物和氮气，可以有效去除四氟化碳中的微量三氟化氮。陈志刚等开发了一种高纯六氟化钨的制备工艺，其中通过采用氟化钠吸附配合深冷工艺纯化氟气，低温冷凝回收合成的六氟化钨粗气以除去不凝气，可以有效除去氟化氢等沸点与六氟化钨接近的杂质气体。

近年来，我国电子行业迅速发展，对电子气体的纯度和洁净度要求也越来越高。电子气体纯度的提升依赖于更先进、高效的纯化技术的发展，现有的精馏、吸附等传统纯化技术已经很难满足要求，因此在实际生产中都是多种方法组合进行纯化。目前，国内在4N、5N级别的电子气体精制领域尚能满足要求，但是当气体纯度要求达到7N、9N时，这些传统纯化方法难免捉襟见肘，因此开发新的气体纯化技术，如吸气剂法、催化净化法，对未来我国电子气体产业的发展具有重要意义。

## 四、应用进展

电子气体在光刻、刻蚀、掺杂、气相沉积、扩散等多个集成电路制造环节具有重要作用,尤其在半导体薄膜沉积环节发挥不可取代的作用,是形成薄膜的主要原材料之一。集成电路行业,通常应用在成膜、清洗、刻蚀、掺杂等制造环节中,需要的电子气体纯度高,种类多。

在LCD行业中,电子特气主要应用于成膜和干刻工艺。TFT-LCD面板的制造过程可分为三大阶段:前段阵列工序(Array)、中段成盒工序(Cell)以及后段模块组装工序(Module)。电子特气主要应用于前段阵列工序的成膜和干刻阶段,经过多次成膜工艺分别在基板上沉积$SiN_x$非金属膜以及栅极、源极、漏极和ITO等金属膜。显示面板行业,在掺杂和刻蚀工序中,主要以硅烷等硅族气体、磷化氢等掺杂气体和六氟化硫等刻蚀气体为主。在薄膜工序中,通过化学气相沉积在玻璃基板上沉积二氧化硅等薄膜,使用的特种气体主要为三氟化氮、四氢化硅、磷化氢、氨气等。在LED照明中,电子特气主要应用于LED外延片和芯片的制作过程。

电子特气同样在电池片太阳能晶体硅电池片和薄膜太阳能电池片的生产过程中扮演着重要角色。电子特气在太阳能电池片的扩散、刻蚀、沉积等多项工序中发挥重要作用,比如三氯氧磷和氧气用于扩散工艺,四氢化硅、氨气、二乙基锌、乙硼烷、硅烷用于薄膜沉积,四氟化碳用于刻蚀。

近年来,我国集成电路用电子气体的整体国产化率持续提升,达到约32%。8/12英寸晶圆刻蚀用的$NF_3$、CO、$CH_2F_2$、$CF_4$、$C_4F_8$、$CH_3F$,沉积用的$WF_6$、CO、$N_2O$,离子注入用的锗烷混气,清洗用的$NF_3$均已实现产业化并批量供应。8英寸晶圆冷却用的氦气、氖气、氙气,刻蚀用的$C_4F_6$、HBr,沉积用的$C_3H_6$,离子注入用的乙硼烷混气、磷烷混气;12英寸晶圆冷却用的氦气、氖气、氙气,刻蚀用的HBr、$CH_3F$,沉积用的$C_3H_6$、OMCTS、4MS、TEOS、TMS,离子注入用的乙硼烷混气、磷烷混气也已实现产业化,批量导入进展顺利。12英寸晶圆刻蚀/清洗用的$ClF_3$、六氟丙烷、四氯化硅,成膜气体三氯氢硅、二氯二氢硅目前处于中试阶段。总体来看,作为国产化率最高的电子化学品,国内电子特气产品基本可以满足8英寸晶圆生产的需求,12英寸晶圆用产品还需进一步提升,国内技术总体与国外先进水平相差1到2代。

电子特气未来的五大发展趋势分别为品类扩充、高端突破、专业分工明确、尾气回收扩大、气体企业整合提速。对于当前半导体上游供应链,国产替代已成为业界共识,未来国产化率将显著提高。电子气体的发展对于环保方面也有新的挑战,低GWP(全球变暖潜能值)电子气体将越来越受到重视,作为目前大体量电子气体$SF_6$、$NF_3$、$CF_4$的替代物,如$CHF_3$、$C_3F_6$、$C_2HF_5$、$C_3F_6O$等将受到广泛关注。新型刻蚀工艺中,COS将逐步推广,新型清洗/蚀刻气体如二氟甲烷($CH_2F_2$)、八氟环丁烷($C_4F_8$)、六氟丁二烯($C_4F_6$)等也会被大量使用,气相沉积用气体、离子注入用气体等技术含量较高的产品也迫切需要突破生产瓶颈,以满足我国先进制程全面展开的要求。

综合来看,国内电子气体产品的规模化生产实力有待提升,产品技术水平和品质稳定性及对制造业的技术支持和服务能力尚有待大批量市场应用的考验,针对先进技术节点的产品开发能力仍显薄弱。虽然部分产品已经完成了国产化替代,打破了国际公司垄断的局面,不过国内企业在高端电子气体市场领域还需继续努力。

## 五、发展建议

### （一）国内电子气体行业发展存在的问题

**1. 缺少基础研究和关键工艺突破**

国内企业往往注重单一产品的研制，主要采用传统的合成、纯化技术，缺乏对先进的低温精馏、分子蒸馏、催化转化、高效精密过滤等技术的系统研究，缺少系统集成方面的研发基础投入。大部分企业以个别产品规模化生产为目标，技术多来源于韩国、日本，缺乏持续的自主研发创新能力，缺乏关键共性技术、工程化产业化关键技术研发及突破，不能为高端产品研制和使用提供支撑。部分技术成熟度、生产工艺自动化和智能化水平较低，产品质量一致性、稳定性、可靠性较差。产品组成相对单薄，没有形成规模化和系列化产品的供应能力，关键原料不能满足需求。服务能力较差，难以为下游用户提供整体解决方案和综合服务。

**2. 分析测试技术和配套保障链条缺乏**

缺乏系统的分析测试技术研究，缺少材料应用工艺开发与验证公共平台，不能满足产品质量提升对分析仪器设备、检验方法提出的更高要求。产品检验标准、规范缺失，无法满足产品研制及批量稳定生产。部分关键设备受国外供应商限制，高纯电子气相关的部分阀门、管件、包装物国产化能力不足，产品品质难以保障。

**3. 人才缺乏的问题明显**

电子气体行业对熟练的专业技术人才需求量很大，但是国内企业普遍缺乏全面了解化学品和电子产业的共性人才，相关高校、研究院所也普遍缺乏与电子气体行业相匹配的专业学科培养方向，导致人才培养、引进跟不上行业发展速度。

**4. 领军型企业的缺乏**

国内企业小而散、缺乏领军型企业的格局制约了我国电子气体行业整体竞争力，国内企业一般为区域性企业，产品种类不够丰富，一些关键气体由于用量不大，不能形成规模效益，难以引起企业投资兴趣。企业缺乏气体产品质量控制、安全管理等方面的经验，售后服务也与国外公司存在较大差距。

### （二）促进电子特气产业健康发展的措施建议

一是加大政策和资金扶持、引导力度。针对"卡脖子"电子气体产品建立专项工程，通过政策支持和资金投入快速实现产品开发，重点是对 $C_4F_6$、$C_5F_8$、$CH_2F_2$、$HBr$ 等开展合成、纯化工艺的集中攻关；对于同位素富集型气体的需求开展同位素的分离提纯技术攻关，并支持产业化；对于特种离子注入气体如砷烷、磷烷等开展专用包装容器及供应装置的开发和产业化。

二是引导和鼓励国内企业提升气体分析关键设备、配套精密零配件、包装物制造技术水平，对电子气体企业的发展壮大形成有力支撑。

三是搭建高纯、超高纯电子气体的验证检测平台，对分析检测的设备和工艺方法进行整体的提升，并且通过检测平台与下游用户的深度绑定加速国产电子气体的应用检验流程。

四是充分发挥和借助社会资本，塑造中国电子气体行业的领军型企业。构建产学研用协同创新体系，突破电子气体共性关键技术、工程化产业化关键技术等瓶颈。整合相关产品，丰富产品类型，形成规模效应。

五是出台相关的融资、税收等政策，鼓励国内半导体集成电路企业对国产电子气体进行考核应用评价并配合推进国产化替代进程。

预计到 2025 年，集成电路用电子气体国产化率将提高至 55%，培育 2 家具有核心竞争力的本土龙头企业，2 家龙头企业电子气体业务销售额到 2025 年要突破 10 亿元。同时，为满足先进制造技术发展要求，加快开发 14nm 及以下技术节点需求的新型电子气体和前驱体，进一步提升产品技术水平和供应链的保障能力。

## 第二十八节　湿电子化学品

*北京化学试剂研究所　杨长青　董艺萌　于朴凡*

### 一、发展历程

湿电子化学品，又称超净高纯试剂或工艺化学品，主要是指专为电子产品配套的，符合高纯试剂要求的化学试剂。其中，高纯试剂是指主体成分纯度大于 99.99%，杂质离子和微粒数符合严格要求的化学试剂。湿电子化学品主要用于晶圆、面板、硅片电池制造加工过程中的清洗、光刻、显影、蚀刻、去胶等制作过程。

#### （一）国际湿电子化学品的发展历程

1958 年德州仪器的杰克·基尔比宣布制成全球第一块集成电路，稍后美国仙童公司的诺伊斯也宣称制出第一块集成电路。集成电路的诞生对超净高纯试剂的发展提出了相应的要求。伴随着集成电路的研发与工业化，超净高纯试剂的发展也逐步加快。到 60 年代末期，巴斯夫等企业开始规模化生产专用于集成电路的超净高纯试剂，自此湿电子化学品一词正式问世。1971 年德国伊默克公司出版了《默克标准》，里面详细记录了各种试剂的杂质最高含量以及检测方法。1975 年，国际半导体设备与材料组织（SEMI）正式成立 SEMI 化学试剂标准委员会为湿电子化学品制定标准，1978 年德国伊默克公司制定了 MOS 化学试剂标准，为湿电子化学品的发展拉开序幕。截至目前，SEMI 标准已经发展成为世界上湿电子化工行业最通用、最权威的标准。

20 世纪 90 年代之前，湿电子化学品市场主要由美国 Ashland、德国巴斯夫、伊默克等企业垄断。20 世纪 90 年代起，由于日本半导体产业的迅速发展，三菱化学、住友化学等日本企业短期内迅速崛起,其湿电子化学品的市场占有率快速提升。21世纪初期,湿电子化学品市场被德国、美国、日本等国龙头企业所垄断。近几年来,随着韩国和中国的半导体、平板显示器、太阳能电池等产业的快速发展,涌现出一批优秀的湿电子化学品企业,如韩国东友精细化工,中国台湾的鑫材料科技以及中国大陆的江化微、晶瑞等企业逐渐发展起来,打破了以往的垄断格局,让中韩两国在湿电子化学品市场中占领了一席之地。

目前,国际上SEMI G1~G4不同等级的湿电子化学品的生产工艺均已趋于成熟,部分国家已经掌握了G4以上等级的湿电子化学品生产技术。

### (二)国内湿电子化学品的发展历程

相较于国外,中国湿电子化学品的发展历史比较短。我国对湿电子化学品的研究开始于20世纪70年代。当时,北京化学试剂研究所在国内率先研制成功适合$5\mu m$技术用的MOS级试剂,之后上海化学试剂厂、天津试剂三厂等单位也开始生产MOS级试剂。随着集成电路集成度的不断提高,对超净高纯试剂中的可溶性杂质和固体颗粒含量的控制要求也越来越严,同时对生产环境、包装方式及材质等提出了更高的要求。为了满足国内集成电路的发展需求,国家"六五"到"八五"计划,都将超净高纯试剂的研发列入重点科技攻关计划,由北京化学试剂研究所承担相关攻坚任务。到目前为止,北京化学试剂研究所先后推出了BV-Ⅰ、BV-Ⅱ和BV-Ⅲ等多个等级的高纯试剂。

2002年,北京化学试剂研究所和上海华谊开始承担国家"863"计划ULSI超纯试剂制备工艺课题。此后的数年内,该课题对我国湿电子化学品的发展发挥了重要的促进作用。2004年,上海中远化工有限公司和中国台湾联仕电子材料股份有限公司联合出资成立了我国首个超纯微电子化学品项目,项目首期出资1.7亿元人民币,年产近2万吨超高纯微电子化学品。之后几年,伴随着太阳能电池等下游产业的发展,我国湿电子化学品进入了规模化生产阶段,部分民营企业也加入湿电子化学品行业。

"十五"期间,我国湿电子化学品需求量已超过万吨,整个电子化学品市场规模超过200亿元,巨大的市场需求提供了巨大的发展机遇,尤其是当时我国已加入WTO,如果国内企业不发展,国外产品将大量涌入国内市场。因此,超净高纯试剂的研发再次受到了国家的重视。

"十五"以后,国家加强了化学试剂生产企业监管,陆续出台了一系列法律法规和政策标准,尤其是施行了强制许可制度。北京化学试剂研究所、天津试剂三厂等老牌企业逐渐淡出行业主流梯队。与此同时,江阴、苏州地区一批民营、合资、改制后的股份制企业纷纷崛起,逐渐形成了湿电子化学品产业集群,推动行业向规模化发展。这时,国内部分湿电子化学品的关键指标已经达到国际G3标准的水平,在相关领域逐步开始替代进口。如今,国内大多数企业湿电子化学品产品等级为SEMI G1至G2,部分企业的某种产品已达到SEMI G3级别,多氟多、晶瑞等少数企业的个别产品达到了SEMI G4级别,实验室可以达到G5级。整体来看,国内企业与世界领先水平还有一定差距,尤其是部分高端产品国产化率仅10%左右。

华为事件的发生,让中国认识到信息产业自主化的重要性,为进一步鼓励国内半导体产业的发展,打破外国垄断,增强科技实力和国际竞争力,国家先后出台了一系列支持和引导半导体行业发展的产业政策，我国湿电子化学品的发展也进入创新期。

## 二、分类及用途

湿电子化学品按照组分和应用工艺的不同可分为通用型湿电子化学品和功能型湿电子化学品。其中，通用型湿电子化学品是指高纯溶剂，主要包括硫酸、氢氟酸、双氧水、氨水、硝酸、异丙醇等。功能型湿电子化学品是通过复配手段达到特殊功能、满足制造中特殊工艺需求的配方类或复配类化学品，主要为配方产品，如显影液、剥离液、清洗液、刻蚀液等。

按照应用领域的不同，湿电子化学品可分为半导体用、液晶显示用、太阳能电池用等种类。湿电子化学品中的常用化学品及其用途如表 2.153 所示。

表 2.153  常用湿电子化学品品名及用途

| 名称 | 符号 | 用途 |
| --- | --- | --- |
| 氢氟酸 | HF | 刻蚀 $SiO_2$ 以及清洗石英器皿 |
| 盐酸 | HCl | 湿法清洗化学品组成 2 号清洗液 SC-2，用于去除重金属元素 |
| 硫酸 | $H_2SO_4$ | 组成 Piranha 溶液，去除颗粒、有机物、金属 |
| 氢氧化铵 | $NH_4OH$ | 湿法清洗化学品组成 1 号清洗液 SC-1，用于去除颗粒 |
| 过氧化氢 | $H_2O_2$ | 湿法清洗化学品组成 1 号清洗液 SC-1，用于去除颗粒 |
| 氢氟酸 | $HF/H_2O$ | DHF 用于去除自然氧化层，不能去铜 |
| 异丙醇 | $C_3H_8O$ | 通用清洗剂；干燥；但在电子束曝光光刻中作为光刻胶显影剂 |
| 三氯乙烯 | $C_2HCl_3$ | 用于硅片和一般用途的清洗剂 |
| 甲苯 | $C_7H_8$ | 去油清洗剂 |
| 丙酮 | $CH_3COCH_3$ | 通用清洗剂 |
| 二甲苯 | $C_8H_{10}$ | 强清洗剂，亦用于边胶清洗 |
| 无水乙醇 | $C_2H_6O$ | 清洗剂，随着环保要求有替代异丙醇倾向 |
| 氟化铵 40% | $NH_4F$ | 酸性清洗剂、蚀刻剂，可与氢氟酸配合使用 |
| 甲醇 | $CH_3OH$ | 清洗剂、去油剂、干燥剂 |
| 环戊酮 | $C_5H_8O$ | 清洗用溶剂、显影剂 |
| 乙酸丁酯 | $C_6H_{12}O_2$ | 清洗剂 |
| 丁酮 | $C_4H_8O$ | 清洗剂、去油剂 |
| 正胶边胶清洗剂 | 乙酸丁酯：丙二醇单甲醚=1：1；丙二醇甲醚：二氧戊环=1：2 | 清除硅片边缘及背面的光刻胶 |
| 混酸 | 多种配方、配比 | 主要组成：硝酸、硫酸、氢氟酸、冰醋酸等 |
| N-甲基吡咯烷酮 | $C_5H_9NO$ | 正胶剥离液 |
| 硅酸四乙酯（TEOS） | $Si(OC_2H_5)_4$ | 化学气相淀积（CVD）工艺中的二氧化硅源 |
| 六甲基二硅烷（HMDS） | $(CH_3)_3SiSi(CH_3)_3$ | 化学气相淀积（CVD）工艺中的硅源，涂胶前硅片表面前处理，增强表面附着力 |

续表

| 名称 | 符号 | 用途 |
|---|---|---|
| 三氯氧磷 | $POCl_3$ | 离子注入或掺杂（DI）工艺中的磷源 |
| 五氯化磷 | $PCl_5$ | 离子注入或掺杂（DI）工艺中的磷源 |
| 三溴化硼 | $BBr_3$ | 离子注入或掺杂（DI）工艺中的硼源 |
| 三氯乙烯 | $C_2HCl_3$ | 清洗硅片去除不完全交联的光刻胶 |
| 四甲基氢氧化铵（TMAH） | $C_4H_{13}NO$ | 正胶显影剂 |
| 草酸 | $H_2C_2O_4$ | 5%的高纯草酸溶液用在LCD液晶生产中清洗剂 |
| 硼酸三甲酯 | $B(OCH_3)_3$ | 离子注入或掺杂（DI）工艺中的硼源 |
| 硼酸三丙酯 | $B(OC_3H_7)_3$ | 离子注入或掺杂（DI）工艺中的硼源 |
| 五氯化锑 | $SbCl_5$ | 离子注入或掺杂（DI）工艺中的锑源 |

## （一）半导体用湿电子化学品

从工艺流程来看，芯片制备主要分为前段晶圆制作和后段封装测试。其中，前段晶圆制作是半导体行业的核心工艺。整个晶圆的制造过程中需要反复通过十几次清洗、光刻、蚀刻等工艺流程，湿电子化学品主要用于晶圆制造的清洗、显影、刻蚀、剥离以及封装环节。晶圆清洗的目的是在氧化、光刻等工艺之前去除硅片表面的金属离子、有机物、氧化物，对湿电子化学品需求量最大。包括碱性洗液（SC-1）、酸性洗液（SC-2）、Piranha洗液（有机物清洗）、稀释氢氟酸（氧化层清洗）等不同类型清洗液。光刻工艺段包括光刻胶稀释用溶剂、涂胶前基片表面处理剂、曝光之后的显影剂、刻蚀完成后光刻胶去胶剂、剥离液等。蚀刻工艺段根据蚀刻对象的不同所需蚀刻液也不同，但主要以混酸蚀刻液为主。半导体制造工艺中常用的清洗剂见表2.154。

表2.154 半导体制造工艺中常用的清洗剂

| 类别 | 沾污类型 | 常用配方 |
|---|---|---|
| 碱性洗液 | 颗粒物 | $NH_4OH:H_2O_2:H_2O=1:1:5$ |
| 酸性洗液 | 金属离子 | $HCl:H_2O_2:H_2O=1:1:6$ |
| Piranha洗液 | 有机物 | $H_2SO_4:H_2O_2=4:1$ 或 $6:1$ |
| 稀释氢氟酸 | 氧化物 | $HF:H_2O<1:50$ |

由于集成电路制备对产品纯度要求高、客户黏性强，其中需求量较大的产品包括硫酸、双氧水、氨水、显影液及氢氟酸。

## （二）液晶显示用湿电子化学品

平板显示产业作为电子信息产业的核心支柱产业，融合了光电子技术、材料技术、微电子技术、化学技术、制造装备技术等，在平板显示器制造过程中，湿电子化学品属于关键性基础材料，主要用于基板上颗粒和有机物的清洗、光刻胶的显影和去除、电极的刻蚀等工艺环节,其品质直接决定了平板显示器成品的良品率。面板制造中常用试剂见表2.155。

表 2.155　面板制造中常用试剂

| 类别 | 作用 | 常用组分 |
| --- | --- | --- |
| 显影液 | 显影液就是溶解光刻胶,经过显影工艺将光罩上的图形转移到晶圆表面 | 四甲基氢氧化铵、氢氧化钾、氢氧化钠等 |
| 蚀刻液 | 湿法刻蚀是利用特定的化学溶液将待蚀刻薄膜未被光阻覆盖的部分分解,并转成可溶于此溶液的化合物后加以排除,从而达到刻蚀的目的 | 三氯化铁、醋酸、盐酸、硝酸、双氧水等 |
| 剥离液 | 用于除去金属电镀或刻蚀加工完成后的光刻胶和残留物质,同时防止对下面的衬底层造成损失 | 氢氧化钾、有机试剂(二甲基亚砜、乙醇胺)等 |
| 清洗液 | 清洗液用来除去基板表面尘埃颗粒及有机污染物,以保证成品和半成品的良品率 | 丙醇、异丙醇、无机清洗剂等 |

用户对液晶显示类湿电子化学品的纯度要求略低于集成电路类产品,需求量较大产品为磷酸、硝酸、MEA等极性溶液及醋酸。

## (三) 太阳能电池用湿电子化学品

太阳能电池本质上是一个面积比较大的半导体光电二极管,是一种基于光生伏特效应将太阳光能转化为电能的电子元器件。太阳能电池制作包括清洗制绒、磷扩散制备P-N结、硅片清洗、边缘刻蚀以避免短路、沉积反射膜、丝网印刷制备电极等步骤。湿电子化学品主要用于晶硅太阳能电池片的制绒加工及清洗等工艺环节。比如,以硝酸、氢氟酸及添加剂混合配成强腐蚀性酸混合液,利用其各向同性的腐蚀特性对多晶硅片表面进行腐蚀,将光滑的硅片表面腐蚀成凸凹不平的结构,以减少光反射造成的光损失,达到对多晶硅片制绒加工的目的。不同硅片类型的制绒工艺所用试剂见表2.156。

表 2.156　不同硅片类型的制绒工艺所用试剂

| 处理试剂 | 硅片类型 | 主要成分 |
| --- | --- | --- |
| 碱性溶液 | 单晶硅 | 氢氧化钠/氢氧化钾、异丙醇/乙醇、硅酸钠、添加剂等 |
| 酸性溶液 | 多晶硅 | 硝酸、氢氟酸、添加剂 |

一般而言,太阳能用湿电子化学品的技术标准要求较低,盈利能力较弱,但需求增速较快。市场需求量较大产品为氢氟酸、硝酸、氢氧化钾、盐酸等。

综上,湿电子化学品对集成电路制造业具有重要支撑作用。无论是硅片制备中的研磨剂、抛光剂等还是集成电路中的扩散源试剂、显影液、蚀刻液等,亦或是每个步骤之间的必不可少的清洗剂,只要是制备过程中使用到的化学试剂都属于湿电子化学品。如果试剂中微粒杂质、无机粒子、有机物质、微生物以及气体杂质数量超过一定限度,就会使集成电路产品发生表面的擦伤、图形断线、短路、针孔、剥离等现象,导致电性能异常。湿电子化学品的应用几乎贯穿整个过程,所以它的纯度和洁净度对集成电路的成品率、电性能及可靠性都有着十分重要的影响。

随着IC存储容量的逐渐增大,存储器电池的蓄电量需要尽可能地增大,因此氧化膜变得更薄,而超净高纯试剂中的碱金属杂质(Na、Ca等)会溶进氧化膜中,从而导致耐绝缘电压下降;若重金属杂质(Cu、Fe、Cr、Ag等)附着在硅晶片的表面上,会使P-N结耐电压降低。杂质分子或离子的附着又是造成腐蚀或漏电等化学故障的主要原因。因此,随着微电子技术的飞速发展,对超净高纯试剂的要求也越来越高,不同级别超净高纯试剂中的金属杂质和颗粒的含量要求各不相同。这也导致湿电子化学品具有产品规格多、产品更新换代快、质控要求极高、对生产及使用环境洁净度要求高等特点。

## 三、相关标准

### (一) 国际湿电子化学品标准

目前,湿电子化学品在国际上公认的标准分为美国试剂标准、欧洲试剂标准、日本试剂标准和俄罗斯试剂标准四类。美国试剂标准以SEMI为基础,欧洲标准以德国伊默克标准为基础例如MOS标准,日本标准则以日本关东化学和和光纯药工业的湿电子化学品为基础标准,俄罗斯标准则以RCA公司的标准为基础。随着世界经济一体化的发展,这些标准的指标也逐步接近。目前,国际湿电子化学品通常执行SEMI标准,SEMI指标主要包括单项金属离子、单项阴离子以及颗粒数等,另外根据每个产品的特点及用途还会增加相应的技术指标。湿电子化学品SEMI国际标准等级见表2.157。

表 2.157 湿电子化学品 SEMI 国际标准等级

| SEMI 标准 | C1 (Grade1) | C7 (Grade2) | C8 (Grade3) | C12 (Grade4) | Grade5 |
|---|---|---|---|---|---|
| 金属杂质 (ppt) | $\leqslant 10^6$ | $\leqslant 10^4$ | $\leqslant 10^3$ | $\leqslant 10^2$ | $\leqslant 10$ |
| 控制粒径/$\mu m$ | $\geqslant 1$ | $\geqslant 0.5$ | $\geqslant 0.5$ | $\leqslant 0.2$ | * |
| 颗粒/(个/mL) | $\leqslant 25$ | $\leqslant 25$ | $\leqslant 5$ | * | * |
| 适应IC线宽/$\mu m$ | $\geqslant 1.2$ | 0.8~1.2 | 0.2~0.6 | 0.09~0.2 | <0.09 |
| 适用IC集成度 | | 1M、4M | 16M、64M、256M | 1G、4G、16G | 64G |

### (二) 国内湿电子化学品标准

20世纪90年代,北京化学试剂研究所作为当时国内最大的湿化学品研发机构,提出了BV系列标准(见表2.158),此标准至今仍对国内湿电子化学品标准有着不小的影响。

表 2.158 国内湿电子化学品 BV 系列标准

| 品级 | 控制粒径/$\mu m$ | 尘埃粒子数/(个/mL) | 金属杂质/ppb | 适应IC线宽 |
|---|---|---|---|---|
| 低尘埃 | 5~10 | | | $\geqslant 5C$ |
| MOS级 | $\geqslant 5$ | $\leqslant 25$ | $\leqslant 100$ | $\geqslant 3\mu m$ |
| BV-Ⅰ | $\geqslant 2$ | $\leqslant 25$ | 50 | $\geqslant 2\mu m$ |
| BV-Ⅱ | $\geqslant 2$ | $\leqslant 25$ | 20~30 | $\geqslant 1.2\mu m$ |

续表

| 品级 | 控制粒径/μm | 尘埃粒子数/(个/mL) | 金属杂质/ppb | 适应IC线宽 |
|---|---|---|---|---|
| BV-Ⅲ | ≥0.5 | ≤25 | ≤10 | 0.8～1.2μm |
| BV-Ⅳ | ≥0.5<br>≥0.2 | ≤20<br>≤200 | ≤1 | 0.2～0.6μm |
| BV-Ⅴ | ≥0.2 | ≤100 | ≤0.1 | 0.09～0.2μm |

我国部分企业采用的湿电子化学品标准按照纯度划分为三个等级,见表2.159。

表2.159 国内划分的三个等级标准

| 等级 | 控制粒径/μm | 金属杂质/ppb | 适用工艺 |
|---|---|---|---|
| EL | <1 | <100 | 中小规模集成电路及电子元件加工工艺 |
| UP | <0.5 | <10 | 1μm集成电路和TFT-LCD制造工艺 |
| UP-S | <0.2 | <1 | 0.35～0.8μm集成电路 |
| UP-SS | 0.2,0.1 | <0.1 | 0.09～0.2μm集成电路 |

国内与国际标准的对应关系见表2.160。

表2.160 国内外标准的关系表

| SEMI标准 | BV系列标准 | 对应国内等级 |
|---|---|---|
| C1(Grade1) | | EL级 |
| C7(Grade2) | BV-Ⅲ | UP级 |
| C8(Grade3) | BV-Ⅳ | UP-S级 |
| C12(Grade4) | BV-Ⅴ | UP-SS级 |
| Grade5 | * | * |

## 四、生产工艺

### (一)国内主要生产工艺

湿电子化学品高纯试剂与普通化学试剂有很大区别。高纯试剂的特点一是高纯度,金属离子含量要求在ppm～ppt级;二是超洁净度,0.1～0.2μm的颗粒不得高于规定个数。因此,湿电子化学品的制备难度很大,除了需要专用设备外还要超净生产环境及高纯水、专用大型分析仪器和高素质的分析人员。

湿电子化学品生产工艺的核心是分离和富集技术以及分析检测技术,得到合格产品的关键是针对产品特性采取对应的分离和富集技术。目前,国内外制备湿电子化学品常用的分离和富集技术主要有精馏、蒸馏、亚沸蒸馏、减压蒸馏、低温蒸馏、膜技术、气体吸收、化学处理、分子筛吸附、离子交换等,具体见表2.161。不同的工艺或工艺组合适应于不同产品,湿化学品试剂质量提升是技术的进步。

表 2.161  试剂生产常用的一些分离富集技术

| 提纯技术 | 原理 | 工艺特性 | 适用品种 |
| --- | --- | --- | --- |
| 亚沸蒸馏 | 在低于该物质沸点的情况下进行蒸馏的方法,该技术的关键是将被提纯的液体加热到温度比沸点低5~20℃。由于未达到沸点,气相以分子状态与液相平衡。因此蒸汽中极少夹带或不夹带金属离子和固体微粒 | 产品纯度高、设备简单、操作方便等优点,采用此种方法可将普通蒸馏水和无机酸中的杂质含量降到ppb级,目前用于少量提纯 | 纯化氢氟酸、盐酸及硝酸等挥发性酸类产品 |
| 等温蒸馏 | 纯酸、纯碱气体在原料酸、碱中静态情况下缓慢逸出,扩散进入超纯水中制成高纯度酸、碱 | 制成的试剂纯度极高,杂质含量都在ppb级别以下。不足之处是速度慢、成本高、效率和收率低 | 提纯盐酸、硝酸、氢氧化铵等 |
| 减压蒸馏 | 基本原理与常压精馏一致,常压精馏要求主体成分在整个过程中性质稳定,一些易分解物质不能采用常压精馏,必须在减压精馏情况下降低其沸点 | 适用于在常压精馏时未达到沸点时,便受热分解、氧化或者聚合的物质 | 双氧水、硫酸、高沸点有机物溶剂 |
| 升华 | 具有升华性质的固体在受热后直接变成蒸汽,遇冷再由蒸汽冷凝成固体,在此过程中,杂质留于残液中而被分解 | 效果显著,但实际操作比较严格,仅应用于特殊产品的提纯 | 五氧化二磷等 |
| 气体吸收 | 一种或者多种气体溶解于液体的过程。用产生的气体通过气体洗涤装置进行纯化,用水吸收以制成高纯物质。气体的吸收过程可采用直接冷却吸收或塔式吸收装置吸收。在气体吸收设备中,被吸收组分从气相中传递到液相中的速率取决于发生在气液界面两侧的扩散过程 | 设备及工艺路线很简单,生产能耗低,产品质量高,操作简便,产量大,可以规模化生产,此技术已被广泛用于许多产品的大规模工业化生产 | 纯盐酸、氢氟酸、氟化铵、氢氧化铵、硫酸等 |
| 离子交换树脂 | 离子交换树脂是一种高分子聚合物,具有与液体中离子进行交换的功能。液相中的离子和固相中的离子间所进行的一种可逆性化学反应 | 能耗低、产量大、产品级别高、生产操作灵活、容易控制、产品质量稳定,针对不同试剂选择合适的离子交换树脂 | 广泛用于过氧化氢及有机溶剂工业化生产 |
| 膜处理 | 将特制的膜作为分子级过滤作用的介质,当溶液与膜接触时,将选择性透过需要的离子达到分离目的 | 能进一步优化湿电子化学品制备工艺,可以大幅度提升试剂纯度 | 乙醇、异丙醇等 |
| 分子筛吸附 | 分子筛分离的本质是分子吸附。它有像笼子一样的晶体结构。分子尺寸比它的孔穴小的容易被吸附,相反的不吸附。常用的分子筛是硅铝酸钠和硅铝酸钠钙。分子筛是按有效直径进行分类并起吸附分离作用的 | 可以对试剂中的杂质进行针对性吸附,适用于对某种杂质要求高的生产工艺 | 绝大部分有机溶剂 |

## (二)常用试剂的生产工艺

### 1. 电子级硫酸

电子级硫酸是微电子技术生产过程不可缺少的关键基础化学试剂。电子级硫酸主要用于硅晶片的清洗、光刻、腐蚀,印刷电路板的腐蚀和电镀清洗,可有效除去晶片上的杂质颗粒、无机残留物和碳沉积物,是半导体工业常用的八大化学试剂之一,消耗量居前三位。近年来,随着电子工业的发展,电子级硫酸的研制和生产得到快速发展,我国现已能够生产

MOS 级、G2 级、G3 级硫酸。电子级硫酸的生产方法对比见表 2.162。

表 2.162　电子级硫酸的生产方法对比

| 技术名称 | 原理及步骤 | 工艺特点 |
| --- | --- | --- |
| 精馏法 | 工业硫酸一般为微黄色黏稠液体，含有大量不同价态金属离子和 $SO_2$、$SO_3^{2-}$、有机物等，因此在提纯过程中先加入氧化剂将低价态还原性的酸根离子进行氧化，此时还原性杂质被氧化产生硫酸和二氧化碳，金属杂质离子以硫酸盐的形态在精馏过程中和蒸馏残液一起留在釜底，从而除去。精馏速度稳定后收集成品在储罐内，用微孔膜过滤除去颗粒，在超净工作台内分装成品 | 由于硫酸汽-液两相之间有着巨大的汽液混合区，对精馏有着非常不利影响，因此产品的质量标准很难超过 SEMI 标准 C8 级，同时具有能耗大，产量低弊端，不利于大规模生产 |
| 气体吸收 | 气体吸收法制备电子级硫酸是利用了发烟硫酸沸点急剧降低的特点，在加热的情况下 $SO_3$ 低温逸出，将逸出的 $SO_3$ 反复吸收-解吸使之纯化，最后利用 92% 超纯硫酸直接吸收。工艺控制与工业硫酸生产控制基本相同，冷却后得到超纯硫酸产品 | 气体吸收法制备电子级硫酸非常适合大规模生产，金属杂质可以控制到很低，但存在着两性元素如砷（As）等难以有效去除的瑕疵 |

### 2. 电子级磷酸

电子级磷酸广泛用于大规模集成电路、薄膜液晶显示器（TFT-LCD）等微电子工业，主要用于芯片的清洗和蚀刻，其纯度和洁净度对电子元器件的成品率、电性能及可靠性有很大影响，纯度较低的（面板级）主要用于液晶面板部件的清洗，纯度高的（Cl 级）用于电子晶片生产过程的清洗和蚀刻。电子级磷酸还可用于制备高纯磷酸盐，进而生产高纯有机磷产品，另外还可用作超高纯试剂和光纤玻璃原料等。电子级磷酸的生产方法对比见表 2.163。

表 2.163　电子级磷酸的生产方法对比

| 技术名称 | 原理及步骤 | 工艺特点 |
| --- | --- | --- |
| 氧化法 | 该方法利用高纯磷直接氧化生成五氧化二磷，然后利用超纯水吸收制备电子级磷酸 | 该工艺简单，但由于氧化反应所用的高纯磷纯度要求高，磷氧化作业难度高，因此对生产操作人员和设备的要求较高 |
| $PH_3$ 方法 | 该方法是将磷化氢负压热解得到高纯磷，将高纯磷再用纯氧或洁净空气氧化成 $P_2O_5$，再与超纯水反应制得高纯电子级磷酸 | 该法生产工艺流程长、能耗高，故生产成本高 |
| $POCl_3$ 水解法 | 该方法是我国早期进行电子级磷酸生产时所采用的工艺。主要工艺流程是先将工业黄磷提纯到电子级，然后制备三氯氧磷并对其精馏提纯，最后用超纯水水解高纯三氯氧磷制备电子级磷酸 | 但该工艺产品质量低，对工艺要求高，在生产过程中需投入大量的资金和人力 |
| 磷酸三酯水解法 | 该法是将高纯磷酸三醇（甲醇或乙醇）与超纯水加入压力控制在 0.2934～2.934MPa 之间的密闭容器中混合并进行加热，取温度在 120～180℃ 时的水解产物浓缩制得电子级磷酸 | 该工艺对环境要求很高，对工艺要求高，在生产过程中需投入大量的资金和人力 |

### 3. 过氧化氢

超净高纯电子级过氧化氢是微电子行业中十分重要的高纯试剂，主要用作半导体硅晶片清洗剂、蚀刻剂和光刻胶去除剂，还可用于电镀液无机杂质的去除，电子行业中铜、铜合金和镓、锗的处理，以及太阳能硅晶片的蚀刻和清洗。在处理过程中，试剂中的杂质会对元器件性能产生影响，因此对过氧化氢的纯度要求非常苛刻。

电子级过氧化氢精制方法有减压蒸馏法、离子交换法和膜分离法等，制备方法包括电解法和烷基蒽醌法。蒽醌法是工业中生产过氧化氢的最主要方法，但其有机杂质含量比较高。电子级过氧化氢的提纯方法见表 2.164。

表 2.164  电子级过氧化氢的提纯方法

| 技术名称 | 原理及步骤 | 工艺特点 |
| --- | --- | --- |
| 减压蒸馏法 | 在减压条件下对工业原料过氧化氢进行汽化、冷凝从而达到提纯的过程。工业级过氧化氢经过酸度调整进入减压蒸馏塔内进行汽化蒸馏，得到净化产品 | 过氧化氢减压蒸馏法存在着安全系数比较低，由于减压的因素致使塔板效率降低，产品很难达到 SEMI 标准 C8（G3）级 |
| 离子交换法 | 过氧化氢溶液中的阴阳离子与离子交换树脂上的相应的离子发生交换，被固定在离子交换树脂上，是一种特殊的吸附过程，从而达到提纯的目的。过氧化氢的离子交换提纯一般需要配合其他工艺方法，毕竟溶液中还有许多杂质是不以离子状态存在的，同时一些高价态的金属离子会形成巨大的阴离子聚合物，吸附到树脂表面致使离子交换树脂失去交换能力，因此一般在离子交换处理前会结合吸附分离、微孔过滤等技术处理，在交换后会结合减压精馏、反渗透等技术处理 | 需要结合其他生产工艺一起使用。不过，过氧化氢离子交换法产品的质量标准很高，能达到 SEMI 标准 C12（G4）级甚至 G5 级 |

### 4. 电子级异丙醇

电子级异丙醇主要应用于电子清洗剂行业，主要是 PCB 线路清洗、电子元器件清洗、硅片抛光、太阳能电池片及光学精密仪器清洗。我国现已能够生产 MOS 级、G2 级、G3 级、G4 级异丙醇。电子级异丙醇的制备方法对比见表 2.165。

表 2.165  电子级异丙醇的制备方法对比

| 技术名称 | 原理及步骤 | 工艺特点 |
| --- | --- | --- |
| 精馏法 | 气液两相在塔内互相接触，反复进行部分汽化、部分冷凝，使混合液中各组分有效分离，从而达到提纯的目的 | 精馏法可以用工业级异丙醇比较轻松地制备出符合 SEMI 标准的 C8 级异丙醇，只是需要对原料中的水分和游离酸进行预处理 |
| 离子交换法 | 工业异丙醇溶液中的阴阳离子与离子交换树脂上相应的离子发生交换，被固定在离子交换树脂上，是一种特殊的吸附过程，从而达到提纯的目的。异丙醇的离子交换提纯一般需要配合其他工艺方法，毕竟溶液中还有许多杂质是不以离子状态存在的，同时一些高价态的金属离子会形成巨大的阴离子聚合物，吸附到树脂表面致使离子交换树脂失去交换能力，因此一般在离子交换处理前会结合吸附分离除水、微孔过滤等技术处理，在交换后会结合精馏、反渗透等技术处理 | 工业级异丙醇经过分子筛吸附、离子交换树脂吸附、精馏、微滤等工序可以制备出符合 SEMI 标准的 C12 级异丙醇 |

### 5. 电子级盐酸

电子级盐酸在医药、化工、半导体、大规模集成电路等多个行业都有广泛的应用，比如用于外延生长前硅和砷化镓高温气相刻蚀，清洗钠离子。电子级盐酸产品技术含量高、附加值高、投资少，但利润丰厚。随着光伏行业和新能源行业的快速发展，电子级盐酸的需求量越来越多。过去我国大多依赖进口，目前已有部分厂家进行生产。小批量生产电子级盐酸方法和手段很多，但工业化生产只有精馏法和气体吸收法。电子级盐酸的制备方法对比见表 2.166。

表 2.166 电子级盐酸的制备方法对比

| 技术名称 | 原理及步骤 | 工艺特点 |
| --- | --- | --- |
| 精馏法 | 精馏法制备电子级盐酸的原料是 30% 左右的工业级盐酸。工业盐酸进入精馏塔后，经过提馏，汽液两相在塔内互相接触，反复进行部分汽化、部分冷凝，使混合液中各组分有效分离，从而达到提纯的目的 | 精馏法制备的盐酸质量能达到 SEMI 标准的 C8 级。但是产能相对不足，质量提升空间不大 |
| 气体吸收法 | 氯化氢气体经过吸附后，选用一定的液体溶剂作气体洗涤剂，使气体和洗涤剂充分接触，利用各组分在液体洗涤剂中的溶解度不同，达到分离净化的目的，净化后的气体在吸收塔内与吸收液充分接触、溶解。净化后气体在吸收塔内被高纯水吸收，同时冷却换热 | 气体吸收法制备电子级盐酸质量标准很高，能达到 SEMI 标准的 C12 级 |

## 五、污染物的来源、控制及检测

**1. 污染物的来源**

（1）试剂原料中原有的杂质。

（2）环境中的，主要是生产和包装环境。

（3）包装容器中的，比如包装容器不干净，或者包装材料中的杂质溶于试剂等。

**2. 污染物分析测试技术**

（1）颗粒的分析检测技术　随着 IC 制作技术的不断发展，对超净高纯试剂中的颗粒要求越来越严格，所需控制的粒径越来越小。颗粒测试技术从早期的显微镜法、库尔特法、光阻挡法到现在的激光光散射法。

（2）金属杂质分析测试技术　目前常用的痕量元素的分析测量方法有发射光谱法、原子吸收分光光度法、火焰发射光谱法、石墨炉原子吸收光谱法、等离子发射光谱（ICP）法、电感耦合等离子体-质谱（ICP-MS）法等。

（3）非金属杂质分析测试系统　非金属杂质的分析测试系统主要是指阴离子的测试，最为常用的方法是离子色谱法。离子色谱法是根据离子交换的原理，由于被测阴离子水合离子半径和所带电荷不同，在阴离子交换树脂上造成分配系数不同，使阴离子在分离柱上得到分离，然后经过抑制柱去除洗脱液的导电性，采用电导检测器测定 $Cl^-$、$NO_3^-$、$SO_4^{2-}$、$PO_4^{3-}$ 等离子。

**3. 污染物控制技术**

（1）环境的控制：提供相应的超净环境。

（2）工艺过程中的控制：在生产过程中尽量采用连续密闭的生产体系。

（3）包装容器的控制：成品包装用的包装容器必须事先进行超净清洗。

## 六、包装技术

用于湿式电子化学品的储罐、运输罐、包装容器等设备的材质需要满足的要求：
① 必须耐腐蚀。
② 不能有颗粒及金属杂质的析出带来的沾污。
③ 在运输过程中对环境不能有泄漏的危险。

早期的湿电子化学品一般采用玻璃包装容器。但是，由于玻璃瓶易碎，并且随着时间的延长，玻璃中的钠、钙等金属杂质会析出，会对试剂造成二次污染。因此，玻璃瓶逐渐被淘汰。目前，广泛使用的材料是四氟乙烯和氟烷基乙烯基醚共聚物 PFA、聚四氟乙烯 PTFE。湿电子化学品常用的包装材料见表 2.167。

**表 2.167 湿电子化学品常用的包装材料**

| 特性 | | PTFE | PFA | FEP | ETFE | PCTFE | PVDF |
| --- | --- | --- | --- | --- | --- | --- | --- |
| 相对密度 | | 2.13～2.22 | 2.12～2.17 | 2.12～2.17 | 1.7～1.86 | 2.1～2.14 | 1.76～1.78 |
| 熔点/℃ | | 327 | 302～310 | 270 | 260 | 210～212 | 173～175 |
| 最高连接使用温度/℃ | | 260 | 260 | 200 | 150 | 120 | 150 |
| 拉伸强度/MPa | | 20～45 | 27～35 | 19～22 | 40～50 | 31～41 | 39～59 |
| 延伸率/% | | 200～450 | 280～400 | 250～330 | 420～460 | 80～250 | 300～450 |
| 介电常数 | $10^3$ Hz | 2.1 | 2.1 | 2.1 | 2.6 | 2.3～2.7 | 7.72 |
| | $10^6$ Hz | 2.1 | 2.1 | 2.1 | 2.6 | 2.3～2.5 | 6.34 |
| 体积电阻率/Ω·cm | | $>10^{18}$ | $>10^{18}$ | $>10^{18}$ | $>10^{16}$ | $>10^{16}$ | $>10^{16}$ |
| 击穿强度/(V/mil) | | 480 | 500 | 500～600 | 400 | 500～600 | 260 |

## 七、市场供需

### (一) 世界供需分析及预测

**1. 世界湿电子化学品生产现状**

全球半导体湿电子化学品市场份额被分为四份，其中最大份额由欧美传统老牌企业所占领，约占三分之一份额（以销售额计）。这些老牌企业包括德国巴斯夫公司、E. Merck 公司、美国的亚什兰集团、Arch 化学品公司、霍尼韦尔公司等。第二大市场份额被日本企业所占有，包括关东化学公司、三菱化学、京都化工、日本合成橡胶、住友化学、和光纯药工业、stella-chemifa 公司等，大约占 29%。第三大市场份额由近年崛起的韩国和中国企业所占有，包括东友精细化工、台湾新材料、江化微、晶瑞股份、多氟多等企业，约占 37%。剩下 1% 的份额被其他国家和地区的企业所占有。国外主要湿电子化学品生产公司见表 2.168。

表 2.168  国外主要湿电子化学品生产公司

| 企业名称 | 地区 | 概况 |
| --- | --- | --- |
| 巴斯夫 | 德国 | 为半导体和平板显示生产提供电子化学品，收购了德国伊默克公司，成为行业领先 |
| 汉高集团 | 德国 | 其开发生产的 LCD 清洗液、剥离液以及显影液在世界以及我国的液晶面板生产企业（如京东方）得到一定规模使用 |
| 陶氏集团 | 美国 | 是一家多元化的化学企业，包括特种化学、高新材料、农业科学和塑料等业务，为全球约 180 个国家和地区的客户提供种类繁多的服务 |
| 亚什兰 | 美国 | 主要业务涉及专业化学品等精细化工产品，在高雄与 UPC 建有超纯化学品生产基地 |
| 霍尼韦尔 | 美国 | 供应杂质在 100ppt 以下的高纯度湿电子化学品，如氢氟酸、氢氧化铵、过氧化氢等产品 |
| ATMI 公司 | 美国 | 大型化学品供应商，世界知名的半导体聚合物剥离液厂商 |
| 关东化学公司 | 日本 | 主要从事半导体用酸碱类超净高纯化学试剂的生产、研发，在世界上有较高声誉 |
| 三菱化学 | 日本 | 生产高纯湿电子化学品，如硫酸、硝酸、盐酸、草酸、过氧化氢 |
| 佳友化学 | 日本 | 超净高纯化学试剂的研发和生产 |
| 宇部兴产 | 日本 | 主要生产半导体、显示面板等湿电子化学品 |
| 东友精细化工有限公司 | 韩国 | 半导体用高纯电子化学品及精细化工产品 |
| ENF 科技有限公司 | 韩国 | 半导体和 LCD 电子材料 |
| 理盛精密科技股份有限公司 | 中国台湾 | 主要生产高纯度磷酸，主要用途是作为液晶面板刻蚀液 |
| 鑫林科技有限公司 | 中国台湾 | 提供半导体及光电相关产业制程所需的高纯化学品，与日本关东化学技术合作 |
| 伊斯科化学科技股份有限公司 | 中国台湾 | 提供半导体及平面显示器工业高纯化学品与相关的生产供应及技术服务 |

**2. 世界湿电子化学品的需求分析及预测**

随着大数据时代的到来，湿电子化学品市场需求不断增长，根据数据显示，2019 年全球湿电子化学品市场规模为 52.96 亿美元，市场集中在半导体、平板显示器和太阳能电池三个领域。2020 年，受新冠肺炎疫情影响，全球湿电子化学品市场规模小幅下降至 50.84 亿美元。之后随着疫情形势的趋于平稳，全球市场规模又略有上升，具体见图 2.101。

2021 年全球湿电子化学品的总产量达到 458.3 万吨。未来，受益于集成电路、液晶显示、太阳能电池等下游应用市场的扩张，湿电子化学品需求量将继续保持稳健增长。据中国电子材料行业协会预测，2025 年全球湿电子化学品需求量有望达到 624 万吨，2020—2025 年复合增长率将达 10.5%。全球湿电子化学品需求量预测见图 2.102。

### （二）国内供需分析及预测

**1. 国内湿电子化学品生产现状**

我国湿电子化学品主要供应商有江阴润玛、苏州晶瑞、杭州格林达、上海新阳、光华科技、西陇科学、凯圣氟化学、多氟多、晶瑞股份、江阴江化微、鑫林科技（中国台湾）等

图 2.101　全球湿电子化学品市场规模

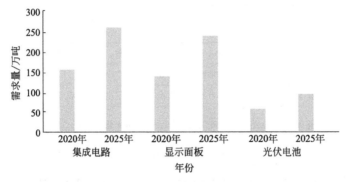

图 2.102　全球湿电子化学品需求量预测

40 余家企业，其中能够达到国际标准并且有一定产量的企业有三十余家，而仅少数企业掌握部分 G3 级以上产品的生产技术。因此，国产的湿电子化学品水平偏低，主流产品仍停留在 G2、G3 标准，G4、G5 级产品基本依赖进口。国内主要湿电子化学品厂家见表 2.169。

表 2.169　国内主要湿电子化学品厂家

| 企业名称 | 主要产品 |
| --- | --- |
| 浙江凯圣氟化学有限公司 | 电子级（盐酸、氢氟酸、硝酸、硫酸、氨水、BOE） |
| 上海新阳半导体材料股份有限公司 | 半导体制造电镀液，晶圆加工用清洗剂等 |
| 苏州瑞红电子化学品有限公司 | 光刻胶、显影液等 |
| 江阴江化微电子材料股份有限公司 | 酸刻蚀液、剥离液、硝酸、硫酸、氢氟酸等 |
| 中船重工 718 所 | 三氟化氮、六氟化钨、氟化碳、氟化氢、三氟甲磺酸及电子化学气体等 |
| 上海新阳 | 铜互连电镀液、刻蚀清洗液 |
| 中巨芯科技 | 湿电子化学品、电子特气 |
| 安集科技 | CMP 抛光液、光刻胶去除剂 |
| 晶瑞股份 | 湿电子化学品、光刻胶 |
| 飞凯材料 | 湿化学品、光刻胶、封装材料 |
| 烟台德邦科技 | 胶黏剂 |

在产品等级要求较低的太阳能电池领域（G1 等级），国内已基本实现国产化。半导体领域，6 寸及以下晶圆加工用湿电子化学品国产化率已达到 82%，8 英寸及以上晶圆加工产线国产化率约 20%，总体晶圆加工市场用湿电子化学品国产化率约为 26%。显示面板领域，国内 3.5 代线及以下用湿电子化学品已基本实现国产化，4.5、5 代线国产化率约 30%，6 代线以上产线用湿电子化学品国产化率约 10%，综合国产化率约 25%。

**2. 国内湿电子化学品的需求分析及预测**

从市场方面分析，我国存储、汽车及消费电子的巨大市场及后期成长，给予了我国湿电子化学品需求增长的足够空间。过去十年，我国湿电子化学品需求量持续增长，预计 2022 年半导体和面板用湿电子化学品需求量将达到 116 万吨，2023 年需求量将达到 129 万吨，2025 年将增长至 158 万吨。中国湿电子化学品需求量预测见图 2.103。

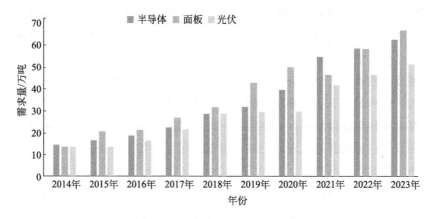

图 2.103　中国湿电子化学品需求量预测图

以江化微主要湿电子化学品销售均价 5374.6 元/吨作为参考，2021 年中国湿电子化学品市场总价值约为 56 亿元，考虑到原材料价格波动和市场销售价格的波动，预计 2022 年的湿电子化学品市场销售额约为 89 亿元，到 2023 年国内的湿电子化学品市场销售额预计将达到 100 亿元。中国湿电子化学品市场规模及预测见图 2.104。

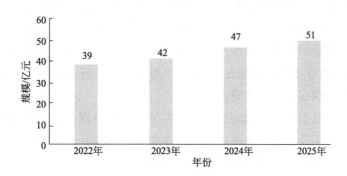

图 2.104　中国湿电子化学品市场规模及预测

## 八、发展建议

**1. 现阶段发展分析**

（1）行业发展存在的问题　一是技术水平有待提升。从整体来看，我国湿电子化学品行业在产品种类、研发技术、生产工艺等方面与国际龙头企业仍然存在较大差距，主要原因在于产业起步较晚，累积资本投入也有一定距离。在技术水平方面，我国湿电子化学品产工艺主要以传统的蒸馏、精馏工艺为主，而国外湿电子化学品的生产主要以离子交换、气体吸收、膜处理技术等先进工艺为主。国内湿电子化学品企业的整体规模较小、资金有限，难以承受价格高昂的高端检测设备，导致企业在研发投入、产品创新等方面能力也较为薄弱，另外一个重要原因是检测管理和产品质量体系不健全，难以对产业发展形成支撑。

二是国内市场占有率较低。在国内湿电子化学品市场中，我国自主产品市场占有率仅有15％，很多产品仍然依赖于进口。主要原因是湿电子化学品的生产门槛较高，一方面湿电子化学品生产涉及的核心工艺包括分离纯化、分析检测、混配及包装运输技术等。需要生产企业在工艺流程、生产设备、生产环境控制、包装技术等方面都达到较高的技术水平。另一方面，功能性湿电子化学品的配方，只能通过不断的调配、试制、测试才能完成，需要企业有丰富的生产经验，一般的新进入企业很难从事湿电子化学品生产业务。

三是国外企业的竞争与打压。2019年，《瓦森纳协议》国家将协议的管制范围扩大，增加了可转为军用的半导体基板制造技术以及军用级网络软件技术。这一举措旨在限制相关半导体材料输入到中国，也意味着以美国为首的国家对我国采取了一系列技术封锁、出口管制、贸易制裁等措施，重点打压我国芯片行业最薄弱的半导体制造环节。近几年的中兴事件、华为事件就是国外对中国半导体行业制裁的具体体现，目前我国在材料、设备、工艺技术等方面都受制于人，对中国湿电子化学品行业是巨大的挑战。

（2）行业发展面临的风险　综合国际形势和现阶段国内湿电子化学品市场现状，国内湿电子化学品在未来最可能面临的风险是大部分市场被国外企业占有，行业发展和产能扩张被压制。我国持续上涨的湿电子化学品需求量吸引了许多国外企业在中国建厂扩张，例如德国巴斯夫正在浙江嘉兴建设第三套电子级硫酸生产装置，该套装置预计于2023年投产，投产后巴斯夫浙江嘉兴基地的电子级硫酸产能有望提升一倍以上。德国伊默克也于2022年宣布未来3~4年内将新增在中国投资超过10亿元，用于电子材料（湿电子化学品，OLED材料等）的生产、研发、供应链本土化建设和扩张。

国外湿电子化学品企业在国内的扩张，有可能导致产品国产化替代速度的进一步放缓，一旦国产化替代速度不及海外企业的市场扩张速度，我国湿电子化学品的市场将大部分被国外企业所掌控，不利于我国信息产业自主化的实现。

**2. 未来发展的方向与期望**

在疫情席卷全球、出行受限的情况下，人们对电子设备的依赖大大增强，电脑等终端产品的需求量急剧上升。另外，科技的快速发展和大数据时代的到来，促进了5G、物联网、智能汽车、云服务等终端产业的发展。在下游集成电路、显示面板、光伏三大领域需求增长的驱动下，全球湿电子化学品需求量将保持快速增长，从中国视角来看，随着半导体国产化进程的加速、显示面板产能向中国大陆的转移以及光伏需求的持续上升，我国湿电子化学品市场规模也将快速增长，并且增速将远高于全球增速。

国家集成电路产业投资基金（大基金）二期于 2019 年 10 月 22 日注册成立，注册资本 2041.5 亿元，较一期的 987.2 亿元有显著提升，投资方向上更加偏重上游材料行业，为湿电子化学品行业提供了新一轮资金支持。此外，国家最近出台的《关于扩大战略性新兴产业投资培育壮大新增长点增长极的指导意见》《基础电子元器件产业发展行动计划（2021—2023 年）》《重点新材料首批次应用示范指导目录（2021 年版）》等一系列鼓励方针和政策，不断加大对湿电子化学品行业的政策扶持力度。

综上所述，在下游产业需求日益增长、行业资金支持力度持续加大以及利好政策不断出台等多方面的刺激下，我国湿电子化学品行业将进入新的发展时期，在这个时期，我国湿电子化学品将面临三个方面的任务：一个是提纯技术的研发，湿电子化学品的生产工艺将从传统的精馏工艺向离子交换、膜技术等新型工艺转换；二是产品品质的提升，湿电子化学品的产品等级将从现在 G2/G3 等级的规模化生产逐渐转变为 G3/G4 等级的规模化生产，甚至于 G5 等级的规模化生产；三是产品品种的增多，我国将在提升现有产品品质的基础上，加大研发投入，增加产品种类。同时，随着国内部分湿电子化学品企业在生产工艺、产品品质、产品品种等方面技术的突破，如果未来能够在高端领域实现替代进口的突破与进展，我国湿电子化学品企业发展空间广阔。

## 第二十九节　光刻胶

北京科华微电子材料有限公司　李欣

### 一、概述

光刻胶（又名光致抗蚀剂）是指通过紫外光、电子束、准分子激光束、X 射线、离子束等曝光源的照射或辐射，经光刻工艺将设计所需要的微细图形从掩模版上转移到待加工基片上的图形转移介质，主要应用于集成电路芯片、半导体分立器件、发光二极管（LED）、平板显示（FPD）、晶圆级先进封装、MEMS、印刷电路板（PCB）以及其他涉及图形转移的制程。

光刻胶的主要成分是感光材料、成膜树脂、溶剂与添加剂。感光材料为光刻胶提供了感光性能；成膜树脂提供了抗刻蚀和抗离子注入等性能；溶剂是光刻胶的最大组成部分，用于溶解光刻胶的各个组分使光刻胶处于液态，便于均匀涂布；添加剂用于协调和改善光刻胶的应用性能。

市场上的光刻胶产品可以依据不同分类标准进行分类。依照化学反应和显影原理，可分为正性光刻胶和负性光刻胶，前者在显影时曝光部分溶解于显影液，形成的图形与掩模图形相同，而后者显影时未曝光部分溶解于显影液，形成的图形与掩模图形相反。依照光刻胶光化学反应机理，可分为传统光刻胶与化学放大型光刻胶。依照曝光波长，可分为紫外、深紫外、极紫外、电子束、离子束及X射线类光刻胶等。依照应用领域，可分为半导体光刻胶、LCD光刻胶和PCB光刻胶等。

20世纪60年代，英特尔公司的创始人戈登·摩尔通过对1959—1965年芯片上晶体管的集成数据的观察，提出了著名的"摩尔定律"——每隔18~24个月，芯片上集成的晶体管数目就会增加一倍，也就是说处理器的功能和处理速度会翻一番，而成本却会降低一半。光刻技术随着摩尔定律的推动经历了从G线（436nm）光刻、I线（365nm）光刻、KrF（248nm）光刻、ArF（193nm）光刻、193nm浸没式光刻、浸没式多重成像技术、极紫外（EUV，13.5nm）光刻技术（已经应用于7~5nm节点大规模量产）。随着集成电路特征线宽逐渐接近物理极限，主要依靠缩小线宽提高集成度的方法面临着越来越大的困难和越来越高昂的成本，三维高密度先进封装的出现，为延续摩尔定律提供了一条更加经济的路径。与传统工艺不同，先进封装光刻胶要求具有更高的耐热性、抗刻蚀性、更好的黏结性、更低的热膨胀系数（CTE）、更低的内应力以及更高的对电镀工艺的耐受性等。

## 二、市场供需

### （一）世界供需分析及预测

**1. 世界光刻胶市场**

根据WSTS统计，2021年全球半导体销售达到5559亿美元，同比增长26.2%。从产业类别上看，对增长率贡献最大的类别是存储器（34.6%），其次是模拟器件（30.9%）和逻辑元件（27.3%）；从地域上看，亚太地区增长26.7%；欧洲市场增长率为25.6%；美洲和日本分别增长24.6%和19.5%。

根据SEMI数据统计，全球半导体光刻胶2015—2021年复合增长率为10.88%，光刻胶配套试剂复合增长率为6.09%，具体数据如表2.170所示。

表2.170　2015—2021年全球晶圆制造材料市场现状　　　　单位：亿美元

| 年份 | 2015年 | 2016年 | 2017年 | 2018年 | 2019年 | 2020年 | 2021年 |
|---|---|---|---|---|---|---|---|
| 光刻胶 | 13.3 | 14.5 | 16 | 17.3 | 17.7 | 20.68 | 24.71 |
| 光刻胶配套试剂 | 18 | 19.1 | 21.1 | 22.8 | 23.2 | 23.04 | 25.67 |

从产品结构来看，KrF（248nm）、ArF（193nm）、EUV光刻胶市场需求增长最快，因为相比其他品种光刻胶，其技术含量高、售价高，是推动光刻胶市场快速增长的主要力量。根据SEMI统计，2021年全球不同类型的半导体光刻胶中ArF（193nm）和EUV光刻胶占比为52.9%，KrF（248nm）光刻胶占比28.6%，G/I线光刻胶占比16.4%，负胶占比2%。

从地域分布来看，根据2021年SEMI市场数据统计，韩国光刻胶市场最大，占比25%；其余依次是中国台湾地区、中国大陆、日本、北美、欧洲，占比分别是22%、20%、

12%、11%、6%，其他地区占比 4%。其中，中国市场增速最快，从 2020 年的占比 17% 增长到 20%。

**2. 需求分析及预测**

根据 IC Insights 报告数据显示，2021—2026 年全球半导体市场复合增长率将达到 7.1% 左右，如图 2.105 所示。其中，传感器的使用量将快速增加，其未来五年的复合增长率最高，达到 12.3%，也是细分领域中唯一复合增长率超过 10% 的领域。其次是光电、逻辑元件、模拟器件、存储器、微处理器，分立器件增速最缓。

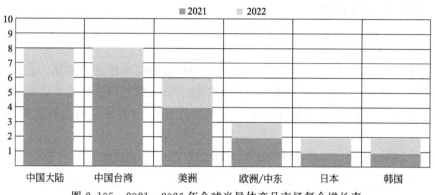

图 2.105　2021—2026 年全球半导体产品市场复合增长率

从地域来看，根据 SEMI 发布的数据显示，2021—2022 年间，全球将新建 29 座晶圆厂，以满足自动驾驶汽车、人工智能、高性能计算、5G 到 6G 通信等对半导体的强劲需求。如图 2.106 所示，中国大陆和台湾地区各有 8 座，其次是美洲有 6 座，欧洲/中东有 3 座，日本和韩国各有 2 座，预计这 29 座晶圆厂可增加 260 万片/月晶圆（8 英寸等效）。

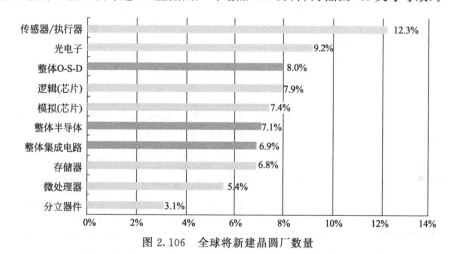

图 2.106　全球将新建晶圆厂数量

全球半导体产业的发展带动了半导体材料的快速发展，2021 年全球半导体材料总体规模再创历史新高，达到 642.7 亿美元，同比增长 15.8%。2021 年全球光刻胶市场规模达 24.71 亿美元，同比增长 20%，其中，中国大陆市场依旧保持着最快的增速，市场规模达到 4.93 亿美元，较 2020 年同期增长 44%。随着中国半导体产业的发展，制造工艺技术节点的不断缩小，KrF 和 ArF 光刻胶市场需求量增速将持续提升，是推动当下光刻胶市场快速增长的主要因素。根据 SEMI 统计数据显示，2021 年 ArF 光刻胶增长 43.88%，占比为 40.57%；KrF 光刻胶增长 44.7%，占比为 38.74%；G/I 线光刻胶增长 33.14%，占比为 18.26%。

中国光刻胶产业起步较晚，目前市场基本由美国、日本等外资企业占据，包括信越化学、TOK、JSR、杜邦等。2021 年，信越化学产品供应不足，从侧面反映了全球成熟光刻胶产能与半导体行业快速发展之间难以匹配的矛盾，这给正处于成长阶段的中国光刻胶行业带来了利好。

### (二) 国内供需及预测

#### 1. 国内生产现状

受"巴统"限制，西方国家在光刻胶领域对中国限制技术输出或共享，直到 20 世纪 90 年代中后期巴统解禁，中国才开始有自己的光刻胶。我国最早的光刻胶产品是环化橡胶类负性光刻胶，该产品应用在分立器件领域，苏州瑞红是中国市场上该品种光刻胶的主要供应商。

在集成电路领域，2009 年北京科华首先推出了 G/I 线光刻胶；2014 年，北京科华推出了我国首支 KrF 光刻胶，至此中国光刻胶产业开始被国际认可，但距离国际先进水平依然有着很大差距。我国集成电路用光刻胶国产化情况见表 2.171。

表 2.171　我国集成电路用光刻胶国产化情况

| 光刻胶 | 国际龙头企业 | 技术水平 | 国内产业化现状 |
| --- | --- | --- | --- |
| G 线 (436nm) | JSR、TOK、DuPont、住友化学、东进、富士 | 最小分辨率 0.8μm，应用于 0.5μm 以上技术节点 | 国产化率超过 60%，基本实现国产化 |
| I 线 (365nm) | JSR、TOK、DuPont、住友化学、东进、富士 | 最小分辨率 0.3μm，应用于 0.5μm 以下技术节点 | 6 英寸及以下线已完成国产化，0.18～0.13μm 制程已完成全序列开发，目前处在用户推广阶段；90～14nm 制程，部分产品批量销售，部分关键工艺产品尚在开发中 |
| KrF (248nm) | JSR、TOK、信越化学、DuPont、住友化学 | 最小分辨率 0.11μm，应用于 0.25μm 以下技术节点 | 已有部分成熟产品实现国产化替代，但整体市场占有率低 |
| ArF&ArFi (193nm 干式 &193nm 浸没式) | JSR、TOK、信越化学、DuPont、住友化学 | ArF 最小分辨率 65nm，ArFi 最小分辨率 32nm，应用于 130nm 以下技术节点 | 多家公司处于开发和验证阶段，尚没有批量稳定供应的国产化产品 |
| 极紫外 (EUV,13.5nm) | JSR、信越化学 | 最小分辨率 10nm，应用于 7nm 以下技术节点 | 分子玻璃型光刻胶实验室通过 02 专项验收，未产业化 |

2000—2010 年期间，国内光刻胶公司只有 2 家，即北京科华和苏州瑞红，2014 年《国家集成电路产业发展推进纲要》发布，明确提出要"开发光刻胶、大尺寸硅片等关键材料"。有了国家政策的导向和支持，我国涌现出越来越多的光刻胶企业，同时也有一大批上市公司涉足光刻胶业务。2021 年势银膜链发布的我国部分光刻胶企业的发展情况，见表 2.172。由表可见，能够真正实现规模化量产的国内光刻胶企业依旧是发展较早的两家，大部分国产光刻胶企业仍处于产能建设和研发阶段。

表 2.172 我国部分光刻胶企业的发展情况

| 公司名称 | G 线 | I 线 | KrF | ArF | EUV |
|---|---|---|---|---|---|
| 晶瑞股份 | 量产 | 量产 | 评估 | 研发 | — |
| 北京科华 | 量产 | 量产 | 量产 | 研发 | 通过 02 专项验收 |
| 南大光电 | — | — | — | 产能建设 | — |
| 容大感光 | 产能建设 | 产能建设 | 研发 | — | — |
| 上海新阳 | — | — | 评估 | 评估 | — |

**2. 需求分析及预测**

近年来,受全球局势以及国内政策的影响,中国迎来了半导体发展的黄金时期,根据 SIA 的统计预测,2020—2030 年十年间,中国大陆半导体产能占比将从 15% 增加到 24%。根据我国近些年宣布新建产能情况,2020—2025 年,中国大陆 12 英寸集成电路产能将从 92 万片/月增长到 319.5 万片/月,产能复合增长率达到 28%。

随着 12 英寸集成电路产能的增加,6 英寸转 8 英寸产能的增多促使光刻胶产品结构也将发生变化。根据 SEMI 2021 年统计数据,全球不同类型光刻胶的 ArF、EUV 光刻胶占比超过 50%,KrF 光刻胶和 G/I 线光刻胶占比相差 12%。由于中国集成电路产业较全球水平落后,中国不同类型的半导体光刻胶中 ArF (193nm) 占比仅有 41%,大大低于全球水平。KrF (248nm) 光刻胶占比 39%,高于全球分布,而大量应用于成熟工艺的 G/I 线光刻胶而言,其占比为 18%,负胶占比 2%,接近国际水平。未来五年,随着中国集成电路产业的发展,先进制程产线增加,ArF 光刻胶和 KrF 光刻胶将成为主要增长点。预计到 2025 我国 ArF 光刻胶占比将达到 50% 左右,KrF 和 G/I 线光刻胶将占据另 48% 的份额,负性光刻胶将维持在 2% 左右。

## 三、工艺技术

光刻胶技术的发展与光刻技术的发展息息相关,以集成电路制造用光刻胶为例,根据瑞利公式,提高光刻系统的分辨率可以通过缩短曝光波长和提高镜头的数值孔径来实现,因此光刻技术经历了 G 线、I 线、KrF、ArF、ArFi 及 EUV 的演进,与之相对应的光刻胶生产技术的发展也从传统的酚醛树脂/重氮萘醌(G 线、I 线)体系发展到以聚对羟基苯乙烯改性树脂为主体的 KrF 光刻胶、以丙烯酸树脂为主体的 ArF 光刻胶及以金属氧化物为主体的 EUV 光刻胶。针对每一类光刻胶,又围绕着如何提高分辨率、感光速度、耐热性、抗刻蚀能力等性能进行了一系列技术的开发。

**1. G/I 线光刻胶**

G/I 线光刻胶主要由四个组分构成:成膜树脂、感光剂、添加剂与溶剂。成膜树脂为酚醛树脂,感光剂为重氮萘醌磺酸酯,添加剂一般包括流平剂、增黏剂等,溶剂则是以丙二醇甲醚醋酸酯为主要类型。G/I 线光刻胶的机理主要是重氮萘醌与酚醛树脂间的溶解抑制与溶解促进作用,非曝光区重氮萘醌与酚醛树脂形成氢键,不溶解于显影液($R_{min}$);曝光区重氮奈醌发生重排反应，生成羧酸，提高了体系在显影液中的溶解速率（$R_{max}$），通过曝光区与非曝光区的溶解速率差异实现图形的转移。

酚醛树脂的技术发展主要有三个方向：一是优化分子间的连接方式，通过调整间甲酚、对甲酚的比例及优化反应工艺过程，提高邻位的亚甲基连接的比例，从而提高树脂的溶解抑制性能，进而提高光刻胶的分辨率；二是引入第三种酚类以提高树脂的力学性能，如引入二甲酚可以有效地提高树脂的玻璃化转变温度；三是通过分级将树脂中的小分子量与中分子量的组分去除，使分子量分布更为规整，进而提高光刻胶的分辨率。

感光剂技术发展有两个方向：一是降低骨架结构的吸光度，如将四羟基二苯甲酮中的酮基更换为丙基，降低骨架结构的吸光度，可以使得感光剂的光化学反应在光刻胶中分布更为均匀，提高光刻胶的分辨率；二是设计含更多羟基的骨架结构，从传统的三羟基向四羟基、五羟基，甚至六羟基的结构发展，与此同时将同一架构结构上的羟基尽可能地在空间上分散，通过提高感光剂的溶解抑制能力来提高光刻胶分辨率。

溶剂体系技术的发展主要是配合树脂及感光剂结构的变化，特别是感光剂结构发生变化后，其溶解度降低，需要引入溶解度更好的溶剂来确保光刻胶是一个均匀稳定的液态混合物。此外，为了控制在涂布及烘烤过程中溶剂挥发的速率，还会引入第二及第三组分溶剂，如醋酸丁酯、2-庚酮等。

**2. KrF 光刻胶**

KrF 光刻胶主要由四种组分构成：成膜树脂、光致产酸剂、添加剂、溶剂。其中成膜树脂主要为对羟基苯乙烯改性树脂，光致产酸剂为锍盐类，添加剂主要包括流平剂、碱性添加剂等，溶剂以丙二醇甲醚醋酸酯为主。其作用机理是化学放大技术，即光致产酸剂在光照下产生酸，酸作为催化剂催化树脂发生脱保护反应，实现溶解速度的变化，进而产生曝光区与非曝光区的溶解速率差，实现图形的转移。

对羟基苯乙烯改性树脂的技术发展主要有两个方向：一是通过共聚提高树脂的玻璃化转变温度，一方面第二及第三单元的引入可以有效提高树脂的热稳定性，应用于更高的烘烤温度，另一方面通过调整不同单体的比例可以控制树脂的溶解速率，进而实现对光刻胶性能的优化；二是用不同的保护基团对对羟基苯乙烯的羟基进行部分保护，如叔丁氧基、乙氧基乙基等，通过调整树脂的保护基团结构、保护率来实现对光刻胶性能的优化。

光致产酸剂的技术发展主要有两个方向：一是量子效率的提高，通过设计不同的阳离子结构来实现光致产酸剂对光响应的控制，常用的包括二叔丁基苯基碘鎓盐与三苯基硫鎓盐及部分改性的三苯基硫鎓盐；二是对光致产酸剂光反应产生的酸的强度及扩散系数进行优化，从而实现对光刻胶树脂脱保护反应的有效控制，进而提高光刻胶的性能，常见的酸包括三氟甲磺酸、全氟丁基磺酸、樟脑磺酸等。

KrF 光刻胶的溶剂体系的技术发展方向与 G/I 线类似，一方面为了提高对关键组分的溶解度引入了乳酸乙酯，另一方面为了控制涂布及烘烤过程的溶剂挥发引入了第二及第三溶剂组分。

**3. ArF Dry/ArFi 光刻胶**

与 KrF 光刻胶类似，ArF 光刻胶也是采用化学放大技术，其主要组分包括成膜树脂、光致产酸剂、添加剂与溶剂。其中，成膜树脂主要为丙烯酸酯类，光致产酸剂为锍盐类，添加剂包括流平剂、碱性添加剂等，溶剂以丙二醇甲醚醋酸酯为主。

与 KrF 光刻胶不同，ArF 光刻胶的成膜树脂技术发展主要集中在提升树脂的透光率与抗刻蚀能力，在此基础上提高树脂脱保护反应后的溶解速率（降低显影缺陷）。提升树脂的透光率主要通过避免在树脂中引入苯环；提升树脂的抗刻蚀能力主要通过提高树脂的碳氢比（C/H）；提高树脂脱保护后在显影液中的溶解速率主要通过引入内酯类或酸酐类结构，利用水解生成的羧酸结构提高溶解速率。

ArF 光刻胶的光致产酸剂与溶剂的技术发展与 KrF 光刻胶类似，只是在溶剂的选择上为了实现对不同结构树脂的溶解度的提升，引入了不同类型的溶剂。

ArFi 与 ArF Dry 主要的技术区别包括两点：一是 ArFi 在曝光过程中与水接触，需要确保光刻胶中的小分子不能被水溶出，一方面采用体积较大的 PAG，另一方面将光致产酸剂接枝到树脂侧链上，形成 Polymer Bond PAG；二是 ArFi 表面需要有较强的疏水性，传统工艺中通过在光刻胶表面涂布一层疏水涂层来实现，为了降低工艺复杂度及成本，在先进的 ArFi 光刻胶设计加入了疏水添加剂，在烘烤过程中这一添加剂扩散到光刻胶表面形成疏水层，其主要类型是含氟的聚合物。

**4. EUV 光刻胶**

由于 EUV 光刻机及光刻技术的限制，目前全球只有少量几家芯片厂具备 EUV 量产技术，与之相对应的 EUV 光刻胶也是业内的核心秘密，尚无相关商业化的技术路线信息。根据近年来的研究，EUV 光刻胶的技术方向可以概括为以下几点：金属氧化物类型，将金属氧化物如 $HaO_2$、$ZrO_2$ 等金属离子用有机材料进行修饰后做成光刻胶，一方面利用金属氧化物对 EUV 光刻线的吸收提高系统的感光速度，另一方面利用金属氧化物的抗刻蚀能力提高光刻胶的抗刻蚀能力；分子玻璃型，利用小分子结构规整，制造过程可以精确控制的优点来降低因传统树脂分子量分布不均匀引起的线条边缘粗糙度的问题；基于传统光刻胶的升级，在传统光刻胶的基础上通过阴离子聚合制造出分子量分布接近 1 的高分子材料，在体系中引入对 EUV 光有较强吸收的侧基，采用 Polymer Bond PAG 等方式来优化光刻胶在 EUV 光刻中的性能。

如前所述，国内光刻胶技术相对国际先进水平差距还很大，目前国内能量产的最先进光刻胶类型为 KrF 光刻胶，ArF 光刻胶处于研发及客户测试阶段，EUV 光刻胶停留在实验室研究阶段。

与国际同行相比，国内光刻胶产业具有以下几方面的优势：一是国内集成电路制造业蓬勃发展，新技术与新应用不断涌现，提供了更多的应用场景，对国产材料有迫切的需求，国内光刻胶企业可以与下游客户密切合作进行产品开发；二是我国光刻胶产业发展具有后起优势，特别是在偏低端的 I 线与 KrF 光刻胶上，可以根据客户的新需求进行定制开发，吸取国外公司在设计与开发过程中的经验教训，推出有自己特色的产品系列。

但是，国内光刻胶产业相应的劣势也比较明显：一是缺乏配套产业支撑，特别是电子材料设计、产品开发与量产的环境，与光刻胶相比，用于光刻胶的原料国产化率更低，基本上从美国、日本、韩国等国家进口；二是缺乏电子化学品工程化经验，光刻胶从实验室走向量产，有许多工程化的问题需要解决，比如 ppb 级别的金属离子控制，1nm 批次稳定性控制的实现，这些工程化技术问题是制约光刻胶由实验室走向量产的关键因素；三是缺乏人才团队，国际光刻胶企业的研发多为上百人团队，且均拥有数十年的从业经验，我国光刻胶研发起步较晚，相应的人才储备较少，在研发能力上相对国外公司有较大差距；四是光刻胶产业化环境差，在客户已有的稳定运行的产线上替代进口产品，这就需要本土光刻胶性能上要与进口产品一致，且应用工艺不能改动，这给光刻胶的开发提出了严苛的限制，在95%的性能与进口产品一致的情况下，要投入更多的人力、物力以实现最后5%的性能的一致。

## 四、应用进展

光刻胶应用主要集中在需要精细化电路图形转移的工艺中，领域主要包括集成电路（IC）、晶圆级先进封装（Advanced packaging）、分立器件、半导体照明芯片（LED）、平板显示（FPD）、微机电系统（MEMS）等。

**1. 集成电路制造**

集成电路芯片主要分为两大类，一是逻辑芯片，二是存储芯片。逻辑芯片技术发展主要以工艺节点来表示，目前最先进的是5nm乃至3nm工艺制程，光刻胶在工艺制程中起着重要的作用。对于同一个工艺制程，光刻胶的应用又可以按不同的层次来分，如用于钝化层的光刻胶，用于Top Metal、Top Via的光刻胶，用于离子注入层的光刻胶，用于Poly、AA层的光刻胶等，不同的层次对光刻胶性能的要求不同，需要不同的光刻胶类型来匹配。

**2. 晶圆级先进封装**

与传统封装不同，先进封装以整片Wafer为主体进行封装，在这一过程中为了提高功能密度、缩短互联长度等引入了光刻工艺，主要技术包括TSV、RDL与Bumping。对光刻胶的需求主要体现在：一是厚度较厚，从几十微米到上百微米；二是抗刻蚀能力提高，如在TSV工艺中要实现几百微米的硅通孔的刻蚀需要光刻胶有足够的抗刻蚀能力；三是耐电镀性能，在RDL及Bumping中都要用到电镀工艺，对不同电镀液与电镀工艺的良好适应性是先进封装用光刻胶的关键指标。

**3. 分立器件**

传统的分立器件如二极管、三极管等制造工艺相对简单，通常采用环化橡胶类的负性光刻胶。近年来随着高铁、电动汽车等大功率器件应用场景的增多，以IGBT与MOSFET为代表的功率器件逐步兴起，光刻胶在这一领域中的应用也越来越广泛，具体需求与IC类似。

**4. 半导体照明芯片**

半导体照明芯片在我国发展迅速，经历了从市政照明到民用照明，再到显示照明的阶段，其对光刻胶的需求主要包括传统的G/I线正性光刻胶与Lift Off工艺用的负性光刻胶，其中Lift off用的负性光刻胶具有倒梯形的形貌。半导体照明芯片的发展有两个方向：一是高亮度低功耗方向，这要求电极的宽度要尽可能的小，因此对Lift off工艺用光刻胶的分辨率提出了新的需求；另一个方向是小型化，如用于显示背光的mini-LED与micro-LED，这一趋势使得LED芯片对光刻胶的分辨率及稳定性提出了更高的要求，其工艺逐渐接近IC制造的要求。

## 五、发展建议

**1. 保障持续性研发投入,鼓励终端用户参与,加速全产业链协同发展**

我国光刻胶产业正处于追赶和进口替代的过程中,与国际光刻胶产业的发展脉络不同,国产替代是目前国内光刻胶市场的主流状态。国产企业需要提供与国际成熟产品性能一致的光刻胶,从而完全匹配用户工艺。产品替代,一方面要求我国光刻胶企业必须具备持续改进的研发能力和为集成电路制造企业提供定制化服务的能力。同时,光刻胶的变更需要得到终端用户的同意,要加速光刻胶国产替代进程,必须鼓励终端用户直接参与,共同促进国产光刻胶产业的发展。

**2. 推进原材料国产化,提升保障能力和产业竞争力**

国产光刻胶发展初期,为减少国产光刻胶开发的不确定因素,保障产品批次稳定性和均一性,相对安全的做法是选择国际成熟厂商提供的高品质原材料。随着我国电子材料产业的逐渐发展和完善,解决原材料自主国产化的时机已经成熟。因此必须加速推进原材料国产化,从而提升我国光刻胶产业自主可控水平,保障产业链安全,同时也可以在开发光刻胶新产品时,增加树脂选择范围,加快原料样品反馈速度,提升我国光刻胶产业的核心竞争力。

**3. 鼓励差异化发展,避免同质化竞争**

近年来"光刻胶概念"在二级市场中持续火爆,一大批企业和投资人涉足其中,这为国内光刻胶产业带来更多支持和机遇的同时,也加速了产业的同质化竞争。同质化竞争导致国内企业间不必要的内耗,部分企业为追求市场占有率而持续压低产品价格,造成了国内企业盈利能力普遍不足,很多企业被迫压缩研发支出,制约了技术创新与产业的再发展。建议国内光刻胶企业间能够更加注重差异化发展,增强自身造血机能,营造健康的产业环境。

# 第三十节 环氧树脂

中国石油和化学工业联合会环氧树脂及应用专业委员会

谢洪良 谢勇 段冲 田利锋

## 一、概述

### (一)环氧树脂分类

环氧树脂是指分子中含有两个或两个以上环氧基团的一类高分子化合物,可与胺、咪唑、酸酐、酚醛树脂等各类固化剂配合使用形成三维网状结构。

由于环氧树脂具有一系列优异的粘接、耐腐蚀、电气绝缘等性能，被广泛地应用于多种金属与非金属的粘接、耐腐蚀涂料、电气绝缘材料、玻璃钢/复合材料等的制造，在电子电工、机械制造、化工防腐、航空航天、船舶运输及其他许多工业领域中起到越来越重要的作用，已成为各工业领域中不可缺少的基础材料。

根据分子结构，环氧树脂大体可分为五大类：缩水甘油醚类、缩水甘油酯类、缩水甘油胺类、线型脂肪族类及脂环族类。目前用量最大的环氧树脂是缩水甘油醚类，其中以双酚A型为主。

### （二）环氧树脂主要牌号

环氧树脂的牌号，通常根据树脂的环氧当量来进行分类。根据国家标准《塑料环氧树脂 第1部分：命名》（GB/T 1630.1—2008），市场上应用最广的几个牌号是E54、E51、E44、E39、E20和E12。

其中，E54、E51、E44和E39是液体环氧树脂，主要应用于地坪、涂料、风电叶片、复合材料、胶黏剂、电子电工等领域；E12和E20是固体环氧树脂，主要应用于粉末涂料、防腐涂料、油墨等领域。目前市场占比最大的是E51，近年受风电抢装需求拉动，E54的使用量也大幅增加。

除国标牌号外，各生产企业也有自己的环氧树脂牌号体系。企业牌号一般把国标牌号规定的环氧当量区间再进行细分或者补充，因此，环氧树脂企业牌号众多，液体环氧树脂市场上最常见的企业牌号是127和128（分别对应国标中的E54和E51），此外还有E44、E39、E20、E12、酚醛型、溴化型等多种型号的环氧树脂。国内环氧树脂龙头企业产品主要牌号见表2.173。

表2.173 国内环氧树脂生产企业主要牌号

| 国标牌号<br>（通用牌号） | 昆山南亚 | 江苏三木 | 南通星辰 | 宏昌电子 | 国都化工 | 长春化工 | 扬农锦湖 | 巴陵石化 |
|---|---|---|---|---|---|---|---|---|
| E54(616) | NPEL-127 | SM827、616 | 0161、840S | GELR124/127 | YD-127 | BE-187 | YN 1820 | CYD-127 |
| E51(618) | NPEL-128 | SM828、618 | 0164、850S | GELR128 | YD-128 | BE-188 | YN 1828 | CYD-128 |
| E44(6101) | NPEL-128S | SM6101 | WSR6101、860 | GELR128H | — | — | YN 1826 | E44 |
| E39(638) | NPEL-134 | SM 39D | 0177E、0274 | GELR134 | — | — | YN 834 | CYD-134 |
| E20(601) | NPES-901 | SM601 | 0191、1050 | GESR901/902 | YD-011/211 | BE501 | — | CYD-011 |
| E12(604) | NPES-903 | SM603/604 | 0194、4051 | GESR903/904 | YD-013/014 | BE503/504 | — | CYD-014 |
| E03(607/09) | — | SM607/609 | 0197、0199 | — | YD-017 | — | — | CYD-017/019 |

## 二、市场供需

### （一）世界供需分析及预测

#### 1. 世界环氧树脂生产现状

2021年全球环氧树脂产能为537.1万吨/年，产量为373.0万吨，分别同比增长3.3%

和 4.5%。产能主要集中在中国、美国、西欧和美国,其中中国(含中国台湾)是全球产能最大的国家,总产能 289.4 万吨/年,约占全球总量的 53.8%。

全球主要环氧树脂生产企业有国都化工、Olin、南亚塑胶、江苏三木、长春化工、瀚森化工、锦湖化学等,主要生产企业产能情况如表 2.174 所示。

表 2.174  2021 年全球环氧树脂主要企业产能情况

| 企业名称 | 装置地址 | 产能/(万吨/年) |
| --- | --- | --- |
| 国都化工 | 韩国、中国、印度 | 63.0 |
| Olin | 美国、德国、意大利、韩国、巴西 | 60.8 |
| 南亚塑胶 | 中国大陆、中国台湾 | 46.3 |
| 江苏三木 | 中国 | 41.0 |
| 长春化工 | 中国大陆、中国台湾 | 41.3 |
| 瀚森化工 | 美国、荷兰、德国、西班牙 | 31.7 |
| 锦湖 P&B 化学 | 韩国 | 19.5 |
| 扬农锦湖 | 中国 | 17.0 |
| 南通星辰 | 中国 | 16.0 |
| 宏昌电子 | 中国 | 15.5 |
| 建滔化工 | 中国 | 15.0 |
| 其他 |  | 170.0 |
| 合计 |  | 537.1 |

未来几年,亚洲地区将是产能增长最快的区域,除中国外,韩国国都化工釜山工厂计划 2022 年 10 月投产 20 万吨/年环氧树脂生产装置;日本三菱化学计划新增特种环氧树脂产能 1.2 万吨/年,预计 2023 年 4 月投产。2017—2021 年全球环氧树脂生产情况如图 2.107 所示。

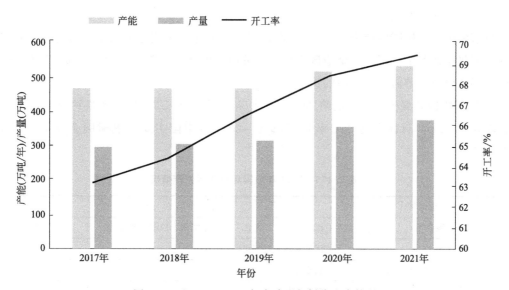

图 2.107  2017—2021 年全球环氧树脂生产情况

## 2. 需求分析

2021年全球环氧树脂消费量达到373.0万吨，消费地区主要分布在亚洲、欧洲及美洲地区，中国（含中国台湾）消费量达到226.5万吨，约占全球消费量的60.7%。全球范围内，涂料仍是环氧树脂下游最主要的消费领域，占比达到了62%。2021年全球环氧树脂下游消费区域及消费比例见图2.108和图2.109。

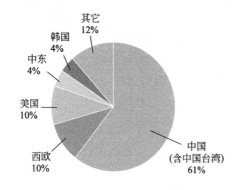

图2.108　2021年全球环氧树脂消费比例

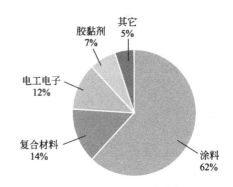

图2.109　2021年全球环氧树脂消费比例

## （二）国内供需及预测

### 1. 国内生产现状

我国环氧树脂研发工作始于1956年，由原重工业部沈阳化工研究所首先开始环氧树脂的研制。1958年上海树脂厂、无锡树脂厂先后开始环氧树脂的工业化生产。到20世纪70年代末，我国已形成了覆盖合成单体、树脂、固化剂等原材料的较完善的科学研究、生产与开发应用的工业体系。特别是进入21世纪以来，我国环氧树脂生产规模日益扩大，成为世界主要的生产和消费大国。

目前中国环氧树脂生产企业约50多家，其中液体环氧树脂主要集中在江苏，固体环氧树脂主要集中在黄山地区。其余地区产能相对分散，但多与下游需求对应分布，华东和华南是国内环氧树脂下游需求最集中的地区。

2021年中国环氧树脂总产能约249.0万吨/年，同比增长7.6%，产量约为194.0万吨，同比增长11.2%，行业平均开工率为77.9%。2021年中国主要环氧树脂企业生产情况见表2.175。

表2.175　2021年中国环氧树脂生产情况

| 企业名称 | 地址 | 产能/(万吨/年) |
| --- | --- | --- |
| 江苏三木集团有限公司 | 江苏宜兴、广东江门、山东滨州、河南焦作 | 41.0 |
| 长春化工有限公司 | 江苏常熟、辽宁盘锦 | 25.0 |
| 南亚电子材料（昆山）有限公司 | 江苏昆山 | 24.8 |
| 江苏扬农锦湖化工有限公司 | 江苏扬州 | 17.0 |
| 南通星辰合成材料有限公司 | 江苏南通 | 16.0 |

续表

| 企业名称 | 地址 | 产能/(万吨/年) |
| --- | --- | --- |
| 宏昌电子材料股份有限公司 | 广东珠海 | 15.5 |
| 国都化工（昆山）有限公司 | 江苏昆山 | 15.0 |
| 建滔化工集团有限公司 | 江苏江阴、广东广州 | 15.0 |
| 中石化巴陵石油化工有限公司 | 湖南岳阳 | 14.0 |
| 安徽美佳新材料股份有限公司 | 安徽芜湖 | 8.0 |
| 山东德源环氧科技有限公司 | 山东泰安 | 4.5 |
| 大连齐化新材料有限公司 | 辽宁大连 | 4.4 |
| 安徽恒远新材料有限公司 | 安徽黄山 | 4.0 |
| 安徽善孚新材料科技股份有限公司 | 安徽黄山 | 4.0 |
| 安徽恒泰新材料科技股份有限公司 | 安徽黄山 | 4.0 |
| 上海元邦树脂制造有限公司 | 上海 | 3.0 |
| 黄山五环科技股份有限公司 | 安徽黄山 | 2.3 |
| 山东圣泉新材料股份有限公司 | 山东济南、广东珠海 | 2.0 |
| 黄山市同心实业有限公司 | 安徽黄山 | 2.0 |
| 黄山新佳精细材料有限公司 | 安徽黄山 | 2.0 |
| 其他 | — | 25.5 |
| 合计 | — | 249.0 |

受益于风电和电工电子等行业的需求快速增加，2020—2021年环氧树脂行业持续呈现高景气度，老牌企业扩产加速的同时也吸引了一大批行业新进入者，2022年中国环氧树脂在建产能达193.0万吨，具体见表2.176。此外，仍有南亚塑胶、宏昌电子、巴陵石化等超过150万吨的产能已经在规划当中，多数项目正在进行前期的审批工作。

表2.176　2022年中国环氧树脂在建项目

| 企业名称 | 地址 | 产能/(万吨/年) |
| --- | --- | --- |
| 江苏瑞恒新材料科技有限公司 | 江苏连云港 | 18.0（已投产） |
| 山东艾蒙特新材料有限公司 | 山东东营 | 6.0（已投产） |
| 山东德源环氧科技有限公司 | 山东泰安 | 21.0 |
| 铜陵善纬新材料科技有限公司 | 安徽铜陵 | 21.0 |
| 浙江豪邦化工有限公司 | 浙江衢州 | 20.0 |
| 青岛海湾集团有限公司 | 山东青岛 | 15.0 |
| 安徽美佳新材料股份有限公司 | 安徽芜湖 | 15.0 |
| 淄博飞源化工有限公司 | 山东淄博 | 15.0 |
| 国都化工（宁波）有限公司 | 浙江宁波 | 12.0 |
| 铜陵恒泰电子材料有限公司 | 安徽铜陵 | 10.0 |
| 浙江吴中化工有限公司 | 浙江平湖 | 8.0 |
| 东营市赫邦化工有限公司 | 山东东营 | 8.0 |
| 安徽恒星新材料科技有限公司 | 安徽安庆 | 6.0 |

续表

| 企业名称 | 地址 | 产能/(万吨/年) |
| --- | --- | --- |
| 福建环洋新材料有限公司 | 福州福清 | 6.0 |
| 江西同宇新材料有限公司 | 江西景德镇 | 6.0 |
| 江门市三木化工有限公司 | 广东江门 | 5.0 |
| 山东泰特尔新材料科技有限公司 | 山东东营 | 1.0 |
| 合计 | — | 193.0 |

**2. 国内环氧树脂历史价格**

以液体 E51 和固体 E12 这两种产量最大的环氧树脂的价格为例,图 2.110 为 2020 年至 2022 年 5 月国内环氧树脂价格变化情况,这段时期内,国内环氧树脂的价格整体呈先涨后跌的走势。

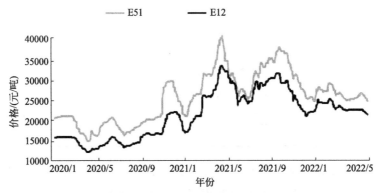

图 2.110　国内环氧树脂历史价格

2020 年,受国内风电抢装的刺激,基础液体环氧树脂的需求量大幅增加,液体产能吃紧也导致了固体树脂原料供给不足,因此国内环氧树脂市场整体自 2020 年下半年起开启了一波震荡上行走势。2020 年四季度,多家头部企业因检修或事故而停产,环氧树脂的价格曲线在一段时间内呈直线上扬态势,后因开工恢复,价格短暂回落;进入 2021 年后,因北美极寒天气导致国外多套装置宣布不可抗力停产,进口货源减少,同时又恰逢春节,环氧树脂供应量明显减少,叠加同期大宗商品价格上涨,特别是主原料双酚 A 现货供应紧张,价格飙涨,诸多利好因素的推动下,液体环氧树脂的价格一度突破至 41000 元/吨的历史高位。2021 年第三季度,受能耗双控政策影响,环氧树脂生产企业负荷降低,市场供应量减少,同期主要原料环氧氯丙烷的价格因龙头企业江苏海兴停产而快速上涨,环氧树脂的价格再次上涨至 38500 元/吨的高位。进入 2022 年,因主要下游行业表现低迷,全国范围内的疫情多点爆发进一步限制了环氧树脂的下游消费,供大于求的情况下,环氧树脂的价格呈现震荡走跌态势。

**3. 环氧树脂贸易情况**

进口方面,2021 年中国环氧树脂进口总量为 31.6 万吨,同比下降 22.0%。按月度统计来看,3 月进口量最高,进口量 3.6 万吨,2020—2021 年中国环氧树脂进口数量月度变化趋势如图 2.111 所示。

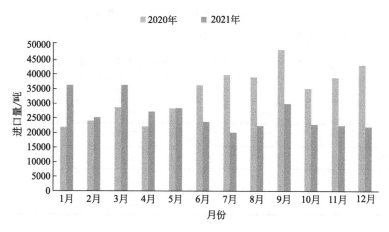

图 2.111 2020—2021 年中国环氧树脂进口量月度变化趋势

2021 年进口的环氧树脂主要来自中国台湾、韩国、美国和德国等。其中前三大进口来源地的进口量占比分别为 38.8%、25.2% 和 10.0%。进口一方面与跨国企业的原料内部互供有关，如 Olin、亨斯迈等，另一方面与头部厂商的产品持续紧俏有关，如南亚塑胶、长春集团等。

出口方面，2021 年中国环氧树脂出口量 10.1 万吨，同比增长 114.8%，其中 7 月份出口量最大，达到 11655 吨，具体情况如图 2.112 所示。

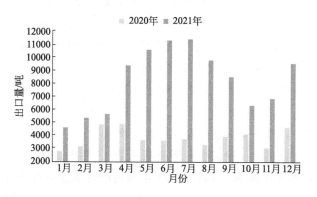

图 2.112 2020—2021 年中国环氧树脂出口量月度变化趋势

2021 年，中国环氧树脂出口至 83 个国家和地区，其中出口到泰国、俄罗斯和越南的量最大，分别为 11150 吨、9703 吨和 6358 吨，分别占总出口量的 11.0%、9.6% 和 6.3%。与 2020 年相比，对俄罗斯和韩国的出口量分别增加 250.4% 和 224.5%。出口明显增长主要与 2021 年国外 Olin 等环氧树脂装置因不可抗力而减产有关，部分进口订单转至中国，给国内环氧树脂带来较大的出口增量。

**4. 需求分析及预测**

2021 年中国环氧树脂消费总量约为 215.5 万吨，同比增长 2.4%，其中涂料领域消费量约 93.9 万吨，占总消费量的 43.6%；电子电工领域消费量约 72.6 万吨，占总消费量 33.7%；复合材料消费量约 29.7 万吨，占总消费量 13.8%；胶黏剂消费量约 19.3 万吨，占总消费量9.0%。预计2022年国内环氧树脂的总消费量将达到227万吨，2026年上升至291万吨。2021年中国环氧树脂消费结构及预测见表2.177和图2.113。

表2.177  2021—2026年中国环氧树脂消费结构及预测  单位：万吨

| 年份 | 2021年 | 2022年 | 2026年 |
| --- | --- | --- | --- |
| 涂料 | 93.9 | 96.7 | 117.1 |
| 电子电工 | 72.6 | 78.4 | 100.3 |
| 复合材料 | 29.7 | 31.9 | 46.3 |
| 胶黏剂 | 19.3 | 20.0 | 27.3 |
| 总消费 | 215.5 | 227.0 | 291.0 |

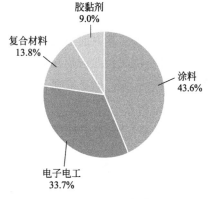

图2.113  2021年中国环氧树脂消费结构

（1）涂料　环氧树脂是涂料行业重要的基础树脂品种之一，广泛应用于一般工业涂料、地坪涂料、汽车涂料、船舶涂料、集装箱涂料等多个领域。环氧树脂因其优良的黏结力和低收缩率、良好的耐蚀性和抗渗性等特性，使得其在工业防腐、桥梁基础设施建设、船舶及海洋工程、集装箱等细分领域具备十分突出的优势；由环氧树脂做成的地坪涂料，其施工性能、耐磨性能和抗渗性能都非常优异，运用普及率也越来越高，特别是医院、学校、商场、体育馆、办公楼、地下车库、工业车间、厂房等基本已经全面涂料化；在汽车领域，环氧树脂主要用于汽车底漆的电泳层和底涂层，在修补漆中也有一定量应用，因环氧树脂的强附着力、防锈、耐水、高机械强度等优良特性，其他材料暂难以替代。近年来我国汽车产销量已步入中低速发展区间，因此新车漆的需求增长有所放缓，但随着汽车保有量的扩大，修补漆市场仍将保持稳定增长。

据中国涂料工业协会统计：我国涂料年产量从2015年的1717.6万吨增长至2020年的2459.1万吨，复合年均增长率达7.4%。2021年涂料产量增速略有下滑，至5%左右，总产量近2600万吨。

根据测算，2021年我国涂料领域的环氧树脂消费量约为93.9万吨。各主要细分领域的环氧树脂消费量占比如图2.114所示。

（2）电子电工　在电子领域，环氧树脂主要应用于覆铜板和环氧塑封料（EMC）。覆铜板是印制电路板的核心原材料，是一种多功能电子层压复合材料，是由增强材料（玻纤布、纤维纸、玻纤纸等）浸以各种树脂（主要是环氧树脂），经烘焙制成半固化片，再通过分切、叠层、覆铜等工序，经高温、高压、真空而成型的板状材料。EMC是集成电路主要的结构材料，是集成电路的外壳，起到保护芯片，以避免发生机械或化学损伤的重要作用。EMC主要以环氧树脂为基体材料，并以高性能酚醛材料为固化剂，加入硅微粉等作为填料，再加入各种辅助剂，受热交联固化为热固性材料。

在电工领域，环氧树脂主要用作电工绝缘件，广泛应用在电力工业、轨道交通、新能源及电动汽车等领域，应用场景包括高压开关设备绝缘件、户内外绝缘子、变压器、电抗器、高压套管、电力电子器件封装等。

根据测算，2021年我国电子电工领域的环氧树脂消费量约为72.6万吨，各主要细分领域的环氧树脂消费量占比如图2.115所示。

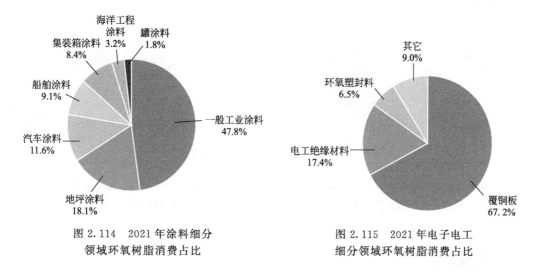

图2.114　2021年涂料细分领域环氧树脂消费占比

图2.115　2021年电子电工细分领域环氧树脂消费占比

(3) 复合材料　环氧树脂在纤维增强复合材料中的应用非常成熟。环氧树脂此前主要用于玻璃纤维复合材料，即玻璃钢制品的基体树脂。近年来复合材料，尤其是树脂基复合材料的应用持续发展，制造工艺不断完善，成本逐步降低，材料体系升级不断，带动了环氧树脂在复合材料领域的应用。

环氧树脂主要的消费为风电叶片基体树脂以及结构胶。由于基础环氧树脂本身对玻璃纤维、碳纤维具有良好的浸润性，工艺操作性与耐热性优异，并兼备出色的力学性能，与增强材料复合后体现出了非常优异的力学性能和耐疲劳性能，已成为风电叶片制造不可或缺的重要原料。

此外环氧乙烯基酯树脂在复合材料领域的应用也十分广泛。环氧乙烯基酯树脂是一种由基础环氧树脂与甲基丙烯酸反应，并加入苯乙烯单体而制得的高性能热固性树脂，具有黏度低、常温固化、工艺性能优良、强度高、耐腐蚀性能好等特点，已被广泛应用在化工防腐、交通运输、环境保护、新能源、建筑桥梁、船舶游艇、体育休闲等领域。

根据测算，2021年我国复合材料领域的环氧树脂消费量约为29.7万吨，各主要细分领域的环氧树脂消费量占比如图2.116所示。

(4) 胶黏剂　环氧树脂胶黏剂具有力学性能出色、耐化学性好、尺寸稳定性优良等优点，被广泛用作美缝剂、汽车结构胶、石材胶和建筑结构胶等领域。美缝剂是近年来兴起的一种新型装饰性的胶黏剂产品，它是由高分子聚合物（环氧树脂）和高档颜料精制而成，能够彻底解决瓷砖缝隙的白水泥和填缝剂（勾缝剂）使用后变黑的问题。美缝剂以其出色的装饰效果、易施工性和个性化特征，受到了广大消费者的青睐，在家装市场的渗透率快速提升，行业规模日趋扩大，成为主要的消费增长点。汽车胶黏剂是环氧树脂在胶黏剂的另一大应用，随着汽车轻量化和"节能减排"受到越来越多企业的重视，车用胶黏剂得到了人们的重视和认可，其作为焊接和铆接的有力补充，能够有效降低车身重量；此外，石材胶，建筑用胶等领域对于环氧树脂也有一定需求。

根据测算,2021年我国胶黏剂领域的环氧树脂消费量约为19.3万吨,各主要细分领域的环氧树脂消费量占比如图2.117所示。

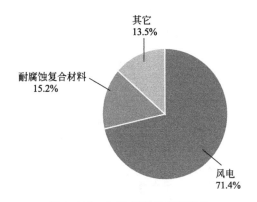

图 2.116  2021 年复合材料细分领域环氧树脂消费占比

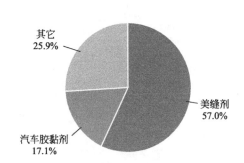

图 2.117  2021 年胶黏剂细分领域环氧树脂消费占比

## 三、工艺技术

目前,国内环氧树脂的生产工艺主要采用日本东都化成株式会社(现名新日铁住金化学株式会社)和德国贝克雷特公司等两种技术路线。日本东都化成的生产工艺在国内应用最为广泛,其中昆山南亚、宏昌电子、巴陵石化等都采用其工艺包,而南通星辰采用德国贝克雷特的生产工艺路线。经过了多年的发展,国内环氧树脂无论是产品质量、单耗水平都与国外先进水平不相上下。

(1)液体双酚 A 型环氧树脂生产工艺

液体环氧树脂主要以双酚 A 和环氧氯丙烷为主要原材料。其合成方法归纳起来大致有两种:一步法和二步法。目前低分子量液体环氧树脂和中分子量固体环氧树脂,一般都采用一步法工艺。

一步法生产工艺,一般经过开环反应和闭环反应等两个反应过程。

① 开环反应  在碱催化下,双酚 A 的羟基与环氧氯丙烷的环氧基反应,生成端基为氯化羟基的二氯代醇。

$$HO-\text{C}_6\text{H}_4-C(CH_3)_2-\text{C}_6\text{H}_4-OH + 2\ \underset{O}{\underset{\diagup\hspace{-0.5em}\diagdown}{CH_2-CH}}-CH_2-Cl \xrightarrow{NaOH}$$

双酚A氯代醇

② 闭环反应  氯化羟基与 NaOH 反应,脱 HCl 再形成环氧基得到双酚 A 的二环氧基丙基醚。

$$\text{H}_2\text{C}-\overset{\text{H}}{\underset{\text{OH}}{\text{C}}}-\overset{\text{H}_2}{\text{C}}-\text{O}-\text{C}_6\text{H}_4-\overset{\text{CH}_3}{\underset{\text{CH}_3}{\text{C}}}-\text{C}_6\text{H}_4-\text{O}-\text{CH}_2-\overset{\text{H}}{\underset{\text{OH}}{\text{C}}}-\overset{\text{H}_2}{\text{C}}\text{Cl} \;+\; \text{NaOH} \longrightarrow$$

$$\text{H}_2\text{C}-\overset{\text{H}}{\text{C}}-\overset{\text{H}_2}{\text{C}}-\text{O}-\text{C}_6\text{H}_4-\overset{\text{CH}_3}{\underset{\text{CH}_3}{\text{C}}}-\text{C}_6\text{H}_4-\text{O}-\text{CH}_2-\overset{\text{H}}{\text{C}}-\overset{\text{CH}_2}{\text{}} \;+\; 2\text{NaCl} + 2\text{H}_2\text{O}$$

在双酚A型环氧树脂的合成过程中，除了上述的主要反应外，还存在着一些副反应，如环氧基的水解反应、酚羟基与环氧基的加成反应等。若能严格控制合适的反应条件（如投料配比、NaOH用量及投料方式、反应温度、加料顺序、含水量等），即可将副反应控制到最低限度。

液体双酚A型环氧树脂生产工艺流程主要由反应单元、精制单元、脱苯单元、成品过滤及包装单元等组成，如图 2.118 所示。

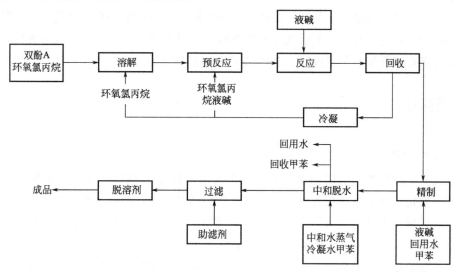

图 2.118　双酚A型基础液体环氧树脂的生产工艺流程

(2) 固体环氧树脂生产工艺

固体环氧树脂通常采用两步法，即将一步法生成的液体环氧树脂与双酚A在催化剂作用下发生加成聚合反应，得到高分子量的固体环氧树脂。

$$n\,\text{HO}-\text{C}_6\text{H}_4-\overset{\text{CH}_3}{\underset{\text{CH}_3}{\text{C}}}-\text{C}_6\text{H}_4-\text{OH} \;+\; n\,\text{H}_2\text{C}-\text{CH}-[\text{O}-\text{C}_6\text{H}_4-\overset{\text{CH}_3}{\underset{\text{CH}_3}{\text{C}}}-\text{C}_6\text{H}_4-\text{O}-\text{CH}_2-\overset{\text{H}_2}{\text{C}}-\overset{\text{H}_2}{\text{C}}]_n\text{O}-\text{C}_6\text{H}_4-\overset{\text{CH}_3}{\underset{\text{CH}_3}{\text{C}}}-\text{C}_6\text{H}_4-\text{O}-\text{CH}_2-\overset{\text{H}}{\text{C}}-\text{CH}_2$$

$$\longrightarrow (n+1)\,\text{H}_2\text{C}-\text{CH}-\text{CH}_2-[\text{O}-\text{C}_6\text{H}_4-\overset{\text{CH}_3}{\underset{\text{CH}_3}{\text{C}}}-\text{C}_6\text{H}_4-\text{O}-\text{CH}_2-\text{CH}_2-\overset{\text{H}_2}{\text{C}}]_n\text{O}-\text{C}_6\text{H}_4-\overset{\text{CH}_3}{\underset{\text{CH}_3}{\text{C}}}-\text{C}_6\text{H}_4-\text{O}-\text{CH}_2-\overset{\text{H}}{\text{C}}-\text{CH}_2$$

固体双酚 A 型环氧树脂生产工艺流程如图 2.119 所示。

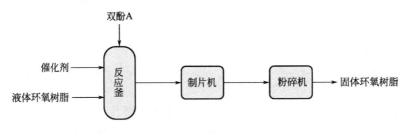

图 2.119　固体环氧树脂生产工艺流程

（3）其它类型环氧树脂生产工艺

溴化环氧树脂（低溴型）是由电子级液体环氧树脂与四溴双酚 A 在催化剂作用下反应再溶解于溶剂中制成；溶剂型环氧树脂是由液体/固体环氧树脂添加溶剂后制得，常见的溶剂有甲苯、二甲苯、丙酮、丁酮等；酚醛环氧树脂则由苯酚和甲醛在催化剂条件下缩聚成为线型酚醛树脂，而后再与环氧氯丙烷在碱性条件下缩聚而成，其耐热性能较为突出，常见的酚醛环氧树脂有苯酚型、邻甲酚型、双酚 A 型和双酚 F 型。

## 四、发展建议

**1. 存在的问题**

经过了多年的发展，国内环氧树脂行业取得的成绩令人瞩目，在产品质量、物能耗水平、装置规模化等方面都有长足发展，总体上能够满足需求，但还存在以下问题。

（1）环氧树脂产品结构尚不合理，高性能特种产品及其应用水平较低　近年来，我国环氧树脂用量呈快速增长态势，但由于国内在创新研发的投入与下游应用或企业结合转化能力等方面的严重不足，加上新产品、新材料的开发、试产、中试及建设受安全环保因素方面的限制，新产品和新工艺的开发进度较为迟缓。目前我国高性能、特种环氧树脂产品的自给率还较低，结构性矛盾突出。

（2）环氧树脂体系整体配套细分能力较低，不能适应应用领域需求　环氧树脂需要与合适的固化剂及助剂协同配套，才能发挥优异的性能。一方面，树脂、固化剂及助剂的性能受上游基础原材料的制约和影响较大，目前双酚 A、环氧氯丙烷等基础原材料基本能够满足普通环氧树脂的要求，而高纯度、低黏度等高性能环氧树脂用的基础原材料尚不能满足要求，胺类固化剂的基础胺原材料还主要依靠进口；另一方面，对环氧树脂、固化剂及助剂还尚未形成针对应用领域要求的系列化复配产品体系。

（3）企业创新能力、专业化程度不够，同质化、低价竞争现象依然存在　行业内目前仍然存在为数众多的小企业，缺乏研发和创新能力，自动化程度及"三废"处理能力和水平还较低。配套的固化剂、助剂产品的发展水平与国外先进水平的差距尤其明显，尤其是胺类固化剂，产品种类繁杂，生产企业分散，单一企业的规模小、技术含量较低，产品的品质差异大，未能形成专业化的特色产品。一方面，国内环氧树脂生产商向下游复配产品的延伸不够，另一方面不少中小环氧树脂生产商仍存在同质化、低价竞争现象。

(4) 行业协会缺乏监管、引导职能、行业准入门槛低，发展存在较大的自发盲动性  近年来，行业协会组织因不具备监管职能，对行业的指导、引导效能有限，行业的发展存在较大的自发盲动性。同时，行业总体准入门槛较低，导致大宗、低端产品产能过剩，而中高端产品无法满足市场需求，行业的整体技术水平和产品品质提升、发展相对缓慢，严重影响到国产替代进口的步伐。

**2. 建议**

(1) 优化产业结构，适应市场需求  以市场为导向、国家需求为目标，调整行业整体布局与产业分布结构，促进基础性环氧树脂及固化剂产品向行业内大型企业转移，特种及复配型环氧树脂及固化剂产品向行业内中小型企业转移，提高行业集中度；通过规模化、自动化、智能化生产，提高生产效率，降低生产能耗，减轻环境负荷，降低生产成本，优化产品结构，适应市场需求，提高行业竞争力。

(2) 提高创新能力，拓展应用领域  围绕"绿色低碳、节能减排、环境友好"主题，创新开发高品质，高性能的环氧树脂体系新产品与新材料，整体提升环氧树脂体系的产品品质与技术水平，拓展并满足国民经济各领域对环氧树脂的应用需求，引导消费由量的需求向质的需求转变。

(3) 鼓励环氧树脂副产循环综合利用  推行危废综合利用，实行固废处理备案制，鼓励行业内、行业上下游间的副产有价值和无害化利用和代工处理，对副产循环利用享受税收优惠或减免，从根本上减少或杜绝填埋和焚烧，避免二次污染、重复污染和土壤污染以及资源的浪费。

(4) 建立产业联盟，促进有序发展  由政府部门支持，行业协会组织与协调，联合环氧树脂领域上下游的高校、科研院所以及制造、贸易企业、投资机构，加强产学研贸商联合，构建行业或国家层面的环氧树脂体系科技创新与产业联盟，构建环氧树脂体系产业链。通过联合与协同创新，打造民族品牌，提升国际市场竞争力，引领并促进我国环氧树脂产业健康和持续发展。

(5) 加快转型升级、推动高质量发展  围绕国家"十四五"规划和2035年远景规划目标纲要要求，进一步加快产业结构转型升级；通过建立政策性准入制度及行业信用体系等措施，引导新增产能高标准建设并有序投放，既有产能改造提升，落后产能加快淘汰；推动建立适应国家、市场发展需要的标准化与认证体系，强化产品质量的检测、监管职能，推动行业高质量发展。

(6) 健全监管机制，保障有序发展  行业协会是行业的最基层组织，是行业内部互通与交流的平台，上游与下游联系的纽带、企业与政府沟通的桥梁，应充分发挥行业协会的指导与引导作用，赋予行业协会的监管职能，保障行业有序发展。

# 第三十一节 聚己二酸对苯二甲酸丁二醇酯

珠海金发生物材料有限公司　李建军

## 一、概述

传统塑料作为人类的伟大发明之一，自诞生以来快速运用到生产生活的方方面面，给人类带来了极大便利，年使用量不断上升。然而，传统塑料在造福人类的同时，其废弃物也引起了严重的环境污染问题。传统塑料本身并非污染物，传统塑料污染环境的本质是废弃物泄漏到自然环境中带来视觉污染、土壤破坏、微塑料等环境危害。目前，传统塑料污染环境问题已经成为全球共同关注的焦点问题，其治理的核心是通用源头减量、重复使用、回收利用和替代方案，构筑立体多层次系统，防止或减少塑料废弃物向环境的泄漏。其中，生物降解塑料是重要的替代方案之一，是治理塑料污染问题重要且不可或缺的手段。

生物降解塑料是指能够在适合的环境条件下经过一定时间跨度后经生物菌群的新陈代谢作用最终分解为二氧化碳和水的一类聚合物材料，通常是含有酯键结构的聚酯。人们发现，脂肪族聚酯因其水解敏感而具有优异的生物降解性能，但因其分子链段过于柔顺而表现出较差的力学性能和热性能。相反，芳香族聚酯因其刚性结构而具有良好的物理性能但却不可生物降解。因此，为了获得既有优异生物降解性能又有良好力学性能的生物降解聚酯，由脂肪族和芳香族单元组成的脂肪族-芳香族共聚酯成为研究焦点。在众多的脂肪族-芳香族共聚酯中，通过丁二醇（BDO）、己二酸（AA）和对苯二甲酸（PTA）缩合共聚得到的聚己二酸对苯二甲酸丁二醇酯（PBAT）是最具有潜在发展前景和巨大市场空间的共聚酯产品。下面总结了 PBAT 的合成、性质、应用与发展的最新进展。

**1. 生物降解共聚酯 PBAT 的化学结构**

生物降解共聚酯 PBAT 以 BDO、AA、PTA 为原料，通过缩合聚合制备而成，据公开资料显示，生产 1kg 的 PBAT 需要耗用 0.60kg 的 BDO、0.36kg 的 AA 和 0.4kg 的 PTA，据此可粗略估算 PBAT 的生产成本，PBAT 成本及售价受 BDO、AA、PTA 价格影响因素较大，特别是 BDO，应予密切关注。

生物降解共聚酯 PBAT 的典型化学结构如图 2.120 所示，PBAT 的分子结构由聚对苯二甲酸丁二醇酯（PBT）链段和聚己二酸丁二醇酯（PBA）链段构成，兼具两者的特点，一方面其分子链中含有大量酯基，对水解敏感，使其具有优异的生物降解性能；另一方面其分子结构中既有柔性的脂肪族结构又有刚性的芳香族结构，使其具有良好的韧性和稳定的耐热性。这种脂肪族-芳香族的混合结构奠定了 PBAT 成为综合性能优异的生物降解聚酯的基础。

**2. 生物降解共聚酯 PBAT 的物理性能**

生物降解共聚酯 PBAT 具有良好的综合物理性能，可在多数通用塑料加工设备上进行

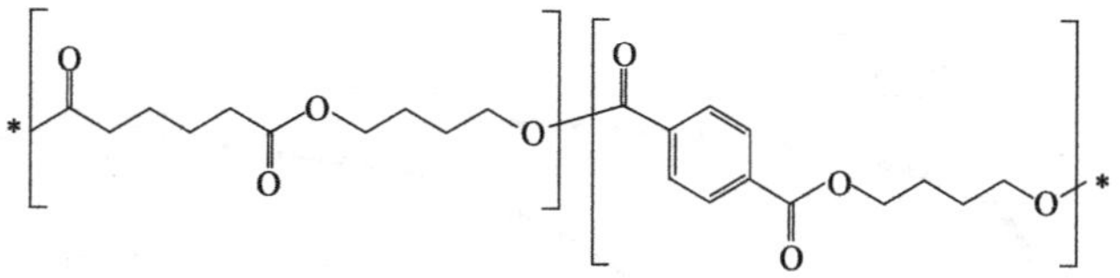

图 2.120  生物降解共聚酯 PBAT 的化学结构

加工，力学性能介于聚丙烯和聚乙烯之间，可满足日常用品的性能需求。PBAT 是一种半结晶型聚合物，结晶度大约为 30%，熔点在 120℃左右，密度在 1.18~1.3g/cm³。PBAT 的拉伸强度约 25MPa，断裂伸长率大于 600%，邵尔 A 硬度在 85~90，属于典型的"软胶"范畴，与聚乙烯（PE）的性能更为接近。相比 PE，PBAT 的拉伸强度与伸长率接近，但氧气及水汽阻隔性能较差且成本偏高。价格与聚乳酸（PLA）相近，但 PLA 属于典型的"硬胶"范畴。PBAT 与 PLA 及 PE 的典型性能对比如表 2.178 所示。

表 2.178  生物降解共聚酯 PBAT 与 PLA 及 PE 典型性能对比表

| 性能 | PBAT | PLA | PE |
| --- | --- | --- | --- |
| 熔点/℃ | 118 | 165 | 130 |
| 拉伸强度/MPa | 24 | 55 | 27 |
| 断裂伸长率/% | 700 | 5 | 600 |
| 氧气阻隔性 | 适中 | 适中 | 较高 |
| 水汽阻隔性 | 差 | 差 | 较高 |
| 生物降解性能 | 良好 | 良好 | 不可生物降解 |
| 价格/（万元/吨） | 2~3 | 2~3 | 0.8~1.2 |

### 3. 生物降解共聚酯 PBAT 的结晶行为

生物降解共聚酯 PBAT 是一种典型的半结晶结构，其结晶程度可以通过对 PTA 与 BDO 及 AA 与 BDO 的比例来控制。通过 X 射线衍射仪对 PBAT 进行分析，发现其对应的特征衍射峰是 $2\theta=17.2°$、$20.4°$、$23.4°$ 和 $25.1°$，其结晶衍射峰的位置与 PBT 特征衍射峰位置相类似。聚合物的结晶度是影响其降解速率的重要原因之一，当聚合物发生生物降解时，首先的位置是无定形区域，之后发生在聚合物的结晶区域。PBAT 的结晶区主要由 PTA 与 BDO 构成的 BT 链段构成，通过堆肥实验发现，当共聚酯 PBAT 中芳香族含量（摩尔分数）不超过 50%，且呈无规则排列时，才能够完全生物降解。

### 4. 生物降解共聚酯 PBAT 的降解性能

生物降解塑料的生物降解性能一般是通过堆肥方式来测定，分为工业堆肥和家庭堆肥，基于 EN 13432、ASTM D6400、AS 4736-2006/5810-2006、GB/T 20197—2020 等标准，总体要求是材料或制品在堆肥条件下，90 天完成 90% 生物降解，通过对种植在土壤中植物的检测认证降解产物对土壤无害。图 2.121 是 PBAT 在家庭堆肥条件下的生物降解曲线、崩解过程和毒理评估的测试结果，表明 PBAT 具有良好的生物降解性能，完全符合生物降解国际标准。

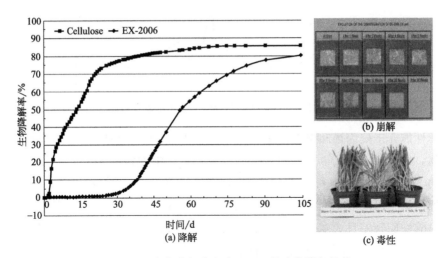

图 2.121 生物降解共聚酯 PBAT 的生物降解性能

**5. 生物降解共聚酯 PBAT 的主要应用**

尽管生物降解共聚酯 PBAT 综合性能优异，但依然很难通过直接使用纯 PBAT 树脂的方式来满足各种应用的需求。与传统塑料相比，PBAT 的生产成本更高，甚至在特定性能上亦存在缺陷，因此，只有当生产成本降低或应用性能改善时，PBAT 的市场发展潜能才能被激发。PBAT 与低成本材料（如淀粉）或与增强材料（如 PLA）共混是降低最终价格和改善性能的有效方法，同时保持了复合材料的生物降解性能。近年来，PBAT 系列复合材料已发展成为商用产品，其中以生物降解共聚酯 PBAT 与淀粉和生物降解共聚酯 PBAT 与 PLA 的共混应用最为广泛。

（1）生物降解共聚酯 PBAT 与淀粉的共混　淀粉是成本低廉且来源广泛的可再生原材料。天然淀粉以离散颗粒（淀粉团）的形式存在于植物中，作为其营养和能量储备。纯淀粉在塑料加工中的应用相当有限，纯淀粉薄膜或片材易碎且对湿度敏感，在有水的环境中容易崩解。天然淀粉热稳定性较差，加工窗口较窄，通过羟基的部分取代对淀粉进行化学改性可以显著改善疏水性和流变性。通过淀粉链的交联，可以有效提高耐酸、热处理和剪切稳定性。然而，改性淀粉本身仍然不能满足薄膜应用的较高要求，与生物降解共聚酯 PBAT 进行共混是解决这些问题的有效途径。

生物降解聚酯 PBAT 是淀粉等可再生原材料加工以及生产高品质可生物降解和生物基塑料薄膜的重要组成部分。PBAT/热塑性淀粉共混材料有效结合了生物降解性和可再生资源的优势。在 PBAT/热塑性淀粉共混材料中 PBAT 需要形成一定程度的连续相以保障材料性能，可添加的淀粉含量有极限，因此限制了 PBAT/淀粉共混材料终端制品的可再生资源含量（通常＜50%）。通过使用（或部分引入）生物基赋能聚酯可以进一步增加生物基含量，助力可再生资源利用，降低碳排放。

（2）生物降解共聚酯 PBAT 与 PLA 的共混　生物降解聚酯 PLA 是一种透明的硬质聚酯，可通过多种方式加工制成容器型制品，如杯子、托盘、瓶子、餐具。PLA 也可以通过双向拉伸制成性能接近于玻璃纸的透明且柔性的薄膜，并且可以纺丝、定向拉伸和固定，从而制成纤维。然而，对于大多数情况来说，在柔性薄膜应用领域（如购物袋/有机垃圾袋），

PLA 的模量（3600MPa）依然过高，限制了其应用范围。因此，PLA 和柔韧的生物降解共聚酯 PBAT 进行共混改性以降低其刚性，增加韧性，从而对其拓展应用尤其重要。

PLA 是一种由可再生原材料制成的热塑性聚合物，并且可工业应用，这一点对全球减碳是极为关键的。控制硬且脆的 PLA 与软且韧的 PBAT 树脂的比例，可以得到性能完全不同的复合材料。生物降解聚酯 PBAT/PLA 共混材料在标准气候条件下的存储周期可达 1 年以上，优于 PBAT/淀粉共混材料。

**6. 生物降解共聚酯 PBAT 的生产厂家**

经过近十年的发展，PBAT 产品已经形成商业化，例如金发科技股份有限公司（金发科技）的 ECOPOND® 产品、巴斯夫（BASF）公司的 Ecoflex® 产品、诺瓦蒙特（Novamont）公司的 Origo-Bi® 产品等，表 2.179 列举了生物降解共聚酯 PBAT 主要的生产厂家。

表 2.179　生物降解共聚酯 PBAT 主要生产厂家

| 企业名称 | 商品名 | 产能/(万吨/年) |
| --- | --- | --- |
| 金发科技股份有限公司 | ECOPOND | 18 |
| 新疆蓝山屯河化工股份有限公司 | TUNHE | 12 |
| Novamont | Origo-Bi | 10 |
| BASF | Ecoflex | 7.4 |
| 万华化学集团股份有限公司 | WHA | 6 |
| 山东睿安生物科技有限公司 | RN | 6 |
| 恒力营口康辉石化有限公司 | KHB | 3 |
| 浙江华峰环保材料有限公司 | HF | 3 |
| 中石化仪征化纤股份有限公司 | TA | 3 |
| 甘肃莫高聚和环保新材料科技有限公司 | MG | 2 |
| 山西金晖兆隆高新科技有限公司 | Ecoworld | 2 |

目前，金发科技在 PBAT 催化体系及合成工艺方面已取得了突破，形成了具有自主知识产权的核心技术，已建成了年产 18 万吨规模的 PBAT 生产线并顺利投产，形成了 ECOPOND 品牌产品。经国际权威检测机构检测，产品完全符合 EN 13432 和 ASTM 6400D 国际生物降解标准，同时获得了德国 DINCERTCO、比利时 VINCONTTE、美国 BPI 和澳洲 AS 的权威生物降解认证，产品广泛应用于农用地膜、一次性包装（购物袋、垃圾袋等）及一次性餐饮具，受到了客户的一致好评。

自 2004 年，金发科技自主研发的完全生物降解 ECOPOND 系列产品投放市场以来，随着生物降解聚酯生产线顺利投产，持续的全球市场开拓，目前已经成为全球规模较大的生物降解塑料供应商。金发科技是全球完全生物降解塑料的积极倡导者之一，位于全球完全生物降解塑料生产商的领跑阵营。此外，国内完全生物降解塑料生产商众多，是全球完全生物降解塑料事业中不可小觑的力量。

## 二、市场供需

### 1. 禁塑政策的颁布与实施

为了减轻塑料污染对人们生活环境的影响，全球多个国家和地区先后颁布和实施了禁塑政策，意大利从2011年1月1日起超市全面禁售聚乙烯购物袋；法国、西班牙于2014年开始全面禁售聚乙烯购物袋；中国在2019年审议通过了《关于进一步加强塑料污染治理的意见》，提出有序禁止、限制部分塑料制品的生产、销售和使用，积极推广可循环、易回收、可降解替代产品。截至目前全球已有42个国家陆续出台了针对不可降解塑料、一次性不易回收、易污染制品的禁令、政策，其中2021年新增6个欧洲禁塑国，全球禁塑范围进一步扩大。

### 2. 需求分析

在全球禁塑政策的驱动下，各国对生物降解材料的需求越来越高。2020年全球塑料产量将近4亿吨，生物降解材料仅122.7万吨，占塑料总量的0.3%，发展前景巨大。欧洲作为生物降解材料使用最早的地区，目前也是生物降解材料最主要的消费地区。据IHS Markit分析，西欧地区生物降解材料消耗量约占全球消耗量的55%，北美地区为19%，中国为12%，亚洲（除中国外）和大洋洲的消耗量约占13%，其他国家和地区则少于1%。根据欧洲生物塑料协会预测数据，到2024年，全球生物降解塑料年产能将达到133.4万吨/年，年复合增长率为2.7%。受益于各国"禁塑令"生效时间影响，全球可降解塑料的需求在2020—2021年出现较大幅度的上升。根据HIS Markit预测，到2023年，全球生物降解塑料需求量预计将达55万吨，未来5年内需求复合增速将达到8.9%。预测未来五年，全球生物降解塑料需求量将超过欧洲生物塑料协会当前预测值。在这一背景下，全球对PBAT的需求量持续增长，2019年全球PBAT树脂使用量约18.72万吨；2020年全球PBAT树脂使用量约23.11万吨，同比增长23.5%；2021年全球PBAT树脂使用量约27.06万吨，同比增长17.1%。2022年至2024年，PBAT的全球需求量将进一步上升至50万吨左右，较2021年增长185%。

就生物降解材料产品需求结构而言，塑料袋仍是需求最多的产品类型。据统计，2019年，塑料袋和商品包装对生物降解材料的需求占整个西欧地区生物降解材料需求的90%左右。中国作为亚洲范围内生物降解材料的需求大国，其情况和西欧地区或许有较大的不同，一方面农膜市场有一定的占比，另一方面，中国的快递包装行业远远比西欧发达，这一点跟西欧有比较大的差异。

以农膜产品为例，如果仅从体量的角度看，目前我国每年农膜产量大约在235万～240万吨水平，且比较稳定。如果按照未来两年可降解材料10%的渗透率计算，可能会有20万～30万吨的替代需求。

对于快递包装产品而言，在政策强力助推及国内PBAT性价比不断提高的情况下，我国未来生物降解材料市场空间呈现逐年递增趋势。假设未来快递业务、一次性外卖业务呈现增速逐渐放缓趋势（每年递减1%～2%），塑料包装占比及单耗维持不变。基于现行政策，对生物降解材料的总体替代率进行保守估计，预测中国快递包装生物降解材料市场需求量保守假设各地区"禁塑令""开始执行"的替代率10%、"进一步推广"的替代率20%、"完全替代"的替代率30%。"完全替代"意为不再销售传统包装塑料制品,但由于其他材料的竞争,例如纸质包装袋/盒,考虑西欧和美国生物降解材料在包装领域的替代率不超过30%,"完全替代"的替代率假设为30%。根据上述假设,预测2020年到2025年,我国包装塑料总替代量分别为23万吨、38万吨、53万吨、96万吨、122万吨。

**3. 产能分析**

无论是可降解的塑料袋,还是可降解农用地膜和包装材料,产品多以PBAT作为基础树脂。基于市场对生物降解材料的巨大需求,目前各个国家和地区均在建设PBAT生产装置。仅2019至2020年,全球PBAT产能从22.9万吨/年增长至26.4万吨/年,2021年大幅增长至61.5万吨/年,随着新规划产能的逐步投产,2024年全球PBAT产能将增长至250万吨/年,较2021年增长400%。

就生产装置分布而言,全球PBAT生产装置主要集中于欧洲和亚洲。德国巴斯夫自20世纪90年代研究PBAT开始,目前已建成产能7.4万吨/年的PBAT生产装置;意大利Novamont公司是世界上较早进行生物降解材料产业化的企业,目前拥有PBAT产能10万吨/年。亚洲地区,经过多年技术积累,形成了以金发科技和蓝山屯河为代表的PBAT制造企业,2021年底,金发科技拥有18万吨/年的PBAT生产装置,蓝山屯河年产能也达到了12万吨/年。基于全球禁塑政策的大趋势及国内禁塑政策的实施,国内生物降解材料项目如雨后春笋蓬勃发展,我国企业纷纷公布PBAT建设和扩产计划,如表2.180所示。

表2.180 国内主要PBAT生产产能规划情况

| 企业名称 | 现有产能/(万吨/年) | 在建产能/(万吨/年) | 规划总产能/(万吨/年) |
| --- | --- | --- | --- |
| 金发科技股份有限公司 | 18 | — | 30 |
| 新疆蓝山屯河化工股份有限公司 | 12 | 24 | 36 |
| 恒力营口康辉石化有限公司 | 3.3 | 6 | 48 |
| 浙江华峰环保材料有限公司 | 3 | — | 33 |
| 山西金晖兆隆高新科技有限公司 | 2 | 12 | 14 |
| 甘肃莫高聚和环保新材料科技有限公司 | 2 | — | 2 |
| 杭州鑫富科技有限公司 | 1.5 | | 1.5 |
| 台湾长春化学有限公司 | 1.3 | | 1.3 |
| 中石化仪征化纤股份有限公司 | 1 | 3 | 22 |
| 宁波长鸿高分子科技股份有限公司 | — | 12 | 60 |
| 青州天安化工有限公司 | — | 12 | 20 |
| 江西聚锐德新材料股份有限公司 | | 12 | 12 |
| 新疆曙光绿华生物科技有限公司 | | 12 | 12 |
| 济源市恒通高新材料有限公司 | | 12 | 36 |
| 洛阳海惠新材料股份有限公司 | | 12 | 12 |
| 山东华鲁恒升化工股份有限公司 | | 12 | 12 |

续表

| 企业名称 | 现有产能/(万吨/年) | 在建产能/(万吨/年) | 规划总产能/(万吨/年) |
|---|---|---|---|
| 广安宏源科技有限公司 | — | 10 | 30 |
| 安徽昊源化工集团有限公司 | — | 10 | 30 |
| 河南鹤壁莱润新西兰科技有限公司 | — | 10 | 10 |
| 中科启程（海南）生物科技有限公司 | — | 10 | 50 |
| 内蒙古东源科技有限公司 | — | 10 | 20 |
| 彤程新材料集团股份有限公司 | — | 10 | 10 |
| 中化学东华天业新材料有限公司 | — | 10 | 40 |
| 浙江三维橡胶制品股份有限公司 | — | 10 | 10 |
| 山东斯源新材料科技有限公司 | — | 10 | 10 |
| 安徽昊源化工集团有限公司 | — | 10 | 30 |
| 安徽优赛特科技有限公司 | — | 9 | 9 |
| 河南开祥精细化工有限公司 | — | 8 | 8 |
| 河南恒泰源新材料有限公司 | — | 8 | 8 |
| 阳煤集团华阳新材料科技集团有限公司 | — | 6 | 48 |
| 山东瑞丰高分子材料股份有限公司 | — | 6 | 42 |
| 山东道恩高分子材料股份有限公司 | — | 6 | 12 |
| 山东睿安生物科技有限公司 | — | 6 | 18 |
| 河南金丹乳酸科技股份有限公司 | — | 6 | 6 |
| 新疆中泰集团美克化工股份有限公司 | — | 6 | 6 |
| 万华化学集团股份有限公司 | — | 6 | 6 |
| 湖北宜化生物降解新材料有限公司 | — | 6 | 18 |
| 惠州博科环保新材料有限公司 | — | 6 | 30 |
| 内蒙古华恒能源科技有限公司 | — | 6 | 6 |
| 山西同德化工股份有限公司 | — | 6 | 6 |
| 山东昊图新材料有限公司 | — | 6 | 6 |
| 广西华谊新材料有限公司 | — | 6 | 30 |
| 新疆华泰重化工有限公司 | — | 6 | 12 |
| 山西华阳新材料生物降解新材料有限责任公司 | — | 6 | 6 |
| 北京化工集团华腾沧州有限公司 | — | 4 | 4 |
| 江阴兴佳塑化有限公司 | — | 4 | 12 |
| 重庆鸿庆达产业有限公司 | — | 3 | 20 |
| 浙江联盛化学股份有限公司 | — | 3 | 3 |
| 江苏科奕莱新材料科技有限公司 | — | 2.4 | 2.4 |
| 南通正盛化工科技有限公司 | — | 1 | 1 |

续表

| 企业名称 | 现有产能/(万吨/年) | 在建产能/(万吨/年) | 规划总产能/(万吨/年) |
|---|---|---|---|
| 四川能投化学新材料有限公司 | — | 1 | 1 |
| 江苏和时利新材料股份有限公司 | — | 1 | 1 |
| 内蒙古君正化工有限责任公司 | — | — | 200 |
| 鹤壁宝来化工科技有限公司 | — | — | 50 |
| 恒德集团（中国）有限公司 | — | — | 18 |
| 山西恒力新材料股份有限公司 | — | — | 36 |
| 山东聊城茌平信发华兴化工有限公司 | — | — | 18 |
| 合计 | 44 | 363 | 1217 |

**4. 供需平衡分析**

2021年11月，全球PBAT产能增速71%（其中，国外产能增速16%、国内产能增速117%）。受政策预期推动，国内新增、扩能规划不断，截至2021年底，我国已形成PBAT产能44.1万吨，在建产能363.4万吨，企业规划的总产能超过1200万吨。其中，2021年四季度完工项目48万吨、2022年预计完工项目达98.5万吨。

截至2021年11月中旬，虽然降解材料规划新建达1200万吨产能，但政策执行远不及预期，目前国内PBAT企业产能44.1万吨，下游市场清淡。2019年，我国PBAT产能12.5万吨/年，需求5.7万吨；2020年产能23万吨/年，需求7.4万吨；2021年产能44.1万吨/年，需求8.6万吨。2022—2024年，随着新建产能的投产，我国PBAT产能将增长至230万吨/年，实际需求量预测为16万吨，产能严重过剩，如图2.122所示。

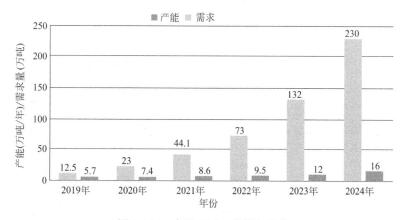

图2.122 中国PBAT产能与需求

## 三、工艺技术

**1. 生物降解共聚酯PBAT的合成机理**

生物降解共聚酯PBAT的合成是以BDO、AA、PTA为单体，按照一定比例发生酯化、缩聚等系列反应得到的聚酯，其反应包括两种酯化反应、四种缩聚反应及副反应。

如图 2.123 所示，两种酯化反应：一是对苯二甲酸与丁二醇进行醇酸酯化反应，生成对苯二甲酸丁二醇酯，同时副产水；二是己二酸与丁二醇进行醇酸酯化反应，生成己二酸丁二醇酯，同时副产水。

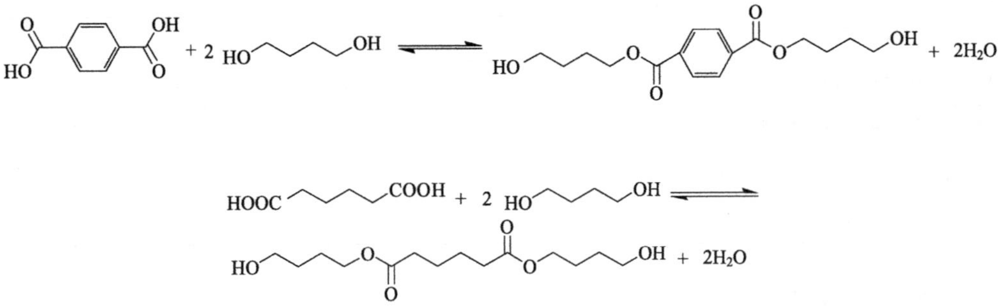

图 2.123　PBAT 酯化反应原理

如图 2.124 所示，四种缩聚反应：一是对苯二甲酸丁二醇酯分子间发生缩聚反应，脱除丁二醇分子，生成对苯二甲酸丁二醇酯二聚体、三聚体、多聚体等；二是己二酸丁二醇酯分子间发生缩聚反应，脱除丁二醇分子，生成对己二酸丁二醇酯二聚体、三聚体、多聚体等；三是己二酸丁二醇酯与对苯二甲酸丁二醇酯分子间发生缩聚反应，脱除丁二醇分子，生成对混合酸丁二醇酯二聚体、三聚体、多聚体等；四是多聚体之间的酯交换反应。

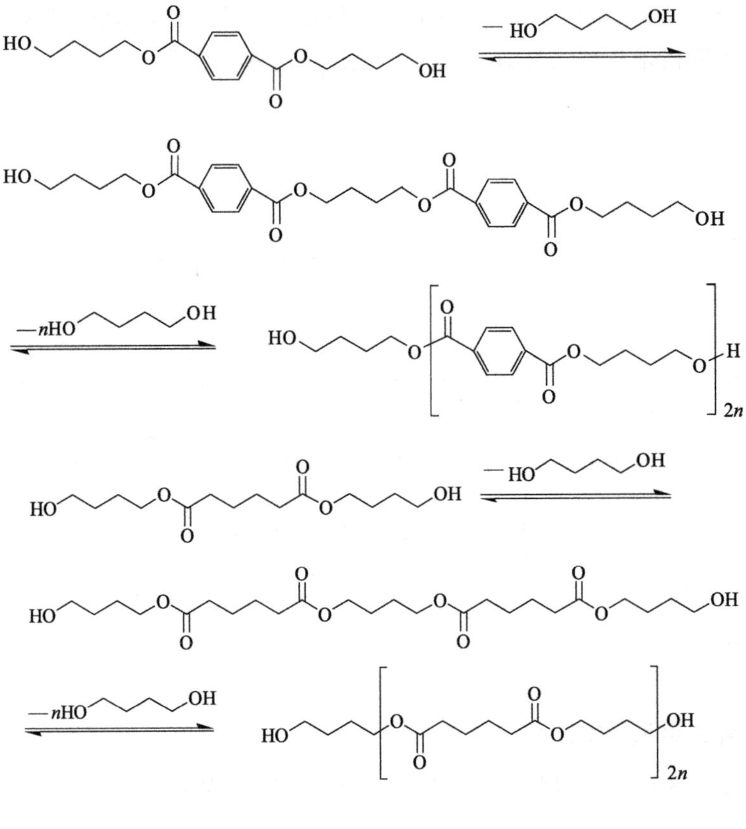

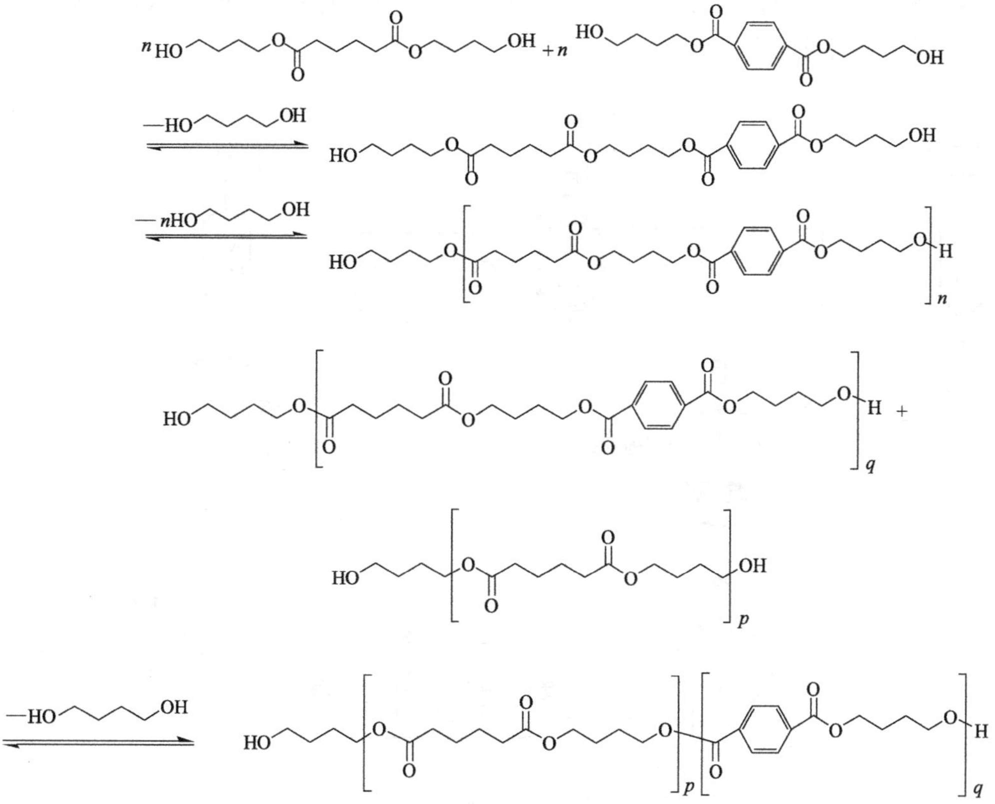

图 2.124　PBAT 缩聚反应原理

此外，还会出现各种副反应，最主要的是丁二醇在酸催化下发生分子内醚化反应，生成四氢呋喃和水，如图 2.125 所示。

图 2.125　PBAT 副反应原理

## 2. 生物降解共聚酯 PBAT 的生产工艺

聚对苯二甲酸-己二酸丁二醇酯（PBAT）连续生产工艺流程根据酯化工艺的不同可以分为混合酯化法（直接酯化，见图 2.126）、分开酯化法（图 2.127）和串联酯化法（图 2.128）。

混合酯化法为三种聚合单体经过酯化和缩聚反应合成 PBAT，该工艺具有工艺流程短、原料利用率高、反应时间短、生产效率高等优点，成为我国 PBAT 主流生产工艺。缺点是反应体系物质较复杂、分子量分布宽且不易控制、反应条件比较苛刻、反应介质酸性较强、部分 BDO 发生环化脱水反应生成四氢呋喃（THF）等，对产品质量有影响。

分开酯化和串联酯化工艺通过聚合单体在催化剂作用下，分开进行酯化反应或者酯交换反应的方式合成聚对苯二甲酸-己二酸丁二醇酯（PBAT）。该方法的优点是工艺设备简单、反应体系中间物质较少、分子量分布较窄、产品黏度易于调控、废弃物可以被再次利用；缺点是各批次产品质量可能存在差异。总的来说,分开/串联酯化法生产PBAT对反应体系的控制要求比直接酯化法要求低。

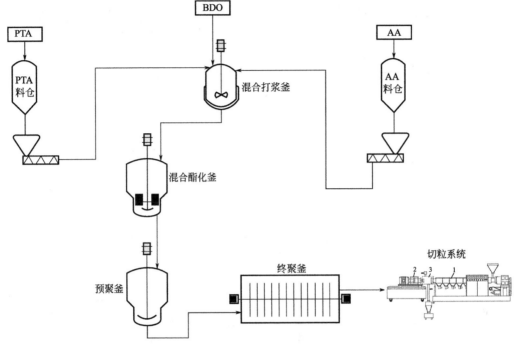

图 2.126　PBAT 混合酯化法工艺流程示意图

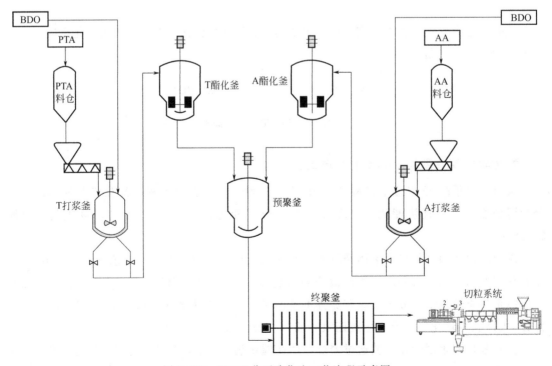

图 2.127　PBAT 分开酯化法工艺流程示意图

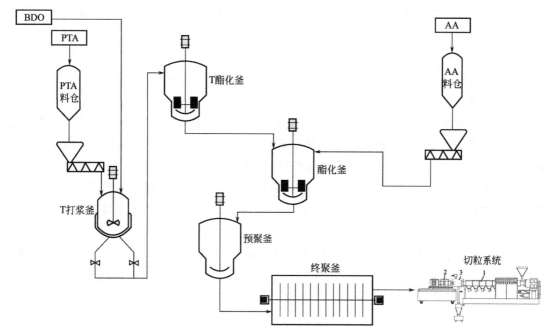

图 2.128　PBAT 串联酯化法工艺流程示意图

此外国内外众多研究表明，直接酯化法与分开/串联酯化法均可合成出具有生物降解性的无规共聚物 PBAT。该共聚物为二维异构成核的几何结构，结晶尺寸小、熔融温度与玻璃化转变温度较低，并且结晶度、熔融温度与玻璃化转变温度均随 BT 单元含量的增加而提高。同时 PBAT 具有良好的力学性能，并且维卡软化点、熔体流动速率较高，有利于后续加工，可应用于各种软质包装塑料制品领域。

**3. 国内外生产工艺技术发展情况**

国外 PBAT 工艺发展较早，生产工艺最初由 BSAF 开发。BASF 公司于 1998 年推出生物降解共聚酯 PBAT 产品，并得到迅速推广。其生产 PBAT 的工艺主要采用直接酯化和扩链的两步法工艺技术，即合成之后再通过引入扩链剂来提高其分子量，但加入扩链剂会对产品质量产生影响。意大利 Novarnont 公司是世界上最早进行生物降解塑料产业化的企业，2004 年 Novamont 公司收购了美国伊士曼公司的"Eastar-Bio"共聚酯系生物降解塑料业务，从而迅速拥有和掌握了 PBAT 的生产能力和工艺。国外技术代表还有吉玛技术，采用直接酯化以及圆盘式终聚釜在线增黏的生产工艺。

我国 PBAT 生产技术起步较晚但水平并不落后，应用较为广泛的技术主要来自金发科技、聚友化工、扬州惠通、中国科学院理化技术研究所等企业或研究院校。

金发科技早于 2004 年便启动了生物降解共聚酯的自主研发项目，于 2011 年建成国内首套年产 3 万吨生物降解共聚酯 PBAT 的连续生产线，填补了国内空白，至 2021 年共建设投产生物降解共聚酯的生产产能达 18 万吨/年，已经发展成为全球规模最大的生物降解材料供应商。

聚友化工于 2012 年建成投产万吨级 PBAT 生产线，聚友化工采用的技术是降流塔式预缩聚反应器与笼筐式终缩聚反应器及双轴齿轮式增黏釜高效组合，装置灵活，可适应不同聚酯产品生产要求。针对生产过程中产生的副产物四氢呋喃（THF），聚友化工采用3座填料塔进行分离和提纯，所得 THF 纯度高，可进一步回收利用。惠通公司采用独家专利技术的立式液相增黏釜，可合成出高分子量的 PBAT。上海聚友、扬州惠通两家单位能提供工艺包、主工艺设计以及专利设备，但两家单位均采取"捆绑"一体化方式提供服务，不单独提供工艺设计或工艺包。

中科院理化所开发的 PBS 生产工艺切换生产 PBAT，其 PBAT 合成主要流程与聚友化工工艺流程类似，不同的是通过开发并使用新型 Ti-Si 纳米复合高效聚酯合成催化体系，取消了在生产线中加入扩链剂的步骤，可生产分子量超过 20 万的 PBAT 产品。通过引入深冷装置和低温深冷技术，对反应副产物 THF 进行回收利用，减少了对设备的腐蚀，实现了整套装置的 THF 零排放，形成了具有自主知识产权的 PBAT 生产工艺包及成套生产及应用专利技术。

在针对现有装置改造方面，仪征化纤通过对现有 15 万吨/年 PBT 生产装置进行改造，可根据市场需求灵活切换生产 PBAT 等生物降解聚酯，于 2020 年成功实现了 PBAT 工业化生产。

## 四、应用进展

以生物降解共聚酯 PBAT 为基础树脂的生物降解材料是一类兼具优异力学性能和良好生物降解性能的环保型材料，它广泛应用于农用地膜、厨余垃圾袋、购物袋、快递袋、淋膜、食品包装膜等领域，图 2.129 展示了 PBAT 基生物降解系列产品目前主要的应用领域。

图 2.129　PBAT 基生物降解系列产品主要应用

**1. 农用地膜领域**

地膜具有保湿保墒的作用，地膜的使用促进了农作物的增产增收。传统聚乙烯（PE）地膜厚度薄，成本低，保湿保墒性能好，但 PE 地膜废弃后，难以降解，导致土壤板结，污染环境；采用焚烧方式处理，一方面回收成本较高，另一方面焚烧产生的有毒有害气体会进一步污染环境，生物降解地膜是解决地膜污染重要且不可或缺的手段。针对地膜应用，BASF 公司开发了 Ecovio® M 系列产品，该产品以 PBAT 为基础树脂，同时填充矿物填料，产品推出后，在中国、日本等东亚地区开始推广应用，但因成本显著高于 PE 地膜，产品应用范围受限。

金发科技一直以来积极推动使用生物降解地膜替代传统 PE 地膜解决农田地膜残膜污

染。地膜最重要的特性是适当的生物降解能力，因此在每个地区进行广泛的试验是必不可少的。2011 年金发科技与欧洲著名的农机设备供应商合作推广生物降解地膜的实验取得成功，2013 年，金发科技在云南的烤烟种植以及云南农业技术推广总站主持的系统化生物降解地膜实验中获得了成功，2014 年金发科技在全疆全面进行生物降解地膜的实验和示范种植。

根据农作物和所使用地区的具体环境要求（例如，欧盟与亚洲相比），开发不同的化合物以实现不同农作物对温度、湿度、光强的不同要求。例如，在欧洲，要求地膜保持 8 周以上的完整性能，有限的紫外线稳定性。因此不同组分的降解速度和力学性能必须在配方开发中考虑。经过多年的研发和实地铺膜积累，金发科技开发出了适用不同农作物生长需求的生物降解地膜专用料 ECOPOND® D300 F20 系列产品，表 2.181 列出了该产品的典型性能。依托于生物降解地膜材料技术的沉淀，金发科技牵头承担了国家重点研发任务"生物降解地膜专用料及产品制备与产业化"，将高透光率、高保湿保墒、减薄作为未来生物降解地膜材料的研究方向。

表 2.181 ECOPOND® D300 F20 产品典型性能

| 性能 | 检测标准 | 测试条件 | 指标 |
| --- | --- | --- | --- |
| 熔体流动速率/(g/10min) | ISO 1133 | 190℃，2.16kg | 2.0～9.0 |
| 密度/(g/cm$^3$) | ISO 1183 | 23℃；50%（RH） | 1.22～1.29 |
| 膜材性能 | | | |
| 纵向拉伸强度/MPa | ISO 527 | 23℃；50%（RH） | ≥20 |
| 横向拉伸强度/MPa | ISO 527 | 23℃；50%（RH） | ≥10 |
| 纵向断裂伸长率/% | ISO 527 | 23℃；50%（RH） | ≥200 |
| 横向断裂伸长率/% | ISO 527 | 23℃；50%（RH） | ≥300 |
| 纵向撕裂强度/mN | ISO 6383-2 | 23℃；50%（RH） | ≥300 |
| 纵向撕裂强度/mN | ISO 6383-2 | 23℃；50%（RH） | ≥1300 |
| 落镖冲击强度/g | ISO 7765-1 | 23℃；50%（RH） | ≥110 |
| 透光率/% | ASTM D 1003 | 单层 | ≥85 |
| 水蒸气透过率/(g·m$^{-2}$·d$^{-1}$) | ASTM E 96 | 40℃，60%（RH） | ≤500 |

**2. 购物袋领域**

基于对环境问题的更高敏感性和对环保产品的兴趣增加，以及零售商对市场差异化的兴趣增加，消费者行为的改变，生物降解购物袋取代传统的 PE 购物袋成为市场发展方向。欧洲各国积极响应并制定相关法令，意大利从 2011 年 1 月 1 日起超市全面禁售聚乙烯购物袋；法国、西班牙从 2014 年开始全面禁售聚乙烯购物袋；2015 年，英国对超市每个购物袋开征 5 便士环保税；德国，生产与销售者生物降解塑料能豁免回收义务及税收。2019 年，中央全面深化改革委员会第十次会议审议通过了《关于进一步加强塑料污染治理的意见》，提出有序禁止、限制部分塑料制品的生产、销售和使用，积极推广可循环易回收可降解替代产品。2020 年国家发改委生态环境部提出推广使用环保布袋、纸袋等非塑制品和可降解购物袋。2020 年中国实施史上最强禁塑令，如海南从 2020 年 12 月 1 日起全面禁塑。2022 年 3 月 2

日,在内罗毕举行的联合国环境大会续会上,来自175个国家的国家元首、环境部长和其他代表批准了一项历史性决议,旨在到2024年达成一项具有法律约束力的国际决议,结束塑料污染,全球首个"禁塑令"即将到来。

为了满足客户端的应用需求,要求可生物降解购物袋满足如下特性:对于约为其自身重量1000倍的负载,具有良好的力学性能、抗穿刺性、延展性能、印刷性能和高速制袋时的良好的黏结性能。金发科技开发的应用于购物袋的生物降解材料以淀粉基生物降解塑料 ECOPOND® C200 S20 为主,淀粉基生物降解塑料以 PBAT 为基础树脂,淀粉为填料,产品具有质柔量轻的特点,性能可与国外知名公司系列产品媲美,表 2.182 列出了该产品的典型性能。经过多年的发展,PBAT 基生物降解购物袋已广泛应用于英国乐购、德国麦德龙、法国家乐福、欧尚、美国沃尔玛、日本永旺吉之岛、中国台湾丹尼斯、中国华润等知名连锁超市。

表 2.182 ECOPOND® C200 S20 产品典型性能

| 项目 | 测试标准 | 测试条件 | 指标 |
| --- | --- | --- | --- |
| 熔体流动速率/(g/10min) | ISO 1133 | 190℃,2.16kg | 3.0~8.0 |
| 密度/(g/cm³) | ISO 1183 | 23℃ | 1.22~1.39 |
| 纵向拉伸强度/MPa | ISO 527 | 23℃ | ≥17 |
| 横向拉伸强度/MPa | ISO 527 | 23℃ | ≥15 |
| 纵向断裂伸长率/% | ISO 527 | 23℃ | ≥200 |
| 横向断裂伸长率/% | ISO 527 | 23℃ | ≥380 |
| 落镖冲击强度/g | ASTM D 1709-04 | A法 | ≥185 |
| 货架期/月 | 自定 | 23℃,50%(RH) | 6~8 |

包装材料多与食品接触,近年来对包装材料满足食品接触的要求日益严格。欧盟在原有的食品接触材料的法规(EC)No.1935/2004 的基础上进一步推出了新的食品接触法规(EU)No.10-2011,美国要求进入北美市场的食品接触物质符合 FDA 食品接触法规 FDA CFR 21 相关豁免要求或者食品接触物质通过程序(FCN),中国针对食品接触用塑料材料及制品制定了国家标准 GB/T 4806.7—2016。上述法规或者标准均对包装材料与食品接触时的全迁移量和特定迁移量以及特定重金属迁移量做了要求,因此对于未来用于购物袋的生物降解材料而言,如何降低产品中小分子化合物的含量,如何解决产品中小分子化合物迁移析出的问题,是购物袋用生物降解材料研究的方向。

**3. 垃圾袋领域**

欧盟有机垃圾填埋指令要求成员国在 2016 年减少有机垃圾填埋量到 1995 年的 35%,法令实施后,以德国、英国为代表,各国通过建立好氧堆肥、厌氧发酵等工业处理中心处理有机垃圾,达到了垃圾减量化、资源化利用的目的。多年实践检验证实,可堆肥垃圾袋是收集、处理有机垃圾的最佳选择。

从技术角度来看,根据 EN 13432,垃圾袋必须是可生物降解的。除力学性能外,膜材能够向下延展 15~30mm,以实现良好的承载性能。对于垃圾袋,通常要求可在室内收集阶段使用至少 3~4 天，不会因生物降解而形成孔洞。此外，对于耐温性而言，应允许在 60℃下运输和储存；对于透气性而言，即水和气体的低阻隔性，生物降解垃圾袋是一个优势。金发科技开发的 ECOPOND® C200 S21 产品满足堆肥袋的这些基本要求，即使在远低于 50%相对湿度的低湿度水平，膜材依然保持完好，表 2.183 列出了该产品的典型性能。

表 2.183 ECOPOND® C200 S21 产品典型性能

| 项目 | 测试标准 | 测试条件 | 指标 |
| --- | --- | --- | --- |
| 熔体流动速率/(g/10min) | ISO 1133 | 190℃，2.16kg | 3.0~8.0 |
| 密度/(g/cm³) | ISO 1183 | 23℃ | 1.22~1.39 |
| 纵向拉伸强度/MPa | ISO 527 | 23℃ | ≥15 |
| 横向拉伸强度/MPa | ISO 527 | 23℃ | ≥13 |
| 纵向断裂伸长率/% | ISO 527 | 23℃ | ≥240 |
| 横向断裂伸长率/% | ISO 527 | 23℃ | ≥410 |
| 落镖冲击强度/g | ASTM D 1709-04 | A 法 | ≥225 |
| 货架期/月 | 自定 | 23℃，50%（RH） | 6~8 |

金发科技积极参与全球各国城市废弃物处理方案的制定与实施，推广可堆肥垃圾袋用于收集、处理有机餐厨垃圾方案，并通过竞标等方式供应英国、美国等国家市政厅采购的可堆肥垃圾袋。在广州市推广垃圾分类项目中，金发科技配合相关部门完善餐厨垃圾堆肥处理、"按袋计量"方案，通过赠送、投标等方式供应可堆肥垃圾袋。

**4. 快递餐饮领域**

我国快递餐饮行业近几年发展迅速，根据美团 2020 年发布的《2019 年及 2020 年上半年中国外卖产业发展报告》显示，2019 年我国即时订单行业规模为 182.80 亿单，同比增长 32.90%，2014—2019 年年均复合增速为 73.28%。随着外卖用户的逐渐增加以及外卖订单覆盖范围的扩宽，外卖行业将维持高景气，2021—2025 年外卖订单年均增速将维持在 15%的水平，对应着 2021—2025 年外卖订单数量为 252.26 亿单、290.10 亿单、333.62 亿单、383.66 亿单、441.21 亿单。结合上述外卖单数的计算，2021—2025 年外卖餐具行业塑料消耗量分别达到 140.01 万吨、161.01 万吨、185.16 万吨、212.93 万吨、244.87 万吨。

餐盒、勺子、吸管等制品除了对强度和耐热性能有一定要求外，通常还需要满足一定的韧性，PBAT 韧性高，与 PLA、PBS 相容性好，通常作为 PLA、PBS 改性料的增韧剂，提高材料的韧性。金发科技开发的 ECOPOND® G800 M30 系列产品，以 PLA、PBS 作为基础树脂，以 PBAT 作为增韧剂，产品同时具备较高的耐热性能和弯曲性能，表 2.184 列出了该产品的典型性能。

表 2.184 ECOPOND® G800 M30 产品典型性能

| 项目 | 测试标准 | 测试条件 | 指标 |
| --- | --- | --- | --- |
| 拉伸强度/MPa | ISO527 | 23℃，50%（RH） | ≥40 |
| 断裂伸长率/% | ISO527 | 23℃，50%（RH） | ≥35 |

续表

| 项目 | 测试标准 | 测试条件 | 指标 |
| --- | --- | --- | --- |
| 缺口冲击强度/(kJ/m$^2$) | ISO180 | 23℃，50%（RH） | ≥7 |
| 弯曲强度/MPa | ISO178 | 23℃，50%（RH） | ≥60 |
| 弯曲模量/MPa | ISO178 | 23℃，50%（RH） | ≥2200 |
| 熔体流动速率/(g/10min) | ISO1133 | 23℃，50%（RH） | 16～22 |
| 密度/(g/cm$^3$) | ISO 1183 | 23℃，50%（RH） | 1.20～1.29 |

PLA、PBS等材料聚合过程中，不可避免地存在单体的残留及低聚物的产生，导致生产的制品在使用过程中，存在小分子物质迁移析出的风险，降低PLA、PBS等制品小分子物质含量成为未来PBS、PLA生物降解材料的研究方向。同时，由于PLA中乳酸的存在、PBS中四氢呋喃的存在，导致以PLA、PBS为基础树脂的生物降解材料存在气味较大的问题，如何降低材料的气味也是未来需要重点考虑的问题。

2016年开始，为了"减少白色污染"，京东推出了全降解塑料包装袋，2017在双11物流启动会上，菜鸟网络表示将与合作伙伴、商家一起，在全球启用20个"绿仓"，这些绿色仓库使用的都是免胶带的快递箱和100%可降解的快递袋。为了响应快递行业的绿色环保措施，金发科技开发的ECOPOND® D300 M20系列产品，以PBAT作为基础树脂，无机矿粉作为填料，产品同时具备较高的强度和热封性能，表2.185列出了该产品的典型性能。

表 2.185  ECOPOND® D300 M20 产品典型性能

| 性能 | 检测标准 | 测试条件 | 性能 |
| --- | --- | --- | --- |
| 熔体流动速率/(g/10min) | ISO 1133 | 190℃，2.16kg | 4.8 |
| 密度/(g/cm$^3$) | ISO 1183 | 23℃ | 1.36 |
| 膜材性能 | | | |
| 拉伸强度（纵向/横向）/MPa | ISO 527 | 23℃ | 22/21 |
| 断裂伸长率（纵向/横向）/% | ISO 527 | 23℃ | 600/700 |
| 撕裂强度（纵向/横向）/mN | DIN EN ISO 6383-2 | 23℃ | 6825/7324 |
| 落镖冲击强度/g | ASTM D 1709-04 | 23℃ | 420 |
| 直角撕裂力/N | QB/T 1130-1991 | 23℃ | 7.2 |
| 抗穿刺强度/N | GB/T 10004—2008 | 23℃ | 2.5 |

**5. 淋膜领域**

随着低碳环保理念成为社会发展的主旋律，很多领域都在践行低碳环保，包装材料领域尤其如此。淋膜纸作为一种新型包装材料，近年来的应用越来越广泛，如在化工类、食品类、纸类、生活类、药包类等一些其它地方都能用到淋膜纸。传统的淋膜纸以聚酰胺、PVDC、PE等为材料，使用后材料无法降解，难以满足环保要求。

PBAT具有较高的黏度，与纸张黏合性能好，已逐步应用在纸张淋膜领域。金发科技推出了PBAT/PLA共混改性生物降解材料ECOPOND® L200 A80系列产品，加工速度与PE材料接近，产品与纸张粘接强度高，性能媲美PTTMCC，表2.186列出了该产品的典型性能。

表 2.186 ECOPOND® L200 A80 产品典型性能

| 项目 | 测试标准 | 测试条件 | 指标 |
| --- | --- | --- | --- |
| 拉伸强度/MPa | ISO527 | 23℃，50%（RH） | ≥35 |
| 断裂伸长率/% | ISO527 | 23℃，50%（RH） | ≥320 |
| 缺口冲击强度/(kJ/m$^2$) | ISO180 | 23℃，50%（RH） | ≥10 |
| 弯曲强度/MPa | ISO178 | 23℃，50%（RH） | ≥45 |
| 弯曲模量/MPa | ISO178 | 23℃，50%（RH） | ≥1800 |
| 熔体流动速率/(g/10min) | ISO1133 | 23℃，50%（RH） | 8~15 |
| 密度/(g/cm$^3$) | ISO 1183 | 23℃，50%（RH） | 1.20~1.26 |

## 五、发展建议

我国关于塑料污染治理的原则是以减量化、可循环、可回收、易回收、可降解为指导，开发和推广符合性能标准、绿色环保、经济适用的塑料制品和替代产品。从产业政策角度看，我国的生物降解塑料行业得到了稳步发展。目前国内 PBAT 已经规模化生产和应用，并且还有大批生产线正在建设或计划建设中。我国在一系列绿色生产和消费领域出台了大批法律法规和相关措施，大力推动绿色、循环、低碳发展，在塑料污染治理和绿色循环经济发展上已取得了显著成效。相信随着国内外更多政策的逐步出台、实施和完善，人们有关节约资源、保护环境的生产生活方式形成，国内生物降解塑料技术创新、检测评价和标准体系日趋完善，生物降解塑料产业将得到快速发展，应用领域也更加广泛。

（1）投资意愿强，但存在产能过剩风险　随着国家和各省市"禁塑"措施的陆续落地，将推动国内生物降解塑料市场快速发展。现阶段国内在生物降解共聚酯 PBAT 领域投资热情高涨，加剧了产能过剩的风险。据不完全统计，PBAT 拟建产能超过上千万吨。在市场受政策影响大、技术不完善、技术来源不确定等情况下，投资生物降解塑料风险较大，存在产能过剩风险。

（2）替代空间大，但仍受制于高价格　从潜在市场需求看，生物降解塑料对传统塑料的替代大有可为。尤其是多种生物降解塑料共混使得其性能已经能逐步满足下游要求，甚至有些领域更佳，在快递包装和农用地膜领域未来市场发展空间更是超千亿元。但对于生物降解塑料而言，性能不是最主要的瓶颈，成本才是制约生物降解塑料替代传统塑料的主要因素。排除 2020 年以来原材料价格的大幅持续上涨因素，生物降解塑料的平均售价多为传统塑料的 2~3 倍。在对成本和性能敏感的应用领域，传统塑料在体量、价格和综合性能上仍将保持优势，其地位短期之内依旧牢固。生物降解塑料主要用于替代政策要求下对价格相对不敏感的传统塑料。

（3）部分产品具有竞争优势，但关键原料存在供应风险　总体来说，我国生物降解塑料上游原料和下游应用产业均已成熟，但生物降解塑料树脂生产处于发展初期。依托国内充足的原料供应和较成熟的技术，我国已经成为全球最大的 PBAT 生产国。近年来，随着我国生物降解塑料的迅猛发展，特别是未来几年生物降解塑料产能的不断增加，将带动关键原料需求的增长，生产 BDO 的企业中大部分为内部消化，供应其产业链生产，很难向外部输出至供给市场。未来原料 BDO 可能成为 PBAT 产业链上短缺环节。

（4）完善法规政策与标准，强化行业协会作用　完善生物降解塑料相关政策法规，从严加快执行治理塑料污染问题意见和通知，重点省市加快推行全面禁塑政策。国家应该加大专项资金和税收优惠支持力度，重点支持生物降解塑料高新技术企业。进一步完善生物降解标准，组织开展相关认证体系的建立，加强市场监管。促进生物降解塑料需求增长，打开国内市场的大门。为了实现生物可降解 PBAT 的产业化发展，应充分发挥行业协会的作用。让行业协会成为沟通与联系的桥梁，为产业相关科技的发展提供专业的指导服务，也可以帮助地方企业学习国家有关部门推行的政策法规、产品标准，形成以企业为主体，行业内外、上下力量兼攻的发展模式，促进生物可降解 PBAT 的产业化发展。

## 第三十二节　聚丁二酸丁二醇酯

蓝山屯河新材料有限公司　陈强

### 一、概述

聚丁二酸丁二醇酯（PBS）为白色颗粒，由丁二酸和 1,4-丁二醇经酯化缩聚合成而得，树脂呈乳白色，无臭无味。在正常储存和使用过程中性能非常稳定，只在堆肥、土壤、水及活化污泥等环境下被微生物或动植物体内的酶最终分解为二氧化碳和水，是具有良好的生物相容性和生物可吸收性，对环境友好的完全生物降解聚合材料。

PBS 力学性能十分优异，具有与许多通用树脂如聚乙烯、聚丙烯相近的力学性能；同时 PBS 具有出色的耐热性能，是完全可生物降解聚酯中耐热性能最好的品种，热变形温度接近 100℃，改性后使用温度可超过 100℃，满足日常用品的耐热需求。PBS 加工性能非常好，可在通用塑料加工设备上进行注塑、挤出和吹塑等各类成型加工，同时也可将大量碳酸钙、淀粉等廉价填料与 PBS 共混，以降低成本，是生物降解塑料中的佼佼者。

由于 PBS 的良好性能，使它在很多方面都有着非常重要的用途，且用途极为广泛。可用于包装领域（包装薄膜、袋、盒、化妆品瓶、药品瓶、电子器件等包装）、一次性器具领域（一次性餐饮用具、一次性医疗用品等）、农用领域（农用薄膜、农药及化肥缓释材料等）、纺丝加工以及医用领域（生物医用高分子材料）等的基础材料。PBS 既可以通过石油化工产品满足需求，也可通过纤维素、奶业副产物、葡萄糖、果糖、乳糖等自然界可再生农作物产物经生物发酵途径生产，从而实现来自自然、回归自然的绿色循环生产。

主要供给商聚丁二酸丁二醇酯（PBS）性能指标见表 2.187。

表 2.187　主要供给商聚丁二酸丁二醇酯（PBS）性能指标

| 项目 | 蓝山屯河 | | | | PTT MCC Biochem | |
|---|---|---|---|---|---|---|
| 产品牌号 | TH803S | | | | FZ71（常规） | FZ91（常规） |
| 熔点/℃ | 110～116 | | | | 115 | 115 |
| 熔体流动速率/(g/10min) | ≤10 | 10～20 | 20～25 | 25～30 | 22 | 5 |
| 拉伸强度/MPa | ≥25.0 | | | | 30 | 36 |
| 断裂拉伸应变/% | ≥200 | ≥200 | ≥150 | ≥150 | 170 | 210 |
| 弯曲强度/MPa | ≥30.0 | | | | 40 | 40 |
| 弯曲模量/MPa | ≥500 | | | | 630 | 650 |
| 悬臂梁缺口冲击强度/(kJ/m$^2$) | ≥5.0 | | | | 7 | 10 |
| 负荷变形温度/℃ | ≥80 | | | | 95 | 95 |
| 主要应用厂家 | 吸管制品厂、餐具制品厂等 | | | | 餐具制品厂等 | |

## 二、市场供需

### （一）世界供需及预测

#### 1. PBS 生产现状

PBS 产品研究的企业较多，在早期昭和高分子、三菱化学、杜邦、伊士曼、巴斯夫和韩国的 SK 等企业均在 PBS 方面有一定研究，其中昭和高分子研究最早，但是由于原材料成本偏高、生产工艺复杂、产品性能有待提升、应用领域市场需要进一步开发等问题，许多企业纷纷终止了 PBS 产品的生产。目前日本、韩国、欧洲和美国的合成树脂生产企业大部分依然对 PBS 进行基础技术、应用技术和生产工艺的研究，但实际上生产企业不多。

截至 2021 年底，全球 PBS 总产能约 30 万吨/年（其中中国 PBS 装置可同时生产 PBAT 产品）；全球 PBS 产能主要分布在亚洲地区，且伴随全球禁限塑政策持续推进，近五年来中国 PBS 系产能呈翻倍式增长，尤其是国内拟建新增规划大幅攀升，预计中国将成为全球生物可降解产能的聚集地。世界主要 PBS 生产企业见表 2.188。

表 2.188　世界主要 PBS 生产企业

| 企业名称 | 产能/(万吨/年) | 装置所在地 | 工艺来源 |
|---|---|---|---|
| 昭和高分子 | 0.5 | 日本 | 自有技术 |
| SK chemical | 0.3 | 韩国 | — |
| Ire Chem Ltd | 0.15 | 韩国 | — |
| PTTMCCBiochem | 2 | 泰国 | 三菱化学 |
| 蓝山屯河 | 6.8 | 中国新疆 | 自有技术 |
| 金发科技 | 12 | 中国广东 | 惠通技术 |

续表

| 企业名称 | 产能/(万吨/年) | 装置所在地 | 工艺来源 |
|---|---|---|---|
| 康辉石化 | 3.3 | 中国辽宁 | 惠通技术 |
| 山西金辉 | 2.5 | 中国山西 | 惠通技术 |
| 安徽雪郎 | 2 | 中国安徽 | — |
| 合计 | 29.55 | — | — |

**2. 需求分析及预测**

全球超过半数的可降解材料市场均在欧洲和北美；中国则由于近年来的政策努力也占据了约20%的市场份额；其余市场分布在其他亚洲国家和拉美地区等。全球可降解材料市场分布见图2.130。

从全球可降解材料（不局限于塑料）的主要应用种类（见图2.131）看，淀粉混合物可降解材料、PLA（聚乳酸）共占据全球可降解材料约64%的份额（各占32%）；PBAT（己二酸-丁二醇酯-对苯二甲酸丁二醇共聚物）约占23%的份额；PBS和PHA占据全球可降解材料7%和3%的份额。

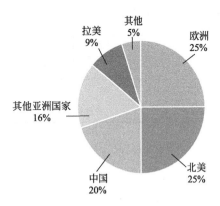

图2.130 全球可降解材料市场分布

从应用领域看，全球可降解材料下游应用领域分布极广，见图2.132。其中，软包装、硬包装合计约占半数，体现出目前可降解材料在全球范围内主要还是替代一次性塑料袋和食品包装材料（薄膜、包装袋）等。可降解材料的其他应用领域包括纺织服装（纤维级可降解材料、PLA等）、农林园艺、消费品、汽车运输、涂料和胶黏剂、建筑施工、电子电器等。

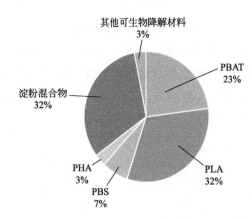

图2.131 全球主要应用的可降解材料种类分布

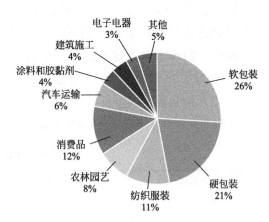

图2.132 全球可降解材料行业各应用领域分布

PBS作为生物可降解高分子材料中的佼佼者，符合环境保护与可持续发展战略的要求，伴随全球禁限塑政策的持续推进，以及PBS聚合工艺和成型加工技术壁垒的突破，叠加PBS规模化效应的释放，其应用领域还会不断扩大。

## (二) 国内供需及预测

### 1. 国内生产现状

早在20世纪30年代，Carothers就已经成功制备出PBS产品，但因当时工艺条件限制，制得的PBS分子量小于5000，无法用作实际材料。直到20世纪90年代，随着人们对脂肪族生物降解材料的研究逐渐深入，满足实际应用要求的高分子量的PBS才被开发成功。

世界上首个商业化生产装置是日本昭和高分子公司于1993年建立的一套年产3000吨的PBS及其共聚物的半商业化生产装置，其系列产品以"Bionolle"的商品名面世，是一种结晶型热塑性塑料，分子量从几万到几十万，玻璃化转变温度为$-45\sim-10$℃，熔点为$90\sim120$℃，耐热温度接近100℃，具有良好的力学性能和加工性能，其制品包括农用薄膜、垃圾袋、发泡材料等。然而Bionolle系列PBS的生产过程中需要用到二异氰酸酯作为扩链剂来提高分子量，由于二异氰酸酯的毒性较大，限制了其产品在医用材料、食品包装、一次性餐具等领域的应用，时至今日，Bionolle已经扩大为多个品种和牌号的一类产品。从1998年开始，德国巴斯夫就推出了自己的完全可降解聚酯商品Ecoflex，主要为脂肪族和芳香族的共聚酯。还可以与淀粉进行共混，提高降解性。另外日本三菱化学、韩国SK和Ire Chemical等均可生产PBS，商品名分别为GS pla、Skygreen和Enpol，其中三菱化学宣称开发的是基于生物技术的PBS生产技术，因其原料丁二酸从植物淀粉中提取。

国内PBS研究和产业化虽起步较晚，但发展速度较快，技术研究单位主要有中科院理化所和清华大学。2006年，安徽安庆和兴化工公司依托清华大学技术建成3000吨PBS生产线，2009年顺利投产万吨生产线；中科院理化所于2003年开发了一步法新工艺制备PBS产品，2008年，杭州鑫富采用中科院理化所技术，建成世界上第一条一步法合成PBS生产线，此后，中科院理化所先后授权山东汇盈新材料、金晖兆隆生产PBS/PBAT。2012年，新疆蓝山屯河自主研发的PBS生产装置试车成功，并赢得国内外下游客户的良好口碑。但由于市场规模有限，近年来国内部分PBS企业陆续停产。国内主要PBS生产企业见表2.189。

2021年前我国PBS的主要供应商为新疆蓝山屯河，进入2022年，安徽雪郎、金发科技、恒力纷纷试生产PBS产品。由于PBS产品原料丁二酸供给不足，叠加主要原料价格居高不下，PBS产出量极少，价格多维持在38000~42000元/吨不等。

截至2021年底，我国PBS总产能26.6万吨，受成本和供需情况等多种因素影响，PBS生产企业多以生产PBAT、PBSA、PBST等产品为主。

表2.189 国内主要PBS生产企业

| 企业名称 | 产能/(万吨/年) | 装置所在地 | 工艺来源 |
| --- | --- | --- | --- |
| 蓝山屯河 | 6.8 | 新疆昌吉 | 自有技术 |
| 金发科技 | 12 | 广东珠海 | 惠通技术 |
| 康辉石化 | 3.3 | 辽宁营口 | 惠通技术 |
| 山西金晖 | 2.5 | 山西桐城 | 惠通技术 |

续表

| 企业名称 | 产能/(万吨/年) | 装置所在地 | 工艺来源 |
|---|---|---|---|
| 安徽雪郎 | 2 | 安徽蚌埠 | — |
| 合计 | 26.6 | — | — |

随着国家环保政策的日趋严格，不可降解塑料使用限制的不断加强，国内可降解塑料发展已迎来爆发式增长，目前国内公示的新增、拟建PBS类生物可降解树脂规划产能超1600万吨。预计"十四五"期间，国内PBS产能将达300万吨/年，远超市场需求增速。

"十四五"国内新建/扩建PBS产能统计见表2.190。

表2.190 "十四五"国内新建/扩建PBS产能统计

| 企业名称 | 地区 | 规划产能/(万吨/年) | 联产情况 | 预计投产时间 |
|---|---|---|---|---|
| 安徽雪郎生物 | 安徽 | 1.5 | PBS | 2022年 |
| 上海彤程新材料集团股份有限公司 | 上海 | 6 | PBS/PBAT | 2022年 |
| 青州天安化工有限公司 | 山东 | 5 | PBS | 2022年 |
| 浙江联盛化学股份有限公司 | 浙江 | 0.3 | PBS | 2022年 |
| 新疆蓝山屯河化工股份有限公司 | 新疆 | 24 | PBS/PBAT | 2023年 |
| 金发科技股份有限公司 | 广州 | 18 | PBS/PBAT | 2023年 |
| 山西金晖兆隆高新科技股份有限公司 | 山西 | 12 | PBS/PBAT | 2023年 |
| 中石化仪征化纤股份有限公司 | 江苏 | 6 | PBS/PBAT | 2023年 |
| 辽宁营口康辉石化有限公司 | 辽宁 | 90 | PBS/PBAT | 2024年 |
| 四川广安宏源科技有限公司 | 四川 | 20 | PBS | 2024年 |
| 德国巴斯夫广东智慧一体化基地 | 广东 | 4.8 | PBS/PBAT | 2024年 |
| 湖北宜化生物降解新材料有限公司 | 湖北 | 4 | PBS | 2022年 |
| 山东联创产业发展集团股份有限公司 | 山东 | 5 | PBS | 2022年 |
| 河南开祥精细化工有限公司 | 河南 | 1 | PBS | 2023年 |
| 内蒙古东源科技有限公司 | 内蒙古 | 20 | PBS/PBAT | 2024年 |
| 宏业生物科技股份有限公司 | 河南 | 10 | PBS/PBAT | 2025年 |
| 逸普新材料有限公司 | 新疆 | 3 | PBS | 2023年 |
| 河北博航新材料有限公司 | 河北 | 6 | PBS | 2024年 |
| 安徽华塑股份有限公司 | 安徽 | 12 | PBS/PBAT | 2025年 |
| 山东孚日新能源材料有限公司 | 山东 | 0.3 | PBS | 2024年 |
| 山东临朐齐力金瑞新材料有限公司 | 山东 | 1 | PBS | 2025年 |
| 呼和浩特兴泰新材料科技有限公司 | 内蒙古 | 6 | PBS/PBAT | 2025年 |
| 合计 |  | 255.9 |  |  |

## 2. 需求分析及预测

2020年1月，国家发改委和生态环境部联合印发《关于进一步加强塑料污染治理的意见》，明确了禁限塑领域、禁限塑时间要求以及禁限塑范围，政策发布后国内生物降解材料行业出现了短暂的供不应求行情。然而伴随 2021 年 9 月，国家发改委和生态环境部联合印发《"十四五"塑料污染治理行动方案》，明确提出塑料减量使用、塑料循环利用为核心的治理方针，对生物可降解材料要求科学稳妥实施替代。降解材料市场需求出现明显降温，叠加 PBS 市场需求基数较小，目前主要限于咖啡胶囊、一次性花盆、吸管应用。

PBS 供给方面，因其主要原料为丁二酸、BDO；而国产丁二酸主要以电解法为主，生物制丁二酸受专利保护和技术突破难度影响，市场进入壁垒较高，一定程度上制约了生物基 PBS 产业的规模化生产供给。降解材料的需求推广受政策助推的执行力度影响巨大，同时生物降解材料的产业化潜力也受到其产品自身性能、改性难度、合成技术和价格等多种因素的影响。如果某种生物降解材料的短板不能够被改善，或者改善的成本过高，其产业化潜力将受到影响，目前来看，虽 PBS 性能优异，但因其价格较高、产量小，国内下游多将其与 PBAT 或 PLA 共混加工做制品。

综合而言，PBS 市场伴随原料端生物基丁二酸的规模化生产、自身应用技术的突破和政策持续护航三重因素共振的助力推广，则供需有望呈现增长态势。

## 三、工艺技术

自从 Carothers 首次合成 PBS 以来，PBS 的合成工艺得到了迅速发展，而以化学合成法的应用最为广泛。其中化学合成法又可分为直接酯化法、酯交换聚合法、扩链法等。作为线型脂肪族聚酯，PBS 也可采用生物发酵法进行合成，但由于其成本较高，很难得到推广。总体来看，PBS 的合成主要有三种方法，见表 2.191。

表 2.191 PBS 主要生产工艺技术

| 合成方法 | 反应步骤及条件 |
| --- | --- |
| 直接酯化法 | 丁二酸＋BDO→低聚物→PBS<br>① 较低反应温度<br>② 高温、高压、催化剂下脱二元醇<br>③ 除去生成的小分子 |
| 酯交换法 | 丁二酸衍生物＋BDO→PBS<br>① 原料选取丁二酸二甲酯或二乙酯<br>② 催化剂作用下酯交换反应，脱除甲醇或乙醇得到 PBS<br>③ 高温、高真空条件下生成 PBS |
| 扩链法 | 以上两种合成方法，在反应后期，温度往往超过 200℃，可能出现脱羧、热降解、热氧化等副反应，从而影响聚合物分子量的提高<br>扩链法：利用活性基团与 PBS 的端基反应，实现分子量的增长 |

随着工程设计水平的提高、设备材料的发展以及高效催化剂的不断研究，不依靠扩链，只通过酯化-缩聚得到的脂肪族聚酯分子量也可以达到 10 万以上。近年来国内的 PBS 生产和研究主要围绕催化剂选择以及反应条件的控制采用直接酯化-缩聚法进行。但国产 PBS 产品在熔体流动速率、负荷变形温度、拉伸强度等核心指标方面仍与国外产品存在差距，因此也是导致国外 PBS 售价高于国内 PBS 产品售价的主要原因。

## 四、应用进展

目前,由于用于生产PBS的丁二醇和丁二酸成本较高,使生物降解材料(PBS)的成本居高不下,一定程度制约了产品推广。同时,由于生产PBS的企业整体规模都不大,使产品规模化效益不能有效释放,无法形成市场覆盖,消费终端的应用进展缓慢。

当前,国内PBS产品因耐热性能好,热变形温度和制品使用温度可以超过100℃。将其与PBAT、PLA、碳酸钙、淀粉等填料进行改性再做制品,主要用于吸管、餐具等。随着"全面禁止使用一次性不可降解塑料吸管"的实施,除了一些纸吸管外,目前市场上的吸管几乎已经换成了更加环保的可降解PLA+PBS吸管。

根据隆众资讯统计,生物降解吸管料的价格在24000~33000元/吨左右,从配比成分来看主要分普通吸管料和耐热吸管料,耐热吸管料主要掺加了PBS原料。伴随结晶吸管料的出现,PBS的市场再次受到影响。结晶料主要起到耐高温作用,结晶吸管专用材料制成的吸管克重更低,与PBS耐高温吸管相比,质量可以降低30%左右,价格比PBS吸管料低3500元/吨不等;对PBS需求用量造成明显影响。

表2.192 PBS与PP、LDPE性能对比

| 聚合物 | 熔点/℃ | 拉伸强度/MPa | 断裂伸长率/% |
| --- | --- | --- | --- |
| PBS | 115 | 36 | 430 |
| PP | 170 | 35 | 500 |
| LDPE | 110 | 15 | 800 |

PBS的物理机械性能较好,力学性能与LDPE、PP接近(见表2.192),具有结构材料应有的基本特性,其耐热性能好,热变形温度接近100℃,加工性能好,可在现有塑料通用设备上进行各类加工成型。因此,PBS产品在餐具制品的应用也大有可为,但国内市场受限于PBS成本居高,导致餐具制品主要以PLA制品为主,PBS制品的餐具以出口为主。

## 五、发展建议

PBS由丁二酸(SA)和1,4-丁二醇(BDO)缩聚而成。我国丁二酸的研究、生产起步较晚,目前我国能够批量生产并销售丁二酸的企业并不多,限制了PBS产能快速规模化发展。同时,伴随欧洲对生物基可降解材料含量的限制,生物法制BDO和SA开始备受关注,其碳素完全循环的绿色属性正吸引生产者加快产业布局。

国内PBS行业发展也面临一定的困境,一是国内可降解塑料的市场还没有真正形成,石油基塑料依托价格和渠道等优势,在塑料市场上仍占据绝对优势地位;二是国内PBS生产规模虽然迅速扩张,但是在产品品牌塑造、产品种类等方面还有较大的进步空间;三是国内可降解塑料市场开拓较深,需求规模较大,出口也成为国内PBS产品的主要销售渠道,但是国外对产品质量的要求也较高,行业标准较为严格,为国内PBS产品出口带来了较高的质量壁垒。

综合来看，PBS虽是目前世界公认的综合性能最好的可完全降解塑料品种，经过多年研究开发，目前已取得令人满意的进展，但也存在一些问题：如抗撕裂性能较差和韧性不高、价格较贵等问题；另外，更合理的工艺配方等技术问题还有待进一步提高和完善。

针对产业健康发展的措施建议如下。

**1. 加强工艺应用，培育壮大生物能源商业化发展**

不可再生的战略资源石油产品作为原料的传统丁二酸生产方法导致了高价格和高污染，抑制了丁二酸作为一种优秀的化学平台产品的发展潜力，国外通过生物发酵法生产的丁二酸利用廉价原料，经过合理的过程优化，生产出更具优势和发展潜力的丁二酸产品。随着我国对绿色产业的关注，特别是全球可持续发展的解决方案日益增长的需求下，生物基丁二酸工艺技术的大力推广和应用，将有助于降低PBS成本，助力PBS市场的拓展。

**2. 加快产品应用研发和产业化**

目前，生物降解塑料制品的性能还无法完全满足消费者需求，尽管目前市场上已有的品种众多，但每种材料本身的力学和加工性能只是某一方面有突出的特性，综合性能还存在诸多不足，因此也成为制约其市场应用推广的瓶颈之一。

**3. 加强制品加工开发研究**

目前国内从事制品加工研究的力量尚显薄弱，大部分企业将关注的重点集中在合成上，而忽略了制品加工开发，部分生物降解塑料制品餐饮具在耐热、耐水及机械强度方面与传统塑料制品相差较远，因此也制约了生物降解塑料大规模市场化应用。

**4. 完善垃圾回收处理体系，促进生物降解塑料再利用进程**

缺乏配套完善的回收处理体系也制约着产品进一步推广。所以一定要对降解塑料进行明确标识，再加以回收。能再利用的，收集后再进行成型加工成制品；对不能再利用的要考虑合理处理办法。

**5. 加快制定相关政策和法规**

（1）专项资金支持　对生物降解塑料制品的应用和发展采取补贴政策，包括中央政府补贴和地方政府补贴。中央财政可通过科技攻关资金、贴息等进行补贴，如奥运一次性生物降解塑料制品示范和推广工作等。

（2）税收政策　目前没有关于生物降解塑料的制品在终端消费中采用低税率的规定，为鼓励和扶持行业、企业发展，可以对消费完全生物降解塑料制品的商家和消费者给予税收减免的优惠政策。

（3）对传统塑料加强回收再利用，增收回收税　国外对塑料制品使用后的回收再利用非常重视，根据欧盟委员会加强传统塑料强制回收工作的要求，对回收成本较高的一次性塑料包装制品，加收10%～100%的回收税。对不能回收的一次性塑料包装制品，规定必须使用可生物降解塑料。

（4）适当限制某些传统塑料制作的一次性非降解包装产品　适当限制甚至分期分批禁止某些传统塑料制作的一次性非降解包装产品，如一次性垃圾袋、购物袋、日用品外包装、一次性快餐具、一次性塑料杯、一次性食品包装容器、一次性食品包装膜、一次性工业包装等。

(5) 加强行业协会桥梁作用 加强中国塑料加工工业协会降解塑料专业委员会的行业桥梁作用，给予行业协会资金支持，利用行业协会加强对企业投资、生产方向，产品定位等的引导，促进行业内外交流，促进国内交流和贸易，以及充分的政策调研和行业统计工作等。

# 第三十三节　聚乳酸

安徽丰原福泰来聚乳酸有限公司　付松

## 一、概述

### （一）聚乳酸产品介绍

聚乳酸是以含淀粉生物质或秸秆纤维素为原料发酵生成乳酸，进一步制备成环状二聚体丙交酯，再将丙交酯开环聚合而成。不以石油为原料，具有环保、无毒、抗菌、阻燃及良好的生物相容性，在正常堆肥条件下可生物降解，被认为是未来最有希望撼动石油基塑料（PE、PP、PVC 等）和石油基化纤（PET、PTT、PBT 等）传统地位的新材料。聚乳酸内循环示意见图 2.133。

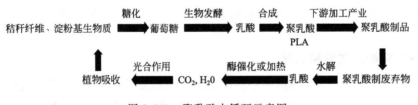

图 2.133　聚乳酸内循环示意图

### （二）聚乳酸主要优点

(1) 原料来源可再生性　主要来源于光合作用形成的生物质。

(2) 完全生物降解性　可被人体吸收代谢；产品废弃后在填埋条件下 1 年内，通过土壤或海水中的微生物作用完全降解为 $CO_2$ 和 $H_2O$，实现了地表的碳循环。

(3) 人体亲和性和安全性　原料乳酸为人体内含有的物质，聚乳酸可被人体代谢吸收。聚乳酸是经 FDA 认证的人体植入材料，在医用领域已经规模化应用几十年。

(4) 优异的加工性能　聚乳酸加工温度 170～230℃，可用多种方式进行加工，如挤压、纺丝、双向拉伸、注射吹塑。

(5) 天然抑菌性　对白色念珠菌、大肠杆菌、金黄色葡萄球菌的抑菌率达到 95% 以上。

(6) 天然的难燃性 极限氧指数 26%～27%，优于常用聚酯等材料，而且发烟量相对较低。

(7) 优异的光泽度、透明性、手感、抗紫光、导湿性等。

### （三）聚乳酸主要应用领域

(1) 聚乳酸纤维可替代石油化纤（PET、PBT、PTT 等），具有环保、亲肤、透气、抗菌、防螨、难燃、不回潮等特点。主要应用如下。

① 生产聚乳酸纱线，经纺织后制取高档面料和加工各种款式的服饰、床上用品、窗帘、地毯、毛巾等日常用品和工业用布；

② 生产聚乳酸无纺布，如纸尿裤、卫生巾、护理垫、医用敷料、面膜和工业用过滤材料等；

③ 替代目前以二乙酸纤维为主要原料制取的烟用过滤嘴内部过滤用的烟用丝束。

(2) 聚乳酸塑料可替代石油塑料（PE、PP、PVC 等），具有环保、无毒、可降解等特点。主要应用：

① 家用塑料制品，如杯、盘、盒、瓶、碗、碟、刀叉等；

② 工程塑料制品（如车、船、飞机内饰及零部件等）、电器用塑料（如手机外壳、空调外壳、电脑外壳等）；

③ 薄膜塑料制品，如塑料袋、农地膜、包装膜等；

④ 生物基聚氨酯上游原料。

## 二、市场供需

### （一）供应现状

近年来，在双碳和限塑背景下，全球主要经济体不断加强生物基材料的开发和推广，尤其对绿色、低碳、环保的聚乳酸发展前景十分看好，一些头部企业争相布局聚乳酸市场，以期在未来的市场竞争中抢占主导地位。

全球聚乳酸生产企业中，荷兰普拉克 Purac、比利时格拉特 Glactic、安徽丰原集团拥有自主知识产权乳酸产业化菌种，上下游配套完备。美国嘉吉 Cargill 最早与荷兰普拉克 Purac 合作乳酸，与美国陶氏化学合作聚乳酸，之后嘉吉成立独资公司 Nature Works 生产聚乳酸；荷兰 Purac 与法国石油巨头道达尔 Total 合作在泰国建立工厂，比利时 Glactic 与丰原集团合作在安徽蚌埠建立乳酸、聚乳酸工厂。国内其他家聚乳酸生产企业，如吉林中粮新材料、浙江海正生物、中国恒天等，通过采购乳酸或丙交酯，进一步加工生产聚乳酸，缺乏上游配套供应能力。

2020 年下半年，安徽丰原集团年产 10 万吨聚乳酸项目（一期）投产运营，成为中国第一家、全球第三家聚乳酸一体化生产企业。浙江海正生物也在 2020 年攻克丙交酯聚合问题，实现乳酸-丙交酯-聚乳酸生产一体化，全球聚乳酸产能在短时间内实现翻番，供应能力大幅度提升。

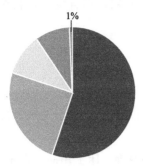

图 2.134　2021 年全球聚乳酸产能分布

2021 年，全球聚乳酸产能约 42.4 万吨，产量约 23.7 万吨。行业集中度比较高，主要生产企业包括美国 Nature Works 公司、泰国 Total Corbion 公司和中国安徽丰原集团和浙江海正生物，CR4（行业前四名份额集中度）占比约 99%。2021 年全球聚乳酸产能分布见图 2.134。

2021 年，中国聚乳酸产能约 17.9 万吨，同比增长 80%，产量约 5.0 万吨，同比增长 414%。新晋产能来自浙江海正海诺尔一期项目投产（3 万吨装置），年产 10 万吨聚乳酸项目（二期）建成试车（5 万吨装置）；同时，吉林中粮生物材料获得安徽丰原丙交酯原料供应，装置复产。随着中国企业新建/扩产聚乳酸项目，聚乳酸产能重心从北美开始转移到亚洲，并且向中国逐渐集中趋势。聚乳酸产能集中度见图 2.135。

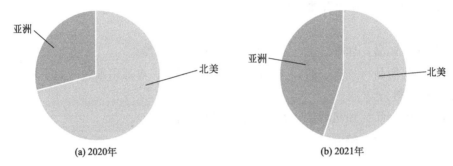

图 2.135　聚乳酸产能集中度

## （二）供应格局展望

截至 2022 年 5 月，中国已建成聚乳酸产能约 19.91 万吨，在建产能约 85.1 万吨，拟建及规划产能 180 万吨以上。中国聚乳酸已建成装置见表 2.193。中国聚乳酸在建装置见表 2.194。中国聚乳酸规划装置见表 2.195。

表 2.193　中国聚乳酸已建成装置（截至 2022 年 5 月）

| 企业名称 | 产能/(万吨/年) | 项目状态 | 主要原料 |
| --- | --- | --- | --- |
| 安徽丰原集团 | 0.3 | 试验线 | 乳酸 |
| 安徽丰原-福泰来 1 期 | 5 | 在产 | 葡萄糖 |
| 安徽丰原-福泰来 2 期 | 5 | 在产 | 葡萄糖 |
| 浙江海正生物 | 1.5 | 在产 | 乳酸 |
| 海正-海诺尔 | 3 | 在产 | 乳酸 |
| 吉林中粮生物材料有限公司 | 1 | 阶段性生产 | 丙交酯 |
| 深圳光华伟业股份有限公司 | 1 | 停产 | 丙交酯 |
| 江西科院生物新材料有限公司 | 0.1 | 试验线 | 乳酸 |
| 恒天长江生物材料有限公司 | 1 | 纤维线 | 丙交酯 |

续表

| 企业名称 | 产能/(万吨/年) | 项目状态 | 主要原料 |
|---|---|---|---|
| 江苏允友成（现江苏鸿禾生物） | 1 | 停产 | 丙交酯 |
| 山东朗净新材料科技有限公司 | 0.01 | 试验线 | 乳酸 |
| 同杰良 | 1 | NA | NA |
| 合计 | 19.91 | | |

表 2.194　中国聚乳酸在建装置表（截至 2022 年 5 月）

| 企业名称 | 产能/(万吨/年) | 项目进度 |
|---|---|---|
| 安徽丰原-泰富 | 30 | 在建 |
| 安徽丰原-山东 | 10 | 拟建 |
| 海正-海诺尔 | 2 | 在建 |
| 海正-海创达 | 15 | 在建 |
| 金发生物材料有限公司（原珠海万通） | 3 | 在建 |
| 浙江德诚生物材料有限公司（浙江友诚） | 1 | 在建 |
| 寿光金远东变性淀粉有限公司（金玉米） | 0.5 | 在建 |
| 普立思生物科技有限公司（会通新材料） | 5 | 在建 |
| 无锡南大绿色环境友好材料技术研究院有限公司 | 0.5 | 在建 |
| 山东朗净新材料科技有限公司 | 0.1 | 在建 |
| 万华化学（四川）有限公司 | 7.5 | 在建 |
| 扬州惠通新材料有限公司 | 10.5 | 在建 |
| 合计 | 85.1 | |

表 2.195　中国聚乳酸规划装置表（截至 2022 年 5 月）

| 企业名称 | 产能/(万吨/年) | 项目进度 |
|---|---|---|
| 丰原-安徽 2 期 | 30 | 拟建 |
| 江西科院生物新材料有限公司 | 13 | 拟建 |
| 山东朗净新材料科技有限公司 | 3 | 拟建 |
| 金丹生物新材料有限公司 | 10 | 拟建 |
| 浙江德诚生物材料有限公司（浙江友诚） | 20 | 拟建 |
| 华夏大地吉林实业有限公司 | 5 | 拟建 |
| 北京粮食集团有限责任公司 | 2 | 拟建 |
| 江苏瑞祥化工有限公司 | 5 | 拟建 |
| 山东同邦新材料科技有限公司 | 20 | 拟建 |
| 内蒙古鹏展生物材料有限公司 | 10 | 拟建 |
| 常州新东化工发展有限公司 | 10.5 | 拟建 |
| 久泰集团 | 20 | 拟建 |
| 联泓格润（山东）新材料有限公司 | 15 | 拟建 |

| 企业名称 | 产能/(万吨/年) | 项目进度 |
|---|---|---|
| 江苏晟普利新材料科技有限公司 | 5.5 | 拟建 |
| 其他项目 | NA | 规划 |
| 合计 | 180+ | |

## 三、工艺技术

由乳酸单体聚合生产聚乳酸的技术经过数十年发展，目前其工业化生产技术已经日益成熟。聚乳酸的生产方法可分为以乳酸单体直接脱水缩聚的一步法，以及先将乳酸脱水生成丙交酯、再开环聚合制得聚乳酸的两步法。另外，以二氧化碳为原料一步实现聚乳酸的生物法也在研发推进中。目前市场上生产高品质大分子量聚乳酸均采用两步法。

（1）**直接缩聚法** 直接缩聚法就是把乳酸单体进行直接缩合，也称一步聚合法。在脱水剂的存在下，乳酸分子中的羟基和羧基受热脱水，直接缩聚合成低聚物。加入催化剂，继续升温，低分子量的聚乳酸聚合成更高分子量的聚乳酸。

（2）**两步法** 使乳酸生成环状二聚体丙交酯，再开环缩聚成聚乳酸。这一技术较为成熟，美国 Nature Works 公司，中国的安徽丰原、浙江海正生物等均使用该技术，主要过程是原料经微生物发酵制得乳酸后，再经过精制、脱水低聚、高温裂解，最后聚合成聚乳酸。

（3）**生物法** 2022年4月，上海交通大学生命科学技术学院食品与环境生物技术团队（FEMlab）使用合成生物学技术开发了聚乳酸的"负碳"生产技术。这种新一代"一步法"聚乳酸生产技术，与以往聚乳酸的制造思路完全不同。该团队首次建立自养微生物细胞工厂，直接以二氧化碳为原料一步实现聚乳酸的生物合成，该技术可用于高性能聚乳酸制造，生物法生产聚乳酸有望成为现实。

## 四、应用进展

中国聚乳酸需求主要是由政策引导的限塑领域需求，集中在农用薄膜、外卖餐饮、商超、快递包装、航空等行业，产品主要包括膜类包装、吸管和注塑餐具等。另外，中国双碳目标和全球可持续发展的背景下，聚乳酸发泡、纤维改性技术的进步和聚乳酸多元醇的开发，聚乳酸未来的需求市场有望突破限塑领域，进入非限塑领域的蓝海。

### （一）限塑领域需求结构分析

根据国家发展改革委、生态环境部联合印发的《关于进一步加强塑料污染治理的意见》，按照2020年、2022年、2025年三个时间节点，明确加强塑料污染治理分阶段的任务目标。主要"限塑"领域包括一次性食品包装容器（餐具、餐盒、一次性冷热饮杯、吸管等）和各类膜袋（垃圾袋、地膜、购物袋等）。

**1. 农膜行业需求**

2020年9月，《农用薄膜管理办法》开始实施，明确提出"鼓励和支持生产、使用全生物降解农用薄膜";2022年3月,农业农村部在重点用膜地区,推广加厚高强度地膜5000万亩、全生物降解地膜500万亩(约占全国农膜使用面积的2%)。农业农村部披露,预计"十四五"农用塑料制品将保持3%增速。

传统生物降解地膜中聚乳酸的添加量为10%~20%。当生物降解农膜中聚乳酸添加量达10%,聚乳酸需求将达5.3万吨。添加量达20%,聚乳酸需求将达10.6万吨。

安徽丰原与中国农科院最新开发的聚乳酸地膜,使用TMC或者PPC、PCL共聚来改善聚乳酸的韧性,已经通过大田试验,该地膜的聚乳酸含量能达到70%以上,与PBAT地膜相比,能在180天以上农作物地膜领域使用,可生产高透和超薄地膜,并具备生物基、低碳排的优势。

农膜行业聚乳酸需求预测见表2.196。

表2.196 农膜行业聚乳酸需求预测

| 年份 | 农膜使用量/万吨 | 可降解替代率/% | 可降解材料需求量/万吨 | 10%添加聚乳酸需求量/万吨 | 20%添加PLA需求量/万吨 | 80%添加PLA需求量/万吨 |
| --- | --- | --- | --- | --- | --- | --- |
| 2020年 | 239 | | | | | |
| 2021年 | 236 | 1 | 2.4 | 0.2 | 0.5 | 0.8 |
| 2022年 | 243 | 2 | 4.9 | 0.5 | 1.0 | 1.5 |
| 2023年 | 250 | 10 | 25.0 | 2.5 | 5.0 | 10.0 |
| 2024年 | 258 | 15 | 38.7 | 3.9 | 7.7 | 18 |
| 2025年 | 265 | 20 | 53.0 | 5.3 | 10.6 | 30 |

**2. 外卖行业需求**

2020年,餐饮外卖行业可降解塑料的渗透率在1%左右。根据《关于进一步加强塑料污染治理的意见》,到2025年,地级以上城市餐饮外卖领域不可降解一次性塑料餐具消耗强度下降30%。届时,可降解塑料餐具的替代率有望达到20%(另10%可由纸质餐盒等替代)。

根据测算,每单外卖消耗2个塑料餐盒,每个餐盒重20g;平均每单外卖中餐勺重2g,外包装重5g,合计每单外卖消耗塑料47g。其中餐盒和勺,可使用90%聚乳酸含量生物降解材料生产;外卖包装袋,可使用10%聚乳酸含量生物降解材料生产。测算后得出每单外卖包装聚乳酸添加量(20×2+2)×90%+5×10%=38.3g。

预计到2025年,餐饮外卖行业订单数将达到500亿单,带动聚乳酸需求量约38万吨。

**3. 商超行业需求**

2007年12月,国务院办公厅发布《关于限制生产销售使用塑料购物袋的通知》,"在全国范围内禁止生产、销售、使用厚度小于0.025毫米的塑料购物袋"。到2018年,实施10年,全国商超塑料袋使用量从每年1000亿个减少至301亿个。2018年以后,中国商超购物袋使用量趋于稳定,维持约670万吨。

预计到2025年,商超行业可降解材料渗透率能达到30%,可降解塑料需求量超过200万吨。可降解购物袋聚乳酸含量一般约10%~20%,商超购物制品聚乳酸替代量约20万~40万吨。若使用共聚改性技术,能将聚乳酸含量提升到60%以上,则购物袋领域可使用聚乳酸 60 万吨。

**4. 快递行业需求**

2021 年，交通运输部发布《邮件快件包装管理办法》，鼓励寄递企业积极回收塑料袋等一次性塑料制品，使用可循环、易回收、可降解的替代产品。

塑料类包装材料单件快递消耗塑料约 50g，其中一半的原料可以使用聚乳酸，预计到 2025 年，中国快递发收量约 2000 亿件，带动聚乳酸需求量 50 万吨。

**5. 民航业需求**

民航业生物降解材料替代主要是餐饮用具方面，单次飞行人均消耗塑料制品重量约 35g，可使用 90% 含量聚乳酸生物降解材料替代。

预计到 2025 年，民航业年出行人次将突破 5.5 亿，当可降解材料渗透率达到 80%，可带动聚乳酸消耗量约 1.5 万吨。

综上，预计到 2025 年，中国"限塑"领域对生物降解材料的需求量约 350 万～400 万吨，聚乳酸需求量超 169.5 万吨。限塑领域聚乳酸需求潜力见表 2.197。

表 2.197　限塑领域聚乳酸需求潜力

| 已限塑行业 | 2025 年可降解材料替代潜力/% | 2025 年 PLA 需求量/万吨 |
| --- | --- | --- |
| 农业 | 20 | 20 |
| 外卖行业 | 30 | 38 |
| 商业流通 | 30 | 60 |
| 快递行业 | 30 | 50 |
| 民航业 | 80 | 1.5 |
| 合计 | | 169.5 |

## （二）非"限塑"领域需求结构分析

聚乳酸除了生物降解的特性，还是一种绿色低碳材料，可实现"种植固碳-发酵排碳-生产排碳-分解排碳"的自闭环系统，能够大幅减少当前石油路线生产塑料的碳排放。聚乳酸低碳环保优势可应用在非"限塑"领域，包括纺织行业、双向拉伸膜（BO 膜）、耐用品等，还可进一步开发新产品，如丙交酯多元醇，作为生物基聚氨酯原料。

**1. 纺织业需求**

2022 年 4 月，工业和信息化部等联合印发《关于化纤工业高质量发展的指导意见》，提出"到 2025 年，绿色纤维占比提高到 25% 以上，生物基化学纤维和可降解纤维材料产量年均增长 20% 以上"。

聚乳酸纤维作为生物可降解材料、绿色纤维、生物质纤维、生物化学纤维、可降解纤维为一体的材料，服饰、家具用品、无纺布等系列产品产业链已成熟。未来两年，聚乳酸纤维需求量将迎来井喷式发展。

生物可降解材料纤维领域应用以聚乳酸纤维为主，占比 95% 以上。预计到 2025 年，中国纺织纤维加工总量约 6700 万吨，生物降解材料在纺织行业的渗透率约 0.5%，带动聚乳酸需求量约31.9万吨。

**2. 双向拉伸膜（BO膜）需求**

双向拉伸薄膜在薄膜包装中一直居于重要地位。2020年，全球知名LVMH集团、宝洁、联合利华、苹果、华为等一线品牌等纷纷制定各自的碳中和时间表，在2025～2030年完成碳中和目标。品牌商要想实现碳中和，除了在产品生产中提高能源效率和使用100%可再生能源之外，推动产品包装的减碳同样刻不容缓，BOPLA为这类需求提供解决途径。

BOPLA薄膜是唯一透明的生物降解薄膜，聚乳酸含量达到90%以上，已经应用于各种透明包装容器、包装膜以及日用品等。聚乳酸除可生物降解外，其碳排放量相比传统塑料如PP减少约70%，减碳效果显著。国外进行BOPLA薄膜开发已经很多年，参与公司包括NW、杜邦、日本东丽、TI集团，但是中国BOPLA处于起步阶段，厦门长塑和山东圣和已经成功开发出用于包装的产品。

预计到2025年，中国双向拉伸膜产量约720万吨，可降解材料替代率达到5%，带动聚乳酸需求量约32.4万吨。

**3. 聚氨酯行业需求**

聚氨酯（PU）是由基础化工品异氰酸酯和多元醇缩聚合成的高分子树脂。可广泛应用于制革制鞋、建筑、家具、家电等领域。全球双碳背景下，廉价、高效、可持续的生物质原料替代石油基原料合成聚氨酯（PU）成为趋势。

聚乳酸多元醇是由丙交酯单体开环聚合而成，具有卓越的耐磨性、优良的耐油性和突出的抗压缩性，光学性能良好，色泽光亮，可用于涂料、油墨、胶黏剂、合成革、弹性体等聚氨酯各领域，尤其适用于对环保要求较高的聚氨酯产品。

2020年，中国聚氨酯行业产量约1470万吨，总产能占全球总产能36.4%，是全球最大的聚氨酯生产国和消费国。生物基聚氨酯市场潜力巨大。

多元醇占聚氨酯质量系数约50%，预计到2025年，聚乳酸多元醇替代率约1%，按届时聚氨酯需求量1600万吨计算，聚乳酸多元醇需求8万吨。生产聚乳酸多元醇，丙交酯理论单耗0.96，生产聚乳酸，丙交酯理论单耗1.05，折算后，聚乳酸需求7.42万吨。

综上，预计到2025年，中国非"限塑"领域对生物降解材料聚乳酸需求量超100万吨。中国非限塑领域聚乳酸替代潜力见表2.198。

**表2.198 中国非限塑领域聚乳酸替代潜力**

| 未限塑领域 | 2025年可降解替代率/% | 2025年PLA需求量/万吨 |
| --- | --- | --- |
| 纺织纤维 | 0.5 | 32 |
| 双向拉伸膜 | 5 | 32.4 |
| 聚氨酯-多元醇 | 1 | 7.42 |
| PLA耐用品 |  | 25 |
| PLA无纺布 |  | 5 |
| 其他 |  | 3 |
| 合计 |  | 104.82 |

## 五、发展建议

（1）做好行业层面宣传与推广　生物材料和生物能源的原料来自于光合作用的生物质，如粮食、秸秆纤维素、农林废弃物等，制造所利用的二氧化碳和产生的二氧化碳可以相互抵消，实现零排放。发展生物基材料和生物燃料产业是目前替代石油煤炭化石资源实现碳中和的重要途径。建议，从行业层面加大生物基材料可替代性的宣传推介力度，让群众更大程度认可和接受生物基材料产品。

（2）加强聚乳酸等生物基材料市场推广　目前聚乳酸等生物基材料技术开发、市场推广等主要是"企业行为"，缺乏国家统一部署和集中投入。虽然国家已经出台"禁/限塑"等支持政策，但缺乏有效监管与督办。建议有关部门加大对"禁/限塑"等支持政策落地实施的监管与督办，加快生物基材料市场产品推广。

（3）出台扶持产业发展引导性政策　由于在产业发展初期，生物基材料及相关制品成本相对传统石化行业高，建议国家出台相关扶持产业发展的引导性政策，包括补贴、土地、专项资金、税收减免等，加大固定资产投资补贴及银行低利息长期贷款政策支持力度。

（4）大力支持分布式秸秆糖厂建设　我国非粮生物质总量每年约20亿吨（其中秸秆约9亿吨、农林废弃物约11亿吨），可以满足2亿吨燃料乙醇和2亿吨聚乳酸原料需求。经过行业头部企业多年技术攻关，秸秆高值化利用技术已经成熟，可在乡镇建设规模为2万~3万吨/年分布式秸秆制糖工厂，混合糖可用于发酵生产聚乳酸或燃料乙醇，副产高效黄腐酸有机肥可用于还田，在实现生物基原料稳定供应的同时，带动秸秆销售价格翻番，是推动乡村振兴、实现共同富裕的重大举措。为提高秸秆资源化高值化利用，恳请省政府鼓励推广乡镇分布式秸秆糖厂建设。

# 第三十四节　锂离子电池负极材料

胡博[2]、刘书林[1]、和凤祥[1]、蔡新辉[2]，臧娜[1]，陈雪[1]
1. 中钢集团鞍山热能研究院有限公司
2. 中钢热能金灿新能源科技（湖州）有限公司

## 一、概述

在全球能源结构由传统的化石能源向低碳、清洁和安全的绿色能源转变的背景下，以二次电池为代表的电化学储能技术已成为最有前途的储能技术之一。锂离子电池作为一种先进的绿色电化学储能器件，凭借其比能量高、工作电压高、循环寿命长和体积小、自放电低、绿色环保等特点,自其商品化以来,在电动汽车、手机、无人机、电子手表、笔记本电脑、航空航天等各个领域得到了非常广泛的应用。

锂离子电池作为一种快充电池主要依靠锂离子在正极和负极之间快速移动来工作。电池充电时,外加电势迫使锂离子从正极的化合物(正极材料)中游离出来并嵌入到负极的活性物质负极材料中;放电时,锂离子又从负极材料中析出,再次与正极材料相结合。锂离子在正负两极之间的移动产生电流,为相关设备提供能源。从对产品性能影响程度看,续航能力、电池寿命、安全性能是电动汽车的核心评价指标,而锂离子电池负极材料和正极材料是影响动力电池能量密度、循环性能、安全性能的决定性因素。

锂离子电池主体由正极、隔膜、负极、封装壳体四大主要部件组成,就提高电池的比能量而言,提高负极的性能相对于改进正极、隔膜、封装壳体更容易。负极由负极活性物质(负极材料)、黏合剂和添加剂混合制成糊状均匀涂抹在铜箔两侧,经干燥、滚压形成。负极材料是锂离子电池四大关键材料(正极材料、负极材料、电解液和隔膜)之一,主要影响锂离子电池的容量、首次效率、循环性能等,占锂电池成本约10%~15%。

负极材料主要分为炭材料和非炭材料两大类。伴随技术的进步,目前锂离子电池负极材料已经从单一的石墨类发展到了多种负极材料共存的局面。炭材料主要包括石墨类、石墨烯类和无定形类;非炭材料主要包括锡基材料、钛基材料、氮活材料和硅基材料等,具体见图2.136。

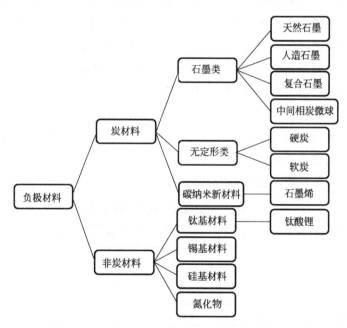

图2.136 负极材料分类

负极材料性能指标主要有首次效率、比容量、倍率性能、循环寿命、压实密度、振实密度、真密度、比表面积、粒度等。

首次效率:是指首次放电效率,通过第一次充放电循环放电容量除以充电容量计算得出。部分锂离子从正极脱出并嵌入负极后,无法重新回到正极参与充放电循环,导致首次充放电效率不是100%。这部分锂离子无法回到正极的原因:一是形成了负极表面的SEI膜;

二是存在一部分不可逆嵌锂。

比容量：是指单位质量的活性物质所能够释放出的电量。

倍率性能：是衡量电池充放电能力的一项指标，多种不同倍率充放电电流下表现出的容量大小、保持率和恢复能力。

循环寿命：循环与膨胀是具有正相关关系。负极材料在嵌锂的过程中会发生一定的体积膨胀，例如石墨材料会膨胀10%左右，而Si材料的体积膨胀则会达到惊人的300%以上。负极膨胀后，第一会造成卷芯变形，负极颗粒形成微裂纹，将新的界面裸露出来，SEI膜破裂重组，导致电解液的持续分解，还会消耗电池内部有限的活性锂离子，循环性能变差；第二会使隔膜受到挤压，尤其极耳直角边缘处对隔膜的挤压较严重，极易随着充放电循环的进行引起微短路或微金属锂析出。此外，低温充电、快充和过充导致负极析锂也是导致锂离子电池容量衰降的重要原因之一。

压实密度：是指负极活性物质和黏结剂等制成极片后，经过辊压后的密度，压实密度＝面密度/（极片碾压后的厚度－铜箔厚度），单位：$g/cm^3$。一般来讲，压实密度越高，单位体积内的活性物质越多，容量也就越大，但同时孔隙也会减少，吸收电解液的性能变差，浸润性降低，内阻增加，锂离子嵌入和脱出困难，反而不利于容量的增加。压实密度的影响因素主要是颗粒的大小、分布和形貌。

振实密度：是依靠振动使得粉体呈现较为紧密的堆积形式下的密度，单位为$g/cm^3$。

真密度：材料在绝对密实状态下（不包括内部空隙），单位体积内固体物质的重量，单位为$g/cm^3$。由于真密度是密实状态下测得，会高于振实密度。

振实密度和真密度是针对负极材料，压实密度则针对的是极片。

比表面积与粒度：指单位质量物体具有的表面积，单位为$m^2/g$。颗粒越小，比表面积就会越大。小颗粒、高比表面积的负极，锂离子迁移的通道更多、路径更短，倍率性能就比较好，但由于与电解液接触面积大，形成SEI膜的面积也大，首次效率也会变低。大颗粒则相反，优点是压实密度更大。

不同类型负极材料性能对比见表2.199。

表2.199  不同类型负极材料性能对比

| 负极材料 | 天然石墨 | 人造石墨 | 中间相炭微球 | 软/硬炭 | 钛酸锂 | 碳硅复合材料 |
|---|---|---|---|---|---|---|
| 比容量/(mA·h/g) | 340～370 | 310～360 | 300～340 | 250～400 | 165～170 | >800，<4200 |
| 首次效率 | 90% | 93% | 94% | 80%～85% | 99% | 84% |
| 循环寿命/次 | >1000 | >1500 | >1000 | >1500 | >30000 | 300～500 |
| 工作电压/V | 0.2 | 0.2 | 0.2 | 0.5～0.8 | 1.55 | 0.3～0.5 |
| 快充特性 | 一般 | 一般 | 一般 | 好 | 好 | 一般 |
| 安全性 | 良好 | 良好 | 良好 | 良好 | 好 | 差 |
| 优点 | 技术及配套工艺成熟，成本低 | 技术及配套工艺成熟，循环性能好 | 技术及配套工艺成熟，倍率性能耗，循环性能好 | 电化学储能性能优异，充电速度快，可提高锂电池的负载能力 | 倍率性能优异，高低温性能优异，循环性能优异，安全性能优异 | 理论比能量高 |

续表

| 负极材料 | 天然石墨 | 人造石墨 | 中间相炭微球 | 软/硬炭 | 钛酸锂 | 碳硅复合材料 |
|---|---|---|---|---|---|---|
| 缺点 | 比能量已到极限，循环性能及倍率性能差，安全性能差 | 比能量低，倍率性能略差，安全性能稍差 | 比能量低，安全性能较差，成本高 | 比能量低，加工性能差，配套工艺不成熟 | 技术及配套工艺不成熟，成本高，能量密度低 | 技术及配套工艺不成熟，成本高，充放电体积膨胀大，导电性差 |
| 发展方向 | 低成本化，改善循环 | 提高容量，低成本化，降低内阻 | 提高容量，低成本化 | 低成本化，改善兼容性 | 解决钛酸锂与正极、电解液的匹配问题，提高电池能量密度 | 低成本化，解决与其他材料的配套问题 |

人造石墨负极材料是当前市场主流的负极材料产品种类，天然石墨负极材料占据一定的市场份额，硅基等新型负极材料已有小规模的市场应用。天然石墨负极材料一般应用于3C消费电池。人造石墨负极材料因其综合性能较好，一般应用于动力电池、中高端3C消费电池、储能电池等领域。

石墨类材料综合性价比较高，相比于其他类型负极材料，石墨类电池的技术及配套工艺更成熟，且原料来源广泛，价格便宜，综合性价比方面具备优势。但伴随对锂电池性能需求的提升，石墨类材料的劣势也开始显现，比容量成为其短板。目前主流的石墨类负极材料的比容量性能理论上限为372mA·h/g，而行业内部分龙头企业的产品可以达到365mA·h/g，基本达到极限值，性能提升的空间已有限。

在这种背景下，克容量远高于其他材料的硅基负极材料应运而生，硅基负极材料作为一种新型负极材料，是目前已知的比容量最高的锂电池负极材料（理论比容量高达4200mA·h/g），硅基材料也因为更为优异的比容量被视为未来极具应用潜力的负极材料，因而成为当前行业研发的主要方向。但在硅负极材料的锂电池充放电过程中，硅发生的体积变化很大，导致材料粉化、内阻增加、失去电接触，容量衰减较快，循环性能较差，并且新型负极材料与其他锂电材料存在一定的匹配问题，其规模化应用仍然存在一定障碍。硅碳负极材料是将硅基材料的缺陷进行改良而获得的材料，目前被作为硅基负极材料产业化的主要路线。硅碳负极材料在日本已经获得批量使用，而国内头部企业亦逐步具备硅碳负极材料产业化的能力。但硅碳负极材料的价格仍较高，市场价格超过15万元/吨，是高端人造石墨负极材料的两倍。未来在技术突破支撑下，硅基负极有望成为新型负极材料发展的主流方向，但短期内还难以大规模替代常规石墨类负极材料。

## 二、市场供需

### （一）世界供需分析及预测

**1. 负极材料生产供应现状**

目前，全球锂电负极产能集中于中国，据鑫椤资讯统计，2021年中国负极材料产量为81.59万吨，同比增长76%。全球负极材料产量为88.27万吨，同比增长63%；中国负极材料全球市占率进一步攀升,从85%提升至92%,其余产能主要集中于日本(占3%)和韩国(占5%)。国内负极材料供应商主要有贝特瑞、杉杉股份、璞泰来、凯金能源、中科电气、翔丰华、尚太科技等。国外负极材料企业主要有日立化成、三菱化学以及韩国浦项化学等。中国负极材料企业在全球来看优势明显,不管是产业链布局,还是产品性能、成本上都具有明显优势。但未来3~5年随着欧美自建材料供应体系的诉求,国外负极材料产量也将呈现逐步上升态势,会有更多的外资企业参与到行业中。2021年全球负极材料企业市占率见图2.137。

近日,研究机构EVTank、伊维经济研究院联合中国电池产业研究院共同发布了《中国负极材料行业发展白皮书(2022年)》,白皮书数据显示:2021年,中国负极材料出货量达到77.9万吨,同比增长86.4%。2021年,全球负极材料出货量达到90.5万吨,同比增长68.2%,与鑫椤资讯统计数据基本接近。

EVTank在白皮书中预测,到2025年和2030年中国负极材料总体出货量将分别达到270.5万吨和705.4万吨,在全球出货量中的占比将提高到90%以上。

**2. 需求分析及预测**

锂离子电池负极材料的终端应用主要包括动力电池、消费电池和储能电池市场。在全球碳中和大趋势和新能源汽车渗透率快速增长的背景下,全球锂电行业保持高度景气,其中动力锂电池是拉动行业增长的主要因素。据GGII统计,2021年动力电池、数码及其他3C消费电子和储能合计占锂离子电池消费市场份额的91%,电动两轮车及电动工具合计占9%,见图2.138。

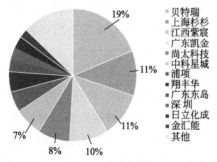

图2.137　2021年全球负极材料企业市占率
(数据来源:ICC鑫椤资讯)

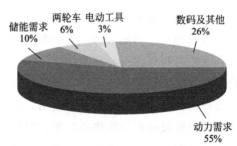

图2.138　2021年锂离子电池下游市场占比
(资料来源:GGII,Brain of Battery Business,中银证券)

中国电池产业研究院院长吴辉预计,2025年全球动力电池需求量将达到1268.4GW·h,加上小型电池和储能电池,合计出货量将达到1615GW·h。按照1GW·h电池需要0.12万吨负极材料估算,2025年负极材料需求193.8万吨。全球锂电池出货量预测如图2.139所示。

高工锂电预计2025年全球动力、储能等场景合计将产生1800GW·h电池需求。按照1GW·h电池需要0.12万吨负极材料估算,负极材料需求量为216万吨。

中银证券对全球各类锂离子电池对负极材料的需求进行了测算,见表2.200。到2025年预计全球负极材料需求量达到183万吨,其中人造石墨类负极材料需求142.5万吨、天然石墨类需求29.3万吨、硅基负极材料需求11万吨。

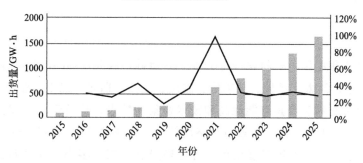

图 2.139　全球锂电池出货量及预测

表 2.200　全球负极材料需求测算

| 项目 | 2021 年 | 2022 年 | 2023 年 | 2024 年 | 2025 年 |
| --- | --- | --- | --- | --- | --- |
| 中国新能源汽车销量合计/万辆 | 329 | 480 | 594 | 706 | 840 |
| 中国动力电池装机量合计/GW·h | 154 | 227 | 295 | 384 | 500 |
| 海外新能源汽车销量合计/万辆 | 294 | 440 | 573 | 744 | 960 |
| 海外动力电池装机量合计/GW·h | 143 | 223 | 296 | 392 | 520 |
| 全球新能源汽车销量合计/万辆 | 623 | 920 | 1167 | 1450 | 1800 |
| 全球动力电池需求量合计/GW·h | 297 | 450 | 591 | 776 | 1020 |
| 全球 3C 电池需求量/GW·h | 54.8 | 62.4 | 73.6 | 83.8 | 94.6 |
| 全球储能电池需求量/GW·h | 33 | 56 | 79 | 108 | 168 |
| 全球其他领域用锂电池需求量/GW·h | 35 | 45 | 55 | 65 | 75 |
| 全球锂电池需求量合计/GW·h | 419.6 | 612.9 | 798.3 | 1033 | 1357 |
| 单 GW·h 锂离子电池对应负极材料需求量/吨 | 1350 | 1350 | 1350 | 1350 | 1350 |
| 人造石墨渗透率/% | 82 | 79 | 78 | 78 | 78 |
| 天然石墨渗透率/% | 16 | 18 | 18 | 17 | 16 |
| 硅负极渗透率/% | 2 | 3 | 4 | 5 | 6 |
| 负极材料需求量/万吨 | 约 57 | 约 83 | 约 108 | 约 139 | 约 183 |
| 人造石墨需求量/万吨 | 46.4 | 65.4 | 84.1 | 108.8 | 142.9 |
| 天然石墨需求量/万吨 | 9.1 | 14.9 | 19.4 | 23.7 | 29.3 |
| 硅负极需求量/万吨 | 1.1 | 2.5 | 4.3 | 7.0 | 11.0 |

注：资料来源于中汽协、EVSales、SNE Research、Marklines、SPIR、中银证券。

EVTank 对全球负极材料市场的需求更为乐观，根据 EVTank 预计，全球动力电池需求在 2025 年正式进入 TW·h 时代，并在 2030 年达到 2661GW·h，年复合增长率超过 46%，按照 1GW·h 电池需要 0.1 万～0.14 万吨负极材料估算，负极材料需求量为 266 万～372 万吨。

## (二)国内供需及预测

### 1. 国内生产现状

据统计，2021年中国负极材料产量为81.59万吨，销量TOP10企业分别为：贝特瑞、杉杉、紫宸、凯金、尚太、星城、翔丰华、鑫茂、正拓、斯诺，以上企业合计市场占有率达到85%左右。负极材料生产具有能耗高和技术密集的特点，得益于资金和技术等方面的壁垒，负极材料市场集中度较高，行业竞争格局较好。国内销量第一梯队分别为贝特瑞、璞泰来、杉杉股份，东莞凯金近年表现出色，行业格局有"三大多小"向"四大多小"演进的趋势。

2022年以来，巨大的增量市场仍吸引着大量资本快速进场，预计负极材料企业的竞争格局还将继续调整。整体来说，二三线企业仍有着大机遇，未来企业竞争核心点主要为：产品性能、成本、开发能力及快速占领市场。

负极材料在2021年受制于石墨化产能紧缺，一度出现供不应求。短期供需矛盾叠加对下游新能源市场的乐观预判，负极材料厂纷纷加入扩产大军。据不完全统计，行业规划产能超过600万吨，单从数字来看远超市场需求，但扩产落地进展仍需持续观察。2021年负极材料投资扩产项目汇总见表2.201。

表2.201　2021年负极材料投资扩产项目汇总（不完全统计）

| 企业 | 产能/（万吨/年） | 投资金额/亿元 | 项目概要 |
| --- | --- | --- | --- |
| 贝特瑞与天净隆鼎 | 10 | — | 拟合作投建人造石墨负极材料一体化基地项目，年产能10万吨 |
| 贝特瑞与山西君东、山西奥 | 7 | 32.2 | 年产7万吨人造石墨负极材料一体化生产线项目 |
| 贝特瑞与福鞍控股 | 10 | 9 | 拟合资投建年产10万吨锂电池负极材料前驱体和成品生产线项目（一期） |
| 贝特瑞 | 4 | 7.62 | 天津贝特瑞拟投建年产4万吨锂电负极材料项目 |
| 中科电气 | 7.5 | 13 | 3亿元用于将格瑞特现有负极材料产线部分工序产能补齐，10亿元用于新增3万吨/年负极材料及4.5万吨/年石墨化加工建设项目新增3万吨/年负极材料及4.5万吨/年石墨化加工建设项目建设 |
| 中科电气 | 10 | 25 | 拟在贵州贵安新区投建年产10万吨锂电池负极材料一体化项目 |
| 石大胜华 | 2 | 7.33 | 拟终止4000吨/年硅碳负极材料项目，重新布局和规划2万吨/年硅基负极项目 |
| 杉杉股份 | — | 15.53 | 拟在内蒙古包头投建锂离子电池负极材料一体化基地项目 |
| 杉杉股份 | 20 | 80 | 下属子公司上海杉杉拟在四川眉山设立项目公司并投建年产20万吨锂离子电池负极材料一体化项目 |
| 翔丰华 | 6 | 12 | 将在遂宁市蓬溪县投建年产6万吨高端人造石墨负极材料一体化生产基地 |
| 平煤神马与大唐河南发电 | 20 | 60 | 年产20万吨负极材料项目落地河南许昌 |
| 云南中晟 | 10 | 40 | 年产10万吨锂离子电池负极材料一体化项目 |
| 易成新能 | 3 | 7.5 | 拟在河南淅川投建年产3万吨负极材料项目 |

续表

| 企业 | 产能/(万吨/年) | 投资金额/亿元 | 项目概要 |
|---|---|---|---|
| 易成新能 | 3 | 10.5 | 年产3万吨高性能锂离子电池负极材料一体化项目 |
| 山河智能 | 10 | 50 | 年产10万吨负极材料与石墨超高提纯应用项目 |
| 荣佰亿电子 | 10 | 20 | 年产10万吨锂离子电池负极材料项目签约山西运城 |
| 璞泰来 | 20 | 80 | 拟通过四川紫宸投建20万吨负极材料和石墨化一体化项目 |
| 龙佰集团 | 10 | 35 | 全资子公司河南中炭拟投建年产10万吨锂离子电池用人造石墨负极材料项目 |
| 龙佰集团 | 20 | 35 | 河南佰利拟建设年产20万吨锂离子电池负极材料一体化项目 |
| 金科新能源 | 10 | 10 | 拟在贵州义龙新区新材料园区投建年产10万吨锂离子电池负极材料石 |
| 杰瑞股份 | 10 | 25 | 拟在甘肃天水投建10万吨锂离子电池负极材料一体化项目 |
| 河北坤天 | 5 | 5 | 年产5万吨锂电池负极材料项目 |
| 硅宝科技 | 5 | 5 | 拟在四川彭山投建年产5万吨锂电池硅碳负极材料及专用黏合剂项目 |
| 百川股份 | 1.5 | 1.5 | 孙公司宁夏百川新材料拟投资建设年产1.5万吨石墨负极材料（1万吨石墨化）项目 |
| 合计 | 214 | 586.18 | |

注：资料来源于GGII、鑫椤资讯、石墨盟、中银证券。

据高工锂电不完全统计，2022年开年以来至今，负极材料投扩产项目29个，涉及规模400.6万吨，市场对于负极材料的热情只增不减，多股势力不断涌入，赛道愈发拥挤。从参与主体看，主要有三类企业进军负极材料领域。一是包括杉杉科技、中科电气、璞泰来等负极材料"老玩家"；二是包括宁德时代、亿纬锂能、比亚迪等电池企业玩家；三是包括君禾股份、石大胜华、索通发展等跨界玩家。负极材料属于高能耗行业，审批和建设周期相对较长，面临不确定性风险较多，叠加现投扩产规模已持平甚至赶超动力电池扩产所需体量，若该领域仍延续大体量投扩产之势，未来产能结构性过剩趋势或将日益凸显。

硅负极材料方面，国内能够量产硅基负极材料的厂商数量不多，竞争格局相对集中，部分量产厂商已经开始新一轮扩产，还有数家公司处于中试、送样阶段。贝特瑞于2013年实现硅基负极材料的产业化并批量销售，是国内最早量产硅基负极材料的企业之一，目前拥有3000吨硅基负极产能，主要应用在电动工具及动力电池等领域，其中动力电池用量占比约六到七成。2022年，拟在深圳市光明区投资建设年产4万吨硅基负极材料项目。杉杉股份的硅碳负极材料已建成一条中试产线，开始逐步放量，但目前出货占比不高，其高容量硅合金负极材料已产业化并已对宁德时代供货。璞泰来在江西和溧阳与中科院物理所合作建立中试车间，第二代硅基产品已具备产业化的基本条件；在溧阳还建立了氧化亚硅中试线。璞泰来全资子公司紫宸科技研发的硅碳负极材料系列可用于3C数码电池、储能电池、动力电池等，已经通过部分客户认证；翔丰华硅基负极已经具备产业化基本条件。

**2. 需求分析及预测**

2021年全球新能源汽车市场迎来爆发式增长，全球新能源汽车产量将突破600万辆，中国和欧洲表现尤为亮眼，中国1—11月新能源汽车累计产量突破300万辆，同比增长167.4%。从产销数据来看，虽然2022年4月新能源汽车产销同比增速有所下滑，但1—4月新能源汽车产销分别达160.5万辆和155.6万辆，同比增长均为1.1倍，依旧保持了高速增长的势头。中长期来看，新能源汽车行业发展的前景依旧广阔。德勤发布的报告预测，伴随着传统车企和造车新势力同时加速发力，消费者对新能源汽车的关注度与接受度正在逐步提升，2030年中国市场纯电动汽车产销量将超过1500万辆。

随着未来高能量密度，快充等市场需求的增长，动力电池市场对高品质负极材料产品需求势必增长，高端数码市场需求也将逐渐呈现稳步增长的趋势。2021年度，虽然受到疫情影响，我国消费市场锂电池、储能行业市场迎来可观增长，销量同比增长均超过50%。

高工产研锂电研究所（GGII）预测，2025年中国锂电池出货量将达1456 GW·h，按照1GW·h需求1000吨负极材料估算，2025年负极材料的需求量将达145.6万吨。

硅基负极材料方面，据高工锂电数据，2020年中国硅碳负极出货量仅0.6万吨，占锂电池负极材料总体比例2%。预计2022年硅基负极材料需求量为2.2万吨，2019年至2022年复合增长率达80%。中金公司在近期研报中明确判断称，2022年有望成为硅基负极产业化元年。预计2025年全球硅基负极需求量有望达到20万吨，其中消费电池渗透率有望达50%，对应约7万吨硅基负极需求；圆柱和方形动力电池中渗透率分别达到35%和20%，对应约13万吨硅基负极需求。

## 三、工艺技术

**1. 石墨类负极材料工艺技术**

1991年，日本索尼公司开始商业化生产锂离子电池，采用了以钴酸锂为正极、以炭为负极的材料体系，这种体系一直沿用至今。整个20世纪90年代，锂电池的下游应用主要是照相机、摄像机和随身听。2000年之后，手机和笔记本电脑成为了锂电池两个最大的应用，之后又相继出现了平板电脑、充电宝、电动自行车、电动工具等新的应用领域。近几年，电动汽车飞速发展，2017年以后已成为锂电池最大的应用领域。在90年代，无论是锂电池还是负极材料，以日本企业为主导，负极材料市场占有率超过95%。起初，索尼公司的锂电池负极材料用的是石油焦，是没有经过石墨化等改性处理的石油焦，结构不规整、比容量很低，很快就被中间相炭微球（MCMB）所取代。MCMB的领先企业曾是日本的大阪煤气公司，它在1993年成功将MCMB产品用到了锂电池中，日本的日立化成公司也有相应的产品，当时MCMB的价格在50万元到70万元每吨，几乎是现在负极材料价格的10倍以上。

我国自20世纪90年代起，负极材料行业开始起步，并经历了跨越式的发展，实现了负极材料的进口替代。我国负极材料起步于中间相炭微球，逐步实现进口替代。在技术研发方面，1997年，鞍山热能研究院首先研发出中间相炭微球，实现小规模试产；1999年，上市公司杉杉股份与鞍山热能研究院合资成立"上海杉杉科技有限公司"，2001年，杉杉股份实现中间相炭微球的规模化生产，开始国产化替代，打破了国内MCMB依靠日本进口的局面，MCMB价格马上降到了30万元每吨以下，日本大阪煤气公司很快就败下阵来将产线关停，杉杉取代日本成为国内中间相炭微球主要供应商。

2000年之后，在上海杉杉（采用中钢热能院技术国产化 MCMB、2005 年首创牌号为 FSN-1 负极材料）、江西紫宸（G1 系列高各向同性、极低的膨胀，实现 FSN-1 之后的又一次突破）、贝特瑞（掌握天然鳞片石墨的球形化技术，还掌控上游的矿山和浮选）这三家企业的带动下，中国企业在负极材料领域实现技术突破，同时产业规模不断壮大，实现了快速发展。

目前主流的负极材料仍然是天然石墨和人造石墨。

天然石墨的最上游是石墨矿石，分布在黑龙江、山东等地区；石墨矿石经过浮选后得到鳞片石墨（此外还有一种微晶石墨）。浮选工艺包括原矿破碎、湿法粗磨、粗选、粗精矿再磨再选、精选、脱水干燥、分级包装等步骤。浮选后的鳞片石墨经过粉碎、球形化、分级处理，得到球形石墨，球形石墨再经过固相或者是液相的表面包覆以及后续的一些筛分、炭化等工序，就变成了最终的改性天然石墨负极。球形石墨的杂质含量高，微晶尺寸大，结构不可改变，用于锂离子电池负极时必须进行改性处理，目的是为了缓解炭电极表面的不均匀反应，以使得电极表面的 SEI 成膜反应能够均匀的进行，得到质量好的 SEI 膜。负极材料对鳞片石墨有特殊的要求，如粒度需要小于 100 目、纯度高、结晶要好、密度要大、铁含量要少，考虑到这些要求，球形化的原料主要选择黑龙江萝北、黑龙江鸡西以及青岛莱西等地的鳞片石墨。贝特瑞天然石墨负极材料工艺流程见图 2.140。

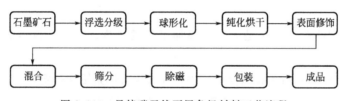

图 2.140　贝特瑞天然石墨负极材料工艺流程

人造石墨类负极材料生产工艺则更要复杂一些，主要是以石油焦、沥青焦或针状焦为主要原料，沥青为包覆剂或造粒黏结剂，生产流程主要分为破碎、造粒、石墨化和筛分四大环节近十余个小工序，各个企业在细分环节可能采取不同工艺流程，这些工艺细节均会影响产品的最终性能。天然石墨生产流程主要分为提纯、改性、混合、炭化四大环节，因为不需要石墨化这一高能耗环节，天然石墨的生产成本要低于人造石墨。江西紫宸人造石墨负极材料工艺流程见图 2.141。

人造石墨负极材料生产流程的四大环节中，破碎和筛分相对简单，体现负极行业技术门槛和企业生产水平的主要是造粒和石墨化两个环节。石墨化基地的建设固定资产投资较大、且石墨化电阻料废料的处置需要稳定的钢厂、铝厂客户资源，专业性较强。石墨化、原料粉碎工艺均是炭素行业传统成熟的工艺，可选择外委外工的厂商比较多，但石墨化委外加工和自有石墨化的成本差异大，故大多数企业均在自建石墨化基地以降低成本。

(1) 破碎、筛分　将石墨原料（针状焦或石油焦），进行气流磨粉（破碎）。物料通过真空上料机转入料斗，然后由料斗放入空气流磨中进行气流磨粉，将 5~10mm 粒径的原辅料磨至 5~10μm。气流磨粉后采用旋风收尘器收集所需粒径物料，收尘率约为 80%，尾气由滤芯过滤器过滤后排放，除尘效率大于 99%。滤芯材质为孔隙小于 0.2μm 的滤布，可将 0.2μm 以上的粉尘全部拦截。风机控制整个系统呈负压状态。

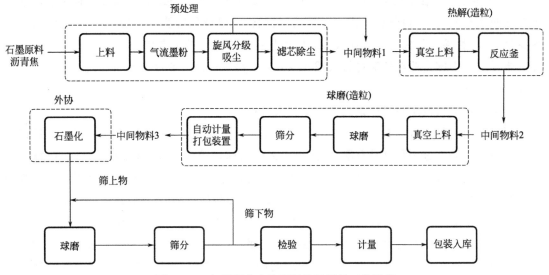

图 2.141 江西紫宸人造石墨负极材料工艺流程

差异性：预处理磨粉分机械磨粉和气流磨粉，现在主流为气流磨粉。

预处理不是关键环节，主要是筛分得到所需粒径前驱体，并尽可能得到各向同性颗粒，降低膨胀系数。

(2) 造粒/二次造粒　造粒是人造石墨加工关键环节，造粒分为热解工序和球磨筛选工序。

热解工序：将中间物料 1 投入反应釜中，在惰性气体氛围和一定压力下，按照一定的温度曲线进行电加热，于 200～300℃搅拌 1～3h，而后继续加热至 400～500℃，搅拌得到粒径在 10～20mm 的物料，降温出料，即中间物料 2。球磨筛分工序：真空进料，将中间物料 2 输送至球磨机进行机械球磨，10～20mm 物料磨制成 6～10μm 粒径的物料，并筛分得到中间物料 3。筛上物由管道真空输送返回球磨机再次球磨。

石墨颗粒的大小、分布和形貌影响着负极材料的多个性能指标。总体来说，颗粒越小，倍率性能和循环寿命越好，但首次效率和压实密度（影响体积能量密度和比容量）越差，反之亦然，而合理的粒度分布（将大颗粒和小颗粒混合，后段工序）可以提高负极的比容量；颗粒的形貌对倍率、低温性能等也有比较大的影响。

差异性：目前各家企业对颗粒大小筛分差异性不大，主要体现在细节和成本。

二次造粒：小颗粒比表面积大，锂离子迁移的通道更多、路径更短、倍率性能好，大颗粒的压实密度高、容量大。如何能够兼顾大颗粒和小颗粒的优点，同时实现高容量和高倍率呢，就是采取二次造粒。采用小颗粒石油焦、针状焦等基材，通过添加包覆材料和添加剂，在高温搅拌条件下，通过控制好材料比例、升温曲线和搅拌速度，能将小粒度的基材二次造粒，得到较大粒度的产品。二次造粒的产品与同粒度的产品相比，能有效提高材料保液性能和降低材料的膨胀系数（小颗粒和小颗粒之间存在凹孔），缩短锂离子的扩散路径，提高倍率性能，同时也能提高材料的高低温性能和循环性能。

差异性：二次造粒工序壁垒高，包覆材料和添加剂种类多，且容易出现包覆不均或者包覆脱落等问题，或者包覆效果不佳等。以紫宸为例，紫宸最先开始应用二次造粒技术，研发出畅销产品 G1，用于高端消费负极以及 LG 快充低膨胀动力负极，膨胀系数极低，大幅提高动力电池快充性能和循环寿命。其他负极企业也有掌握二次造粒工艺，但和江西紫宸有些差距。

（3）石墨化　石墨化是利用热活化将热力学不稳定的碳原子实现由乱层结构向石墨晶体结构的有序转化，因此，在石墨化过程中，要使用高温热处理（HTT）对原子重排及结构转变提供能量。为了使难石墨化炭材料的石墨化度得到提高，也可以添加催化剂。

为了得到较好的石墨化效果，需要做好三个方面：①掌握向炉中装入电阻料和物料的方法（有卧装、立装、错位和混合装炉等），并能根据电阻料性能的不同调整物料间的距离；②针对石墨化炉容量和产品规格的不同，使用不同的通电曲线，控制石墨化过程中升降温的速率；③在特定情况下，在配料中添加催化剂，提高石墨化度，即"催化石墨化"。

差异性：不同品质的人造石墨，升降温速率、保温时间、催化剂等不一样，预计所用石墨化炉类型不同，导致性能和成本差别比较大。脱离前后端工序的石墨化，特别是升降温过程基本是程序化的，但石墨化时间长，设备投资大，因此较多外委处理，没技术外泄风险。

包覆炭化：包覆炭化是以石墨类炭材料作为"核芯"，在其表面包覆一层均匀的无定形碳，形成类似"核-壳"结构的颗粒。通常用的无定形碳的前驱体有酚醛树脂、沥青、柠檬酸等。无定形碳材料的层间距比石墨大，可改善锂离子在其中的扩散性能，这相当于在石墨外表面形成缓冲层，从而提高石墨材料的大电流充放电性能，还可以在表面形成致密的 SEI 膜，提高首效、循环寿命等。

差异性：不同厂家选用前驱体不同、加热程序不同，使得包覆层厚度、均匀度等也不同，从而产品成本和性能也会有所差异。以紫宸为例，紫宸是首先应用包覆技术，工艺领先，厚度均匀，并应用到畅销产品 G1 的生产工艺中，可用于高能量密度快充消费或者动力负极，其他主流负极厂也都有掌握，但略逊于江西紫宸，低成本低端人造负极甚至不会用包覆炭化工序。

（4）分筛/掺杂　石墨化后的物料通过真空输送到球磨机，进行物理混合、球磨，使用 270 目的分子筛进行筛分，筛下物进行检验、计量、包装入库。筛上物进一步球磨达到粒径要求后再进行筛分。

掺杂改性方法较灵活，掺杂元素多样，目前研究者们对该方法的研究比较活跃。非碳元素掺杂到石墨中可以改变石墨的电子状态，使其更容易得电子，从而进一步增加锂离子的嵌入量。例如将磷原子和硼原子成功地掺杂到石墨表面，并与之形成化学键，有助于形成致密的 SEI 膜，从来有效地提高了石墨的循环寿命和倍率性能。在石墨材料中掺杂不同元素，对其电化学性能有不同的优化效果。其中，添加同样具有储锂能力的元素（Si、Sn）对石墨负极材料比容量的提高作用显著。

差异性：不同厂家掺杂元素不同，产品性能差异很大，其中江西紫宸、贝特瑞和杉杉科技储备较多，掺杂改性对提高石墨的特定性能效果显著，是高端人造负极产品做出差异化的关键工序。

在负极材料制备市场，紫宸独创的各向同性化技术、超细粉体表面微胶囊化改性技术，杉杉科技自主研发的高能量密度低膨胀技术、快充包覆技术、硅负极前驱体合成技术等均处于行业前列，在人造石墨负极动力领域和数码领域的全球市场份额领先，为中国成为全球主要负极材料主流地位立下了汗马功劳。

据统计，2021年我国负极材料出货量中，人造石墨和天然石墨占比分别为84%、14%。天然石墨胜在价格优势，在平价消费电池中仍有市场空间，未来储能市场有望为天然石墨带来规模化应用机会；而人造石墨循环性能好，能量密度高，在新型负极材料规模化应用前，石墨类负极材料仍将占据主导地位，渗透率有望继续提升。现阶段，在多样化的性能指标衡量维度下，面对新能源汽车降本，储能平价的市场需求，持续的工艺改进和有效的成本控制将成为企业的核心竞争力。

**2. 硅基负极材料工艺技术**

天然及人造石墨虽然各具优势，但在能量密度方面的发展已接近其理论比容量（372mA·h/g），随着新能源汽车对续航能力要求的不断提高，锂电池负极材料也在向着高比容量方向发展，硅的理论比容量为4200mA·h/g，该理论比容量远超石墨类负极材料，是已知的容量最高的负极材料，在电池能量密度不断提升的大趋势下有望成为未来发展方向。长期来看，随着对能量密度需求的不断提升，硅基材料比容量优势将更加突出，硅碳负极的研发和导入将加速进行。但硅负极材料在嵌脱锂过程中会发生近300%的体积膨胀，极大地限制了硅负极的产业化应用。

目前硅基负极材料主要分为硅碳负极材料和硅氧负极材料两大类别，其中商业化的硅碳负极容量在450mA·h/g以下，首效高，但体积膨胀较大，导致循环差，因此一般用于消费电池。国外部分企业已经实现了硅碳负极材料的量产。日立化成是全球最大的硅碳负极供应商，特斯拉使用的硅碳就由其供应。而大部分国内企业硅碳负极的产业化应用都在推进中，动作相对较慢；硅氧负极的理论容量为2400mA·h/g，但成本较高，首效相对较低，循环性能好，既可用于消费，也可用于动力电池。日韩企业在这一路线上起步较早，处于领先地位，已经推出了多种较为成熟的$SiO_x$产品。国内厂家近年来也开始尝试将$SiO_x$负极材料推向市场，但是相比于日韩厂家仍然有一定的差距。

从制备工艺和流程上看，相对石墨负极材料，硅基负极的制备工艺复杂，各家生产流程不同，没有统一的标准，目前常见的制备方法有化学气相沉积法、机械球磨法、高温热解法等，工业上为了保证更好的性能通常使用多种手段组合来制备。贝特瑞硅基负极材料工艺流程见图2.142。

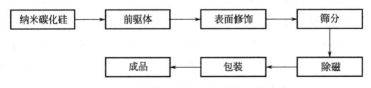

图2.142 贝特瑞硅基负极材料工艺流程

**3. 负极材料一体化布局及石墨化新技术**

（1）主流厂商积极布局"一体化" 长期以来，多数负极厂商一般将投入较大、污染较高的石墨化环节进行外包，而在当前石墨化产能紧缺的背景下，越来越多的负极厂开始自建石墨化产线，布局一体化项目，在降低整体生产成本的基础上，保障供应链安全。高工锂电统计显示，2022年Q1国内新增的负极材料扩产项目达21起，一体化项目占比过半达到11

起。在石墨化供应紧缺、原材料上涨压力下，一体化布局已经成为负极材料企业核心"护城河"。包括璞泰来、杉杉股份、星城石墨、凯金、翔丰华等负极企业近两年均在积极加快石墨化、炭化及上游原材料等一体化产业链布局。其中，璞泰来已形成了从原材料针状焦的供应、前工序造粒、石墨化加工、炭化包覆到负极材料产成品的一体化负极材料产业链布局，且石墨化、炭化等关键环节的自供率行业领先。目前，负极厂商自建石墨化产能已初具规模效应，主流负极企业一体化项目大都在10万吨级及以上的量级。

（2）石墨化技术有望加速迭代　石墨化是指将非石墨碳材料在高温电炉内把制品加热到2800℃以上，使材料转变成具有石墨有序结构的过程。根据翔丰华招股说明书测算，石墨化加工费在人造石墨负极材料中占60%，是人造石墨负极成本的主要组成部分。根据石墨化设备的运行方法，石墨化工艺一般可划分为间歇式石墨化法、连续石墨化法。传统间歇式设备主要为艾奇逊炉、内热串接石墨化炉；其中艾奇逊炉为使用最久、应用最广泛的石墨化炉，工作原理为将于约1200℃进行一次焙烧的炭素制品作为半成品，在2300℃以上的温度进行高温热处理使之成为石墨制品。该工艺优点为设备结构简单、易于维修、操作方便等，缺点为通电时间长、能量利用率低、炉内温差大、不适用于颗粒状石墨化生产等。

目前以艾奇逊炉、内热串接炉为代表的传统石墨化生产技术仍处于较低水平，远不能满足工业化生产的要求，厂家通过炉型改造、工艺革新等方式追求石墨化的技术升级，箱体、连续石墨化有望引领技术发展。箱体石墨化工艺是以艾奇逊石墨化炉为基础，在炉内设置炭板箱体，通过扩大装炉量以降低吨耗、提升产能，目前工序已实现自动化，代表厂商包括璞泰来、杉杉股份、中科电气等；连续石墨化采用循环技术，最高温度可达3000℃以上，可实现高温下的连续进料和出料，具备加工周期短、吨耗低、环境友好的优势，但加工高石墨化度负极材料较为困难，目前尚未实现产业化应用，代表厂商包括山河智能等。

## 四、应用进展

负极材料主要用于消费电子、电动工具、医疗电子等领域，在纯电动汽车、混合动力汽车、电动自行车、轨道交通、航空航天、船舶舰艇等交通领域逐步获得推广；同时，锂离子电池在大规模可再生能源接入、电网调峰调频、分布式储能、家庭储能、数据中心备用电源、通信基站、工业节能、绿色建筑等能源领域也显示了较好的应用前景。

锂电池负极材料下游的主要应用领域有动力电池、3C数码电池和储能电池。其中，动力电池是未来锂电需求的重要增长极，受益于新能源汽车带动，动力电池正步入加速发展阶段，在各国政策的支持下，动力锂电池负极材料需求增长确定性相对较强，未来成长空间广阔；传统3C数码市场已步入成熟阶段，市场趋于饱和，数码电池未来需求主要来自智能家庭设备和可穿戴设备，5G换机潮也将对数码电池需求形成一定支撑；储能则是锂电池的蓝海领域，有望为锂电负极材料需求带来巨量市场。

## 五、发展建议

随着消费电子类产品的更新换代、新能源汽车产业的蓬勃发展、智能电网的迅速推广以及其它技术领域对高性能电池的旺盛需求,锂离子电池产业必将在未来10~20年持续高速发展。这为我国锂离子电池负极材料产业的发展提供了很大的机遇,但同时也提出了更高的要求。

目前,人造石墨与改性天然石墨负极材料还可以继续在新兴领域获得应用,但性能提升的幅度不大,技术成熟度很高,生产企业较多,利润率较低。改性天然石墨负极材料的大量应用需要大量开采石墨矿,天然石墨矿的无序开采以及人造石墨的石墨化除杂质过程均有可能对环境造成污染或者具有较高能耗。在未来较长的时间,石墨类负极材料的生产依然会持续增长,因此从环境保护、低碳绿色发展的角度考虑,应该鼓励开发生产过程环境友好、低能耗新型负极材料。

在电化学性能方面,其它负极材料都还存在着不同程度的不足。硬炭材料首周效率低,成本较高;软炭材料首周不可逆容量大,体积能量密度低;高容量的硅基负极材料首周效率、循环性能、倍率性能都还有待提高,体积膨胀问题也需要解决。虽然已经通过各种改性处理方法不断完善这些负极材料的制备工艺,并逐渐开发了适合这些材料的电池,但是这些新材料的产业化程度和技术成熟度与石墨类炭材料相比还有一定距离,针对材料在各类电池中应用时的电化学反应、储锂机制、热力学、动力学、稳定性、界面反应等基础科学问题的深入研究,综合性能指标改进、材料匹配性、服役与失效机制等关键技术攻关、寻找创新的综合技术解决方案等工作是下一阶段的主要任务。

# 第三十五节 磷酸铁锂

中国无机盐协会 问立宁

## 一、概述

磷酸铁锂是锂离子电池生产中最为常用的一种正极材料。相较于三元材料、钴酸锂材料和锰酸锂材料,磷酸铁锂具有更高的循环寿命和安全性能,在新能源汽车和储能等领域应用广泛。正极材料性能指标对比见表2.202。

表 2.202 正极材料性能指标对比

| 指标 | 磷酸铁锂 | 三元材料 | 钴酸锂 | 锰酸锂 |
| --- | --- | --- | --- | --- |
| 理论克容量/(mA·h/g) | 170 | 278 | 274 | 148 |
| 实际克容量/(mA·h/g) | 145 | 111系 155<br>523系 165<br>622系 180<br>811系 200<br>NCMA系 205 | 4.2V 140<br>4.35V 165<br>4.4V 175<br>4.5V 185<br>4.6V 215 | 105 |

续表

| 指标 | 磷酸铁锂 | 三元材料 | 钴酸锂 | 锰酸锂 |
|---|---|---|---|---|
| 压实密度/（g/cm³） | 2.5 | 3.5 | 4 | 2.9 |
| 电压平台/V | 3.2 | 3.6 | 3.85 | 3.7 |
| 循环寿命（次数） | 3000+ | 1000~2000 | 1000 | 500~800 |
| 安全性 | 高 | 一般 | 一般 | 一般 |
| 价格 | 低 | 高 | 很高 | 低 |
| 烧结过程 | 800℃，10h | 低镍950℃<br>高镍750℃ | 650℃，5h<br>950℃，10h | 800℃，20h |
| 掺杂/包覆 | 碳包覆 | 铝、钛、锆 | 铝、镁、锆 | 铝、镁、锆 |
| 烧结气氛 | 氮气保护 | 低镍空气<br>高镍氧气 | 空气 | 空气 |

从性能指标上来看，磷酸铁锂电池的电压平台、压实密度、克容量都偏低，因此在质量能量密度和体积能量密度方面都不占优，但由于磷、铁资源丰富，价格低廉，磷酸铁锂材料的生产成本显著低于三元材料和钴酸锂材料，在一些对成本敏感的领域较为适用。

磷酸铁锂主要性能指标见表2.203。

表 2.203　磷酸铁锂主要性能指标

| 名称 | 项目 | 指标 |
|---|---|---|
| 化学成分 | $Li_xFe_yMe_zPO_4/C$ | $0.95 < x < 1.10$ |
|  | Li | 3.85%~4.5% |
|  | Fe | 30%~32% |
|  | Li/Fe（摩尔分数） | 0.95%~1.1% |
| 物理性能 | 克容量/(mA·h/g) | >150 |
|  | 充放电次数 | >2000 |
|  | 平均粒径/μm | 2~3 |
|  | 振实密度/(g/cm³) | >1.2 |
|  | 比表面积/(m²/g) | <15 |
|  | X射线衍射 | 对照JCDS标准，杂相<1% |
| 电化学性能 | 1C放电容量 | >140mA·h/g<br>2000个循环容量衰减小于20% |
| 粒度分布 | 正态分布 | $D_{50}=2$~5m，$D_{10}>0.85μm$，$D_{90}<10$ |
| 技术质量指标 | 外观 | 灰黑色粉末，无结块 |

据统计，2021年规模以上磷酸铁锂生产企业合计产量达到47.34万吨，同比增长189.48%，增速很高。增量比较明显的企业主要是湖南裕能、北大先行、贝特瑞、德方纳米、富临精工、安达科技、湖北万润、融通高科等，具体见表2.204。

表 2.204　2014—2017 年磷酸铁锂材料产量

| 年份 | 产量/吨 | 同比/% | 年份 | 产量/吨 | 同比/% |
| --- | --- | --- | --- | --- | --- |
| 2014 年 | 12000 |  | 2018 年 | 85671 | 7.68 |
| 2015 年 | 38000 | 216.67 | 2019 年 | 104186 | 21.61 |
| 2016 年 | 73600 | 93.68 | 2020 年 | 163565 | 56.99 |
| 2017 年 | 79558 | 8.10 | 2021 年 | 473480 | 189.48 |

从趋势上来看，2014—2016 年，受新能源汽车快速增长带动，磷酸铁锂产量处于爬升期。随着能量密度补贴事件和沃特玛倒闭事件出现，2017 年以来磷酸铁锂材料明显需求不足，生产平缓，下游磷酸铁锂电池库存持续消化了近 2 年时间。2019 年，受储能市场带动，铁锂材料再次迎来增长，当年产量突破 10 万吨。2020 年以来，财政补贴对于能量密度的要求逐步退出，市场对于磷酸铁锂电池的高性价比更加青睐，磷酸铁锂材料市场开始迅速回暖，2020 年材料产量达到 16.35 万吨，2021 年磷酸铁锂材料继续快速增长，产量超过 47 万吨，进入高速增长通道。

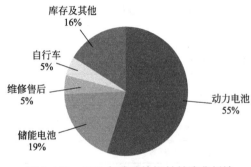

图 2.143　2021 年磷酸铁锂材料消费领域

从消费结构上来看，磷酸铁锂电池约 55% 用在了动力电池领域，约 19% 用在了储能领域，其他为维修售后、自行车、船舶、库存等，见图 2.143。

具体到企业，2021 年湖南裕能产量 12.3 万吨，市场份额 26%；德方纳米产量 9.8 万吨居于次席，市场份额 21%；湖南裕能与德方纳米两家产量明显领先于其他企业，形成双龙头格局，具体见图 2.144。

截至 2022 年，磷酸铁锂的应用仍然以中国电池企业为主，海外电池企业的产品围绕在三元电池上。不过，根据各企业规划，未来 LGES、SK On、三星 SDI 等海外电池厂都有计划进入磷酸铁锂电池领域，进行业务拓展，磷酸铁锂材料的应用将从国内走向全球。

具体到企业来看，宁德时代和比亚迪两家电池厂消耗了磷酸铁锂材料超过 70% 的份额，除此之外，国轩高科、亿纬锂能、中创新航、力神电池等企业对磷酸铁锂的消耗量也较大，具体见图 2.145。

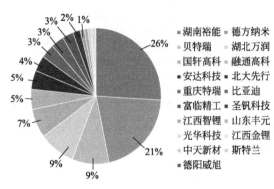

图 2.144　2021 年铁锂企业市场份额

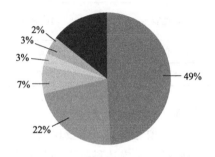

图 2.145　2021 年磷酸铁锂电池企业份额

## 二、市场供需

### (一) 磷酸铁锂材料供应分析

由于拥有丰富的磷、铁资源，磷酸铁锂的生产企业主要集中在中国。根据统计，截至 2022 年 4 月底，磷酸铁锂材料的可利用产能为 105.7 万吨/年，产能主要集中在湖南、云南、四川、湖北等中西南地区。

2020 年以来，伴随着磷酸铁锂需求大幅增长，产品供不应求现象明显，良好的需求前景吸引了一大批企业投入资金扩建磷酸铁锂产能。截至 2022 年 4 月底，公开统计的磷酸铁锂投扩建产能达到 695.8 万吨/年，扩建规模十分庞大。

主要磷酸铁锂企业产能及扩产计划见表 2.205。

表 2.205　主要磷酸铁锂企业产能及扩产计划

| 生产企业 | 现有产能/(吨/年) | 生产基地 | 扩产计划 | 工艺体系 |
|---|---|---|---|---|
| 比亚迪 | 36000 | 青海西宁 | 暂无 | 磷酸铁 |
| 北大先行 | 20000 | 青海西宁 | 青海 16 万吨/年，一期 8 万吨/年，预计 2022 年下半年投产 | 磷酸铁 |
| 德方纳米 | 150000 | 广东佛山、云南曲靖、四川宜宾 | 宜宾 8 万吨/年；曲靖亿纬 11 万吨/年；曲靖德方 11 万吨/年；曲靖德方后续规划扩产 33 万吨锰铁锂 | 硝酸铁 |
| 国轩高科 | 80000 | 安徽合肥 | 暂无 | 磷酸铁 |
| 龙蟠科技 | 89000 | 天津宝坻、常州金坛、四川遂宁 | 四川锂源扩建规划 12.5 万吨/年；山东锂源扩建 5 万吨/年；印度尼西亚扩建 10 万吨/年 | 磷酸铁 |
| 斯特兰 | 15000 | 天津、山西 | 暂无 | 磷酸铁 |
| 江西金锂 | 6000 | 江西新余 | 暂无 | 磷酸铁 |
| 重庆特瑞 | 47000 | 重庆大渡口 | 重庆工厂扩建 8 万吨/年 | 氧化铁红 |
| 富临精工 | 62000 | 江西宜春、四川射洪 | 射洪二期扩建 6 万吨/年；江西宜春扩建 20 万吨/年，其中一期 10 万吨，二期 10 万吨 | 草酸亚铁 |
| 安达科技 | 40000 | 贵州贵阳 | 贵州基地扩建 3 万吨/年 | 磷酸铁 |
| 湖北万润 | 50000 | 湖北十堰、湖北鄂州、安徽安庆 | 安庆工厂扩建 3 万吨/年 | 磷酸铁 |
| 湖南裕能 | 267000 | 湖南湘潭、广西靖西、四川遂宁 | 贵州福泉扩 15 万吨，第一条线已投 1.7 万吨，后续待建 13.3 万吨/年；云南昆明扩 16 万吨/年 | 磷酸铁 |
| 融通高科 | 85000 | 湖北大冶 | 湖北扩建项目 4 万吨+4 万吨，合计 8 万吨/年；四川计划扩建 8 万吨+8 万吨，合计 16 万吨/年 | 磷酸铁 |
| 圣钒科技 | 40000 | 内蒙古呼和浩特 | 内蒙古呼和浩特扩建 6 万吨/年；内蒙古鄂尔多斯扩建 30 万吨/年 | 磷酸铁 |

续表

| 生产企业 | 现有产能/(吨/年) | 生产基地 | 扩产计划 | 工艺体系 |
|---|---|---|---|---|
| 山东丰元 | 11000 | 山东枣庄、安徽安庆 | 山东枣庄原厂扩建 4 万吨/年；安徽安庆扩建 2.5 万吨/年；云南玉溪建设 20 万吨铁锂项目，其中一期 5 万吨/年 | 草酸亚铁 |
| 四川朗晟 | 5000 | 四川射洪 | 通过技改扩建 3.3 万吨/年 | 磷酸铁 |
| 鲁北集团 | 5000 | 山东无棣 | 暂无 | 磷酸铁 |
| 江西智锂 | 18000 | 江西新余 | 扩建 2.5 万吨＋2.5 万吨，合计 5 万吨/年 | 磷酸铁 |
| 光华科技 | 15000 | 广东汕头 | 暂无 | 磷酸铁 |
| 德阳威旭 | 1000 | 四川德阳 | 暂无 | 水热法 |
| 中天兴材 | 5000 | 江苏南通 | 暂无 | 磷酸铁 |
| 合肥融捷 | 6000 | 安徽合肥 | 暂无 | 磷酸铁 |
| 湖南鹏博 | 4000 | 湖南长沙 | 计划扩建 6.6 万吨/年 | 草铁＋磷酸铁 |
| 龙蟒佰利联 | 0 | 河南焦作 | 沁阳项目一期投建 5 万吨/年，后续二期 5 万吨/年，三期 10 万吨/年，共计 20 万吨/年 | 磷酸铁 |
| 宁德时代 | 0 | 四川成都 | 成都金堂投建 10 万吨/年 | 磷酸铁 |
| 云翔聚能 | 0 | 湖北黄冈 | 投建 2 万吨/年 | 磷酸铁 |
| 当升科技 | 0 | 贵州 | 计划与中伟合作，在贵州开发铁锂项目不低于 30 万吨，中伟配合配套磷酸铁、磷化工项目 | |
| 厦门钨业 | 0 | 四川雅安 | 四川雅安计划做 10 万/年 | |
| 中核钛白 | 0 | 甘肃白银 | 子公司东方钛业建设一期 10 万，二期 20 万，三期 20 万，合计 50 万吨/年 | |
| 邦盛实业 | 0 | 湖南长沙 | 投建 20 万吨/年 | |
| 海创新能源 | 0 | 安徽芜湖 | 芜湖一期投建 5 万吨/年 | |
| 万华化学 | 0 | 四川眉山 | 四川眉山投建 5 万吨/年铁锂项目 | |
| 川发龙蟒 | 0 | 四川德阳 | 一条 5 万吨磷酸铁锂生产线已经在建；另外公告在德阳德阿产业园建 20 万吨/年 LFP 和 20 万吨/年 FP。一期 10 万吨 LFP＋10 万吨 FP，预计 2024 年 12 月建成；二期 10 万吨 LFP＋10 万吨 FP，预计 2026 年 12 月建成 | |
| 天原股份 | 0 | 四川宜宾 | 计划投建 10 万吨/年铁锂项目 | |
| 泰和科技 | 0 | 山东枣庄 | 计划投建 1 万吨/年铁锂项目 | |
| 唐山亨坤 | 0 | 河北唐山 | 计划投建 5 万吨/年铁锂项目 | |
| 中伟股份 | 0 | 贵州开阳 | 公告于贵州开阳拟建年产 20 万吨/年磷酸铁及磷酸铁锂材料生产线一体化项目，配套建设磷矿制磷酸、黄磷、磷酸一铵等基础原料 | |
| 川金诺 | 0 | 广西防城港 | 广西防城港建 10 万吨/年磷酸铁锂，配套 15 万吨/年磷酸铁 | |
| 宜昌邦普 | 0 | 湖北宜昌 | 回收项目 22 万吨/年磷酸铁锂粉料 | |
| 宜宾万鹏 | 0 | 四川宜宾 | 计划建设 10 万吨/年铁锂项目，一期 5 万吨/年 | |

续表

| 生产企业 | 现有产能/(吨/年) | 生产基地 | 扩产计划 | 工艺体系 |
|---|---|---|---|---|
| 百川股份 | 0 | 宁夏银川灵武 | 0.6万吨/年磷酸铁锂项目 | |
| 四川鑫锐恒 | 0 | 四川德阳 | 长期规划8万吨/年，一期规划2万吨/年 | |
| 亿纬锂能 | 0 | 湖北荆门 | 湖北金泉规划10万吨/年铁锂，一期2万吨/年铁锂 | |
| 荆门格林美 | 0 | 湖北荆门 | 一期5万吨/年磷酸铁锂材料，配套10万吨/年磷酸铁 | |
| 宝丰能源 | 0 | 宁夏银川 | 计划建50万吨/年磷酸铁锂生产线，一期规划25万吨/年，2022年3月开工，预计2023年投产 | |
| 长远锂科 | 0 | 湖南长沙 | 计划新建6万吨/年铁锂，2021年12月底公告，预计2023年出产品 | |
| 四川雅能达 | 0 | 四川雅安 | 于四川雅安建2万吨/年铁锂项目，2022年1月环评公示 | |
| 贵州新仁 | 0 | 贵州六盘水 | 贵州六盘水建设30万吨/年铁锂产能，分三期，一期10万吨/年，二期12万吨/年，三期8万吨/年 | |
| 中创新航 | 0 | 四川眉山 | 四川眉山建设20万吨/年，一期10万吨/年 | |
| 鞍重股份 | 0 | 江西宜春 | 投建2万吨/年 | |
| 安徽永晗 | 0 | 安徽蚌埠 | 安徽蚌埠建5万吨/年铁锂项目，一期2.5万吨/年 | |
| 紫金锂元 | 0 | 福建龙岩 | 拟建5万吨/年铁锂项目，一期2万吨/年 | |
| 金浦钛业 | 0 | 安徽 | 拟在安徽建设20万吨/年铁锂和FP项目 | |

## （二）磷酸铁锂材料需求分析及预测

磷酸铁锂材料主要应用于新能源汽车、储能、电动自行车、叉车、船舶等领域。

### 1. 新能源车市场需求

2020年11月2日，国务院办公厅印发《新能源汽车产业发展规划（2021—2035年）》，根据规划内容，要求2025年新能源车产销要达到新车销售总量的20%左右。根据中国汽车工业协会统计，2019年、2020年国内汽车销量分别为2576.9万辆和2531.1万辆，多年维持在2500万辆左右年销量规模。不过，根据2021年新能源汽车销售情况来看，当年销售量达到近350万辆，同时可以看到全球新能源车各种新车型的推出速度明显在加快。预计到2025年新能源汽车的市场份额有望接近50%，达到1200万辆，具体数据见图2.146。

可以看到，受新冠肺炎疫情影响，2020年国内新能源车销量保持平稳趋势，全年销量130万辆左右。不过，从新能源车上险数据来看，2020年私人购买数量占比增加较快，下滑主要是商用领域饱和所致，从特斯拉Model 3、小鹏P7、比亚迪汉等车型持续走热可以看到，私人对于新能源车的认可度在迅速提升，往年靠补贴拉动销量的时代已经过去。2021年全年新能源汽车销量达到350万辆，同比增长169.2%。

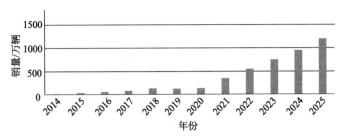

图 2.146 2014—2025 年中国新能源车销量及预测

同时，PHEV 作为过渡车型，随着各城市对插混车型不再给予牌照或补贴，未来的市场份额预计会逐渐减少，纯电动乘用车占比上升，可以预见的是，未来新能源单车带电量将持续保持增长势头，至 2025 年单车带电量将从目前的 44.3kW·h 增长至 61kW·h，单车续航将普遍突破 600 公里，更加符合消费者需求。不过，由于 2020 年新出的 A00 级小车进入市场销售，抢占了原有的老年代步车市场份额（年需求量 100 万辆），预计 2021—2023 年 A00 级小车销量将逐步增长到 100 万辆，由于 A00 级小车带电量平均仅 14kW·h 左右，将对整体新能源车单车带电量造成拉低，预计未来单车带电量走势如图 2.147 所示。

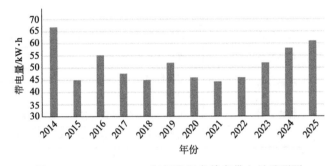

图 2.147 2014—2025 年新能源车单车带电量及预测

从海外市场来看，2021 年海外市场新能源车产量（图 2.148）达到 300 万辆左右，其中欧洲市场 219 万辆，美国市场 61 万辆，海外主要由欧洲市场所拉动。根据最新规划，预计至 2025 年海外新能源车将达到 950 万产销量。

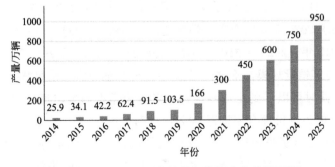

图 2.148 2014—2025 年海外新能源车产量及预测

在车型对于电池体系的选择方面，2020 年以来市场风向出现了明显转变，磷酸铁锂电池由于成本优势突出，未来市场份额有望达到 70%。与此同时，海外电池企业如 LGES、三星 SDI、SK On 在 2020 年开始已经计划进入磷酸铁锂电池领域，2022—2023 年开始也将陆续进入磷酸铁锂电池的生产领域，预计海外市场铁锂电池的装机份额也将逐渐开始提升，到 2025 年市场份额提高到 20% 可能性较大。综上所述，预计未来 5 年铁锂电池需求量仍将保持快速增长势头。2019—2025 年新能源汽车对铁锂材料需求及预测见表 2.206。

表 2.206　2019—2025 年新能源汽车对铁锂材料需求及预测

| 年份 | 国内装机量/GW | LFP 装机量/GW | 海外装机量/GW | 海外 LFP 装机量/GW | LFP 装机合计/GW | LFP 材料用量/万吨 |
| --- | --- | --- | --- | --- | --- | --- |
| 2019 年 | 62.71 | 20.2 | 48.27 | 0 | 20.2 | 4.95 |
| 2020 年 | 59.8 | 22.2 | 68.60 | 0 | 22.2 | 5.44 |
| 2021 年 | 155.05 | 77.525 | 128.51 | 0 | 77.525 | 18.99 |
| 2022 年 | 253 | 151.8 | 204.71 | 4.09 | 155.89 | 38.19 |
| 2023 年 | 390.00 | 253.5 | 308.10 | 15.41 | 268.905 | 65.88 |
| 2024 年 | 551 | 374.68 | 435.00 | 52.20 | 426.88 | 104.59 |
| 2025 年 | 732.00 | 512.4 | 624.15 | 124.83 | 637.23 | 156.12 |

整体来看，预计到 2025 年，全球车用铁锂电池需求量将达到 637.23GW，对应磷酸铁锂材料需求量为 156.12 万吨。

**2. 储能市场需求**

电化学储能系统主要由电池（锂电池或其他电池）、电池管理系统（BMS）、储能变流器（PCS）、能量管理系统（EMS）及其他电气设备构成，具体见图 2.149。

从储能系统成本结构来看，电池系统成本占比高达 53% 左右。目前国内铁锂电池价格在 0.8~0.9 元/W·h 左右；而液流电池成本一般是锂电池成本的 2 倍，主要因为原料五氧化二钒价格高昂，目前国内五氧化二钒价格高达 12 万元/吨，历史最高价曾到达 60 万元/吨。

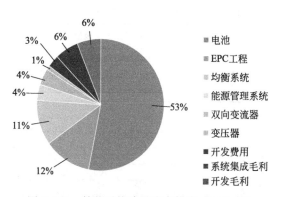

图 2.149　储能系统建设成本构成（2019 年）

铅酸电池价格虽然较铁锂电池价格略低，但从性能上来看，磷酸铁锂电池的优势在于循环次数远高于铅酸电池，铅酸电池的循环寿命约 1000~1200 次，磷酸铁锂电池循环寿命 7000~10000 次（衰减至 70%）。以循环 7000 次计算，需更换铅酸电池约 6 次，而磷酸铁锂电池不需更换。目前磷酸铁锂电池价格 0.7 元/W·h，pack 之后约 0.9 元/W·h，磷酸铁锂电池价格仅为铅酸电池 2 倍，见图 2.150。

经过测试，每座 5G 基站全新铁锂电池每天可进行 2 次完整的峰-平-谷切换，可节省电费 1.04 万元/年，较铅酸电池多节省电费 2554 元/年。

国内铅酸电池与 LFP 锂电池性能对比见表 2.207。

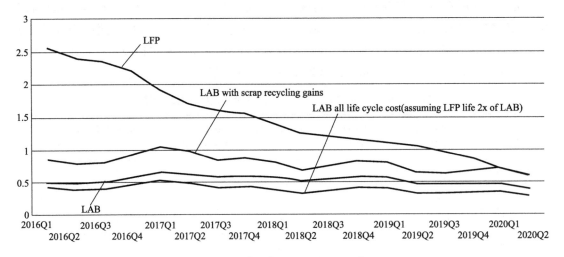

图 2.150  铁锂与铅酸电池售价对比

表 2.207  国内铅酸电池与 LFP 锂电池性能对比

| 类型 | 铅酸电池 | LFP 锂电池 |
| --- | --- | --- |
| 充放电次数 | 1000~1200 次 | 7000~10000 次（衰减至 70%） |
| 待机寿命 | 浮充 8 年 | 10 年（半电保存，不可浮充） |
| 能量密度 | 28~40W·h/kg | 170~180W·h/kg |
| 价格 | 0.4~0.5 元/W·h | 0.6~0.7 元/W·h |
| 回收 | 回收率 90% 以上，残值高 | 机制尚不健全 |
| 其他特点 | 技术成熟，工作温度范围大，能浮充、常压或低压设计，安全性能好、浅充浅放电性能优异、工作电压高、大电流深度放电性能差 | 无记忆效应、可大电流深度放电、适用于调峰，浮充需要单独设置 BMS 以达到浅充浅放效果 |

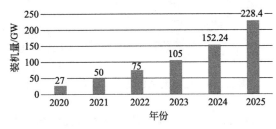

图 2.151  2020—2025 年全球储能电池出货量预测

2018 年以来，电化学储能市场快速增长，2018—2021 年电化学储能装机量达到 5.2GW、8.1GW、27GW、50GW，需求扩张明显，见图 2.151。

随着锂电池价格继续下降，进入 2020 年，国内新招标的基站储能、风电项目等均已明确表示不再使用铅酸电池，预计未来几年锂电池占比仍然将继续上升，接近 100%。

在国内电网侧改革及政策支持下，我国储能的增长势头迅猛，年均增长速度明显快于新能源车领域增长速度。

整来体看，"十四五"期间，预计到 2025 年底，电化学储能的市场装机规模将接近 228.4GW，其中绝大部分为磷酸铁锂电池。对应磷酸铁锂材料需求量为 57.1 万吨，见图 2.152。

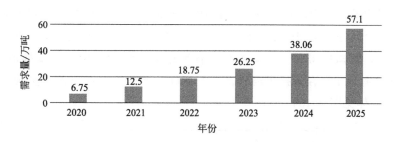

图 2.152　2020—2025 年储能对铁锂材料需求预测

**3. 电动自行车领域需求**

自 1995 年第一辆轻型电动车问世到现在，中国成为世界上最大的电动自行车生产、消费和出口国，全球 80% 以上的电动两轮车生产和销售市场均在中国。

（1）中国电动两轮车发展历程　1998—2019 年中国电动两轮车产量见图 2.153。

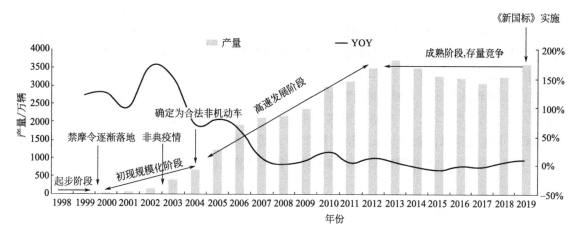

图 2.153　1998—2019 年中国电动两轮车产量

起步阶段（1995—1999 年）：清华大学研制第一辆轻型电动车面世，全国电动车消费量 5 万辆。

初现规模化阶段（2000—2004 年）：市场需求量为 500 万辆左右，形成了行业内的江苏、浙江、天津为代表的三大产业集聚地。

高速发展阶段（2005—2013 年）：非典疫情促进两轮出行需求；《中华人民共和国道路交通法》首次将电动自行车确定为非机动车合法车型。

成熟阶段，存量竞争（2014—2019 年）：中国成为世界上电动自行车最大的生产、消费和出口国。

新国标实施（2020—）：《新国标》实施，过渡期后超标车淘汰，行业迎来高质量发展阶段。

（2）地方政府通过设置超标车过渡期严格执行新国标　主要沿海省份/大城市换车截止日期集中在 2021 年底，内地二线城市集中在 2022 年、2023 年，届时将迎来一轮密集的换车高峰。

(3) 新国标驱动电动两轮车增量　自 2019 年电动自行车新国标实施以来,中国电动自行车行业步入一个新的高速增长期。新国标对电动两轮车重新强制分类,与旧国标几乎无约束力所不同的是,新国标得到了全国响应,各地存量的超标车型均需要换成新国标车型,2019—2024 年将有 2.1 亿存量换车需求。在此期间,新国标驱动下的存量强制替换需求将达 5100 万辆。具体见图 2.154。

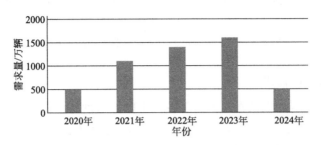

图 2.154　新国标驱动电动两轮车增量

(4) 共享 & 即时配送驱动电动两轮车增量　共享电单车、外卖快递等即时配送行业也将驱动中国电动自行车行业的快速增长。共享电单车投放迎来高峰,3.8 亿共享单车用户有望转换为共享电单车用户,当前哈啰、滴滴和美团大量投放共享电单车产生大量新车需求。预计 2025 年将达到 800 万辆。即时配送人员目前已超过 800 万,其主要交通工具为电动两轮车,对电动两轮车(2~3 年更换周期)和电池(0.5~1 年更换周期)损耗大,将成为电动两轮车和电池需求的新增长点,预计到 2025 年即时配送人员对电动两轮车的需求量将超 1000 万辆。共享电单车+即时配送驱动电动两轮车增量见图 2.155。

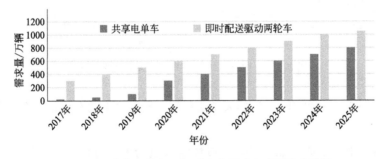

图 2.155　共享电单车+即时配送驱动电动两轮车增量

(5) 2021 年电动自行车产量达到 4738.5 万辆　电动自行车行业在新国标、共享、外卖、快递、出口等众多利好因素的驱动下,迎来爆发式增长,2020 年国内电动自行车产量达到 3384.6 万辆,同比增长 25%(按照工信部统计口径测算)。

考虑到多地政府的超标车过渡期即将截止,叠加共享、外卖、快递等的新增需求,2021 年国内电动自行车产量达到 4738.5 万辆,同比增幅仍然较大。2015—2025 年国内电动自行车产量趋势见图 2.156。

(6) 锂电渗透率将持续提高,2025 年有望达到 70%　2020 年电动自行车整体的锂电渗透率约 18%,相较 2019 年提高了 5 个百分点,锂电电动自行车的产量约 609.23 万辆,主要受益于民用市场锂电化的推进及共享市场的快速发展。

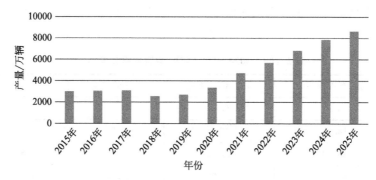

图 2.156　2015—2025 年国内电动自行车产量趋势

雅迪、爱玛、台铃、新日等传统一线车企今年相继推出了多款锂电车型，民用电动两轮车市场锂电渗透率有明显提升，哈啰、滴滴、美团、小遛、松果等共享车企投放的共享电单车均为锂电车型。

2021 年随着新国标落地执行的力度加大和大量共享项目的入场，国内电动自行车的锂电渗透率接近 30%，锂电电动自行车产量 1421.54 万辆。预计到 2025 年，70% 的电动自行车将为锂电车型。2019—2025 年国内锂电电动自行车产量及渗透率见图 2.157。

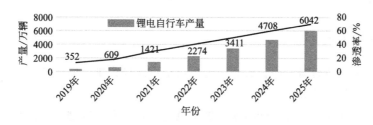

图 2.157　2019—2025 年国内锂电电动自行车产量及渗透率

考虑到换电需求一般为当年新车电池需求的 2 倍，预计到 2025 年铁锂电池的需求量将达到 69.61GW，对应磷酸铁材料的需求量为 17.05 万吨。

**4. 其他领域需求展望**

除新能源车和储能领域以外，铁锂电池同样也在船舶、电动叉车、户外路灯等领域有所应用，不过，目前来看市场容量还比较小。以船舶为例，主导企业虽有偶尔接到订单，单船装机量也比较大，可以达到 MW·h 级别，但订单数量偏低，整体用量想象空间不大。

叉车方面，近几年总体销量处于小幅增长态势，目前年销量保持在 60 万辆左右，纯电动占比在 50% 左右，且这一比例仍在上升。目前电动叉车主流仍然是铅酸电池，锂电池在逐渐渗透，按单车带电量 13kW·h 来算的话，如果全部替换为铁锂电池，未来有 7.8GW·h 潜在需求，对应 LFP 材料 1.8 万吨。

**5. 2021—2025 年磷酸铁锂材料需求量预判**

从整体上看，磷酸铁锂电池的需求主要集中在新能源车、储能、自行车领域，同时船舶、叉车、路灯等领域仍有发展空间。预计到 2025 年，磷酸铁锂材料的合计需求将达到 232.07 万吨，其中汽车 156.12 万吨，储能 57.1 万吨，自行车 17.05 万吨，其他领域 1.8 万吨。考虑到运输、库存、良品率因素，实际需要生产 1.2 倍需求量的产品才能满足正常运转，因此 2025 年实际需要生产磷酸铁锂 270 万吨左右才可以满足需求。2020—2025 年磷酸铁锂需求量预测见表 2.208。

表 2.208　2020—2025 年磷酸铁锂需求量预测

| 年份 | 新能源车用量/万吨 | 储能用量/万吨 | 自行车/万吨 | 其他/万吨 | 合计/万吨 |
| --- | --- | --- | --- | --- | --- |
| 2020 年 | 5.44 | 6.75 | 0.34 | 0.3 | 12.83 |
| 2021 年 | 18.99 | 12.5 | 2.01 | 0.5 | 34.00 |
| 2022 年 | 38.19 | 18.75 | 4.49 | 0.8 | 62.24 |
| 2023 年 | 65.88 | 26.25 | 7.70 | 1.2 | 101.04 |
| 2024 年 | 104.59 | 38.06 | 11.96 | 1.5 | 156.11 |
| 2025 年 | 156.12 | 57.1 | 17.05 | 1.8 | 232.07 |

## 三、工艺技术

磷酸铁锂的生产工艺主要有磷酸铁工艺、硝酸铁工艺、铁红工艺、草铁工艺、水热法工艺、磷酸锂工艺等。

### （一）磷酸铁工艺

磷酸铁工艺是一种高温固相合成法工艺，也是目前最为主流的生产工艺之一。工艺的铁源为正磷酸铁、锂源为碳酸锂。

早期由于液相沉淀法制备的磷酸铁比例不稳定，粒度和纯度都不好控制，因此磷酸铁工艺路线是比较晚出现的路线之一。早期美国的 A123、Phostech 的 P1 产品，北大先行、台湾立凯等均采用此工艺路线。美国的 A123 和北大先行均是从草酸亚铁工艺路线切换到磷酸铁工艺路线。

该工艺路线的主要流程如下：原料首先以水为分散溶剂用循环式搅拌磨进行混料，然后转入砂磨机中细磨。然后调整固含量进行喷雾干燥，调节进出口温度和进料速度，获得干燥物料。干燥粉料经压块后装入匣钵转入设定好温度的辊道窑，在 700℃高温处理 8h 左右，降温段冷却后出炉。然后经过粉碎分级筛分后获得成品。其中，球磨混合工序是磷酸铁工艺生产非常重要的环节。在此阶段完成磷酸铁、锂源和有机碳源的破碎、分散和混匀。原料体系的分散均匀性对材料影响非常大，若分散均匀性差则无法发挥出磷酸铁工艺电化学性能的优势。烧结过程中磷酸铁不会分解，磷酸铁和碳酸锂之间形成 LFP 材料的固相反应主要受扩散控制，合成过程中晶格重组及化合要靠离子间的相互迁移扩散来进行，即 LFP 的形成在很大程度上受固相介质中 $Li^+$ 迁移速度的控制。因此一般选用砂磨机以保证磷酸铁晶粒与锂盐和碳源充分混合，促进后续高温固相反应顺利进行。

为了保持分散均匀，磷酸铁路线一般采用喷雾干燥。喷雾干燥速度快，在极短的时间内完成，产品的颗粒基本上能保持液滴近球状，最大程度避免偏析现象的发生，改善了有机碳源的分散性，这样烧结以后 LFP 表面就比较均匀地包覆了一层无定形碳。同时在一定范围内，通过改变操作条件得到不同形貌。不同粒径的粉末，从而控制前驱体二次颗粒的形貌和粒度及其分布，以满足不同的应用需求。

干燥过程是该工艺的重要一环，在这个过程中同时存在着如下几个传质和传热的物理过程：溶剂从液滴表面蒸发，溶剂蒸气由液滴表面向气相主体的扩散；溶剂蒸发使得液滴体积收缩；溶质由液滴表面向中心的扩散；由气相主体向液滴表面的传热过程；液滴内部的热量传递。

干燥过程对粉体形貌有重要影响，一般认为选择适当的干燥温度，降低溶剂蒸发速率，使溶剂的蒸发速率与溶质的扩散速率达到某一平衡值容易生成实心颗粒；当外壳形成后，液滴内的溶剂继续蒸发，超过其平衡浓度的溶质在液滴外壳以内的晶核表面析出，促使这部分晶核长大。如果外壳生成时液滴中心也有晶核，则生成的粒子为实心粒子；如果液滴中心没有晶核则生成的粒子为空心粒子。主要通过调整固含量、雾化压力、干燥温度及进料速率来获得实心颗粒。

磷酸铁锂和磷酸铁的结构具有极大的相似性，LFP晶体颗粒可以直接在FP颗粒的基础上进行生长，故可以通过调整磷酸铁前驱体的合成参数控制磷酸铁的纯度、铁磷比、形貌和粒度分布等工艺参数，来获得理化指标优异的磷酸铁锂正极材料。此工艺路线获得的LFP产品的质量和价格在很大程度上取决于磷酸铁，磷酸铁性能的好坏直接决定着正极材料LFP性能的好坏，磷酸铁材料的含水率波动、形貌变化和粒度分布都会影响成品性能。

磷酸铁工艺生产的磷酸铁锂具有高压实、高克容等优点，在新能源乘用车领域应用广泛。

### (二) 硝酸铁工艺

硝酸铁工艺是德方纳米独家采用的一种液相合成法，这种工艺被称为"自热蒸发液相合成纳米磷酸铁锂技术"。该技术综合了自热蒸发液相合成法、非连续石墨烯包覆等技术，在常温常压下，通过将原料锂源、铁源、磷源和辅料混合后即可自发反应，反应放热后快速蒸发水分而自动停止反应，得到纳米磷酸铁锂的前驱体，而后在烧结过程中加入碳源，进行两次高温分解，得到非连续的石墨烯包覆磷酸铁锂颗粒。

纳米磷酸铁锂的生产原材料主要有铁源、锂源、磷源、辅料等。其中锂源、磷源为外购取得，铁源分为外购铁源和自制铁源，2017年以来德方纳米铁源外购逐渐减少，基本直接采购铁块自行生产铁源，即通过采购硝酸和铁块来制备硝酸铁。

硝酸铁工艺生产的磷酸铁锂产品具有一致性好、循环寿命长等优点，在新能源客车、储能等领域应用较为广泛。

### (三) 铁红工艺

铁红工艺是一种铁源来自于三氧化二铁的高温固相法合成工艺，生产工序与磷酸铁工艺接近。

铁红工艺路线由美国Valence最早开发，后来台湾长园、久兆科技、杭州金马等企业也采用过此工艺。其一般工艺过程：以磷酸二氢锂、铁红和碳源为原料，采用循环式搅拌磨进行混料，选用的分散溶剂为水或乙醇，然后进行喷雾干燥（氧化铁红具有较大的表面活性，不宜采用其他接触式干燥设备），干燥后的物料用窑炉进行一次烧结。烧结后的物料进行气流粉碎分级处理，随后的工序根据客户的需要增加包碳融合步骤，最后进入成品包装环节。

铁红工艺生产的磷酸铁锂优势在于成本低，价格便宜，而缺点在于产品性能一般，杂质含量偏高。

### (四) 水热法工艺

水热法又称溶剂热法工艺，是一种全湿法工艺。水热法工艺通过将硫酸亚铁、氢氧化锂和磷酸溶于水中或其他溶剂中，通过水热或者溶剂热过程进行反应，合成磷酸铁锂。

早期采用水热法工艺路线的主要有 Phostech、住友大阪水泥和韩国韩华。原料在反应釜内 160～240℃下反应数小时，中间相 [$Li_3PO_4$ 和 $Fe_3(PO_4)_2$] 在热液条件下经历溶解重结晶的过程生成结晶态 $LiFePO_4$，过滤洗涤后得到磷酸铁锂颗粒。再与碳源的溶液混合，干燥后在回转窑或辊道窑中惰性气氛下 700℃ 热处理得到最终产物。

该工艺颗粒形貌和粒度可控，工艺重复性好。其缺点是设备昂贵，需要控制好工艺参数，以免高浓度 Li-Fe 反应缺陷的磷酸铁锂生成。而且在水热法合成中一般使用 $Ba(OH)_2$ 作沉淀剂，大大增加了原料的成本。

水热法的产品以 Phostech 的 P2 为代表，性能指标直到现在也仍然是磷酸铁锂材料的标杆。

目前水热法工艺生产的磷酸铁锂产品可以拥有较好的倍率性能和耐低温性能，-20℃放电容量可以做到常温容量的 75% 以上。由于生产成本高昂，目前批量采用水热法工艺的企业只有四川德阳威旭锂电。

相较于其他主流固相法工艺来说，水热法工艺从生产的一致性、低温性、倍率性等方面有一定的优势，但在克容量和压实密度方面则明显低于主流固相法产品。

水热法工艺虽然低温性能较好，但由于锂源采用氢氧化锂，同时除杂时需要采用氢氧化钡，整体生产成本比其他工艺要高出不少，因此只在对低温性能有额外要求的军工等领域有使用，个别企业购买少量水热法工艺的磷酸铁锂进行掺混，整体用量较少，相对小众。

### (五) 草酸亚铁工艺

草酸亚铁工艺是磷酸铁锂最早产业化的路线之一，A123、北大先行、天津斯特兰、合肥国轩、湖南升华、烟台卓能等早期都采用了草酸亚铁工艺路线。

早期草铁工艺的原料主要是草酸亚铁、磷酸二氢铵、碳酸锂、碳源。经过球磨混合后进行干燥、烧结以及破碎分级获得产品。因为采用三种原料，混料的均匀性较难控制，需要消耗大量酒精。一般采用搅拌球磨机在无水乙醇分散下使浆料循环状态球磨，球磨时间要求 3h 以上，液固比 (1.2～1.5):1。然后一般采用真空干燥机在真空状态下干燥处理 3～4h 同时回收乙醇。然后进行高温焙烧，在 750℃ 左右处理 12～15h，由于烧失率 >50%，高温烧结过程需要采用排气性能好、可连续化生产、氧气含量 $<100×10^{-6}$ 的推板窑或辊道窑。而且在烧结过程中要特别控制升温制度及高温处理时间，草酸亚铁工艺路线适宜匹配的是推板窑，可以依靠准确推速的调整来及时排出分解产生的大量废气和控制温度梯度，减少杂相的形成。

草酸亚铁工艺路线生产的 LFP 振实密度一般偏低，但电化学性能较好，克容和循环性能优异，自放电小。由于产品的一致性受原料和工艺的影响较大，要获得一致性好的产品难度不小，产品的颗粒大小和形貌很难控制，产品的低温性能也一般。

由于产物表面能较高，必须高温长时间焙烧，才能获得较好的物理性能，导致生产周期长，在高温焙烧工序无法提高生产效率。球磨工序混料消耗大量酒精，草铁原料成本也偏高，导致整个工艺成本难以下降。

### （六）磷酸锂工艺

磷酸锂工艺是德方纳米在 2019 年 12 月 25 日申请的一项专利技术，专利号 CN 111137869A，专利公布日 2020 年 5 月 12 日。专利通过搅洗、酸溶、除磷、分布除杂得到纯锂溶液，然后加入铁源、磷源、碳源，经混合处理得到磷酸铁锂。

根据专利中所述，废旧电池回收领域产生的粗制磷酸锂以及碳酸锂沉锂母液回收余锂产生的粗制磷酸锂价格便宜，可以作为替代当前锂源合成磷酸铁锂的原料。

制备得到的磷酸铁锂为纳米级，其 0.1C 放电克容量可达到 157mA·h/g，1C 放电克容量可达到 138mA·h/g，中值电压 3.35V 以上。磷酸锂工艺是 2020 年开始在行业内逐步引起重视，并投入力量进行研发的一项工艺路线。

磷酸锂工艺生产的磷酸铁锂主要优势是成本相对较低，通过盐湖提锂工序中前置采购磷酸锂，可以大幅度的压低锂源成本。

### （七）不同工艺对比

从工艺路线的命名上来看，我们习惯通过不同原料种类来对铁锂工艺进行分类。从实际应用角度出发，目前主流企业仍然采用的是磷酸铁工艺为主，其他工艺基本都是个别企业在独家采用。

值得注意的是，细究不同工艺的磷酸铁锂产品差异性，可以发现成本低廉的工艺在性能上往往较差（如铁红工艺），而成本较高的工艺则往往性能较好（如草铁、水热法）。因此，考虑到成本与用途，不同工艺的磷酸铁锂往往可以应用在不同的需求领域，发挥自己独有的特点。具体见表 2.209。

表 2.209　不同工艺的 LFP 优劣势

| 工艺 | 生产企业 | 磷源 | 铁源 | 锂源 | 优势 | 劣势 |
|---|---|---|---|---|---|---|
| 磷酸铁 | 湖南裕能、比亚迪、国轩高科等 | 氨法：磷酸、工业一铵 钠法：磷酸 | 氨法和钠法：硫酸亚铁 铁粉法：铁粉 | 碳酸锂 | 能量密度高 | 循环性能一般 |
| 硝酸铁 | 德方纳米 | 净化一铵 | 铁块 | 碳酸锂 | 循环性能优异 | 能量密度一般 |
| 铁红 | 重庆特瑞 | 工业一铵 | 三氧化二铁 | 碳酸锂 | 成本低 | 能量密度和循环性能都偏低 |
| 草酸亚铁 | 富临精工 | 磷酸 | 草酸亚铁 | 碳酸锂 | 能量密度高 | 成本较高 |
| 水热法 | 德阳威旭 | 磷酸 | 硫酸亚铁 | 氢氧化锂 | 低温性能优异 | 成本很高 |
| 磷酸锂 | 德方纳米 | 磷酸 | 铁块 | 磷酸锂 | 理论成本低 | 磷酸锂来源不足 |

## 四、应用进展

磷酸铁锂广泛应用于新能源车、储能、电动自行车、重卡、电动船舶等领域。

从新能源汽车领域来看，2020年以来，随着特斯拉开始装载使用铁锂电池，以及比亚迪推出刀片电池，市场对于铁锂电池的关注度急速升温，多种三元电池车型开始采用高低配销售，同步装载铁锂电池，使得铁锂电池的车载装机量占比快速提高，2021年首次超过三元电池，截至2022年4月份，占比已经超过60%，仍在进一步提高市场份额。2017—2022年4月动力电池装机量见图2.158。

从储能领域来看，电化学储能领域已基本全部采用锂离子电池，电网调峰调频、户用储能等应用场景中（见图2.159），锂电池不受自然条件影响，可以更高效、灵活的应用于各种储能场景。

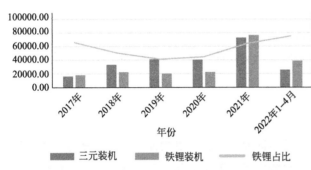

图2.158　2017—2022年4月动力电池装机量

图2.159　装载磷酸铁锂电池的电化学储能应用

电动自行车、电动重卡等领域同样发展较快。哈罗单车、滴滴出行、小牛（图2.160）等品牌的电动自行车产品均有铁锂版本，对铅酸电池实现了较大规模的替代。商用的电动重卡采用铁锂电池（图2.161）已经成为趋势，2021年以来大规模转向了换电模式进行运营，相较于充电模式补能效率高，充分利用了铁锂电池的长循环寿命优势。

图2.160　搭载铁锂电池的小牛G2电动车

图2.161　重卡换电站

## 五、发展建议

尽管磷酸铁锂未来应用广泛，需求增长空间大，不过，根据供需数据分析，从中短期维度来看，磷酸铁锂材料潜在的扩产产能规模已经接近 700 万吨/年，即使其中部分产能不会真正达产，但对于 2025 年仅不足 300 万吨/年的需求量来说，磷酸铁锂的产能也已经出现明显的过剩，短期内不应该继续投扩建磷酸铁锂产能。

从长期发展角度来看，磷酸铁锂未来的产销规模将超千万吨，也将成为极为重要的大宗商品之一，未来对于成本的控制会越来越极致。在磷酸铁锂层出不穷的生产工艺中，最终影响成本的决定性因素仍然是锂源、磷源和铁源成本，工艺差异导致的成本差异并不大。企业在发展过程中，应该重视对于原料端的利用与协同。

从产业链协同的角度来看，磷酸铁锂企业通过与上游企业进行合作生产，在物料运输成本、中间品的销售成本、材料的损耗、企业的管理，以及技术的协作优势上面，都更具竞争力，有助于磷酸铁锂材料的降本增效和技术进步，各企业应该重视。

从技术演进角度来看，磷酸铁锂的生产工艺多样，不管是传统的草铁工艺、磷酸铁工艺，还是逐渐兴起的磷酸锂工艺，都有各自的优缺点，可以应对不同的使用场景。企业在发展过程中，可以继续探索新工艺、新体系，提升自身竞争力的同时，也能推动行业继续向前发展。

# 第三十六节　气凝胶

四川银邦新材料有限公司　牟浩斌

## 一、概述

### 1. 气凝胶的主要性能、特点

气凝胶（Aerogel），又称为干凝胶，是一种新兴材料，是用一定的干燥方式使气体取代凝胶中的液相而形成的一种纳米级多孔固态材料，特征是超轻，具有纳米微孔和多孔结构，由相互连接的聚合链连接而成。在极高的孔隙率下，气凝胶具有许多突出的性能，如密度低、隔热绝缘性好、极高的孔隙率、极低的介电常数、极高的比表面积等，由于这些出色的特性，气凝胶被誉为"可以改变世界的神奇材料"。气凝胶还可以与玻璃纤维、陶瓷纤维等基材复合成为复合材料，最大限度保留气凝胶轻质、隔热等特性，并赋予气凝胶柔性与韧性。气凝胶复合材料具备超长使用寿命、超强隔热性能、超高防火性能、超优力学性能等，具体见表 2.210。

表 2.210　气凝胶的特性

| 特性 | 具体表现 |
| --- | --- |
| 最低密度的固体 | 气凝胶 90% 以上的体积都是空气，密度最低至 $0.12mg/cm^3$ |
| 最宽的密度范围 | 密度可在 $0.0012\sim0.500g/m^3$ 范围内调节，应用更加广泛 |

续表

| 特性 | 具体表现 |
|---|---|
| 最小的孔径 | 孔径一般在50nm左右，最小的孔径甚至可小于1nm，纤细的纳米级结构使气凝胶材料的热导率极低，具有极大的比表面积，隔绝能力强 |
| 最高的孔隙率 | 孔隙率高达99.9%，具有特别大的比表面积，表面的无数小孔使其成为了在水中吸附污染物的理想材料，亦可作为新型催化剂或催化剂的载体 |
| 最低的热导率 | 热导率可低于0.016W/(m·K)，通过掺杂的手段还可进一步降低硅气凝胶的辐射热传导，常温常压下掺碳气凝胶的热导率可低达0.013W/(m·K)，是目前热导率最低的固态材料 |
| 最低的介电常数 | 介电常数小于1.003，是一种良好的介电材料，可以降低集成电路的漏电电流，降低导线之间的电容效应，降低集成电路发热等 |
| 最高声阻抗 | 声阻抗高达106kg/(m²·s)，而空气的声阻为400kg/(m²·s)，气凝胶的纵向声传播速率极低，而声阻随密度变化范围大，因此，它是一种理想的声阻抗耦合材料 |
| 最低的损耗角正切 | 具有极低的损耗角正切，其损耗角正切值小于$10^{-4}$，因此其透波性非常好，是一种良好的透波材料 |
| 最低的杨氏模量 | 杨氏模量（抵抗形变的能力）小于106N/m²，比相应非孔性玻璃态材料低4个数量级 |
| 最宽的折射率范围 | 透光性非常好，通过调控气凝胶密度，折射率可在1.007~1.24之间连续调节，可用来制作探测器 |

### 2. 气凝胶的种类

气凝胶可分为无机气凝胶、有机气凝胶、混合气凝胶和复合气凝胶。常见的气凝胶主要是硅气凝胶、碳气凝胶和二氧化硅气凝胶，新进发展的气凝胶主要是氧化石墨烯气凝胶、富勒烯气凝胶和纤维/二氧化硅气凝胶。目前市场上常见的以及研究较多的为氧化物气凝胶材料、碳气凝胶材料（耐高温可达3000℃）和碳化物气凝胶材料。

- 无机气凝胶：氧化物、氟化物、碳化物、混合氧化物；
- 有机气凝胶：醛系、脲衍生物、聚合物、碳类；
- 混合气凝胶：有机＋无机；
- 复合气凝胶：纤维增强气凝胶、其他复合气凝胶。

不同种类气凝胶特点及其应用见表2.211。

表2.211 不同种类气凝胶特点及其应用

| 名称 | | 特点 | 应用 | 工业生产情况 |
|---|---|---|---|---|
| 氧化物气凝胶材料 | $SiO_2$ | 孔隙率高、比表面积大、热导率低 | 主要应用于航空、航天、军事、电子、建筑、家电和工业管道等领域的保温隔热 | $SiO_2$气凝胶是目前隔热领域研究最多，也是较为成熟的一种高温气凝胶 |
| | $ZrO_2$ | 孔隙率极高、固体所占体积比很低、热导率很低 | 高温隔热保温材料方面具有极大应用潜力 | 目前关于$ZrO_2$气凝胶应用于隔热领域的报道还比较少，研究者主要致力于$ZrO_2$气凝胶制备工艺的研发 |
| | $Al_2O_3$ | 纳米多孔结构使其具有更轻质量、更小体积，具有高孔隙率、高比表面积和开放的织态结构 | 用作高压绝缘材料，高速或低速集成电路的衬底材料，真空电极的隔离介质 | $Al_2O_3$气凝胶材料的制备方法主要有铝醇盐法和无机铝盐法 |

续表

| 名称 | 特点 | 应用 | 工业生产情况 |
|---|---|---|---|
| 碳气凝胶材料 | 在惰性及真空环境下高达2000℃的耐温性，石墨化后耐温性甚至能达到3000℃，具有导电性好、高比表面积、均一纳米结构、强耐腐蚀性、低电阻系数及宽密度范围等特点 | 是唯一具有导电性的气凝胶；有机气凝胶及碳气凝胶具有生物机体相容性，使得其可用于制造人造生物组织、人造器官及器官组件、医用诊断剂及胃肠外给药体系的药物载体；掺杂金属的碳气凝胶可用作储氢材料；用碳气凝胶进行电吸附去除溶液中的金属离子具有很多优势，包括可以再生、减少了二次污染，节约能量 | 有氧情况下碳气凝胶在350℃以上便发生氧化，成为其制备和应用难题，这一领域的研究几乎被美国Lawrence Livermore 国家实验室所垄断，国内尚未见系统报道 |
| 碳化物气凝胶材料 | 碳化物是一种高硬度、高熔点和化学性质稳定的化合物，一般通过原位生成法制得，具备极好的抗氧化性 | 在制备过程中控制工艺参数将碳化物制成气凝胶结构，可提升气凝胶材料的使用温度，进而拓展在高温领域的应用，如航天航空、高温窑炉、核能等领域 | 国内外对于碳化物气凝胶的研究还相对较少，特别是对于成型性良好的块状碳化物气凝胶的研究尚处于初始阶段 |

**3. 气凝胶产业链**

气凝胶上游为无机和有机硅源等原料，中游为气凝胶及其复合材料。多样化的产品形式使得气凝胶的应用更加灵活广泛，从航天、军工等要求严苛的高科技领域到工业、交通、日用等领域，都有气凝胶发挥性能的地方。气凝胶对这些领域中的原始材料有明显优势，因此替代空间巨大。气凝胶产业链见图2.162。

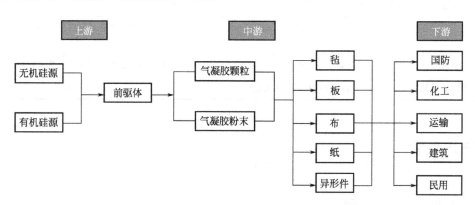

图2.162 气凝胶产业链

**4. 气凝胶的应用**

气凝胶具有众多的优异特性和高性能化，从高科技领域到民用领域都有广泛应用，包括国防军工、航空航天、核工业、安保反恐以及传统工业节能减排、建筑节能、环境治理、新能源开发、交通运输以及民生工程领域等，具体见表2.212。

表 2.212　气凝胶主要应用领域

| 应用领域 | 具体应用 |
| --- | --- |
| 国防军工领域 | 应用于飞机、舰船/艇、坦克、导弹、军用保温帐篷等的外层材料，起到防辐射、吸收红外线和漫反射波实现隐形功能；屏蔽自身电子信号实现反侦察的功能；用于提高海军舰艇的动力装置热、声环境控制和舰艇隐身、舰艇的抗爆损伤性能等以及实现轻量化；用于提高空军飞机智能蒙皮、机身的抗爆损、发动机的热防护和重装空投设备着陆防护等性能以及轻量化；用于提高坦克、装甲战车等装备的热防护、防爆、隐身以及单兵防护装备等性能并减重；提高火箭、导弹等推进剂的安全防护水平等；用于核工业中的伦科夫核辐射介质检测和核装置的热、辐射的防护等 |
| 航天领域 | 应用于空间站、探测器、运载火箭、航天飞机等，可作为绝热保温材料，曾作为收集彗星尘的采集"手套" |
| 石化领域 | 应用于石油开采、管线保温、炼化装置等，可作为蒸馏塔、储罐、泵、阀门、天然气和 LNG 液化气管道、深海管道的外保温材料 |
| 建筑领域 | 用于发展高性能、智能化的节能门窗、玻璃幕墙以及采光顶等；装配式建筑的高性能隔热保温防火装饰一体化墙体构件或部品；高性能建筑钢结构防火涂料、高性能建筑功能涂料等 |
| 交通领域 | 应用于锂离子动力电池组，热电池保温筒等，阻止热失控电芯向电池其他系统传热，起到预防、隔热、耐热的作用；应用于汽车防火隔热保温降噪层，大容量电池组防火防水保温盒，危险化学品运输车、液化天然气运输船等特种运输工具的保温防火层，高铁和地铁车体保温隔热降噪防火层；用于交通运输工具的透明与非透明围护结构的高效隔热保温、减振降噪，被动式防撞和防护部件，汽车尾气高效过滤装置等 |
| 工业节能减排领域 | 用于冶金、石油化工、石油运输、石油勘采、热电厂等行业中的设备和管道的高效节能降耗，工业废气和工业污水的无公害治理 |
| 新能源开发领域 | 用于高效太阳能集热装置的透明保温材料、高效热电转化装置的隔热材料以及锂电池的大容量负极材料、燃料电池中的燃料储存部件等 |
| 精细化工领域 | 用于高效化学合成（如高效催化剂、吸附剂、萃取剂等），开发高性能化妆品（如防晒、隔离霜等）、牙膏、洗面奶中的新型摩擦剂和触变剂 |
| 生物医药领域 | 用于开发癌症、糖尿病等新型药物载体、药物缓释剂、止血剂等 |
| 电子产品领域 | 用于超大集成电路的绝缘材料、高敏感传感器材料、高精度探测器材料以及高清显示屏幕减反射涂层材料等 |
| 家用电器领域 | 用于透明冰箱、微波炉等高效节能材料，空气净化器、净水器的高效过滤、吸附材料等 |
| 户外体育用品领域 | 用于超轻高效防寒服、野外帐篷 |

# 二、市场供需

## （一）世界供需及预测

### 1. 世界气凝胶生产现状

随着社会的不断进步，全球经济呈现快速发展，特别是在相对落后的发展中国家。近两年亚太地区特别是中国气凝胶产业快速崛起，发展中国家在基础设施建设上的力度大，推动了配套行业的发展，这成为推动全球气凝胶市场增长的关键因素。根据贝哲斯咨询统计，全球气凝胶市场规模从 2013 年的 2.22 亿美元发展到 2021 年的 21.51 亿美元，年复合增长率为 32.7%。据预计，2025 年全球气凝胶行业的市场规模将超过 54 亿美元。根据 QYR（恒州博智）的统计及预测，2028年将达到126.58亿美元，年复合增长率（CAGR）为8.6%（2022—2028年）。受限于较高的生产成本，气凝胶在全球的发展情况参差不齐，且在不同行业的渗透情况也不相同。气凝胶产品较早兴起于欧美等发达国家，产品主要以管道保温、新能源汽车、建筑用材为主，而在亚洲地区，市场占有率较低，同时气凝胶在建筑行业的使用率不及欧美国家。

近年气凝胶市场逐渐向亚太地区转移，2015—2021年北美气凝胶市场在全球占比由55%下降到26%，欧洲气凝胶市场的全球占比由24%下降到17%，而亚洲的气凝胶市场全球占比由13%上升到52%，中国市场全球增长最快。按地区划分，中国是气凝胶的最大市场领域，生产市场份额接近46%，其次是北美和欧洲。

**2. 国外主要气凝胶生产企业**

目前国外气凝胶材料的研制机构主要集中在美国 Lawrence Livermore 国家实验室（LLNL）、DESY 公司、桑迪亚国家实验室（SNL），德国的 Franhof 公司，法国蒙彼利埃材料研究中心，瑞典 LUND 公司以及美国、德国、日本、中国的一些高等院校。国外主要气凝胶生产企业主要有 Aspen Aerogels、Cabot 以及 Armacell Jios Aerogels Ltd（"AJA"）等。

（1）Aspen Aerogels  Aspen Aerogels 是美国航空航天局下属的气凝胶技术公司，致力于设计、开发和制造创新的高性能气凝胶隔热材料，主要用于能源基础设施和建材市场。该公司在气凝胶技术领域的研究与开发，得到美国联邦及其他政府机构的资助，目前气凝胶产能为4万立方米/年；Aspen Aerogels 生产的气凝胶绝热材料已经过严格的技术验证，被世界上多家大型石油生产商、炼油厂、石化厂、液化天然气设施以及发电和配电资产（例如埃克森美孚，PTT LNG，Dominion Resources，荷兰皇家壳牌公司）使用。Aspen Aerogels 与埃克森美孚在炼油和石化领域建立了技术和商业关系，与 TechnipFMC 在近海石油领域的应用以及与 BASF 在建筑材料市场均开展了合作。Aspen Aerogels 产品应用领域见表2.213。

表2.213 Aspen Aerogels 产品应用领域

| 应用领域 | 细分子行业 | 客户 |
| --- | --- | --- |
| 能源基础设施 | 炼油 | 埃克森美孚、壳牌、雪佛龙 |
|  | 石化 | 信实工业、台塑石化、利安德巴塞尔工业 |
|  | 天然气 | PTTLNG、埃克森美孚、Dominion Energy |
|  | 陆上 | Suncor Energy、ConocoPhillips、Husky Energy |
|  | 海上 | Total、Marathon Oil、ConocoPhillips、壳牌 |
|  | 发电 | NextEra Energy Resources、Southern Company、Duke Energy |
|  | 地区能源 | 美国、亚洲的大学和城市的中高温蒸汽配网 |
| 建筑材料 | 建筑材料 | BASF |
| 其他 | 冷热电器、冷库设备、汽车、飞机、火车、电子行业、户外装备、服装制造商 |  |

(2) Cabot　Cabot 是一家全球专注于特种化学品和功能材料公司，总部位于马萨诸塞州波士顿，主要产品包括橡胶、特种炭黑、特种化合物、气相金属氧化物、活性炭、喷墨着色剂和气凝胶等，其气凝胶产能为 4 万立方米/年。2017 年 7 月 20 日，Cabot 与加新科技签署了战略合作协议，加新科技成为 Cabot 气凝胶产品大中华区唯一指定总代理，以及气凝胶技术的共同研发方。2020 年 1 月 7 日，Cabot 收购了中国领先的碳纳米管（CNT）生产商深圳三顺纳米新材料有限公司，旨在增强 Cabot 在电池市场的市场份额，尤其是中国电动汽车市场的地位和配方能力，也为未来气凝胶板块业务在汽车领域的市场份额提前布局。

(3) JIOS AEROGEL LIMITED　JIOS 是全球最高效的二氧化硅气凝胶粉体生产企业。JIOS 气凝胶以专利技术为基础生产气凝胶粉末，单位成本不到一半它最接近的竞争对手。JIOS 气凝胶目前服务于石膏、水泥、涂料、珍珠岩、薄膜和螺纹行业。

(4) Active Aerogels　Active 开发和制造纳米结构材料气凝胶，用于隔热和吸附污染物，适用于空间、航空、石油和天然气、住房和废水处理等多个领域。Active 气凝胶的核心生产是气凝胶，由凝胶衍生的合成多孔超轻材料，其中凝胶的液体组分已被气体取代，从而产生高度多孔的固体，具有极低的密度和热导率。Active 气凝胶为高度苛刻的热需求提供解决方案，并且正在开发适应特定需求的创新气凝胶应用，例如柔性、疏水性和组合物。Active 气凝胶利用不同的技术，即超临界干燥和冷冻干燥制造材料。

(5) Green Earth Aerogel Technologies（GEAT）　西班牙最大的气凝胶生产商，气凝胶已经通过 APPUS 测试公司进行认证和测试，并由巴塞罗那大学（UAB）服务认证。使用稻壳水玻璃生产优质的气凝胶，从稻壳废料和稻壳灰中的二氧化硅气凝胶制备碳气凝胶。GEAT 气凝胶是利用纳米技术生产的先进材料。它含有纳米气泡，使其成为绝佳的绝缘材料。气凝胶用于许多工业应用中，例如管道、管子和电线与聚合物的绝缘。气凝胶细粉用作涂料添加剂和腻子组分，制成防火隔热保护涂料。颗粒气凝胶可以用作半透明的墙壁、窗户和屋顶的填充物。气凝胶的小颗粒可以用作编织玻璃纤维之间的填料，以制造用于弯曲表面的绝缘柔性毛毯。

(6) Armacell Jios Aerogels Ltd.（"AJA"）　AJA 是 2016 年 11 月由设备绝缘市场柔性泡沫的全球领导者和工程泡沫的领先供应商 Armacell International S. A. 以及韩国气凝胶制造商 JIOS Aerogel Ltd. 共同成立的合资企业。由 Armacell 提供气凝胶毡生产设备、工业化认证以及全球分销网络，JIOS 贡献其超过 30 个关于气凝胶的工艺技术、专有制造技术以及知识产权。2019 年 8 月，韩国天安（AJA 气凝胶生产基地）的工业级气凝胶生产线正式投产，意味着 Armacell 的气凝胶毡年产能由原来的 2500m$^3$ 提高到 7500m$^3$，其销售地区主要分布于欧美，应用领域主要分布在供热通风和管道系统。

世界主要气凝胶生产企业见表 2.214。

表 2.214　世界主要气凝胶生产企业

| 企业名称 | 产能/(m$^3$/年) | 装置所在地 | 工艺来源 |
| --- | --- | --- | --- |
| Aspen Aerogel | 60000 | 美国 | |
| Cabot | 40000 | 美国 | |
| JIOS | 3000 | 韩国 | |

续表

| 企业名称 | 产能/(m³/年) | 装置所在地 | 工艺来源 |
|---|---|---|---|
| Active Aerogels | | 葡萄牙 | |
| GEAT | | 西班牙 | |
| AJA | 7500 | 韩国 | JIOS |
| AerogelUK | | 英国 | |
| Blueshift | | 美国 | |
| Svenska Aerogel | 5000 | | |
| NICHIAS | | 日本 | |
| TAASI | | 美国 | |
| DawCorning | | 美国 | |
| Enersens SAS Keey | | 法国 | |
| Basf | | 德国 | |

**3. 需求分析及预测**

全球气凝胶市场增长主要由石化、建筑、运输、涂料等应用拉动。Markets And Markets 数据显示预计全球气凝胶市场从 2020 年 6.38 亿美元增长到 10.45 亿美元，年复合增长率为 10.4％。IDTechEX Research 数据显示，石油和天然气是气凝胶市场的主要应用终端，2021 年市场占比约为 55％，建筑建造和新能源交通领域未来将会成长为气凝胶的主要消费驱动。根据 Aspen Aerogel 2021 年年报，气凝胶材料近几年平均价格约为 30 美元/m²，每辆新能源汽车约需要 2~5m² 的气凝胶复合材料，则每辆新能源汽车平均需要价值 105 美元的气凝胶复合材料，全球销量在 2025 年将接近 1500 万辆，在 2030 年将达到 3000 万辆，全球将从 4.28 亿美元上升至 15.75 亿美元，2030 年达到 31.50 亿美元，可延展空间极大。2021 年气凝胶在建筑建造和电池组市场的收入占比分别为 7.72％、6.93％，2025 年将分别增长至 10.45％和 10.69％，到 2031 年将增长至 14.49％和 16.82％，气凝胶在石化和工业市场的收入占比将下降至 40.67％和 14.75％。

## （二）国内供需及预测

**1. 国内气凝胶发展历程**

纵观气凝胶发展史，诞生于 1931 年，直到 20 世纪 90 年代国外才开始将其产业化。但由于干燥过程成本较高，早期气凝胶只能用于航天军工和石化领域。国内于 2012 年将其产业化。2012 年国内首套 1000L 超临界二氧化碳气凝胶干燥设备投产，标志着气凝胶的规模化生产，国内首批气凝胶生产企业陆续成功开拓了工业设备管道节能、新能源汽车安全防护、轨道交通车厢及船体防火隔热保温的应用市场，随后经过多次技术迭代，生产成本逐步降低。随着气凝胶工艺成本的降低和产业规模的不断扩大，一些新兴应用不断开发出来，气凝胶市场日益成熟。2017 年，我国发布了《纳米孔气凝胶复合绝热制品》（GB/T34336—2017）国家标准；同年，气凝胶被列入国家重点节能低碳技术推广目录。

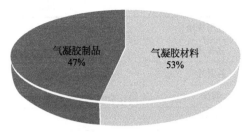

图 2.163 2020 年中国气凝胶市场分类

根据智研咨询数据，2014—2020 年我国气凝胶制品与气凝胶材料产量从 1.05 万吨、0.85 万立方米分别上升至 12.6 万吨、10.0 万立方米，年复合增长率分别为 51.31%、50.81%，行业发展迅速。

2020 年中国气凝胶市场分类见图 2.163。

2020 年我国气凝胶市场规模达 30 亿元，行业呈现高速增长状态。气凝胶制品的市场规模从 2014 年 2.07 亿元增长到 2020 年的 14.1 亿元，复合增长率达到 37.7%；气凝胶材料的市场规模从 2014 年 1.83 亿元增长到 2020 年的 15.9 亿元，复合增长率达到 43.4%。2014—2020 年我国气凝胶市场规模见图 2.164。

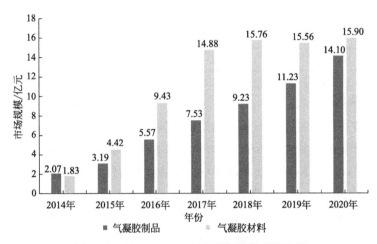

图 2.164 2014—2020 年我国气凝胶市场规模

中国气凝胶市场起步较晚，前期市场主要被国外企业占据，且价格较为昂贵，市场推广力度较小，随着埃力生、纳诺科技、航天乌江、中国化学等企业陆续布局气凝胶业务，未来几年气凝胶国产化规模有望快速提升。2015 年国内气凝胶市场规模激增，新增产能达 16000～20000 m³/年，实际产量达 19600 m³/年，气凝胶制品市场规模达到 3.3 亿元；到 2020 年国内气凝胶制品产能超过 10 万立方米，国内气凝胶产品质量也达到国际先进水平，形成了埃力生、纳诺科技、航天乌江、爱彼爱和等优秀的气凝胶制造公司。Global Industry Analysts 数据显示，2022—2032 年中国市场的年平均复合增长率将达到 29.7%，而加拿大、德国、日本分别为 16%、14.8%、13.4%，中国气凝胶市场增长最为迅速，强劲的市场增长也将拉动国内气凝胶企业的迅速发展壮大。

**2. 国内气凝胶生产现状**

目前，国内气凝胶生产厂商快速崛起，近些年部分气凝胶主流企业，直接对标国际气凝胶巨头，参与全球竞争，展示出了良好的成长性和发展潜力。截至 2021 年 5 月底，全国经营范围内包含"气凝胶"的存续和在业企业共 521 家，行业企业数量总体偏少，仍属于蓝海市场。广阔的市场前景和一系列政策利好相互叠加，使我国的气凝胶研发生产应用步入快车道。2013—2021 年我国气凝胶企业数量见图 2.165。

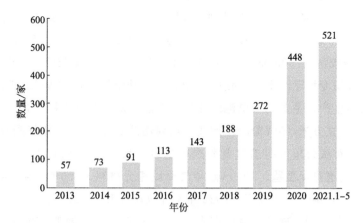

图 2.165　2013—2021 年我国气凝胶企业数量

蓝海之下，国企民企纷纷布局，已形成初步的竞争格局和梯队。目前主要竞争企业有埃力生、纳诺科技、航天乌江、华陆科技、爱彼爱和等。

**埃力生**：开创了国内完整、连续的气凝胶隔热材料大型产业化生产技术，具备大型工业化生产气凝胶及气凝胶复合隔热材料能力，现已发展成为国内气凝胶材料的领军企业。主要产品包括气凝胶颗粒、气凝胶毡以及气凝胶板。目前气凝胶生产规模为 3 万立方米/年，规划建设 3 万立方米/年气凝胶复合绝热材料项目。

**纳诺科技**：成立于 2004 年 4 月，是一家集气凝胶及其复合材料的研发、生产和销售于一体的国家高新技术企业。在国内率先研发成功气凝胶产业化技术，突破了美国企业的垄断，拥有气凝胶绝热毡 S 级产品批量化生产的能力，具备超临界和常温常压两种气凝胶绝热毡生产工艺。已建成年产 1.1 万立方米/年气凝胶生产线，正在建设 3.6 万立方米/年气凝胶项目。

**航天乌江**：最早介入气凝胶工业化的企业之一，隶属于中国航天科工十院，主要产品为气凝胶绝热材料、航天防务装备、超临界流体萃取技术装备等，是气凝胶超临界萃取设备专业制造商，2022 年 5 月气凝胶产能由 8000 立方米/年增至 2.8 万立方米/年。

**爱彼爱和**：专注于纳米孔气凝胶复合材料的研发、生产及销售；在河北沧州市、河南许昌市建立了两大生产基地：沧州基地主要生产气凝胶粉和气凝胶复合毡系列产品；许昌基地主要负责气凝胶材料深加工，已经进入锂电池头部企业供应链，并拥有从生产到加工的完整布局，竞争力较为凸显；华昌化工（化肥企业）参股 6.4% 爱彼爱和；2017 年初，1 万立方米/年气凝胶生产线调试、运行成功，正在技改扩产建设 3 万立方米/年气凝胶材料项目。

**中化学华陆新材**：中国化学全资子公司，前身是化工部第六设计院，2020 年 7 月签署纳米气凝胶复合材料一体化项目，总投资 40 亿元，分三期建设 30 万立方米/年硅基气凝胶复合材料项目，一期 5 万立方米/年硅基气凝胶复合材料项目于 2022 年 2 月投入试生产，全部建成后将成为集研发、生产、上下游供应链为一体的气凝胶新材料产业基地。

**航天建设**：隶属于中国航天建设集团（航天科工七院），主要生产气凝胶毡、气凝胶纸、气凝胶布以及粉体等，广泛应用于微电子、轨道交通、石油化工、新能源汽车等不同领域。已建成 3000 立方米/年气凝胶生产线，正在河南民权建设 5 万立方米/年气凝胶产业项目（一期 1 万立方米/年）。

华阳新材（深圳中凝）：公司为山西省煤化工头部企业，通过参股深圳中凝（参股15.9%），并成立阳中新材（深圳中凝51%、华阳新49%）进入气凝胶领域。阳中新材目前2万立方米/年气凝胶毡、1000吨/年气凝胶粉体、2万吨/年气凝胶涂料产能已投产。

泛锐熠辉：公司专注于纳米二氧化硅气凝胶、碳纤维增强陶瓷基/碳基、树脂基三大类复合材料的研发与生产，主营动力电池隔热片、新能源乘用车防火毯、管道保温毡等气凝胶产品。已建成5000立方米/年气凝胶生产线，规划建设2万立方米/年气凝胶项目。

中科润资：在重庆合川区打造气凝胶产业基地项目，包括1200吨/年气凝胶粉粒、10万立方米/年气凝胶绝热保温毡、1000吨/年气凝胶相变材料、300吨/年气凝胶改性聚脲生产线，一期项目2020年9月试投产；2022年预计投产5万立方米/年。

晨光新材：主营功能性硅烷，目前拥有5.7万立方米/年气凝胶产能规划：江西2.3万吨特种有机硅材料项目中含2000立方米/年气凝胶；铜陵30万吨功能性硅烷项目含5000立方米/年气凝胶；21万吨/年硅基新材料及0.5万吨/年钴基新材料项目含5万立方米/年气凝胶。

宏柏新材：主营功能性含硫硅烷及气相白炭黑。2020年上市时募投项目之一为1万立方米/年气凝胶项目。

泛亚微透：汽车制品供应商，主要产品包括透气栓与透气膜、耐水压透声膜、ePTFE膜复合吸音棉和气体管理产品。2021年收购大音希声60%股权，开始进军气凝胶行业，目前规划建设16万立方米/年气凝胶项目。

国内主要气凝胶生产企业见表2.215。

表2.215 国内主要气凝胶生产企业

| 企业名称 | 产能/(立方米/年) | 装置所在地 | 工艺来源 |
| --- | --- | --- | --- |
| 埃力生 | 30000 | 广东英德 | 国防科技大学 |
| 纳诺科技 | 11000 | 浙江绍兴 | 清华大学<br>同济大学 |
| 航天乌江 | 28000 | 贵州遵义 | 航天三院 |
| 爱彼爱和 | 10000 | 河北沧州 | 美国波士顿大学、中科院、同济大学、北京理工大学 |
| 中化华陆新材 | 50000 | 重庆 | 航天乌江 |
| 中凝科技 | 20000 | 山西阳泉 | 同济大学<br>西南科技大学<br>浙江大学 |
| 航天建设 | 3000 | 山西阳泉 | 航天科工七院 |
| 泛锐熠辉 | 5000 | 河南巩义 | 泛锐研究院 |
| 中科润资 | 100000（在建） | 重庆合川 | 厦门大学 |
| 晨光新材 | 57000（在建） | 安徽铜陵 | |
| 宏柏新材 | 10000（在建） | 江西景德镇 | 哈尔滨工业大学 |
| 泛亚微透（大音希声） | 160000（在建） | 上海 | |

续表

| 企业名称 | 产能/(立方米/年) | 装置所在地 | 工艺来源 |
|---|---|---|---|
| 弘徽科技 | 20000（在建） | 安徽合肥 | 厦门大学 |
| 金纳科技 | 20000（在建） | 河北廊坊 | |

**3. 国内气凝胶需求分析及预测**

气凝胶材料经过80多年的发展，已经逐渐从实验室的研发阶段步入工业化应用阶段，虽然价格昂贵，应用不广，但在民用、航天、军事等高技术领域的应用目前是无法取代的，同时在民用付费能力较强的大型石化企业有广泛应用。随着现代制备技术的不断发展，成本进一步降低，其应用领域将越来越广，拓展到建筑工业、运输行业、储氢以及电池等领域，气凝胶的轻量化、复合化和柔性化是未来材料的主要发展方向。

我国气凝胶市场主要分气凝胶制品和气凝胶材料两部分。气凝胶制品的市场规模从2014年2.07亿元增长到2021年的19.5亿元，复合增长率达到38%；气凝胶材料的市场规模从2014年1.83亿元增长到2021年的22.7亿元，复合增长率达到43%。目前我国气凝胶产业下游应用主要集中在石化、工业隔热两大领域，其中56%用于石化油气项目，18%用于工业隔热，另外9%用于建筑建造，8%用于交通。而在2026年，根据IDTechEx预测，随着绿色建材的普及以及新能源汽车需求的快速增长，建筑和交通领域气凝胶的需求占比在2026年将分别上升至14%、13%。

2021年国内气凝胶下游市场分布见图2.166。

随着我国将"碳达峰、碳中和"纳入生态文明建设整体布局，一系列加快推进全社会绿色低碳发展的政策规划正紧锣密鼓地部署和实施，节能建筑、新能源汽车两大碳减排的重点领域将有望迎来爆发式增长，进而带动气凝胶材料需求的快速增长。

一方面，随着绿色低碳发展的理念逐步贯彻落实，推广低能耗建筑甚至"零碳建筑"相关政策将有望在各地陆续出台，这将对保温材料的节能效果提出更为严格的要求，并一定程度上淡化建筑领域对保温

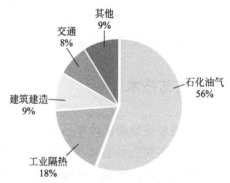

图2.166　2021年国内气凝胶下游市场分布

材料成本的敏感性，气凝胶等超级绝热材料将有望在建筑领域获得推广应用的机遇。气凝胶在建材领域主要应用于墙体保温材料、保温涂料以及节能玻璃中，面向新建建筑和既有建筑节能改造两大场景。我国日渐完善的建筑能耗标准和逐步建立的建筑节能运行监管体系将推动建筑墙体保温材料行业快速发展。我国隔热保温材料行业将迎来新的发展前景，气凝胶复合绝热板、气凝胶真空绝热板等复合型、多功能性外墙保温材料将逐渐占据市场。《房地产蓝皮书》数据显示2021年我国房屋竣工面积10.14亿平方米，预计2025年竣工面积达到10.61亿平方米，外墙面积一般为建筑面积的0.7倍，预计2025年我国建筑新增外墙面积为7.43亿平方米。参考聚氨酯材料在建筑保温市场10%的渗透率，假设气凝胶在中国建筑保温市场能够达到10%的渗透率，气凝胶销售价格为100元/平方米，预计到2025年气凝胶市场规模为74.3亿元。近年房地产市场向着高质量迈进，开发投资增速连年保持在

10%左右，将带动保温建材市场快速发展。我们对市场空间进行中期估算，未来十年我国气凝胶用在建筑建材的潜在市场规模约187亿元，其中墙体保温材料为主要部分，约129亿元。

2020年中国建筑涂料产量为715万吨，2020年我国建筑涂料人均产量仅为5.0kg/人，显著低于美国的8.2kg/人，随着未来存量需求的不断释放，人均产量的提升将带动建筑涂料产量的不断增长，同时轻量、环保且具有保温特性的气凝胶涂料也会受到更多消费者的青睐。假设十年内我国人均建筑涂料产量达到8.2kg/人，则2030年我国建筑涂料产量为1148万吨，同时考虑到客户对功能性建筑涂料的青睐，假设未来十年内，气凝胶环保类保温涂料的市场渗透率为10%。按照目前几种气凝胶涂料专利方法中气凝胶质量组分情况，假设涂料中添加气凝胶质量占比为12%，$SiO_2$气凝胶涂料的市场价45元/kg进行计算，则国内用于建筑保温的气凝胶涂料潜在市场约62亿元。

另一方面，新能源汽车领域是气凝胶最具确定性的增量领域。未来全球范围内的新能源汽车高速增长几乎已经成为共识，对于新能源汽车来说续航里程的提升需要高能量密度的动力电池支持，但高能量密度电池的安全性是目前需要解决的难题，气凝胶作为电池热管理的关键材料将扮演重要角色，气凝胶材料既可以用于整车制造，又可以用于新能源汽车电池。气凝胶材料不但能够解决目前三元电池体系及其它电池体系的安全问题，也能够发挥阻燃性能应用于汽车内饰材料中。

除了节能建筑和新能源汽车两大增量明显的领域外，国内大炼化产业快速崛起，气凝胶应用场景放大。据资料显示，2020—2023年，我国新增炼油能力1.65亿吨，增长19.4%，中国炼能的扩张将为气凝胶复材带来较大的增长。

## 三、工艺技术

气凝胶按照前驱体可分为氧化物、碳化物、聚合物、生物质、半导体、非氧化物、金属几大类。不同的前驱体可制备出不同性能的气凝胶，极大丰富了气凝胶品种的多样性，拓展了气凝胶的应用范围。气凝胶材料种类繁多，二氧化硅（$SiO_2$）气凝胶的商业化应用技术最成熟，产业化程度最高，市场容量广阔。接下来我们将重点讨论$SiO_2$气凝胶。

**1. 气凝胶前驱体**

$SiO_2$气凝胶前驱体可分为有机硅源和无机硅源。常用的有机硅源是正（聚）硅酸甲酯、正（聚）硅酸乙酯等功能性硅烷，无机硅源包括四氯化硅和水玻璃等。

与无机硅源相比，有机硅源价格较为昂贵，但是纯度高，工艺适应性好，可以适用于超临界干燥和常压干燥工艺。无机硅源水玻璃价格虽然较低，但是杂质较多，气凝胶质量相对较低，目前主要用于常压干燥中。

**2. 气凝胶制备工艺**

气凝胶的制备工艺主要包括溶胶-凝胶、老化、改性、干燥处理几道工序。一般由前驱体通过溶胶-凝胶工艺获得所需纳米孔洞和相应凝胶骨架，再经过老化增强骨架结构，经过干燥后将湿凝胶中的液体置换成气体，得到气凝胶。气凝胶制备过程如图2.167所示。

(1) 溶胶-凝胶　溶胶-凝胶过程指前驱体溶胶聚集缩合形成凝胶的过程。通过硅源物质的水解和缩聚获得具有三维网络结构的 $SiO_2$ 凝胶,反应生成以≡Si—O—Si≡为主体的聚合物,再经过老化,形成具有网络结构的凝胶。在凝胶形成的过程中,部分水解的有机硅发生缩聚反应,缩聚的硅氧链上未水解的基团可继续水解。通过调节反应溶液的酸碱度,控制水解-缩聚过程中水解反应和缩聚反应的相对速率,可得到凝胶结构。在酸性条件下（pH=2.0～5.0）,水解速率较快,有利于成核反应形成较多的核;在碱性条件下,有利于核的长大及交联,易形成致密的胶体颗粒。强碱性或高温条件下 $SiO_2$ 的溶解度增大,使最终凝胶结构形成胶粒聚集体。由于起初形成的湿凝胶三维强度不够而容易破碎坍塌,因此需要在母体溶液中经过一段时间的老化从而提高强度或者利用表面改性减小或消除干燥产生的应力。干燥过程可用压缩空气或者 $CO_2$ 等取代湿凝胶孔隙中的溶液并排出,形成气态孔隙起到隔热保温作用。

(2) 干燥　干燥是气凝胶制作的关键步骤。湿凝胶在干燥过程中需要承受高达 100～200MPa 的干燥应力,该应力会导致凝胶结构持续收缩和开裂,容易导致结构塌陷。目前主流干燥工艺路线有超临界干燥法和常压干燥法,其他尚未实现批量生产的技术还有真空冷冻干燥、亚临界干燥等。气凝胶干燥技术路线分别见图 2.168 和图 2.169。

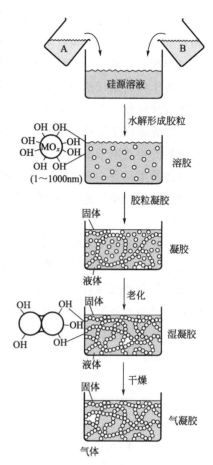

图 2.167　气凝胶制备过程

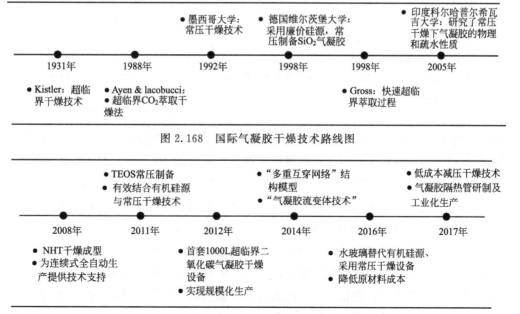

图 2.168　国际气凝胶干燥技术路线图

图 2.169　我国气凝胶干燥技术路线图

超临界干燥法根据干燥介质的不同分为 $CO_2$ 超临界干燥、乙醇超临界干燥，这些方法相对成熟。超临界干燥技术是最早实现批量制备气凝胶技术，已经较为成熟，也是目前国内外气凝胶企业采用较多的技术，超临界干燥可以实现凝胶在干燥过程中保持完好骨架结构。超临界干燥的原理是当温度和压力达到或超过液体溶剂介质的超临界值时，湿凝胶孔洞中的液体直接转化为无气液相区的流体，孔洞表面气液界面消失，表面张力变得很小甚至消失。当超临界流体从凝胶排出时，不会导致其网络骨架的收缩及结构坍塌，从而得到具有凝胶原有结构的块状纳米多孔气凝胶材料。早期的干燥介质主要采用甲醇、乙醇、异丙醇、苯等，但是该技术具备一定危险，且设备复杂，因此近年来又开发出以二氧化碳为干燥介质的低温环境超临界干燥工艺，通过降低干燥时的临界温度和压力，来改善干燥条件，提高了生产的安全性。

常压干燥技术原理是利用低表面张力的干燥介质和相关改性剂来置换湿凝胶中的溶剂，以减小干燥时产生的毛细管作用力，避免在去除溶剂时凝胶结构发生破坏，避免凝胶孔洞表面的硅羟基相互结合并提高弹性，从而实现常压干燥。常压干燥前通常需要对湿凝胶进行长时间的透析和溶剂置换处理。常压干燥设备成本与能耗成本相对较低、设备简单，但是对配方设计和流程组合优化要求较高。

超临界干燥技术和常压干燥技术比较对比见表 2.216。

表 2.216 超临界干燥技术和常压干燥技术对比

| 参数 | 维度 | 超临界干燥技术 | 常压干燥技术 |
|---|---|---|---|
| 设备投入 | 核心设备 | 高压釜 | 常规常压设备 |
|  | 设备压力 | 7~20MPa | 无需高压 |
|  | 设备系统 | 较复杂 | 较简单 |
|  | 设备成本 | 运行、维护成本高 | 设备投入成本较低 |
|  | 硅源 | 有机硅源 | 有机硅源、无机硅源 |
| 生产成本 | 设备折旧 | 高 | 低 |
|  | 能耗 | 高 | 低 |
| 生产工艺 | $SiO_2$ 气凝胶 | 成熟 | 成熟 |
|  | 非 $SiO_2$ 气凝胶 | 成熟 | 不够成熟 |
|  | 技术解析 | 技术门槛低,对设备系统依赖度高 | 技术门槛高,对配方设计和流程组合优化要求高 |
| 产品质量 | 产品性能 | 高 | 低 |

在气凝胶的生产过程中，干燥技术及工序具有很强的技术壁垒，干燥技术路线的选择直接影响气凝胶性能。国内气凝胶企业也根据干燥技术路线的不同而被划分为多个技术类别。由于国内企业大多以与科研院（所）、大专院校等合作的方式引入干燥技术。比如，国内最早的气凝胶企业之一纳诺科技在 2004 年引入清华大学的二氧化碳超临界技术，随后又在 2007 年与同济大学合作开发常压干燥技术。而另一气凝胶厂商广东埃力生的技术来源于国防科技大学，以二氧化碳超临界技术为主。中国化学参股的贵州航天乌江以设备起家，2011 年开始从气凝胶设备提供商转向气凝胶生产，其二氧化碳超临界技术来自于航天院，华陆新材的工艺技术也由航天乌江提供。厦门纳美特、安徽弘辉、华夏特材等一些中小企业则使用厦门大学的乙醇超临界技术等。主流气凝胶企业的技术路线及技术来源见表 2.217。

表 2.217　主流气凝胶企业的技术路线及技术来源

| 公司 | 技术路线 | 技术来源 |
|---|---|---|
| 纳诺科技 | 二氧化碳超临界 | 清华大学 |
|  | 常压干燥 | 同济大学 |
| 埃力生 | 二氧化碳超临界 | 国防科技大学 |
| 航天乌江 | 二氧化碳超临界 | 航天三院 |
| 华陆新材 | 二氧化碳超临界 | 航天三院 |
| 厦门纳美特 | 乙醇超临界 | 厦门大学 |

当前国内常用的三种干燥工艺有二氧化碳超临界干燥、乙醇超临界干燥和常压干燥，三种干燥路线并行发展，由于二氧化碳超临界干燥技术综合性能最佳，目前大多数产能以二氧化碳超临界干燥为主，采用二氧化碳超临界干燥路线的企业在当前阶段具有一定优势。从设备投资来看，常压干燥的成本最低；从安全性来看，常压干燥的安全性最高；而从生产效率来看，乙醇超临界的生产效率最高；从产品性能来看，乙醇超临界的产品性能稍弱于二氧化碳超临界和常压干燥。

二氧化碳超临界干燥技术综合性能见表 2.218。

表 2.218　二氧化碳超临界干燥技术综合性能最佳

| 参数 | 乙醇超临界 | 二氧化碳超临界 | 常压 |
|---|---|---|---|
| 设备投资 | ★★ | ★★★ | ★ |
| 安全性 | ★ | ★★ | ★★★ |
| 生产效率 | ★★★ | ★★ | ★ |
| 产品性能 | ★★ | ★★★ | ★★ |
| 技术来源 | 厦门大学 | 国防科技大学 | 同济大学 |

(3) 气凝胶改性　气凝胶材料本身具有强度低、脆性高的缺点，为了克服这一缺点，需要对气凝胶材料进行改性，通过改性可赋予气凝胶材料不同性能。目前气凝胶材料改性最常用的方法就是掺杂，即加入掺杂剂或者增强/增韧材料，制备复合气凝胶材料。

复合气凝胶材料的制备方法通常有两种：一种是在凝胶过程前加入掺杂材料；另一种是先制备气凝胶颗粒或者粉末，再加入掺杂材料和黏结剂，经模压或注塑成型制成二次成型的复合体。常用的掺杂材料有玻璃纤维、莫来石纤维、岩棉、硅酸铝纤，掺杂材料种类的选择主要依气凝胶复合材料的应用目的而定。

气凝胶可与玻璃纤维、陶瓷纤维或者碳纤维进行复合，提高体系的结合力，使表面不易脆裂粉化。常见的产品如气凝胶玻璃纤维毡、气凝胶陶瓷纤维毡、预氧化纤维等，该类产品主要应用于管道炉体等保温隔热，可取代聚氨酯泡沫、石棉保温垫、硅酸盐纤维等不环保、保温性能差的传统柔性保温材料。

在气凝胶基体材料表面与更高强度与韧性的材料进行复合，可提高整个材料体系的强度，拓宽更多的应用领域。纯纤维毡虽然有隔热效果，但是表面纤维容易断裂粉化，造成浮纤或粉末污染，不适合长时间在高温、压缩和振动条件下使用。为解决该问题，市场上出现了一种新的气凝胶材料复合办法。在气凝胶复合层的外部覆盖一层更高强度、高韧性的材料如膨体聚四氟乙烯和阻燃 PET 纤维的复合层，这类材料能够应用在汽车隔热等特殊领域。

**3. 未来技术发展方向**

气凝胶产业要大发展，必须围绕气凝胶的隔热保温性能、整个产业链的封闭循环、生产成本、设备投资、应用领域、应用形式等多方面开展技术研究，并取得重大突破。

在全行业大多数厂家突破干燥过程中的壁垒并产出相对均质化的产品后，我们认为产业链分工决定企业竞争力。气凝胶细分环节分为前驱体生产企业、气凝胶生产企业、气凝胶加工企业、气凝胶应用推广企业及生产加工等一体化企业。

由于生产气凝胶的成本中，原料成本占比超过50%，原料自给能力成为气凝胶企业竞争力的重要考量。根据某气凝胶企业 1 万立方米气凝胶超级绝热材料项目对二氧化硅气凝胶的合成成本进行拆分。该项目采用乙醇超临界干燥技术，根据测算，单方总成本为 9067元，其中原材料成本占比 66%、能源成本占比 11%、人工成本占比 5%、折旧成本占比 19%。从气凝胶成本结构中可以看出，原材料占较大比例，对于二氧化硅气凝胶而言，原材料一般为无机硅源和有机硅源，硅化工企业在这一阶段的成本优势凸显。因此，开展低成本有机或无机硅源的研究是气凝胶产业链重要的研究方向和内容之一。

由于气凝胶产业链很长，其应用必须要有较低的成本价格优势才能促使市场进一步爆发。因此，各个环节的成本降低，如通过工艺优化、设备投资如何更低、是否形成物料内部循环等，将是未来气凝胶产业技术研发的重要方向之一。

由于气凝胶的特殊性能很多，很多的应用并没有得到有效发现。未来围绕气凝胶的应用形式及领域将是气凝胶技术研发的重要方向之一。

由于国际知识产权限制，国外企业的相关企业的技术不在此做更多披露与分析。

## 四、应用进展

气凝胶具有非常好的隔热性能、透光性、隔音性以及绝缘性，目前工业界主要对其隔热性能开展一系列应用。目前成熟的下游市场主要有石油化工行业、工业隔热行业、建筑建材行业、航空航天、锂电池行业等。

**1. 气凝胶主要应用领域**

（1）石化领域　在石化领域，气凝胶凭借极佳的隔热保温性能可以作为外保温材料，如蒸馏塔、反应管道、储罐、泵、阀门、天然气和 LNG 液化气管道、深海管道等。在高温蒸、汽、导热油或流体介质管线外包裹气凝胶，一方面减少了管道暴露损失热量，另一方面这些区域往往受到重量、空间的限制，需要保温材料轻量又轻薄，气凝胶是唯一完美契合的材料。同时，在海上漏油事故处理中，气凝胶质量轻、吸附能力极强，也得到认可。气凝胶在石化领域的应用见图 2.170。

（2）军工领域　在军工领域，气凝胶的性能得到了充分验证。在军车上覆盖 6mm 的防弹型气凝胶就能够承受炸药带来的破坏力。东风-17 以气凝胶隔热材料作为外衣，使得东风—17 在极快加速度的同时不被空气摩擦所产生的高温给破坏，而且气凝胶材料良好的透波性能不会阻挡东风—17 内部的制导装置。另外，气凝胶可以作为飞机、舰船/艇、坦克、导

图 2.170　气凝胶在石化领域的应用

弹等的外层材料，起到防辐射、吸收红外线和漫反射波实现隐形功能，屏蔽自身电子信号实现反侦察的功能。在水下探测中气凝胶的低声速和高孔隙超轻质特性使之成为比较理想的超声探测器的声阻耦合材料和最佳水声反声材料。当然，气凝胶也用于军用保温帐篷等领域。

气凝胶在军工领域的应用见图 2.171。

图 2.171　气凝胶在军工领域的应用

(3) 航天领域　在航天领域，对材料的绝热、轻量、抗压能力要求最为严苛。俄罗斯"和平"号空间站，美国"火星探路者"探测器和"火星漫步者"探测车，我国"长征五号"运载火箭和"祝融号"火星车都曾使用气凝胶材料进行绝热保温材料，"星辰号"飞船用来收集彗星尘也使用了气凝胶做的采集"手套"。

气凝胶在航天领域的应用见图 2.172。

(4) 建筑领域　在建筑领域，房屋门窗、墙壁的隔热保温正越来越被重视。现有的保温材料或隔热能力不够理想，或达到理想效果厚度太厚、太重，也有一些隔热能力较好的材料但阻燃能力不佳，容易引发房屋火灾。而气凝胶既可以作为现有保温材料的升级替代，同时兼顾防火、隔声等功能，有望颠覆建筑保温材料现有格局。

气凝胶在建筑领域的应用见图 2.173。

(5) 电池领域　在电池领域，目前锂离子动力电池组热失控事故时有发生，阻止热失控电芯向电池其他系统传热是主要解决思路。气凝胶毡具有防火、隔热、阻燃的特性，而且质

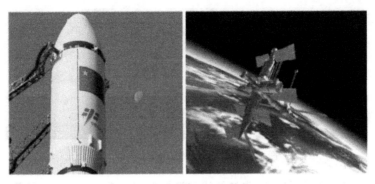

图 2.172 气凝胶在军工领域的应用

图 2.173 气凝胶在建筑领域的应用

感柔软、易于加工，是非常理想的预防材料；另外在热电池应用领域，气凝胶作为热电池保温筒的隔热材料能够解决多领域对热电池的高性能、长寿命的要求。目前新开发的气凝胶玻纤毡能够将电池包高温耐受能力提高至 800℃ 以上，大大提高电池的耐热性。

气凝胶在电池领域的应用见图 2.174。

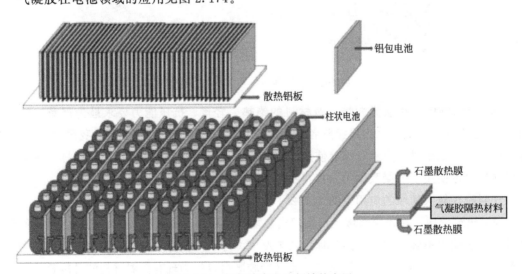

图 2.174 气凝胶在电池领域的应用

（6）交通领域　在交通领域，气凝胶材料主要应用在汽车防火隔热保温降噪层，大容量电池组防火防水保温盒，危险化学品运输车、液化天然气运输船等特种运输工具的保温防火层，高铁和地铁车体保温隔热降噪防火层等。在交通事故引发的火灾中，着火点一般集中在发动机仓位置。在发动机仓和驾驶舱之间加一层气凝胶防火隔离墙，可以阻隔火势蔓延到驾驶舱中。

气凝胶在交通领域的应用见图 2.175。

（7）**环保领域** 在环保领域，纤维素气凝胶可作为吸附剂从水中吸附油和其他有毒有机物，被广泛地应用于吸附脱除染料废水。此外，生物质碳气凝胶可以去除水中的多种重金属离子，如 Co(II)、Cd(II)、Pb(II) 和 Sr(II)。

$SiO_2$ 气凝胶应用于水体净化见图 2.176。

图 2.175　气凝胶在交通领域的应用

图 2.176　$SiO_2$ 气凝胶应用于水体净化

（8）**日常生活** 在日常生活中，凡是需要保温的地方，气凝胶都具有应用的可能性。

气凝胶滑雪服：气凝胶复合棉纤毡的热导率为 $3.77W/(m^2·K)$，羽绒的热导率为 $5.93W/(m^2·K)$，仅 0.2cm 厚的气凝胶复合棉纤毡（保温率 74.03%），即可相当 4cm 厚的羽绒纤维（保温率 78.12%）的保温效果。

气凝胶网球拍：以气凝胶为填充材料制成的网球拍或羽毛球拍，利用气凝胶的纳米多孔结构，可以更好地吸能、减震，大大降低了患上"网球肘"的风险。另外，这种球拍的击球能力更强大。

气凝胶登山靴：气凝胶材料可以应用在鞋垫、鞋面、鞋跟和踝部包裹等部位。通常的使用方法是在两层面料中间夹一层气凝胶材料。而使用约 2mm 厚的气凝胶材料即可以满足鞋子的保温性能需求。

**2. 气凝胶应用发展趋势**

气凝胶是处于成长期的新材料，综合估算气凝胶是一个百亿美元空间的新材料赛道：能化领域是目前主要应用市场，油气管道、工业保温为主；建筑建材赛道大，将成为第二大应用场景，预计潜在市场空间超 20 亿美元；新能源车应用将成为气凝胶在交通领域的主要增长引擎，气凝胶高温耐受性能有望解决三元电池安全痛点，意义非凡，预测 2025 年全球新能源车电池用气凝胶达百亿元规模。此外，气凝胶性质极佳，替代同类材料的市场空间巨大，技术壁垒高，对于已经掌握关键技术、设备、原料等的企业，最有可能带来产业链成本下降、终端市场的普及。

目前国内气凝胶市场已经初具规模，当前是气凝胶行业起飞的拐点期，碳中和背景下气凝胶需求将快速提升。随着二氧化碳超临界技术的成熟以及行业的快速扩产，其成本相比 10 年前已经下降约 80%，经济性逐步提升；减少高温油气管道热量流失以及提升高温反应釜的保温效率契合碳减排大趋势,气凝胶凭借优异的阻热性能,将逐步替代传统保温材料,市场空间广阔;新能源车与储能锂电池系统对锂电池安全性有较高要求,因此需要使用阻热性能优异的气凝胶作为锂电池的隔热材料,锂电装机的快速提升将快速拉动气凝胶需求。

## 五、发展建议

总结分析行业发展存在的问题,提出促进气凝胶产业健康发展的措施建议。

**1. 我国气凝胶产业发展存在的问题**

(1) 技术水平仍有进一步提升的空间　由于气凝胶产业链较长,涉及从原料硅的制备、氯硅烷的制备、硅酸酯的制备、气凝胶制备、尾气回收利用等,在设备、材料选择、工艺技术、自动化水平等方方面面,都需要公关突破。未来几年,气凝胶材料的发展趋势仍然是降低材料密度,提升材料隔热性能方面。作为新兴材料,气凝胶产品短时间内难以出现替代技术,但国内气凝胶企业仍需要突破国外企业的技术封锁,将产品性能提升到更高的层次,才能进入国际市场,参与国外竞争。

当前,气凝胶材料的重要增量市场集中在建筑节能和新能源汽车两大领域。新能源汽车领域对于气凝胶材料的密度以及隔热、耐高温性能等方面提出了更高的要求。建筑节能领域受气凝胶材料的成本制约较大。气凝胶产业一是要加强对原料体系的研究,开发含有$Al_2O_3$、$ZrO_2$等组分的具有更好尺寸稳定性、隔热及耐高温性能的气凝胶新产品,满足新能源汽车等领域的需求;二是要进一步优化溶胶凝胶工艺、干燥工艺技术,加强关键装备的自主设计与开发,进一步降低产品成本,拓展产品的应用领域,参与国际竞争。

(2) 标准体系亟需进一步完善　我国气凝胶产业执行《纳米孔气凝胶复合绝热制品》(GB/T34336—2017)标准,部分地方出台了《气凝胶绝热材料》等地方标准。总体来看,当前产业标准体系并不健全,仍以产品标准为主,相应的应用规程缺乏,造成气凝胶材料在部分领域应用脱节。随着气凝胶材料应用领域的不断拓展,建筑、新能源等领域气凝胶应用技术规程以及测试方法亟待完善。

(3) 产业布局有待进一步优化　气凝胶产业链,本质上讲是从原料硅开始,通过物理化学过程转变成二氧化硅气凝胶产品。从国内原材料硅酸酯到终端产品气凝胶的企业分布来看,能够从原材料到气凝胶产品进行系统规划建设的项目几乎没有。造成原材料及产品运输成本高,各物料回收利用率低。气凝胶和原材料硅酸酯的产能普遍没有达到规模效益,致使气凝胶产品成本进一步降低受到制约。

目前,国内气凝胶产业集约化程度不够,上下游相关企业相对分散,如气凝胶前驱体、气凝胶中间体、气凝胶制品及其应用的企业几乎不在同一个地区,造成社会资源浪费、产业封闭循环不够等。随着产业不断深入发展以及市场需求的逐步放大,气凝胶生产企业需要逐步面向全国进行产业布局,并对原材料产地、下游市场、地区区位优势等因素进行综合考量。需通过产业布局的不断优化,提升生产基地的生产运营效率,进一步降低产品生产成本,增强产品的市场竞争力。

(4) 市场环境有待进一步改善　气凝胶材料产业化时间较短,标准体系尚未健全,真正符合GB/T34336—2017《纳米孔气凝胶复合绝热制品》标准的产品并不多,市场上以次充好、鱼目混珠等乱象屡见不鲜，严重扰乱了市场秩序。与此同时，企业之间窃取技术机密以及侵犯知识产权等不正当竞争行为仍时有发生，由于举证难度大、维权周期长以及赔偿少等诸多原因，受害企业普遍存在"维权难"的境遇，严重打击了企业科技创新的动力和积极性。

(5) 对气凝胶产业重视程度不够　《中共中央国务院关于完整准确全面贯彻新发展理念做好碳达峰碳中和工作的意见》中提及加快先进适用技术研发和推广，推动气凝胶等新型材料研发应用。这给我们指明了方向，但是，在具体的政策上并没有具体的实施方案，比如补贴政策等。但从国家能源安全的战略角度看，节能是除新能源应用以外的另一个能源安全的方向。由于气凝胶的特殊性能，更适合作为国家战略提到议事日程。

**2. 气凝胶产业健康发展的措施建议**

(1) 多方协同发力推动气凝胶产业高质量发展　气凝胶产业是一个朝阳产业，未来在我国碳达峰、碳中和的大背景下将大有可为。尽管如此，我们仍需清醒地认识到气凝胶产业仍处于起步阶段，产业具有较高的技术门槛，且下游应用市场未完全成熟，切不可盲目乐观鼓励不具备技术条件的单位上马气凝胶项目，避免"一拥而上""一哄而散"的前车之鉴再次发生。现阶段，政府、行业协会、企业应形成合力，着力解决好制约产业发展的一系列瓶颈问题，共同培育好气凝胶产业这片蓝海市场。

(2) 产业布局继续统筹　产业布局不合理、产业集中度极低、产业规模偏小、规模效益没有体现、原材料和产品端分散距离远、原料综合回收利用率低等使降低成本困难。气凝胶必须要形成全封闭的产业链，只有通过原材料和产品端的综合合理布局，包括四氯化硅的合成、硅酸酯生产、气凝胶制备、尾气的回收利用等，才能进一步降低气凝胶的生产成本，才能促进气凝胶应用市场爆发增长。通过模拟，产业整合可以降低成本不低于30%。一旦成本大幅度降低，未来市场如光伏产业一样爆发可期！

(3) 加大对气凝胶产业政策扶持力度　对于气凝胶这类刚刚起步、具有良好发展前景的新材料产业来说，政策扶持将对产业健康发展起到关键性的支撑作用，财政资金用于支持投入产出效率也明显优于其他行业。为此，一是建议充分发挥政府、行业协会在引导产业发展方面的重要作用，做好气凝胶产业顶层设计，明确产业的规划布局、发展重点、发展路径以及保障措施；二是培育行业龙头企业，支持领军企业创建国家级、省级、行业级气凝胶创新中心，提升企业科技创新能力；三是建议政府主管部门通过工业强基项目、地方技改项目、新材料首批次保险补偿机制、新材料生产应用示范平台等多种政策工具支持气凝胶产品的研发、生产与应用。

(4) 应用示范项目与标准体系建设统筹推进　气凝胶产业要充分抓住"碳达峰、碳中和"的历史性契机，加大研发投入，开发出能够满足不同需求的新体系、新产品，服务国家重大战略。同时，建议发改委、住建部、工信部等有国家有关部门鼓励支持气凝胶产品在建筑节能、工业节能以及新能源汽车领域的应用，依托应用示范项目推动气凝胶产业与下游产业的沟通与衔接，协同推进气凝胶应用标准及测试评价方法的制修订工作，为气凝胶材料的推广应用扫清障碍。

(5) 加强市场监管力度，规范市场秩序　建议政府部门鼓励和引导企业加强专利布局工作，借鉴国外的成功经验，加大对侵犯知识产权行为的打击力度。同时，严厉打击市场上虚假宣传、以次充好等不正当竞争行为，为气凝胶产业发展营造良好的市场环境。

# 第三十七节　金属-有机骨架材料

北京化工大学　刘大欢　王婷

金属-有机骨架材料（MOFs）是由金属离子或者金属团簇与有机配体通过配位键形成的一类具有周期性结构的晶态多孔材料，又被称为多孔配位聚合物。该类材料具有比表面积大、孔隙率高、孔道结构规则等特点，且可在较大范围内精细调控其孔道尺寸。同时，相比于其他多孔材料，MOFs材料的有序结晶性使其更容易调控孔隙区域内的化学性质。因此，近年来MOFs在科学界引起了广泛的关注，并且在气体捕获、分离、催化、传感、生物医学、光子学、能量存储、药物缓释、从空气和水中去除有毒物质以及更广泛的领域展现出了巨大的应用潜力，目前已有一些优秀的综述文章对这些方面进行了比较全面的总结。

虽然在实验室中已取得了较大的进展，但MOF材料的实际应用还处于起步阶段。从材料的工业化角度出发，可规模化制备、成本效率和质量控制是评价其工业合成工艺有效性的关键参数。除了时空产率（STY）外，产品质量（如比表面积和相纯度）、粒径控制、有机溶剂的使用、配体的可用性、对合成材料的活化问题以及成型、产率和技术的通用性，都是规模化制备MOFs材料目前存在的挑战性问题。虽然溶剂热法是一种常用的工业合成方法，但由于MOFs的合成主要依赖于反应容器表面的晶体成核，将实验室反应容器直接应用于大规模MOFs生产可行性小。反应器的放大会显著降低表面体积比，从而降低反应效率。MOFs的规模化制备需借助合适的设备以及其他外力。此外，反应时间长、使用的溶剂量大、产率低、活化过程复杂、成本高等，都是限制MOFs规模化制备的因素。因此，为了使合成的MOFs材料能够实现工业化应用，材料的制备除需要避免高温高压等苛刻条件外，其合成和活化方法应具有一定的通用性且能够提高材料单位时间的产量，能够实现从间歇操作向连续操作的转变。

虽然面临诸多难题，但值得欣慰的是，近期的研究结果表明借助辅助仪器设备以及过程强化方法，开发高效、易于操作的规模化生产MOFs材料的方法逐渐成为可能，MOF材料已在一定程度上实现了批量制备，对规模化新型MOFs的合成和机理探索研究逐渐深入，应用范围不断扩大，MOF材料开始从学术界走向工业界，实验室与商业应用需求之间的巨大差距在逐渐减小，对化工新材料产业的发展具有一定的推动作用。因此，本章节重点对近年来MOF材料在规模化制备、成型以及商业化发展等方面进行简要介绍。

## 一、利用机器学习实现MOFs合成预测

近年来，机器学习（ML）方法成为材料大规模预筛选和构效关系建立的重要工具。随着结构类型、结构单元和官能基团的不断丰富，通过无机金属离子/团簇和有机配体之间的排列组合，理论上可能的MOFs材料可达数百万种，因此，寻找一种最佳的MOFs合成条

件以及对结构合理分析的方法是当前加快 MOFs 研究的瓶颈之一。利用自动数据挖掘和机器学习可实现 MOFs 的合成预测，通过预测 MOFs 的合成条件来优化并加速 MOFs 的发现过程，使得前期 MOFs 材料合成制备中减少了实验中的试错环节，这对于规模化 MOF 材料的制备而言具有十分重要的意义。Pascal Friederich 和 Manuel Tsotsalas 等人通过从文献中自动提取合成参数，建立了一个 MOFs 合成数据库，利用部分数据优化机器学习模型，基于经验和启发式的试错方法向 MOFs 合成中的逆合成设计方法进行过渡，展示了 MOFs 逆合成设计的完整工作流程。基于这些结果，他们开发了一个网站，通过该网站预测 MOFs 的合成条件。用户可上传 MOFs 材料的晶体学信息文件（CIF），根据网络工具预测相应的温度、时间、溶剂等合成条件。除了从 MOFs 文献中检索合成信息外，作者还用 MOFs 数据库中的 CIF 文件自动提取连接物的结构信息和金属中心的氧化态。最终，将金属盐、有机配体、溶剂、合成时间和温度以及从 CIF 文件中得到的信息结合到 SynMOF 数据库中。所创建的 SynMOF 数据库将推动自动化按需合成预测，有望加速新 MOF 的发现与合成。此外，机器学习可以预测 MOFs 材料的一些重要性质，如水稳定性。要实现 MOFs 材料在许多工业过程中的应用，水稳定性是关键因素之一，而相当一部分 MOFs 材料在水蒸气中不稳定。为此，Ramprasad 等人开发了一种高效、即时的基于机器学习的策略来筛选具有水稳定性的 MOFs 材料。使用包含超过 200 种经实验确定的水稳定性 MOFs 的数据集来构建一个机器学习模型，该模型能够将给定的 MOFs 分为稳定型和不稳定型，并基于分子式利用化学特征向量唯一地表示每一种 MOFs 材料，这种建模技术可以有效减少实验上比较耗时合成过程试验环节，使 MOFs 材料的高效制备成为了可能。

## 二、MOFs 的规模化制备

目前为止，许多科研工作者和工程师从 MOFs 材料实际应用的角度出发，不断探索开发高效、可重复、低成本和具有工业可行性的方法来生产 MOFs 材料。借助仪器设备以及过程强化技术的发展，一些潜在的规模化批量生产 MOFs 的策略，如流动化学法、电化学法、机械化学法、超临界 $CO_2$（$ScCO_2$）、喷雾干燥、超重力法等，已相继应用在 MOFs 材料的合成制备中，对逐步实现部分 MOFs 的工业化生产具有十分重要的意义。

**1. 流动化学法**

流动化学是一种新型的合成反应技术，借助泵提供动力，促使反应物在微通道内采取连续流动的方式实施化学反应，具有安全性高、传热传质速度快及自动化程度高等优点，可以精确控制反应参数，有利于 MOFs 材料合成过程的优化和实现批次间的重现性，用流动反应器制备的材料的比表面积与体积比远高于间歇式反应器所制备的材料，流动化学法从本质上强化了传热与传质，从而使合成速度大大提高。此方法使用的溶剂较少，能耗较低，且易于放大，在 MOFs 材料的大规模合成制备中具有较大的潜力。2011 年，Ameloot 等人证明了微流体可以用于 MOFs 合成，通过使用两种不混溶的溶剂组成的双相混合物在液-液界面发生结晶，经过一个动态、持续的成核和晶体生长过程，醋酸铜与均苯三甲酸反应形成 MOFs 材料 HKUST-1（也称 Cu-BTC）。Rubio-Martinez 等人采用流动化学法在 5min、10min、15min 内分别制备了 HKUST-1，UiO-66 和 NOTT-400（图 2.177）。在快速合成的情况下 MOFs 的结晶性不受影响，且采用台式反应器可将试验结果放大 30 倍，制备 MOFs 的时空产率为 4533kg/(m³·d)。Hill 等人以水相中合成富马酸基 Al-MOFs（Al-Fum）为例，开发了连续的生产工艺，首次研究了连续流动化学生产 MOFs 的可放大性，认为不需对反应条件进行优化，便可以实现到中试规模的放大，在保证合成的材料具有高结晶度的情况下，其时空产率可达 97159kg/(m³·d)。该方法制备 MOFs 材料的产量是实验室系统制备的 139 倍，表明连续流动化学方法合成 MOFs 材料良好的可扩展性。

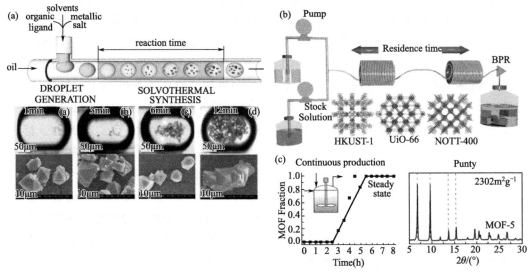

图 2.177 （a）流动化学法大规模制备 MOFs 的微流控装置示意图以及制备的 HKUST-1 晶体在装置中不同停留时间的光学和扫描电镜图；（b）HKUST-1、UiO-66 和 NOTT-400 的连续流合成示意图；（c）流动化学法合成的 MOF-5 晶体及其对应的 X 射线衍射图

**2. 电化学法**

与其他 MOFs 合成方法相比，电化学法具有一定的优点。合成过程直接在电解液中进行，利用阳极产生的金属离子与溶液中的有机配体快速反应，可减少实验所需的时间；通过调节电解质的含量、电压或电流可以控制合成过程。2005 年，巴斯夫公司首次申请了使用电化学法生产 MOFs 的专利，其合成方法是将铜板浸泡在有机配体均苯三甲酸溶液中，当施加一定的电流或电压时，Cu（II）离子从铜电极到自由移动到溶液中，与溶解的有机配体进行反应，当电压为 1219V，电流为 1.3A 时，经过 150min 即可合成形貌为八面体的 HKUST-1（图 2.178）。此后，Fransaer 等人探讨了这种合成 MOF 的机理：当施加电势时，阳极开始氧化，Cu（II）离子被释放到溶液中；当阳极表面达到临界离子浓度时，开始与有机配体均苯三甲酸进行反应成核逐步形成 HKUST-1。Kang 等人采用电化学的方法，使用离子液体作为电解质，在室温下 100s 内合成了具有缺陷的介孔 MOF 材料 MFM-100，通过调控离子液体电解质的含量及反应温度，调节 MOF 中的介孔体积和缺陷密度，进而以醇氧化作为模型反应研究其反应活性。相比溶剂热法，电化学法合成的 MFM-100 具有高的催化活性，在大分子醇的氧化方面表现出一定的应用潜力。该方法在温和条件下能够快速合成 MOFs 材料，节约了反应时间和反应能耗，可促进 MOFs 材料的规模化制备。

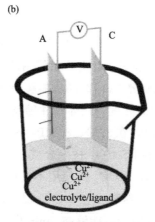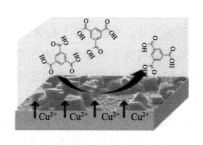

图 2.178 （a）电化学法实际生产 HKUST-1 的电解槽；（b）电化学法制备 HKUST-1 的阳极溶解以及在阳极合成示意图

### 3. 机械化学法

采用机械化学法合成 MOFs 等多孔材料是工业化生产 MOFs 的另一条可能途径。2006年，Anne Pichon 等人报道了无溶剂条件下用机械化学法合成的 MOFs 材料。将醋酸铜和异烟酸一起研磨 10min，并通过加热的方式去除反应中形成的副产物（水和乙酸），可制备多孔、中空 MOFs 材料 [Cu(INA)$_2$]。James 等人报道了利用商用挤出机大规模合成 HKUST-1 和 ZIF-8，产率非常高，可达 $(2.7 \sim 14.4) \times 10^4 \text{kg/m}^3$，该技术在大规模 MOF 材料的制备方面具有一定的潜力，且材料的结晶性并没有因为大规模生产而受到影响。Uzarevic 等人也采用这种绿色高效的方法，通过双螺杆挤出技术连续高效地规模化合成了一系列 Zr-MOFs，包括 UiO-66、UiO-66-NH$_2$、MOF-801 和 MOF-804，此过程不使用溶剂，是生产 MOFs 最环保的方法之一。同时，该方法可以显著降低生产成本，有利于规模化合成 MOFs（图 2.179）。Alammar 等人通过无溶剂研磨法制备了三种具有 MIL-78 结构的含镧系金属 Ln-MOF 材料（Ln＝Eu、Tb、Dy），发现采用机械研磨化学法合成的材料具有更好的稳定性。此外，机械化学法不仅能够实现大量 MOFs 的高效合成，还可以实现其他制备方法无法合成的新型 MOFs 材料。基于机械化学法的可扩展性，对于包含多金属位点的 MOFs 材料也能够通过此法进行高效制备，所获得的复合材料由于存在不同种金属化学作用位点，可产生协同效应，使其实际应用性能得到一定的提升。随着对机械力在化学转化中认识的逐渐加深，此方向的研究有望得到更多吸引人的结果。应指出的是，机械合成法的最大局限在于其本质上是一种批量加工技术，生产速度相对较低。

图 2.179 双螺杆挤压技术大规模连续生产 UiO-66-NH$_2$ [18，20]。

### 4. 超临界 $CO_2$ 法

$CO_2$ 具有无毒、不易燃的性质，因此超临界 $CO_2$（$ScCO_2$）是大规模化学品生产的理想溶剂，常被用作 MOFs 材料合成的助溶剂，且实验中使用的 $ScCO_2$ 可以回收，具有一定的经济效益。Wang 等人报道了利用超临界 $CO_2$ 结晶法能够快速、简便地合成 ZIF-8，调整配体与金属离子的摩尔比能改变 ZIF-8 的纯度，晶体尺寸随反应时间和温度的增加而增大。当金属盐与有机配体的摩尔比为 3∶1 时，在 35℃、30MPa 下反应 10min 能够成功制备具有菱形十二面体形貌的 ZIF-8。Li 等人利用 $ScCO_2$ 技术合成了 HKUST-1，通过采用这种策略，能够有效调控 MOFs 的固有孔隙率，$ScCO_2$ 的使用不仅可以保证合成 MOFs 材料的质量，而且可以提高产物的产量。固体试剂球磨后与 $ScCO_2$ 混合，也可合成一系列 ZIF 材料，这种方法反应效率高［图 2.180（a），（b）］，能够在 5min 内一次性生产 100g ZIF-8。Novosselov 等人利用超临界 $CO_2$ 实现了 UiO-66 的连续化合成，通过引入定制的逆流混合器，增强了 MOFs 前驱体的传热和传质能力，以达到快速生成结晶产物的效果，在 5min 内能够生产 8.71g UiO-66，产率为 104g/h，是目前 UiO-66 报道的最高产率之一［图 2.180（c）］。利用超临界 $CO_2$ 大规模制备 MOFs 材料具有如下优点：$CO_2$ 具有降黏作用，可以加速金属盐与有机配体之间的反应；通过调节 $CO_2$ 压力，可对所合成的 MOFs 的孔隙率大小进行改变；通过 $CO_2$ 萃取溶剂可回收产品，并通过降压的方法可方便地去除 $CO_2$。

$ScCO_2$ 的一个更重要的应用是用于 MOFs 活化。从合成的 MOFs 中通过相转变去除 $ScCO_2$，能避免使用普通溶剂活化时由于表面张力的改变而导致的骨架坍塌，合成的 MOFs 具有较高的比表面积和孔隙率。此外，该方法对热活化条件敏感的 MOFs 具有很好的适用性。充分发挥超临界反应体系这一高效绿色方法在材料合成中的优势，为工业化生产更多类型的 MOFs 提供了新思路。

### 5. 喷雾干燥法

喷雾干燥（SD）工艺在工业上是一种成熟的方法。Maspoch 等人将此扩展到超分子材料的合成，特别是 MOFs 材料中。该工艺的主要原理是将含有合成 MOFs 前驱体的金属盐溶液以及有机配体溶液通过雾化微滴进行快速干燥，每个前驱体液滴接触并被加热到一定温度，诱导其互相发生反应形成 MOFs 晶体。在溶剂完全蒸发的情况下，新形成的 MOFs 纳米颗粒聚集并融合成致密或空心球形材料，最终被收集在位于喷雾干燥器末端的收集器内。通过在 MOFs 前驱体溶液（包含金属离子和有机配体）的雾化液滴表面上对纳米 MOFs 进行局部结晶加热，可以大量生产出小于 5μm 的空心球形结构。此外，巴斯夫公司已将喷雾干燥技术用于 HKUST-1（命名为 Basolite C300）的大规模生产中（图 2.181），通过改变前驱体浓度、入口温度和流速，系统地研究了纳米 HKUST-1 晶体的形成及其中空结构的自组装行为。喷雾干燥法有助于纳米尺度 MOF 颗粒的合成和溶剂回收，可极大减少生产时间和成本。此外，该方法可将纳米 MOF 颗粒进行二次组装，为 MOFs 材料孔隙的微调提供了新途径。

### 6. 超重力法

超重力技术是强化多相流传递及反应过程的新技术，在超重力场中，极大强化的微观混合和传质过程有助于晶体实现快速成核，并通过快速耗尽前驱体终止粒子生长，实现晶体成

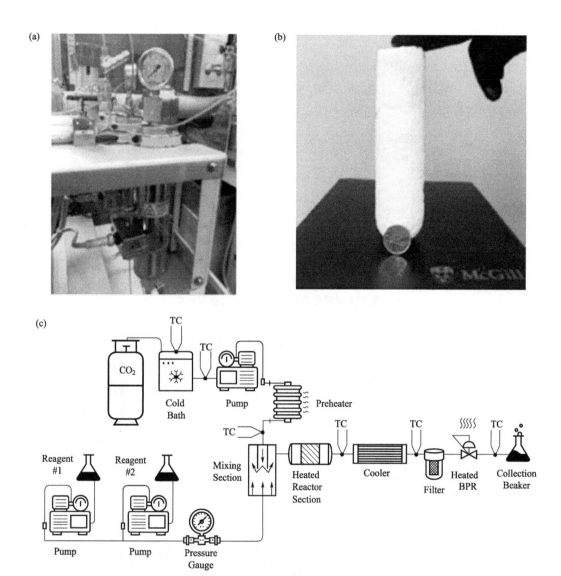

图 2.180 （a）超临界 ScCO$_2$ 大规模合成 ZIF-8 实验装置图；
（b）超临界 ScCO$_2$ 合成的 ZIF-8 产物；
（c）超临界 ScCO$_2$ 大规模合成 UiO-66 流程示意图

核与生长过程的分离。北京化工大学有机无机复合材料国家重点实验室的研究人员提出了一种利用超重力技术瞬时连续合成超小 MOFs 材料的通用策略（图 2.182），并获得了 6 种典型的超小 MOFs，成功实现了超重力法纳米材料制备技术从金属、无机和有机体系向金属有机杂化等更复杂合成体系的拓展和应用。利用此方法合成的超小 MOFs 为单分散纳米颗粒，尺寸小于 5nm，甚至接近一个晶胞尺寸。更重要的是，该策略还可实现超小 MOFs 的连续高通量制备，如超小 HKUST-1 的时空产率可达 33000kg/(m$^3$·d)。超重力技术平台为促进 MOFs 材料，特别是纳米 MOFs 的实际应用提供了一种重要的高效规模化连续合成技术。

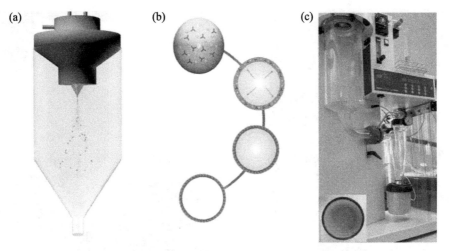

图2.181 (a) 喷雾干燥法合成HKUST-1;(b) HKUST-1形成结构示意图;
(c) 用于大规模化合成HKUST-1的装置示意图

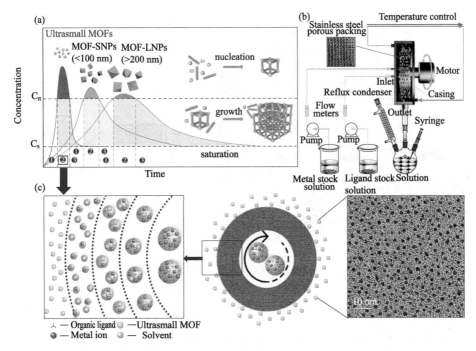

图2.182 利用超重力技术合成超小MOFs及其成核和生长示意图

## 三、面向实际应用的MOFs材料成型及应用

虽然以上介绍的一些技术可用于MOFs材料的规模化生产,但所得到的MOFs材料通常是粉末形式,在实际应用中存在材料难处理、不可避免地造成管道堵塞、活性物质逐渐流失以及储运困难等难题,这在很大程度上限制了其循环利用。为此,可通过将MOFs材料成型化,或者与其他载体复合制备各种宏观结构。通过开发MOFs的新塑形策略,如

MOFs复合材料颗粒、MOFs膜、三维多级孔MOFs泡沫/气凝胶等，促进其实际应用。因此，将MOFs材料从粉末形式转化为不同形态的功能材料具有重要意义，其中相应的制造技术是关键环节之一。传统的成型技术，如压片、造粒或合成后挤压工艺，需要优化合成条件和添加辅料，以避免MOFs结构的坍塌和孔隙的减小，且成型后要能够确保MOFs性能不受影响。

**1. 后合成MOFs成型策略**

通过后合成策略对MOFs进行成型化设计是一种简单而方便的方法，可将合成的MOFs晶体粉末组装成各种宏观体，如颗粒、膜和过滤器等。由于MOFs晶体的合成与成型过程是相互独立的，因此这种策略不需要对MOFs合成参数进行过多的重新优化，对当前工业规模制造工艺具有更好的适应性。

（1）造粒　造粒是一种常用的MOFs晶体成型方法，其原理是将具有黏性表面的黏结剂与MOFs晶体进行机械共混。共混过程中，MOFs晶体在黏结剂表面周围团聚，形成MOFs大颗粒晶体，如以介孔氧化铝为黏结剂，MOFs晶体在水等极性溶剂的辅助下，能够以氢键的形式附着在氧化铝表面。Valekar等人采用造粒方法制备了毫米级的MIL-100(Fe)、MIL-101(Cr)、UiO-66(Zr)和UiO-66(Zr)-$NH_2$球（图2.183），使用介孔-氧化铝作为黏合剂可得到形状良好的MOFs微球体，造粒过程不需对MOFs晶体施加高压，能够保持其原有的晶体结构，成型后的材料固有

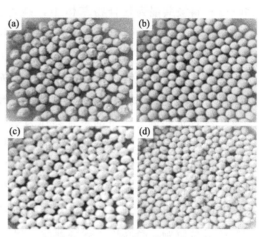

图2.183　以氧化铝作为黏结剂制备的MIL-100(Fe)，MIL-101(Cr)、UiO-66(Zr)和UiO-66-$NH_2$小球

性能基本不变，可用于工业中$NH_2$、$CO_2$和$N_2$的吸附，为今后的实际应用提供了参考。

（2）利用机械挤压技术制备成型MOFs　MOF Technologies公司展示了一种利用机械挤压法可连续制备MOFs微球的方法（图2.184），相比于传统的多步方法，该方法具有简单高效的优点。实验表明在少量甲醇存在下，依托机械挤压技术，氢氧化铜和均苯三甲酸连续反应能够生成微球型HKUST-1。获得的微球材料只含有微量的甲醇和$H_2O$（反应副产物），不需要活化和后处理便可直接使用。

目前，缺乏高抗压强度一直是MOFs材料工业应用中的另一个关键技术障碍。解决这一障碍常用的方法是通过引入各种各样的添加剂（包括聚合物或黏土在内的黏合剂）以强化MOFs抗压性能，但这会导致材料比表面积的降低和孔隙的堵塞，同时还影响MOFs的热稳定性。为此，MOF Technologies公司尝试在不需要添加剂的情况下，精确调控反应物之间的比例，通过机械挤压技术使金属盐和有机配体之间发生反应，挤出物的抗压强度得到了提高。这种高效无黏结剂成型技术对材料的孔隙率没有影响，利用机械挤压技术无需溶剂或只需少量溶剂，不仅有利于MOFs的规模化制备，而且易于成型，且成型的微球具有良好的抗压能力，在一定程度上能够满足工业对MOFs产品的需求。

（3）MOFs与基体混合　由于其成熟的加工技术，聚合物可作为辅助MOFs成型的助

图 2.184 利用双杆挤压技术制备微球 HKUST-1 及 MOF Technologies 公司机械化学试验设备

剂,MOFs 与聚合物通过传统的模压技术能够铸造成固定的形状。近年来,越来越多的 MOFs 材料被共混到聚合物基体中,制备了系列混合基质膜（图 2.185）,这不仅可以使 MOFs 成型,还可以强化原有聚合物膜的性能。传统的聚合物膜通常存在渗透率和选择性之间不平衡的问题,而引入的 MOFs 拥有较大比表面积和可调控的孔道结构能够为其提供解决途径,这其中的关键之一是如何有效提高 MOFs 与聚合物基体相容性。Rdodenas 等人发现二维 MOFs 纳米片可以与聚合物基体实现很好的混合,为保持制备的混合基质膜的机械强度,应首选超高分子量的聚合物作为基体。Epps 等人制备了基于 HKUST-1 的柔性复合材料 SIS/HKUST-1,该材料可作为化学战剂的防护屏障,通过反应能够去除其中的氯乙基硫醚,同时增强水汽输送。该混合基质膜不仅能够吸附氯乙基硫醚蒸汽,防止其穿过膜,而且在遇到有害氯乙基硫醚蒸气时,会显示出肉眼可见的颜色变化,从而通过视觉比色法能够检测到有毒的化学试剂。此外,该团队还制备了一种多层 MOFs 混合基质膜,通过对其力学性能进行微调,将其用于缓解神经毒剂 soman 和 VX。由此来看,MOFs 混合基质膜具有巨大的应用潜力,开发多种 MOFs 基产品能够解决现代社会中面临的一些现实问题。

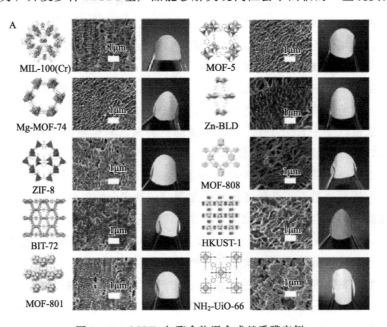

图 2.185 MOFs 与聚合物混合成基质膜实例

（4）电化学固定法　将 MOFs 晶体与利用电化学方法沉积在其表面的聚苯胺链交织在一起，能够实现高性能电容器的制备，并克服 MOFs 导电性差以及粉末形态的问题。Wang 等人开发了一种可有效降低 MOFs 晶体电阻的策略（图 2.186），首先将预合成的 ZIF-67 纳米晶体沉积在碳布表面，然后浸入含有苯胺单体的电解液中，在电化学电位的触发下，苯胺单体聚合为 PANI-ZIF-67-CC，且在 10mV/s 下表现出 2146mF/cm$^2$ 高比电容。这为 MOFs 固定化提供了新途径，并有助于设计新型 MOF 基超级电容器和其他电化学器件。

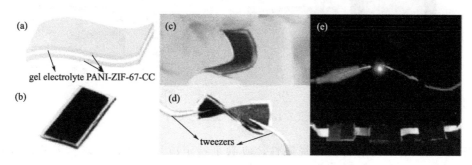

图 2.186　MOF 晶体电化学沉积成电容器原理示意图

### 2. 原位成型 MOFs

利用后合成策略使 MOFs 成型的方法不可避免地会使材料损失一定的比表面积、孔体积和活性位点，进而影响其实际应用性能。相比之下，原位结晶成型不仅可促进 MOFs 晶体的完整生长，而且还能最大程度地保持 MOFs 固有的结构和性能。制备过程中，使用所需形状的衬底来支撑 MOFs 晶体的成核和生长。其中，MOFs 层是主要的活性层，而衬底可以作为机械支撑能够减少渗透阻力。将基体浸泡在含有金属和有机配体前体的反应溶液中，能够使 MOFs 晶体在基体上成核生长。Liu 等人采用原位溶剂热法在氧化铝中孔纤维上制备了纯相 Zr-MOF 多晶膜，气体和离子渗透实验结果表明，该膜具有良好的渗透性，以及优异的多价离子排斥性，为海水淡化提供了新材料。Cong 等人通过原位水热合成法在多孔 α-$Al_2O_3$ 衬底上制备了 MOF-303 膜，制备的 MOF-303 膜表现出较高的二价离子截除率（$MgCl_2$ 为 93.5%，$Na_2SO_4$ 为 96.0%）和超高的透水性，良好的稳定性和较低的制备成本使得 $Al_2O_3$ 基 MOF-303 成为一种很有前途的水软化膜材料。

MOFs 粉末的成型有利于促进其在实际工业中的应用，如功能性纺织品、纤维、MOFs 泡沫等都是 MOFs 材料成型实例（图 2.187）。除可成型之外，还要考虑 MOFs 材料的致密化。Dailly 等人通过计算得出，将 HKUST-1 粉末的密度增加一倍，其吸附性能可与中压下最先进的碳吸附剂相一致。致密化的目的是在不失去其完整性和吸附能力的情况下，将最大数量的活性 MOFs 包裹在一定体积的材料上，既保证 MOFs 的良好性能又解决了材料的成型问题。此外，石墨作为黏结剂能够提高所制备材料的机械强度，巴斯夫公司于 2002 年发布的第一份专利中使用挤压技术制备了 MOF-2 和 MOF-5 颗粒，在此过程中，两种 MOFs 都与石墨混合成型，从而拓展了制备的材料在工业中的应用。

尽管目前文献中已经报道了多种成型方法，并在 MOFs 各种应用中显示出一定的前景，但并非所有方法都同样适用于工业化生产。除材料的化学性质之外，还应考虑工程和工艺方面的许多参数，选择合适的成型工艺是 MOFs 走向工业化的条件之一。不同成型方法合成

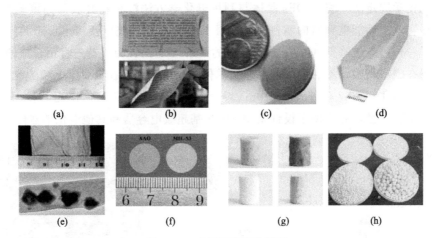

图 2.187　MOF 成型化实例

的 MOFs 产品具有不同的特性和局限性，应满足特定应用场景的要求。因此，需要基于 MOFs 晶体的固有特性、成型工艺参数和特定应用要求之间的协同作用，综合选择适合的成型方法。

**3. 成型化 MOFs 应用实例**

（1）用于油墨制备和 3D 打印

MOF 材料与聚合物在溶剂中混合，可得到 MOF 制备的油墨并适用于 3D 打印。聚合物-MOF 复合材料可以增强 MOFs 在空气和水中的稳定性，通过将疏水性聚合物与 MOFs 制备成悬浮液，可使生成的 MOF 油墨在空气和水中保持稳定。近年来，越来越多的科研人员制备了 MOFs 复合油墨，具有良好的可加工性和耐化学性，包括水解稳定性。多种 MOFs（HKUST-1、MIL-101（Cr）、ZIF-67、ZIF-8 和 MOF-74（Ni）等）可以简单地与防水、可光固化的 PFPE 通过不同的比例混合而配制成油墨，此种固化油墨无需复杂的优化步骤即可适应各种加工技术，如喷涂、手写和模板印刷，特别是可通过 3D 打印将产物成型成不同的形貌。此外，所得到的复合材料可保留 MOFs 固有性能。Reazei 等人以黏土为黏结剂，并使用 3D 打印技术获得 MOF-74（Ni）和 UTSA-16（Co）成型材料，进行 $CO_2$ 选择性吸附。此外，用聚偏氟乙烯（PVDF）可印刷 ZIF-67，用于降解有机染料罗丹明 B，在 10min 的短时间内能够降解 98%，具有良好的重现性和可回收性。通过设计合适的 MOFs-聚合物混合油墨并将其用于 3D 打印，可以方便地大规模地获得 MOFs 基复合产品。随着 3D 打印技术的进步，在不久的将来成本有望进一步降低，使其成为生产定制 MOFs 基复合材料产品具有前景的策略之一。

（2）用于制备泡沫和气凝胶

MOFs 与纤维素、明胶、琼脂糖等天然聚合物结合，利用冷冻干燥技术直接升华溶剂分子，能够得到 MOFs 气凝胶。琼脂糖（AG）在自然界中含量高，作为一种生物质，具有无毒、生物相容性好、易降解、容易改性等特点，将高度结晶的 MOFs 颗粒加入到琼脂糖的分散液中，得到的气凝胶孔隙使得 MOF 颗粒可均匀分布在材料的整个表面，以保持 MOFs 固有的物理化学性质。同时，三维结构中开放的孔道提供了良好的渗透性、润湿性以及较低的密度，更适合工业使用。MOFs气凝胶的制备，除可回收性得到提高外，还实现了生态友好和降低成本的目的。Chen等人将 ZIF-8 和 ZIF-67 分别引入到琼脂糖中，制备了稳定均匀的、具有不同形状的 MOF/AG 复合气凝胶，制备的材料表现出了优异的力学性能和柔韧性（图 2.188），且对工业常见的染料罗丹明 B 具有优异的吸附净化处理性能，同时能有效防止在净化过程中粉末吸附剂进入水体的潜在损失。

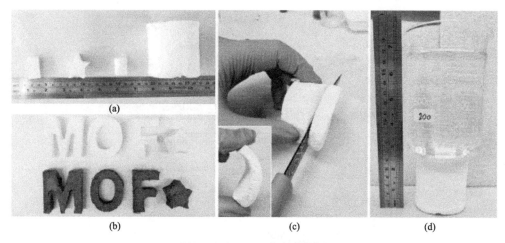

图 2.188　MOFs气凝胶实例

由于其强度高、重量轻、成本低、无毒，且易在水中加工等优点，纳米纤维素可作为支撑基底或模板材料，如纤维素以气凝胶和泡沫形式存在的基底。Zhu 等人将功能性 MOFs（ZIF-8、MIL-100（Fe）和 UiO-66）与结构性纤维素结合，无需加入化学改性剂，制备了一种具有分层结构的柔性多孔气凝胶。MOFs 颗粒嵌入到纤维素网络中获得的多孔柔性复合材料对水溶液中 Cr（Ⅵ）离子表现出了显著的吸附能力，这种材料可扩展到空气过滤器、催化和传感等方面的实际应用中。

Wang 等人用海藻酸盐与 ZIF-8、UiO-66、UiO-66-NH$_2$、MIL-101-NH$_2$ 以及 MOF-74（Zn）等 MOFs 材料复合，制备了多功能 MOFs 中空管状结构材料（双面管、同轴管和蜂窝管），用于空气和液体污染物的过滤处理。所制备的材料具有较高的拉伸强度，适合实际使用，可作为吸附有毒 AsO$_4^{3-}$ 离子和颗粒物（PM2.5 和 PM10）的过滤底物；同时，制备的多功能材料能够高效捕获无机有机液体混合污染物，具有多方面的应用前景。

（3）静电纺丝

MOFs 晶体可以与聚合物涂料共混，然后通过静电纺丝技术能够获得负载 MOFs 的纤维材料。复合纤维的直径和形态在较大范围内可调，使得静电纺丝成为将 MOFs 引入聚合物纤维的一种常见方法。MOFs 聚合物纤维复合材料能够调节分子的运输通道，并增加容易接触的活性位点数量。这些特性使得纤维复合材料在服装、个人防护设备、空气净化和过滤、生物医学设备和治疗以及检测和传感等方面展现出诱人的应用前景。Zhang 等人利用静电纺丝的方法制备了一系列 MOFs（ZIF-8、UiO-66-NH，/MOF-199、Mg-MOF-74）负载的纤维基过滤器，基于负载 MOFs 的活性位点，在雾霾环境下 MOFs 纤维基过滤器对 PM2.5 和 PM10 的去除效率分别为 88.33% 和 89.67%，在连续过滤 48h 后其性能基本保持不变，并首次探讨了 MOFs 多孔材料与颗粒污染物之间的相互作用（图 2.189）。此外，基于极性官能团和不饱和金属位点,过滤器可用于空气的有效净化,当暴露在 $SO_2/N_2$ 混合物环境中时,这些过滤器可选择性吸收 $SO_2$ 等有毒气体,当流量为 50mL/min 时,吸附容量可达 0.019g/g。功能化的 MOsF 微孔材料可用于选择性气体捕获,而 MOFs 纳米纤维的表面化学可用于高效的 PM 捕获,这使得 MOFs 纤维基过滤器成为一种有前景的空气污染物控制防护材料,具有巨大的应用潜力。

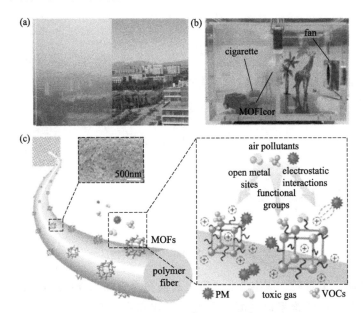

图 2.189　MOFs 与纤维素制备过滤器应用

## 四、MOFs 商业化进展

自 1995 年 Nalco 公司申请第一个专利以来,MOFs 的商业化进程不断推进。在材料的合成制备中,有害溶剂的使用是化学工业中的一个主要问题,无溶剂合成材料在废弃物的处理和资源管理方面都展现出独特的优势。MOF Technologies 公司在合成 MOFs 的过程不使用溶剂,依托机械技术产生的机械能可降低引发反应所需的能量,该过程无需热能的加入,节约能源,能够通过可规模化的挤压方法连续生产 MOFs 材料。

巴斯夫是第一个意识到 MOFs 潜力的商业巨头,并率先开展商业用途 MOFs 的大规模生产,该公司利用电化学方法生产 BasitesOC300(HKUST-1),同时优化了几种溶剂热法批量制备其他类型的 MOFs 材料。此外,Simga-Aldrich 是巴斯夫生产的 MOFs 的经销商,销售的产品包括 HKUST-1(Basolite C300)、MIL-53(Basolite A100)、Fe-BTC(Basolite F300)、ZIF-8(Basolite Z1200)和 MOF-177(Basolite Z377)等。Strem 等化工企业也生产了多种 MOFs 产品,包括 CAU-10H、ZIF-8、UiO-66 等。同时,Strem 公司还开发了一种无氟水热法合成 KRICTO F100(MIL-100(Fe))的方法,该方法避免了有害氢氟酸添加剂的使用。

近年来,NovoMOF 等公司可根据客户需求提供目标需求 MOFs 的解决方案,一些公司则专注合成特定的 MOFs,以解决特定的产业问题。如 Framergy 公司扩大了多种 Fe 和

Ti 基 MOFs（如 NH$_2$-MIL-125、MIL-100（Fe）和 MIL-127）的生产规模，为天然气捕获/储存以及油气行业提供了解决方案。NuMat Technologies 开发了系列基于 MOFs 的产品，可用于电子工业中砷、磷化氢、硼、三氟化碳等的高效捕集。MOFapps 专注于 UiO-66 为代表的锆基 MOFs 的应用服务，该公司旨在将实验室研究和行业需求结合起来，以开发 MOFs 材料在气体存储、工业冷却、有毒气体保护和医疗保健领域的商业应用。MOFgen 正在开发用于多种应用材料的纳米多孔材料，包括医疗器械、伤口愈合和消费保健方面的应用。

## 五、展望

总之，MOFs 材料要想从实验室走向工业应用，需要考虑多种因素。首先，以时空产率所衡量的产量是工业生产的基本要求。然而，目前许多研究人员为保证制备的材料具有高结晶度，制备的材料产率只有克级甚至毫克级。其次，应综合考虑制备过程的成本，包括试剂成本、能耗成本、人力成本等，在大型工业化生产中，成本可能是决定工艺选择的决定性因素，特殊溶剂的使用、较高温度和间歇式操作设备会大大提高材料制备成本。所使用溶剂对环境的影响也是需要考虑的重要因素，如常用的 DMF 有机溶剂等由于其环境毒性而受到大规模使用的限制。另外，需综合考虑现有大型设备的可用性、操作的复杂性、适用性等其他因素。

目前，商业化 MOFs 产品大多局限于少量典型的 MOFs，随着 MOFs 材料的稳定性和实际性能的不断提高，值得大力探索大规模生产其他有应用前景的 MOFs 材料。在这方面，无溶剂合成法和水基合成法是在经济和环境上成为生产吨级 MOFs 的可行策略。随着材料、化学、化工学科的发展，大规模 MOFs 生产的方法已经从传统的溶剂热法发展到更有效的新技术。随着制备效率的提高，MOFs 成本有望持续降低，使其相对于其他材料更具竞争力。此外，MOFs 还可用于在受控条件下热解制备功能性多孔碳材料，对其在商业化和工业化的发展来说具有广阔的前景。

# 第三章

# 应用篇

# 第一节 化工新材料在航空航天领域的应用

## 一、概述

飞行器结构的设计有非常严格的要求，在保证处于各种环境条件下具有足够的刚度和强度保持飞行器安全的前提下，还必须质量轻以使有效载荷最大化。一架飞机应用的材料达到数千种，除涉及不同的金属结构材料外，还涉及特种非金属材料和树脂基复合材料等大量化工新材料。飞行器受其使用条件和环境的制约，对选择的材料要求严格。于结构而言，最关键的要求是轻质高强和高温耐腐蚀。于功能而言，最关键的要求是优异的功能特性、高可靠性、高耐久性和长寿命。

下面主要介绍航空航天领域对密封材料、特种橡胶材料、胶黏剂、透明塑料以及树脂基复合材料等化工新材料主要需求、目前的应用现状以及未来的发展重点等。

## 二、特种密封胶

航空密封胶以解决飞机的防腐，防气体、液体渗入或渗漏为主要目的，而军用航空密封胶也越来越多地发挥导电、导热、电磁屏蔽、雷达吸波、减振等功能性作用。密封胶与密封技术正逐渐在飞机制造过程中扮演越来越重要的角色，密封失效而产生的腐蚀会降低飞机结构的刚度、强度以及使用寿命，增加维修费用，甚至会危及飞机使用的安全性与可靠性。

世界航空密封胶材料体系主要有欧美体系和苏俄体系，随着俄罗斯航空工业的日渐衰弱，世界航空密封胶材料体系已完全走向了欧美密封胶材料体系，以满足欧美的相关适航标准要求。俄罗斯的最新一代支线客机 SSJ-100 和干线客机 MS-21、我国的支线客机 ARJ21 和干线客机 C919 均参照或部分采用了欧美密封胶材料体系（即 AMS 密封胶材料体系和美军标 MIL 密封胶材料体系）。按生胶类别，航空密封胶主要有聚硫密封胶和有机硅密封胶两大类。聚硫密封胶具有优异的耐燃油性能、粘接性能，但耐高温性能较差，主要用在对温度要求不高的油箱区域；有机硅密封胶具有优异的耐高低温性能和耐候性能，但耐燃油性能差，主要用于飞机座舱、电气系统、发动机及辅助动力装置等区域。

### （一）应用需求

航空密封胶依据使用环境和发挥的主要作用可以大致分为七大区域：增压区域、燃油区域、机身外区域、振动区域、易发生腐蚀区域、防火墙区域、电气区域。具体见图3.1。

① 增压区域 飞机的增压舱通过密封维持舱内压力，防止气体泄漏；
② 燃油区域 在飞机燃油箱中，主要是靠安装密封紧固件使金属面紧密配合，同时施

图 3.1 航空密封胶在飞机上的使用区域

涂密封胶来密封的,在整体结构油箱中所使用的密封剂必须能够承受各种温度、压力和结构施加的载荷;

③ 机身外区域 密封用在飞机外侧表面可以防止水或其它流体进入到内部,并可形成平滑的气动表面。这样的密封也会在整流区及接近盖板处形成良好的气动平滑表面。密封剂要填充在盖板及飞机整流表面的缺口处;

④ 振动区域 防止由于振动而造成的特定零件损伤;

⑤ 易发生腐蚀区域 用来防止腐蚀介质对飞机结构件造成的腐蚀,防止腐蚀性液体或气体渗入到结构内部;

⑥ 防火墙区域 发动机区域防火墙处的密封可以阻止或延缓火势蔓延,降低火险等级;

⑦ 电气区域 密封用来保护电子电器设备。

## (二) 应用现状

航空密封胶主要有聚硫密封胶和有机硅密封胶两大类,下面将分别介绍航空聚硫密封胶和有机硅密封胶的发展现状。

**1. 航空聚硫密封胶的发展现状**

聚硫密封胶是以液体聚硫橡胶为基材,可在室温条件下通过化学交联,硫化成为具有良好粘接性的弹性密封材料。聚硫密封胶对燃料、燃料蒸汽、水汽、非极性液体介质以及大气环境有良好的耐受能力,对铝合金、结构钢、钛合金、有机涂料、玻璃等多种材料表面有可靠的粘接性能。因此,聚硫密封胶广泛用于飞机整体油箱、座舱、风挡和机身机翼结构的密封,并占据航空密封胶主体地位,一架大型运输机的聚硫密封胶用量达 1.0 吨以上。

(1) 国外航空聚硫密封胶的发展现状 欧美航空工业强国的航空聚硫密封胶已经形成了品种丰富、功能完整、规格齐全的材料体系,其航空聚硫密封胶主要分为五大类:通用型、低密度型、高强度型、无铬缓蚀型和低黏附力型。相应的材料特点和应用方向如下。

① 通用型聚硫密封胶 该类密封胶满足 AMS 3276E 规范要求,其特点是综合性能优异,兼具优良的耐油、耐高低温性能、工艺性能、力学性能和粘接性能等。长期使用温度为 $-54 \sim +121$℃、短期可以在 182℃使用。主要用于飞机整体油箱、燃油舱以及机身气动表面密封,贴合面密封、湿装配、罩封、密封连接以及非结构粘接。代表产品为 PR1422、

PR1750（美国 PPG）；AC-350、AC-360 [美国 AC Tech（3M）]；MC-238、MC-630（德国 Chemetall）。

② 低密度型聚硫密封胶　该类密封胶满足 AMS 3281E 规范要求，其特点是低密度，密度指标比其它类别的聚硫密封胶下调了 18%～27%，同时也具备优良的耐油、耐高温、粘接等综合性能。长期使用温度为－54～＋121℃、短期可以在 182℃使用，是一种综合性能非常优异的密封材料。作为飞机整体油箱和机体密封胶材料，可有效降低飞机重量，目前应用最为广泛。代表产品有 PR1776M、PR1782、PR2007（美国 PPG）；AC-370 [美国 AC Tech（3M）]；MC-780（德国 Chemetall）。

③ 无铬缓蚀型聚硫密封胶　该类密封胶满足 AMS 3265D 规范要求，其特点是突出的无铬阻蚀性能，即不添加铬酸盐和重铬酸盐，也可保证铝合金-钛合金双金属、铝合金-包铝铝合金双金属以及铝合金-环氧复合材料配合件在盐雾环境中不腐蚀，是一种防腐蚀效果良好的环境友好密封材料。长期使用温度为－54～＋121℃、短期可以在 182℃使用。主要用于飞机机身气动结构、压力舱的两种金属之间的密封装配或金属与复合材料的连接件的密封装配。代表产品为 P/S870、PR1432、PR1775（美国 PPG）；AC-730 [美国 AC Tech（3M）]。

④ 高强度型聚硫密封胶　该类密封胶满足 AMS 3269C 规范要求，其特点是高强度，具备优良的长期耐油性能，长期使用温度为－54～＋121℃，短期可以在 182℃使用，适合用在对密封胶强度有较高要求的飞机整体油箱、燃油舱和气密舱的结构和贴合面部位。代表产品为 PR1770、PR1422、P/S890（美国 PPG）；AC-236、AC-240 [美国 AC Tech（3M）]；WS-8020（英国 Royal）。

⑤ 低黏附力型聚硫密封胶　该类密封胶满足 AMS 3284B 规范要求，特点是低黏附力，与铝合金、钛合金、不锈钢等材料的粘接剥离强度小于 0.7kN/m，长期使用温度为－54～＋121℃，短期可以在 182℃使用；适合用在飞机易拆卸部位的密封。代表产品为 CS3330（美国 Flamemaster）；PR1773（美国 PPG）；WS-8010（英国 Royal）。

（2）国内航空聚硫密封胶的发展现状　国内航空聚硫密封胶的研制始于 20 世纪 50 年代，早期的聚硫密封胶多为仿俄材料，追求高力学性能而对工艺性能关注较少。80 年代后，我国开始逐渐参照欧美材料体系将工艺性能列入聚硫密封胶的重要考核指标，构建了国内航空聚硫密封胶体系的框架；到 21 世纪初，国内航空聚硫密封胶在液体改性聚硫橡胶的改性技术、低密度技术、无铬缓蚀技术、低黏附力技术等众多技术领域取得突破，为国内航空聚硫密封胶的发展奠定了良好的基础。

国内航空聚硫密封胶体系可分为三代，目前正处于新老更替阶段。

第一代，以 XM15、XM22 和 XM28 等为代表的国内第一代航空聚硫密封胶，它们的突出特点是力学性能优异，但工艺性能较差，多为三组分、四组分，而且密封胶的组分无明显色差，长期使用温度－55～110℃，短期最高 130℃。一般作为通用型航空密封胶材料使用，处于淘汰过程中，部分牌号如 XM22 和 XM28 等还在沿用。

第二代，在改性聚硫橡胶的基础上，参照俄罗斯聚硫密封胶相关材料体系，发展起来的 HM10X 系列双组分聚硫密封剂，长期使用温度－55～120℃，短期最高 150℃，但密封胶整体黏度仍较大，适于刮涂施工，如需刷涂施工时，需要用溶剂稀释。

第三代，以改性液体聚硫橡胶为基体，参照欧美 AMS 相关材料标准，开发出多种功能型 HM11X 系列聚硫密封剂，包括低密度型、高黏附力型、无铬缓蚀型、低黏附力型等，长期使用温度-55~120℃，短期180℃，涵盖 A、B、C 三类，是目前国内最新型的航空聚硫密封胶产品，性能可达到美国 AMS 相关标准要求，该类聚硫密封胶已在我国新一代机型得到应用，并正在与我国干线客机 C919 同步进行相关适航认证。

国内航空聚硫密封胶的行业规范有 HB5483—1991《飞机整体油箱及燃油箱用聚硫密封剂通用规范》和 HB7752—2004《航空用室温硫化聚硫密封剂规范》，但上述行业标准已不能覆盖国内第三代航空聚硫密封胶材料，需要建立新的材料规范。

**2. 航空有机硅密封胶的发展现状**

有机硅密封胶以液体硅橡胶为基体，由于液体硅橡胶以硅氧硅-Si-O-Si-为主链，有较高的键能（441kJ/mol）和柔顺性，使得有机硅密封胶具有优异的耐高低温、耐氧、耐光和天候老化等性能，在航空工业占有重要的地位，获得了广泛的应用。在民用飞机中，有机硅密封胶主要被用作密封、绝缘、防腐蚀等一般功能材料；在军用飞机中，有机硅密封胶越来越多地被用作减振、导电、导磁、吸波、防火等特殊功能材料。

（1）国外航空有机硅密封胶的发展现状　欧美航空工业强国的有机硅密封胶已经形成了品种丰富、功能完整、规格齐全的材料体系。我们从波音公司的 Ufile（化工品）手册和空客公司的 CML（消耗材料清单）可以获得较为完整的欧美民用飞机用有机硅密封胶牌号或其遵循的相应标准体系，但对于国外特种功能有机硅密封胶在军用飞机上的应用由于保密原因，无法通过相关文献或报道获得。因此，下面将主要介绍欧美民用飞机用有机硅密封胶及标准体系。

欧美民用飞机用有机硅密封材料分为单组分有机硅密封胶、通用双组分有机硅密封胶、绝缘双组分有机硅密封胶和功能有机硅密封胶。

① 单组分有机硅密封胶　欧美民用飞机用有机硅密封胶依据是否对金属腐蚀分为两类。对金属有腐蚀的单组分室温固化缩合型有机硅密封胶分为一般用途、高强度和耐高温，从工艺性能上分为触变性和自流平，共有 6 种规格的单组分室温固化缩合型有机硅密封胶；从工艺性能上分为触变性和自流平，共有 5 种规格的单组分室温固化缩合型有机硅密封胶；美国迈图公司（原 GE 公司）和美国道康宁公司均有满足以上性能的系列产品。

② 通用双组分有机硅密封胶　通用双组分密封胶主要按黏度和硬度范围划分为AMS3368、AMS3358、AMS3359、AMS3361 共 4 个标准，分别是 4~7Pa·s 黏度、8~18Pa·s 黏度、20~40Pa·s 黏度、15~40Pa·s 黏度；可满足现场不同工况的选用和现场使用。通用双组分密封胶主要用于飞机的防腐蚀密封，美国迈图公司（原 GE 公司）和美国道康宁公司均有满足以上标准的产品系列。

③ 绝缘双组分有机硅密封胶　AMS3373 规定在宽硬度范围（邵尔 A 35~55）的绝缘密封硅橡胶的黏度分为两类：第一类：低黏度密封胶，50~200Pa·s；第二类：中等黏度密封，200~800Pa·s。绝缘双组分有机硅密封胶主要用于电子电器的绝缘密封，美国迈图公司（原 GE 公司）和美国道康宁公司均有满足以上标准的产品系列。

④ 功能有机硅密封胶　国外功能有机硅密封胶有导电有机硅密封胶、防火有机硅密封胶、导热有机硅密封胶、吸雷达波有机硅密封胶、耐燃油有机硅密封胶、有机硅泡沫密封胶等。国外研制的功能有机硅密封胶的品种齐全、规格繁多。如在导电有机密封胶方面，美国

TECKNIT 公司和 MMS-EC 公司的导电有机硅密封胶有镀银玻璃、镀镍石墨、镀银铝粉、镀银铜粉、镀银镍粉、镀镍铝粉和银粉等系列牌号；在防火密封胶方面，美国 KTA 公司的 FASTBLOCK 系列防火有机硅密封胶，涵盖单组分和双组分、缩合型和加成型固化、高密度和低密度的系列化产品；这些功能有机硅密封胶均在国外的军用飞机得到应用，但其在飞机上的具体应用无法通过公开的文献或报道获得。

(2) 国内航空有机硅密封胶的发展现状　根据在航空工业上的用途可分为单组分有机硅密封胶、通用双组分有机硅密封胶、耐高温（抗密闭降解）有机硅密封胶、功能有机硅密封胶。国内航空有机硅密封胶的规范有：GJB 8609—2015《室温硫化单组分有机硅密封剂规范》和 HB20077—2011《航空用氟硅类密封剂规范》，但上述行业标准已远不能覆盖国内航空有机硅密封胶材料，我国航空有机硅密封胶的国内规范体系仍未建立，与西方发达国家有较大的差距。

① 单组分有机硅密封胶　GJB 8609—2015 规定了 GD803、GD808、GD818、GD862 和 HM304 共 5 个牌号的单组分有机硅密封剂，这 5 个牌号的密封剂在我国各型飞机上得到广泛应用，此外，GD931、GD406 等单组分有机硅密封剂在飞机上也有较多的应用，但以上单组分有机硅密封剂的耐高温性能不足，不能满足飞机发动机高温部位的使用需求，新研发的 HM396 提高了耐温性能。

② 通用双组分有机硅密封剂　通用双组分有机硅密封剂广泛用于飞机电子电器设备和飞机机身的密封、防腐蚀，在空气介质中工作温度为 -60~250℃。目前广泛应用的牌号有 HM305、HM307、HM321 和 HM325B 等双组分缩合型有机硅密封剂，这些密封胶通过 NJD-6 或 NJD-9 配套粘接底涂，对钢、钛合金和铝合金等金属材料、锌黄底漆、聚氨酯面漆和陶瓷材料等具有良好的粘接性能。其中，HM321 高强度双组分缩合型有机硅密封剂的拉伸强度达 6.0MPa 以上，拉断伸长率达 450% 以上。

③ 耐高温（抗密闭降解）有机硅密封胶　飞机发动机与后机身的高温区及其环控系统需要耐温达 300℃，使用的耐高温有机硅密封剂有 HM301、HM306 和 XY-602S。其中，HM306 和 XY-602S 的耐温达到 350℃，并具有优异的抗密闭降解性能，无需粘接底涂，即可对金属材料有良好的粘接性能。

④ 功能有机硅密封胶　国内飞机应用的功能有机硅密封胶有：导电有机硅密封胶、防火有机硅密封胶、导热有机硅密封胶、吸雷达波有机硅密封胶、耐燃油有机硅密封胶、有机硅泡沫密封胶等。目前广泛应用的 HM332 单组分导电有机硅密封剂和 HM315A 双组分缩合型导电有机硅密封剂，其体积电阻率均小于 $0.005\Omega\cdot cm$，在宽频范围内具有优异的电磁屏蔽性能。应用的阻燃防火有机硅密封胶主要有 HM317 防火阻燃有机硅密封剂和 HM320 低密度防火隔热有机硅密封剂。其中，HM317 防火阻燃有机硅密封剂工作温度为 -55~204℃，阻燃性能达到 FV-0 级，3.2mm 厚的密封胶经过 1050~1150℃ 火焰燃烧 15min，火焰不会穿透。我国的 HM804 双组分氟硅密封剂的使用温度范围 -55~230℃，具有较好的耐降解和优良的电绝缘性能，被广泛应用于飞机燃油系统中工作的电气元件灌封、用于粘接氟硅橡胶制品和飞机整体油箱特殊高温部位密封，它是目前航空工业中应用最广、用量最大、技术成熟度最高的氟硅密封胶牌号。

### (三) 存在问题

我国研制和生产的航空密封胶基本满足了国内不同阶段航空工业的需求，航空密封胶尤其是航空聚硫密封胶已经建立起较为完整的材料体系，部分航空聚硫密封胶品种可满足欧美标准和民航领域的适航要求。但总体上，与欧美航空工业强国相比，密封胶材料体系的完整性还有一定的差距，航空密封胶的原材料、生产、包装、检验及现场施工工艺等整个生产和应用的全过程管理与控制也离满足民航领域的适航要求有一定的距离。

### (四) 发展重点

未来我国的航空密封胶需要从两个方面取得突破和发展，一方面，建立起满足民用飞机适航认证要求的航空密封胶材料体系，以满足我国民用 ARJ21 支线客机、C919 和 C929 干线客机等对航空密封胶需求；另一方面，发展高温密封、吸雷达波、低密度、防火、导电、减振等高性能密封胶，以满足我国军用飞机的特殊要求。通过我国从事航空密封胶科技工作者共同持续不断的努力，航空密封胶能够成为我国航空工业技术进步的助推器。

## 三、特种胶黏剂

胶黏剂的应用在人类生活中已有悠久的历史。20 世纪 80 年代以来，胶黏剂已经在工业、农业、交通、医学和国防等领域得到了广泛的应用。但是，随着社会的发展和科学技术的进步，人们对胶黏剂的品种和性能等方面提出了更高的要求。特别是在某些特殊环境下，对被粘接的对象和粘接效果具有特殊的要求，因此必须使用一些具有特殊功能的胶黏剂，即特种胶黏剂。

目前，在航空航天领域应用的特种胶黏剂主要包括以下几种：耐高温胶黏剂；耐超低温胶黏剂；密封胶黏剂；真空胶黏剂；点焊胶黏剂；导电、导磁、导热胶黏剂等。

(1) 耐高温胶黏剂是指能在 200~500℃ 或更高温度下使用，仍不失原有粘接性能的一类胶黏剂。这类胶黏剂主要是含硅、硼的聚合物，含芳杂环耐高温聚合物及无机胶黏剂，如聚酰亚胺胶黏剂、聚苯并咪唑胶黏剂、聚苯并噻唑胶黏剂、聚芳砜类胶黏剂、聚苯硫醚类胶黏剂和硅酸盐型无机胶黏剂等。

(2) 耐超低温胶黏剂是指能在超低温（例如液氦 $-269℃$、液氮 $-196℃$、液氧 $-180℃$）环境下使用，并有足够强度的一种胶黏剂。其通常以聚氨酯、或用环氧树脂改性的聚氨酯、或聚氨酯及尼龙改性的环氧树脂等为主体配制而成。

(3) 密封胶黏剂是一种密封材料，其主要作用是密封而不是粘接。严格说来，它并不是一种胶黏剂，因此它的粘接强度一般不高，使用时往往需要与机械坚固相配合，但它的填缝性以及对介质的耐受性往往较好。密封胶黏剂主要是由合成橡胶、树脂、填料、助剂和溶剂（或不含溶剂）等组成的一种黏稠状液体，将其涂覆于结合面处，可填补凹凸不平的表面，经一定时间干燥后能形成连续的黏弹性薄膜，从而起到耐压和密封等作用。

(4) 真空胶黏剂是指用于真空系统中各种不同部件的连接和密封的一类胶黏剂。它既具有良好的粘接强度，又具有很好的真空密封性和耐压作用。目前，常用的真空胶黏剂是以环氧树脂为基体的胶黏剂。

（5）点焊胶黏剂兼具粘接和点焊双重特点，具有良好的综合性能。其中，粘接可保证密封性、防止腐蚀、减小应力集中、承受载荷、提高结构强度和工作耐久性。点焊胶黏剂主要是由环氧树脂、改性剂和辅助材料等配制而成。

（6）导电、导磁、导热胶黏剂是指具有一定的导电/导磁/导热性能和良好的粘接性能，即兼具导电/导磁/导热和粘接双重性能的胶黏剂。这类胶黏剂主要是通过添加导电填料（如金属粉末、石墨粉、乙炔炭黑等）或磁性填料（如羰基铁）或导热填料（如金属粉、氧化物粉末等）赋予胶黏剂相应的性能。

### （一）应用需求

运载火箭、导弹、卫星和现代各种飞机，以及航天、航空飞行器，均在不断寻求提高结构效率的措施，以进一步改进和提高它们的性能和经济效益。采用性能优异的先进结构材料和先进的制造工艺技术，是提高结构效率的主要措施之一。而胶黏剂及相应的粘接技术是其中的一个重要分支，并已形成持续增长的工业化产业，以满足航天、航空等领域中日益提高的各种使用要求。特别是在航空航天飞行器的很多部位，需要满足特殊环境下的粘接与密封，急需各种各样的特种胶黏剂以满足其需求。

超音速机型在飞行过程中，主翼前缘和发动机罩壳前缘的温度可达200～250℃。特别是，高速歼击机在高空中作超音速飞行时，机翼前缘温度甚至可以达到260～316℃。因此，在这类飞机的高温部位需要耐高温胶黏剂进行粘接和密封。

飞机的座舱、机窗、油箱等许多部位都需要密封胶黏剂进行密封，以防止内部气体或液体泄漏、外部灰尘或水分等侵入、机械振动、冲击损伤或达到隔音隔热等作用。不同的密封部位对密封胶黏剂有不同的要求。比如，在整体油箱上应用的密封胶黏剂需要具有良好的耐燃油性、对金属表面有较高的粘接强度、无腐蚀性以及优良的施工性等；机窗所使用的密封胶黏剂不仅要求具有良好的耐候性、对有机玻璃的良好粘接性和无腐蚀性，而且在用作复合风挡的中间层时，不会因为有机玻璃和无机玻璃热膨胀系数的不同而引起脱层剥落。外露系统的结合部位上的密封胶黏剂则需要具有良好的耐候性、耐水性、对金属表面足够的粘接强度以及与机身材料具有较接近的热膨胀系数和硬度。

飞机的蜂窝夹层结构件需要使用特种胶黏剂将蒙皮和蜂窝芯粘接在一起。根据蒙皮和蜂窝芯所使用的材料不同、生产工艺的要求，选择具有不同性能的特种胶黏剂进行粘接。

在飞机制造工业上，已广泛采用粘接点焊工艺制造结构件。比如前苏联的安-24、雅克-40及许多国产飞机的机身、尾翼钣金件、加强翼肋舱门、舱盖、起落架护盖、电子设备框架、机壳等都是全部或部分采用了粘接点焊结构。因此，需要采用大量的点焊胶黏剂进行粘接，同时根据实际应用场合对其提出了各种各样的要求。比如，胶黏剂应有一定的流动性，固化后的胶层有较好的耐酸、耐碱性能等。

随着电子设备尤其是军事电子设备向小型化、轻量化、多功能、高性能发展，电子元器件的连接方式已由原来的焊、铆等工艺方法逐渐为粘接所代替，因此需要各种各样的特种胶黏剂以满足实际的应用要求。比如电器及电子设备在装配过程中需接通电路处，可以使用导电胶黏剂，以粘代焊，更精确地连接各种不同材料，同时还能避免焊接时高温所带来的不良影响。

除此以外，飞机中各真空部件同样需要真空胶黏剂进行粘接。真空胶黏剂不仅需要在真空条件下具有良好的密封和粘接效果，而且根据实际用途具备其它的性能特点，如较高的耐热性、耐老化等。

用于火箭、导弹和卫星等航天器上的粘接材料，除需要满足一般工业用胶黏剂的性能要求外，还需要满足它们处于发射状态、在轨道上运行及重返大气层等所经历的各种特殊环境要求。根据胶黏剂使用部位不同，要求各异。

导弹弹头再入大气层时的环境特点是经受瞬时高焓、高热流和高驻点压力。根据导弹射程不同，其弹头再入速度达十几至几十马赫数，驻点温度达数千摄氏度。要求所用胶黏剂具有超高温下优良的耐烧蚀特性。而当卫星和载人飞船等航天器再入大气层时，其再入环境特点是高焓、低热流、低驻点压力和长时间，用于相应部位的胶黏剂必须具有优越的耐烧蚀和绝热特性。

卫星、飞船及其它航天器在轨道上运行，其环境交变温度的范围达几百摄氏度。例如，在地球同步轨道上运行的航天器，其环境交变温度为 $-157\sim120℃$。用于有关部位的胶黏剂不仅需具有适应严酷的交变温度特性，还必须具有耐高能粒子及电磁波辐射特性，并且在高真空环境下没有或极少有挥发物及可凝性挥发物释放出来（例如挥发分$<1\%$，可凝性挥发分$<0.1\%$），以免污染航天器上的高精度光学仪器和有关部位。

复合固体火箭推进剂是以胶黏剂将氧化剂和金属燃料等固体颗粒粘接在一起。其中，胶黏剂用量约占 $10\%\sim20\%$。这部分胶黏剂除了具备将氧化剂和金属粘接在一起成为整体，保持一定几何形状，并提供一定力学性能以承受火箭在装配、运输、贮存、点火、燃烧及飞行期间的巨大应力和应变外，同时还作为产生气体和能量的燃料。因此，复合固体火箭推进剂中所用胶黏剂其黏度应较低（通常为几帕·秒至几十帕·秒），以便充分浸润氧化剂和金属颗粒，并与它们有良好的化学相容性，能组成致密的推进剂药柱；固化时反应速度适当，不产生挥发物，放热量小，固化收缩轻微；与固体火箭发动机壳体内部的绝热层紧紧相粘；还能提高易燃性和成气性。

在火箭、导弹和卫星等的粘接点焊结构件中，主要采用先点焊后灌胶工艺。因此，要求所用的胶黏剂固化温度低于 80℃，最好为室温，而使用的温度在 $-45\sim200℃$。

除此以外，用于液氮、液氧发动机系统的胶黏剂，必须具有耐超低温（$-183\sim253℃$）的优良特性。用于舰地导弹的胶黏剂必须具有长期耐海水和盐雾侵蚀能力；用于陀螺稳定平台系统的胶黏剂必须具有在真空条件下耐氟氯油的特性。

## （二）应用现状

与焊、钉、铆、镙、嵌接等连接方式相比，粘接工艺可以明显地减轻结构的重量、提高疲劳寿命、简化工艺过程。因此，许多国家都把粘接技术作为飞机制造的新工艺，并在航空领域进行广泛的应用。航空飞行器上有许多部位需要特殊条件下的粘接与密封，需要大量在特殊场合、满足特殊需要的特种胶黏剂。可以说，在现代飞机上几乎没有不采用粘接工艺的。

1943 年英国德·哈维兰（Dehavilland）在"大黄蜂"飞机金属结构上第一次采用胶接连接，标志着现代胶黏剂材料在航空上应用的开始。20 世纪 70 年代开始，美国组织实施了

PABST（主承力胶接结构技术）计划，建立了先进胶接体系概念。80年代，国外的飞机胶接结构件制造技术迎来突飞猛进的发展，胶接体系的耐久性大幅度改善，胶接工艺日益成熟，胶接件的安全性、可靠性及耐久性大幅度提高。B-58重型超音速轰炸机中，粘接板达到380$m^2$，占全机总面积的85%，其中，蜂窝夹层结构占90%。每架飞机用胶量超过400kg，可取代约50万件铆钉。每架波音747喷气客机用胶膜2500$m^2$，密封胶450kg。三叉戟飞机的粘接面积占总连接面积的67%。

我国航空用胶黏剂与胶接技术的研究和应用始于20世纪50年代末，已有60多年的历史。首先是在以军用飞机为研究和应用背景的基础上发展起来的。70年代初期以前从胶黏剂到制造工艺基本上都是仿制苏联的技术。70年代以后逐渐接触西方技术。目前，国内航空用胶黏剂的研发和生产单位主要有北京航空材料研究院（SY系列胶黏剂）、黑龙江石油化学研究院（J系列）。

20世纪70年代，自行研制了高温固化的环氧-丁腈型的自力-2胶，并在直5机旋翼后段的胶接、运12等飞机的机身壁板的胶接中得到应用。其中，运12飞机上自力-2胶所粘接机翼整体油箱比金属铆接的，单机减重30kg，使用性能良好，维护简便。20世纪80年代，又研制了高温固化的更新型改性环氧树脂胶黏剂SY-14等，在歼8、歼轰7、歼7等飞机得到应用，主要应用于飞机上的金属-金属胶接、金属蒙皮与蜂窝芯的胶接，包括飞机的副翼、襟翼、方向舵和升降舵等。比如，歼轰7的襟、副翼蜂窝结构采用了SY-14C/SY-D4高温固化胶黏剂体系。在90年代的直9机国产化的过程中，成功研制了与国外Metlbond 1113胶膜相当的中温固化胶膜SY-24C、J-95以及相应配套的抑制腐蚀底胶SY-D9、J-96和发泡胶SY-P9、J-97，使我国中温固化胶黏剂达到了新水平。SY-24C中温固化体系的胶黏剂，除了在直9飞机上应用于金属的板-板、板-芯的胶接之外，在直10旋翼上还应用于不锈钢前缘包铁、各种金属镶嵌件与复合材料的胶接，在运8飞机上还应用于复合材料面板和Nomex纸蜂窝芯夹层结构的共固化胶接。2000年以来，成功地研制出中温固化胶膜SY-24M、J-272以及相应配套的抑制腐蚀底胶SY-D12、J-274，高温固化胶膜SY-14M、J-271以及相应配套的抑制腐蚀底胶J-117，发泡胶J-273、J-275、SY-P11A，常温双组分环氧胶SY-47、SY-48、J-276，使我国胶黏剂的水平又上了一个新台阶，在大型运输机中得到广泛的应用。21世纪20年代以来，北京航空材料研究院研制出了室温固化高强高韧环氧树脂胶黏剂（SY-58）、室温固化耐高温环氧树脂胶黏剂（SY-201）和中温固化耐高温环氧树脂胶膜（SY-59）。SY-58胶黏剂的常温剪切强度和常温浮辊剥离强度分别可以达到42MPa和14kN/m，与国外的EA9309.3NA胶黏剂性能相当；SY-201胶黏剂的常温、80℃、100℃和120℃的剪切强度分别可以达到40MPa、25MPa、20MPa和10MPa，可与中温固化环氧树脂胶膜的性能相媲美。这两种胶黏剂已开始在直升机上得到应用。SY-59胶膜的常温和150℃的剪切强度分别可以达到39MPa和18MPa，浮辊剥离强度为8.8kN/m，可与国外的FM300-2胶膜的性能相媲美。

根据火箭、导弹和卫星等航天器发射和重返大气层时的高温环境要求，采用不同类型的高温胶黏剂进行粘接。比如，航天飞机陶瓷防热瓦间隙密封用的是编织铝硼硅酸盐布和硅橡胶胶黏剂。这类胶黏剂中添加有高热反射填料四硼化硅和硼硅酸盐玻璃粉。航天飞机的防热毡可以使用RTV-560室温固化有机硅胶黏剂进行粘接。飞船再入烧蚀防热所用的蜂窝夹层承载结构，可以使用酚醛-环氧胶黏剂进行粘接，如 J-30、SY-14 等牌号。抗激光导弹壳体的绝热层和烧蚀防热层之间可以使用耐 300℃ 的石墨胶黏剂进行粘接。导弹、火箭发动机绝热层可以使用酚醛-丁腈等胶黏剂进行粘接。导弹中高温复合材料和陶瓷的粘接，运载飞行器中蜂窝夹层结构的粘接可以使用最耐高温的有机胶黏剂——聚酰亚胺胶黏剂。

根据飞船、卫星、空间站等航天飞行器在轨道运行时所处的环境特点，多采用环氧胶黏剂、酚醛-环氧胶黏剂、酚醛-丁腈胶黏剂、聚氨酯胶黏剂等，这些胶黏剂在高真空环境下极少有挥发物及可凝性挥发物释放出来。目前多采用 J-47、J-30、J-78 等胶黏剂。而面向太空外表面材料用胶黏剂多为有机硅胶黏剂和丙烯酸酯胶黏剂，这些胶黏剂具有良好的耐电子、质子、紫外辐照和耐冷热交变性能。比如，南大的 703、704、705、GN511、GN512、GN521、RTV-107 等有机硅胶黏剂用于卫星太阳能电池板的粘接。

火箭、导弹和航天飞行器上使用大量的密封胶黏剂进行粘接和密封。根据所使用的环境不同，选择不同的密封胶黏剂。低温密封时，使用环氧胶黏剂、有机硅胶黏剂和聚氨酯胶黏剂；高温密封时，使用环氧胶黏剂、有机硅胶黏剂；耐辐射时，使用有机硅胶黏剂；耐压密封时，使用环氧胶黏剂、聚氨酯胶黏剂。例如，耐压密封火箭导弹中有些部位要求在 $-40\sim200$℃ 能在一定压力下有密封性能，在另一工作条件下又能及时拆开或用爆炸法脱卸掉。这里可以使用 W-95 环氧胶黏剂进行灌注密封。经过灌注密封后的零、组、部件，经过振动、冲击及压力载荷等条件作用后，胶缝无开裂或泄漏现象，并能按要求条件顺利脱卸。

复合固体火箭推进剂所用的胶黏剂最早为聚硫胶黏剂，例如，以 98%（摩尔分数）二氯乙基缩醛与 2%（摩尔分数）二氯丙酮与多硫化钠反应而成的聚硫化物。其力学性能和粘接性能良好，工艺简单，但是含硫量多，提供的能量不理想，且固化温度高，使用上受到限制。因此，在 20 世纪 60 年代，研制出端羧基丁二烯进行代替，以其作为胶黏剂的推进剂力学性能明显提高。而后为满足大型固体火箭、火箭发动机的推进要求，又研制成功了端羟基型胶黏剂，如端羟基酯、端羟基醚、端羟基醚三醇聚氯酯等。目前多使用丁羟（HTPB）聚氨酯作为胶黏剂。该胶黏剂在能量、力学和贮存性能等方面具有优良的综合性能，已成为当今固体火箭推进剂的主流。

除此以外，在火箭、导弹和卫星等的粘接结构中，多使用 GH-522 型有机硅凝胶作为点焊胶黏剂。在运载火箭中，将黑龙江石油化学研究院研制的 DW 系列低温胶黏剂用于燃料箱的密封及火箭"共底"的制造；将 J-27-2、J-124 等环氧胶黏剂用于火箭伺服系统电子元器件的灌封、金属与非金属的粘接；将 J-163 耐高温胶黏剂用于伺服电机的粘接。

### （三）发展重点

随着社会的不断发展和科学技术的不断进步，胶黏剂的应用领域不断扩大，特种胶黏剂因其特殊的性能/功能可以满足各种不同的使用要求，在生产技术、产品品种和产品性能/功能等方面都得到迅速发展，其发展重点主要体现在以下几个方面。

**1. 耐高温胶黏剂**

目前，在航空航天领域，应用比较多的耐高温胶黏剂为改性环氧树脂胶黏剂、改性酚醛树脂胶黏剂、改性双马树脂胶黏剂和有机硅胶黏剂。这些胶黏剂大多是在 250℃ 以下长时间使用，而且由于自身化学键的限制，能承受更高的温度。随着航空航天等领域的迅猛发展，很多的部位都急需耐高温胶黏剂,如长期耐300~400℃,短时耐500~600℃的胶黏剂。

聚酰亚胺胶黏剂具有良好的耐热性、耐老化性、化学稳定性和耐原子辐射性等诸多优点,因此在航空航天等领域得到应用。但是其也存在着熔点太高、不溶于大多数有机溶剂、加工流动性不佳等缺点,限制了其应用范围。研制各种各样的聚酰亚胺胶黏剂是未来耐高温胶黏剂的一个发展趋势。主要的研究重点包括:①实现关键单体国产化、批量化和高质量稳定性,以大幅度降低聚酰亚胺胶黏剂的原料成本;②提高聚酰亚胺胶黏剂的成型工艺,降低制造成本;③提高聚酰亚胺胶黏剂的使用温度,以满足航空航天等领域的要求。

**2. 低温固化高温使用的胶黏剂**

一方面,电子设备中的元器件不能承受高温,因此要求胶接工艺,尤其是固化温度不能太高。而在使用时,局部温度较高。另一方面,在航空航天领域中,某些部件对尺寸精度和尺寸稳定性有很高的要求。固化温度过高会影响部件的正常工作。因此,迫切需要低温固化高温使用的胶黏剂,也是未来特种胶黏剂的发展趋势之一。比如,研制在常温下固化,在中温(100~150℃)、高温(150~180℃)甚至更高温度下长期使用的胶黏剂。

**3. 功能型特种胶黏剂**

航天、航空飞行器结构的功能化是提高其使用性能的有效途径,也是降低其重量、提高效率的根本措施。功能型特种胶黏剂是其重要的保证,也是特种胶黏剂的一个发展趋势。通过寻找新型的填料,加强填料添加的理论分析和实际应用研究,研制出在保持结构连接所需的机械强度外,兼具更加优异功能(如阻尼振动、导电导热、隐身、形状记忆等)的特种胶黏剂,可扩大特种胶黏剂的应用范围。例如,可以将石墨烯和其它填料共同加入到胶黏剂中,研究石墨烯的加入对胶黏剂性能(如导电、导热等)的影响。

## 四、特种橡胶材料

特种橡胶材料在飞机中发挥着不可替代的重要作用,随着飞机以及发动机性能的提升,橡胶密封材料的服役工况条件日趋恶劣,这对橡胶密封材料的耐温、耐介质等性能提出了更高的要求。据国外相关部门统计,飞机系统中因密封失效造成的故障占整机故障的40%,可见,橡胶密封材料优劣是影响飞机疲劳寿命、使用寿命、经济修理和安全性的一个关键因素。

伴随着航空工业的发展,在国内外典型的三代战斗机上(F-15、F-16、SU-27和J-10等),特种橡胶(硅橡胶、氟硅橡胶、氟醚橡胶等)以其优异的耐热性、耐天候老化性、电绝缘性和化学稳定性等,大量取代通用橡胶(天然橡胶、丁苯橡胶、氯丁橡胶、乙丙橡胶等),而广泛用于制造在空气、臭氧、燃油、滑油和电场中工作的橡胶零件、胶板、胶管和型材,大幅简化了飞机用橡胶材料的品种与牌号,显著提升了飞机的使用寿命和可靠性。

### (一)应用需求

按特种橡胶材料在飞机的功能划分为:油密、气密、水密等流体密封功能,隔振、吸振等减振降噪功能,导热、隔热、绝热等热功能,导电、导磁、吸波等电磁屏蔽与隐身功能,阻燃、防火等安全防护功能等。特种橡胶材料广泛用于飞机与发动机的密封件、软油箱、减振器、黏弹阻尼器及航空轮胎等。当前，国外先进战斗机服役寿命 5000 飞行小时以上，运输机 50000 飞行小时以上，日历寿命 20 年至 30 年，可见，飞机所用特种橡胶材料具有综合技术性能要求全、疲劳性能要求苛刻和可靠性要求高的特点。

## （二）应用现状

特种橡胶材料直接关系着飞机的作战性能和使用寿命，同时也直接反映了飞机的发展现状和先进程度。随着新一代飞机的研制与服役，性能差与寿命短的天然橡胶、丁苯橡胶、丁腈橡胶及部分耐低温性能差的氟橡胶等老一代橡胶材料逐步被淘汰，形成了以有机硅橡胶、有机氟橡胶为主的新一代高性能特种橡胶材料体系，下面将对这些有机硅橡胶及有机氟橡胶的应用进行介绍。

**1. 有机硅橡胶的应用现状**

有机硅橡胶主要有硅橡胶及氟硅橡胶。有机硅橡胶是典型的半无机半有机高分子材料，它兼具无机高分子和有机高分子材料的特点，因而具有独特的耐高低温、耐氧、耐光和天候老化等性能，在航空工业占有重要的地位，获得了广泛的应用。

（1）国外有机硅橡胶的应用现状

① 通用高性能硅橡胶　通用高性能硅橡胶主要是指高抗撕硅橡胶、耐超低温硅橡胶和氟硅橡胶等。世界著名有机硅密封剂公司，如美国 Dowcorning 公司、美国迈图公司、德国 Warker 公司、日本信越公司均研制和应用了系列高抗撕硅橡胶、耐超低温硅橡胶和氟硅橡胶，其中，美国 Dowcorning 公司和美国迈图公司均有可满足欧美的 AMS 或美军标 MIL 材料规范的通用硅橡胶材料体系，大量应用于波音或空客飞机。

② 阻尼硅橡胶　阻尼减振橡胶是利用橡胶的阻尼特性提高防振和减振效果的一类材料，可有效避免电子器件失效和仪器仪表失灵，大幅增加机械零部件寿命，从而提高飞机装备的精度与可靠性。航空领域常将硅橡胶作为阻尼材料的首选，尤其是在大应力、大应变而产生高热量的情况下。美国 LORD 公司最早开展阻尼硅橡胶研究，一方面不断地提升阻尼硅橡胶的阻尼系数，拓宽阻尼硅橡胶的工作范围，另一方面将阻尼硅橡胶大量应用于航空减振器，其阻尼硅橡胶产品涵盖硬度范围从 30～70（邵尔 A），损耗因子从 0.1～0.6，使用寿命长达 10～20 年。

③ 导电硅橡胶　为了避免电子设备的相互电磁干扰，具有优异的导电性能、耐低温性能和耐高温抗老化性能的导电硅橡胶已经广泛应用于电子系统和仪器设备的密封，它以银粉或镀银材料为导电填料，最高使用温度达 125℃，甚至 160℃。美国 TECKNIT 公司和美国 EMERSON 公司系列导电硅橡胶有镀银玻璃、镀镍石墨、镀银铝粉、镀银铜粉、镀银镍粉、镀镍铝粉和银粉等系列牌号。

（2）国内有机硅橡胶的应用现状

① 通用高性能硅橡胶　当前在飞机上大量应用的通用高性能硅橡胶有 61XX 系列硅橡胶、G1XX 系列硅橡胶、SE6XXX 系列硅橡胶、PS 系列硅橡胶和 FS 系列硅橡胶。SE6XXX 系列硅橡胶为甲基乙烯基硅橡胶，其中 SE6450 和 SE6465 硅橡胶在空气中的工作温度为 −50～200℃，适用于制造形状复杂的高抗撕硅橡胶零件，如加压氧气面罩主体和加压氧气面罩供氧波纹管等。PS 系列硅橡胶为甲基苯基硅橡胶，具有更优异的耐高低温性能，工作

温度为－70～250℃，适用于制造氧气面罩呼吸气活门膜片、空气系统的密封和电绝缘零件。FS 系列硅橡胶为氟硅橡胶，具有优异的耐燃油或润滑油性能，其中 FS6265、FS4270 和 FS6165 硅橡胶适用于制造飞机发动机高温区空气、燃油、液压系统密封件和电绝缘零件，FS6161 硅橡胶适用于制造液压、电气管路的紧固件，FS6145 硅橡胶适用于注射成型航空连接器。

② 阻尼硅橡胶　近年来，阻尼硅橡胶在国内航空减振器得到广泛应用，其中，采用 SE20 系列硅橡胶制造的 JZH 航空仪表用硅橡胶减振器，性能指标满足 GJB5257 要求，可直接升级原天然橡胶减振器（HB6-21-83）；与原天然橡胶减振器相比，减振效率提高 50%，使用寿命 10 年以上。采用 SE20 系列硅橡胶制造的 JZQ 惯导平台用硅橡胶减振器，减振器谐振点放大倍数小于 5，在使用温度（－40～70℃）范围内，减振器谐振频率变化小于 30Hz，减振器使用寿命可达 10 年或 1000 飞行小时以上。采用 SE20 系列硅橡胶制造的 JZB 大载荷航空减振器，减振效率达到 80% 以上。以上三个系列的减振器已在战斗机、运输机和直升机的多个型号中获得了广泛应用。

③ 导电硅橡胶　新一代飞机对抗电磁干扰和隐身的需求，使得导电硅橡胶已经广泛应用于电子系统和仪器设备的密封。国内高导电硅橡胶性能，见表 3.1，其中 EC 系列为导电苯基硅橡胶，EF 系列为导电氟硅橡胶。

表 3.1　国内高导电硅橡胶性能

| 牌号 | EC6165 | EC6265 | EC6365 | EC6465 | EF6165 | EF6265 | EF6365 | EF6465 |
| --- | --- | --- | --- | --- | --- | --- | --- | --- |
| 导电填料种类 | 银粉 | 镀银铝粉 | 镀银镍粉 | 镀银铜粉 | 银粉 | 镀银铝粉 | 镀银镍粉 | 镀银铜粉 |
| 邵尔 A 硬度 | 65 | 68 | 66 | 65 | 66 | 68 | 65 | 65 |
| 体积电阻率/Ω·cm | 0.002 | 0.008 | 0.008 | 0.008 | 0.003 | 0.009 | 0.008 | 0.008 |
| 密度/(g/cm³) | 4.3 | 1.9 | 4.5 | 3.9 | 4.3 | 1.9 | 4.6 | 3.9 |
| 拉伸强度/MPa | 2.1 | 1.8 | 1.9 | 2.3 | 2.4 | 1.9 | 2.1 | 2.4 |
| 拉断伸长率/% | 130 | 120 | 130 | 140 | 130 | 130 | 140 | 120 |
| 100℃×70h 压缩永久变形/% | 24 | 24 | 23 | 22 | 22 | 24 | 24 | 22 |

**2. 有机氟橡胶**

有机氟橡胶主要有氟橡胶、氟醚橡胶和全氟醚橡胶。有机氟橡胶是在主链和侧链碳原子上连接有氟原子的高分子弹性体，具有其他橡胶不可比拟的优异性能，如较好的耐油和化学药品腐蚀性能、良好的物理性能、耐候性能、电绝缘性和抗辐射性能。有机氟橡胶本身就是为了满足航空、航天等军事用途而开发的高性能橡胶材料，现已成为现代工业尤其是高技术领域不可缺少的重要材料。

(1) 国外有机氟橡胶的应用现状

① 通用氟橡胶　从 20 世纪 50 年代初期，美国、苏联就开始含氟弹性体的开发。最早投入工业化生产的是美国杜邦和 3M 公司的 Viton A 和 Kel-F 型弹性体。经过半个世纪的研制，含氟弹性体在耐热、耐介质、低温性和工艺性能方面取得了飞速进展，并形成系列化产品。氟橡胶主要包括氟橡胶-23、氟橡胶-26、氟橡胶-246，氟橡胶-23 商品牌号有 Kel-

F5500、Kel-F3700（美国），CKΦ-32-11、CKΦ-32-12（俄罗斯）；氟橡胶-26 代表牌号有 Viton A、Viton A-HV、Viton A-35、Viton E-60C（美国），CKΦ-26（俄罗斯）；氟橡胶-246 主要商品牌号有 Viton B、Viton B-50、Viton B-910（美国）。这些氟橡胶材料广泛应用于飞机的高温密封系统中，应用已经十分成熟。

② 氟醚橡胶　作为耐油性能最好的橡胶材料，氟橡胶使用温度范围只能达到－40～250℃，不能用于更低温度的介质系统；为了解决这一问题，从 20 世纪 80 年代起，各国相继开展了改善低温性能氟醚橡胶的研究，在保留氟橡胶耐油、耐高温性能的基础上通过引进含醚键链节改善了低温性能，这类材料以美国杜邦公司 Viton 系列，意大利苏威公司 PL 系列，俄罗斯 Вииск 合成橡胶研究院 CKΦ 系列及日本大金公司生产的氟醚橡胶为代表，如表 3.2 所示。

表 3.2　国外氟醚生胶的品种及生产厂家

| 企业名称 | 产品名称 |
| --- | --- |
| 美国杜邦公司 | Viton GLT-200S、GLT-600S |
| 意大利苏威公司 | PL、VPL 系列 |
| 俄罗斯 Вииск 合成橡胶研究院 | CKΦ-260、CKΦ-260BPT |
| 日本大金公司 | LT 302 |

西方国家除在 C-17、F-22 等军机上大量使用氟醚橡胶外，在波音、空客等大型客机的介质系统及挑战者号、哥伦比亚号等航天飞机伺服机构等部位也广泛应用氟醚橡胶。

(2) 国内有机氟橡胶的应用现状

① 通用氟橡胶　国内氟橡胶有氟橡胶-23、氟橡胶-26 和氟橡胶-246 等通用型氟橡胶。氟橡胶广泛于飞机的油路和气路密封，FX-2、FX-4、FX-5 和 FX-6 氟橡胶的长期工作温度为－20～250℃，短期可达 300℃，适用于制造在空气、石油基滑油、燃油、液压油、硅酸酯和双酯类合成滑油中工作的活动或固定密封件；FX-10 氟橡胶的工作温度为－40～250℃，适用于制造石油基润滑油中工作的旋转轴唇形密封件，该密封件除具有优异的耐介质性能外，还具有摩擦系数低和导热性好的优点；FX-16 的长期工作温度－40～200℃，适用于制造在石油基滑油中工作的高速旋转轴密封皮碗，转速 18m/s；FX-17 氟橡胶的长期工作温度为－20～200℃，适于制造空气燃油、滑油、液压系统密封件。

② 氟醚橡胶　国内氟醚橡胶的研究起步较晚，但随着新一代发动机的研制，系列氟醚橡胶已经得到成功应用，应用范围不断扩大，FM-1D 和 FM-2D 氟醚橡胶的工作温度为－55～200℃，液压油、燃油中－55℃下使用时最高工作压力为 21MPa，应用于飞行器方向舵液压系统、助力器液压系统及航天火箭惯导系统；FM-15 氟醚橡胶的工作温度为－40～250℃，纯橡胶制品可在 275℃下短期工作，滑油系统中作为固定密封件使用时低温工作温度可达到－40℃以下，用于制造发动机滑油、燃油、液压油系统和空气系统中工作的固定或活动密封橡胶件；FM-20 氟醚橡胶的工作温度为－50～200℃，用于制造在空气、石油基润滑油、燃油、液压油、硅酸酯和双酯类滑油中工作的密封件，还可用于制造耐低温和耐液体的其它橡胶制件，应用于战斗机、大型运输机燃油和液压油系统，工作温度为－50～200℃，短期工作可达到 250℃。

## （三）存在问题

当前，我国的特种橡胶基本能满足各型飞机的相关需求，但与西方发达国家相比仍有一定差距。特种氟醚类橡胶及单体技术成熟度较低；特种结构硅橡胶生胶的品种类别少，关键原材料单体欠缺，已有的一些特种硅橡胶品种技术成熟度低，处于实验室或小批量试制阶段。

## （四）发展重点

（1）高度重视特种橡胶的单体和生胶与工程化研究，重点建设苯基单体、氟醚橡胶特种单体的工程化生产体系，通过多品种小批量条件建设和关键单体原材料自主化保障条件建设，提高科研攻关能力、工程化保障能力和自主创新能力。

（2）对于应用背景明确、问题突出的关键特种橡胶采取上下游单位联合攻关，缩短研制和考核周期，尽快改变部分高性能关键产品长期受制于人的局面。

（3）以特种橡胶材料应用单位和民口核心配套单位为主体，形成制备、加工、仿真、验证、应用为一体的军民融合的协同攻关与综合保障体系。

# 五、透明高聚物材料

透明高聚物材料主要包括聚甲基丙烯酸甲酯（PMMA，也称有机玻璃，俗称亚克力）、聚碳酸酯（PC）、聚氨酯弹性体（PUE）、聚对苯二甲酸乙二醇酯（PET）、聚乙烯醇缩丁醛（PVB）、聚苯乙烯（PS）、聚氯乙烯（PVC）等。主要用于航空器风挡、座舱盖、驾驶舱门、观察窗、灯罩、飞行员/航天员面罩以及仪表盘等部位，是一种重要的结构/功能材料。

## （一）应用需求

座舱透明件是航空器上关键的结构功能件，在歼击机等战斗机上与飞机前机身结构一起构成气密座舱，为飞行员提供了封闭的生存空间，保护飞行员不受气流吹袭和外来物的撞击，同时也为飞行员提供了地面进出座舱和应急弹射的离机救生通道。在运输机和直升机等航空器上不仅保护飞行员及其他乘员免受外界环境影响，而且赋予透明件多功能化，可在多种工作环境下为驾驶员和乘员提供清晰的视野。

航空领域对于透明件的应用需求是结合其服役使用需求提出的。根据透明高聚物材料的实际应用部件和结构、功能特点，主要提出了工艺性能、结构性能、功能考核与耐环境性能。工艺性能包括可成型性、可加工性、可连接性、可胶接性等；结构性能主要包括气密与抗压性能、限制/极限增压载荷、增压疲劳性能以及抗冲击性能等；功能考核根据具体服役需求主要包括光学性能、救生、隐身、电磁屏蔽、防雾除冰等要求；耐环境性能主要包括耐热、耐寒、耐紫外老化、海洋环境等。

基于航空座舱盖透明件对结构性、功能性、工艺性与耐环境等性能的苛刻要求，对于透明高聚物材料的性能有很高的要求。在军工主干透明材料系列化研究过程中，提出了对于透明高聚物材料的六大性能指标体系，包括基础性能（光学、物理和力学性能）、质量性能、环境性能、工艺性能、使用性能和考核评价。光学性能作为透明高聚物材料特有的物理性能，航空领域对其透光度、雾度和相应制件的光学畸变、角偏差及其他外观缺陷控制要求十分严格；根据飞机的气动加热温度，对透明聚合物材料还提出了热变形温度、软化温度等热性能指标；同时为了方便结构设计，对其泊松比、比热容、热导率、线膨胀系数等物理性能也提出了要求。力学性能方面，相比于民用和常规的透明聚合物材料，航空领域要求更高，尤其在弯曲强度、冲击强度、应力-溶剂银纹、断裂韧度、疲劳性能等方面。质量性能方面，航空领域提出了透明高聚物材料需要具备很好的光学、外观和厚度尺寸一致性等要求。

在透明高聚物研制、应用评价和考核鉴定等过程中，主要通过人工气候老化、大气环境老化，根据需要增加海洋环境老化来评价其环境性能。一般要求透明高聚物材料的使用寿命在 10 年以上。歼击机座舱盖透明件服役过程中需要承受气动加热和高空低温飞行载荷过程，要求透明高聚物材料具有较高的热变形温度和较好的高低温力学性能。

## （二）应用现状

目前在航空航天领域应用最为广泛的透明高聚物材料主要包括有机玻璃、聚碳酸酯、聚氨酯弹性体、PET。聚氨酯弹性体目前以胶片的形式使用，一般作为复合结构透明件的中间层使用，起到粘接两侧结构材料并分散层间应力，同时在制件受到外物撞击时起到缓冲和吸收能量的作用。PET 目前以膜片的形式使用，主要用于直升机等领域风挡透明件的防飞溅层，起到防止无机玻璃破碎飞溅，保护飞行员安全的作用；在歼击机透明件外表面镀膜修复等方面也有部分应用。

有机玻璃、聚碳酸酯作为工程结构材料主要作为航空结构透明材料应用，可以单独使用，也可以与其他透明材料经聚氨酯弹性体中间层粘接成多层结构以提高其抗鸟撞性能。单层使用的透明件如三代机整体式圆弧风挡和水泡式舱盖，如图 3.2（a），典型的飞机包括 F-15、Su-27 系列、阵风以及我国 J-10 系列、J-11 系列等；部分第四代歼击机的风挡/座舱一体化结构透明件也采用单层结构透明材料，如图 3.2（b），典型的代表飞机为美国 F-22。随着新型战机尤其是舰载战斗机高抗鸟撞性能、穿盖救生功能以及减重等要求，多层复合结构透明件也得到了广泛关注。该结构既保留了定向有机玻璃良好的力学性能和耐环境性能等优点，又能够有效提高风挡区的抗冲击性能，对于提升透明件综合性能并实现减重有重要意义。大曲率有机-有机复合结构风挡/座舱盖透明件已经在美国 F-18、F-16 等飞机上得到了应用，如图 3.3、图 3.4 为美国 F-16 与 F-18 舰载机的复合透明件结构示意图。

(a) 三代机

(b) 四代机

图 3.2　典型单层结构透明件

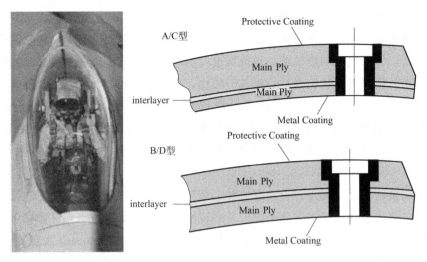

图 3.3　美国 F-16 飞机风挡结构示意图

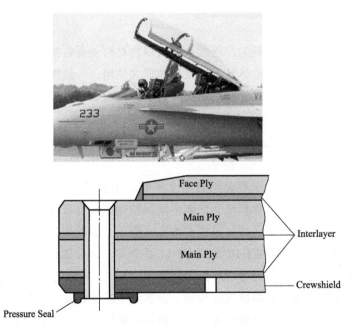

图 3.4　美国 F-18 飞机风挡结构示意图

航空有机玻璃主要分为浇铸有机玻璃和定向拉伸有机玻璃。浇铸有机玻璃在常温下对缺口和应力集中比较敏感，抗裂纹扩展性能差。定向有机玻璃是将浇铸有机玻璃加热至其玻璃化温度以上，经双轴拉伸冷却定型后制成。定向有机玻璃的室温抗应力-溶剂银纹性、冲击强度以及断裂韧度比浇铸有机玻璃显著提高，是飞机座舱透明件最重要的透明材料之一。歼击机、教练机等多采用单层航空有机玻璃制造座舱透明件。航空有机玻璃目前基本均以板材形式应用。板材在加热软化状态下，通过冷弯、吹塑、真空辅助等工艺方法获得所需形状，可制造出满足设计要求的透明件。

我国从 20 世纪 50 年代开始研制航空浇铸有机玻璃，60 年代开始研制定向有机玻璃，其中，定向度 60% 左右的 YB-DM-3 有机玻璃研究较成功，获得广泛应用。从 80 年代开始转向欧美第三代战斗机广泛使用的高性能微交联定向有机玻璃的研制，于 90 年代末成功研制出定向度 70% 左右的 YB-DM-10 有机玻璃,其板材的耐久性良好,力学性能优异,材料性能水平与国外同类产品相当,是目前国内主力战机、大型运输机、大型客机等透明件广泛应用的航空有机玻璃。同时,国内针对座舱盖透明件边缘软连接的技术要求,开展了定向度 50% 左右的 YB-DM-11 有机玻璃板材研制,该板材具有良好的光学性能和力学性能,尤其层间剪切强度较高,在我国第三代歼击机 J-11 系列飞机上获得成功应用。此外,YB-M-3(或 YB-3)由于价格较低、成型工艺简单,在某些要求较低的透明件领域仍在使用。

除浇铸有机玻璃和定向有机玻璃外,聚碳酸酯(PC)具有很好的光学性能(2mm 厚板材的透光率可达 90% 以上),较高的比刚度、比强度(密度为 $1.2kg/m^3$,准静态下的杨氏模量为 2.3GPa、拉伸强度大于 65MPa),冲击强度是有机玻璃的 5 倍以上,冲击韧性是所有透明材料中最高的,且其热变形温度可达 130℃ 以上,在高马赫数飞机透明件上具有良好的应用前景,但耐环境性能和耐磨性不如有机玻璃。飞机透明件用聚碳酸酯板材是美国在 70 年代初期开始研制的新型航空透明材料,制订有 MIL-P-83310《透明聚碳酸酯板材》军用规范。目前美国 F-22 战斗机应用了最大的单片聚碳酸酯板材制造透明件,其他现役飞机中使用聚碳酸酯材料的有 F-16、F/A-18 及 B-1B 等。

聚碳酸酯目前主要以板材成型和直接注射成型两种方法获得所需外形。在国内,由于聚碳酸酯透明件的光学性能、耐环境性能和耐磨性等问题,在航空关键结构透明件(如风挡、座舱盖)领域并未实现装机应用。只有在驾驶舱门、防护灯罩、透明面板等辅助功能件上有部分应用。

### (三) 存在问题

结合我国航空用透明高聚物材料的性能和应用情况,初步分析,我国航空用透明高聚物材料存在的主要问题如下。

航空有机玻璃方面,部分中等尺寸规格的定型板材与国外同类板材性能相当,但超大尺寸和厚度规格的定向有机玻璃(如尺寸不小于 3000mm×4000mm,厚度不小于 22mm)板材,由于设备能力和关键技术限制,板材性能和质量一致性等方面与使用要求仍存在差距。

聚碳酸酯材料方面,在航空领域虽然部分非承载零件已经应用聚碳酸酯板材成型制件或者直接注射成型制件,但是在航空关键件(如风挡、座舱盖等)仍存在未解决的问题。在国产化项目的支持下已经基本实现了航空用聚碳酸酯粒料的合成与批次稳定性控制技术。通过注射成型直接获得制件的技术路线也已经打通,基本具备装机应用考核的条件,后续在表面防护、功能薄膜工程化制备方面还需进行应用考核工作。在通过板材成型获得所需聚碳酸酯透明件技术方面,目前国内大尺寸光学级聚碳酸酯板材挤出成型关键技术尚未得到解决,只能研制出较小尺寸的光学级聚碳酸酯板材,可在装甲车辆和坦克上作为防弹窗玻璃的防护层使用。

作为中间层或防护层使用的聚氨酯弹性体胶片和 PET 膜片材料,在关键材料研制项目支持下也基本打通了原材料合成/制备与后续的挤出成型工艺技术,但是材料质量一致性和微小缺陷控制仍不及进口材料稳定。另外,材料的应用评价和装机考核还不够,亟需积累工程应用数据,提高材料的技术成熟度。

## （四）发展重点

航空透明高聚物材料的发展是为了满足航空器的技术发展要求。对于高马赫数飞机用关键结构透明件，气动加热引起的制件升温问题变得严重，对透明高聚物材料的耐温性要求提高。风洞试验表明，当飞机的飞行速度从 1.6 马赫提高到 2.5 马赫时，由于气动加热效应，飞机风挡部位的表面温度将从 93℃ 提高到 200℃。这已经远远超过了上述有机玻璃（PMMA）和聚碳酸酯（PC）材料的耐温性能。因此，对于高马赫数飞机用关键结构透明件，兼具无机玻璃材料高耐温、耐老化特点和聚合物材料质轻、抗裂纹扩展性能好、易成型加工等特点的高聚物光学材料将会是开发的重点之一。

另外，对于低空飞行甚至作战的航空器，风挡部分的抗鸟撞性能甚至抗弹击要求也逐步提升。因此复杂外形有机-有机复合结构、有机-无机复合结构透明材料的匹配、光学设计、制造技术与应用研究将是重点方向之一。而在观察窗/舷窗等非作战需求领域，具有更加稳定的疲劳寿命、更好的环境可靠性的透明高聚物材料和结构将是重点需求方向。

同时，先进航空器由于自身的服役功能需求，也对透明件提出了功能性要求，如雷达隐身、电加温、电磁屏蔽、红外隐身、耐磨、防雾等的一种甚至几种，功能薄膜成为透明件的重要组成部分。近年来，我国在低电阻、高透光度、长寿命功能薄膜和外表面隐身薄膜方面做了大量研究工作，已实现多种先进薄膜的工程化应用，但是，还有部分功能仍存在技术瓶颈，未完全实现，将是未来重点关注的方向之一。

总之，随着透明高聚物材料及透明件的设计、制造、评价测试等技术的提高和趋于完善，通过高性能透明材料研究、新结构设计、制造工艺改进以及表面功能化技术提升，实现透明件轻量化、结构与功能一体化、高环境适应性、高服役可靠性等更高的目标，是未来航空器对透明材料的总体应用需求。

## 六、树脂基复合材料

树脂基复合材料具有性能可设计、复合效应、多功能兼容、材料与构件同步制造，以及高比强度和比刚度、疲劳性能好、耐腐蚀、可整体成型等优点。19 世纪 60 年代新型高性能纤维，如硼纤维（1966 年）、碳纤维（1968 年）、芳纶纤维（1972 年）的出现，加速了先进树脂基复合材料的发展和在航空航天领域的应用，从非承力结构如整流罩等应用开始，通过在应用过程中不断积累经验，提高技术水平，完善配套技术，逐渐发展到在主要承力构件的应用。

航空航天装备应用的树脂基复合材料主要包括两大类，一类是为了装备平台实现轻量化所必须的碳纤维增强树脂基结构复合材料；另一类是为了装备实现探测、隐身等功能必须的有机纤维增强结构功能一体化复合材料。树脂基复合材料涉及各种碳纤维、高性能有机纤维、环氧、双马和聚酰亚胺等合成树脂，以及各种固化剂、吸收剂等化工新材料产品。化工新材料是树脂基复合材料发展的基础，支撑和决定了树脂基复合材料的发展和应用。

### （一）应用需求

作为我国经济社会发展的重大战略部署和国家创新驱动发展战略的一部分，我国将继续实施国家大型民机专项、航空发动机及燃气轮机专项等重大专项，对T800、T1000级等高韧性碳纤维复合材料和耐高温复合材料提出了迫切需求。国产大型宽体客机不但尾翼级次承载结构应用碳纤维增强复合材料，而且机翼、机身都将采用复合材料，用量超过50%，迫切需要大量应用T800级碳纤维增强的高韧性复合材料。商用航空发动机的风扇叶片、包容机匣、发动机短舱都需要采用高韧性碳纤维复合材料制造，以提高发动机的推重比，都对T800级碳纤维增强高韧性复合材料提出了迫切需求。

为实现航天强国梦想，我国将相继实施一系列重大航天科技项目和重大航天工程，重型运载火箭、可重复使用运载器对T800级和T1000级碳纤维增强树脂基复合材料、新一代卫星导航系统对M55J级碳纤维复合材料提出了迫切需求。

国内军用航空航天装备除迫切需要应用高性能碳纤维增强树脂基复合材料外，对结构隐身复合材料、结构透波复合材料以及结构防隔热树脂基复合材料也有迫切需求，要求发展宽频结构吸波、结构透波、防隔热和结构导电等结构功能一体化复合材料，建立材料指标体系、设计方法、制造技术和性能表征方法等，以支撑新型航空航天装备的发展。

航空航天装备发展对树脂基复合材料的总体要求如下。

(1) 高性能和多功能化　在未来的十几年中，复合材料的高性能化已经不再是力学性能的提高，更多的是以更高级的形式向结构/功能一体化复合材料发展，包括由宏观层面的复合向亚宏观和微观层面的复合发展，由实现机械功能为主的复合向实现电、磁、光、声功能的复合发展，以及进一步向机敏与智能复合材料、仿生复合材料等发展。

(2) 制造自动化　复合材料成型自动化是解决人工成本增加、环保督察及转型发展等问题的主要途径。要加强复合材料自动化制造设备的研制和自动化制造技术的推广应用，更积极建设自动化、智能化生产线，提升复合材料企业的机械化、自动化生产水平。

(3) 自主可控　树脂基复合材料对现代科学技术的发展有着十分重要的作用，已成为衡量一个国家科学技术先进水平的重要标志之一，特别是碳纤维增强树脂基结构复合材料和树脂基结构隐身、透波、导电等功能复合材料，更是一类涉及航空航天国防装备的关键战略性材料。美国以知识产权和国家安全为由的技术封锁和行业标准壁垒对我国复合材料产业发展成长造成严重影响，因此复合材料产业的发展必须关注从原材料碳纤维、高性能有机纤维、复合材料成型设备和技术、配套材料及其设备的全链条自主可控。

(4) 绿色环保化　2015年新《环保法》和2017年《中华人民共和国环境保护税法》施行，调整产品结构，向绿色化发展成为树脂基复合材料产业发展的必然选择。提升生物基高分子材料用量，推动热塑性复合材料的应用，降低复合材料制造的能耗，实现复合材料回收再利用等。

(5) 低成本化　复合材料的成本主要由成型加工工艺和原材料决定。需要不断发展复合新技术降低碳纤维复合材料的制造成本；需要着力发展低成本碳纤维技术，从原材料源头降低复合材料的成本。碳纤维复合材料的低成本化不但影响其在航空航天领域的应用，同样决定其能否在新能源、车辆和轨道交通、通用飞机等民用领域的规模应用。

## (二) 应用现状

(1) 碳纤维增强树脂基复合材料韧性和使用温度不断提高，初步形成了复合材料制造技术体系，实现航空航天装备主承力结构应用。

国外复合材料行业起步较早，20世纪中叶，就已经开始发展纤维增强树脂基复合材料的研究。目前行业内熟知的复合材料各类成型方法、性能评价标准、科研方向等大多由国外首创。总体而言，国内外复合材料科研和工程应用均有较大的差距。然而，国内复合材料经过40多年的发展，建立了复合材料构件研发平台和制造基地，发展了热熔预浸料生产和热压罐复合材料成型工艺技术、纤维带/丝缠绕成型技术、RTM 成型技术和复合材料结构整体成型技术，可研制和小批量生产碳纤维、玻璃纤维和芳纶增强高性能酚醛、环氧、双马和聚酰亚胺等多种复合材料，基本满足了航空航天领域的需求。自动铺带和自动铺丝，以及预浸料自动拉挤等先进高效的工艺技术正逐步得到应用，基本形成了复合材料制造技术体系。

国外先进军用飞机大量采用树脂基复合材料，如美国研制的F-22战斗机，其复合材料用量高达24%，F-35飞机复合材料用量达到35%，B787飞机复合材料用量高达50%。国内航空领域复合材料已经开始较大规模应用，航空装备的复合材料用量和应用水平得到进一步提升。四代机复合材料用量达到29%，大型运输机复合材料用量达到9%左右，直升机复合材料用量达到42%，C919大型客机复合材料用量达到10%左右，在研的CR929大型宽体客机复合材料用量也将达到50%左右。树脂基复合材料在航空发动机上应用范围越来越广，尖锥帽罩、进气机匣、风扇转子叶片、风扇静子叶片、风扇包容机匣、发动机短舱、反推装置、外涵机匣、矢量喷管外调节片、衬套等构件均可采用树脂基复合材料制造，减重效果显著。在设计方面，树脂基复合材料结构朝着气动性能优、整体化程度高、减重效果好、维修简化、结构功能一体化方向发展。复合材料风扇叶片通过采用三维复合弯掠气动造型，提高叶片的力学性能和效率、减少叶片数量。复合材料风扇机匣通过结构-包容性一体化设计，降低结构重量，提升风扇机匣的包容性能。在材料技术方面，主要朝着耐高温、高韧性方向发展。国外第二、三代聚酰亚胺树脂及其复合材料已经成熟稳定应用，且已实现耐热温度达426℃以上四代聚酰亚胺树脂的商业化（荷兰 TENCATE 公司，P2SI® 900HT），CAI值达到310MPa以上的第三代高韧性环氧与双马树脂基复合材料已实现应用，T800级碳纤维已在GE90、GEnx等发动机复合材料叶片、机匣上得到应用。在工艺与制造方面，国外在制备工艺的低成本化、自动化、数字化和整体化等方面已经做了大量的基础研究和应用，图3.5、图3.6分别是罗·罗公司采用自动铺放技术为"超扇"（UltraFan）发动机研制的复合材料风扇转子叶片和风扇包容机匣，目前正在组装首台"超扇"发动机验证机。采用液体成型技术、自动铺放技术、低温固化预浸料技术、成型工艺模拟仿真技术等，均可以缩短研制生产周期、提高合格率、降低成本。国外也已实现虚拟的设计-制造-验证-维修一体化环境的贯通。

图3.5 "超扇"发动机复合材料风扇叶片

图 3.6 "超扇"发动机复合材料风扇包容机匣

国外航天复合材料结构应用于土星 5、阿里安、猎鹰 9、能源号等运载火箭及三叉戟-2、战斧、白杨、侏儒等导弹武器。大型运载火箭的整流罩、卫星支架、仪器舱、级间断、储箱等结构及导弹武器的头锥壳体、弹体舱段、发动机壳体、弹翼、发射筒等结构广泛采用 IM7、T800H 等高强中模碳纤维为增强体的第二代结构复合材料,满足中高温使用需求,材料研制及工程应用水平非常成熟。国内航天领域先后发展了板壳、空间和内压壳体三种典型的结构复合材料系列,其中,板壳式复合材料以碳纤维/环氧为主,增强材料涵盖 T300 和 T700 碳纤维,比模量达到 40;空间复合材料以 M40J/环氧和 M55J/环氧为主,比模量在 70~100 之间;内压壳体复合材料以 T700 碳/环氧为主,质量比为 0.92。随着树脂基体性能的不断提高和先进工艺技术的逐步应用,我国航天结构复合材料的应用也正由小尺寸次承力结构向大尺寸主承力结构发展。

(2) 结构功能一体化复合材料技术得到突破并实现装备应用,为我国航空航天装备发展做出了突出贡献。

国外首先开展了结构-功能一体化复合材料技术研究,并在电磁屏蔽、吸波透波、雷达与红外隐身、超低吸湿、防尘防冰、自修复等方面建立了较大的先发优势。国内"十三五"期间,结构功能一体化复合材料技术取得很大进展,进入装备批量应用阶段。以支撑航空装备隐身化、轻量化为目标,突破了国产纤维吸/透波复合材料设计制造和质量控制等关键技术,实现了装备用吸/透波复合材料批量稳定生产。国内结构透波复合材料研究起步于 20 世纪 50 年代,形成了环氧、双马和氰酸酯等结构透波复合材料体系,成功应用于歼八、强 5、轰 6 以及预警机等众多型号,保障了国内航空装备研制生产的需求。

树脂基防热复合材料初步实现了树脂基防热复合材料低烧蚀速率和烧蚀形貌控制,实现了树脂基防热复合材料在航天装备上的应用。在载人航天和星空探测等发展计划的推动下,蜂窝增强低密度树脂基防热复合材料在载人返回舱上成功应用。

### (三) 存在问题

(1) 碳纤维研发和生产企业技术积累不够,碳纤维高端产品缺乏,中低端产品成本居高不下,工业化生产技术与装备落后明显。国产碳纤维发展以跟踪仿制模式为主,自主创新能力不足,具有市场竞争力的碳纤维工业化生产装备与工业生产技术仍有待突破,国产碳纤维成本居高不下,性能稳定性差。特别是国产高性能碳纤维价格远远高于国外宇航级碳纤维的价格，影响在航空航天装备的应用效果。

在高性能碳纤维禁运、国防需求迫切、国家高度关注以及市场需求等多重因素刺激下，涉足碳纤维研制生产的单位数量多，水平参差不齐，且多数企业单位都集中在T300级，低水平无序扩张愈演愈烈，不仅造成大量国家和社会资源占用与浪费，也有可能使产业陷入"投入依赖陷阱"，难以形成真正具有竞争力和可持续健康发展的产业。

(2) 树脂基复合材料制造工艺装备落后，自动化程度低，大规模工业化生产成套工艺与装备研发能力不足，复合材料设计与应用水平不高，已成为阻碍国内高性能复合材料产业进步的重要原因。

国内复合材料结构件设计总体上仍以"替代设计"为主，尚未采用先进科学方法自主设计、分析、试验与验证，造成复合材料的发展缺乏系统和科学的指导和牵引，应用比较局限。根据国外的实际应用统计，主承力结构使用T300级碳纤维复合材料的减重效率可达到25%左右，而国内的减重效率多数不到20%。

国内高性能复合材料预浸料热熔法制造技术和热压罐成型技术比较成熟，通过和自动裁剪、激光辅助铺贴技术相结合，提升了热压罐成型技术水平。液体成型、缠绕成型和自动铺放近年来也取得了较大突破，应用范围逐步扩大，但总体来看，自动化成型工艺的应用比例不足20%，与国外水平存在明显的差距。工艺落后使复合材料性能离散大、成品率低、成本高，已成为制约高性能复合材料发展的突出问题。

国内的复合材料关键制造装备总体处于以引进为主，研仿为辅的状况，部分装备如热熔预浸机、缠绕机、热压罐、热压机的设计制造取得了一定突破，基本能够满足复合材料制造的要求。复合材料自动铺放设备、预浸料自动拉挤设备的研制也取得了重要进展。但在科研和生产中发挥主要作用的还是进口装备，复合材料制造及检测用国产设备精度低、能效低、可靠性差，也已成为阻碍国内高性能复合材料产业进步的重要原因。

国内高性能树脂基复合材料应用水平与发达国家存在明显的差距。国内研制的ARJ 21支线客机复合材料用量不足2%，C919客机复合材料用量仅为10%左右，而国外最新研制的B787、A350等大型客机复合材料用量达到了50%以上。尽管国内碳纤维复合材料产业已经形成一定规模，但由于高性能碳纤维复合材料在大型客机等民用领域尚未形成规模，高端复合材料产业难以形成。

(3) 结构功能复合材料原材料基础薄弱，缺乏顶层设计和跨学科结合，尚未形成结构功能复合材料技术体系。

结构功能复合材料用增强材料、树脂基体、功能填料等原材料研究单位分散，低水平同质化竞争严重，性能无法满足低频段、全向隐身、透波、低密度防隔热、防弹等结构功能一体化复合材料研制的需求。新型超材料、频率选择、石墨烯等新技术、新材料在结构吸波和透波领域应用取得一定进展，但离实际工程应用要求仍然存在距离。

虽然国内相关单位在结构/吸透波复合材料、结构/防热复合材料研究取得了明显进展，部分结构功能复合材料性能达到或优于国外同类材料先进水平，支撑了武器装备的研发和生产。但总体而言，结构功能复合材料发展缺乏系统顶层设计，各单位之间缺乏协同融合，资源整合不够，技术不能共享，低水平重复和重要领域空缺共存，跨学科综合设计能力不足，结构功能复合材料尚未形成通用化、系列化、标准化的材料体系，缺少支撑未来技术发展的高性能产品，与需求有较大差距。

### (四) 发展重点

（1）立足原材料自主保障问题，保障航空航天复合材料的产业链安全。航空航天复合材料原材料已基本实现自主可控，但仍有部分原材料存在自主保障问题。

纤维方面：高模量碳纤维 M55J 和 M60J，高等级氧化铝、碳化硅纤维等目前仍主要依赖进口；已工程化应用的 T700 和 T800 级纤维存在成本较高、性能不稳定等问题。

树脂方面：针对第三代耐高温聚酰亚胺复合材料、高性能双马复合材料、高韧性环氧复合材料等主干材料的应用、材料体系数据、研发领域仍存在空白。部分树脂体系的改性添加组分，部分耐高温的成型辅助材料（如高温密封胶等）等仍依赖进口。需要高度关注原材料的自主保障，保证航空航天复合材料的产业链安全。

（2）加强复合材料关键工艺装备研发，保障航空航天复合材料产业持续健康发展。国内碳纤维生产装备与国外差距显著，缺乏装备自主设计制造能力，严重依赖国外进口，国内生产高质量碳纤维所必须的碳化炉和高温石墨化炉主要来自美国的哈泊公司和欧洲的西格里公司，大型高精度自动铺放设备、高压 RTM 成型设备、高温成型模具制造设备和高端精密机械加工装备均依赖进口，装备短板问题突出。因此，需要强化复合材料关键装备研发，保障航空航天复合材料产业持续健康发展。

（3）重点发展树脂基复合材料自动化制造技术，提升航空航天领域复合材料的产效和成本控制能力。航空航天复合材料主要以预浸料/热压罐工艺为主。虽然自动裁剪和激光辅助定位等技术得到应用，但铺贴预浸料仍以手工为主，自动化/数字化技术应用程度不高，难以满足航空航天装备复合材料构件"多品种、变批量、定制化"的新要求，生产效率低，制造成本高。需要重点发展树脂基复合材料自动化制造技术，提升复合材料构件的产效和成本控制能力。

（4）强化设计与材料工艺一体化融合，促进复合材料应用，扩大复合材料在航空航天装备的应用比例。与国外相比我国航空航天装备复合材料用量比例偏小，如大型运载火箭复合材料用量不到 10%，C919 客机复合材料用量仅达 10% 左右，树脂基复合材料在航空发动机上的应用尚处于起步阶段，而国外 B787、A350 等大型客机复合材料用量达到了 50% 以上。航空航天复合材料高端市场尚未形成，其重要原因是复合材料设计/材料/工艺等环节相对独立，技术"孤岛"现象明显，不能充分发挥复合材料结构和功能优势。需要强化设计与材料工艺一体化融合，发挥设计牵引作用，扩大复合材料在航空航天装备的应用比例，促进航空航天复合材料高端市场的形成。

# 第二节　化工新材料在医疗器械领域的应用

石油和化学工业规划院　张丽　樊星

## 一、医用高分子材料概况

### （一）医用高分子材料的性能要求及分类

医用化学品及材料按用途的不同，可分医用耗材（非器械类）、植入材料、包装材料、输液及储存材料等；按照材料性质的不同，可分为金属医用材料、高分子医用材料、陶瓷医用材料、复合材料等。

医用高分子材料主要是与人体直接进行接触，这对其生物特性要求极为严格。临床治疗中，医用高分子材料将直接与人体血液、皮肤或者体液相互接触，另外在治疗过程中还可能需要长时间或者短期内将医用高分子材料制成的器械置入患者体内，该材料必须具备力学性能稳定、化学惰性好、物理性能稳定、生物相容性佳等特殊性能，且材料容易获取，不会过分昂贵。

由于高分子材料具有成本低、容易加工、质轻坚韧等特点，在医疗器械中获得大量应用。目前，常用的高分子材料包括聚氯乙烯（PVC）、聚乙烯（PE）、聚丙烯（PP）、聚苯乙烯（PS）、ABS树脂、聚碳酸酯（PC）、氟塑料、热塑性弹性体（TPE）等。国内也涌现出一批医用高分子材料供应商，代表性企业有中石化、浙江信汇、台橡实业、宜兴丹森、威海帕斯砜等。

目前我国在医用高分子材料生产方面具有实力的企业仍然不多，虽然PVC、PP等基本实现国产，但是PE、PC、ABS树脂、聚苯硫醚等医用级材料仍依赖进口，未来一段时间内仍然会是制约我国医用塑料产业发展的因素。高端医用高分子材料是我国化工新材料行业补短板的重要内容和方向。医疗器械领域所用的典型化工新材料见图3.7。

### （二）医用高分子材料市场规模预测

根据我国行业划分，医药行业可以分为七个子行业：医疗服务、医疗器械、医药商业、原料药、化学制药、生物制药和中药。其中使用化工新材料的领域是医疗器械。医疗器械属于医药行业里面的制造业，主要用来改善生活质量或提高诊断检测效率。医疗器械行业的产品可以分为四个大类，包括低值耗材（如留置针、注射器等）、高值耗材（如心血管和骨科植入物等）、体外诊断（如诊断设备和试剂）、大型医疗器械（如医学影像设备等）。

国产医疗器械正值快速发展阶段，市场规模也在逐渐扩大。近年来，我国医疗器械行业生产企业数量不断增长，在医疗器械市场需求飞速增长的助推下，我国医疗器械生产企业实现了从2019年的1.6万家到2021年的2.5万家的飞跃。

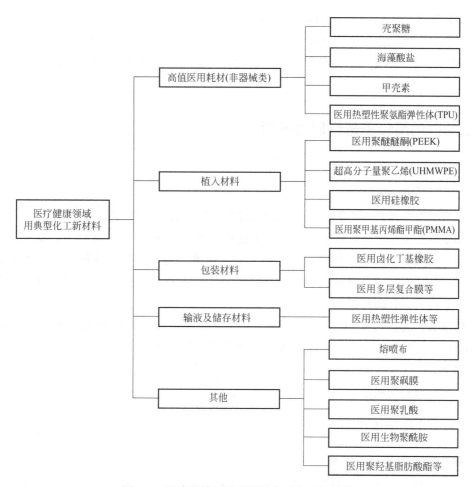

图 3.7　医疗器械领域所用的典型化工新材料

从需求侧看，我国医疗需求不断增长，国内医疗器械市场呈现巨大发展空间。加之，国家高度重视医疗器械行业的发展，加大投入和支持力度，我国医疗器械行业水平不断提升，产业开始逐步迈向高端市场。2019—2021 年医疗器械市场保持 10% 以上的增速，2021 年我国医疗器械的销售规模接近 9000 亿元。

从布局上看，我国已形成长三角、珠三角和京津环渤海湾三大医疗器械产业集聚区。其中，长三角主要生产开发以出口为导向的中小型医疗器械；珠三角以研发生产综合性高技术医疗器械为主；环渤海湾地区主要从事医用高分子耗材等的研发。

我国医疗器械行业市场提升空间巨大，进口替代比例大幅提升，尤其是大型医疗影像设备、心脏支架等高值耗材。其次，国家投入持续加大，对医疗器械的资金支持呈倍数增长。此外，医疗器械的流通渠道和价格将进一步规范，去除销售渠道中的不必要环节，从而使医疗器械产业发展形成良性循环，进而提升医疗器械的质量需求。总体来看，经过多年的积累和沉淀，我国医疗器械产业链已经比较完善，已经具备了快速发展的基础和助力，医疗器械创新进入了黄金期。据有关预测，未来几年我国医疗器械市场年均增长率约 14%，预测 2025 年市场规模将突破万亿元。

随着我国人口老龄化加速、各种疾病患病率上升以及居民健康意识的逐渐提高，中国的医疗支出近年来呈现稳步增长。医疗卫生产业成为21世纪继汽车、房地产、IT和互联网产业后的热点，医疗需求的快速升级将带动医疗卫生用新材料行业快速发展。初步统计分析，2021年我国高端医用化学品及材料市场规模约480亿元，预计到2025年将达到约750亿元左右。

## 二、主要医用高分子材料应用分析

### （一）概况

化工新材料中高性能树脂、高性能合成橡胶、高性能纤维及功能性膜材料等产品可作为原材料用于医疗卫生产业，以生产高值医用耗材（含植入材料）、包装材料、输液及储存材料等，重点发展的产品包括用于植入材料、新型瓶塞、血袋等的高性能树脂；用于输液导管、介入导管的高性能合成橡胶；用于透析膜等高值医疗设备的功能性膜材料及用于手术缝合、植入材料的高性能纤维等。

总体来看，我国医疗卫生领域所需化工新材料缺口较大，医用级超高分子量聚乙烯（UHMWPE）、聚砜、聚乳酸、硅橡胶、卤化丁基橡胶（HIIR）等产品的对外依存度达到50%及以上。

部分高端材料发展情况如下。

### （二）重点医用级产品

#### 1. 超高分子量聚乙烯树脂

超高分子量聚乙烯（UHMWPE）是相对分子量在150万以上的线型聚乙烯产品，是一种具有优异综合性能的热塑性工程塑料，可通过加工形成各类板材、管材、纤维、薄膜等制品，主要应用于军事如防弹衣、防弹头盔、防弹装甲、防割手套以及航空航天、航海装备、轨道交通、医用以及锂电池隔膜等高端领域。

全球UHMWPE市场主要由美国Celanese、巴西Braskem、荷兰DSM和日本三井化学等国外企业所占据。截至2021年，我国UHMWPE生产规模可达到13万吨/年，外资企业为塞拉尼斯（南京）化工有限公司，2019年扩产后，产能可达到3.4万吨/年，基本满负荷开工；本土生产企业主要有河南沃森、上海联乐化工、中玺新材料、九江中科鑫星、齐鲁石化等少数几家，产品市场集中度较高，但受技术限制，本土装置以间歇法生产居多，产品以中低端产品为主。2021年我国UHMWPE产量约8万吨，净进口4.5万吨，表观消费量12.5万吨左右。

UHMWPE具有良好的生物相容性、耐磨损性、抗疲劳性和耐久性，可广泛用于关节材料、组织支架、牙托材料、医用移植物和整形缝合、医用手套等高值耗材领域。UHMWPE在医疗领域的应用见图3.8。

人工关节是医用级UHMWPE最大的应用产品，目前我国人工髋关节和膝关节植入量每年已超过90万例，随着国内人口老龄化程度的加深与人们生活水平的提高，人工关节的需求量将逐年递增。

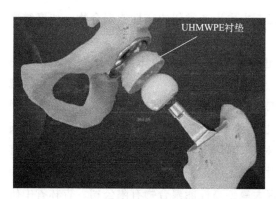

图 3.8　UHMWPE 在医疗领域的应用

人工关节材料中的衬垫 90％ 以上都使用医用级 UHMWPE，其在人工关节中的作用类似于关节软骨，承载着较大的摩擦负荷和冲压，因此，UHMWPE 的耐磨性和抗氧化性是影响人工关节使用寿命的重要因素之一。我国从 1990 年起逐渐在人工关节的生产中使用医用级 UHMWPE，但国产 UHMWPE 分子量较低，同时国内成型加工工艺以及关节制造工艺等较落后，导致人工关节临床使用寿命短于国外进口产品。

UHMWPE 的耐磨性与分子量成正比，分子量越高，其耐磨性越好。一般来说，医用级 UHMWPE 是分子量大于 $3×10^6$、黏数 $\geqslant 2000 mL/g$、拉伸应力 $\geqslant 0.2 MPa$ 的粉体。目前我国医用级 UHMWPE 的消费量约 4500 吨，其中 75％ 为进口产品，国内供应也主要为外资企业。本土企业方面，2020 年 7 月，中玺新材料成功生产出分子量为 $5×10^6$ 的 UHMWPE 产品，根据公司介绍，可为下游人工关节生产企业提供原料供应。

UHMWPE 人工关节可采用柱塞挤出和模压成型两种方式制备基材，然后改性机加工后得到人工膝关节、髋关节等制品。模压成型的 UHMWPE 具有各向同性的晶体取向，是目前制造人工关节的主流。目前，我国人工关节国产化率约 35.3％。其中，髋关节国产化率约为 53.9％，膝关节则不足 30％。2021 年 6 月 21 日，国家组织高值医用耗材联合采购平台官网发布了《国家组织人工关节集中带量采购公告（第 1 号）》，代表着国家组织人工关节集中带量采购正式开启。随着国产人工关节生产技术的不断迭代，国产厂商骨科关节产品已经逐步具有竞争力，带量采购将有望加速国产化。

未来，我国 UHMWPE 企业应加强科研投入，更加注重医用级 UHMWPE 粉体的研发和生产，通过下游企业的验证并保证稳定供应，为进一步降低国产人工关节成本提供支撑。人工关节生产企业需进一步加强对医用级 UHMWPE 的改性研究，以进一步提高其耐磨性和抗氧化性，延长人工关节使用寿命。

**2. 聚醚醚酮（PEEK）**

聚醚醚酮是聚芳醚酮类聚合物的最主要品种，其分子链中含有大量的苯环，具有优良的物理和化学性质、力学和热等性能，在电子电器、航空航天、汽车、能源及其他工业、医疗等多个领域已经得到应用。

全球聚醚醚酮的生产主要集中在英国、印度、中国，消费则集中在欧洲、北美地区。市场高度垄断，威格斯、索尔维两家公司占有九成以上的市场份额。2021 年，全球 PEEK 产能合计 11350 吨/年，其中仅威格斯、吉林中研能够使用 5000L 反应釜进行 PEEK 聚合生产。此外，日本住友等也有少量生产；杜邦、巴斯夫也生产类似的高性能聚合物，如聚醚酮酮，但还没有实现工业化生产。

PEEK自1978年商业化生产以来，消费量也稳步增长，初步估计2021年全球PEEK消费量约6500吨。PEEK在航天航空、核能电力、电子信息、医疗、石油开采、汽车等领域的高技术中得到广泛应用，在全球市场中，PEEK在交通运输领域应用最为广泛，占比达到40.2%左右，机械化工领域占比约为25.3%，电子信息领域占比达24.4%，医疗及其他领域应用占比约为10.1%。PEEK在医疗领域等对PEEK材料有着更高要求的行业，通常有更高的质量要求，但同时也会体现产品更高的附加值。

我国已经初步实现了聚醚醚酮的工业化，吉大赢创高性能聚合物有限公司、吉林省中研高分子材料股份有限公司两家分别建成千吨级装置。国内部分产品已达到国际水平，但从实验室到工业化的过程中存在诸多难点，国内应用量还很有限，产业有待加快发展。随着国内产能增长、产品质量升级、PEEK纤维等后加工技术进步，PEEK在汽车零部件、电子信息、通用机械以及医疗器械领域的消费潜力很大。

在医疗器械领域，聚醚醚酮树脂可适宜循环高压灭菌，这一特性使它可以应用于对灭菌要求高、可反复使用的医疗领域如手术和牙科设备。聚醚醚酮在热水、蒸汽、溶剂和化学试剂条件下可表现出较高的机械强度、良好的抗应力性能和水解稳定性，可用于制造需高温灭菌的医疗器械。聚醚醚酮质量轻、无毒、耐腐蚀的特性使它与人类骨骼性能相接近，可与肌体有机结合，可用于代替金属制造人体骨骼。

**3. 聚砜系列**

聚砜产品类型包括双酚A聚砜（PSU）、聚芳砜（PAS）和聚醚砜（PES）等，目前以双酚A型聚砜为主。双酚A型聚砜以及聚醚砜，由于有好的热稳定性和尺寸稳定性，耐水解、耐辐射、耐燃等，应用较为广泛。聚芳砜的刚性和耐热性很好，而聚醚砜的柔性非常好。聚芳砜（PAS）和聚醚砜（PES）耐热性更好，在高温下仍保持优良的力学性能。

聚砜材料在国际市场上供不应求，国外生产聚砜的主要企业有美国联合碳化合物公司、Amoco聚合物公司、Solvay先进聚合物公司、ICI公司、俄罗斯的谢符钦克工厂、BASF公司以及住友公司等。2021年全球聚砜树脂（纯树脂）产能超过8万吨/年。

2021年，全球聚砜消费量约6.9万吨，主要消费领域及占比为：医疗27%、交通26%、日用/食品16%、电子电器16%、工业及其他15%。在消费地区方面，美国是聚砜最大的消费市场，全球消费量占比约37%，欧洲和日本消费量占比分别约为28%和11%。随着全球人口老龄化和对人们对健康生活的消费升级、汽车轻量化和节能减排的趋势发展以及电子器件的小型化对材料的耐高温性能提出更多的要求，未来聚砜在医疗、飞机、汽车、日用家居、电子电器、工业水处理等领域将持续渗透。

我国聚砜树脂产能约1.5万吨/年，主要生产企业包括广东优巨新材、山东浩然特塑、山东津兰特种聚合物、上海帕斯砜、长春吉大特塑等。国内聚砜树脂产品种类较为齐全，包括PSU、PES、PPSU等。近年来国内企业经过持续的研究已经能够实现聚砜树脂的量产，但是在产品品质方面，目前还处于中低端位置，高端产品严重依赖进口。

目前国内几家生产砜类树脂的公司大都还处于中试生产规模，仅威海帕斯砜新材料有限公司、山东津兰特种聚合物有限公司等建设了千吨级聚砜生产装置。近年来，我国高端聚砜市场一直处于供不应求的状态，市场需求空间较大，且随着下游需求市场的不断拓展，对高端聚砜产品的需求增速较快。

2021 年，国内聚砜消费量达到 1 万吨，其中 PSU 消费量约 4500 吨。聚砜的主要应用领域包括医疗器械、日用/食品、交通、电子电器、工业水处理等领域，各板块消费占比分别约为 33%、28%、20%、11% 和 8%。

在医疗卫生领域，因为聚砜透明性和耐热水、蒸汽、乙醇性及卫生性特点，可用于制作防毒面具、接触眼镜片的消毒器、内视镜零件、人工心脏瓣膜、人工假牙等；聚醚砜可制成人工呼吸器、血压检查管、牙科用反射镜支架、注射器等。聚砜和聚醚砜还可制成超过滤膜和反渗透膜等。

**4. 聚甲基丙烯酸甲酯（PMMA）**

聚甲基丙烯酸甲酯俗称有机玻璃，是具有无定形结构的高透明热塑性材料，其透光率达 92%，产品通常分为模塑料、浇铸型和挤出型板材，被广泛应用于建筑、广告、交通、医学、工业、照明等领域。

聚甲基丙烯酸甲酯生产有多种原料路线和生产方法，全球产能集中于法国 Total、英国 Lucite、德国赢创德固赛等几家大型跨国公司，另外日本的三菱丽阳、住友、旭化成、可乐丽，中国台湾的奇美公司也占有重要地位。

国内聚甲基丙烯酸甲酯生产企业主要有镇江奇美、南通丽阳、德国赢创、苏州双象、万华化学、璐彩特国际、黑龙江龙新、惠菱化成、上海泾奇、宁波伸春和可乐丽张家港等。2021 年国内聚甲基丙烯酸甲酯产能超过 80 万吨/年，产量 63.9 万吨，消费量 82.2 万吨，总体自给率 77.8%。由于国内（高端品种）产能不足，一直是聚甲基丙烯酸甲酯的净进口国，进口产品多为光学级聚甲基丙烯酸甲酯，与其他工程塑料一样，聚甲基丙烯酸甲酯呈现低端产能过剩，高端长期依赖进口的局面。

目前国内聚甲基丙烯酸甲酯约 4.5 万吨用于医疗卫生领域。医用聚甲基丙烯酸甲酯具有良好的生物相容性、耐生物老化性，且易于塑形，至今仍是临床上颅骨成形术的首选材料。它被用来作为颅骨修补材料、胸腔充填材料、人工关节骨粘固剂以及义齿、牙托等。它是目前塑料中透光性能最好的一种，因此还可制作眼科用人工晶状休、各种病理标本及人工器官外壳等。还可制作婴儿保温箱，手术、医疗仪器及用具等。

**5. 硅橡胶**

硅橡胶是指主链由硅和氧原子交替构成，硅原子上通常连有两个有机基团的橡胶，普通的硅橡胶主要由含甲基和少量乙烯基的硅氧链节组成。硅橡胶按硫化机理可分为热硫化型（也叫高温硫化硅胶，HTV）和室温硫化型（RTV）两大类，按商品形态不同又分为混炼硅橡胶与液体硅橡胶两大类。硅橡胶品种多、形态多，生产厂家一般拥有数十个乃至上百个品种牌号，产品广泛应用于民用和军品生产的众多领域，在某些方面发挥着不可替代的作用。

国外硅橡胶生产企业有美国通用电气、美国瓦克、美国道康宁、日本信越等。2021 年，我国硅橡胶产能 150 万吨/年，国内主要生产企业有合盛硅业、东爵有机硅、新安化工、埃肯有机硅、山东东岳等，产量 90 万吨左右，有少量出口，表观消费量约 89.5 万吨，总体供需平衡。

用于医疗卫生领域的硅橡胶主要为液体硅橡胶,液体硅橡胶是一种无毒、耐热、高复原性的柔性热固性透明材料,其流变行为主要表现为低黏度、快速固化、剪切变稀以及较高的热膨胀系数。液体硅橡胶具有良好的生物相容性,在现代医学中发挥了重要作用,广泛应用于人体植入材料和人体接触材料,并逐渐替代医用级 PVC 和天然乳胶。硅橡胶在医疗领域的应用见图 3.9。

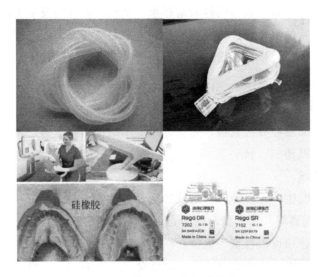

图 3.9　硅橡胶在医疗领域的应用

(1) 导管　我国医用导管材料以医用 PVC、硅橡胶、天然乳胶和 TPE 等为主,根据医用导管留置人体部位的不同,医用导管主要的组成材料各异。长期以来,由于 PVC 的成本较低,且易于加工,是目前医用导管的主流材料。但 PVC 材料中残留的氯乙烯单体和添加在其中的增塑剂会对人体的健康产生威胁,伴随着技术的不断进步,硅橡胶、TPE 和 TPU 材料凭借着无毒、不需添加剂加工、良好的生物性能等,逐步成为替代 PVC 的新型材料。

医用硅橡胶导管一般耐温区间在 -60~300℃ 之间,具有以下特点:①透明度高、卫生等级高,环保、高效无味,可高温消毒和高压消毒;②剪切强度高,高抗撕裂,低收缩率,回弹性好;③耐高低温性能强,在高温下也会变形,亦会产生有害物质,生理惰性、耐生物老化性能强;④卫生环保等级高。

(2) 其它植入材料　硅橡胶用于人体植入材料可制作无线心脏起搏器、人体肌肉材料、医用人体皮肤缝合硅胶块、人体软组织填充剂、人工骨及支架等,尤其在医美领域,硅橡胶是需求量最大的医用高分子材料之一。其主要用于修补面容的缺陷、治疗外耳的缺损、颅骨和胸部的整容、修补内脏等,最常见的为隆胸手术。

(3) 其他领域　硅橡胶在口腔领域可用作口腔印模材料、自充气气囊式中空托牙以及口腔矫正用具等,同时,也可用于敷料、医用手套、医用护目镜、按摩器及医用橡胶塞的生产。

2021 年,我国医疗级硅橡胶用量约 4.5 万吨。新安化工、埃肯星火有机硅等国内有机硅行业龙头企业目前已可生产医疗级硅橡胶产品。新安化工的液体硅橡胶被评为"2020 年浙江省优秀工业产品",并达到医疗级。埃肯星火有机硅于 2018 年推出首款医疗级液体硅橡胶系列产品,并通过了第三方权威机构的 ISO 10993 生物相容性测试认证,其中 LSR8600 液体硅橡胶产品可用于生产硅橡胶医疗面具,且已在社会上投入使用。

目前,国产医疗级硅橡胶用于附加值相对低的医用导管、口腔印模材料、医用面具、医用手套等产品,如心脏起搏器、人体软组织填充材料等附加值较高的医用耗材仍依赖进口产品。国内硅橡胶生产企业应进一步加强技术投入,提高医疗级硅橡胶产品品质,逐步替代进口高端产品。

**6. 卤化丁基橡胶(HIIR)**

卤化丁基橡胶可分为氯化丁基橡胶、溴化丁基橡胶,是溶于脂肪烃(如己烷)中的普通丁基橡胶与氯、溴发生卤化反应的产物。相比其他合成橡胶,卤化丁基橡胶拥有更好的气密性,主要用于内衬密封层、医用瓶塞、防腐衬里等领域,并不断替代普通丁基橡胶。

国外卤化丁基橡胶的生产企业主要为美国 ExxonMobil 公司、荷兰 Arlanxeo 和俄罗斯 NKNK,这三家企业占据了一半以上的卤化丁基橡胶市场份额。我国在 2010 年前后开始了卤化丁基橡胶技术的研发和装置的建设工作。2021 年,我国丁基橡胶产能达到 41 万吨/年,产量约 25 万吨,净进口量 18 万吨,表观消费量 43 万吨左右;其中,卤化丁基橡胶产量约 14 万吨,年消费量在 30 万吨左右。卤化丁基橡胶产业聚集度高,国内生产企业只有北京燕山石化、浙江信汇、山东京博及宁波台塑四家。丁基橡胶下游主要消费领域有轮胎、医药瓶塞及其他,占比分别为 85%、8% 和 7%。

在医疗卫生领域,医用级卤化丁基橡胶是医药瓶塞和密封件材料的主要选择。医药用瓶塞是直接与药品相接触的密封包装用特殊橡胶制品,其性能和质量直接影响到药品的有效性、安全性、质量稳定性及使用方便性。由于天然胶塞的生物安全性缺陷、易与药品发生反应以及气密性较差等特性,对于公众安全用药产生很大威胁,自 2005 年起,国家食品药品监督管理局规定用丁基胶塞代替天然橡胶胶塞。卤化丁基橡胶不但透气率低,而且还有优良的耐氧化、耐酸碱、耐热和耐化学破坏的性能。使用卤化丁基橡胶瓶塞,除制药厂可简化分装工艺,改用开口铝盖,取消封蜡和降低成本外,还可方便注射使用(见图 3.10)。

图 3.10 注射用卤化丁基橡胶医用瓶塞

2020 年以后,随着新冠肺炎疫情的爆发及持续,新冠疫苗对医用瓶塞需求持续增大,卤化丁基橡胶在医用胶塞领域的消费量达到 2.4 万吨左右。目前,我国医用级卤化丁基橡胶仍以进口为主,主要是下游客户考虑到药用胶塞质量的稳定性、安全性以及与药品的相容性等因素,不轻易更换原料供应商。

未来,我国卤化丁基橡胶生产企业应与下游医药企业展开合作,推动下游医药瓶塞生产企业对国产卤化丁基橡胶进行试用及评价,尽早进入医药领域市场。

**7. 热塑性聚氨酯弹性体(TPU)**

热塑性聚氨酯弹性体(TPU)是一类加热可以塑化、溶剂可以溶解的弹性体,具有高强度、高韧性、耐磨、耐油以及对油、化学品、紫外线的抵抗性等优异的综合性能。其主要终端市场包括建筑、汽车、鞋材、线缆、医疗、管道、电子等。

国外 TPU 生产企业有德国拜耳、德国巴斯夫、美国路博润、美国亨斯迈等。截至目前，我国 TPU 产能达到 59.5 万吨/年，主要生产企业有烟台万华、浙江华峰、美瑞新材等内资企业及部分外资企业（巴斯夫、路博润、科思创等），其中，烟台万华和浙江华峰两家企业的 TPU 产能占国内总产能的 38% 左右。2021 年，我国 TPU 产量约 42 万吨，净进口量 10.8 万吨左右，表观消费量约 52.8 万吨。

TPU 之所以能应用于生物医学领域，与它所具备的优异性能是分不开的。TPU 具有优良的抗凝血性能；毒性试验结果符合医用要求；临床应用中生物相容性好，无致畸变作用，无过敏反应；优良的韧性和弹性，加工性能好，加工方式多样；优异的耐磨性能、软触感、耐湿气性、耐多种化学药品性能；能采用通常的方法灭菌，暴露在 X 射线下性能不变。目前在医疗卫生上，特别是在制造植入人体的各种医疗用品上，TPU 有着广泛的用途，应用领域包括人工心脏瓣膜、人工肺、骨黏合剂、人工皮肤与烧伤敷料、心脏起搏器导线、缝线、各种夹板、导液管、人工血管、气管、插管、齿科材料、计划生育用品等。受到新冠肺炎疫情的持续影响，TPU 薄膜在防护服上的应用也将持续增长。TPU 在医疗领域的应用见图 3.11。

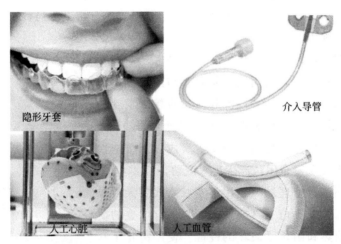

图 3.11 TPU 在医疗领域的应用

目前我国 TPU 在医疗卫生领域的消费量约 3 万吨，产品基本被一些跨国公司主导。国外企业包括德国拜耳、巴斯夫，美国路博润、亨斯迈等都在增加新产品的研发力度，具有高附加值的热塑性聚氨酯弹性体产品不断被开发并投入市场。国内企业中，烟台万华、美瑞新材的部分 TPU 产品可用于医疗卫生领域。

**8. 聚乳酸（PLA）**

聚乳酸是一种新型的生物基及可再生生物降解材料，使用可再生的植物资源（如玉米、木薯等）所提出的淀粉原料制成。淀粉原料经由糖化得到葡萄糖，再由葡萄糖及一定的菌种发酵制成高纯度的乳酸，再通过化学合成方法合成一定分子量的聚乳酸。其具有良好的生物可降解性，是公认的环境友好材料。

聚乳酸（PLA）具有良好的生物降解性、生物相容性、热稳定性、抗溶剂性和易加工性等优点，可用作包装材料、纤维和非织造物等，主要用于服装（内衣、外衣）、产业（建筑、农业、林业、造纸）和医疗卫生等领域。

全球产能不断提升，到 2020 年全球聚乳酸产能接近 40 万吨/年。美国 NatureWorks 是投产产能最大的聚乳酸生产商。NatureWorks 在 2001 年建设了世界最大的聚乳酸生产工厂，是目前全球聚乳酸年产量唯一达到 15 万吨的企业，其产能占全球的 30% 左右。NatureWorks 还筹划在东南亚建 7 万吨的分厂，原料主要是玉米淀粉。

目前国内已建并投产的生产线不多，且多数规模较小，主要生产企业包括吉林中粮、海正生物等，而金丹科技、安徽丰源集团、广东金发科技等公司的产能仍处于在建或拟建中。2021 年底，PLA 建成产能 60 万吨/年。近两年在政策的推动下，PLA 产能正处于快速扩张期，据不完全统计，目前在建或规划产能达到 160 万吨/年。

目前国内聚乳酸消费量约十多万吨，其中聚乳酸在医药领域应用非常广泛。生物医药是聚乳酸最早开展应用的领域。聚乳酸的相容性与可降解性良好，对人体有高度安全性并可被组织吸收，加之其优良的物理机械性能，可制作一次性输液工具、免拆型手术缝合线、药物缓释包装剂、人造骨折内固定材料、组织修复材料、人造皮肤等。例如，高分子量的聚乳酸有非常高的力学性能，可用于替代不锈钢，作为新型的骨科内固定材料如骨钉、骨板等。作为非织造布的纤维材料，聚乳酸纤维具有良好的手感、悬垂性及回弹性，优良的卷曲性及卷曲稳定性，可控制缩率。由静电纺丝技术制备得到的聚乳酸防粘连膜，克服了常规工艺制备的聚乳酸脆度高、柔韧性差的缺点，具有纤维直径小，空隙大，比表面积大，组织细胞易吸附、浸润和生产等特点。

**9. 聚羟基脂肪酸酯（PHA）**

聚羟基脂肪酸酯（简称 PHA 或 PHAs）是由 100~30000 个相同或不同羟基脂肪酸单体聚合的高分子材料，属于聚酯类。PHA 是在微生物体内发酵而成的，而且许多微生物都可以合成 PHA，到今天为止已经发现了超过 150 种 PHA 单体，已产业化的有四代产品，但实际得到规模化生产的只有几种。较常见的品种有二元共聚物 3-羟基丁酸（3HB）和 4-羟基丁酸（4HB）的共聚酯 P3HB4HB、3HB 和 3-羟基己酸（HHx）的共聚酯 PHBHHx 等。

由于 PHA 拥有与传统塑料相似的理化性能，并且具有良好的生物可降解性与生物相容性，这些特性让 PHA 从 20 世纪 70 年代开始获得越来越多的关注，作为传统石油塑料的代替品和优秀的医用植入材料而受到深入的研究。越来越多的 PHA 应用场景正在被开发出来，除了主要的环保包装材料、农膜、医用植入材料市场外，在药品、化妆品、器具类材料、塑料添加剂、动物饲料、废水处理等市场的应用前景也非常广阔。目前摆在 PHA 应用面前最大的困难就是成本高，因此目前 PHA 多用于医药及化妆品领域。

聚羟基脂肪酸酯生产和应用方面的主要技术专利仍掌握在美国、欧洲、日本等发达国家和地区中，但我国这几年在这方面的研究取得了长足的进展，在生产方面掌握了一些具有自主知识产权的菌种和后期工艺，特别是近两年在组织组织工程研究方面有较好的研究成果，这些为国内产业化打下了良好的基础。

2021 年，全球 PHA 产能约 3 万吨/年，产量约 1.5 万吨/年。国外生产企业主要有日本 Kaneka 公司、巴西 Biocycle 公司和德国 Biomers 公司等。2021 年，我国 PHA 已建成产能仅有 1.8 万吨/年，拟建产能 10 万吨/年。目前国内生产厂家少，现有产能的装置利用率也极低，大部分 PHA 应用仍处于研发阶段，尚未成熟的技术和其高昂的成本是限制 PHA 推广的主要原因。

医疗级聚羟基脂肪酸酯有优异的生物相容性，降解过程中可以维持力学性能，而且其降解产物可以促进细胞快速生长，其在组织修复和可吸收医疗器械中大有可为。可用于骨科、牙科、外科等领域的研究，具体产品有疝补片、手术缝线、血管夹、软骨、神经导管、人工食道、血管支架等。

### 10. 聚对二氧环己酮（PDS）

聚对二氧环己酮主要是由乙二醇、金属钠、氯乙酸等反应后，制成对二氧杂环己酮单体，然后以有机金属化合物如二乙基锌或乙酰丙酮锆为催化剂，用纯度 99% 以上的对二氧杂环己酮开环聚合成高分子聚合物，是一种脂肪族聚醚酯，外观为乳白色颗粒或粉末状，无毒性。聚对二氧环己酮具有生物相容性优、可生物降解以及生物可吸收性，且强度高、韧性好，可采用注塑、静电纺丝工艺加工成型，可以应用在医疗、美容、包装等领域。

在医疗领域，聚对二氧环己酮由于优良的强度、韧性以及生物相容性、生物降解性，可制造植入性医疗器械，例如骨修复材料、骨固定材料、手术缝合线，其降解产物可随代谢排出人体外，安全性高。聚对二氧环己酮也可用来生产止血钳等手术器械，以及止血膏、医用黏合剂等产品。

在医美领域，聚对二氧环己酮可生产悬吊线、提眉线、隆鼻线、埋置线、魔术线等产品，植入面部下巴、八字纹、脸颊等位置，可提拉肌肤、紧致皮肤，达到面部提升效果。除面部外，聚对二氧环己酮也可以植入颈部、胸部、上臂、腹部、臀部等，达到塑形效果。

全球范围内，美国强生公司是聚对二氧环己酮主要生产商，其产品主要是植入性医疗器械。现阶段全球聚对二氧环己酮产量少、价格高，应用范围较窄，一次性塑料制品市场尚未开发，整体市场规模小，未来发展空间大。

我国聚对二氧环己酮行业还处于产品开发、示范应用阶段，未实现规模化生产，医疗、医美领域需求主要依靠进口。在国家政策的推动下，我国聚对二氧环己酮产业化发展速度有望加快，未来将实现规模化生产。目前国内有武汉克米克等少数企业可以小规模生产，产品有工业级、医药级。

### 11. 熔喷布

熔喷布属于非织造布，其以聚丙烯为主要原料，纤维直径可以达到 $1\sim5\mu m$。其空隙多、结构蓬松、抗褶皱能力好，具有独特的毛细结构的超细纤维可增加单位面积纤维的数量和表面积，从而使熔喷布具有很好的过滤性、屏蔽性、绝热性和吸油性。熔喷布可用于空气、液体过滤材料、隔离材料、吸纳材料、口罩材料、保暖材料、吸油材料及擦拭布等领域。

除了聚丙烯以外，高熔体流动速率的聚酰胺（PA6）、聚乙烯（PE）、聚对苯二甲酸乙二醇酯（PET）等也是可以用来生产熔喷无纺布。综合考虑工艺、技术、产能、成本等各方面的因素，聚丙烯相对来说是最便宜且产量最大的，因此，大部分企业都选择聚丙烯作为原料。

2020 年以来，由于新冠肺炎疫情在全球范围内的蔓延，导致全球医用防护用品需求激增,全球口罩急速短缺,生产口罩的关键材料——熔喷布前期产能有限,出现阶段性失衡,熔喷布的价格一度疯涨,致使熔喷布行业呈现井喷式增长。为了防控新型冠状病毒疫情,国务院于 2020 年 3 月 8 日发布公告,面对口罩核心原材料熔喷布需求井喷,国务院指导并推动相关企业加快生产线建设、尽快投产达产,扩大熔喷布市场供给,为疫情防控提供保障。我国熔喷布生产线从 2019 年的 200 条增长到 2021 年的 5000 条以上,随着疫情的常态化,国内外对医用口罩的需求趋于稳定,许多企业的跨界生产也使整个行业出现供大于求的情况。我国主要的熔喷布生产企业有中国石化(北京燕山石化、仪征化纤)、恒天嘉华、欣龙股份、量子金舟等。熔喷布产业链全景图见图 3.12。

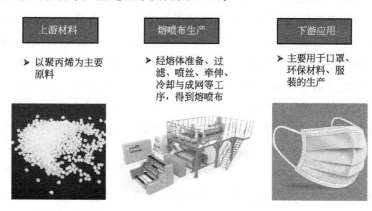

图 3.12 熔喷布产业链全景图

熔喷布在医疗领域中主要用于生产医用口罩及 N95 口罩,其是这两种口罩的核心组成材料。目前,医用口罩及 N95 口罩是由纺黏层、熔喷层和纺黏层构成的,其中,纺黏层、熔喷层均由聚丙烯材料构成。医用口罩结构示意图见图 3.13。

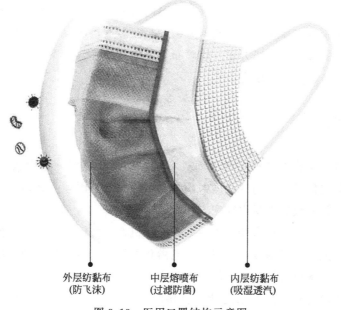

图 3.13 医用口罩结构示意图

2021年因新冠肺炎疫情得到有效控制，医用口罩及N95口罩市场需求有所下滑，过剩的口罩产能将面临较大的调整，总体产量有所回落，同比增速降低6.93%，产量为94亿只。有关数据显示，2021年我国口罩行业整体产值达到130亿元，同比增长12.4%，其中医用口罩产值超过70亿元，同比增长14.0%。

一般来说，1只用料较足的口罩，需要20～25g聚丙烯纤维料，按此计算，2021年我国口罩对聚丙烯的需求量最多为23万吨左右，而2021年我国聚丙烯产量约2860万吨，该需求量仅占聚丙烯产量的0.8%左右，需求占比较小，国内聚丙烯生产企业基本能满足需求。

但熔喷布行业的发展还面临以下问题：

第一，熔喷布行业在新冠疫情暴发初期呈爆炸式增长，为满足全球对医用防护品的需求，许多企业跨界生产熔喷布，给行业带来了一些混乱，甚至出现了劣币驱逐良币的现象。

第二，目前国内聚丙烯熔喷料的普遍生产方法，是以聚丙烯为基础原料，采用过氧化物为降解剂，用可控流变的方法来改善树脂的流动性及分子量分布。这个方法除聚丙烯树脂外，一般还需加入过氧化物、润滑剂、抗氧剂等，生产过程较为复杂，因此需要在生产各个环节上，严格保证产品质量。国产产品与国外聚丙烯熔喷专用料的先进生产方法、技术手段尚存在差距。

第三，熔喷布及其下游应用市场受外部政策和特殊事件影响较大，疫情期间熔喷布需求井喷，每吨单价从原来的2万元涨到了50多万元，后期回落到10多万元，如今国内新冠肺炎疫情反弹，其价格又飙升到50多万元/吨。一般时期，熔喷布产品高度同质化特点导致其未受到市场的重视，市场需求保持在低位，企业大部分前期引进的设备都处于闲置状态，绝大部分的生产线仅能生产PP熔喷布，运营压力较大。

新冠肺炎疫情给我国熔喷布行业带来了复杂的变化，国家层面明确要求加大行业支持力度，为技术条件好、创新能力强、市场竞争优势突出的企业发展打开绿灯。在后疫情时代，熔喷布行业结构性产能过剩的风险依然存在。国内熔喷布生产企业需加强对高性能熔喷产品的研发，行业龙头企业应加速多种工艺的升级和相互渗透，加大在高效化、专业化、绿色化和智能化方面的研发投入；市场方面，熔喷布行业应加快淘汰落后及微下产能和技术工艺，推动产业多元化发展，提高市场竞争力。

## 三、展望与建议

目前我国在医用高分子材料生产方面具有实力的企业不多，高端医用级材料仍依赖进口，未来一段时间内仍然会是制约我国医用塑料产业发展的因素。高端医用高分子材料是我国化工新材料行业补短板的重要内容和方向。

未来我国医用高分子材料市场潜力巨大，充满机遇。我国人均医疗器械费用远低于发达国家，而且我国巨大的人口基数、城镇化、老龄化的发展趋势，将拉动医用高分子材料需求增长。另一方面，以国产替代进口产品还有很大发展空间。

建议加强应用市场开发。医用高分子材料的应用是一门新兴化、年轻化、边缘性的学科，涉及学科范围较广，包含化工、化学、生物、药学、医学等多个领域。需要加强不同领域的产学研联盟，协同发展。

建议加强改性技术开发。高分子材料的表面改性技术仍不很成熟，一些生物医用器件的生物相容性还不十分理想，仍有待进一步发展与完善。比如，聚醚醚酮与人类骨骼性能相接近，可应用于代替金属制造人体骨骼，但未经表面改性的聚醚醚酮材料生物相容性差，易使机体产生强烈免疫排斥反应，因此需要通过在表面与活性因子结合改善聚醚醚酮材料表面的生物活性。随着技术的进一步发展，希望越来越多的改性手段和改性物质被开发利用，可以满足医用领域对高分子材料的更高要求。

## 第三节　化工新材料在体育装备领域的应用

石油和化学工业规划院　闫泽

体育产业是世界各国经济社会发展的重要组成部分，与大众生活紧密相关。2020年，美国体育产业以5200亿美元的产值居世界首位，该数据约占其总产值的2.5%。欧盟成员国体育产业占总产值的平均水平达到2.6%。日本也将体育产业列为其支撑经济发展的十大支柱产业之一。

我国体育产业萌芽于20世纪80年代，1990年北京亚运会后正式起步，随后进入30余年的蓬勃发展期。根据国家体育总局核算数据，2020年我国体育产业规模达到2.7万亿元，体育产业增加值达到10735亿元，其中体育服务业、体育用品及相关产品制造业、体育场地设施建设三大组成部分对行业增加值的贡献率分别为68.7%、29.3%和2.0%。我国体育产业发展历程的几个重要时间节点如图3.14所示。

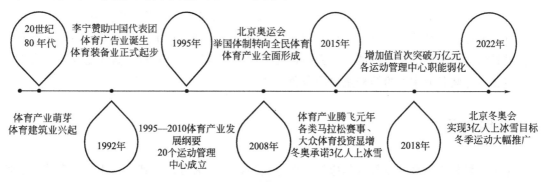

图3.14　我国体育产业发展历程

2014年国发46号文《关于加快发展体育产业促进体育消费的若干意见》中提出促进大众体育消费，使我国体育产业由举国体制转向全民体育又迈进一步，体育产业市场化规模得到进一步拓展。2015年，北京申办冬奥会时承诺实现"3亿人上冰雪"。2016年，国家体育总局、国家发展改革委、教育部联合出台了《冰雪运动发展规划（2016—2025年）》，其中将推动冬季运动大众化列为重点发展方向，旨在进一步推动我国体育产业消费升级。2021年，国家体育总局发布"十四五"体育发展规划，我国体育产业进入强基阶段，全民健身与国家体育发展的双线并进要求显著，面向大众的体育设施、体育装备将获得进一步推广。

2022年，北京冬奥会的成功举办为我国体育产业打开了新的发展局面，大众参与冰雪运动的激增，为体育装备产业提供了强劲发展动力。2010年以来我国体育产业增加值与增速见表3.3。

表3.3 2010年以来我国体育产业增加值与增速

| 年份 | 行业增加值/亿元 | 年均增长率/% | 备注 |
| --- | --- | --- | --- |
| 2010 | 2220 | 5.7 | |
| 2011 | 2740 | 23.4 | |
| 2012 | 3136 | 14.5 | |
| 2013 | 3563 | 13.6 | |
| 2014 | 4041 | 13.4 | |
| 2015 | 5494 | 36.0 | |
| 2016 | 6475 | 17.9 | |
| 2017 | 7517 | 16.1 | |
| 2018 | 10078 | 34.1 | 首次突破万亿大关 |
| 2019 | 11248 | 11.6 | |
| 2020 | 10735 | −4.6 | 受疫情影响下降 |

注：数据来源于国家体育总局。

按照国际分类方式，体育产业分为体育服务业、体育广告业、体育建筑业、体育装备业、体育旅游业、体育博彩业六大板块。此概念中的体育装备业与我国体育用品及相关产品制造业的统计口径基本一致，是支撑体育产业发展的根基，也是体育产业消费的重要方面。

本节的介绍主要集中于体育装备业中所应用的化工新材料（含专用化学品）。化工新材料作为一类高度功能化的材料，已成为体育装备中的重要用材，能够覆盖几乎全部运动项目，特别是冬季运动装备对化工新材料的使用比例更高。经过数十年的发展，体育装备对化工新材料的需求种类更多、性能要求更高，复合材料、改性工程塑料、高性能纤维、高性能弹性体在体育装备业中均扮演着重要的角色。

## 一、应用情况

化工新材料在体育装备领域的应用主要体现出以下三大特征：其一，能使体育装备的性能优化、功能更强，有助于提升运动者的运动成绩；其二，能有效保护运动者，降低伤病出现的概率；其三，能使体育装备与运动者身体部位的契合度更高，使运动者在运动过程中获得更舒适的体验。根据上述特性，将化工新材料划分为性能提升类、安全保护类和舒适兼容类，并分别选取典型项目中的典型装备进行化工新材料应用的分析和介绍。

### （一）性能提升类

化工新材料的使用有助于体育装备的性能提升，主要体现在材料的功能化、轻质化、稳定化，同时提升运动装备的使用性能、安全性能及使用寿命。从不同体育运动的特点出发，冬季项目对装备的依赖程度比夏季项目更多,因此众多的性能提升体现在冬季项目装备领域。下面将列举几个典型的运动项目来分析化工新材料在性能提升方面的重大作用。

**1. 羽毛球装备**

以用材更替为标志,羽毛球拍经历了 4 个发展时期,分别为木拍、金属拍、钛合金拍和碳材料拍(碳拍)阶段,现阶段大众市场上碳拍已占主导,另有少量钛合金拍。最晚出现的碳拍框架为中空结构,外框架主要使用碳纤维增强树脂、碳纳米管增强树脂或多层石墨烯增强树脂,树脂类型主要为双酚 A 型环氧树脂等热固性树脂,碳纤维为 T200 至 T300 级(东丽碳纤维在全球羽毛球拍生产领域用量最多,因此以东丽碳纤维等级做描述),框架内填充发泡聚烯烃材料,这样可使球拍框架实现轻质化的同时增强其弹性和韧性。拍杆和拍柄与框架使用的材料类似。把胶则用聚氨酯弹性体(TPU)以及乙烯-醋酸乙烯树脂(EVA),实现弹性增强,并提高球拍与手的附着力。现阶段羽毛球拍使用的化工新材料如图 3.15 所示。

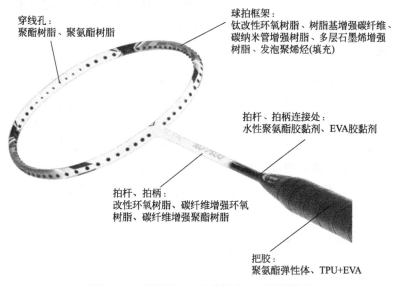

图 3.15 现阶段羽毛球拍用化工新材料情况

拍线的用材已经从最原始的羊肠线过渡到单丝线(尼龙纤维)和复丝线阶段(尼龙、芳纶纤维或尼龙、芳纶混纺纤维等),绑线的磅数也从原始阶段的 16 磅左右升至 28~30 磅的水平。磅数提升对穿线孔的要求也有所提升,聚酯材料、聚氨酯材料已成为主要的穿线孔用材,能够提升穿线孔的弹性,并在击球时增加拍线和穿线孔之间的缓冲能力,从而达到减少拍线磨损、提高拍线寿命的效果。羽毛球拍发展历程及性能改善见表 3.4。

表 3.4 羽毛球拍发展历程及性能改善

| 拍型 | 重量 | 拍线磅数上限/磅 |
| --- | --- | --- |
| 木拍 | 约 280g | 20 |
| 金属拍 | 300~220g | 20~22 |
| 钛合金拍 | 120g~3u① | 26~28 |
| 碳拍 | 2u~5u | 28 及以上 |

① "u" 为羽毛球拍重量单位,用以表示比 100g 更轻的重量,1u 表示比 100g 轻 5g,即 1u 总重为 95g,2u 为 90g、3u 为 85g,依此类推。

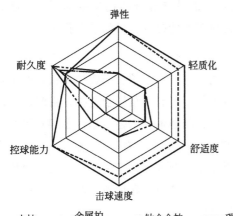

根据上述材料的使用情况，对4个阶段的羽毛球拍进行了性能对比。如图3.16所示，对弹性、轻质化、舒适度、击球速度、控球能力和耐久度进行了对比分析。其中，大量使用化工新材料的碳拍在弹性、轻质化、舒适度、击球速度和控球能力上均体现出最优性能。

目前，我国已成为世界最大的羽毛球拍消费国。同时我国羽毛球拍产量逐年增长，2021年，我国生产羽毛球拍近300万支（含代工量），消耗碳纤维增强树脂材料约980吨，其中折算碳纤维消耗约400吨左右。随着我国大众体育的进一步发展，我国的羽毛球拍销量仍

图3.16 化工新材料对羽毛球拍的性能改善情况

会呈现稳步增长，从而带动碳纤维复合材料市场的扩增。

**2. 田径装备**

化工新材料在田径装备中的应用已发展了数十年，撑竿跳高和标枪在应用化工新材料后，成绩出现了大幅度提升。撑竿跳高用杆已由最初的木杆、竹竿逐步发展至现在的玻纤增强复合材料杆，玻纤增强复合材料的应用大幅提升了杆的弹性，弹性的增强促使了运动员技术动作的变革，也催生了更高水平的运动成绩。标枪用材在经历了木、竹、铝合金、PVC后进入碳材料阶段，碳纤维增强复合材料制成的标枪具有优异的飞行稳定性，并能使产出的同批次标枪的重心几乎不发生偏移，标枪生产的批次稳定性充分保障。撑竿跳高和标枪的男子世界纪录变化如图3.17所示。

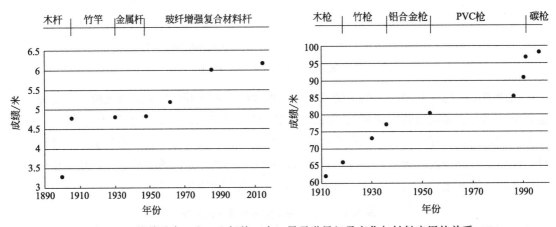

图3.17 撑竿跳高（左）和标枪（右）男子世界纪录变化与材料应用的关系

其他田径项目中鞋服装备和护具占比较高，我国田径装备所需的化工新材料国产化程度相对较高。2021年，我国用于田径装备（含高端混纺纤维田径服、各类跑鞋、跳鞋）生产的各类化工新材料用量约4500吨，材料自给率超过90%。2017—2019年，我国年均举办各类马拉松赛事超过千场，促进了我国大众体育消费，运动服（鞋）类的消费增长是重要动力。虽然2020年以来，受新冠肺炎疫情影响国内的马拉松赛事数量大幅降低，但经过多年

积淀，普通民众参与到跑步健身中的人数呈现上升态势，田径用装备的消费量依然呈现总体上涨的态势。未来，大众消费的进一步升级将带动高端运动服（鞋）产品领域的消费增长，此种趋势也将为化工新材料的发展带来稳定的需求增长。

**3. 自行车装备**

除田径项目外，自行车项目也已成为我国全民健身中的重要组成部分，成为我国民众青睐的运动项目之一。下面所述自行车主要指体育运动用公路自行车、山地自行车及部分小轮车（如 BMX 小轮车），不涉及日常通勤用自行车。

自行车用材的发展经历了 3 个阶段，分别是 20 世纪前的木制自行车阶段（主要用材包括竹、桃木、羚羊皮等）、20 世纪大部分时期的钢材料自行车阶段、20 世纪末以来的轻质化自行车阶段。进入自行车轻质化阶段后，化工新材料开始大量用于运动自行车的生产。自行车轻质化的进程也是轻质材料与性能强度之间矛盾化解的过程，钛合金、碳纤维的引入逐步改善了轻质化自行车的性能问题，打开了自行车使用化工新材料的新局面。

在当今自行车职业运动领域，碳纤维自行车的使用比例极高，碳纤维自行车也基本代表了自行车的顶级水平，宝马（BMW）、达西（Dassi）等国外公司均批量化生产碳纤维自行车，重点面向的对象是职业车队和车手，也有部分产品开始进入大众消费市场。

当前化工新材料在自行车领域的最新应用成果主要集中在碳纤维增强复合材料、超高分子量聚乙烯（UHMWPE）纤维、石墨烯等材料门类。

碳纤维增强复合材料主要用于自行车主体车架，以碳纤维增强环氧树脂复合材料为主体。为保证自行车车架连接处的支撑强度，连接处采用碳纤维增强聚苯硫醚（PPS）复合材料，形成高强度的自行车车架结构。目前碳纤维增强 PPS 复合材料的注塑技术已在中国台湾地区成功实现，这为自行车采用全碳纤维增强 PPS 复合材料车架提供了技术基础。但全碳纤维增强 PPS 复合材料车架的重量较碳纤维增强环氧树脂复合材料支架略重，因此自行车车架对于性能和自重的平衡依然是研究的焦点问题。

超高分子量聚乙烯纤维能够改善自行车的抗冲击性能和吸震性能，主要以复合材料形式用于自行车轮毂、辐条及刹车线。目前世界范围内超高分子量聚乙烯纤维在自行车领域用量最大的是荷兰帝斯曼公司的产品，产品牌号为 Dyneema®，其拉伸强度是钢的 15 倍，材料成型后的抗冲击性能可使自行车轮毂适应多变的外部环境，能够有效提升山地自行车、公路自行车及小轮车的使用寿命。

近两年，石墨烯开始进入自行车领域，2020 年英国自行车生产商达西公司首次将石墨烯增强复合材料用于自行车车架的生产。石墨烯车架比碳纤维车架强度更高，其拉伸强度和弹性模量分别达到 125 GPa 和 1.1 TPa，是目前自行车领域强度最大的材料。同时，其质量更轻，未上漆车架自重可控制在 500g 以内，整体性能大幅提升。但目前石墨烯车架还需得到进一步的验证，在职业自行车领域的应用还未推广，距离民众自行车运动的距离则更远。硼硅烯是近期出现的有望在自行车领域应用的新材料，被视为石墨烯的升级版，其强度和柔韧性更强，未来工业化生产后在自行车领域具备应用潜力。

化工新材料在自行车领域的应用主要集中于职业运动应用的层面，而与大众体育仍有较远距离。由于高价格因素，此类自行车在大众中推广的进程较慢，导致化工新材料在自行车领域的总需求量未出现明显增长。2021 年，我国用于自行车生产的化工新材料用量约为千吨级，未来随着碳纤维复合材料价格的下降，该需求量有望进一步增长。

**4. 滑雪装备**

滑雪是冬季运动中的基础大项，主要使用的装备为各类滑雪板、雪杖及护具。滑雪板是滑雪运动最关注材料的部分，通常情况下，滑雪板为多层结构，其中三层结构居多，分为基底、内芯、顶面，侧面则以部分增强材料做固定和支撑。

内芯是核心，根据应用等级和场景的不同，其材料也有所区别。碳纤维增强复合材料、超高分子量聚乙烯、玻纤增强复合材料、芳纶蜂窝材料、聚甲基丙烯酰亚胺（PMI）泡沫、复合聚氨酯泡沫、木塑复合材料等均有使用案例，其中大众滑雪接触的雪板内芯以木塑复合材料、聚氨酯泡沫、玻纤增强复合材料为主。

对于职业滑雪领域，由于不同项目对滑雪板性能要求的差异，除了雪板形状尺寸的不同，其所使用的内芯材料也有所差异。例如，越野滑雪对运动员的耐力考验突出，雪板要求质轻且韧性强，内芯使用 PMI 泡沫居多；高山滑雪、跳台滑雪速度快，雪板与雪面之间的冲击力和剪切力强，其内芯常使用抗冲击能力更强的芳纶蜂窝材料、UHMWPE、碳纤维增强复合材料等；自由式滑雪空中技巧、坡面障碍、大跳台等子项的旋转和拐弯频率高，其雪板内芯常同时使用 PMI 泡沫和纤维增强复合材料。

滑雪板内芯以外的部分中，基底常采用聚酯材料，职业雪板也有采用 PC-ABS、PMMA 作为基底的。顶面常为聚酯材料。侧面的增强材料最早使用的是以钢为主的金属材料，现在大多数大众雪板也依然以钢为主，职业雪板则多以纤维增强复合材料作为侧面增强材料。

除滑雪板外，滑雪运动中需要的头盔、护目镜、雪服、手套、雪靴、雪杖也都对化工新材料有需求。同时，滑雪场地也有一些常被忽略的化工新材料应用，例如，北京冬奥会平行大回转、U 型池赛场两侧为了挡风，避免横风影响运动员成绩并避免运动员受伤，设置了隔挡，该隔挡主要使用聚偏氟乙烯（PVDF）薄膜材料。

我国是全球滑雪装备的重要生产国，全球约 85% 的雪服（含手套）、40% 的滑雪板、30% 的头盔及目镜均由我国生产（含代工）。北京冬奥周期我国新建了数量众多的滑雪场，也已成功吸引了更多的国内滑雪爱好者走上雪场，大众对滑雪装备的需求增长成为化工新材料市场扩增的新动力。

**5. 冰球装备**

冬季运动装备用材对化工新材料的依赖性很高，冰球装备是具有很强代表性的运动项目。由于冰球运动的运动员平均运动速度快，且身体对抗多，各类装备均需具备较强的抗冲击性，并需具备较强的韧性和缓冲性能。具体使用材料情况如下所述。

贴身护具：护肩、护肘、护膝内衬主要应用发泡聚烯烃、发泡聚氨酯等材料，外皮则由聚对苯二甲酸丙二醇酯（PTT）纤维、氨纶纤维或聚氨酯材料制成，从而达到增强韧性和增大缓冲的双重作用，PTT 纤维或氨纶纤维则利于提升透气性能和速干性能。

头盔：头盔壳体主要由聚碳酸酯合金（PC 合金）制成，内填充发泡聚烯烃、发泡聚氨酯等材料。头盔护目镜绝大多数主体由聚甲基丙烯酸甲酯（PMMA）制成，PMMA 护目镜具有透光性好且不易产生雾气的特点。除此之外，目前在北美冰球职业联赛中已出现由 PMMA 与苯二亚甲基二异氰酸酯（XDI）基聚氨酯光学材料制成的多层护目镜产品。

球杆：冰球杆为 4 层材料制成，其中最内层为环氧复合发泡材料，主要作用是减弱球杆与球撞击时的震动。第二层为低密度聚酰亚胺（PI），目前也有使用聚醚酰亚胺等共聚品种，该层的主要作用是对最内层的支撑，而低密度聚酰亚胺有助于提高球杆整体的韧性，提高球杆的整体性，特别是增强球杆与杆头连接部位的整体性，大幅降低断杆的风险。第三层为碳纤维层，碳纤维层主要增强球杆的整体弹性。第四层为碳纤维增强环氧树脂，形成整体球杆的外壳。

球门及板墙：冰球运动鼓励运动员肢体冲撞，运动员与球门和板墙出现高速撞击的频率很高。因此球门和板墙需要在具备足够抗冲击能力的同时，具备保护运动员不受伤的作用。其中，球门材料已由最初的金属材料改为现在普遍使用的硬质聚氨酯材料，板墙的材料则以 PMMA 和 PC/ABS 为主，保持足够的抗冲击能力。职业联赛及大型赛事的冰球板墙下部常需具备广告宣传作用，因此在 PC/ABS 外层常包裹聚偏氟乙烯（PVDF）膜材料，易于色彩喷涂作业和更换。

冰球装备应用化工新材料的情况如图 3.18 所示。

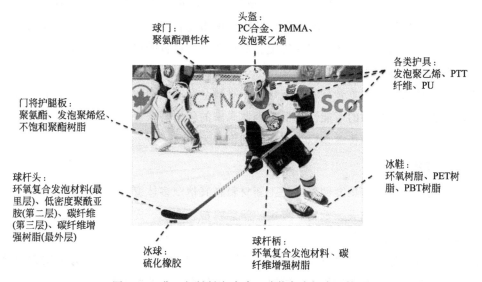

图 3.18　化工新材料在冰球运动装备中的应用情况

冰球装备使用的化工新材料种类较多，我国能够完全自主化生产的主要是头盔和各类护具，职业冰球杆国产化程度低，以进口产品为主。2022 年北京冬奥会上，中国男子、女子冰球队所使用的装备以国外公司提供为主，一方面是国产产品的性能尚存差距，另一方面进口产品在冰球领域的品牌效应已很稳固，消费端在看重质量的同时受品牌效应的影响显著。这种现象的主要成因有两个方面，一是材料生产水平存在较大差距，例如部分纤维增强复合材料品种的生产技术未实现国产化；二是最终的材料成型技术也与国际先进水平存在差距，例如复合材料成型过程中的成型布、导流网等辅助材料未实现国产化，对复合材料成型影响较大。

冰球是我国《"十四五"体育发展规划》的重点发展项目，对装备发展提出了更高要求，PC 合金、聚酰亚胺基复合材料、高性能环氧树脂基复合材料等材料的技术研发和应用研究迫在眉睫。

### 6. 雪车雪橇装备

雪车雪橇是冬季运动的重要组成部分，主要指雪车、钢架雪车、雪橇三个项目，雪车雪橇项目在我国推行较晚，目前只有职业选手从事该项目。虽然该项目进入门槛高，基本没有大众市场，但该项目装备所需化工新材料的高端化程度很高，对材料性能的高要求可类比航空航天领域，是化工新材料在体育装备领域中较难攻关的领域。

以雪车为例，车体的性能水平直接影响其比赛成绩，而车体的性能水平与车体制造所用材料直接相关。2000年以来，雪车进入碳纤维材料时代，由德国宝马公司设计制造的雪车、雪橇已帮助德国雪车雪橇队在近6届冬奥会中牢固确立了优势地位。德国宝马公司是全球最大的雪车制造商，其生产的初代雪车主体材料为碳纤维增强树脂基复合材料，随后随着对运动成绩的追求，复合材料的应用品种也在逐步更新，聚酰亚胺（PI）、双马聚酰亚胺（BMI）逐步成为宝马雪车用材主要的树脂基体。平昌冬奥会和北京冬奥会上德国队使用的宝马公司生产的雪车均为碳纤维增强BMI复合材料。

自2017年起，国家体育总局与航天科技集团相关研究所合作攻关雪车制造技术，设计并生产适合雪车使用的T800级碳纤维增强环氧树脂复合材料，并于2021年成功制造出我国第一架雪车，打破了无国产雪车的历史。此后通过对材料的接枝改性，进一步生产出第二代国产雪车，并帮助中国队完成了北京冬奥会的比赛。

雪车雪橇项目所用的复合材料属于化工新材料金字塔顶端的材料，今后将长期属于职业运动领域，大众与之接触的可能性较低，因此未来的年均需求量与我国是否生产新的雪车有关，相关的材料供应方也将继续以当前成熟的供方为主。

### 7. 其他装备

除上述化工新材料应用案例外，化工新材料在其他众多体育装备的应用中也体现出性能提升，例如在网球、高尔夫、垂钓、登山、帆船帆板、赛艇、皮划艇、射箭、棒垒球等领域的化工新材料应用频率也很高。

同时，残疾人体育运动受到社会关注趋强，其所涉及的装备众多，为了实现更高的性能，对轻质、高韧性存在普遍要求。同时，残疾人体育运动的职业化程度不高，其用量也逐渐成为不可忽视的一环。残疾人运动装备中，高性能的纤维复合材料、高度符合人体功能学要求的3D打印材料等是需求较为迫切的领域。

其他典型案例如表3.5所示。

表3.5 其他体育装备用化工新材料情况

| 项目 | 应用的化工新材料 | 应用部位 | 生产、应用现状 |
| --- | --- | --- | --- |
| 游泳 | 特种氨纶、特种尼龙、复合纤维等 | 高科技泳衣 | 国际泳联已禁用，不再推广 |
| 帆船、帆板 | 改性聚烯烃、PMI、双马聚酰亚胺（BMI）、水性聚氨酯涂料 | 帆船船体、桅杆 | 职业选手使用，主要依靠进口 |
| 赛艇 | PC-ABS、木塑复合材料、玻纤增强复合材料、碳纤维增强复合材料 | 船体、桨、鞋服 | 国产化率逐年升高 |
| 皮划艇、激流回旋 | 碳纤维复合材料、特种橡胶、芳纶蜂窝材料、氨纶 | 船体、桨、服装、头盔 | 国产化率逐年升高 |

续表

| 项目 | 应用的化工新材料 | 应用部位 | 生产、应用现状 |
|------|------------------|----------|----------------|
| 射箭 | 碳纤维增强复合材料、玻纤增强复合材料、复合尼龙、聚氨酯弹性体等 | 弓、弓弦、箭支、护臂、护肩 | 国产化水平较高,进口产品占据职业领域 |
| 高尔夫 | 碳纤维缠绕钛合金复合材料、碳纤维增塑材料、碳纤维增强复合材料、硅橡胶、乙烯-甲基丙烯酸共聚物 | 球杆、杆头、杆柄、球体球壳 | 高端市场主要依靠进口 |
| 垂钓 | 玻纤增强复合材料、碳纤维增强复合材料、PA66纤维、UHMWPE纤维 | 钓竿、钓线 | 职业领域依靠进口,大众领域自给率较高 |
| 棒球、垒球 | 碳纤维增塑合金、PC-ABS等 | 球棒、头盔等 | 主要依赖进口,国产产品市场份额低 |
| 残疾人运动装备 | 玻纤增强复合材料、BMI、3D打印材料 | 运动假肢 | 大众普及率低,主要依靠进口 |

纵观上述体育项目装备的相关用材,纤维增强复合材料是应用范围最广的一类化工新材料产品。虽然众多领域都用到纤维增强复合材料,但根据不同装备性能要求的差异,纤维的种类与树脂基体的种类存在较大差异,其复合材料的复合形态及工艺也存在差异。体育装备领域的化工新材料产业形成全方位发展的难度很大,因此我国在该领域的发展应以特色化为主要原则。

### (二) 安全保护类

化工新材料在体育装备中体现的第二大功能为安全保护,化工新材料在体育装备中的大量使用已经将运动事故率大幅降低,有效保护了运动员和普通运动参与者的安全。化工新材料在众多高速竞技项目装备中的应用是体现其性能提升的关键环节,例如赛车、雪车雪橇、高山速降等项目中的保护措施,多数依托化工新材料的性能体现。

**1. F1赛车安全防护方案**

赛车项目的主要特点是速度快、危险性大,其中F1赛车的平均速度最快。F1赛车的生产是最早应用化工新材料的体育装备之一,F1赛车的防护方案也是各类赛车中最先进的,如图3.19所示。

驾驶座舱位于整个车体的核心部位,为保证座舱在强烈撞击后保持完整性,其外壳材料使用PMI-对位芳纶夹芯材料甚至是BMI-对位芳纶夹芯材料,这类材料最大的特点是抗冲击性强,能在极端条件下保持座舱的完整性。座舱前端的前翼鼻锥则主要应用了间位芳纶蜂窝材料,这部分是在发生撞击后将以损毁的方式增加缓冲、快速降低动能,因而这部分需要选择强度低于对位芳纶的间位芳纶蜂窝。F1赛车的轴承主要利用了聚酰胺(PA)工程塑料和碳纤维增强聚醚醚酮(PEEK),PEEK在飞机起落架上应用较多,用在F1赛车轴承上也是为了增加其强度和韧性,PA工程塑料则为齿轮的主要用材,一方面可以减轻重量,另一方面则减少润滑油的用量。油箱和发动机外壳使用了PA工程塑料,有轻质、阻燃的作用,避免了赛车撞击后的大面积起火问题。

我国在赛车领域相关装备的化工新材料发展较为薄弱,上述F1赛车所涉及的化工新材料品种基本国内无生产,同时也没有在F1赛车上的消费。受到汽车工业发展水平影响,我

图 3.19 F1 赛车安全防护方案

国没有相关赛车(场地赛车及拉力赛车)的生产线,自然也没有相关化工新材料的消费。由于赛车制造领域的进入门槛较高,预计我国近期进入该领域的概率不大,相关应用的化工新材料发展机会也将较为有限。但部分材料在多领域均有使用,例如 BMI 材料不仅在赛车领域有应用,在前述雪车领域也有应用。

**2. 头盔**

头盔是体育装备中用量最大的装备之一,其主要用途是保证运动者的头部安全,绝大多数情况是减轻与外界撞击造成的头部损伤程度。在多数运动中,头盔在达到安全保护作用的同时需要兼顾其他功能的实现,因此不同项目的头盔应用的化工新材料种类也有一定差异。

雪上项目、雪车雪橇、冰球等冬季项目的头盔护目镜需要具备不易粘冰雪、不易产生雾气的特点,因而其护目镜部分需要使用 PMMA 或 PMMA 与 XDI 聚氨酯光学材料形成的多层材料。而赛车、佩剑项目头盔都需要防止强冲击给运动者面部带来的危险,因而需要使用抗冲击强度更高的 PC。场地自行车、速滑等项目的头盔要求尽最大可能利用空气动力学条件,因此需要材料表面具备足够的光滑性,因而头盔表面材料使用 PC-ABS 较多。

我国是全球生产各类运动头盔最多的国家,绝大多数运动的头盔我国都能生产。2021年,我国生产各类运动头盔约 450 万件,消耗各类化工新材料约 4300 吨。随着我国冬季运动的普及,以及大众体育规范化程度的加深,运动头盔的市场规模将持续快速增长。

## (三)舒适兼容类

化工新材料在体育装备中体现出的舒适兼容性特点是面向大众体育,重点体现在各类运动鞋服方面。由于鞋服是直接接触运动者身体部位的装备,因此材料与运动者身体的契合程度是决定鞋服是否舒适的重要点。事实上,除鞋服之外的其他运动装备也与舒适性有直接关联,例如球拍与手的切合程度、雪橇与运动员身体流线型的契合程度等也是舒适兼容的重要方面。

鞋类方面以足球鞋为例,图 3.20 中分析了日常大众常见的足球鞋。其中 PA 塑料已广泛用于鞋钉(业余足球不采用金属鞋钉),PTT 纤维、特种 PA 纤维、PU 线已广泛用于鞋面,使鞋面具备舒适透气和保型等特点,聚氨酯弹性体的引入也提升了整个足球鞋的缓冲性能,提升脚与地面、球接触时的舒适程度。

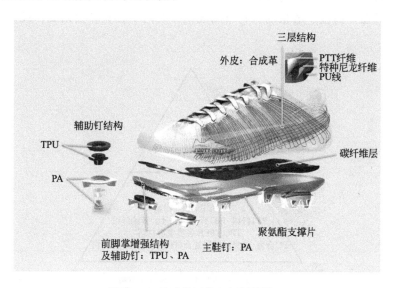

图 3.20　足球鞋用化工新材料情况

服装方面的舒适主要体现在两个方面:一是与运动者身体流线型的契合度;二是服装材料导致运动者皮肤触觉的舒适度。第一个因素中,通常需要运动服材料具有较好的回弹性和可塑性,田径、游泳、滑冰、自行车等项目均要求服装对运动者身体的包裹性,使运动时受到的阻力更小,因而高比例地使用氨纶纤维及其复合纤维。第二个因素中,通常需要运动服具有速干、除菌等功能,例如近年推出的超细中空聚酯纤维材料,其用于生产速干运动服,提升了运动者皮肤与衣服接触时的舒适度。此外,银离子改性超细中空聚酯纤维(聚酯种类为 PET 或 PTT)有杀菌作用,实现了对人体保护的作用,使运动者的舒适程度进一步提升。

## 二、市场预测

世界范围内化工新材料在体育装备产业中的应用已经经历了数十年的发展,形成了一定的产业协同体系,越来越多的化工新材料品种被应用于体育装备中,且越来越多高端应用领域的化工新材料在体育装备中逐步推广应用。体育领域作为对性能十分苛求的领域,其发展对化工新材料领域的研发推动力量也不可小觑。

由于用于体育装备制造的化工新材料都具有附加值高的特点,化工新材料在体育装备中的应用最早都是体现在职业体育中,随着技术的成熟和装备价格的下降,逐步推广至大众体育装备。体育装备用化工新材料可以划分为如图 3.21 所示的金字塔结构,位于底层的材料是大众体育中普及的化工新材料,位于中间部分的是处于在大众体育装备中推广的材料。由于价格因素,金字塔顶端则是距离大众体育较远,只用于高端职业体育装备生产。未来,化工新材料在体育装备上的应用将呈现出金字塔"下沉"的特点，处于金字塔中间的材料将会逐步向金字塔底移动，而金字塔顶的部分材料也有向中间层移动的可能。虽然金字塔"下沉"将会是一个较长时间的过程，但受到政策、市场、技术等因素的影响，总体趋势不会改变。根据上述特点预测，短期内体育装备市场中成长性较好的化工新材料是集中在金字塔的中间层的材料类型，而金字塔顶的材料市场规模短期内不会有较大拓展，成长性短期内不易显现。

图 3.21　体育装备用化工新材料"金字塔"

目前，处于金字塔底部的材料已经大量用于体育装备生产制造，位于金字塔中部的材料有一部分处于应用推广阶段，而处于金字塔顶的材料我国产能很小甚至尚不能生产，这些高端材料的进口产品也集中用于国防军工等重大领域，在职业体育中的应用正在逐步显现。

2021年，我国在体育装备生产领域共消费各类化工新材料约80万吨（包含鞋服），市场规模接近2500亿元，体育装备在化工新材料消费下游中的重要性正在逐步显现。与此同时，体育装备对化工新材料的性能要求更迭速度很快，这种对材料升级需求所带来的发展动力也驱动着化工新材料对新品种、改性品种、复合材料牌号的研发工作。世界范围内，化工新材料与体育装备的复合研发体系已经形成，这也将是我国化工新材料领域高端化发展的必经之路。

未来，随着我国化工新材料行业水平的提升和化工新材料服役性能的提升，金字塔顶的材料将逐步用于国产化体育装备的生产。我国化工新材料在体育装备产业中的应用具备良好的成长性，预计2025年需求量接近100万吨，年均复合增长率接近6%。发泡聚烯烃、PC、PMMA、环氧树脂等已经成熟应用的材料用量将持续良好增长，BMI、PMI、PEEK等高端产品也将逐步用于体育装备的生产，材料的应用结构也将进一步优化，带动化工新材料行业的消费升级。我国主要化工新材料在体育装备产业中的应用现状及用量预测如表3.6所示。

表 3.6　我国体育装备产业用化工新材料主要品种应用现状及预测

| 材料种类 | | 主要应用 | 2021年用量/吨 | 2025年用量预测/吨 | 年均增长率/% |
|---|---|---|---|---|---|
| 发泡聚烯烃 | | 护具填充物、球拍框架填充物、头盔填充物等 | 14500 | 20000 | 8.4 |
| PC及PC合金 | | 头盔外壳、护目镜、射击用气枪、滑雪板、护腿板外壳、冰球场地护墙、场边护板、赛车框架、体操吊环等 | 41000 | 55000 | 7.6 |
| PMMA | | 护目镜、头盔护目镜等 | 15200 | 20000 | 7.1 |
| 环氧树脂 | | 场地地坪、碳纤维增强料、聚酰亚胺增强料、体操器械、跳水跳板等 | 100000 | 123000 | 5.3 |
| 碳纤维 | T300及以下 | 羽/网球拍框架及杆、高尔夫球杆、鱼竿、冰球杆、曲棍球杆、棒球棒、射箭曲弓等 | 12000 | 13000 | 2.0 |
| | T500 | 帆船/帆板船体及桅杆、赛艇船体、赛车底盘等 | 450 | 600 | 7.5 |
| | T800及以上 | 雪车主结构 | 约0.1 | 约0.1 | — |
| 特种聚酯纤维 | | 田径服、泳衣、射击服、击剑服、足球鞋等 | 23000 | 35000 | 11.1 |
| 不饱和聚酯树脂 | | 棒球棒、台球、赛艇（皮艇）船桨、标枪、撑竿跳高杆 | 32000 | 33000 | 0.8 |
| 聚氨酯/聚脲涂料 | | 各种装备外饰涂层 | 80000 | 90000 | 3.0 |
| TPU | | 皮划艇船体、冲浪板、球门、护具填充、球拍（柄）手胶、手套、球鞋 | 15000 | 18000 | 4.7 |
| EVA胶黏剂 | | 不同种化工新材料的黏合 | 5000 | 6600 | 7.2 |
| PA工程塑料 | | 赛车功能结构件、射击用气枪内衬、足球/橄榄球鞋钉及鞋底等 | 20000 | 23000 | 3.6 |
| 特种PA纤维 | | 羽/网球拍线、球鞋鞋面夹层、田径服、泳衣等 | 13000 | 15000 | 3.6 |
| 玻璃纤维 | | 棒球棒、撑竿跳高杆、马术障碍等 | 3000 | 4200 | 8.8 |
| 芳纶 | 纤维 | 羽/网球拍线、攀岩绳索、棒球手套等 | 400 | 550 | 8.3 |
| | 蜂窝 | 赛车、钢架雪车防撞结构、极限滑雪板等 | 0 | 20 | — |
| PMI | | 赛车及雪车核心结构件 | 0 | 120 | — |
| PEI | | 赛车及雪车等竞速项目流线型结构件 | 0 | 50 | — |
| PEEK | | 赛车轴承 | 0 | 80 | — |
| PPS | | 雪车/雪橇支承件、自行车车架 | 0 | 200 | — |
| BMI | | 赛车及雪车核心结构件 | 0 | 80 | — |

根据上述预测情况，化工新材料在我国体育装备产业中的应用主要归结为两类。一类是市场规模增长较快的材料，这类主要为位于金字塔中部的产品，我国具备部分关键原料的生产能力，也具备部分复合材料牌号的生产能力，随着国内消费量的提升和我国材料供给能力的提高，未来将保持较高增速，如PC、PMMA、玻纤等材料。另一类是一些产品应用从无

到有的材料,随着我国体育产业的发展水平逐步提高,职业体育对进口材料的依赖需缓解,否则对运动成绩的持久保持不利,因此部分金字塔顶端的新材料需要逐步实现国产化,同时其需求量也会出现从无到有的变化,如 PMI、PEI、PEEK、BMI 等材料。

## 三、发展瓶颈

由于我国体育装备业起步晚,体育装备用化工新材料的发展相比发达经济体也体现出了滞后的问题,这导致我国化工新材料在体育装备方面的应用和推广依然有很大的发展阻力,主要体现在以下几个方面。

首先,我国销售的体育装备中进口产品份额较大,国产产品的产量难以提升,化工新材料的用量受到限制。例如,羽毛球拍的 10 大品牌中,我国全自主品牌只有两家,销售份额不到 5%。冰雪运动装备方面,除了滑雪板、冰鞋和头盔我国自主化程度较高之外,其他装备几乎全部是进口产品主导市场。这种局面的形成主要有两方面原因,一方面是我国高端运动装备的自给能力有限,另一方面是消费侧更青睐进口品牌。我国自主装备产量低,导致了我国化工新材料在体育装备领域的市场占有率增幅较慢,从而也导致了化工新材料产业一直难以将体育装备业作为重要的消费下游,化工新材料行业与体育装备业之间尚未形成有效的协同与联系。

其次,产品价格对消费结构的影响明显。化工新材料的使用在提升体育装备水平的同时也提高了体育装备的价格,这使得大众消费结构依然处于低端状态,使用化工新材料较多的装备消费量依然很小。如图 3.22 所示,2021 年,我国体育装备的消费结构中,鞋服占到 64%,球拍等外置装备仅占到 23%,而鞋服中使用的化工新材料多数为普通牌号产品,高端牌号的化工新材料主要用于外置装备和智能装备中,高端装备的消费量少,消费结构总体偏低,不利于在体育装备上推广和应用化工新材料。

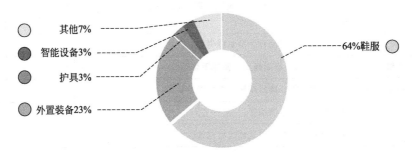

图 3.22 2021 年我国体育装备消费结构(按金额计)

再次,我国化工新材料技术实力的欠缺也阻碍着其在体育产业中的应用。我国化工新材料行业拥有生产技术的门类还不够丰富,特别是化学改性、复合材料生产等技术较为落后,因而一些在我国建厂的外资企业在生产体育装备时依然需要依靠从国外进口材料,我国生产的材料不能满足这些企业生产所需要的原料保障。另外,我国体育装备用化工新材料没有形成有效的研发体系,众多材料的服役性能不理想,很难在装备上实现应用。因此,体育装备用化工新材料的研发应该立足于应用,建设应用研究与材料创新一体化的高效研发体系。

在上述问题影响下,我国一直未能形成化工新材料生产企业与体育装备生产企业的直供模式。该模式在发达经济体中已较为常见,如表 3.7 所示,世界知名的大型跨国化工企业与世界级体育装备生产企业均有成熟的供应体系。在这种供应关系形成的同时,一体化的研发体系也随之形成,例如,宝马、雷诺等汽车生产商均将赛车业务独立出来,并在赛车用化工新材料方面与赢创、科思创、三菱化学等跨国化工企业形成研发、生产合作,这种直供模式的形成使化工新材料生产企业受市场波动影响小。我国化工新材料生产企业也应寻求这种供应模式,在这种模式下我国自主生产的化工新材料才能占据稳定的市场份额,并在此基础上实现新产品研发及应用推广。

表 3.7 知名跨国化工企业与体育装备企业的直供模式

| 新材料生产企业 | 直供的体育装备企业 | 产品 | 牌号举例 |
| --- | --- | --- | --- |
| 台塑集团 | 维克多(Victor)、尤尼克斯(Yonex) | CFRP | TairyfilTM |
| 三菱化学 | 川崎(Kawasaki) | CFRP | PyrofilTM |
| 科思创 | 阿迪达斯(Addidas)、宝马赛车(BMW Motorsport) | TPU<br>PC | Desmodur®<br>Makrolon® |
| 赢创 | 宝马索伯(BMW Sauber F1) | BMI | Compimide® |
| 杜邦 | 雷诺体育(Renault Sport)、威尔森(Wilson) | 芳纶蜂窝 | Kevlar® |
| 帝斯曼 | 宝马(BMW)、达西(Dassi) | UHMWPE | Dyneema® |

## 四、发展机遇

虽然我国化工新材料在体育产业中的发展将继续面临多种困难,但发展机遇并存。发展机遇主要包括以下几个方面。

其一,我国举办大型赛事将激发全社会对体育的关注,推动体育产业的发展,体育装备业的市场空间将被扩大。参照周边国家经验可以粗略判断体育装备用化工新材料的发展周期,例如,1998 年日本长野冬奥会后的几年内,日本兴起了一批体育装备生产企业,这些企业从那时起开始与三菱化学、旭化成等化工生产企业形成合作研发模式,日本的体育装备用化工新材料在 21 世纪初达到与美国技术实力相当的水平,这种格局一直保持到现在。我国已成功举办 2022 年冬奥会,体育装备用化工新材料将迎来一个新的发展高潮。对于化工新材料在体育装备领域的消费,杭州亚运会等一系列即将举办的大型赛事将释放新的市场潜力。

其二,我国大众体育参与程度正处于持续提升的阶段,体育装备的消费具备增长空间。例如,我国马拉松热潮等现象带来的全民健身人数的增多,智能运动装备的市场份额已逐步扩大,智能运动装备的逐步普及使化工新材料的应用结构开始发生变化,这种消费结构的改善和升级将有可能为体育装备用化工新材料提供新的增长极。

其三,竞技体育对部分材料的限制将可能导致装备价格下降,从而推动高端装备逐步面向大众。例如,为追求运动员净能力的展现,高科技泳衣早在 2008 年北京奥运会前被国际泳联禁用,相关泳衣材料的研发也已停止。此后,高科技泳衣系列产品开始逐步面向大众,进入市场竞争中，价格逐步降低，现在已基本进入大众消费。

其四，我国化工新材料行业发展水平的提升将为体育装备领域的应用带来更多的发展可能。以往我国化工新材料的创新点关注在航空航天、轨道交通、节能环保、电子信息、医疗大健康等国民经济所必须的发展领域，而随着化工新材料行业发展水平的高端化，我国将逐步具备发展和推广体育装备领域的能力。

其五，通过我国近些年体育产业的快速推进，大众体育发展已经进入新的历史阶段，亲身融入到大众体育中的人越来越多，致使各行各业对体育产业的关注度空前提升，大众对体育产业重要性的认知也愈发清晰。在此背景下，化工新材料生产企业、研发机构、行业人才对体育装备领域应用的关注度逐步提高，这将为化工新材料在体育装备领域中的应用带来重要的政策、人才、技术、资金支持。

## 五、发展建议

综合上述分析和研究，我国化工新材料在体育装备领域具有广阔的发展潜力，在"十四五"时期乃至更长远的时期内，体育装备领域的应用都将是化工新材料产业发展的主攻方向之一。体育装备领域对化工新材料的要求很高，部分材料与航空航天等高端应用领域处于类似的水平线上。未来，化工新材料在体育装备领域的应用水平可能成为衡量我国化工新材料产业发展水平的一项参考指标。在此条件下，今后我国化工新材料在体育装备领域的发展应注重以下四大关系，并解决其中可能存在的发展矛盾。

### 1. 研发与应用

研发与应用的关系实际上是我国化工新材料产业长期以来存在的发展问题，体育装备领域也同样具备此方面问题。我国化工新材料普遍体现出的问题是服役性能较差，化工新材料在体育装备上的服役性能问题也很突出，这使得我国化工新材料与进口产品相比很难具备竞争力。为解决这个问题，应借助国家大力支持体育产业发展的重要契机，建立体育产业与化工新材料产业的协同发展体系，促进体育装备产业与化工新材料产业协同发展机制的形成，从新材料的应用出发，以提升材料的服役性能为初衷，开展应用研究和市场推广，并逐步降低材料生产成本，控制产品价格，提升我国化工新材料在体育装备领域的自给能力。

### 2. 品牌与竞争

品牌与竞争的关系是我国作为化工新材料的后发者必然要面临的问题。由于美国、欧洲、日本等发达经济体介入体育装备行业早，并通过其生产商的长期扩张，已经形成了众多具备国际影响力的品牌，而这些生产商所用化工新材料的供应商也大多形成固定合作关系，这种关系已覆盖了绝大多数的体育项目，且多数国内消费者对进口装备的认可度很高。在这种发展背景下，我国化工新材料企业进入市场竞争的难度极大。但我国生产商也并非不具备发展条件，如何与具有品牌效应的体育装备制造商形成有效合作，并逐步将国产化工新材料应用并推介至市场中，是解决品牌与竞争关系的一种途径。

### 3. 局部与整体

由于体育装备应用领域是化工新材料下游消费的子领域，因此需要理顺并利用整体与局部的发展关系。体育装备领域的发展具备产品高速更替的客观特点，而我国"从无到有"开创体育装备领域自成体系的一套材料研发体系的进程必然很慢，发展专门为体育装备领域提供材料解决方案的企业也不具备科学性。因此，结合我国现有化工新材料研发体系，延伸出体育装备领域用材的研发分支是较为可行的发展路径。这样可以局部既依托于整体，又正向反馈至整体，对提升化工新材料产业的整体发展效率有积极意义。

**4. 职业与大众**

体育装备领域特有的一大特点是职业体育与大众体育的巨大差异，从前述化工新材料在体育装备应用领域的金字塔分布可见，职业体育与大众体育对装备及材料的需求存在客观差异。职业体育装备方面对化工新材料的需求高端，但市场规模很小，而大众体育装备方面对化工新材料的需求相对普通，但市场规模较大。与此同时，我国化工新材料产业对大众体育装备用材的供应能力较强，而对高端的职业体育装备用材十分薄弱，因此这种高端严重短缺的局面需要有所缓解。在高端领域研发投入大而市场规模小的发展矛盾下，提升高端产品的需求量，对研发动力的提升有积极作用，由此可见推动高端产品的大众化具有现实意义。

# 第四节  5G通信行业用化工新材料现状及发展趋势

石油和化学工业规划院　李岩　乔冰

## 一、概述

5G是全球科技革命中的引领性技术，是支撑经济社会高质量发展的新型基础设施。2019年是全球第五代（5G）通信技术商用元年，开启了移动互联网的新阶段。5G商用两年以来，我国5G发展取得明显成效，现已具备良好的发展基础。截至2021年底，中国已累计建成并开通5G基站142.5万个，实现覆盖所有地级市城区、超过98%的县城城区和80%的乡镇镇区，5G基站总量占全球60%以上。目前我国已成为全球首个基于独立组网模式规模建设5G网络的国家，5G基站占移动基站总数的比例达到16%。中国是全球最具潜力的5G市场，5G融合应用正处于规模化发展的关键期。未来随着5G+工业互联网、车联网、医疗健康、智慧物流、智慧家居、媒体娱乐等创新应用场景的不断普及，将为5G产业链关键材料、关键器件等核心领域带来巨大的市场机遇。

与传统4G等通信技术相比，5G通信技术具有传输速率快、低时延、接入终端数多、衰减大等特点，因此在5G基站、手机、物联网、汽车雷达等上下游的硬件载体对相关材料的性能（如介电性能、耐高温性、导热性能、电磁屏蔽能力等）提出了新的、更高的要求。5G网络主要使用两段频率，Sub-6GHz（450～6000MHz）和毫米波（24250～52600MHz）。我国现阶段主要发展的是基于Sub-6GHz频段的5G网络，未来将适时推进5G毫米波网络的建设。相对于 Sub-6GHz 的 5G 系统，毫米波具有更高速率、更低时延和灵活弹性空口配置等独特的优势，对材料的相关性能要求也将进一步提高。

5G 产业链由上游移动通信基础设施、中游网络建设、下游终端及应用场景构成。其中，基础设施方面，通信基站一般由 BBU（基带处理单元）、RRU（远端射频模块）和反馈系统（天线、馈线等）组成，RRU 主要包括数字系统、射频收发系统、功率放大器、滤波器。5G 时代大规模天线阵列技术（Massive MIMO）的应用，基站架构由"天线+RRU+BBU"变成"AAU+BBU（CU/DU）"。AAU 中，天线振子与微型收发单元阵列直接连接在一块 PCB 板上，集成数字信号处理模块、数模（DAC）/模数（ADC）转换器、放大器、低噪声放大器、滤波器等器件，担任 RRU 的功能。从 5G 产业链通信硬件涉及的化工材料来看，主要有元器件材料、基站天线材料以及电子终端材料等。下面重点对 PCB 基材、基站天线材料、射频滤波器材料、半导体材料、电子屏蔽/导热材料等关键材料进行分析。受益于 5G 通信基站等新基建的建设，部分 5G 用新材料在"十四五"期间将处于上升期。

## 二、关键材料

### （一）PCB 基材

PCB 是电子产业核心元器件之一，是电子元器件电气连接的载体。在 5G 通信领域，PCB 主要用于通信基站设施、通信网的配套设备、数据中心设备、测试及测量设备以及消费电子、车联网等终端应用领域。

5G 通信的发展对 PCB 的影响主要在两个方面。一是 5G 新建通信基站对高频、高速电路板有着大量的需求。二是 5G 对终端消费领域使用的 PCB 板有所更新。Massive MIMO 技术把天线单元通过高频高速 PCB 集成，为 PCB 带来了新增量。AAU 需要在更小的尺寸内集成更多的组件，需要采用更多层的 PCB 技术，因此单个基站的 PCB 用量将会显著增加；AAU 中天线、收发模组、功率放大器等对 PCB 提出了低介质传输损耗且具备高散热的要求，所以需要采用高频 PCB，其工艺和原材料需要进行全面升级。此外，5G 传输数据量的大幅提升，对 CU（central unit，中央单元）和 DU（Distribute Unit，分布单元）的数据处理能力提出更高要求，也需要更高层数的 PCB。在移动高清视频、车联网、AR/VR 等终端领域，数据中心的数据处理交换能力的提升也将带动高速多层板的需求增长。

作为 PCB 的重要原材料，覆铜板（CCL）材料的性能参数尤为重要。PCB 覆铜板的研究热点主要集中于低介电常数/低介电损耗，低热膨胀系数（CTE）、高热导率的开发等方向，要求铜箔、玻璃布、树脂、填料等供应链上下游与其配套。介电常数（$D_k$）和介质损耗因子（$D_f$）是表征材料的介电性能的指标。$D_k$ 是衡量材料存储电性能能力的指标，$D_k$ 越低，信号在介质中传送速率越快、传送能力越强；$D_f$ 是衡量介电材料能量耗损大小的指标，$D_f$ 越低，则信号在介质中传送的完整性越好。介质损耗随频率的升高而增加，5G 高频通信用毫米波会诱发高分子电介质材料产生更大的损耗，因此必须选用低介电损耗因子材料。除了介电性能以外，高频 PCB 板对材料性能要求还需要与铜箔的热膨胀系数尽量一致；同时吸水性要低，否则受潮时会影响介电常数与介质损耗；另外耐热性、抗化学性、冲击强度、剥离强度等亦必须良好。

覆铜板电性能等级及基材树脂类别如表 3.8 所示。5G 高频高速工况下通常要求 CCL 树脂材料的介电损耗因子 $D_f$ 要小于 0.005、$D_k$ 在 2.8～3.2 之间。高频高速覆铜板用树脂可选择的材料包括聚四氟乙烯（PTFE）、碳氢树脂、改性聚苯醚、特种环氧树脂＋苯并噁嗪树脂、改性马来酰亚胺、液晶聚合物（LCP）、改性聚酰亚胺（MPI）等。覆铜板包括刚性覆铜板和挠性覆铜板，刚性覆铜板以传统的环氧玻纤布基板（FR-4）为主，是目前 PCB 制造中应用最广的产品，主要应用于消费电子产品主板以及基站等通信设备。传统 FR-4 环氧树脂体系已不能满足要求，目前主流高频 CCL 产品主要使用 PTFE 及碳氢树脂材料。挠性覆铜板主要用于需要重复绕曲或结构复杂的零部件的连接基材。目前挠性覆铜板基材以聚酰亚胺为主，但是常规 PI 基材的介电常数和损耗因子较大、吸潮性较大、可靠性较差，因此导致了高频传输损耗严重、结构特性较差，因此 MPI、LCP 等成为 5G 时代高频高速挠性板的主要选择。

表 3.8 覆铜板电性能等级及基材树脂

| 传输损耗等级 | $D_f$ | 树脂类别 |
| --- | --- | --- |
| 高频/超低损耗 | <0.002 | PTFE、改性聚苯醚、碳氢树脂、BMI、LCP |
| 极低损耗 | 0.002～0.005 | |
| 低损耗 | 0.005～0.008 | 改性聚苯醚、CE、BMI、苯并噁嗪树脂、碳氢树脂 |
| 中损耗 | 0.008～0.01 | 特种环氧、苯并噁嗪树脂、BMI、苯乙烯马来酸酐共聚物 SMA |
| 常规损耗 | >0.01 | 环氧树脂等 |

**1. 聚四氟乙烯（PTFE）**

PTFE 树脂介电性能优异，耐高温，热稳定性良好，在高频、高速工况下的介电损耗满足 5G 通信要求。因 PTFE 的线膨胀系数大、热导率低等缺点，需要进行增强改性。一般采用玻璃纤维、陶瓷粉末或金属增强的 PTFE 提高复合材料的冷流性、线膨胀系数、耐磨性及导热性，提高加工可靠性，降低制造成本。比如，全球高频通信材料龙头企业美国 Rogers 公司的层压板产品主要以 PTFE 基材和碳氢化合物陶瓷基材为主，包括 PTFE 树脂玻纤布增强类、PTFE 树脂填充陶瓷类、PTFE 陶瓷玻纤布类、碳氢化合物/陶瓷/玻纤布等。国内覆铜板用 PTFE 供应企业主要包括中昊晨光、山东东岳高分子、巨化股份等。

由于 PTFE 难以实现多层化，因此在毫米波频段电路的天线层多层基板制造中，采用热固性树脂基板材料进行替代成为业内关注的重点。比如，日本覆铜板龙头企业松下电器 2021 年推出了适用于车载毫米波雷达和 5G 无线通信基站的无卤素超低传输损耗多层基板材料，采用热固性树脂组成的半固化片通过叠层生产工艺对天线层进行成型及多层化，提升了高频基板的设计自由度，降低材料成本和加工成本。

**2. 碳氢树脂**

碳氢树脂（PCH 树脂）是指聚烯烃均聚物或共聚物，聚合单体包括丁二烯、苯乙烯、二乙烯基苯、异戊二烯等。PCH 树脂由于具有非常低的极性和交联密度，因此是非常好的低介电、低损耗、低吸水性材料，可作为高频覆铜板的基体树脂。

目前可用于高频覆铜板的 PCH 树脂产品包括 1,2-聚丁二烯体系、丁苯共聚物、聚苯乙烯/二乙烯基苯共聚体系、聚丁苯（SB、SBS）共聚体系、SI 和 SIS 共聚体系、三元乙丙共聚体系、聚苯醚/丁苯共聚物体系、聚苯醚/马来酰亚胺/丁苯共聚物体系、碳氢树脂/环氧树脂/聚苯醚体系、环烯烃共聚物（COC、DCPD）体系、聚二乙烯基苯（PDVB）等。采用双键改性聚苯醚与马来酰亚胺（单、双、多官能）与碳氢树脂的组合物是目前高频高速覆铜板树脂的主流及较为成熟的技术路线。此外，日本松下采用了乙烯基芳香族共聚物（vinyl aromatic copolymer）作为其新开发的高速 CCL 的主树脂，未来该类产品也有可能在新一代高频高速基板材料中扮演重要角色。

PCH 树脂市场主要被美国 Sartomer、Kraton Polymers、法国 Cray Valley、日本曹达、旭化成、DIC、信越化学、宝理塑料子公司 TOPAS、三井化学等公司占据，国内四川东材科技自主研发了碳氢树脂、马来酰亚胺树脂等电子级树脂材料，但是总体来看国内目前还没有覆铜板专用的 PCH 树脂量产企业，国内企业在科研创新及产业化应用上仍与国外存在较大差距。

**3. 聚苯醚**

聚苯醚是一种综合性能优良的热塑性工程塑料，是具有超高频应用潜力的 CCL 基体树脂。但是将聚苯醚直接用于铜箔基板中存在难于加工成型、耐溶剂性差等问题，因此需要经过热固性改质才能符合印刷电路板的使用要求。目前，聚苯醚的改性主要包括通过分子设计引入活性基团制备自身可热固化的 PPE，与环氧树脂、CE 树脂、双马来酰亚胺树脂制备复合体系，以及引入无机微纳米颗粒进行无机/有机复合等方式。

全球 PPE 生产非常集中，沙特基础工业（SABIC，2007 年收购 GE 塑料业务）、日本旭化成垄断全球近 80% 的市场份额。国外高频高速 CCL 用的 PPE 的主要供应商有 SABIC、旭化成、三菱瓦斯、日立化成等，国内研发生产企业主要包括广东同宇、三力新材、陕西硕博电子等。

**4. 挠性电路板基材**

随着电子产品持续向轻薄化、多功能化、便捷移动等方向发展，挠性电路板（FPC）的使用率越来越高，目前国内挠性板及相关制品销售收入占各类覆铜板比例已达到 8%。5G 领域高速高频 FPC 基材主要采用改性聚酰亚胺（MPI）和液晶聚合物（LCP）。此外，聚苯硫醚（PPS）薄膜、聚醚醚酮（PEEK）薄膜、聚对苯二甲酸 1,4-环己烷二甲醇酯（PCT）薄膜、聚萘二甲酸乙二醇酯（PEN）薄膜、热固性聚醚（TPE）等材料也具有良好的性能，具备应用于 5G 通信用天线基板等材料的发展潜力。2021 年日本东丽株式会社开发了适用于 5G 通信的高透明 PPS 薄膜，可用于 5G 透明天线、透明 FPC、透明加热器基材等电子零组件。

（1）聚酰亚胺　聚酰亚胺（PI）具有优异的特性和多样的产品形式，适宜用作柔性印制电路板基材，PI 改性材料是现阶段的主流基材。5G 高频用 PI 材料的改性方法主要包括引入低极性基团（含氟型与非氟型）、引入微纳孔结构、与 PTFE 等氟树脂叠层复合等。含氟型 PI 主要是基于商业化含氟二酐（如 6FDA、TFDA 等）或含氟二胺（如 BDAF 等）单体的 PI 材料，同时非氟型 PI 低介电薄膜材料的开发也备受关注，如引入芳酯结构、脂肪或酯环单体、硅氧烷结构单元等。目前，国外 MPI 生产企业包括杜邦、雅龙、宇部兴产、钟渊化学、AGC、中兴化成、日铁化学、太阳油墨、SKC、东丽等，国内在低介电 PI 薄膜的基础与应用研究领域尚处于起步阶段，国内研发企业包括瑞华泰、国风塑业、中天科技等。

(2) 液晶聚合物　液晶聚合物（LCP）是介于固体结晶和液体之间的中间状态聚合物，LCP 薄膜具有突出的低介电常数、低介电损耗等特性，是非常理想的 5G 高频高速电路板基材。LCP 可广泛应用于 5G 手机天线、5G 基站柔性发射单元、可穿戴设备等终端产品的高频 FPC 制造。5G 手机天线数量大大增加，对 LCP 等材料也愈发迫切。目前，LCP 天线主要的终端应用是部分高端手机。

全球 LCP 的生产主要集中在美国与日本地区，美国的塞拉尼斯公司、日本的宝理塑料以及住友化学约占全球产能的 70%。中国 LCP 主要生产企业包括普利特、金发科技、沃特股份、聚嘉新材料等。但是由于技术和产品质量问题，国内生产仍处于较低水平。LCP 天线产业链核心为膜级树脂及薄膜成型，一方面 LCP 树脂的合成难度高，对杂质、分子量分布和生产设备都有严格要求。另一方面，成膜工艺难度高，树脂生产企业和薄膜企业的供应链封闭导致新进入者很难买到膜级树脂。此外，膜的制备参数及热处理和涂覆工艺，也是核心要素。在高端 LCP 树脂领域，国外主要供应商包括日本宝理、住友化学、塞拉尼斯等；在 5G 高频用 LCP 薄膜领域，国外主要供应商包括日本村田制作所、可乐丽、Chiyoda Integre、日本电化等。国内，宁波聚嘉 5G 用 LCP 薄膜已实现批量化生产，沃特股份、金发科技、普利特等也在持续推进天线用 LCP 薄膜材料量产。

总体来看，5G 通信发展在初始阶段，MPI 与 LCP 性能相差不大，均具备较好的传输效果，由于 LCP 目前面临成本高、良率低、供应不足的问题，从成本考虑，MPI 相对 LCP 更具优势。伴随更高频率的毫米波段的逐步应用于大场景，MPI 与 LCP 的损耗有明显差距，将促使 LCP 材料加快替代进程，未来各国 5G 频段由 Sub-6G 向毫米波过渡将成为 LCP 材料大规模应用的重要驱动。

## (二) 基站天线材料

天线是基站的重要组成部分，基站天线主要由辐射单元（振子）、反射板（底板）、馈电网络、封装平台（天线罩）、电调天线控制器（RCU）等构成。5G 基站采用了大规模天线阵列技术（Massive MIMO），通过更多的天线单元来大幅提高网络容量和信号质量。天线单元数量的增加带来相关材料的需求增长。此外，一个 5G 宏基站覆盖 3 个扇区，一个扇区使用一个 AAU 模块，因此通常一个 5G 宏基站使用 3 个 AAU 模块，天线罩材料需求较大。

**1. 天线振子材料**

天线振子为天线上的关键元器件之一，具有导向和放大电磁波的作用。5G 技术下天线振子数量将成倍增长，小型化、轻量化成为必然趋势，因此塑料天线振子成为 5G 基站天线振子的主流方案。

目前 5G 塑料天线振子主要有两种解决方案，其一为激光直接成型技术（LDS 工艺），其二为选择性电镀。LDS 工艺适用于小型电子器件，目前在手机天线和智能终端天线中应用较为广泛。2022年SABIC推出了支持LDS工艺PPS树脂的玻璃纤维增强改性材料LNP$^{TM}$ THERMOCOMP$^{TM}$ OFC08V，可以用于5G基站的天线振子和其他电气/电子应用。选择性电镀工艺相对稳定，性能和加工效率高，适合较大型设备，如宏基站天线等。该工艺目前通常主要用的材料为PPS或LCP，PPS价格较低，目前市场份额占比较高，但其介电损耗相对较高，需要进行低介电改性。LCP价格较高，更适用于高频通信，未来有望成为基站天线振子的主流路线。此外，耐高温尼龙、PPO等也可作为天线振子的选择材料之一。目前国内外5G基站天线塑料振子材料生产企业主要包括塞拉尼斯、SABIC、日本DIC、帝斯曼、金发科技、苏州纳磐、中广核俊尔、中材科技、山东赛恩吉等。

**2. 天线罩材料**

天线罩的作用是保护通信天线系统免受外部环境的影响，为降低电磁波穿透损耗，5G对天线罩材料的要求是具有基本防护作用，还要在高频下透波性能好。此外，为满足5G天线轻量化、小型化设计的需要，天线罩材料也将向轻量化趋势发展。

5G天线罩可选择的材料较多，包括玻纤增强聚丙烯（PP/GF）、聚丙烯微发泡材料、ASA（苯乙烯/丙烯腈/丙烯酸酯共聚物）、聚碳酸酯（PC）、PPE、聚双环戊二烯（PD-CPD）、环烯烃共聚物（COC）、ABS等。比如，SABIC的NORYL树脂（改性PPE）目前已成功应用于包括毫米波雷达天线罩、全频GPS天线、微波天线反射罩等在内的多个5G通信领域；科思创采用Makrolon$^®$户外低温抗冲材料（PC）作为5G毫米波小基站天线罩外壳；宝理开发有TOPAS$^®$COC材料，满足5G基站天线罩材料的要求；金发科技开发了适用于AAU天线罩的长玻纤增强聚烯烃（LFTPP）材料和阻燃、高透波、高耐候的PC材料；中石化以镇海炼化E02ES为基体树脂，开发了模压聚丙烯发泡材料（MPP），已经推广于5G基站天线罩的应用中；万华化学开发了改性硅共聚聚碳酸酯、改性PP等5G天线罩专用改性材料等。

**3. 移相器材料**

移相器是相控阵列天线的关键元器件之一。移相器中的介质板材料要求具有优良的电气性能、极低的介电损耗以及良好的尺寸稳定性，目前介质板主要应用材料包括聚苯醚、聚醚酰亚胺（PEI）等，国内外主要供应企业包括SABIC、埃万特、南通星辰、广东伟的新材、金发科技、中英科技、会通股份等，比如埃万特开发了可定制介电常数（3.0～9.0）的Edgetek$^{TM}$系列（PPE）产品，满足特定的天线设计要求。

### （三）射频滤波器材料

射频滤波器是当前5G通信建设所需的核心器件，涉及的主要化工材料为压电晶体、压电陶瓷、压电薄膜等压电材料。对于基站端，4G时代基站RRU主要采用金属腔体滤波器；5G滤波器向小型化、轻量化方向发展，主要采用小型金属腔体滤波器和陶瓷介质滤波器。现阶段介质滤波器制作工艺不成熟，5G初期金属小型化滤波器是基站主要解决方案，未来预计介质滤波器将逐步取代金属滤波器成为市场主流。

**1. 压电材料**

射频滤波器用压电材料包括铌酸锂（$LiNbO_3$）、钽酸锂（$LiTaO_3$）、LGS

($La_3Ga_5SiO_{14}$)、锆钛酸铅（PZT）、氮化铝等。目前射频滤波器用压电材料的主要技术被日本企业掌控，主要企业如信越化学、住友金属矿山、京瓷、TDK等。国内能够生产供射频滤波器用的压电材料的厂商主要有中国电科26所、浙江天通、上海召业、德清华莹等。但是总体来看，国内企业在产品质量和产量、技术工艺水平等方面还是与国外企业存在较大差距，在部分特殊应用环境领域的材料仍需进口。

### 2. 陶瓷材料

基站用介质滤波器和手机用LTCC滤波器均需用到陶瓷粉体，其主要原材料包括金属氧化物（$TiO_2$、$Al_2O_3$、$BaCO_3$、$SrCO_3$、$CaCO_3$、$MgO$等）、稀土材料（$Sm_2O_3$、$La_2O_3$、$Nd_2O_3$）等。5G基站介质滤波器使用的陶瓷材料主要是$BaO-TiO_2$系材料、钙钛矿体系、$(Zr,Sn)TiO_4$体系、钨青铜体系等；LTCC滤波器陶瓷体系包括$Al_2O_3-B_2O_3-SiO_2$、$PbO-Al_2O_3-SiO_2$、$Nd_2O_5-TiO_2-SiO_2$体系等。国内陶瓷粉体供应较充足，但与国际先进水准相比还有不足，高端陶瓷粉体目前难以全部实现国产替代。

### 3. 工程塑料

工程塑料可用于射频滤波器相关部件，如PEI、PFA、PTFE、PPE等用于滤波器的调节螺丝、固定螺丝、飞杆底座、介质绝缘子等。出于减重降本的目的，工程塑料经过电镀制作滤波器腔体也成为可能的选择。针对滤波器腔体目前开发的材料包括PEI、PPS、PET等。比如SABIC开发的ULTEM$^{TM}$ PEI树脂材料具有接近于铝合金的线膨胀系数且在较宽泛的温度保持稳定，具有良好的电镀性能，可用于腔体滤波器外壳。DSM替代金属滤波器的树脂包括Xytron$^{TM}$PPS和Arnite$^{®}$PET材料，DSM也在配合一些厂家在做相关研究验证。

## （四）半导体材料

半导体材料是信息技术的核心基础材料。第一代半导体材料主要指硅、锗元素半导体材料；第二代半导体材料主要以砷化镓（GaAs）、磷化铟等化合物半导体为代表；第三代半导体材料以氮化镓（GaN）、碳化硅（SiC）等宽禁带化合物半导体为代表，适用于高温、高频、抗辐射、大功率器件、半导体激光器等领域。

目前5G通信用半导体材料主要包括GaAs、GaN、SiC、氧化锌和氮化铝（AlN）等化合物半导体材料以及锗、硅和锡等元素材料。相较于前两代材料，GaN、SiC等第三代化合物材料禁带宽度更宽，临界击穿电压更高，也有更大的饱和电子速率和更小的介电常数，在部分领域已开始替代二代半导体材料。在微波射频和功率器件两个领域，第三代半导体材料更是具有巨大优势，预计随着5G时代新基建的需求牵引将迎来新一轮发展机遇。

在射频器件方面，第二代半导体材料GaAs是应用最成熟的化合物半导体材料。全球GaAs衬底和外延片市场主要被欧美和日本少数企业垄断，其中GaAs衬底材料主要生产企业为美国通美晶体技术、日本住友电工、德国弗莱贝格化合物材料公司，全球市场份额约为90%以上；GaAs外延市场主要被英国IQE、日本住友化学、中国台湾全新光电、中国台湾IntelliEPI等企业占据；中国大陆GaAs衬底企业主要占据低端LED市场，在整体竞争格局仍处于弱势。

与GaAs相比，GaN射频器件具有更高的功率密度和能效，有助于降低基站能耗和运行成本，从而解决基站通信系统面临的巨大能耗瓶颈。此外，在毫米波雷达领域，GaN 优势明显，可作为自动驾驶汽车的远程探测器。GaN 材料国外主要生产企业为美国科锐、日本住友、三菱化学公司等。国内 GaN 衬底生产商包括苏州纳维、东莞中镓等，外延片生产企业包括苏州晶湛、苏州能讯高能、三安光电等。

在功率器件方面，Si 基功率器件是目前主流。SiC、GaN 功率电子器件具有更高工作电压、高功率密度、高工作频率、低通态电阻、极低反向漏电流和耐高温、耐辐照等特性，可满足 5G 通技术新基建领域的新需求。GaN 功率器件主要应用于消费电子等中低压、高频的电力管控领域，SiC 功率器件主要应用于高压、大功率的电力管控领域。SiC 材料主要生产企业包括美国科锐公司、安森美、日本罗姆、东芝、德国英飞凌公司等，全球产业链呈现美日欧三足鼎立产业格局。国内从事碳化硅衬底研制的企业约 30 家，主要企业包括山东天岳、天科合达、河北同光、中科节能、中电科等。

禁带宽度 $E_g$>3.5eV 的材料，如氮化铝、半导体金刚石、氧化镓、立方氮化硼、氧化锌铍等被称为第四代半导体材料，也被称为超宽禁带半导体材料，在高频、高效率、大功率微电子器件和深紫外光电探测器件等领域有着极为重要的应用前景，是目前材料科学领域研究的热点和前沿。目前正处于发展前期，尚不成熟。

4G 到 5G 演变，促使单基站射频数量会有 8～16 倍增长，将为 GaAs、GaN 等材料带来巨大的需求增量。当前 Sub-6GHz 仍会采用 GaAs 作为主要的衬底材料和外延材料，而未来毫米波将会采用 GaN 和 SiC。Si 作为第一代半导体材料，随着射频器件向高频、高功率发展，由于性能限制，其应用不断受限。

### （五）电磁屏蔽/导热材料

**1. 电磁屏蔽材料**

5G 对信号的抗干扰能力要求很高，需要大量电磁屏蔽器件。电磁屏蔽产品设计可以结合屏蔽的电磁波频段，采取高电导率或高磁导率的材料进行开发。电子屏蔽材料形式多样，主要包括金属屏蔽器件、导电塑料器件、导电硅胶器件、导电布衬垫器件、吸波器件等。

传统金属屏蔽材料具有密度大、易腐蚀、不易加工等局限性，在小型智能电子产品领域的应用受到很大限制。导电塑料器件主要采用导电填料（如金属材料、碳材料、本征导电聚合物等）与塑料基材（如聚碳酸酯、ABS、聚酰亚胺等）填充复合而成；导电布衬垫是一种用于导电屏蔽作用的衬垫材料；吸波器件采用硅胶、氯丁橡胶等材料为基材，纳米材料、平面六角铁氧体、非晶磁性纤维、颗粒膜等吸收微波、电磁波性能好而反射与散射较小的材料作为吸收介质；导电涂料采用含铜、银等复合微粒作为导电颗粒，具有良好导电性能；导电硅胶是在硅胶基材中添加适量的金属粉末从而使得基材导电，或者将导电胶涂在基站内电子元器件所需部位进行局部的电磁屏蔽处理；导电屏蔽胶带是带高导电背胶的金属箔或导电布，其导电背胶和导电基材组成完整的导电体。

**2. 导热材料**

5G 对材料热导率和耐热稳定性的要求很高。5G 用导热材料主要包括导热膏、片状导热间隙填充材料、液态导热间隙填充材料、相变化导热界面材料、导热凝胶和石墨膜等。

导热膏是导热硅脂和其他耐热、导热材料复合而成的有机硅脂状复合物,具有热导率高、胶层薄、附着力小、再加工性能高等优点。片状导热间隙填充材料也被称为导热硅胶片、导热硅胶垫等,导热能力、绝缘性能、柔韧性都较好,可任意裁切。液态导热间隙填充材料又称为导热胶,在其固化前具有一定的流动性,填充性能好,尤其适合对压力敏感、间隙不好控制或偏差较大、非平行表面等场合,易于清理或黏结。相变化导热界面材料中的部分基材会在受热后由固态变为液态,使得材料更加贴合发热面以获得更低的热阻来提高热传递效率。导热凝胶是凝胶状态的导热材料,具有极低的热阻和压缩变形应力,而且应用是不需要混合、搅拌或固化的,易于清理。

从散热性能来看,石墨材料是性能最好的材料,水平热导率可达传统导热材料铝、铜的 4 倍以上,可实现快速高效的热量传递。导热石墨(烯)膜的石墨材料热导率远高于铝和铜等金属材料。

目前,电磁屏蔽/导热材料已经形成了较为稳定的市场竞争格局,主要被国外企业垄断。电磁屏蔽材料的龙头企业包括美国的 Chomerics 公司、3M 公司,英国的 Laird 公司和瑞典的 Nolato 公司,国内企业包括乐凯、中石科技、飞荣达等。国外企业长期垄断了中高端电磁屏蔽产品市场,国内产品性能相对较差,一般用于中低端产品。导热材料的龙头企业主要为美国的 Chomerics 公司、Bergquist 公司、GrafTech 公司,英国的 Laird 公司和日本的松下、Kaneka 公司,国内生产企业包括碳元科技、中石科技、飞荣达、富烯科技、墨睿科技等。

## (六)其他

### 1. 射频同轴电缆

射频同轴电缆组件主要应用于通信天线、馈线及电子设备内部信号传输线。射频同轴电缆结构由外向内依次是护套、外导体(屏蔽层)、绝缘介质和内导体几部分。目前,绝缘介质的材料大致可分成聚乙烯类、氟树脂类(PTFE、聚全氟乙丙烯等)、二氧化硅类三类。高端射频同轴电缆需要采用后两类绝缘介质才能满足性能要求。

由于 5G 基站电磁波信号频率更高,对同轴电缆的衰减屏蔽参数提出了更高的要求,采用半柔同轴电缆。半柔同轴电缆采用 PTFE 作为绝缘体。在消费电子领域,5G 手机的射频模块和天线模块之间需要连接线实现射频信号传输,连接线可采用 LCP 软板或者 PTFE 细微射频同轴电缆。

### 2. 电子用胶

传统的电子用胶主要分为主板用胶、壳体用胶、屏幕和边框用胶、摄像头固定用胶、FPC 天线与机壳用胶、摄像模组用胶。5G 通信对胶黏剂性能提出了更高要求,包括:

① 导电性:5G 通信需要更快的速率,需要胶黏剂能够在广泛的振动频率和 5G 环境下毫米波段内拥有稳定的电磁屏蔽能力。

② 导热性:要满足巨量数据吞吐、低延迟、高移动性和高连接密度的需求,需要设备具有更出色的热管理性能。

③ 可靠性:5G 通信多收多发、内部元器件和天线面积显著增多,对设备内部主板、模组等胶黏剂的可靠性提出了更高的要求。

通信电子领域用胶市场广阔，5G 带来较大量和质的提升。随着 5G 商用，单个手机用胶量和等级上都将大幅提高。

## 三、主要问题

总体来看，我国化工新材料产品仍处于产业价值链端的中低端水平，中高端产品比例相对较低，现有产品技术含量、附加值低，与发达国家相比差距较大。在 5G 通信技术对材料性能提出更高要求的情况下，国内 5G 领域化工新材料产业存在的短板问题更加突出。

目前，我国 5G 用化工新材料依然处于弱势地位，关键材料面临严密的技术封锁，比如高性能 GaAs、GaN、SiC 半导体材料等，关键技术亟待突破。商品化高频高速 CCL 用树脂也由国外大型公司所主导或垄断，低介电 PI 与 LCP 薄膜的基础与应用研究领域尚处于起步阶段，高端电磁屏蔽和导热材料的核心技术由国外企业掌握。总体来看，国内企业在技术研发实力等方面与国外企业相比仍存在较大差距，部分 5G 用化工新材料仍大量依赖进口，国产化率水平亟待提升。

此外，国内化工新材料企业的发展模式也有待改进。国外化工新材料企业属于引领型、导入型的发展模式，在产品开发初期便积极与 5G 产业链下游用户一起合作，以终端市场需求为导向进行产品设计。除了材料产品本身，国外化工新材料企业往往还可以提供包括材料注塑加工、零部件设计等应用服务和辅助产品在内的一体化完整解决方案。目前，国内大部分新材料企业仍处于以产品为导向的跟随型发展模式，产业链上下游合作不够密切，产品的研发、生产、应用脱节，也缺少成型加工、零部件设计等能力，综合竞争力较弱。

## 四、发展建议

随着全球新一轮科技革命和产业变革加速演进，5G 已成为世界主要国家数字经济战略的先导领域。我国 5G 技术位处世界第一梯队，以 5G 为代表的新一代信息通信技术创新活跃，加速与经济社会各领域深度融合，日益成为推动经济社会数字化、网络化、智能化转型升级的关键驱动。5G 的建设与发展不开关键材料的支撑，加快攻克关键领域技术壁垒，把握 5G 技术为新材料带来的全新发展机遇，早日实现材料自主可控，将有利于巩固 5G 全产业链的核心竞争力。为促进我国 5G 用化工新材料的发展，提出以下几点建议。

（1）加强研发与自主创新，突破关键技术。在政府层面，建议发挥政策引导作用，加大支持力度，鼓励原始创新、自主创新，提高企业自主研发的积极性。引导企业整合相关创新资源，集中力量开展关键材料技术攻关。在企业层面，建议产品开发工作从更高层次的需求出发，加强与终端应用企业的直接联系，开发多系列牌号差异化产品，满足不同用户的设计和生产需求。此外，除材料产品本身外，建议企业加强提升其他相关技术支持服务的完整解决方案能力。

（2）5G 产业涉及芯片供应链、基站供应链、终端应用电子供应链等多个领域，产业链条长，材料种类多。建议完善产学研一体化机制，注重引导和鼓励 5G 产业整体产业链的协同创新发展。支持材料、器件等产业链上下游企业成立联合机构开展技术攻关，发挥 5G 基站、5G 终端等龙头企业的引领作用，以应用为导向，带动相关配套材料的发展，实现上下游产业协调、融合发展模式。

（3）5G 产业目前处于发展初期，部分应用领域化工新材料的品种选择、技术路线等尚存在一定的不确定性，因此，对于行业内 5G 领域化工新材料相关企业，建议及时关注跟踪产业动向和技术需求，加强技术研发储备，提早布局，占据行业先机。

## 第五节　化工新材料在轨道交通领域的应用

株洲时代新材料科技股份有限公司　杨军　黄安民

### 一、轨道交通发展概述

轨道交通是指车辆在特定轨道上行驶的交通运输工具，包括干线铁路和城市轨道交通，具有运量大、速度快、安全舒适、节能环保等优点。截至 2021 年底，中国铁路营业里程达到 15 万公里，其中，高速铁路超过 4 万公里，位居世界第一。城市轨道交通运营里程 8708 公里，其中，上海、北京、成都城轨交通运营里程全球前三，上海城轨交通运营里程甚至达到纽约城轨交通运营里程的 2 倍。

京津高铁于 2008 年通车后，标志着中国正式迈入时速 300 公里以上的高铁应用时代。到 2021 年 6 月 25 日，拉萨至林芝铁路正式通车，历史性实现了复兴号对 31 个省区市的全覆盖。2022 年 4 月 21 日，两列 CR450 复兴号高速动车组在济南至郑州高铁的濮阳至郑州段成功实现了交汇相对时速 870 公里，创造了高铁动车组列车明线和隧道交汇速度世界纪录。2022 年 6 月 20 日，京广高铁京武段达速运行。至此我国已有 3186 公里高铁实现时速 350 公里高标运行。2021 年 7 月 20 日，我国时速 600 公里高速磁悬浮在青岛正式下线。这是全球首个 600 公里时速磁悬浮列车系统，成为当前速度最快的地面交通工具。从绿皮火车到和谐号，到复兴号智能动车组，再到高速磁悬浮列车，中国速度不断让世界瞩目。

城市轨道交通（China Urban Rail Transit）包括地铁、轻轨、单轨、现代有轨电车、磁浮、自动导向轨道系统和市域列车。我国的城市轨道交通建设经历了相当漫长的探索之路，直至 20 世纪末才有北京、天津、上海、广州 4 个城市的轨道交通开通运营；2008 年，我国在城市化发展的必然需求以及经济条件允许的大前提下，城市轨道交通建设自此进入突飞猛进的发展时期；如今，我国的城市轨道交通已经在 51 个城市投入运营，排名全球城市轨道交通运营里程前十的就有 7 个城市。

不断刷新的傲人数据背后是中国力量与科技创新，材料、结构、工艺等系统创新支撑着中国轨道交通从跟跑到并跑，再到领跑，由轨道交通大国发展为轨道交通强国。在我国轨道交通快速发展过程中，化工新材料，特别是高分子材料在轨道交通的车辆、线路与轨道的制造与运营过程中发挥了举足轻重的作用。

## 二、化工新材料应用情况

轨道交通对化工新材料的应用需求主要包括减振降噪、轻量化、绝缘、防水、隔热、吸音、火安全及环保等几个方面。以株洲时代新材料科技股份有限公司（以下简称"时代新材"）为代表的国内企业经过多年的持续研发，轨道交通用高分子材料制品已基本实现国产化，市场占有率达90%以上。目前，化工新材料在轨道领域的应用主要包含橡胶与弹性体（改性天然橡胶、氯丁橡胶、丁苯橡胶、丁基橡胶、三元乙丙橡胶、聚氨酯弹性体、硅橡胶等）、塑料（聚酰胺、聚酯、聚碳酸酯树脂、超高分子量聚乙烯、聚四氟乙烯等）和复合材料（玻璃纤维或碳纤维增强树脂、芳纶蜂窝复合材料等），如图3.23所示。

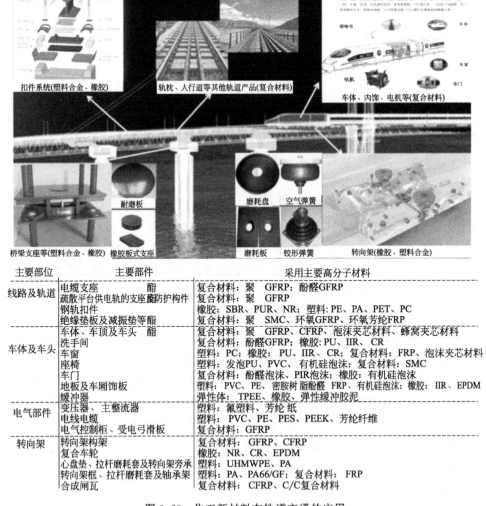

图3.23 化工新材料在轨道交通的应用

结合轨道交通发展趋势及其对化工新材料的需求变化，以下主要针对轨道交通减振降噪、轻量化和火安全三个方向化工新材料的应用及发展趋势进行分述。

## (一) 高分子材料减振降噪工程应用

**1. 应用需求**

由于钢轨线路不可能是理想的平直轨道，因此当轨道车辆在钢轨上运行时不可避免地会受到来自线路的各种冲击作用。这些冲击作用通过车轮与钢轨之间的相互作用，会产生各种垂向和横向作用力并引起车辆系统的各种振动。旅客长时间乘坐在不断振动的车厢中会感到疲劳，车辆剧烈振动会损伤货物，轮轨之间的作用力和车辆振动达到一定程度后会影响行车安全。因此，需要在轨道车辆、线路和桥梁上设置各种减振和隔振部件，确保铁路高速、安全、舒适和可靠运行。其中，车辆减振和隔振元件通常布置在转向架上，形成车辆弹性悬挂系统（通常将布置在轮对和转向架构架之间的弹性悬挂装置称为一系悬挂系统，布置在转向架架构和车体之间的悬挂装置称为二系悬挂系统）。减振与隔振元件要求材料具有一定的刚度（高承载）、兼具回弹性和动态阻尼（隔振）、良好的耐疲劳性、动态老化性能等，同时与各种金属具有良好的黏合性。

**2. 应用现状**

橡胶是一种高分子黏弹性材料，硫化后的产品具有很好的非线性刚度特性和相当的阻尼，有利于减少冲击变形和动态变形；同时橡胶可视为体积不可压缩材料，其泊松比近似为0.5，其形状可以自由选择，硬度也可以通过配方调整，可以满足不同方向的刚度和强度的要求，因此橡胶不仅可以像钢弹簧一样通过弹性形变来吸收、储存冲击能量，而且还可以通过分子链相对运动而大幅度地消耗能量。因此，橡胶材料被广泛应用于轨道交通车辆、线路和桥梁减振降噪部件。天然橡胶（NR）综合性能最好，经过改性后，具有优异的弹性、耐疲劳性、金属黏合性、电绝缘性和加工性能；顺丁橡胶（BR）弹性好，滞后损失与生热低，低温性能好，因此通常选用改性后的天然橡胶作为常规减振器主体材料，常用于弹性定位节点、橡胶弹簧、轨道减振器等减振制品；异戊橡胶（IR）是最接近NR的一种合成橡胶，弹性和NR一样好，生热和永久变形比NR低，吸振性比较好，主要应用于一系减振弹簧等蠕变性能要求高的产品；氯丁橡胶具有较好的耐热、耐臭氧、耐天候老化性，主要应用于空气弹簧产品；乙丙橡胶（EPDM）在通用橡胶中的耐热性是最好的，也具有优秀的耐天候老化性和耐化学稳定性，主要用于对环境老化要求较高风挡、线路减振产品；另外，有特殊性能要求的橡胶减振器，如阻尼要求高的多选用环氧化天然橡胶，耐油性要求较高的多选用丁腈橡胶，气密性要求较高的减振制品多选用丁基橡胶或氯化丁基橡胶等。

根据不同的使用条件与环境，国内高分子减振降噪产品已形成了轨道车辆、线路、桥梁等多领域全方位应用体系，成就了全球规模最大、品类最全、全球分布最广的减振降噪供应商。由于橡胶弹性元件使用最广泛，最具典型性，以下对其在轨道交通的应用进行介绍。

(1) 橡胶减振弹性元件在轨道车辆上的应用

① 空气弹簧　空气弹簧（图3.24）是连接转向架与车体之间的二系悬挂产品，起承载、减振，适应二者之间多向相对位移的作用，是影响列车安全性与舒适性的主要部件；一节车厢有两个转向架，每个转向架和车体之间由四个空气弹簧实现弹性悬挂。空气弹簧由盖板、扣环、气囊与辅助弹簧等关键部件组成，气囊是由钢丝圈、帘线与橡胶等多种材料复合而

成。空气弹簧有两大优点，一是配合高度阀，可以保证列车在不同载荷下地板面高度不变，为乘客上下车提供了便利；二是空气弹簧具有优异的非线性力学特性，可以保持车辆自振频率基本不变，利用空气的可压缩原理与气囊的柔性变形可实现较低的固有频率，使车辆在高速运行时获得良好的舒适性指标；基于这两大优点，空气弹簧被广泛应用于高速动车组、城际车、地铁、轻轨等各种机车车辆。

图 3.24　空气弹簧与转向架

为适应不同车辆的空间限界、载荷、运营曲线、刚度、环境等要求，需要运用不同的空气弹簧结构形式。空气弹簧系统由不同结构形式的气囊与辅助弹簧构成，以适用不同车辆的技术要求。根据承载能力与空间尺寸的不同，气囊有大曲囊、腰带式、小曲囊与多曲囊等结构形式，辅助弹簧配合气囊实现变位能力，有橡胶堆、锥形簧、沙漏簧及相关组合等多种结构形式。空气弹簧气囊主体材料为氯丁橡胶或与其它橡胶共混，具有优异的耐老化、耐屈挠疲劳及安全可靠性。

国产空气弹簧结构类型多样，广泛应用于国内外各高速、干线、轻轨、城轨地铁车型，产品覆盖了国内所有复兴号、和谐号高速动车组，海外已出口到英国、德国、法国、瑞士、西班牙等欧洲国家，以及美国、印度、澳大利亚、韩国、马来西亚等全球 42 个国家与 145 个地区。

② 锥形弹簧　锥形弹簧（图 3.25）是由多层锥型金属件与橡胶经硫化复合而成的弹性元件的简称，是连接轮对与构架的关键部件，对车辆稳定性安全性起着非常重要的作用，广泛运用于地铁、轻轨与低地板车辆中。国内自 2003 年开始发展一系锥形橡胶弹簧，目前一系锥形弹簧年生产量已逾 10 万件，在全球销售量最大。锥形弹簧产品主体材料为异戊二烯类橡胶，具有优异的蠕变性能、较小的滞后性能、良好的黏结性能及可靠的疲劳性能。

图 3.25　锥形弹簧

③ 橡胶节点　橡胶节点（图 3.26）也可称作球铰、橡胶关节，一般由金属芯轴、橡胶以及金属外套硫化而成，广泛应用于轨道车辆的一系、二系悬挂、齿轮箱及电机悬挂及车体电气设备悬挂中，主要起承载、吸收和减少振动的传递、实现柔性连接的作用。根据球铰产品的使用位置及功能，球铰产品的应用分类如下：一系悬挂中，包括转臂节点、轴箱拉杆节点；二系悬挂中，包括牵引球铰、中心销球铰、扭杆支撑球铰及扭杆连杆球铰；齿轮箱及电机悬挂中，分为齿轮箱吊杆球铰、电机球铰、电机吊杆球铰；油压减振器球铰；设备悬挂球铰。橡胶节点一般选用天然橡胶并用合成橡胶，要求高强度、低生热、耐疲劳性能好。具有优异的耐老化性能、耐屈挠疲劳及安全可靠性。

图 3.26　橡胶节点

④ 橡胶堆　橡胶堆（图 3.27）是橡胶—金属叠层弹簧的简称，由多层橡胶和金属板交替叠放经硫化而制得的橡胶减振制品。橡胶堆主要应用于机车二系悬挂，主要起承载与提供水平柔性变形的作用。橡胶堆垂向刚度较大，在垂向承载时不会产生较大的垂向位移，可保持车辆的垂向限界，橡胶堆横向刚度较小，当机车过曲线时，橡胶堆有助于实现车体与转向

图 3.27　橡胶堆

架的水平柔性变位，实现曲线通过；橡胶堆一般选用天然橡胶并用顺丁橡胶，要求抗大变形能力好、耐环境性能好及耐疲劳性能好。

(2) 橡胶减振弹性元件在轨道线路上的应用　线路主要产品有轨道减振、扣件和其它外延产品，产品应用覆盖高速铁路、地铁轻轨、重载线路。其中，橡胶减振弹性元件主要应用产品为轨道减振产品（高速铁路道岔弹性铁垫板、压缩型减振器、剪切型减振器、道岔减振器等）、橡胶弹性垫板（扣件系统组成），站台安全装置（防滑垫）、套靴等。典型产品应用及要求如下。

① 高速铁路道岔弹性铁垫板　产品型号实现 18-62 号道岔的全覆盖，在京广、京沪、沪昆、哈大、兰新、贵广等高速铁路应用。产品特点为硫化一体化设计，安装、维护效率高，动静刚度比低，耐疲劳、高绝缘、岔区刚度平顺。

② 压缩型减振器　产品主要用于中国的北京、香港、台湾等地，以及韩国、新加坡、

澳大利亚、加拿大、瑞士、英国等国家的铁轻轨线路。产品特点为一体化设计，安装简便，安装高度低，重量轻，特别适合桥隧使用，低动静刚度比，抗疲劳，耐老化，寿命长，使用期间免维护，绝缘性能高（1MΩ以上），接口灵活，便于新造线铺设和既有线改造。

③ 剪切型减振器　产品主要用于中国的上海、深圳、广州、台湾、香港等地，以及西班牙、英国、加拿大、德国等国家的铁轻轨线路。产品特点为减振效果优异，双刚度设计，兼顾行车安全，动静刚度比低，横向刚度大，轨距保持能力强。

④ 道岔减振器　岔枕减振器是剪切型减振器的一种，具备一定的通用型，刚度可在一定范围内调整，适应性强，在海内外应用非常广泛，在广州地铁、沈阳地铁、重庆地铁、香港地铁、台湾捷运、新加坡Thomson线、悉尼西北线、伦敦地铁等应用。产品其特点为其上可同时布置多根钢轨，良好的减振效果，优异的钢轨形位保持能力，低动静刚度比和高耐疲劳性能。

⑤ 橡胶弹性垫板　产品主要应用于重载铁路，山西中南大通道、张唐线等，产品特点为低动静刚度比，耐疲劳。

⑥ 站台安全装置（防滑垫）　以一种特殊的结构彻底保证乘客上、下列车的安全和进出站列车的运行安全，产品已广泛应用于香港、深圳、北京、昆明、墨尔本等地铁城轨线路。材料强度高、耐老化、低烟、无毒、难燃。

⑦ 套靴及微孔发泡垫板　用于弹性支撑块式无砟轨道，起承载和减隔振作用，寿命长、免维护，减振效果好，套靴与微孔垫板成套包装，便于安装。近期在山西中南大通道、准—鄂、蒙—华等多条线路应用。

（3）橡胶减振弹性元件在轨道桥梁上的应用　目前，在我国铁路建设中，桥梁占比较大。为减少地震对铁路桥梁以及重要工程的破坏，同时避免铅芯的污染，需使用高阻尼橡胶支座，降低地震对桥梁结构的损伤程度，减少铁路车辆运行对桥梁以及周边水域、建筑物等的冲击和振动，同时保证车辆运行平稳性和乘客乘坐舒适性。

相比于发达国家，我国高阻尼橡胶材料研究起步晚，通过多年技术攻关，国内已成功开发出了一系列隔震支座用高阻尼胶料配方，研制的高阻尼橡胶隔震支座性能稳定，能够有效地保护轨道桥梁的安全性及车辆运行平稳性。目前采用环氧化等改性天然橡胶制备的高阻尼橡胶隔震支座等效阻尼比已经能超过20％，达到世界先进水平，在铁路桥、公路桥以及重要工程和建筑中应用越来越广泛。

**3. 发展趋势**

尽管目前减振降噪产品达到国际先进水平，但随着轨道交通不断高速化、环保安全发展，对车辆和线路减振降噪材料与部件均提出了更高的要求，如更高的速度会引起更大的轮轨冲击和空气噪声，这要求减振降噪材料及部件可承受更高的载荷、更低的动静刚度比、更高的刚度稳定性和尺寸稳定性，在保证线路与列车的平顺性的同时降低噪声，从而改善乘坐环境及列车的运行平稳性；环保安全要求减振降噪材料基材和助剂面临更高的门槛。此外，部分原材料仍依赖进口，在"贸易战"不断持续下，亟需原材料的国产化作为支撑。因此，一方面需要进行产品升级以满足新的要求；另一方面，需加强与上游协同开发，实现全产业链的全自主化保障。

## (二) 高分子材料轻量化工程应用

### 1. 应用需求

随着轨道交通的飞速发展,对轻量化提出了迫切要求(图3.28)。轻量化包括列车的轻量化与轨道的轻量化。列车轻量化可有效提高载重能力、降低轨道维修费用、减少能耗和运行成本:①列车轻量化可实现轴重要求,提升牵引和制动性能,使列车更高速、安全;②列车重量对于钢轨、枕木、道渣等轨道结构影响很大,车辆的轻量化可简化轨道结构,从而能减少建设费用;③由于高速化易引起轨道偏位,而车辆的轻量化,可减轻车辆对轨道的负荷,并且可减少钢轨磨耗,从而能减轻轨道的维修;④列车的阻力通常与列车重量成正比,车辆的轻量化可大大地减少频繁加速、减速的通勤电动车组的动力费用,以及多坡道、多曲线的现有线上车辆的动力费用;⑤列车的轻量化可减少电力设备的使用,降低列车通过时对地基的振动,可有效节约能源,保护环境。轨道的轻量化可以提升对列车的载重和速度的承受能力,减少对地基及桥梁加固的成本。高分子材料的推广使用可带来列车和轨道的轻量化。

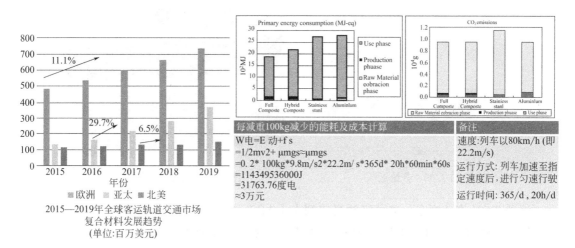

图3.28 复合材料在轨道交通领域应用发展趋势及成效

### 2. 应用现状

目前轨道交通领域轻量化材料主要有芳纶材料、纤维增强树脂复合材料(纤维增强聚氨酯材料、纤维增强酚醛发泡材料、碳纤维增强树脂等)、金属基复合材料、新型铝合金等。以下就几类应用广泛的典型化工新材料在轨道交通轻量化领域的应用进行说明。

(1)芳纶材料在轨道交通的应用  芳纶纸(图3.29)是采用芳纶纤维为原材料,通过湿法成型技术抄造,再经高温辊压而成的一种特种纸张,因其优异的力学性能、电气绝缘性能、热稳定性、耐阻燃性、耐腐蚀及轻质高强等特性,广泛应用于电气绝缘、轻量化等领域。

国产芳纶纸的研究起步晚,且受限于装备、单体原料、树脂合成及纺丝等技术条件,芳纶纸研制进展缓慢,到2007年才逐步开始产业化,但产品电气绝缘、力学性能等主要性能与进口产品差距较大。以应用最广、最具代表性的0.05mm规格芳纶纸为例,进口芳纶纸电气强度可达17kV/mm以上，综合性能优异；而国产芳纶纸电气强度通常在15kV/mm以下，多数产品仅在12kV/mm以下，并且性能波动性大，不能满足高端电气设备特别是轨道交通主绝缘体系的苛刻要求，因此，国产芳纶纸大多应用于中低端领域（如要求较低的柔软复合材料的制造），高端电气设备绝缘所用的芳纶纸仍为美国杜邦等国外巨头所垄断。

基于国家战略需求，国内经过十余年的技术攻关与产业化推广应用，近年来掌握了间位芳纶聚合、纺丝、造纸及蜂窝夹芯复合材料制备等全产业链关键技术，产品成功应用于航空航天、轨道交通等高端装备领域。以下对芳纶材料在轨道交通轻量化和绝缘方面的应用作简要介绍。

① 间位芳纶蜂窝纸及蜂窝夹芯材料　芳纶蜂窝夹层结构复合材料是由上下两层较薄的面板和较厚的轻质芳纶蜂窝芯组成，芯材连接上下面板使之成为一种整体结构，让面板在承担较高的拉压应力时不发生屈曲，同时将剪切应力从面板层传递到芯材内层，因此，夹层结构具有质量轻、强度高、弯曲刚度高等优点，在轨道交通和航空航天等高端装备领域广泛应用。间位芳纶蜂窝芯（图3.30）作为夹层结构复合材料用芯材之一，具有天然蜂巢的六边形结构，具有轻质、大刚性、阻燃、绝缘、隔音、隔热等优点。

图3.29　芳纶纸　　　　　　　　　图3.30　间位芳纶蜂窝芯

法国TGV高速列车、美国海湾高速列车BART的侧墙、天花板和行李架等内部结构件，欧洲隧道旅游车内饰件上均采用酚醛蜂窝夹层板做其内部结构件；法国ANF隧道列车整个内部均采用Nomex蜂窝夹层和玻纤酚醛蒙皮制成的三明治复合结构；意大利ETR-500列车车顶采用芳纶蜂窝做的夹芯板等。

与国外相比，国内在轨道车辆芳纶蜂窝夹层结构复合材料的应用时间较晚，2015年法国与中国合作设计生产的CRH5高速列车以ETR-500为原型，采用Nomex蜂窝夹层材料来设计和制造车体的侧板、行李架、隔板和壁柜。目前，芳纶蜂窝夹层结构复合材料已逐渐在轨道装备上进行应用，其应用不仅体现在内饰等非承力部件上，同时在侧墙、顶板、裙板等，还在地板、车身等承力部件上成功应用。国内针对芳纶蜂窝夹层结构复合材料开展了大曲面结构设计、成型方法、评价方法等研究，形成了一套芳纶蜂窝夹层结构复合材料结构设计及应用的技术体系，开发的间位芳纶蜂窝夹层结构复合材料批量应用于：中车四方股份CRH和谐号动车组和长客股份、唐山车辆CR系列复兴号动车组的司控台（图3.31）；长客股份公共路权虚拟轨道胶轮车上裙板；四方股份CR400AF复兴号动车组的中顶板（图3.32）；在韩国EMU-150动车组侧墙内饰板上实现批量装车应用（图3.33），产品得到客户高度认可。

图 3.31　动车组司控台

图 3.32　复兴号动车组中顶板

图 3.33　MU-150 动车组侧墙内饰板

此外，蜂窝夹芯结构复合材料在中车智行科技有限公司的智轨列车上实现了批量装车应用（图 3.34），实际产品重量相比于原理论设计减重 30%；在跨坐式单轨车裙板结构上实现了装车应用（图 3.35），相比于原产品实现减重达到 20%～25%。

② 芳纶绝缘材料　轨道交通用牵引电机及变压器等逐步向大功率、高耐热、小型轻量化方向发展，芳纶材料兼具优异的电气绝缘和耐高温性能，能够在 200℃ 以上长期使用，可使电机、变压器体积设计大大缩小，作为绝缘系统的主绝缘材料，广泛应用于轨道交通牵引电机及牵引变压器等关键部位，用作槽绝缘、对地绝缘、相绝缘、导线绝缘及层间绝缘等，大大提高安全性能和使用寿命。

a. 牵引变压器　芳纶材料对于高性能变压器来说是一种理想的绝缘材料：芳纶纸的极限氧指数大于 28%，属于难燃或阻燃材料；芳纶纸耐热性能优异（220 级），可减少变压器的冷却空间，使变压器结构更加紧凑，从而降低生产成本和空载损耗；采用芳纶纸作绝缘处理，可提高变压器的温度储备能力，增强其承受谐波负载的能力；芳纶纸抗潮性优异，可以在潮湿的环境中应用。

图 3.34 智轨列车装车图

图 3.35 跨坐式单轨车应用图

芳纶纸用于变压器导线绝缘（图 3.36），规格厚度 0.05mm；此外芳纶纸主要用于层间绝缘、内绝缘筒等，主要规格厚度有 0.18mm、0.25mm、0.38mm、0.51mm、0.76mm 等。芳纶纸板作为隔板组、角环、撑条、端绝缘和绝缘筒（图 3.37），大量应用在牵引变压器领域，主要应用在 CRH2 型动车组和 CRH380A 型高速动车组牵引变压器上。

图 3.36 芳纶纸用于轨道交通牵引变压器

b. 牵引电机　芳纶纸及纸板可提高电机电器产品绝缘系统等级，可在过热和超负荷条件下运行，尺寸小、可靠性高、寿命长，可使槽衬绝缘在线圈绕组和成型时不易受损，是电机、发动机等关键绝缘材料。芳纶材料在电机与发电机中的具体应用包括导线包纸、槽绝缘衬、相绝缘、整流子V形环、引线绝缘和对地绝缘等。如厚度为0.18～0.38mm的芳纶薄纸由于柔软易成型，适合用作槽绝缘衬；厚度为0.51～0.76mm的芳纶厚纸其硬度较高，特别适合用作槽楔、顶棒、中棒和V形环扇体。日本三菱、德国西门子等公司早已将芳纶纸和纸板应用于电机绝缘系统中。在牵引电机中，利用芳纶纸优异的热稳定性、抗拉强度、抗撕强度及介电强度，芳纶纸用作牵引电机的槽绝缘来加强绕组的对地绝缘（图3.38），同时利用芳纶纸优异的抗穿刺和抗撕裂性能，防止绕组在嵌线过程受损。

图 3.37　芳纶板应用于牵引变压器

图 3.38　芳纶纸用于轨道交通牵引电机

（2）纤维增强酚醛发泡材料在轨道交通的应用　纤维增强酚醛发泡材料（简称轻质板材，图3.39），是一种由微球发泡和纤维增强与酚醛树脂有机结合的新型阻燃发泡材料。轻质板材是一种结构功能一体化的新型复合材料，具有优异的力学性能、阻燃性能、隔热、隔声与轻量化减重优势，已在国外轨道车辆内饰中的顶板、侧墙、窗板、行李架、风道、地板等得到批量应用。由于传统的轨道交通车辆地板采用铝蜂窝夹芯材料，不仅重量偏大，同

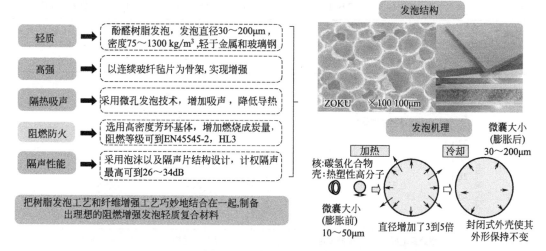

图 3.39　纤维增强发泡材料

时还存在隔热性能较差，隔声偏低的缺点，近年来开始逐渐关注纤维增强酚醛发泡轻质板材。

轻质板材的国外主要生产厂家为美国 Milwaukee Composites Inc.（MCI）公司、瑞典 ACT 公司，瑞典 Artboard，德国 Spheretex 公司等。最为有名的为美国 MCI 公司，其纤维增强酚醛发泡产品批量应用到国内外主机厂及车辆地板、风道、墙板等产品上，且至今运行良好。

国内于 2016 年开发出具备自主知识产权的纤维增强酚醛发泡产品，打破了国外产品的垄断。2018 年以来应用于多款车型，特别是对于有载重要求的地铁、低地板、单轨车是优先选择的方案。该材料主要在地板、风道、顶板与端墙上具有显著的应用优势。

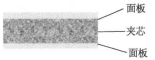

图 3.40 纤维增强酚醛发泡地板组成

① 车厢地板 纤维增强酚醛发泡地板一般采用三明治结构（图 3.40），芯子采用 200～270kg/m³ 玻纤增强酚醛泡沫，面板采用 1～2mm 厚的环氧/酚醛复合材料。

与传统铝蜂窝与胶合板地板相比，纤维增强酚醛发泡材料地板具备更轻、热导率更低、具备一定的结构性防火性能（如表 3.9 所示）。同时，纤维增强酚醛发泡材料地板与铝蜂窝地板相比，具有明显的隔音优势（图 3.41）。目前国内开始广泛关注酚醛地板，并在多种车型近三百列车辆上取代铝蜂窝（图 3.42），如临港 T1 线，芜湖 1、2 号线，广州地铁 7 号线、武汉光谷空轨、大连 1、2 号线、浦镇 RRT 项目、韩城空轨等。

表 3.9 不同材料地板性能对比

| 对比项目 | 酚醛地板 | 铝蜂窝地板 | 胶合板 |
| --- | --- | --- | --- |
| 重量/(kg/m²) | <9 | 12 | 18 |
| 热导率/[W/(m·K)] | 0.065 | 0.20 | 0.15 |
| 计权隔声量/dB | >28 | >23 | 27 |
| 阻燃防火 | EN45545-2，HL3/结构性防火 | EN45545-2，HL3 | EN45545-2，HL2 |
| 环保 | TB/T 3139 | TB/T 3139 | TB/T 3139 |
| 平拉强度/MPa | >5 | >4 | >1.2 |
| 平压强度/MPa | >5 | >4 | >4 |

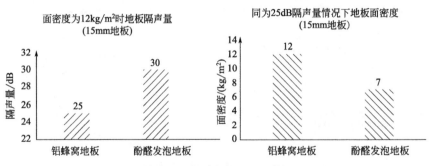

图 3.41 酚醛地板与铝蜂窝地板隔声与重量对比

图3.42 酚醛地板安装图

图3.43 纤维增强酚醛发泡风道图

② 空调风道 纤维增强酚醛发泡风道（图3.43）通常采用密度为75~160kg/m²的泡沫，须在表面附着一层压花铝箔，并通过拼接方式将板材组装成风道产品。与目前进口的PIR风道、铝合金的风道相比，酚醛发泡风道选择更多，隔声更好，火安全性能更优（如表3.10所示）。国内目前在160集中动力、250动车、佛山地铁2、3号线等近300列车辆上成功应用。

表3.10 不同材料风道对比

| 对比项目 | 酚醛发泡 | PIR泡沫 | 铝合金 |
| --- | --- | --- | --- |
| 重量/(kg/m²) | 1.0~1.6 | 1.0 | >2.7 |
| 热导率/[W/(m·K)] | 0.02~0.03 | 0.02~0.03 | 0.2 |
| 计权隔声量/dB | 13~18 | 8 | — |
| 阻燃防火 | EN45545-2, HL3 | EN45545-2, HL3 | EN45545-2, HL3 |
| 环保 | TB/T 3139 | TB/T 3139 | TB/T 3139 |
| 拉伸强度/MPa | 4.4 | 1.25 | — |
| 弯曲强度/MPa | 3.2 | 1.51 | — |

(3) 纤维增强聚氨酯材料在轨道交通的应用

纤维增强聚氨酯材料在轨道交通目前主要应用于复合材料轨枕和复合材料人行道。

① 复合材料轨枕 轨枕作为城市轨道交通线路结构重要的组成部分，其作用主要是为轨道整体结构提供刚度并承受钢轨传递的竖向、横向及纵向荷载。按照制造材料的不同，铁路轨枕主要分为木枕、混凝土枕、钢枕和复合材料轨枕等4种。中国铁路主要采用混凝土枕。

复合材料轨枕（图3.44）是以硬质聚氨酯泡沫为基体，以高强度、高模量的连续玻璃纤维为增强材料，通过拉挤工艺不间断生产的一种新型高性能轨枕。与木枕相比，聚氨酯泡沫合成轨枕具有密度低、强度高、耐腐蚀、

图3.44 复合材料轨枕

阻燃性好、使用寿命长、免维护、疲劳性能好、经加工尺寸精度高等众多优点，在南方潮湿多雨的环境气候下表现出优异的性能；较混凝土轨枕可减重50%，使用寿命50年以上，且安装方便免维护。因此，聚氨酯泡沫合成轨枕是目前行业内最佳的道岔改造替代选择。

聚氨酯泡沫合成轨枕按照结构型式分为粘接式聚氨酯泡沫合成轨枕（图3.45）及整体式聚氨酯泡沫合成轨枕（图3.46）。粘接式聚氨酯泡沫合成轨枕先采用连续拉挤设备生产出板材，然后将板材在压力下粘接成聚氨酯泡沫合成轨枕成品，一般粘接数量不应多于3块。整体式聚氨酯泡沫合成轨枕为一次拉挤成型全尺寸聚氨酯泡沫合成轨枕。聚氨酯泡沫合成轨枕按照结构型式不同，其生产工艺、生产设备、产品技术特点和要求、产品检验等都有所不同。

图3.45　粘接式复合材料轨枕

图3.46　整体式复合材料轨枕

日本积水化学工业株式会社早在1978年生产了第一根玻璃纤维增强聚氨酯泡沫复合材料（简称FFU）轨枕。目前其生产的复合材料轨枕已开始走向世界，如澳大利亚、欧洲的奥地利、德国、美国等。在30多年的时间里，FFU合成轨枕在日本的铺设总量超过150万根。

2020年国内建成世界首条整体式复合材料轨枕生产线，该生产线复合轨枕采用一体成型技术，避免了粘接相关工序，可大幅降低生产成本；且避免了粘接可能导致的相关质量问题。该产线工艺及装备技术均为国内外首创，目前已经量产并在多条干线及地铁线路中推广使用。

② 复合材料人行道　铁路桥梁人行道主要作为工务人员巡视检查或养护维修的通道，以及维修施工时临时堆放机具、道砟、轨枕或者钢轨的场所，同时为通信、信号等线缆提供通道的永久性铁路桥梁桥面附属设施。为解决铁路桥梁人行道质量大、容易劣化、养护维修工作量大等问题，国内外工程界进行了多种尝试，如采用橡胶板代替钢筋混凝土或钢制步行板，采用复合材料制作混凝土T形梁人行道的步行板和栏杆，但均只是少量试用，尚无相应的技术条件和检查验收标准。

英国采用FRP格栅制作桥梁两侧人行道步行板（图3.47）；日本采用FFU（纤维增强发泡聚氨酯）板材用作桥梁两侧人行道的步行板和栏杆（图3.48）；美国采用FRP制作室外站台板（图3.49）。我国京广高铁北京至石家庄之间部分区段采用了玻璃纤维增强复合材料制作栏杆扶手（图3.50），预制混凝土构件作立柱。这些工程案例都处于试用阶段。

图 3.47　英国 FRP 格栅人行道步行板

图 3.48　日本 FFU 人行道步行板和栏杆

图 3.49　美国 FRP 室外站台板图

图 3.50　京广高铁复合材料栏杆

我国从 2015 年开始研制铁路复合材料人行道，将聚氨酯复合材料应用于铁路桥梁人行道，成为最早、最广泛（地域）和最具延续性，且集研发、设计、制造和应用于一体的供应商。采用聚氨酯复合材料的铁路桥梁人行道重量仅为传统钢混结构人行道重量的 20% 左右，减重高达 80%，该产品的轻量化设计，可促进大跨度新型标准梁的设计创新和应用，也可降低桥梁的上部质量，减少地震破坏。与不饱和聚酯、乙烯基酯等其他树脂相比，采用聚氨酯树脂，玻璃纤维含量可高达 80%，能充分发挥连续纤维的力学性能，全面提高产品的物理性能。同时，聚氨酯复合材料型材采用拉挤成型方法，具有自动化、连续化生产，生产效率高等优点。目前，海南西部铁路约 500m 长桥梁双侧人行道采用玻璃纤维增强复合材料制作（图 3.51）；成昆铁路桥长约 117m，双侧采用玻璃纤维增强复合材料制作，其中栏杆和扶手首次采用聚氨酯拉挤型材（图 3.52）；拉林线复合材料人行道中首次将聚氨酯拉挤工艺技术应用于步行板（图 3.53）。

图 3.51　海南西部铁路桥梁双侧复合材料人行道

图 3.52 成昆线复合材料人行道

图 3.53 拉林线复合材料人行道

**3. 发展趋势**

随着运行速度的持续提高，轨道交通车辆对安全和节能的要求也越来越高，轻量化是必然之路，如正在研发的 CR450 高速动车组运营时速从 350 公里提高到 400 公里，为了实现提速目标，突破牵引、制动等系统的制约，设计轴重需要从 17 吨降低到 14.5 吨，单节车需要减重 10 吨。但与减振降噪材料相比，轻量化材料在轨道交通领域的应用成熟度较低，尚未实现大批量全覆盖，尤其是海外市场尚处于起步阶段。这是由于兼具高性能和经济性的轻量化材料本身的发展不够成熟，轨道交通对轻量化材料的综合性能要求高，普通复合材料无法满足需求，而高端轻量化材料通常是用于航空航天等尖端装备领域，成本较高。从根本上讲，一方面是我国高端材料尚未完全实现国产化（如碳纤维、芳纶、聚酰亚胺等），且材料价格高；另一方面，高性能复合材料成型工艺尚不成熟。如轻质高强的碳纤维复合材料车体可较铝合金车体减重 30%～35%，国外以航空为基础的碳纤维复合材料技术较为成熟，在轨道交通验证较早（法国 TGV、法国 GEC、日本的 N700、韩国的 TTX 等列车）但受制于成本因素，市场推广受限，尚未形成批量应用；我国碳纤维复合材料在轨道交通车辆内饰等非承力件上有应用，但在承力件的应用尚处在研发阶段。

随着轨道交通的发展，对轻量化材料的强度、模量、使用寿命、绝缘性、火安全性能等综合性能要求将进一步提高。新的需求正在刺激其持续进步。"二十一世纪将是复合材料的世纪"并不会是一句毫无根据的预言，无论谁抢占先机、率先突破，都将会成为行业的领导者。攻克关键材料制备技术，实现全产业链全国产化是必由之路。

**（三）高分子材料火安全工程应用**

**1. 应用需求**

高分子材料因其密度小、质量轻、耐化学腐蚀、易加工成型等优点广泛应用于轨道车辆转向架橡胶弹性元件、车体结构件、车厢内饰等关键部件。然而，多数高分子材料属易燃材料，燃烧时热释放速率大、火焰传播速度快，伴随着浓烟和有毒气体的产生，对轨道车辆内的人员安全造成极大威胁。

为防止列车火灾的发生，世界各国对轨道交通车辆制定了严格的火安全材料标准，规定了材料的燃烧、发烟、烟气毒性以及其他综合性能的具体量化标准。相比我国的 TB/T 3138—2018（机车车辆阻燃材料技术条件）和 TB/T 3237—2010（动车组用内装材料阻燃技术条件）等行业标准，欧盟的 EN45545 系列标准体系对材料的阻燃、烟毒性要求更严苛，其要求更低的热释放、烟释放以及更低的烟气毒性，且对结构部件提出了明确的结构防火要求，该标准是目前对轨道车辆整车、系统、部件和材料的耐火性能要求、试验方法规定的最为详细、完善和合理的火安全标准，而且更贴近材料的实际使用工况，现已发展成为国际铁路联盟、欧洲乃至世界各国都认可的轨道交通车辆防火标准，并正在升级为国际 ISO 标准，即将在全球强制推行。因此亟需研发出具有低热、低烟、低毒高火安全性能的轨道交通用高性能轻量化、功能性材料及制品，以满足高阻燃标准要求。

**2. 应用现状**

一直以来，我国轨道交通火安全高分子材料技术要落后于欧美等国，以欧盟的 EN45545 标准来衡量目前轨道交通中使用的高分子材料及制品的火安全性，还存在一定差距。但是近年来，国内逐渐提高了对火安全材料的关注和要求，各大主机厂及终端业主在地铁、高铁等新项目中陆续都提出了与欧盟阻燃标准 EN45545 类似的要求，中国中车集团已于 2021 年制定了与 EN45545 标准相当的企业标准 Q/CRRC J 1071—2021（城市轨道交通车辆防火设计规范）。随着对轨道交通火安全技术关注的提升，国内轨道交通领域阻燃橡胶、有机硅座椅垫、以酚醛泡沫结构防火材料等火安全材料技术开始追赶甚至赶超欧美等国。

（1）阻燃橡胶开发及其在轨道交通的应用　随着火安全理念和标准在全球范围内的普及，不仅欧洲，澳洲、印度、南美及国内的各大主机厂及大部分终端业主均纷纷提出开发满足更高阻燃要求的橡胶产品的迫切需求，目前在新开发项目中提出须满足 EN45545 或相当标准的占比已超过 70%。

橡胶材料的阻燃性与功能性之间的矛盾一直是一个全球性的技术难题，谁率先攻克该技术壁垒，将会大幅提升企业的核心竞争力，争取到更大的市场份额。康迪泰克、哈金森等国外优秀的橡胶企业均在紧锣密鼓地开展阻燃橡胶材料的相关技术研究。为打破国外橡胶公司的技术垄断，使中国橡胶弹性元件技术跻身世界前列，国内自 2013 年即开展系统的阻燃高性能橡胶材料技术研究。

国内外各大研究机构及相关的橡胶企业主要从阻燃材料的无卤化和粒径细化、阻燃材料的复配高效化和阻燃材料的合成改性等几个方面进行研究，此外，东洋橡胶工业株式会社、康迪泰克、TRELLEBORG、BATEGU 也尝试采用防火罩、防火涂层或者双层橡胶等方式来解决橡胶减振元件的阻燃难题，但对于国内外的所有轨道交通橡胶减振部件制造商来说，同时兼顾橡胶材料的阻燃性能和使用功能性仍是极大的挑战。据了解，国外优秀的橡胶企业均积极开展 EN45545 的研究，但仍处于研发和试用阶段：康迪泰克主要进行橡胶基体的阻燃研究，据称在某类产品（空气弹簧和一系簧）已试应用，达到烟火试验要求；TRELLEBORG 主要进行橡胶表面涂覆阻燃涂层的研究，在空气弹簧上试用，也取得了一定的成果；

哈金森、GMT 也处于研制阶段，个别产品正尝试运行。

通过深入解析标准，根据产品的使用工况和产品结构、用胶量、暴露面积等采用 "End use condition" 和开发阻燃橡胶来兼顾阻燃和功能性要求，目前国内已经开发了系列满足 EN45545-2 R9 HL2 要求的阻燃配方，自 2017 年即有橡胶垫、止挡、一系簧、橡胶堆、沙漏簧、空气弹簧、风挡等多类型产品在欧洲及国内试装车运营，是行业内 EN45545 阻燃产品试装范围最广、时间最长的供货商。目前国内阻燃产品已经完成对重点客户所有主流平台的覆盖（图 3.54～图 3.56）。产品均已在多个平台多个项目中实现小批量交付，止挡、橡胶堆已实现批量应用，目前产品未反馈失效，得到了客户的高度认可。其中，悬挂减振阻燃产品方面，海外项目产品中，一系簧、止挡、橡胶堆、沙漏簧、空气弹簧等典型产品已在维也纳、因斯布鲁克、德累斯顿、Smart coradia、西班牙高速车、西门子等等项目中实现了装车运行，最长装车已运行 3～4 年，情况良好。国内项目中，主流产品在苏州、上海、南宁、无锡、长沙、广州等地铁项目中实现装车运行，其中地铁轴箱簧从 2017 年装车已运行 5 年多，地铁空气弹簧从 2018 年装车已运行 3 年多，跟踪情况良好。满足阻燃要求的风挡产品在国内标动和国外中东项目上已经开始运行考核。

图 3.54　悬挂减振阻燃产品图　　　图 3.55　风挡产品图　　　图 3.56　产品燃烧情况

（2）有机硅材料开发及其在轨道交通的应用　有机硅材料分子主链由硅原子和氧原子组成，具有电气绝缘、耐辐射、阻燃、耐腐蚀、耐高低温、形态多样及生理惰性等优良特性，被誉为"工业味精"，广泛应用于电子电器、建筑建材、纺织、轻工、医疗、机械、交通运输等行业，并深入到人们生活的各个领域，成为化工新材料的佼佼者。其中，有机硅泡沫材料一般由基胶、发泡剂、各种填料、催化剂等混合后在短时间内发泡硫化成型制备，兼具有机硅材料及泡沫材料特性，在轨道车辆用作密封、减振降噪、隔热、阻燃防护、阻尼缓振等功能产品。目前代表产品为座椅坐垫/靠垫以及地铁地板减振垫（图 3.57）。

 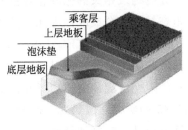

图 3.57　有机硅泡沫应用于座椅坐垫/靠垫（左）和地板减振垫（右）

座椅垫泡沫材料是轨道车辆用量最大的高分子材料之一。目前国内外普遍使用聚氨酯泡沫作为座椅垫材料,但聚氨酯易燃,燃烧释放热量大,且燃烧过程中会释放大量有毒烟雾,具有极大的火灾风险性。与传统聚氨酯泡沫相比,有机硅泡沫在阻燃、环保、低压变等性能方面体现出了巨大的优势,美国、印度、欧洲等国家已经开始在部分项目(美国 MBTA、双客座椅、旧金山湾区高铁、纽约长岛通勤车、印度 LHB 车等项目)中批量使用有机硅泡沫,代表产品为美国罗杰斯 MF1-35、MF1-55、MF1-75 等 MF 系列有机硅泡沫产品,该材料技术长期被美国罗杰斯垄断。

国内座椅垫泡沫材料全部使用聚氨酯泡沫,随着国内轨道车辆出口业务的增加以及防火安全意识的提升,国铁及主机厂也逐渐意识到聚氨酯座椅垫阻燃的不足及产品升级的紧迫性。2019 年,首次将有机硅泡沫产品应用于京雄高铁座椅,综合性能显著优于聚氨酯泡沫产品(如表 3.11 所示)。但由于价格比较昂贵,且无法模压成型,需要发泡成大泡体以后裁切成所需形状,成型效率、材料利用率低,同时由于其表面惰性,难以与绒布(带卡扣,用于固定)等粘接,使大面积推广应用受到了一定阻碍。

表 3.11 有机硅泡沫与聚氨酯泡沫性能对比

| 性能 | 有机硅泡沫材料 | 聚氨酯泡沫材料(取自高铁) |
| --- | --- | --- |
| 坐垫产品 | | |
| 阻燃 | 满足 EN45545-2 要求 | 无法满足 EN45545-2 要求 |
| 环保性 | TVOC 为 0.027mg/m$^3$ | TVOC 为 2.638mg/m$^3$ |
| 舒适性 | 极好 | 较好 |
| 使用寿命/年 | 20 | 5~6 |
| 泡沫密度/(g/cm$^3$) | 0.08~0.15 | 0.07 |
| 压缩永久变形(70℃,22h)/% | <1 | 10 |
| 应用领域 | 航空航天、轨道交通、高端汽车 | 常规汽车、轨道交通等 |

(3) 结构防火材料在轨道交通的应用 结构防火是酚醛发泡/芳纶蜂窝复合材料除轻量化优势外最突出的优势之一,可满足铝蜂窝难以满足的结构防火要求,达到结构性防火 EN45545-3,E30、I15 以上。

由于纤维增强酚醛发泡的独特性能,该材料也可用于地铁的间壁、顶板以及轮舱罩等隔热产品。对于间壁及轮舱罩产品,尤为强调结构性防火,即在火灾情况下,尽可能地延长产品失效的时间,给乘客更多的逃生机会。因此,对于铝蜂窝来说遇到了极大的挑战,铝合金熔点为 660℃左右,结构性防火试验炉内温度在 15min 时就已经达到了 800℃左右。某轨道车辆地板(铝板+铝蜂窝+防火涂料/隔热材等)进行整体结构防火,38min 后整个地板被烧穿;而阻燃型高分子基复合材料(酚醛/芳纶等)均具备优异的结构防火性,如图 3.58 所示。因此,酚醛发泡材料可以作为一种理想的防火材料用于间壁与轮舱罩产品(图 3.59)。

 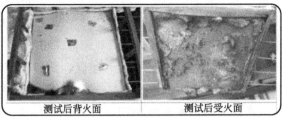

图 3.58　整体铝合金地板（左）和酚醛基复合材料板材（右）防火试验后照片

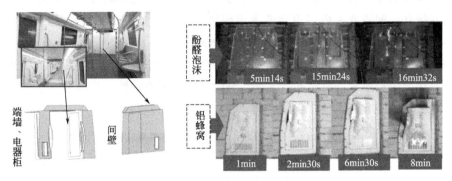

图 3.59　酚醛发泡材料与铝蜂窝材料间壁的结构性防火对比

**3. 发展趋势**

随着时代的前行，无论是轨道交通，还是航天、航空、船舶和汽车都在对减振、降噪、轻量化、绝缘、美观等性能产生着更高的需求，而高分子以其在这些方面无可比拟的优势成为首选的方案。如何进一步提升高分子材料及其制品的火安全性能，如何平衡高分子材料火安全性与其他性能以及成本之间的矛盾，制备性价比高且兼具高火安全性以及高性能的高分子材料，如何系统研究这些领域的火安全要求，制定能够反映真实情况的试验方法，统一和完善阻燃标准，成为当前有着重要现实意义的研究方向。

## 三、高分子材料在轨道交通领域发展趋势及建议

在轨道交通向高速、智能、绿色、重载、轻量化方向快速发展过程中，对高分子材料也提出了更高的综合性能要求，主要包括以下几方面：

① 高阻燃低毒性，保障安全、环保；
② 轻质高强，降低整车重量，提高车速和载客率；
③ 减振降噪，提高舒适性；
④ 隔热保温，提高空调使用效率，节能；
⑤ 造型美观，提升美观性；
⑥ 回收利用，满足环保要求。

目前，部分化工新材料的应用尚处于试用阶段甚至开发阶段，未实现大批量推广应用，还有部分化工原材料尚依赖进口，因此，一方面，综合轨道交通发展趋势及对材料的应用需求，对现有产品进行升级迭代或开发出兼顾性能指标、经济性的材料，加速推动其在轨道交

通的验证与应用;另一方面,加强化工新材料全产业链国产化,从单体原料、聚合物、复合材料及制品,实现高性能材料的自主可控,彻底解决"卡脖子"风险,巩固我国轨道交通产业的国际地位,并通过相关技术向航空航天、船舶、新能源汽车等领域的迁移,全面提升中国装备制造水平。

# 附录一  世界主要化工新材料生产企业

**1. 巴斯夫股份公司**

巴斯夫公司是全球领先的化工公司，德国化工巨头，已有156年的悠久历史。根据业务模式，巴斯夫的11个部门被合并为六个部门，即化学品、材料、工业解决方案、表面处理技术、营养与护理以及农业解决方案等六大业务领域。2020年，巴斯夫2020年的销售额为591亿欧元（约706亿美元），不计特殊项目的息税前收益为36亿欧元，表面处理技术领域销售额最高，约占28.2%；其次是材料领域，约占18.2%；营养与护理的销售额最小，只占10.2%；而其他3个业务带来的销售额13%左右。收益贡献方面，6大业务中农业解决方案业务带来的最高，其次是材料和工业解决方案，表面处理技术业务销售额最高但是息税前收益却较低。

**2. 陶氏化学公司**

陶氏化学是一家多元的化学公司，运用科学、技术以及"人元素"的力量不断改进。公司将可持续原则贯穿于化学与创新，致力于解决当今世界的诸多挑战，如满足清洁水的需求、实现可再生能源的生产和节约、提高农作物产量等。陶氏以其领先的特种化学、高新材料、农业科学和塑料等业务，为全球160个国家和地区的客户提供种类繁多的产品及服务，应用于电子产品、水处理、能源、涂料和农业等高速发展的市场。2021年全年净销售额为549.68亿美元（2020年为385.42亿美元），经营性息税前利润为95亿美元，全年净利润为63.11亿美元（2020年为12.25亿美元）。所有运营板块利润率均有上升，经营性现金流达到71亿美元，年度资本回报率超过22%。

**3. 沙特基础工业公司**

沙特基础工业公司（SABIC）是全球领先的多元化化工企业之一。SABIC产品涵盖化学品、通用以及高性能塑料、农业营养素和钢铁。SABIC拥有三大战略事业部 - 石化、农业营养素和特材 - 以及通过SABIC全资子公司Hadeed独立运营的钢铁业务。2021年公司净利润同比增长了124%达到1100亿美元；自由现金流为1075亿美元，而2020年的自由现金流为491亿美 SABIC拥有三大战略事业部；资本支出同比增长18%达到319亿美 SABIC拥有三大战略事业部，主要是由于与原油增量、塔纳吉布天然气厂和开发钻探计划相关的活动增加；资产负债率延续了强劲的态势，在2021年底为14.2%，而2020年底则为23.0%。

**4. 台塑集团**

台塑集团是中国台湾最大的民营制造业集团之一，在中国台湾石化界及整个企业界具有举足轻重的地位。在塑胶原料制品方面，包括PVC粉、VCM、液碱、盐酸、塑胶改质剂、高密度聚乙烯、聚乙烯醋酸乙烯酯/低密度聚乙烯、线型低密度聚乙烯等产品，其中，PVC粉年产能一佰二十六万五千公吨，不仅是中国台湾最大生产厂，若含美国及大陆投资公司年产能达三百二十三万公吨,是世界上最大 PVC 粉生产厂之一。台塑集团于新港厂区生产工程塑胶聚缩醛树脂(POM),该技术系台塑集团自行开发成功,年产能四万五仟公吨。碳酸钙产品方面,包括台钙剂、优钙剂、生石灰、轻胶钙等。2021 年台塑盈利逾新台币 2400 亿元,2022 年上半年获利可达新台币 1100 亿元,年递增 17%。

**5. 英力士**

英力士是全球领先的石化公司之一,总部位于瑞士,致力于生产和销售石油化学品,特殊化学品和石油制品,其业务网络遍布全球。作为一家专业生产和销售石油化工品,特殊化工品和石油制品的跨国集团,英力士集团拥有 15 个大型石油化工业务集团和 15000 名员工,年产逾 5400 万吨石油化工产品和 2000 万吨石油炼制产品。其业务网络遍布全球,在全球 20 个国家中拥有 76 个大型石化生产基地。2021 年集团营收 188.27 亿欧元(约 198 亿美元),2020 年为 113.04 亿欧元。全年营业利润 28.64 亿欧元,上年为 6.6 亿欧元。全年利润 20.92 亿欧元,上年为 5.76 亿欧元。

**6. 利安德巴赛尔工业公司**

利安德巴赛尔工业公司是世界上最大的聚合物、石化产品和燃油公司之一。是全球聚烯烃技术、生产和市场的领导者;是环氧丙烷及其衍生物的先驱;燃油及其精炼产品,包括生物燃料的重要生产商。业务覆盖 32 个国家,拥有 94 家工厂,业务领域包括高分子聚合物、化学药品、高性能塑料、燃料等,为 100 多个国际市场的食品安全、清洁水、医疗保健和燃油效率提供可持续的解决方案。2021 年营业收入为 461.73 亿美元,同比上涨 66.37%;净收益达到 56.17 亿美元,同比增长 295.07%。

**7. LG 化学**

LG 化学事业涵盖石油化工、电池、尖端材料、生命科学四大领域,并将能源、水、生物作为未来新事业发展的核心,通过一流品质的化工新材料为产业发展做出贡献。从乙烯、丙烯等基础原料,到 PE、ABS、合成橡胶等下游产品,构筑垂直一体化体系。以高附加值产品为中心强化事业结构,集中培养碳纳米管等未来新材料,不断强化在全球市场上的竞争力。2021 年实现销售额 42.6547 万亿韩元(约 355 亿美元),同比增长 41.9%;营业利润 5.255 万亿韩元(约 44 亿美元),同比增长 178.4%。

**8. 埃克森美孚公司**

埃克森美孚公司(Exxon Mobil Corporation)是美国的一家非政府上市石油天然气生产商,化工产品业务主要包括石化产品、增塑剂、聚合物和各类添加剂等,目前在全球范围内主要拥有乙烯产能 1080 万吨/年、聚乙烯 1060 万吨/年、聚丙烯 270 万吨/年和对二甲苯(PX)410 万吨/年等,生产线遍布全球。埃克森美孚公司在美国的乙烯、聚乙烯、聚丙烯和 PX 产能分别占其全球产能的 57%、55%、41% 和 22%。2021 年总营收 2856.4 亿美元,2020 年为 1815.02 亿美元。全年净利润 230.4 亿美元,上年净亏损 224.4 亿美元。

**9. 三菱化学公司**

三菱化学公司是日本最大的化学公司。公司通过其三个主要部门提供其广泛产品:功能材料和塑料产品(包括信息及电子产品、专业化学制品、制药);石油化工;碳及农业产品。

虽然铝、片塑产品及塑料包装等功能材料占销售额的55%还多，但公司还是把长期目标放在了专业化学制品及制药上来。2021年4月—12月的财年前九个月业绩，当期销售营收29003亿日元（约223亿美元），上年同期为23554亿日元。当期营业利润2182亿日元，上年同期为7亿日元。当期净利润1221亿日元，上年同期净亏损478亿日元。

**10. 信越化学工业株式会社**

信越化学工业株式会社，其自行研制的聚氯乙烯、有机硅、纤维素衍生物等原材料已成功在美国、日本、荷兰、韩国、新加坡、中国（含台湾）等国家和地区建立了全球范围的生产和销售网络。公司生产半导体硅片，全球市场占有率28%。功能化学品，包括纤维素衍生物、金属硅、Poval和合成性信息素。电子和功能材料，产品包括稀土磁体、LED包装材料、光致抗蚀剂、光掩模板、合成石英产品、液体含氟弹性体和薄膜。2021年4—12月的财年前九个月业绩：当期净销售额14837.03亿日元（约114亿美元），上年同期为10904.07亿日元。当期营业利润4801.12亿日元，上年同期为2850.21亿日元。当期净利润3531.35亿日元，上年同期为2133.21亿日元。

**11. 科思创聚合物有限公司**

科思创是全球领先的聚合物生产商之一，其业务范围主要集中在高科技聚合物材料的生产制造，以及用于诸多日常生活领域的创新性及可持续性产品解决方案的研发，经营范围包括开发、生产聚碳酸酯、双酚A、碳酸二苯酯及聚碳酸酯与其他聚合物的掺混料，MDI、TDI、PET、PET组合料、改性MDI及相关的中间产品，涂料及黏合剂及其副产品。2021财年集团销售额增长48.5%至159亿欧元（约167亿美元），2020年同期为107亿欧元，创历史新高；EBITDA达到31亿欧元，2020年同期为15亿欧元，同比增长逾一倍，主要源于利润率大幅提高；净利润同比增长了两倍多至16亿欧元，2020年同期为4.59亿欧元。

**12. 东丽株式会社**

东丽（TORAY）株式会社成立于1926年，总部位于日本东京，是世界著名的以有机合成、高分子化学、生物化学为核心技术的高科技跨国企业，在全球19个国家和地区拥有200家附属和相关企业，东丽公司是世界上最早从事反渗透膜技术开发的企业之一，业务范围包括高性能化学品如PA、ABS、PBT、PPS及其他树脂和模塑产品；聚烯烃泡沫；聚酯、聚乙烯、聚丙烯及其他薄膜和膜加工产品；人造纤维原材料和其他塑料；精细化学品等，以及碳纤维、碳纤维复合材料及其模塑产品。合并净销售额22146亿日元，合并营运收入1312亿日元。

**13. 赢创工业集团**

赢创工业集团（Evonik Industries AG）是一家全球领先的特种化工企业，自20世纪70年代末期开始在包括中国大陆、中国香港和中国台湾等地生产特种化工产品，赢创产品品质卓越，种类繁多，包括沉淀法二氧化硅、炭黑、橡胶硅烷偶联剂、氨基酸、聚氨酯泡沫添加剂、涂料聚酯树脂、色浆、着色系统、高性能聚合物以及聚合物生产所需的引发剂等，客户遍及中国及整个亚洲。2021年销售额较2020年增长23%，达150亿欧元；调整后息税折旧及摊销前利润（EBITDA）较2020年增长25%，达23.8亿欧元。

### 14. 荷兰皇家壳牌集团

荷兰皇家壳牌集团（Royal Dutch/Shell Group of Companies），又译"蚬壳"，是国际上主要的石油、天然气和石油化工的生产商，同时也是汽车燃油和润滑油零售商。壳牌与中国海油携手，扩建中海壳牌项目（二期），包括一套可年产至少 100 万吨的乙烯裂解装置和其他衍生品装置。该项目还包括一套苯乙烯和环氧丙烷（SMPO）生产装置，中海壳牌一期和二期乙烯裂解装置产量双双突破百万吨，成为乙烯年产量突破 200 万吨的单体乙烯生产工厂。乙烯总产能达至 220 万吨/年的中海壳牌是目前中国规模最大的中外合作项目之一。壳牌 2021 年全年调整后利润为 192.9 亿美元，相比之下，公司 2020 年的利润为 48.5 亿美元。在 2021 年第四季度，壳牌报告的调整后利润为 63.91 亿美元，前一季度为 41.3 亿美元，2020 年第四季度利润则为 3.93 亿美元。

### 15. 美国杜邦公司

成立于 1802 年的美国杜邦公司是一家科学企业，凭借创新的产品、材料和服务，为全球市场提供世界级的科学和工程能力。作为一家多元化综合公司，杜邦主营业务可以分为农产品、电子通讯、生物工程科学、营养保健、功能性材料和保护型材料 6 大板块。其中，农产品板块为公司第一大板块，营收和 EBIT 分别占比 39% 和 36%；其次是功能性材料板块，营收和 EBIT 占比为 22% 和 27%，毛利可观；其余电子通讯与生物工程科学营收规模较小，处于 10% 以下。公司 2021 年实现净销售额约 167 亿美元，比上年增长 16%，经营性息税折旧摊销前利润（EBITDA）42 亿美元，同比增长 21%，全年调整后每股收益 4.30 美元。

### 16. 三井化学株式会社

三井化学公司是日本最大的化工企业集团之一，按其合并的销售额计算，是日本第二大综合性化工公司，在世界大石化公司中列第 16 位。其生产能力，按品种构成划分，基础原料 1000 亿日元，约占 13.9%；基础化学品 1800 亿日元，约占 25%；化学品 1100 亿日元，占 15.3%；功能化学品 700 亿日元，占 9.7%；精细化学品 600 亿日元，占 8.3%；其它 500 亿日元，占 6.9%。三井化学的苯酚生产能力已达 53 万吨/年，在日本居第一位，独占日本国内市场份额的 56%；占世界市场的 10%，居第二位。2021 年三井化学当期营业利润 1360 亿日元，同比增长 162%，这主要得益于双酚 A 等基础材料市场行情看涨、贸易状况改善等原因。此外，汽车制造业的复苏，也促成相关业务部门的利润增长。三井化学统计截至 3 月底的全财年业绩，预计营业利润为 1450 亿日元。

### 17. 索尔维集团

索尔维集团（Solvay S.A.，原译"苏威集团"）是一家总部位于比利时首都布鲁塞尔的跨国性化工集团，索尔维集团的产品被广泛应用于各行业领域，旗下 90% 的销售产品位居全球前三。索尔维在稀土、白炭黑、工程塑料、聚酰胺和中间体、香料及功能化学品、基础化学品、特种化学品、特种聚合物、新兴生物化学等业务领域占据重要地位。2021 年净销售额增长 17%，达 101 亿欧元。基本息税折旧及摊销前利润（EBITDA）23.56 亿欧元，同比增长 27%。基本净利润 10 亿欧元，同比增长 68.3%。

### 18. 阿科玛

阿科玛（Arkema）是一家全球性的化学品公司及法国领先的化学品生产企业，阿科玛全球共有12个业务单元，分属于三大业务部门：高性能材料部门，共有四个业务单元：特种聚酰胺、氟聚合物、过滤剂与吸附剂、有机过氧化物。终端市场涵盖汽车、石油、气体、新能源、消费品、工业涂料、电子产品等；工业特种产品部门，共有四个业务单元：硫化工、氟气体、PMMA（Altuglas International）、过氧化氢（双氧水）。终端市场涵盖石油、气体、动物营养饲料、冰箱冷冻冷藏和空调制冷、视觉传播、标识和显示器、汽车、造纸、电子产品等；涂料解决方案部门，共有四个业务单元：丙烯酸、涂料树脂、光固化树脂（沙多玛）、流变助剂（高泰）。终端市场涵盖装饰漆、工业涂料、黏着剂与密封剂、水处理、石油、气体、消费品等。

2021年销售额为95亿欧元，较2020年增长了25.9%。息税折旧及摊销前利润（EBITDA）达17.27亿欧元，创历史新高，较2020年增长46.1%，EBITDA利润率达18.1%。调整后的净收益为原来的2.3倍，为8.96亿欧元。

### 19. 旭化成化学株式会社

旭化成成立于1922年，总部位于日本东京，是日本排名前三位的综合性化工企业集团，旭化成以日本首次通过水力发电合成氨为契机，从合成化学和化纤业务起步，化工涉足纺织·化学·电子材料业务组成的"材料"领域，主要生产聚酰胺66、聚甲醛树脂、改性PPE树脂、PP复合材料、聚碳酸酯二醇等。2021年4月—12月的财年前九个月业绩：当期销售营收18247.51亿日元（约141亿美元），上年同期为15366.59亿日元。当期营业利润1740.56亿日元，上年同期为1295.15亿日元。当期净利润1406.62亿日元，上年同期为799.79亿日元。

### 20. 荷兰皇家帝斯曼集团

荷兰皇家帝斯曼集团是一家国际性的营养保健品、化工原料和医药集团，帝斯曼服务于食品和保健品、个人护理、饲料、药品、医疗设备、汽车、涂料、电子电器、生命防护，替代能源以及生物基材料等终端市场，在全球范围内创造可持续的解决方案，帝斯曼率先垂范塑料行业可持续发展，其高性能热塑性材料处于世界领先地位，活跃于汽车、电子电气、建筑建材、医疗、食品软包装和消费品等核心行业。2021年销售额增长14%，达92亿欧元；调整后净利润增长21%，达8.58亿欧元。

### 21. 伊士曼

伊士曼成立于1920年，是一家全球特种材料公司，其产品广泛应用于人们日常生活的各个领域，其产品在交通、建筑及消费品等终端市场中具有优势地位。公司主要从事化学品、纤维及塑料制品的生产和销售，包括胶黏剂及增塑剂、添加剂及功能材料、特种材料、纤维、功能性化学品及中间体。2021年所有业务实现增长，推动销售收入增长24%，达到104.76亿美元；息税前利润为12.81亿美元。

### 22. 北欧化工公司

北欧化工（Borealis AG）是一家奥地利化学公司，是世界上第八大聚乙烯和聚丙烯生产商，总部位于奥地利维也纳。北欧化工是聚烯烃、基础化学品和肥料的国际供应商，业务遍及120多个国家和地区，其Queo是一系列多价聚烯烃塑性体和弹性体，弥补了聚乙烯（PE）等传统塑料和三元乙丙橡胶（EPDM）等传统弹性体之间的性能差距。北欧化工2021

年化学品销售额达 102 亿美元。

**23. 朗盛集团**

朗盛集团是一家特殊化学品集团，按销售额计算，朗盛是德国第四大化学品集团。公司的产品主要集中在特殊化学品、基础化学品、精细化学品、橡胶和塑料等领域。公司高性能聚合物板块包括五个业务部，分别专门从事丁基橡胶、高性能顺丁橡胶、高性能材料（如塑料）、高性能弹性体和 Keltan 弹性体的生产。其高性能化学品板块旗下的业务部包括功能化学品、无机颜料、液体净化技术、皮革化学品、材料保护品和橡胶化学品。2021 年销售额为 75.57 亿欧元，比上一年的 61.04 亿欧元增长 23.8%。不计特殊项目的 EBITDA 增长 17.2% 至 10.10 亿欧元，而 2020 年同期为 8.62 亿欧元。

# 附录二　中国石油和化学工业联合会化工新材料专委会副主任单位

**1. 中化国际（控股）股份有限公司**

中化国际（控股）股份有限公司是在中间体及新材料、聚合物添加剂等领域具有核心竞争力的国际化经营大型国有控股上市公司（股票代码：600500.SH），客户遍及全球 100 多个国家和地区。自 2000 年在上海证券交易所挂牌上市以来，中化国际以良好业绩回报股东和社会，公司连续多年被《财富》杂志评为中国上市公司 100 强，曾荣获"中国上市公司治理百强"榜首、"中国最佳董事会""中国最受尊敬的上市公司"等诸多荣誉。中化国际以"精细化学绿色生活"为愿景，持续聚焦以化工新材料为核心的精细化工主业，以产业链思维和一体化产业布局进行战略转型，打造技术领先、具有核心竞争力的新材料产业集群，致力于成为世界级的材料科学平台。

**2. 重庆梁彬新材料技术有限公司**

重庆梁彬新材料技术有限公司是国内专业的硅酸酯研发制造商。公司硅酸酯系列产品性能优异，是生产气凝胶、特种重防腐涂料、高端树脂的基础原材料，广泛应用于航空航天、军工装备制造、精密原器件、电子化学品、新能源汽车、建筑节能等诸多领域。公司核心团队陪伴国内光伏及气凝胶产业发展 10 余年，共同见证光伏及气凝胶在国内生产到壮大的整个历程，积累了多晶硅副产物的资源化利用、气凝胶专用硅源研制开发、醇回收等多项专利技术，现有 6000 吨/年硅酸酯产能，规划 3.6 万吨/年硅酸酯项目已立项，预计 2023 年初开工，2024 年 6 月投产。

**3. 中钢集团鞍山热能研究院有限公司**

中钢集团鞍山热能研究院有限公司始建于 1953 年，原冶金工业部直属院所。专业与产业方向为有机功能材料、炭功能材料以及能源与热能工程等，包括树脂材料（氰基树脂等）、锂电负极材料、新型炭素材料、碳纤维、有机光学与光电子材料以及工业节能等。

拥有炼焦技术国家工程研究中心、煤焦油系新型材料制备技术国家地方联合工程研究中心等四个国家级和 9 个省级工程科技创新平台，是国家知识产权示范企业，主办《冶金能源》等核心刊物。

### 4. 重庆聚狮新材料科技有限公司

重庆聚狮新材料科技有限公司位于重庆长寿经济技术开发区化北路 2 号。公司投资建设的聚苯硫醚（PPS）是公认的六大特种工程塑料和八大宇航材料之一，是国家大力支持发展的一种新型材料。由于其具有优良的绝缘性能、机械加工性能、阻燃性能、尺寸稳定性能，以及具备耐温、耐磨、耐蚀、比重小等特性，从而被广泛应用于环保产业、汽车工业、纺织行业、电子电气工业、国防军工以及化工、建材工业。通过多年的 PPS 生产经验积累，公司合成的高性能 PPS 在国内处于领先水平，可根据需要提供不同牌号的 PPS 纯树脂或粒料，一期 1 万吨装置于 2017 年 10 月正式投产，已全面实现聚苯硫醚树脂规模化批量生产，二期 2 万吨规划中。

### 5. 上海宇昂水性新材料科技股份有限公司

上海宇昂成立于 2005 年，是以水溶性高分子 PVP 新材料为特色的集研发、生产、销售为一体的行业领军企业。企业拥有全球视野和行业话语权，细分领域已逐步打破欧美巨头垄断。企业荣获国家高新技术企业、国家/上海创新基金、石化联合会知名商标、上海市专利工作试点、上海市院士专家工作站、国家重点新产品、上海市科技小巨人（培育）企业、上海市"专精特新"企业、上海著名商标等荣誉，已牵头制定学术专著一部，二项国标及三项团标，有四十余项国家发明专利和七项 PCT 国际专利。

公司主营产品包括新型用药辅料 PVP 系列、原料药 PVPI、水性分散材料、水处理膜材料、新能源碳纳米管分散材料等，行销上百个国家与地区，YUKING 品牌已经在国内外形成了广泛的影响力。

### 6. 新亚强硅化学股份有限公司

新亚强硅化学股份有限公司（603155.SH）创立于 1992 年。在江苏、湖北、上海分别建有生产基地、研发中心和商务中心，公司始终专注有机硅新材料领域，形成甲基、乙烯基和苯基等多个有机硅产品系列，主要产品是有机硅新材料领域不可或缺的关键改性助剂、药物合成中稳定可靠的基团保护剂、新能源电池的性能稳定剂、电子化学品领域的清洗剂和助黏剂。公司客户遍布全球二十多个国家和地区，服务数百家知名大型有机硅新材料、制药、半导体等领域客户。

### 7. 中国蓝星（集团）股份有限公司

中国蓝星（集团）股份有限公司（简称中国蓝星，英文缩写 BLUESTAR）是中国化工集团有限公司旗下专业公司，是一家以材料科学、生命科学、环境科学为主导业务的先进化工材料和特种化学品公司。在全球拥有 58 家工厂，45 家科研机构，4 家海外企业，3 家上市公司，是中国重要的化工企业之一。蓝星公司在化工先进材料领域拥有多个领先产品、技术和装置，纵贯产业上下游。

蓝星公司通过一系列并购及整合，形成了从金属硅到下游有机硅特种产品应用的完整硅产业链，拥有丰富的有机硅下游产品技术，具有很强的市场竞争力；蓝星公司拥有大型 PVC 糊树脂生产装置，PPE 工程塑料生产装置，以及多种环氧树脂生产装置；蓝星公司的基础化工生产基地是化工材料的配套原料和重要补充。

**8. 烟台泰和新材料股份有限公司**

烟台泰和新材料股份有限公司专业从事高性能纤维的研发与生产，业务横跨高性能纤维材料、智能穿戴、绿色制造、复合材料等多个产业领域，于2008年在深交所上市。作为新材料行业的引领者，泰和新材始终致力于人类生态环境的改善、生命健康的保护、生活质量的提升，从纺织服装到医疗保健，从航空航天到安全防护，从信息通信到环境保护，实现着高科技新材料对世界绿色可持续发展的价值畅想。

**9. 浙江新安化工集团股份有限公司**

新安集团创建于1965年，2001年上市，位于浙江建德，拥有控股子公司70余家、员工近6000余人，属中国制造业500强、中国化工500强、中国氟硅行业领军企业、中国石化行业民营新安主营作物保护、硅基新材料两大产业，其中作物保护形成了"中间体-原药-制剂"一体化发展模式，涵盖种子种苗、除草剂、杀虫剂、杀菌剂、作物营养等完整的作物保护体系，保障粮食安全、助力农民增产增收；硅基新材料拥有从上游硅矿开采冶炼、有机硅单体合成、下游产品制造的完整产业链，广泛应用于5G通信、光伏新能源、轨道交通、汽车、电力、医疗健康、建筑等领域，畅销全球100多个国家和地区。并以新能源为应用场景，氯、硅、磷元素为基础的新材料和解决方案的整合提供者方向快速崛起。

**10. 多氟多化工股份有限公司**

多氟多化工股份有限公司（以下简称多氟多，股份代码002407），司成立于1999年12月，是在氟、锂、硅三个元素的细分领域进行化学和能源研究的国家高新技术企业，产品布局无机氟化物、含氟电子化学品、锂电池、电动汽车四大领域。总部位于焦作市中站区，主要从事高性能无机氟化物、锂离子电池材料、半导体照明及光伏材料、纳米金属材料等研发、生产和销售。公司坚定不移地走"技术专利化、专利标准化、标准国际化"的企业标准化发展之路。公司主持或正在主持制、修订冰晶石、氢氟酸等20余项无机氟化物国家标准，主持制、修订多项行业标准，研制了冰晶石、氟化铝等多项国家标准样品。2019河南企业100强榜单排名第66位。

**11. 山东蓝星东大化工有限责任公司**

山东蓝星东大有限公司（简称蓝星东大或公司）位于山东省淄博市，是全球规模最大的综合性化工企业——中国中化控股有限责任公司旗下子公司，在聚醚多元醇制造行业具有领军地位。

公司主要产品聚醚多元醇规模为年产30万吨，是一种环境友好型新材料，广泛应用于高端汽车及高铁等轨道交通内饰、防水材料、电缆涂层、纺织等领域。

在高端汽车及高铁等轨道交通内饰方面，拥有多项制造专利，产品具有性能稳定、低VOC、低气味等显著特点；在防水涂料领域，公司自主研发全球首款实现商业化的无溶剂聚氨酯领域防水涂料专用聚醚，对推动国家实现"双碳"目标具有重要意义；在纺丝油剂方面，开展具有自主知识产权的POY纺丝油剂聚醚中间体的研发与生产，突破了国际垄断壁垒。

**12. 中化蓝天集团有限公司**

中化蓝天集团有限公司是中国中化控股有限责任公司成员企业，拥有完整的科研体系、稳定的产业运营经验和研产销一体化运营机制，业务涵盖氟碳化学品、含氟精细化学品、氟聚合物、锂电化学品、无机氟等，生产的产品超过 50 种，广泛应用于汽车、家电、新能源等 20 多个领域，多个品种国内/全球市场份额领先，为全球 50 多个国家和地区提供氟化学产品和解决方案。遵循"科学至上"的价值理念，中化蓝天以科技创新为魂，旗下浙江省化工研究院是国家消耗臭氧层物质替代品工程技术研究中心和含氟温室气体替代及控制处理国家重点实验室的依托单位，独立开发了 40 余个 ODS 替代品品种，并在在新能源、新材料、新环保等领域拥有大量自主知识产权。

### 13. 南京红宝丽股份有限公司

始创于 1987 年的红宝丽集团股份有限公司，从一个濒临倒闭的软泡小车间发展壮大为以环氧丙烷为核心，聚氨酯、醇胺及其衍生物为一体的化学新材料集团，与跨国公司同台竞技中，在硬泡组合聚醚、异丙醇胺两个细分行业名列前茅。集团公司于 2007 年在深圳中小板上市。三十多年蓄势而为，厚积薄发，红宝丽正在努力实现"从化工工厂向化学企业、从中国红宝丽向全球红宝丽"的战略转变。

红宝丽目前拥有国际上相当规模的聚氨酯硬泡组合聚醚产业基地、醇胺产品研发中心和产业基地、专业的节能新材料产业基地、以及位于江苏泰兴的环氧丙烷产业基地。

### 14. 上海和氏璧化工有限公司

和氏璧化工（简称 NCM），前身为原化学工业部（MCI）直属企业的中国化工新材料总公司广州分公司。如今，和氏璧已从一家纯粹的贸易型企业过渡到拥有制造工厂、研发中心、培训基地及物流仓储中心的综合型工业服务企业。丰富的资源、专业的伙伴、贴心的布局以及串联产业链上下游的平台服务（KM 知识管理系统），使和氏璧化工必将成为众多市场领导者的成功伙伴。产品涉及：涂料、油墨、胶粘剂、皮革、电子电池、清洗、制药、纺织、日化、造纸、润滑油、通用塑料、透明材料、包装材料、弹性体、合成橡胶、热固型材料、工程塑料、特殊聚合物材料、工业树脂、工程塑料半成品、橡胶塑料改性材料与助剂、制冷剂、工业辅助制品等。

### 15. 日照岚星化工有限公司

日照岚星化工工业有限公司创建于 1998 年 6 月，位于山东省日照市岚山区虎山化工园，产品有丙烯、氯丙烯、γ-氯丙基三氯硅烷、γ-氯丙基三乙氧基硅烷、γ-氯丙基三甲氧基硅烷、异丁基三乙氧基硅烷、Si-69、Si-75、甲基 Si-75 等，公司产品先后获日照市科技进步一等奖，山东省科技进步二等奖，并列入 2001 年国家火炬计划项目。公司 2000 年被山东省科技厅审核认定山东省高新技术企业，并和青岛科技大学、武汉大学合作，进行科技成果转化，技术交流，职工培训，与科大建立了博士后工作站。2006 年经山东省科技厅批准设立山东省硅烷偶联剂工程技术研究中心。公司 2005 年与世界 500 强企业德国赢创工业集团有限公司成立合资公司-赢创岚星（日照）化学工业有限公司，总投资 1.5 亿，实现年产值 3 亿元，产品出口东南亚、欧美等地区。

### 16. 新疆蓝山屯河化工股份有限公司

新疆蓝山屯河科技股份有限公司（以下简称"公司"或"蓝山屯河"），是自治区国资委所属新疆投资发展（集团）有限责任公司控股的混合所有制企业。2008 年 2 月成立，

2011年7月改制为股份有限公司，总股本49447万股。公司以精细化工和高端化工新材料一体化产业链为主业，自成立以来不断筑牢产业链硬件基础，建成"BDO-PBS系列生物降解材料/PBT/PTMEG/TPEE"上下游一体化产业链，产品线涵盖精细化工基础原料、生物降解材料、化工新材料以及新型节能环保建材等。

### 17. 浙江新和成新材有限公司

新和成新材料业务是浙江新和成股份有限公司重点发展的战略项目，现有特种材料树脂和应用开发的产业化项目。

特种材料树脂产业化项目主体是生产高性能特种工程塑料聚苯硫醚（PPS）、高温尼龙（PPA）的浙江新和成特种材料有限公司，生产的PPS攻克卡脖子技术，打破美国、日本垄断的市场格局，荣获"浙江省技术发明一等奖"，产品具有耐高温、耐腐蚀、阻燃等诸多优异性能，重点用于环保行业、航空航天、汽车、电子电器、机械等领域，市场前景十分广阔。

### 18. 鲁西化工集团股份有限公司

鲁西化工集团股份有限公司（简称"鲁西化工"或"公司"）是1998年5月经中国证监会批准，于1998年8月在深圳证券交易所挂牌交易的上市公司。鲁西化工致力于调整产品结构，发展循环经济，全力建设鲁西特色的化工产业园，实现了企业从化肥向化工、从基础化工转化工新材料的转型，逐步形成了煤化工、盐化工、氟硅化工、化工新材料的产业链条，发展成为集化工新材料、基础化工、化肥、装备制造及科技研发于一体的综合性化工企业。鲁西化工涵盖煤化工、盐化工、氟化工、硅化工、化工新材料等，年产化工产品1000万吨，产品除国内销售外，还远销欧美及东南亚等国家和地区，各种产品市场用途广泛，发展前景广阔。主要生产聚碳酸酯、己内酰胺、尼龙6、双氧水、多元醇、甲酸、高端新型制冷剂、有机硅、甲烷氯化物、烧碱、甲醇等百余类产品。

### 19. 山东滨化滨阳燃化有限公司

山东滨化滨阳燃化有限公司（以下简称"滨阳公司"）2006年落户阳信经济开发区，注册资本金6亿元，占地面积1700余亩，现有员工800余人。公司深耕石油化工行业十余年，成功培育了石油化工上下游产业链，并不断向精细化工、新能源新材料行业延伸，目前主要产品有针状焦、聚苯硫醚、MTBE、异辛烷、硫酸等。自成立以来，公司累计实现营业收入1500多亿元，累计上缴税金48亿元，总资产46亿元，逐渐成长为当地工业经济的骨干企业、化工行业的引擎企业、财政收入的支柱企业。滨阳公司先后获得"全国模范职工之家""富民兴劳动奖状""山东省诚信企业""山东省劳动关系和谐业""滨州市最具爱心企业""新时代模范职工之家""滨州市全员创新企业"等荣誉称号。

### 20. 江苏扬农化工集团有限公司

江苏扬农化工集团有限公司（以下简称扬农集团）始建于1958年，现为世界500强中央企业中国中化控股责任公司材料科学板块的重要产业平台。总部设在江苏省扬州市，建有扬州仪征、宁夏中卫、连云港徐圩三大一体化生产基地。扬农集团是国家重点高新技术企业、中国石油和化学工业规模效益双百强企业，主要产品包括生物基环氧树脂、芳纶特种纤维、高端尼龙、电子化学品、吡啶杂环农药系列产品、芳香烃氯化硝化加氢系列产品等，广泛应用于汽车、航空航天、电子电器（5G、集成电路）、农药医药、涂料染料等领域。扬农集团拥有完善的自主创新体系，建立了从小试、中试到产业化的全流程开发平台和产学研合作创新、研产销联合攻关机制，建有国家级企业技术中心、全国示范院士专家工作站、国家级博士后科研工作站和化工研究院、工程技术中心、CNAS 认证检测中心等创新平台。

**21. 蒙古东源科技集团有限公司**

内蒙古东源科技集团有限公司是国家高新技术企业，是内蒙古自治区重点高科技化工新材料、新能源企业。

新材料产业已形成年产 38 万吨 1,4-丁二醇（BDO）、10 万吨 γ-丁内酯、20 万吨可降解聚酯及其降解制品、2×350MW 低热值煤自备电厂。

公司发挥现有的资源优势、产业优势，依靠科技创新，进军光伏、绿电＋绿氢能产业。

"十四五"期间，公司将以 BDO 为核心延伸新材料产业链条，实现产业链条间的低附加值原料向高附加值产品的转化，"由料变材，材成器"的循环产业模式。同时，为实现"碳达峰"、"碳中和"的目标，建设"绿电＋绿氢"一体化项目，使氢能产业能够对地区环境起到系统性的改善，加强推动"氢"密合作项目，打造氢能"制、储、运、加、用"全产业链的商业模式，实现"电源、电网、负荷、储能"多能互补的清洁能源发展模式，助推地区经济高质量发展。

**22. 河南能源集团有限公司**

河南能源集团有限公司（简称河南能源）是经河南省委、省政府批准组建的大型能源集团。产业涉及能源、化工新材料、现代物贸、金融服务、智能制造等，主要分布在河南 14 个省辖市，以及新疆、贵州等省（区）和澳大利亚。拥有煤炭资源储量 318 亿吨，产能近 1 亿吨/年，品种以无烟高炉喷吹煤、炼焦精煤为主；化工产品产能近 1000 万吨，产品主要涉及甲醇、乙二醇等以及化工新材料碳纤维、聚甲醛、1,4-丁二醇、PET、PBT 等 18 个种类。位居 2020 年世界企业 500 强第 486 位，2021 年中国企业 500 强第 139 位、中国煤炭企业 50 强第 10 位、中国石油和化工企业 500 强第 20 位。截至 2021 年底，河南能源资产总额 2555 亿元，全年完成商品煤产量 6572 万吨、营业收入 1103 亿元，实现盈利 32 亿元，上缴税费 101 亿元。2022 年 1～6 月，完成商品煤产量 3466 万吨，完成营业收入 596 亿元，实现利润总额 30 亿元，经济效益创历史最好水平。

**23. 联泓新材料科技股份有限公司**

联泓新材料科技股份有限公司是一家新材料产品和解决方案供应商，于 2020 年 12 月 8 日在深圳证券交易所挂牌上市，股票简称"联泓新科"，股票代码"003022"。公司专注于先进高分子材料和特种精细材料的生产、研发与销售，是高新技术企业、国家级"绿色工厂"，产品主要包括 EVA、PP、EO 及 EOD 等，广泛应用于光伏、线缆、鞋材、塑料、日化、纺织、建筑、路桥、皮革、涂料、农化、金属加工等领域，多个产品在细分市场份额领先。同时，公司持续聚焦新材料方向，坚持创新驱动发展战略，坚持绿色、低碳、共享发展理念，关注国家需要和市场紧缺的高端新材料"卡脖子"领域，重点在新能源材料（如光伏材料、新能源电池材料等）、生物材料（如生物可降解材料、生物质材料等）、细分品类的特种材料（如特种精细材料、特种工程塑料等）等领域，进行高端化、差异化、精细化布局，建设新材料平台型企业。

**24. 浙江龙盛集团股份有限公司**

浙江龙盛成立于1970年，目前已成为集制造业、房地产、金融投资等核心产业的综合性跨国企业集团。2010年，龙盛通过启动债转股控股德司达全球公司，开始掌控染料行业的话语权。在全球的主要染料市场，浙江龙盛拥有超过30个销售实体，服务于7000家客户，约占全球近21%的市场份额，化工产业主营"龙盛牌"染料、助剂、化工中间体等三大门类360多个品种，其中分散染料年产12万吨以上，系全球最大的分散染料生产和出口基地，产品畅销全国，远销世界五大洲60多个国家及地区。1999—2005年公司染料产量、销售收入、实现利税、出口创汇等指标均在国内同行业中排名第一，其中分散染料的产量连续七年居世界第一。

**25. 华润化学材料科技股份有限公司**

华润化学材料科技股份有限公司是华润集团下属的专业化生产、销售非纤维级聚酯切片一级利润中心。公司下设常州、珠海二大生产基地，整体年生产聚酯能力达到210万吨。公司积极开拓国内外市场，拥有包括可口可乐、依云、农夫山泉、康师傅等在内的国内外优质客户。所生产的"华蕾"牌瓶级聚酯切片色值好，灰份、乙醛含量低，产品加工范围宽，成品率高，在饮用水、热灌装饮料、碳酸饮料、食用油、酒类包装、医用采血管、膜、片材等领域得到广泛应用。公司积极培育rPET再生项目，顺应循环经济趋势，为行业率先垂范，引领行业发展。

**26. 烟台恒源生物股份有限公司**

烟台恒源生物股份有限公司创立于2003年11月，注册资本6000万元，占地14万平方米，是国家高新技术企业。公司依托国内重点科研院校、大学成立技术研究所、实习基地等，引进先进的生产工艺和检测技术。公司主导产品L-天冬氨酸及L-丙氨酸入选山东创新工业产品目录。承担了"国家发改委资源节约和环境保护项目"、"山东省自主创新成果转化重大专项"以及"海洋经济创新发展区域示范重点项目"等多个国家级、省级重点支持重大专项。生产的富马酸、L-天门冬氨酸、聚天冬氨酸、L-丙氨酸等产品，畅销美国、日本、韩国、德国、法国等国家。

**27. 新疆美克化工股份有限公司**

新疆美克化工股份有限公司是新疆中泰（集团）有限责任公司控股子公司。自2005年开工奠基以来，通过一、二、三、四期建设，已建成年产37万吨1,4-丁二醇（以下简称BDO），五期10万吨/年BDO装置计划2023年7月30日建成投产。美克化工是目前国内最大、全球第三的BDO供应商，凭借丰富的资源、混合经济的模式、规模化的生产和科技研发创新，不断深耕BDO产业，已长期成为国内最大、品质最优、信誉最好的BDO产品服务商和供应商。先后荣获中华全国总工会"工人先锋号"，"高新技术企业"，新疆自治区"产学研联合开发示范基地"、国家级"绿色工厂"，"科技创新先进单位"等荣誉。

**28. 永荣控股集团**

永荣控股集团组建于2009年，其前身是1979年创办的一家纤维厂。四十多年来，在一代又一代永荣人的共同努力下，企业深耕细作、茁壮成长，目前已发展成为以石化尼龙新材料为主业，集供应链服务为一体，依托现代工业 4.0 和工业互联网技术，绿色可持续发展的大型产业集团。集团下辖尼龙事业、己内酰胺事业、芳烯事业、新材料事业、化工建设事业、化工销售事业、金融服务事业等业务板块，拥有全资、控股企业 60 家，员工近 10000 人。集团相继荣膺"中国企业 500 强（第 350 位）""国家高新技术企业"、"国家技术创新示范企业"、"国家级企业技术中心"、"两化融合国家试点单位"、"工信部制造业单项冠军"等荣誉。

**29. 济宁市化学工业经济技术开发区**

济宁化学工业开发区是由济宁市人民政府批准，于 2009 年 5 月正式挂牌成立。成为济宁市龙头化工园区和全市化工产业转方式调结构的承载区。园区投产项目运营良好。总投资 36.3 亿元的济矿民生煤焦化，总投资 10 亿元的焦炉煤气热电联产，总投资 10 亿元的阳光化学，总投资 10 亿元的科蓝煤焦油精深加工，总投资 3 亿元的天力润滑油等项目运行稳定良好，对园区的带动作用初步显现。在建项目相继投产运营。总投资 25 亿元的如意工业园项目，蜡染车间两条生产线已于 4 月初开始试生产，二期已于 2014 年 11 月 7 日正式开工；总投资 51 亿元凯赛生物项目中试车间、2.5 万吨长链二元酸的搬迁项目自试生产以来运行正常；总投资 18 亿元的黑猫炭黑项目一期工程于 2014 年 3 月 28 日试生产，项目从建设到试生产只用了半年的时间，建设速度名列全市前茅。

**30. 上海安诺芳胺化学品有限公司**

安诺化学品是浙江龙盛集团股份有限公司与香港万津集团公司共同出资组建的合资公司，系属浙江龙盛集团。主要致力于芳香胺类中间体的开发，生产和贸易；是国内最大的间苯二胺生产商；生产基地（浙江安诺芳胺化学品有限公司）位于浙江杭州湾精细化工园区，市场平台（上海安诺芳胺化学品有限公司）位于上海浦东。

作为一家专业化工公司，安诺化学采用了国际先进的工艺和装备，生产系统实现了连续化、自动化（全部采用 DCS 控制）和安全清洁化；在有机中间体方面形成了以硝化、加氢、分离等为核心技术的产品群。同时依托现有生产基础和研发能力，公司和国外知名化工企业开展了定制化学品的开发。

**31. 中化学科学技术研究有限公司**

中化学科学技术研究有限公司（以下简称"科研院"）是中国化学工程集团（股份）有限公司的全资子公司，于 2019 年 6 月在北京市注册成立。公司致力于打造最具成长性和竞争力的国际化中央研究院，是提供兼具经济性与创新性技术解决方案的集团直属科研机构和集团技术创新核心机构。科研院高端人才聚集，是一家智力密集、人才密集、资本密集的科技型国有企业，对于集团公司转型升级、发展主业、带动实业、提升核心竞争力具有重要意义。

科研院致力打造"1 总＋多院＋N 平台"的经营格局。科研院总院下设技术管理部、研发管理部、技术合作部、综合办公室等部门，在北京市房山区设有研发基地，在日本东京、天津、武汉、桂林设有分院、正在筹建欧洲分院、中试基地、催化剂生产基地。

### 32. 中国石油天然气股份有限公司北京石油化工研究院

中国石油天然气股份有限公司石油化工研究院,是中石油唯一直属炼化科研机构。主要从事炼油、石油化工工艺和催化剂研发,合成树脂和合成橡胶等新产品开发,炼化节能环保技术开发、炼化产品标准化和质量检测、炼化知识产权研究、炼化科技信息研究、炼化科技人才培训等。院内设有博士点 1 个,博士后科研工作站 2 个,硕士点 5 个,已建成重质油加工、清洁燃料、合成树脂、原油评价 4 个重点实验室以及催化裂化催化剂及制备工艺、加氢催化剂与制备工艺、聚烯烃催化剂与工艺工程、合成橡胶试验等 5 个中试基地。

### 33. 宜兴丹森科技有限公司

宜兴丹森科技有限公司主要从事高吸水性树脂(SAP)的研发、生产和销售,产品主要用于纸尿裤、卫生巾、宠物垫、护理垫、溢乳垫等日用卫生用品领域。目前丹森科技为全球约 80 个国家和地区的客户提供种类繁多的产品及服务,是国内专业的 SAP 生产商、具全球竞争力的 SAP 制造商之一,2014 年获得"江苏省名牌产品"和"国家重点新产品"称号,2018 年通过 AEO 海关高级认证。公司采用的管理理念,具备研发能力,具有自主的研发团队并长期与大型企业和科研机构保持紧密合作。公司生产主要原料由丙烯酸生产商新加坡上市公司"裕廊化工"提供,为 SAP 产品不断提供海内外市场的需求。

### 34. 台塑工业(宁波)有限公司

台塑工业(宁波)有限公司为台湾塑料工业股份有限公司海外转投资子公司,成立于 2002 年,于 2017 年合并吸收台塑丙烯酸酯(宁波)有限公司、台塑聚乙烯(宁波)有限公司、台塑聚丙烯(宁波)有限公司及台塑吸水树脂(宁波)有限公司等四家公司。2017 年起每年产值均破百亿元,2021 年纳税总额 8.1 亿元。公司经营范围:聚氯乙烯树脂(PVC)、改性高强度聚丙烯树脂(PP)、吸水树脂(SAP)、聚乙烯醋酸乙烯酯(EVA)、酯化级丙烯酸(EAA)、聚合级丙烯酸(HPAA)、丙烯酸甲酯(MA)、丙烯正丁酯(BA)、丙烯酸乙酯(EA)、丙烯酸异辛酯(EHA)等产品生产;丙烯、氢气生产项目筹建;石油制品、化学产品的批发;精细化工、助剂新产品、新技术开发、生产;自有厂房及设备出租,集团内污水处理及再生利用;自营和代理各类商品和技术的进出口业务。

### 35. 郑州大学

郑州大学(简称郑大,英文简称:ZZU)由河南省人民政府兴办,法定住所地为河南省郑州市科学大道 100 号。州大学是国家"211 工程"重点建设高校、世界一流大学建设高校和"部省合建"高校。校党委是全国先进基层党组织,学校入选教育部第三批"全国党建工作示范高校"。站在新的历史起点上,学校确立了综合性研究型大学办学定位,努力建设高水平研究型大学和区域性国家战略科技力量,提出了一流大学建设"三步走"发展战略,力争到本世纪中叶建成世界一流大学。

① 科研大楼
② 上虞生产基地

**聚苯硫醚**
优异的耐化学性能
低蠕变量
极低吸水率
优异的尺寸稳定性
良好的长期耐高温性
天然UL94V-0阻燃

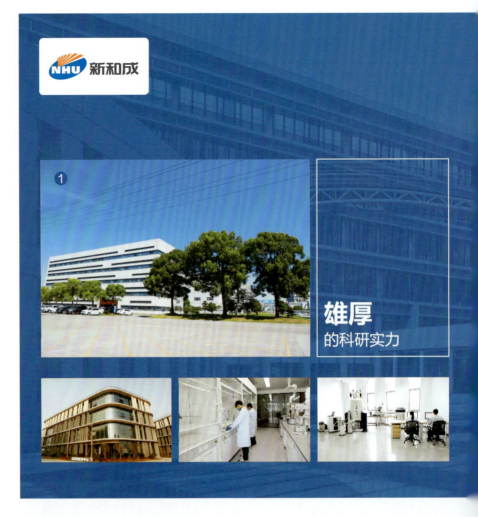

雄厚
的科研实力

**聚苯硫醚纤维**
优良的耐热性
优越的耐腐蚀性
优异的阻燃性能
优良的电性能
良好的力学强度和抗辐射性能

# Company
## 公司介绍

　　浙江新和成特种材料有限公司位于杭州湾上虞经济技术开发区，成立于2012年1月31日，是浙江新和成股份有限公司投资设立的全资子公司。

　　公司定位于研发、生产和销售高性能特种工程塑料产品，主要以高性能树脂的聚合工艺研发及改性应用为基础，通过高效、稳定、节能、环保的专业性生产，为人类生活提供更舒适、更环保、更健康的材料产品，并立志成为国内领先、国际知名、受人尊敬的新材料企业。

　　经过多年的研发，目前已经建成年产15000吨聚苯硫醚聚合物以及年产1000吨高温尼龙聚合物生产装置。

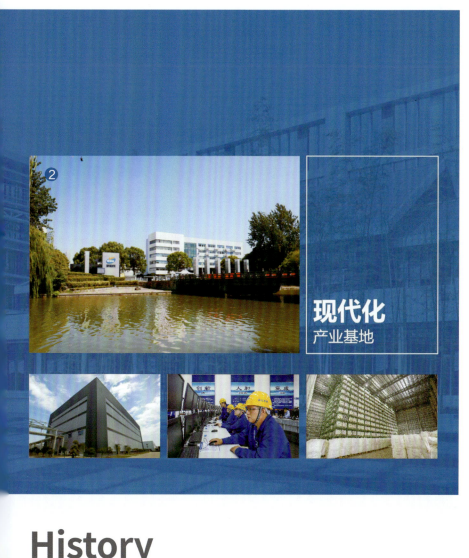

**现代化** 产业基地

**高温尼龙**
高热稳定性及高润滑性
低热膨胀系数
良好的尺寸稳定性
良好的流动性，易于加工
优异的机械性能

# History
## 发展历程

2007年　浙江新和成股份有限公司成立材料开发项目组
2012年　浙江新和成特种材料有限公司成立
2013年　特种材料公司研究所成立
　　　　第一条5000吨聚苯硫醚聚合生产线建成并成功试产
2014年　1000吨高温尼龙（PPA）中试生产线落成
2015年　与帝斯曼共同投资设立帝斯曼新和成工程塑料（浙江）有限公司
2016年　与浙江闰土股份有限公司成立合作项目，配套PPS原料
2017年　第二条10000吨聚苯硫醚聚合生产线建成并达产
　　　　加入杭州湾新材料产业联盟
2018年　子公司裕辰新材料有限公司PPS纤维项目开始生产并销售
2019年　与东洋纺签署PPS纤维项目合作协议
2020年　收购绍兴纳岩材料科技有限公司

## 公司简介
## Company Profile

山东滨化滨阳燃化有限公司（以下简称"滨阳公司"）2006年5月落户阳信经济开发区，注册资本金6亿元，占地面积1700余亩，现有员工800余人。公司深耕石油化工行业十余年，成功培育了石油化工上下游产业链，并不断向精细化工、新能源新材料行业延伸，目前主要产品有针状焦、聚苯硫醚、MTBE、异辛烷、硫酸等。自成立以来，公司累计实现营业收入1500多亿元，累计上缴税金48亿元，总资产46亿元，逐渐成长为当地工业经济的骨干企业、化工行业的引擎企业、财政收入的支柱企业。滨阳公司先后获得"全国模范职工之家""富民兴鲁劳动奖状""山东省诚信企业""山东省劳动关系和谐企业""滨州市最具爱心企业""新时代模范职工之家""滨州市全员创新企业"等荣誉称号。

### ■ 聚苯硫醚

**1**

闪蒸产品
主要用于注塑产品及涂料产品，白色粉状，产品质量稳定，结晶温度高，平均分子量高等特点。

急冷产品
用于薄膜产品、挤出产品、纤维产品、注塑产品。
质量稳定，力学性能良好，牌号齐全，可定制化研发和生产。

# 未来发展

滨阳公司深度把握"碳达峰、碳中和"催生的新机遇，借助滨化集团与阳信县签署建设精细化工基地合作备忘录的契机，以新材料、精细化工为主体，在产业强链、补链基础上，按照产业互补、集团资源协同的原则，构建滨阳二次创业蓝图。在深入调研基础上完成了总投资52亿元的"十四五"发展规划编制工作，确立了由数量增长型、成本竞争型向技术成长型、价值增长型产业转型的发展战略，选择了新能源精细化工品、特种合成工程新材料、可降解与弹性新材料、面向新能源的特种碳素新材料、存续装置低硫船燃和二代生物质燃料新能源7大发展方向，规划了锂离子电池化学品、工程塑料新材料、特种碳素新材料、新型燃料等22个系列化产品项目。

面对世界经济发展新业态，公司在产业规划的基础上确立了数字化、智能化、绿色低碳工厂建设目标。通过功能协同、数据共享的公共数字平台，推进管理应用和功能延伸，以数字化转型引领行业发展新业态。

滨阳公司将始终坚持以客户为导向、以科技为支撑的发展理念，秉承创新、诚信、尽职、敬业的企业精神，不断延伸培育产业链条，实现产业聚合发展，为打造国内一流的精细化工基地不断奋进！

## ■ 针状焦

**2** LHDH-1# 电极专用焦用于生产高功率及超高功率石墨电极，目前已成为国内南通扬子、丹东碳素、开封碳素、眉山士达、江苏江龙、八三石墨等优质电极客户的油系针状焦供应商，并已出口至韩国、日本、印度等海外市场。目前，"滨化牌"专用电极焦已广泛应用在UHP600mm以上超高功率电极生产中，热膨胀系数、电阻率、抗折系数、弹性模量等指标均符合要求。

LHDQ、LHDH-2# 负极专用焦目前主要供应客户为国内一线负极材料生产企业如深圳贝特瑞、江西紫宸、杉杉科技、中科星城、尚太科技等。产品经过客户检测在首次放电比容量、首次库伦效率、石墨化度等指标均达到厂家要求，并且在首次放电比容量达到358 mA.h/g的1级要求。

# 江苏扬农化工集团有限公司

江苏扬农化工集团有限公司（简称扬农集团）始建于1958年，现为中化国际（600500.SH）骨干成员企业，总部设在江苏省扬州市，建有扬州仪征、连云港徐圩、宁夏中卫三大一体化生产基地。扬农集团是国家高新技术企业、中国石油和化学工业规模效益双百强企业，主要从事化工材料、材料中间体、精专化学品、电子化学品的开发、生产和销售；设有国家认定企业技术中心、院士专家工作站、博士后科研工作站和化工研究院、工程技术中心、CNAS认证检测中心，具有较完备的自主创新体系；建立了从小试、中试到产业化的全流程开发平台和产学研合作创新、研产销联合攻关机制，形成了关键核心技术先进、产业一体化能力强、安全环保与循环经济优势突出，主导产品具有国际竞争力的特色产品链。

以"打造百年品牌,成就长寿企业"为愿景,历经三次创业,扬农集团形成了"一中心三基地"的产业布局。"一中心"将在大运河国家文化公园扬州三湾风景区新建现代化园林式总部和一流科研创新中心,成为"强富美高"新扬州的城市名片;扬州仪征基地定位于中化仪征新材料产业园,建设国际先进的芳纶、环氧树脂、改性材料等高性能材料产品链;连云港徐圩基地定位于中化材料科学领域的战略高地,建设世界一流的碳三功能性材料产业链;宁夏中卫基地定位于中化中卫循环经济产业园,建设碳一高端新材料及精专化学品产业链。

**面向未来,**

扬农集团积极践行"科学至上"理念,坚持经济、环境和社会的协调发展,秉持"重义守信,创新求精"的经营方针,倡导"尊重创造、激励创新、宽容失败、严谨求实"的创新文化,聚焦材料科学,打造产业细分领域的领先优势,努力实现"打造创新型化工新材料领先企业"的奋斗目标。

联系人及联系电话:郑金虎13905272787 朱玉成13305270049
地址:江苏省扬州市文峰路39号

中国科学院成都有机化学有限公司（原中国科学院成都有机化学研究所）致力于"科技创新、成果转化和规模产业化"，在催化技术与绿色过程、手性技术与工程、功能高分子材料、纳米碳材料等领域形成了较高的创新水平和突出的应用特色，是国家高新技术企业，拥有手性药物国家工程研究中心、挥发性有机物污染控制材料与技术国家工程实验室（成都）、国家高技术研究发展计划成果产业化基地、不对称合成与手性技术四川省重点实验室和四川省工业催化技术创新联盟等国家和省部级平台，已成为以精细化工和新材料领域的技术创新和产业发展为重点的高新技术企业。

## 产品名称  碳酸二甲酯专用催化剂

甲醇液相氧化羰基化法是全球第一个产业化的非光气路线制备碳酸二甲酯技术，具有工艺流程短、DMC选择性高、三废排放少等优点，所用原料为甲醇、一氧化碳和氧气，高效催化剂是该方法的核心关键技术之一。我公司在国家科技攻关计划项目、四川省科技成果转化项目等支持下，开发出的新一代专用催化剂（DMCC-1）已在6万吨/年等装置上进行了工业化应用。DMCC-1催化剂按企业标准Q/72807953-7.03-2022生产。

**DMCC-1催化剂主要技术指标：**

外观：黑色或淡蓝色，粉末或小颗粒状

铜含量：≥18%

**DMCC-1催化剂主要性能指标：**

☐ 催化剂生产能力大于0.5gDMC/g.cat.h

☐ 碳酸二甲酯的选择性大于98%

☐ 催化剂腐蚀性小，316L材质可满足反应器要求

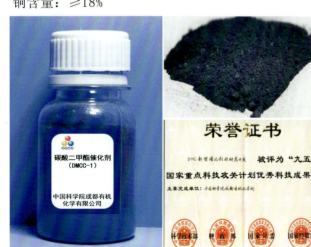

联系人：王先生  18215644396，邮箱：qingyinwang@cioc.ac.cn

### 产品名称　碳酸二苯酯催化剂

碳酸二甲酯与苯酚酯交换制备碳酸二苯酯属于非光气法清洁生产工艺，已成为生产碳酸二苯酯的主流技术。我公司在国家"863"计划、科技支撑计划项目等支持下，研发出DPC1-1催化剂及9万吨/年酯交换合成碳酸二苯酯工艺包。DPC1-1催化剂在四川中蓝国塑新材料科技有限公司9万吨/年碳酸二苯酯装置上长期运行表明，催化剂活性高、DPC选择性高、寿命长、装置运行稳定。DPC1-1催化剂及碳酸二苯酯制备技术填补了我国非光气法生产碳酸二苯酯的技术空白。DPC1-1催化剂按企业标准Q/72807953-7.04-2022生产。

**DPC1-1催化剂主要技术指标：**

外观：液体
密度（25℃）：1.13
粘度（25℃）：2500-4500 mpa.s

**DPC1-1催化剂主要性能指标：**

□ DPC选择性≥98.98%
□ DPC1-1 消耗≤0.1公斤/吨DPC
□ DPC纯度≥99.95%
□ DPC金属离子总量≤1PPM
□ DPC色度（铂-钴）号≤5

### 产品名称　聚酯生产用绿色高效铝基催化剂

我国是聚酯（PET）生产大国，基本上全部使用锑系催化剂。由于锑系催化剂中的重金属锑对人体和环境有害，欧盟等发达国家已限制使用含有锑的PET等材料。我公司在十三五国家重点研发项目、国家科技助力经济2020重点专项和四川省重点研发计划等项目支持下，开发的具有自主知识产权的新型铝基聚酯催化剂（铝-I型），可替代锑系催化剂实现PET聚酯的绿色制造。铝-I型催化剂按企业标准Q/72807953-7.05-2022生产。

**铝-I型催化剂主要技术指标：**

外观：无色透明液体
铝含量：≥0.2%

**铝-I型催化剂主要性能指标：**

□ 催化剂用量：50ppm（以PTA计）
□ PET特性粘度：≥0.60 dL/g
□ PET色度b值：≤3.0
□ 二甘醇含量：≤1.5±0.3%
□ 端羧基含量：≤35 mmol/kg
□ 熔点(DSC法)：250±3℃

铝-1型基催化剂

联系人：王先生　18215644396，邮箱：qingyinwang@cioc.ac.cn

# 济宁新材料产业园区
## JNMIP Jining New Material Industrial Park

## 投资沃土 合作共赢

招商热线：0537-8010822　邮箱：8010822@163.com

### 园区概况：

济宁新材料产业园区成立于2009年5月，总体规划面积60平方公里，一期规划面积30平方公里，位于"孔孟之乡"、"运河之都"山东省济宁市，是山东省发展高端新材料产业的综合型龙头园区。园区借鉴世界级园区先进经验，采用"五个一体化"开发建设理念，围绕打造高端材料、国际一流、千亿产业、生态循环经济示范区的目标，重点发展化工新材料、生物基新材料、煤基新材料和高端精细化学品四大产业集群。目前入驻项目67个，总投资超过700亿元。连续八年荣获中国化工园区20强称号，是江北标准最高、配套最全、要素成本最低的专业性新材料园区。

## 入轨就与国际接轨
## 起步就与世界同步

### 园区荣誉：
- 国家绿色工业园区
- 中国化工园区20强
- 中国化工新材料（济宁）产业基地
- 中国新型工业化产业示范基地
- "十三五"中国化工园区发展进步奖
- 中国智慧化工园区试点示范单位
- 中国石化联合会园区委副主任单位
- 中国石化联合会化工新材料专委会副主任单位
- 山东省石墨烯产业化示范基地
- 山东省智安园区建设示范区

### 园区发展优势：

1. 区位交通：济宁地处鲁、苏、豫、皖四省结合部，是东西交汇、南北通达的重要交通枢纽。周边高铁、高速、机场、运河等为园区构筑了全方位立体交通网络。

2. 资源禀赋：济宁煤炭、电力、淡水等资源富集，甲醇、焦油等基础化工原料位居山东省首位。北接华北华东等原料生产基地，南邻江浙长三角等精细化工消费市场，资源优势突出。

3. 发展理念：按照"五个一体化"的理念，编制园区总规，同步制定并实施了防洪排涝、人工湿地、物流运输等20余个专项规划，统筹布局、分步实施、立体推进，一张蓝图干到底。

4. 基础配套：园区管廊管网、人工湿地、管道燃气、热电联供、码头物流、应急消防站、综合服务区等已陆续投入使用，组建了热力、燃气、公用事业服务等专业化公司，整合园区资源要素实行统一供给。园区已成为江北地区配套最全、标准最高、要素成本最低、专业化程度最强的新材料园区。

5. 营商环境：园区为企业提供政府"一门式"办公，"一站式"服务，协助办理各项手续，容缺受理；零成本供应建设用地，拿地即开工；政策跟着项目走，具体事项"一事一议"。

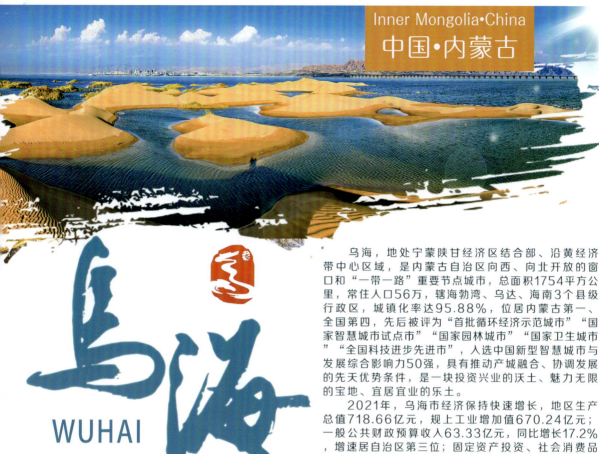

Inner Mongolia·China
中国·内蒙古

# 乌海
## WUHAI

黄河与沙漠相恋的地方
The Place Where The Yellow River And The Desert Fall In Love

乌海，地处宁蒙陕甘经济区结合部、沿黄经济带中心区域，是内蒙古自治区向西、向北开放的窗口和"一带一路"重要节点城市，总面积1754平方公里，常住人口56万，辖海勃湾、乌达、海南3个县级行政区，城镇化率达95.88%，位居内蒙古第一、全国第四，先后被评为"首批循环经济示范城市""国家智慧城市试点市""国家园林城市""国家卫生城市""全国科技进步先进市"，入选中国新型智慧城市与发展综合影响力50强，具有推动产城融合、协调发展的先天优势条件，是一块投资兴业的沃土、魅力无限的宝地、宜居宜业的乐土。

2021年，乌海市经济保持快速增长，地区生产总值718.66亿元，规上工业增加值670.24亿元；一般公共财政预算收入63.33亿元，同比增长17.2%，增速居自治区第三位；固定资产投资、社会消费品零售额、城乡居民收入等主要指标增速均位于自治区前列；人均GDP达到12.9万元，位居全国第27位；人均可支配收入位居全国第28位。

**产业沃地 强势崛起。** 乌海已探明优质焦煤、煤系高岭土、石灰岩、铁矿石等矿藏37种，煤炭储量25亿吨，石灰石远景储量200亿吨，副产氢产量达88亿立方米。乌海是全国重要的煤焦化工、氯碱化工基地，工业基础扎实，碳材料、硅材料、农药、医药及中间体等精细化工产业70多种。乌海及周边地区分布有10个国家级、自治区级工业园区，区域内已形成焦炭产能3200万吨、电石产能900万吨、PVC产能400万吨、甲醇产能600万吨、煤焦油深加工200万吨、电力总装机达3000万千瓦；黄河海勃湾水利枢纽库容4.87亿立方米，地下水储量64.4亿立方米，天然气、蒸汽供应充足。

**创业新城 宜居宜业。** 乌海是沟通华北、西北的重要枢纽，京藏、荣乌、青银高速公路和109、110国道贯通全境，乌蒙欧国际班列通车，包银高铁已经开工建设，乌海机场直通北京、上海、广州、西安、重庆、成都等10余个一线和新一线城市，区域内已形成"一刻钟生活圈、半小时经济圈、一小时城市圈"。乌海持续深化"放管服"改革，全力推进"五减三最"，全面推行"一网办""掌上办""一次办""帮您办"，政务服务事项办理时限压减81.6%，"最多跑一次"事项占比达99.7%，商业信用环境指数名列全国地级市第10位。乌海积极构建亲清政商关系，大力营造重商崇企的浓厚氛围，2021年新增减税降费5亿元，兑现政策资金近亿元。

**山水沙城 和谐共生。** 乌海是黄河进入内蒙古流经的第一个城市，黄河穿市而过105公里，国家重点水利工程——黄河海勃湾水利枢纽工程建成蓄水后形成了118平方公里的乌海湖，呈现出集山、水、沙、城于一体的雄奇自然景观。大河两岸沙漠、高山、草原、湿地等多元自然景观交相辉映，城在湖畔、水贯城中的绝美画卷美不胜收。乌海建成区绿化覆盖率达43%，人均公园绿地面积19.5平方米，拥有乌海湖国家水利风景区、龙游湾国家湿地公园、金沙湾国家沙漠公园等5个4A级重点景区，吸引了大量国内外游客前来观光，"来沙漠看海"旅游品牌知名度日益提升，绿色乌海新风貌更加彰显。

**书法之城 乌金墨韵。** 乌海书法氛围浓厚，习练书法者众多，拥有国家级书协会员43人，自治区级书协会员165人，被中国书法家协会命名为"中国书法城"，是自治区十大宣传思想文化品牌。6000年前，先民凿刻的岩画点亮了文明火种；2000年前，汉武帝在这里开疆拓土；1000多年前，王维途经此地，留下了"大漠孤烟直，长河落日圆"的千古名句；800年前，一代天骄成吉思汗在这里挥鞭饮马；400年前，蒙汉边民在这里互市贸易；60年前，来自祖国四面八方的建设者在荒漠中建起了一座现代工业城市。

# 金石投资
## Goldstone

### 金石投资基本情况

金石投资有限公司（简称"金石投资"）成立于2007年，中国领先的投资银行中信证券股份有限公司（简称"中信证券"）全资子公司，系中信证券境内综合投资平台，是国内最具有影响力的私募股权投资机构之一。

金石投资累计合并管理资产规模超过2,400亿元，累计完成投资额超过800亿元，投资项目超过560单，已实现退出超过220单，平均年化收益超过30%。

金石投资团队成员具有多年积累的市场经验与行业影响，以及深厚的金融资源与产业背景，在产业整合培育、企业并购重组等投资领域具有丰富经验。同时，金石投资拥有管理多只政府或国有企业出资基金的运作能力，包括金石制造业转型升级新材料基金、安徽交控金石并购基金、安徽产业并购基金、三峡金石基金等。

| 2400+亿* | 560+ | 220+ |
|---|---|---|
| 基金管理规模<br>业界领先 | 企业投资<br>共同成长 | 项目成功退出<br>IPO 数量居多 |
| 15年 | 300+ | 300+ |
| 投资经验沉淀 | 专业化<br>投资队伍 | 专业投研<br>支持团队 |

*合并口径

# 金石投资 Goldstone

## 金石投资业务情况

金石投资项目涉及产业整合（隆平高科）、控股权收购（康龙化成）、国企混改（三峡新能源）、上市公司并购重组（浙江物产）、跨境收购（Ampleon）等类型，覆盖新材料、工业能源、高端制造、TMT、医疗健康、军工等重点行业。

金石投资通过多年的投资积累，已建成形成强大产业生态圈。

- 在新材料领域，金石投资覆盖先进基础材料、关键战略材料、前沿新材料等细分领域，投资了鼎胜新材、金能科技、金石资源、科顺股份等知名企业。以金石投资投后服务为桥梁，已投项目充分发挥各自优势，通过业务合作、资本合作等方式实现**多层次产业协同**。

| 澳斯康 | 德佑胶带 | 昌德环科 | 神马实业 |
|---|---|---|---|
|  | Dwell |  |  |
| 投资时间：2020年 | 投资时间：2020年 | 投资时间：2020年 | 投资时间：2021年 |
| 中国化学 | 巍华新材 | 江化微 | 金力股份 |
|  |  |  | GELLEC 金力股份 |
| 投资时间：2020年 | 投资时间：2020年 | 投资时间：2021年 | 投资时间：2020年 |

- 在新一代信息技术领域，重点关注集成电路与专用设备、显示系统与设备、通信设备、工业软件等高精尖细分赛道，投资了Ampleon、澜起科技、豪威科技、寒武纪、上海微电子、奥比中光、海光信息等细分领域龙头企业。
- 在装备制造领域，重点关注高档数控机床、电力设备、海洋船舶装备制造、工业机器人等细分领域，投资了中国船舶、澳柯玛、铂力特、天宜上佳、首航节能、绿的谐波等知名企业。
- 在医疗大健康领域，投资了康龙化成、康希诺、锦欣生殖、悦康药业等优质企业。

# 中国石油化工（钦州）产业园

中国石油化工（钦州）产业园规划面积约76平方公里，是广西自治区人民政府批复的专业化工园区，位于中国（广西）自由贸易试验区钦州港片区，地处华南经济圈、西南经济圈、东盟经济圈结合部，拥有独特区位优势。园区重点发展炼化及烯烃新材料、化纤材料、可降解材料及新能源材料等产业链，是广西打造万亿绿色化工新材料产业集群核心基地。

**综合实力位居全国化工园区前列**。园区列入《石油和化学工业"十四五"发展指南及二〇三五年远景目标》全国重点打造的五大世界级石化产业集群之一的泛大湾区石化产业集群，连续9年入选中国化工园区30强（近两年排名前20位）。目前，园区已入驻生产、销售及配套服务业企业超过60家。2022年1－10月，石化园区重点企业累计完成工业产值近800亿元、增长55%，重大项目累计完成投资超130亿元、增长63%。预计到2025年，钦州石化及新能源材料产业产值超过2000亿元。

**专业配套服务对标国内先进园区**。园区坚持公用工程一体化的发展理念，路网、供电、供水、蒸汽、工业管廊、污水和危废处置、深海排放管道、化工码头仓储、危化品停车场等各类配套设施日趋完善。成功引进荷兰孚宝、法国苏伊士、美国普莱克斯等世界500强化工专业配套供应商，建成投运了危化品码头、危废处理中心、30万吨原油码头、326万千瓦机组，并在建4台66万千瓦机组、广西北部湾危险化学品应急救援基地。

**多元化产业集群体系加快形成。**园区内的中国石油广西石化千万吨级炼油工程正在向炼化一体化转型发展,华谊钦州基地将成为投资和产值"双千亿"的化工新材料一体化生产基地,全球最大的"涤纶－锦纶"双产业链一体化生产商－浙江恒逸集团在建120万吨己内酰胺项目,全球最大的涤纶长丝生产商－浙江桐昆集团即将开工600万吨PTA项目,构建起"一滴油两根丝"产业发展格局和"油、煤、气、盐"齐头并进的绿色石化产业体系。同时,园区积极推动石化产业与新能源材料产业协同发展,引进中伟股份、美国雅保、上海格派等一批关联紧密的新材料企业,其中中伟新材料南部产业基地将建成全球最大的三元前驱体生产基地。

目前,中国石油化工(钦州)产业园正积极引进烯烃及下游深加工、专用化学品、新能源材料等产业链项目,并围绕聚酯、聚酰胺等基础原料,延伸发展化纤纺织产业集群,加快打造"面向东盟、服务西南中南"的国家重点石化产业基地。

联系方式:张科长,0777-3669681

# 鱼台张黄化工产业园

## 简 介

张黄化工产业园于2004年开始建设，位于山东济宁鱼台县张黄镇，是济宁市六大化工园区之一，规划面积14.29平方公里，2018年被山东省人民政府确定为**省级化工产业园**，初步形成了以**煤化工、盐化工、生物医药化工**为主的产业集群，被评为"**山东省循环经济示范园区**"。努力打造国家级循环经济示范区，力争未来3至5年园区产值突破三百亿元。

## 产业基础雄厚

### 盐化工产业

形成以耗碱、耗氢、耗氯为主的盐化工产业链，具备了年产36万吨烧碱、37万吨PVC、30万吨氯气、2.5万吨氯乙酸等产品生产能力。

### 煤化工产业

形成以煤焦化、煤气化为主的产业链条，具备了年产240万吨焦炭、17万吨甲醇、13万吨焦油、5万吨液氨、4万吨粗苯、3500万$Nm^3$氢气、1亿$Nm^3$天然气等副产资源的生产能力。

# 鱼台张黄化工产业园

## 基础配套完善

**01** 铺设蒸汽**管道**10千米，氢气管道6千米，燃气管道13千米。

**02** 建有应急响应中心**省级消防站**1处。

**03** 建有**危化品停车场**1处

**04** 实现"**七通一平**"

**05** 建有**污水处理厂**1处，设计日处理污水能力2万吨

**06** 建有220千伏**变电站**和35千伏变电站

**07** 拥有年吞吐量390万吨的普通**货物码头**

**08** 拥有山东省最大的**综合性危险废物处置**企业，年综合利用和处理能力20万吨。

## 产业发展方向

■ **化工新材料方向**

重点向高性能工程塑料、新能源电池配套材料、功能性膜材料、前沿材料等方向延伸。

■ **高端专业化学品方向**

重点向绿色表面活性剂、绿色塑料助剂、食品、建筑添加剂、顺酐及下游产品链等方向延伸，进一步实现产品高端化、循环化、精细化发展。